U0216195

吉林人民出版社

简体字本二十六史

宋书

卷一——卷四〇

（一）

［梁］ 沈 约 撰

陈苏镇等 标点

目　　录

宋书卷一
本纪第一

武帝上

　　高祖武皇帝讳裕,字德舆,小名寄奴,彭城县绥里人,汉高帝弟楚元王交之后也。交生红懿侯富,富生宗正辟强,辟强生阳城缪侯德,德生阳城节侯安民,安民生阳城厘侯庆忌,庆忌生阳城肃侯岑,岑生宗正平,平生东武城令某,某生东莱太守景,景生明经洽,洽生博士弘,弘生琅邪都尉悝,悝生魏定襄太守某,某生邪城令亮,亮生晋北平太守膺,膺生相国掾熙,熙生开封令旭孙。旭孙生混,始过江,居晋陵郡丹徒县之京口里,官至武原令。混生东安太守靖,靖生郡功曹翘,是为皇考。高祖以晋哀帝兴宁元年岁次癸亥三月壬寅夜生。及长,身长七尺六寸,风骨奇特。家贫,有大志,不治廉隅。事继母以孝谨称。

　　初为冠军孙无终司马。安帝隆安三年十一月,妖贼孙恩作乱于会稽,晋朝卫将军谢琰、前将军刘牢之东讨。牢之请高祖参府军事。十二月,牢之至吴,而贼缘道屯结,牢之命高祖与数十人觇贼远近。会遇贼至,众数千人,高祖便进与战,所将人多死,而战意方厉,手奋长刀,所杀伤甚众。牢之子敬宣疑高祖淹久,恐为贼所困,乃轻骑寻之,既而众骑并至,贼乃奔退。斩获千余人,推锋而进,平山阴,恩遁还入海。

　　四年五月,恩复入会稽,杀卫将军谢琰。十一月,刘牢之复率众东征,恩退走。牢之屯上虞,使高祖戍句章城。句章城既卑小,战士不盈数百，高祖常被坚执锐，为士卒先，每战辄摧锋陷阵，贼乃退还浃口。于时东伐诸帅，御军无律，士卒暴掠，甚为百姓所苦。唯高祖法令明整，所至莫不亲赖焉。

五年春，孙恩频攻句章，高祖屡摧破之，恩复走入海。三月，恩北出海盐，高祖追而翼之，筑城于海盐故治。贼日来攻城，城内兵力甚弱，高祖乃选敢死之士数百人，咸脱甲胄，执短兵，并鼓噪而出，贼震惧夺气，因其惧而奔之，并弃甲散走，斩其大帅姚盛。虽连战克胜，然众寡不敌，高祖独深虑之。一夜，偃旗匿众，若已遁者。明晨开门，使羸疾数人登城。贼遥问刘讳所在。曰："夜已走矣"贼信之，乃率众大上。高祖乘其懈怠，奋击，大破之。恩知城不可下，乃进向沪渎。高祖复弃城追之。海盐令鲍陋遣子嗣之以吴兵一千请为前驱，高祖曰："贼兵甚精，吴人不习战，若前驱失利，必败我军。可在后为声援。"不从。是夜，高祖多设伏兵，兼置旗鼓，然一处不过数人。明日，贼率众万余迎战。前驱既交，诸伏皆出，举旗鸣鼓。贼谓四面有军，乃退。嗣之追奔，为贼所没。高祖且战且退，贼盛，所领死伤且尽。高祖虑不免，至向伏兵处，乃止，令左右脱取死人衣。贼谓当走反停，疑犹有伏。高祖因呼更战，气色甚猛，贼众以为然，乃引军去。高祖徐归，然后散兵稍集。五月，孙恩破沪渎，杀吴国内史袁山松，死者四千人。是月，高祖复破贼于娄县。

六月，恩乘胜浮海，奄至丹徒，战士十余万。刘牢之犹屯山阴，京邑震动。高祖倍道兼行，与贼俱至。于时兵力既寡，加以步远疲劳，而丹徒守军莫有斗志。恩率众数万，鼓噪登蒜山，居民皆荷担而立。高祖率所领奔击，大破之，投崖赴水死者甚众。恩以彭排自载，谨得还船。虽被摧破，犹恃其众力，径向京师。楼船高大，值风不得进，旬乃至白石。寻知刘牢之已还，朝廷有备，遂走向郁洲。八月，以高祖为建武将军、下邳太守，领水军追罚至郁洲，复大破恩。恩南走。十一月，高祖追恩于沪渎，及海盐，又破之。三战并大获，俘馘以万数。恩自是饥馑疾疫，死者太半，自浃口奔临海。

元兴年正月，骠骑将军司马元显西伐荆州刺史桓玄，玄亦率荆楚大众,下讨元显。元显遣镇北将军刘牢之拒之,高祖参其军事,次溧洲。玄至,高祖请击之,不许,将遣子敬宣诣玄请和。高祖与牢之甥东海何无忌并固请,不从。遂遣敬宣诣玄。玄克京邑,杀元显,以牢之为会稽内史。惧而告高祖曰:"便夺我兵,祸其至矣。今当北就高雅于广陵举事,卿能从我去乎?"答曰:"将军以劲卒数万,望风降服。彼新得志,威震天下。三军人情,都已去矣,广陵岂可得至邪!讳当反服还京口耳。"牢之叛走,自缢死。何无忌谓高祖曰:"我将何之?"高祖曰:"镇北去必不免,卿可随我还京口。桓玄必能守节北面,我当与卿事之;不然,与卿图之。今方是玄矫情任算之日,必将用我辈也。"桓玄从兄修,以抚军镇丹徒,以高祖为中兵参军,军、郡如故。

孙恩自奔败之后,徒旅渐散,惧生见获,乃于临海投水死。余众推恩妹夫卢循为主。桓玄欲且绥宁东土,以循为永嘉太守。循虽受命,而寇暴不已。五月,玄复遣高祖东征。时循自临海入东阳。二年正月,玄复遣高祖破循于东阳。循奔永嘉,复追破之,斩其大帅张士道。追讨至于晋安,循浮海南走。六月,加高祖彭城内史。

桓玄为楚王,将谋篡盗。玄从兄卫将军谦屏人问高祖曰:"楚王勋德隆重,四海归怀,朝廷之情,咸谓宜有揖让。卿意以为何如?"高祖既志欲图玄,乃逊辞答曰:"楚王,宣武之子,勋德盖世,晋室微弱,民望久移,乘运禅代,有何不可。"谦喜曰:"卿谓可尔,便当是真可尔。"十二月,桓玄篡帝位,迁天子于寻阳。桓修入朝,高祖从至京邑。玄见高祖,谓司徒王谧曰:"昨见刘讳,风骨不恒,盖人杰也。"每游集,辄引接殷勤,赠赐甚厚。高祖愈恶之。或说玄曰:"刘讳龙行虎步,视瞻不凡,恐不为人下,宜蚤为其所。"玄曰:"我方欲平荡中原,非刘讳莫可付以大事。关、陇平定,然后当别议之耳。"玄乃下诏曰:"刘讳以寡制众,屡摧妖锋。泛海穷追,十殄其八。诸将力战,多被重创。自元帅以下至于将士,并宜论赏,以叙勋烈。"

先是,高祖东征卢循,何无忌随至山阴,劝于会稽举义。高祖以为玄未据极位,且会稽遥远,事济为难,俟其篡逆事著,徐于京口图之,不忧不克。至是,桓修还京,高祖托以金创疾动,不堪步从,乃与无忌同船共还,建兴复之计。于是与弟道规、沛郡刘毅、平昌孟昶、任城魏咏之、高平檀凭之、琅邪诸葛长民、太原王元德、陇西辛扈兴、东莞童厚之,并同义谋。时桓修弟弘为征虏将军、青州刺史,镇广陵。道规为弘中兵参军,昶为州主簿。乃令毅潜往就昶,聚徒于江北,谋起兵杀弘。长民为豫州刺史刁逵左军府参军,谋据历阳相应。元德、厚之谋于京邑聚众攻玄,并克期齐发。

三年二月己丑朔,乙卯,高祖托以游猎,与无忌等收集义徒,凡同谋何无忌、魏咏之、咏之弟欣之、顺之、檀凭之、凭之从子韶、弟祗、隆、与叔道济、道济从兄范之、高祖弟道怜、刘毅、毅从弟藩、孟昶、昶族弟怀玉、河内向弥、管义之、陈留周安穆、临淮刘蔚、从弟珪之、东莞臧喜、从弟宝符、从子穆生、童茂宗、陈郡周道民、渔阳田演、谯国范清等二十七人;愿从者百余人。丙辰诘旦,城开,无忌服传诏服,称诏居前,义众驰入,齐声大呼,吏士惊散,莫敢动,即斩修以徇。高祖哭甚恸,厚加殡敛。孟昶劝弘其日出猎,未明开门,出猎人,昶、道规、毅等率壮士五六十人,因开门直入。弘方啖粥,即斩之,因收众济江。

义军初克京城,修司马刁弘率文武佐吏来赴,高祖登城谓之曰:“郭江州已奉乘舆反正于寻阳,我等并被密诏,诛除逆党,同会今日。贼玄之首,已当枭于大航矣。诸君非大晋之臣乎,今来欲何为?”弘等信之,收众而退。毅既至,高祖命诛弘。

毅兄迈先在京师,事未发数日,高祖遣同谋周安穆报之,使为内应。迈外虽酬许,内甚震惧。安穆见其惶骇,虑事必泄,乃驰归。时玄以迈为竟陵太守,迈不知所为,便下船欲之郡。是夜,玄与迈书曰:“北府人情云何?卿近见刘讳何所道”迈谓玄已知其谋,晨起白之。玄惊惧,封迈为重安侯;既而嫌迈不执安穆,使得逃去,乃杀之。诛元德、扈兴、厚之等,召桓谦、卞范之等谋拒高祖。谦等曰:“亟遣兵击之。”玄曰:“不然。彼兵速锐,计出万死。若行遣水军,不足相抗,如有蹉跌,则彼气成,而吾事败矣。不如屯大众于覆舟山以待之。彼空行二百里，无所措手，锐气已挫，既至，忽见大军，必惊惧骇愕。我案兵坚阵，勿与交锋，彼求战不得，自然散走。此计之上也。"谦等固请，乃遣顿丘太守吴甫之、右卫将军皇甫敷北拒义军。

玄自闻军起，忧惧无复为计。或曰："刘讳等众力甚弱，岂办之有成，陛下何虑之甚？"玄曰："刘讳足为一世之雄；刘毅家无担石之储，搏蒱一掷百万；何无忌，刘牢之甥，酷似其舅。共举大事，何谓无成？"

众推高祖为盟主，移檄京邑，曰：

夫治乱相因，理不常泰，狡焉肆虐，或值圣明。自我大晋阳九屡构，隆安以来难结皇室，忠臣碎于虎口，贞良弊于豺狼。逆臣桓玄，陵虐人鬼，阻兵荆郢，肆暴都邑。天未亡难，凶力繁兴，逾年之间，遂倾皇祚。主上播越，流幸非所，神器沉沦，七庙毁坠。夏后之罹浞、豷，有汉之遭莽、卓，方之于玄，未足为喻。自玄篡逆，于今历年，亢旱弥时，民无生气。加以士庶疲于转输，文武困于造筑，父子乖离，室家分散，岂唯《大东》有杼轴之悲，《摽梅》有倾筐之墍而已哉。仰观天文，俯察人事，此而能久，孰有可亡。凡在有心，谁不扼腕。讳等所以叩心泣血，不遑启处者也。

是故夕寐宵兴，援奖忠烈，潜构崎岖，险过履虎。辅国将军刘毅、广武将军何无忌、镇北主簿孟昶、兖州主簿魏咏之、宁远将军刘道规、龙骧将军刘藩、振威将军檀凭之等，忠烈断金，精贯白日，荷戈奋袂，志在毕命。益州刺史毛璩，万里齐契，扫定荆楚。江州刺史郭昶之，奉迎主上，宫于寻阳。镇北参军王元德等，并率部曲，保据石头。扬武将军诸葛长民，收集义士，已据历阳。征虏参军庾赜之等，潜相连结，以为内应。同力协规，所在峰起，即日斩伪徐州刺史安城王修、青州刺史弘首。义众既集，文武争先，咸谓不有一统，则事无以辑。讳辞不获已，遂总军要。庶上凭祖宗之灵，下罄义夫之力，剪戴逋逆，荡清京辇。

公侯诸君,或世树忠贞,或身荷爵宠,而并俛眉猾竖,自效莫由,顾瞻周道,宁不吊乎!今日之举,良其会也。讳以虚薄,才非古人,势接于已践之机,受任于既颓之运。丹诚未宣,感慨愤跃,望霄汉以永怀,昒山川以增厉。授檄之日,神驰贼廷。以孟昶为长史,总摄后事,檀凭之为司马。百姓愿从者千余人。

三月戊午朔,遇吴甫之于江乘。甫之,玄骁将也,其兵甚锐。高祖躬执长刀,大呼以冲之,众皆披靡,即斩甫。进至罗落桥,皇甫敷率数千人逆战。宁远将军檀凭之与高祖各御一队,凭之战败见杀,其众退散。高祖进战弥厉,前后奋击,应时摧破,即斩敷首。初,高祖与何无忌等共建大谋,有善相者相高祖及无忌等并当大贵,其应甚近,惟云凭之无相。高祖与无忌密相谓曰:"吾等既为同舟,理无偏异。吾徒咸皆富贵,则檀不应独殊。"深不解相者之言。至是而凭之战死,高祖知其事必捷。

玄闻敷等并没,愈惧。使桓谦屯东陵口,卜范之屯覆舟山西,众合二万。已未旦,义军食毕,弃其余粮,进至覆舟山东,使丐士张旗帜于山上,以为疑兵。玄又遣武骑将军庾祎之,配以精卒利器,助谦等。高祖躬先士卒以奔之,将士皆殊死战,无不一当百,呼声动天地。时东北风急,因命纵火,烟焰张天,鼓噪之音震京邑。谦等诸军,一时土崩。玄始虽遣军置阵,而走意已决,别使领军将军殷仲文具舟于石头,仍将子侄浮江南走。

庚申,高祖镇石头城,立留台官,焚桓温神主于宣阳门外,造晋新主,立于太庙。遣诸将帅追玄,尚书王嘏率百官奉迎乘舆。司徒王谧与众议,推高祖领扬州,固辞,乃以谧为录尚书事,领扬州刺史。于是推高祖为使持节、都督扬徐兖豫青冀幽并八州诸军事、领军将军、徐州刺史。先是,朝廷承晋氏乱政,百司纵弛,桓玄虽欲厘整,而众莫从之。高祖以身范物,先以威禁内外,百官皆肃然奉职,二三日间,风俗顿改。且桓玄虽以雄豪见推,而一朝便有极位,晋氏四方牧守及在朝大臣,尽心伏事,臣主之分定矣。高祖位微于朝,众无一旅,奋臂草莱之中,倡大义以复皇祚。由是王谧等诸人时众民望,莫不愧而惮焉。

诸葛长民失期不得发,乃遣执送之,未至而玄败。玄经寻阳,江州刺史郭昶之备乘舆法物资之。玄收略得二千余人,挟天子走江陵。冠军将军刘毅、辅国将军何无忌、振武将军刘道规率诸军追讨。尚书左仆射王愉、愉子荆州刺史绥等,江左冠族。绥少有重名,以,高祖起自布衣,甚相凌忽。绥,桓氏甥,亦有自疑之志。高祖悉诛之。

四月,奉武陵王遵为大将军,承制。大赦天下,唯桓玄一祖后不在赦例。初,高祖家贫,尝负刁逵社钱三万,经时无以还。逵执录甚严,王谧造逵见之,密以钱代还,由是得释。高祖名微位薄,盛流皆不与相知,唯谧交焉。桓玄将篡,谧手解安帝玺绂,为玄佐命功臣。及义旗建,众并谓谧宜诛,唯高祖保持之。刘毅尝因朝会,问谧玺绂所在,谧益惧。及王愉父子诛,谧从弟谌谓谧曰:"王驹无罪,而义旗诛之,此是剪除胜已,以绝民望。兄既桓氏党附,名位如此,欲求免,得乎?"驹,愉小字也。谧惧,奔于曲阿。高祖笺白大将军,深相保谧,迎还复位。光禄勋丁承之、左卫将军褚粲、游击将军司马秀役使官人,为御史中丞王祯之所纠察,谢笺言辞怨愤。承之造司宜藏。高祖与大将军笺,白"粲等备位大臣,所怀必尽。执宪不允,自应据理陈诉,而横兴怨忿,归咎有司。宜加裁当,以清风轨"。并免官。

桓玄兄子歆,聚众向历阳,高祖命辅国将军诸葛长民击走之。无忌、道规破玄大将郑钤等于桑落洲,众军进据寻阳。加高祖都督江州诸军事。玄既还荆郢,大聚兵众,召水军,造楼船、器械,率众二万,挟天子发江陵,浮江东下,与冠军将军刘毅等相遇于峥嵘洲。众惊,下击,大破之。玄弃众,复挟天子还复江陵。玄党殷仲文奉晋二皇后还京师。玄至江陵,因西走。南郡太守王腾之、荆州别驾王康产奉天子入南郡府。初,征虏将军、益州刺史毛璩,遣从孙祐之与参军费恬送弟丧下,有众二百。璩弟子循之时为玄屯骑校尉,诱玄以入蜀。至枚回洲,恬与祐之迎射之。益州督护冯迁斩玄首,传京师。又斩玄子升于江陵市。

初,玄败于峥嵘洲,义军以为大事已定,追蹑不速。玄死几一旬,众军犹不至。玄从子振逃于华容之浦中,招聚逆党数千人,晨袭江陵城,居民竞出赴之,腾之、康产皆被杀。桓谦先匿于沮川,亦聚众以应。振为玄举哀,立丧廷。谦率众官奉玺绶于安帝。无忌、道规既至江陵,与桓振战于灵溪。玄党冯该又设伏于杨林,义军耔败,退还寻阳。

兖州刺史辛昺怀贰,会北青州刺史刘该反,昺求征该,次淮阴,又反。昺长史羊穆之斩昺,传首京师。十月,高祖领青州刺史。甲仗百人入殿。刘毅诸军复进至夏口。毅攻鲁城,道规攻偃月垒,皆拔之。十二月,诸军进平巴陵。

义熙元年正月,毅等至江津,破桓谦、桓振,江陵平,天子反正。三月,天子至自江陵,诏曰:

古称大者天地,其次君臣,所以列贯三辰,神人代序,谅理本于造昧,而运周于万叶。故盈否时袭,四灵通其变,王道或昧,贞贤拯其危,天命所以永固,人心所以攸穆。虽夏、周中倾,赖靡、申之绩,恭、伦载窃,实二代是维。或乘资藉号,或业隆异世,犹《诗》《书》以之休咏,记策用为美谈,未有因心抚民,而诚发理应,援神器于已沦,若在今之盛者也。

朕以寡昧,遭家不造,越自遘闵,属当屯极。逆臣桓玄。乘衅纵慝,穷凶恣虐,滔天猾夏,遂诬罔人神,肆其篡乱。祖宗之基既湮,七庙之飨胥殄,若坠渊谷,未足斯譬。

皇度有晋,天纵英哲,使持节、都督扬徐兖豫青冀幽并江九州诸军事、镇军将军、徐青二州刺史,忠诚天亮,神武命世,用能贞明协契,义夫响臻。故顺声一唱,二溟卷波,英风震路,宸居清翳。暨冠军将军毅、辅国将军无忌、振武将军道规,舟旗遄迈,而元凶传首,回戈叠挥,则荆、汉雾廓。俾宣、元之祚。永固于嵩、岱,倾基重造,再集于朕躬。宗庙歆七百之祜,皇基融载新之命。念功惟德,永言铭怀。固已道冠开辟,独绝终古,书契以来,未之前闻矣。虽则功高靡尚,理至难文,而崇庸命德,哲王攸先者,将以弘道制治,深关盛衰。故伊、望膺殊命之锡,桓、文飨备物之礼,况宏征不世,领邈百代者,宜极名器之隆,以光大国之盛。而镇军谦虚自衷,诚旨屡显,朕重逆仲父,乃所以愈彰德美也。镇军可进位侍中、车骑将军、都中外诸军事,使持节、徐青二州刺史如故。显祚大邦,启兹疆宇。

高祖固让。加录尚书事,又不受,屡请归藩。天子不许,遣百僚敦劝,又亲幸公第。高祖惶惧,诣阙陈请,天子不能夺。是月,旋镇丹徒。天子重遣大使敦劝,又不受。乃改授都督荆、司、梁、益、宁、雍、凉七州,并前十六州诸军事,本官如故。于是受命,解青州,加领兖州刺史。

卢循浮海破广州,获刺史吴隐之。即以循为广州刺史,以其同党徐道覆为始兴相。

二年三月,督交、广二州。十月,高祖上言曰:"昔天祸皇室,巨狡纵篡,臣等义惟旧隶,豫蒙国恩,仰契信顺之符,俯厉人臣之愤,虽社稷之灵,抑亦事由众济。其翼奖忠勤之佐,文武毕力之士,敷执在已之谦,用亏国体之大。辄申摄众军先上,同谋起义,始平京口、广陵二城,臣及抚军将军毅等二百七十二人,并后赴义出都缘道大战,所余一千五百六十六人,又辅国将军长民、故给事中王元德等十人,合一千八百四十八人,乞正封赏。其西征众军,须论集续上。"于是,尚书奏封唱义谋主镇军将军讳豫章郡公,食邑万户,赐绢三万匹。其余封赏各有差。镇军府佐吏,降故太傅谢安府一等。十一月,天子重申前令,加高祖侍中,进号车骑将军、开府仪同三司。固让。诏遣百僚敦劝。

三年二月,高祖还京师,将诣廷尉,天子先诏狱官不得受,诣阙陈让,乃见听。旋于丹徒。

闰月,府将骆冰谋作乱,将被执,单骑走,追斩之。诛冰父永嘉太守球。球本东阳郡史,孙恩之乱,起义于长山,故见擢用。初,桓玄之败,以桓冲忠贞,署其孙胤。至是,冰谋以胤为主,与东阳太守殷仲文潜相连结。乃诛仲文及仲文二弟。凡桓玄余党,至是皆诛夷。

天子遣兼太常葛籍授公策曰:"有扈滔天,夷羿乘衅,乱节干

纪，实梊皇极。贼臣桓玄，怙宠肆逆，乃摧倾华、霍，倒拔嵩、岱，五岳
既夷，六地易所。公命世英纵，藏器待时，因心资敬，誓雪国耻，慨愤
陵夷，诚发宵寐。既而岁月屡迁，神器已远，忠孝幽寄，实贯三灵。尔
乃介石胜机，宣契毕举，诉苍天以为正，挥义旅而一驱。奔锋数百，
势烈激电，亘万不能抗限，制路日直植城。遂使冲鲸溃流，暴鳞江
汉，庙胜远加，重氛载涤，二仪廓清，三光反照，事遂永代，功高开
辟，理微称谓，义感朕心。若夫道为身济，犹縻厥爵，况乃诚德俱深，
勋冠天人者乎！是用建兹邦国，永祚山河，言念载怀，匪云足报。往
钦哉！俾屏余一人，长弼皇晋，流风垂祚，晖烈无穷。其降承嘉策，
对扬朕命。”

十二月，司徒、录尚书、扬州刺史王谧薨。

四年正月，征公入辅，授侍中、车骑将军、开府仪同三司、扬州
刺史、录尚书、徐兖二州刺史如故。表解兖州。先是，遣冠军刘敬宣
伐蜀贼谯纵，无功而返。九月，以敬宣挫退，逊位，不许。乃降为中
军将军，开府如故。

初，伪燕王鲜卑慕容德僭号于青州，德死，兄子超袭位，前后屡
为边患。五年二月，大掠淮北，执阳平太守刘千载、济南太守赵元，
驱略千余家。三月，公抗表北讨，以丹阳尹孟昶监中军留府事。四
月，舟师发京都，溯淮入泗。五月，至下邳，留船舰辎重，步军进琅
邪。所过皆筑城留守。鲜卑梁父、莒城二戍并奔走。

慕容超闻王师将至，其大将公孙五楼说超：“宜断据大岘，刈除
粟苗，坚壁清野以待之。彼侨军无资，求战不得，旬月之间，折棰以
笞之耳。”超不从，曰：“彼远来疲劳，势不能久，但当引令过岘，我以
铁骑践之，不忧不破。岂有预芟苗稼，先自蹙弱邪？”初，公将行，
议者以为“贼闻大军远出，必不敢战，若不断大岘，当坚守广固，刈
粟清野，以绝三军之资，非唯难以有功，将不能自反。”公曰：“我揣
之熟矣。鲜卑贪，不及远计，进利克获，退惜粟苗。谓我孤军远入，
不能持久，不过进据临朐，退守广固。我一得入岘，则人无退心，驱
必死之众，向怀贰之虏，何忧不克？彼不能清野固守，为诸君保之。”

公既入岘，举手指天曰："吾事济矣！"

六月，慕容超遣五楼及广宁王贺赖卢先据临朐城。既闻大军至，留羸老守广固，乃悉出。临朐有巨蔑水，去城四十里。超告五楼曰："急往据之，晋军得水，则难击也。"五楼驰进。龙骧将军孟龙符领骑居前，奔往争之，五楼乃退。

众军步进，有车四千两，分车为两翼，方轨徐行，车悉张幔，御者执稍。又以轻骑为游军。军令严肃，行伍齐整。未及临朐数里，贼铁骑万余，前后交至。公命兖州刺史刘藩、弟并州刺史道怜、谘议参军刘敬宣、陶延寿、参军刘怀玉、慎仲道、索邈等，齐力击之。日向昃，公遣谘议参军檀韶直趋临朐。韶率建威将军向弥、参军胡藩驰往，即日陷城，斩其牙旗，悉虏超辎重。超闻临朐已拔，引众走。公亲鼓之，贼乃大奔。超遁还广固。获超马、伪辇、玉玺、豹尾等，送于京师。斩其大将段晖等十余人，其余斩获千计。

明日，大军进广固，即屠大城。超退保小城，于是设长围守之。围高三丈，外穿三重堑。停江、淮转输，馆谷于齐土。抚纳降附，华戎欢悦，援才授爵，因而任之。七月，诏加公北青、冀二州刺史。超大将垣遵、遵弟苗并率众归顺。公方治攻具，城上人曰："汝不得张纲，何能为也。"纲者，超伪尚书郎，其人有巧思。会超遣纲称藩于姚兴，乞师请救。兴伪许之，而实惮公，不敢遣。纲从长安还，泰山太守申宣执送之，乃升纲于楼上，以示城内。城内莫不失色。于是使纲大治攻具。超求救不获，纲反见虏，转忧惧。乃请称藩，求割大岘为界，献马千疋。不听，围之转急。河北居民荷戈负粮至者，日以千数。

录事参军刘穆之，有经略才具，公以为谋主，动止必谘焉。时姚兴遣使告公云："慕容见与邻好，又以穷告急，今当遣铁骑十万，迳据洛阳。晋军若不退者，便当遣铁骑长驱而进。"公呼兴使答曰："语汝姚兴，我定燕之后，息甲三年，当平关、洛。今能自送，便可速来。"穆之闻有羌使，驰入，而公发遣已去。以兴所言并答具语穆之，穆之尤公曰："常日事无大小，必赐与谋之。此宜善详之，云何卒尔便答？

公所答兴言，未能威敌，正足怒彼耳。若燕未可拔，羌救奄至，不审何以待之？"公笑曰："此是兵机，非卿所解，故不语耳。夫兵贵神速，彼若审能遣救，必畏我知，宁容先遣信命？此是其见我伐燕，内已怀惧，自张之辞耳。"

九月，进公太尉、中书监，固让。伪徐州刺史段宏先奔索虏，十月，自河北归顺。

张纲治攻具成，设诸奇巧，飞楼木幔之属，莫不毕备。城上火石弓矢，无所用之。六年二月丁亥，屠广固。超逾城走，征虏贼曹乔胥获之。杀其亡命以下，纳口万余，马二千匹。送超京师，斩于建康市。

公之北伐也，徐道覆仍有窥窬之志，劝卢循乘虚而出，循不从。道覆乃至番禺说循曰："本住岭外，岂以理极于此，正以刘公难与为敌故也。今方领兵坚城之下，未有旋日。以此思归死士，掩袭何、刘之徒，如反掌耳。不乘此机，而保一日之安，若平齐之后，小息甲养众，不过一二年间，必玺书征君。若刘公自率众至豫章，遣锐师过岭，虽复将军神武，恐必不能当也。今日之机，万不可失。既克都邑，倾其根本，刘公虽还，无能为也。"循从之，乃率众过岭。是月，寇南康、庐陵、豫章，诸郡守皆委任奔走。

于时平齐问未至，即驰使征公。公之初克齐也，欲停镇下邳，清荡河、洛，既而被征使至，即日班师。镇南将军何无忌与徐道覆战于豫章，败绩，无忌被害，内外震骇。朝廷欲奉乘舆北走就公，寻知贼定未至，人情小安。公至下邳，以船运辎重，自率精锐步归。至山阳，闻无忌被害，则虑京邑失守，乃卷甲兼行。与数十人至淮上，问行旅以朝廷消息，人曰："贼尚未至，刘公若还，便无所忧也。"公大喜，单船过江，迳至京口，众乃大安。四月癸未，公至京师，解严息甲。

抚军将军刘毅抗表南征，公与毅书曰："吾往习击妖贼，晓其变态，新获奸利，其锋不可轻。宜须装严毕，与弟同举。"又遣毅从弟藩往止之。毅不从，舟师二万发自姑孰。循之初下也，使道覆向寻阳，自寇湘中诸郡。荆州刺史道规遣军至长沙，为循所败。迳至巴陵，将向江陵。道覆闻毅上，驰使报循曰："毅兵众甚盛，成败事系于此,宜并力摧之。若此克捷,天下无复事矣。根本既定,不忧上面不平也。"循即日发巴陵,与道覆连旗而下。别有八艚舰九枚,起四层,高十二丈。公以南藩覆没,表送章绶,诏不听。五月,刘毅败绩于桑落洲,弃船步走,余众不得去者,皆为贼所擒。初,循至寻阳,闻公已还,不信也。既破毅,乃审凯入之问,并相视失色。循欲退还寻阳,进平江陵,据二州以抗朝廷。道覆谓宜乘胜径进,固争之。疑议多日,乃见从。

毅败问至,内外汹扰。于时北师始还,多创痍疾病。京师战士,不盈数千。贼既破江、豫二镇,战士十余万,舟车百里不绝。奔败还者,并声其雄盛。孟昶、诸葛长民惧寇渐逼,欲拥天子过江。公不听,昶固请不止,公曰:"今重镇外倾,强寇内逼,人情危骇,莫有固志。若一旦迁动,便自瓦解土崩,江北亦岂可得至?设令得至,不过延日月耳。今兵士虽少,自足以一战。若其克济,则臣主同休。苟厄运必至,我当以死卫社稷,横尸庙门,遂其由来以身许国之志,不能远窜于草间求活也。我计决矣,卿勿复言!"昶恐其不济,乃为表曰:"臣讳北讨,众并不同,唯臣赞讳行计,致使强贼乘间,社稷危逼,臣之罪也。今谨引分以谢天下。"封表毕,乃仰药而死。

于是大开赏募,投身赴义者,一同登京城之科。发居民治石头城,建牙诚严。时议者谓宜分兵守诸津要,公以为"贼众我寡,若分兵屯,则测人虚实。且一处失利,则沮三军之心。今聚众石头,随宜应赴,既令贼无以测多少,又于众力不分。若徒旅转集,徐更论之耳。"移屯石头,乃栅淮断查浦。既而群贼大至,公策之曰:"贼若于新亭直进,其锋不可当,宜且回避,胜负之事,未可量也。若回泊西岸,此成擒耳。"

道覆欲自新亭、白石焚舟而上。循多疑少决,每欲以万全为虑,谓道覆曰:"大军未至,孟昶便望风自裁,大势言之,自当计日溃乱。今决胜负于一朝,既非必定之道,且杀伤士卒,不如按兵待之。"公于时登石头城以望循军,初见引向新亭,公顾左右失色,既而回泊蔡洲。道覆犹欲上,循禁之。自是众军转集,修治越城,筑查浦、药

园、廷尉三垒，皆守以实众。冠军将军刘敬宣屯北郊，辅国将军孟怀
玉屯丹阳郡西，建武将军王仲德屯越城，广武将军刘怀默屯建阳门
外。使宁朔将军索邈领鲜卑，具装虎班突骑千余匹，皆被练五色，自
淮北至于新亭。贼并聚观，咸畏惮之，然犹冀京邑及三吴有应之者。
遣十余舰来拔石头栅，公命神弩射之，发辄摧陷，循乃止，不复攻
栅。设伏兵于南岸，使羸老悉乘舟舰向白石。公忧其从白石步上，
乃率刘毅、诸葛长民北出拒之，留参军徐赤特戍南岸，命坚守勿动。
公既去，贼焚查浦步上，赤特军战败，死没有百余人。赤特弃余众，
单舸济淮。贼遂率数万屯丹阳郡。公率诸军驰归，众忧贼过，咸谓
公当径还拒战。公先分军还石头，众莫之晓。解甲息士，洗浴饮食
之，乃出列陈于南塘。以赤特违处分，斩之。命参军诸葛叔度、朱龄
石率劲勇千余人过淮。群贼数千，皆长刀矛铤，精甲曜日，奋跃争
进。龄石所领多鲜卑，善步矟，并结陈以待之。贼短兵弗能抗，死伤
者数百人，乃退走。会日莫，众亦归。

　　刘毅之败，豫州主簿袁兴国反叛，据历阳以应贼。琅邪内史魏
顺之遣将谢宝讨斩之。兴国司马袭宝，顺之不救而退，公怒，斩之。
顺之，咏之之弟也。于是功臣震慑，莫敢不用命。

　　六月，更授公太尉、中书监，加黄钺。受黄钺，余固辞。以司马
庾悦为建威将军、江州刺史，自东阳出豫章。

　　七月庚申，群贼自蔡洲南走，还屯寻阳。遣辅国将军王仲德、广
川太守刘钟、河间太守蒯恩追之。公还东府，大治水军，皆大舰重
楼，高者十余丈。卢循遣其大将荀林寇江陵，桓谦先于江陵奔羌，又
自羌入蜀，伪主谯纵以为荆州刺史。谦及谯道福率军二万出寇江
陵，适与林会，相去百余里。荆州刺史道规斩谦于枝江，破林于江
津，追至竹町斩之。

　　初，循之走也，公知其必寇江陵，登遣淮陵内史索邈领马军步
道援荆州，又遣建威将军孙季高率众三千，自海道袭番禺。江州刺
史庾悦至五亩峤，贼遣千余人据断峤道，悦前驱郡阳太守虞丘进攻
破之。公治兵大辩，十月，率兖州刺史刘藩、宁朔将军檀韶等舟师南

伐,以后将军刘毅监太尉留守府,后事皆委焉。是月,徐道覆率众三万寇江陵,荆州刺史道规又大破之,斩首万余级。道覆走还盆口。初,公之遣索邈也,邈在道为贼所断,道覆败后方达。自循东下,江陵断绝京邑之问,传者皆云已没。及邈至,方知循走。

循初自蔡洲南走,留其亲党范崇民五千人,高舰百余,戍南陵。王仲德等闻大军且至,乃进攻之。十一月,大破崇民军,焚其舟舰,收其散卒。

循广州守兵不以海道为防。是月,建威将军孙季高乘海奄至,而城池峻整,兵犹数千。季高焚贼舟舰,悉力而上,四面攻之,即日屠其城。循父以轻舟奔始兴。季高抚其旧民,戮其亲党,勒兵谨守。初,公之遣季高也,众咸以海道艰远,必至为难,且分撤见力,二三非要。公不从,敕季高曰:“大军十二月之交必破妖虏。卿今时当至广州,倾其巢窟,令贼奔走之日,无所归投。”季高受命而行,如期克捷。

循方治兵旅舟舰,设诸攻备。公欲御以长算,乃屯军雷池。贼扬声不攻雷池,当乘流迳下。公知其欲战,且虑贼战败,或于京江入海,遣王仲德以水舰二百于吉阳下断之。十二月,循、道覆率众数万,方舰而下,前后相抗,莫见舳舻之际。公悉出轻利斗舰,躬提幡鼓,命众军齐力击之。又上步骑于西岸。右军参军庾乐生乘舰不进,斩而徇之,于是众军并踊腾争先。军中多万钧神弩,所至莫不摧陷。公中流蹙之,因风水之势,贼舰悉泊西岸。上军先备火具,乃投火焚之,烟焰张天,贼众大败,追奔至夜乃归。循等还寻阳。初分遣步军,莫不疑怪,及烧贼舰,从乃悦服。

召王仲德,请还为前驱。留辅国将军孟怀玉守雷池。循闻大军上,欲走向豫章,乃悉力栅断左里。大军至左里,将战,公所执麾竿折,折幡沈水,众并怪惧。公欢笑曰:“往年覆舟之战,幡竿亦折。今者复然,贼必破矣。”即攻栅而进。循兵虽殊死战,弗能禁。诸军乘胜奔之,循单舸走。所杀及投水死,凡万余人。纳其降附,宥其逼略。遣刘藩、孟怀玉轻军追之。循收散卒,尚有数千人,迳还广州。道覆还保始兴。公旋自左里，天子遣侍中、黄门劳师于行所。

宋书卷二
本纪第二

武帝中

七年正月己未,振旅于京师。改授大将军、扬州牧,给班剑二十人,本官悉如故,固辞。兄南北征伐战亡者,并列上赗赠。尸丧未反,遣王帅迎接,致还本土。

二月,卢循至番禺,为孙季高所破,收余众南走。刘藩、孟怀玉斩徐道覆于始兴。晋自中兴以来,治纲大弛,权门并兼,强弱相凌,百姓流离,不得保其产业。桓玄颇欲厘改,竟不能行。公既作辅,大示轨则,豪强肃然,远近知禁。至是,会稽余姚虞亮复藏匿亡命千余人。公诛亮,免会稽内史司马休之。天子又申前命,公固辞。于是改授太尉、中书监,乃受命。奉送黄钺,解冀州。交州刺史杜慧度斩卢循,传首京师。先是,诸州郡所遣秀才、孝廉,多非其人,公表天子,申明旧制,依旧策试。

征西将军、荆州刺史道规疾患求归,八年四月,改授豫州刺史,以后将军、豫州刺史刘毅代之。毅与公俱举大义,兴复晋室,自谓京城、广陵功业,足以相抗。虽权事推公,而心不服也。毅既有雄才大志,厚自矜许,朝士素望者多归之。与尚书仆射谢混、丹阳尹郗僧施并深相结。及西镇江陵,豫州旧府,多割以自随,请僧施为南蛮校尉。既知毅不能居下,终为异端,密图之。毅至西,称疾笃,表求从弟兖州刺史藩以为副贰,伪许焉。九月,藩入朝,公命收藩及谢混,并于狱赐死。自表讨毅。又假黄钺,率诸军西征。以前镇军将军司马休之为平西将军、荆州刺史，兖州刺史道怜镇丹徒，豫州刺史诸葛长民监太尉留府事，加太尉司马、丹阳尹刘穆之建威将军，配以实力。壬午，发自京师。遣参军王镇恶、龙骧将军蒯恩前袭江陵。十月，镇恶克江陵，毅及党与皆伏诛。

十一月己卯，公至江陵，下书曰：

　　夫弘弊拯民，必存简恕，舍网修纲，虽烦易理。江、荆凋残，刑政多阙，顷年事故，绥抚未过。遂令百姓疲匮，岁月滋甚，财伤役困，虑不幸生。凋残之余，而不减旧，刻剥征求，不循政道。宰莅之司，或非良干，未能菲躬俭，苟求盈给，积习生常，渐不知改。

　　近因戎役，来涉二州，践境亲民，愈见其瘼，思欲振其所急，恤其所苦。凡租税调役，悉宜以见户为正。州郡县屯田池塞，诸非军国所资，利入守宰者，今一切除之。州郡县吏，皆依尚书定制实户置。台调癸卯梓材，庚子皮毛，可悉停省，别量所出。巴陵均折度支，依旧兵运。原五岁刑已下。凡所质录贼家余口，亦悉原放。

以荆州十郡为湘州，公乃进督。以西阳太守朱龄石为益州刺史，率众伐蜀。进公太傅、扬州牧，加羽葆、鼓吹，班剑二十人。

九年二月乙丑，公至自江陵。初，诸葛长民贪淫骄横，为士民所患苦，公以其同大义，优容之。刘毅既诛，长民谓所亲曰：“昔年醢彭越，今年诛韩信，祸其至矣。”将谋作乱。公克期至京邑，而每淹留不进。公卿以下频日奉候于新亭，长民亦骤出。既而公轻舟密至，已还东府矣。长民到门，引前，却人闲语，凡平生于长民所不尽者，皆与及之，长民甚说。已密命左右壮士丁旿等自幔后出，于坐拉焉，长民坠床，又于地殴之，死于床侧。舆尸付廷尉，并诛其弟黎民。旿骁勇有气力，时人为之语曰：“勿跋扈，付丁旿。”

先是，山湖川泽皆为豪强所专，小民薪采渔钓皆责税直，至是禁断之。时民居未一，公表曰：

　　臣闻先王制治，九土攸序，分境画疆，各安其居。在昔盛世,人无迁业,故井田之制,三代以隆。秦革斯政,汉遂不改,富强兼并,于是为弊。然九服弗扰,所托成旧,在汉西京,大迁田、景之族以实关中,即以三辅为乡闾,不复系之于齐、楚。自永嘉播越,爰托淮、海,朝有匡复之算,民怀思本之心,经略之图,日不暇给。是以宁民绥治,犹有未遑。及至大司马桓温,以民无定本,伤治为深,庚戌土断,以一其业。于时财阜国丰,实由于此。自兹迄今,弥历年载,画一之制,渐用颓弛。杂居流寓,闾伍弗修,王化所以未纯,民瘼所以犹在。

臣荷重任,耻责实深,自非改调解张,无以济治。夫人情滞常,难与虑始,所谓父母之邦以为桑梓者,诚以生焉终焉,敬爱所托耳。今所居累世,坟垄成行,敬恭之诚,岂不与事而至。请准庚戌土断之科,庶子本所弘,稍与事著。然后率之以仁义,鼓之以威武,超大江而跨黄河,抚九州而复旧土,则恋本之志,乃速申于当年,在始暂勤,要终所以能易。

伏惟陛下,垂矜万民,怜其所失,永怀《鸿雁》之诗,思隆中兴之业。既委臣以国重,期臣以宁济,若所启合允,请付外施行。

于是依界土断,唯徐、兖、青三州居晋陵者,不在断例。诸流寓郡县,多被并省。

以公领镇西将军、豫州刺史。公固让太傅、州牧及班剑,奉还黄钺。七月,朱龄石平蜀,斩伪蜀王谯纵,传首京师。九月,封公次子义真为桂阳县公,以赏平齐及定卢循也。天子重申前命,授公太傅、扬州牧,加羽葆、鼓吹,班剑二十人。将吏百余敦劝,乃受羽葆、鼓吹、班剑,余固辞。十年,息民简役。筑东府,起府舍。

平西将军、荆州刺史司马休之,宗室之重,又得江汉人心,公疑其有异志,而休之兄子谯王文思在京师,招集轻侠,公执文思送还休之,令自为其所。休之表废文思,并与公书陈谢。十一年正月,公收休之子文宝、兄子文祖,并于狱赐死,率众军西讨。复加黄钺,领荆州刺史。辛巳,发京师,以中军将军道怜监留府事。休之上表自陈曰：

臣闻运不常一，治乱代有，阳九既谢，圮终则泰。昔篡臣肆逆，皇纲绝纽，卜世未改，鼎祚再隆。太尉臣讳威武明断，首建义旗，除荡元凶，皇居反正。布衣匹夫，匡复社稷，南剿卢循，女定广固，千载以来，功无与等。由是四海归美，朝野推崇。既位穷台牧，权倾人主，不能以道处功，恃宠骄益。自以酬赏既极，便情在无上，刑戮逆滥，政用暴苛。问鼎之迹日彰，人臣之礼顿缺。陛下四时膳御，触事县空，宫省供奉，十不一在。皇后寝疾之际，汤药不周，手与家书，多所求告。皆是朝士共所闻见，莫不伤怀愤叹，口不敢言。前扬州刺史元显第五息法兴，桓玄之衅，逃远于外，王路既开，始得归本。太傅之胤，绝而复兴，凡在有怀，谁不感庆。讳吞噬之心，不避轻重，以法兴聪敏明慧，必为民望所归，芳兰既茂，内怀憎恶，乃妄扇异言，无罪即戮。大司马臣德文及王妃公主，情计切逼，并狼狈请命。逆肆祸毒，誓不矜许，冤酷之痛，感动行路。自以地卑位重，荷恩崇大，乃以庶孽与德文嫡婚，致兹非偶，实由威逼。故卫将军刘毅、右将军刘藩、前将军诸葛长民、尚书仆射谢混、南蛮校尉郗僧施，或盛勋德胤，令望在身，皆社稷辅弼，协赞所寄，无罪无辜，一旦夷灭。猜忍之性，终古所希。

臣自惟门户衰破，赖之获存，皇家所重，终古难匹。是以公私归冯，事尽祗顺。再授荆州，辄苦陈告，自以才弱位隆，不宜久荷分陕，屡求解任，必不见听。前经携侍老母，半家俱西，凡诸子侄，悉留京辇。臣兄子谯王文思，虽年少常人，粗免咎悔，性好交游，未知防远，群丑交构，为其风声。讳遂蓟戮人士，远送文思。臣顺其此旨，表送章节，请废文思，改袭大宗，遣息文宝送女东归。自谓推诚奉顺，理不过此。岂意讳苞藏祸心，遂见讨伐，加恶文思，构生罪衅。群小之言，远近嚣嗟，而臣纯愚，暗信必谓不然。寻臣府司马张茂度狼狈东归，南平太守檀范之复以此月三日委郡叛逆，寻有审问，东军已上。讳今此举，非有怨憎，正以臣王室之干，位居藩岳，时贤既尽，唯臣独存，规以翦灭，成其篡杀。镇北将军臣宗之、青州刺史臣敬宣，并是讳所深忌惮，欲以次除荡，然后倾移天日，于事可易。

今荆、雍义徒，不召而集，子来之众，其会如林。岂臣无德所能绥致，盖七庙之灵，理贯幽显。辄授文思振武将军、南郡太守，宗之子竟陵太守鲁轨进号辅国将军。臣今与宗之亲御大众，出据江津，案甲抗威，随宜应赴。今绛旗所指，唯讳兄弟父子而已。须克荡寇逆，寻续驰闻。由臣轻弱，致讳凌横，上惭俯愧，无以厝颜。

休之府录事参军韩延之，故吏也，有干用才能。公未至江陵，密使与之书曰：

文思事源，远近所知，去秋遣康之送还司马军者，推至公之极也。而了不逊愧，又无表疏。文思经正不反，此是天地之不容。吾受命西讨，止其父子而已。彼土侨旧，为所驱逼，一无所问。往年郗僧施、谢邵、任集之等，交构积岁，专为刘毅谋主，所以至此。卿等诸人，一时逼迫，本无纤衅。吾处怀期物，自有由来。今在近路，正是诸人归身之日。若大军登道，交锋接刃，兰艾吾诚不分。故具示意，并示同怀诸人。"

延之报曰：

承亲率戎马，远履西畿，阖境士庶，莫不怔骇。何者？莫知师出之名故也。今辱来疏，始知以谯王前事，良增叹息。司马平西体国忠贞，款爱待物，当于古人中求耳。以君公有匡复之勋，家国蒙赖，推德委诚，每事询仰。谯王往以微事见劾，犹自表逊位；况以大过而当嘿然邪。但康之前言有所不尽，故重使胡道谐白所怀。道未及反，已奏表废之，所不尽者命耳。推寄相与之怀，正当如此。有何不可，便兴兵戈。自义旗秉权以来，四方方伯，谁敢不先相谘畴，而迳表天子邪。谯王为宰相所责，文表废之，经正何归，表使何因，可谓"欲加之罪，其无辞乎"！

刘讳足下，海内之人，谁不见足下此心，而复欲欺诳国士！

天地所不容，在彼不在此矣。来示言“处怀期物，自有由来”。今伐人之君，陷人以利，真可谓“处怀期物，自有由来”者矣。刘藩死于阊阖之明，诸葛毙于左右之手，甘言诧方伯，袭之以轻兵，遂使席上靡款怀之士，阃外无自信诸侯，以是为得算，良可耻也。贵府将佐及朝廷贤德，寄性命以过日，心企太平久矣。吾诚鄙劣，尝闻道于君子。以平西之至德，宁可无授命之臣乎！未能自投虎口，比迹郗、任之徒明矣。假令天长丧乱，九流浑浊，当与臧洪游于地下，不复多言。

公视书叹息，以示诸佐曰：“事人当如此。”

三月，军次江陵。初，雍州刺史鲁宗之常虑不为公所容，与休之相结，至是率其子竟陵太守轨会于江陵。江夏太守刘虔之邀之，军败见杀。公命彭城内史徐逵之、参军王允之出江夏口，复为轨所败，并没。时公军泊马头，即日率众军济江，躬督诸将登岸，莫不奋踊争先。休之众溃，与轨等奔襄阳。江陵平，加领南蛮校尉。将拜，值四废日，佐史郑鲜之、褚叔度、王弘、傅亮白迁日，不许。下书曰：“此州积弊，事故相仍，民疲田芜，杼轴空匮。加以旧章乖昧，事役频苦，童耄夺养，老稚服戎，空户从役，或越绋应召。每永怀民瘼，宵分忘寝，诚宜蠲除苛政，弘兹简惠。庶令凋风弊政，与事而新，宁一之化，成于期月。荆、雍二州，西局、蛮府吏及军人年十二以还，六十以上，及扶养孤幼，单丁大艰，悉仰遣之。穷独不能存者，给其长赈。府州久勤将史，依劳铨序。并除今年租税。”

四月，公复率众进讨，至襄阳，休之奔羌。天子复重申前命，授太傅、扬州牧，剑履上殿，入朝不趋，赞拜不名，加前部羽葆鼓吹，置左右长史、司马、从事中郎四人。封公第三子讳为北彭城县公。以中军将军道怜为荆州刺史。

八月甲子，公至自江陵，奉还黄钺，固辞太傅、州牧、前部羽葆鼓吹，其余受命。朝议以公道尊勋重，不宜复施敬护军，既加殊礼，奏事不复称名。以世子为兖州刺史。十二年正月，诏公依旧辟士。加领平北将军、兖州刺史，增都督南秦，凡二十二州。公以平北文武寡少，不宜别置。于是罢平北府，以并大府。以世子为豫州刺史。三月，加公中外大都督。

初，公平齐，仍有定关、洛之意，值卢循侵逼，故其事不谐。荆、雍既平，方谋外略。会羌主姚兴死，子泓立，兄弟相杀，关中扰乱，公乃戒严北讨。加领征西将军、司豫二州刺史，以世子为徐、兖二州刺史。下书曰："吾倡大义，首自本州，克复皇胙，遂建勋烈，外夷勍敌，内清奸轨，皆邦人州党竭诚尽力之效也。情若风霜，义贯金石。今当奉辞西旆，有事关、河，弱嗣叨蒙，复忝今授，情事缠绵，可谓深矣。顷军国务殷，刑辟未息，眷言怀之，能不多叹。其犯罪系五岁以还，可一原遣。文武劳满未蒙荣转者，便随班序报。"

公受中外都督及司州，并辞大司马琅邪王礼敬，朝议从之。公欲以义声怀远，奉琅邪王北伐。五月，羌伪黄门侍郎尹冲率兄弟归顺。又加公北雍州刺史，前部羽葆、鼓吹，增班剑为四十人，解中书监。八月丁巳，率大众发京师。以世子为中军将军，监太尉留府事。尚书右仆射刘穆之为左仆射，领监军、中军二府军司，入居东府，总摄内外。九月，公次于彭城，加领徐州刺史。

先是，遣冠军将军檀道济、龙骧将军王镇恶步向许、洛，羌缘道屯守，皆望风降服。伪兖州刺史韦华先据仓垣，亦率众归顺。公又遣北兖州刺史王仲德先以水军入河，仲德破索虏于东郡凉城，进平滑台。十月，众军至洛阳，围金墉。泓弟伪平南将军洸请降，送于京师。修复晋五陵，置守卫。

天子诏曰：

夫嵩、岱配极，则乾道增辉，藩岳作屏，则帝王成务。是以夏、殷资昆、彭之伯，有周倚齐、晋之辅。鉴诸前典，仪刑万代，翼治扶危，靡不由此。

太尉公命世天纵，齐圣广渊，明烛四方，道光宇宙。爰自□□初迪，则投懃王国，妖螫孔炽，则功存社稷。固以四维是荷，万邦攸赖者矣。暨桓玄僭逆，倾荡四海，公深秉大节，灵武霆震，弘济朕躬，再造王室。每惟勋德，铭于厥心，遂北清海、岱，南夷百越，荆、雍稽服，庸、岷顺轨，克黜方难，式遏寇虐。及阿衡王猷，班序内外，仰兴绝风，傍嗣逸业。秉礼以整俗，遵王以垂训，声教远被，无思不洽。爰暨木居海处之首，被发雕题之长，莫不忘其陋险，九译来庭，此盖裒诸徽策，靡究其详者也。曩者永嘉不纲，诸夏幅裂，终古帝居，沦胥戎虏，永言园陵，率土同慕。公明发遐慨，抚机电征，亲董侯伯，棱威致讨。旗旐首涂，则八表响震；偏师先路，则多垒云彻。旧都载清，五陵复礼，百城屈膝，千落影从。自篇籍所载，生民以来，勋德懋功，未有若此之盛者也。

昔周、吕佐睿圣之主，因三分之形，把旄仗钺，一时指麾，皆大启疆宇，跨州兼国。其在桓、文，方兹尤俭，然亦显被宠章，光锡殊品。况乃独绝百代，顾邈前烈者哉！朕每弘鉴古训，思遵令图。以公深秉冲挹，用阙大礼，天人引领，于兹历载。况今禹迹齐轨，九隩同文，司勋抗策，普天增伫。遂公高挹，大愆国章，三灵眷属，朕实祗惧。便宜显答群望，允崇盛典。其进位相国、总百揆、扬州牧，封十郡为宋公，备九锡之礼，加玺绶、远游冠，位在诸侯王上，加相国绿綟绶。

策曰：

朕以寡昧，仰赞洪基，夷羿乘衅，荡覆王室，越在南鄙，迁于九江。宗祀绝飨，人神无位，提挈群凶，寄命江浒。则我祖宗之业，奄坠于地，七百之祚，翦焉既倾，若涉渊海，罔知攸济。天未绝晋，诞育英辅，振厥弛维，再造区物，兴亡继绝，俾昏作明。元勋至德，朕实赖焉。今将授公典策，其敬听朕命：

乃者桓玄肆僭，滔天泯夏，拔本塞源，颠倒六位，庶僚俛眉，四方莫恤。公精贯朝日，气凌霄汉，奋其灵武，大歼群慝，克复皇邑，奉帝歆神。此公之节，始于勤王者也。授律群后，溯流长骛，薄伐峥嵘，献捷南郢，大憝折首，群逆毕夷，三光旋采，旧物反正。此又公之功也。出藩入辅，弘兹保弼，阜财利用，繁殖生民，编户岁滋，疆宇日启，导德明刑，四境有截。此又公之功也。鲜卑负众，僭盗三齐，狼噬冀、青，虔刘沂、岱，介恃遐阻，仍为边毒。公搜乘秣驷，复入远疆，冲橹四临，万雉俱溃，窃号之虏，显戮司寇，拓土三千，申威龙漠。此又公之功也。卢循妖凶，伺隙五岭，乘虚肆逆，侵覆江、豫，旍拂寰内，矢及王城，朝野丧沮，莫有固志，家献徙卜之计，国议迁都之规。公乘辕南济，义形于色，嶷然内湛，视崄若夷，摅略运奇，英谋不世，狡寇穷衄，丧旗宵遁，俾我畿甸，拯于将坠。此又公之功也。追奔逐北，扬旆江濆，偏旅浮海，指日遄至。番禺之功，俘级万数，左里之捷，鱼溃鸟散。元凶远迸，传首万里，海南肃清，荒服来款。此又公之功也。刘毅叛换，负衅西夏，凌上罔主，志肆奸暴，附丽协党，扇荡王畿。公御轨以刑，消之不日，仓兄电沴，神兵风扫，罪人斯得，荆、衡清晏。此又公之功也。谯纵怙乱，寇窃一隅，王化阻阂，三巴沦溺。公指命偏师，授以良图，凌波浮湍，致届井络，僭竖伏锧，梁、岷革偃。此又公之功也。马休、鲁宗阻兵内侮，驱率二方，连旗称乱。公投袂星言，研其上略，江津之师，势逾风电，回旆沔川，实繁震慑，二叛奔迸，荆、雍来苏，玄泽浸育，温风潜被。此又公之功也。永嘉不竞，四夷擅华，五都幅裂，山陵幽辱，祖宗怀没世之愤，遗氓有匪风之思。公远齐伊宰纳隍之仁，近同小白灭亡之耻，鞠旅陈师，赫然大号，分命群帅，北徇司、兖，许、郑风靡，巩、洛载清，伪牧逆藩，交臂请罪，百年榛秽，一朝扫济。此又公之功也。

公有康宇内之勋，重之以明德。爰初发迹，则奇谟冠古，电击强妖，则锋无前对，聿宁东畿，大造黔首。若乃草昧经纶，化融于岁计，扶危静乱，道固于苞桑。辩方正位，纳之轨度，蠲削烦苛，较若画一，淳风美化，盈塞宇宙。是以绝域献琛，遐夷纳贡，王略所宣，九服率从。虽文命之东渐西被，咎繇之迈于种德，何以尚兹。朕闻先王之宰世也，庸勋尊贤，建侯胙土，褒以宠章，崇其徽物，所以协辅皇家，永隆藩屏。故曲阜光启，遂荒徐宅，营丘表海，四履有闻。其在襄王，亦赖匡霸，又命晋文，备物光锡。惟公道冠前烈，勋高振古，而殊典未加，朕甚懵焉。今进授相国，以徐州之彭城、沛、兰陵、下邳、淮阳、山阳、广陵、兖州之高平、鲁、泰山十郡，封公为宋公。锡兹玄土，苴以白茅，爰定尔居，用建冢社。昔晋、郑启藩，入作卿士，周、邵保傅，出总二南，内外之重，公实兼之。命使持节、太尉、尚书左仆射晋宁县五等男湛授相国印绶、宋公玺绂。使持节、兼司空、散骑常侍、尚书阳遂乡侯泰授宋公茅土，金虎符第一至第十左，竹使符第一至第十左。相国位无不总，礼绝朝班，居常之名，宜与事革。其相国总百揆，去录尚书之号。上送所假节、侍中、中外都督、太傅、太尉印绶，豫章公印策。进扬州牧，领征西将军、司豫北徐雍四州刺史如故。

公纪纲礼度，万国是式，乘介蹈方，罔有迁志。是以锡公大辂、戎辂各一，玄牡二驷。公抑末敦本，务农重积，采繁实殷，稼穑惟阜。是用锡公衮冕之服，赤舄副焉。公闲邪纳正，移风改俗，陶钧品物，如乐之和。是用锡公轩县之乐，六佾之舞。公宣美王化，导扬休风，华夷企踵，远人胥萃。是用锡公朱户以居。公官方任能，网罗幽滞，九皋辞野，髦士盈朝。是用锡公纳陛以登。公当轴处中，率下以义，式遏寇仇，清除苛慝。是用锡公虎贲之士三百人。公明罚恤刑，庶狱详允，放命干纪，罔有攸纵。是用锡公鈇、钺各一。公龙骧凤矫，呬尺八纮，括囊四海，折冲无外。是用锡公彤弓一，彤矢百，卢弓十，卢矢千。公温恭孝思，致虔禋祀，忠肃之志，仪刑万方。是用锡公秬鬯一卣，圭瓒副焉。宋国置丞相以下，一遵旧仪。钦哉！其祗服往命，茂对天休，简恤庶邦，敬敷显德，以终我高祖之嘉命。

置宋国侍中、黄门侍郎、尚书左丞、郎，随大使奉迎。枹罕虏乞佛炽槃遣使诣公，求效力讨羌，拜西平将军、河南公。

十三年正月，公以舟师进讨，留彭城公讳镇彭城。军次留城，经张良庙，令曰："夫盛德不泯，义在祀典，微管之叹，抚事弥深。张子房道亚黄中，照邻殆庶，风云言感，蔚为帝师。大拯横流，夷项定汉，固以参轨伊、望，冠德如仁。若乃神交圯上，道契商洛，显晦之间，窈然难究，源流渊浩，莫测其端矣。涂次旧沛，伫驾留城，灵庙荒残，遗象陈昧，抚迹怀人，慨然永叹。过大梁者或伫想于夷门，游九原者亦流连于随会。可改构榱桷，修饰丹青，苹蘩行潦，以时致荐。以纾怀古之情，用存不刊之烈。"天子追赠公祖为太常，父为左光禄大夫，让不受。

二月，冠军将军檀道济等次潼关。三月庚辰，大军入河。索虏步骑十万，营据河津。公命诸军济河击破之。公至洛阳。七月，至陕城。龙骧将军王镇恶伐木为舟，自河浮渭。八月，扶风太守沈田子大破姚泓于蓝田。王镇恶克长安，生擒泓。九月，公至长安。长安丰全，帑藏盈积。公先收其彝器、浑仪、土圭之属，献于京师；其余珍宝珠玉，以班赐将帅。执送姚泓，斩于建康市。谒汉高帝陵，大会文武于未央殿。

十月，天子诏曰：

朕闻先王之莅天下也，上则大宝以尊德，下则建侯以褒功。是以成勋告就，文命有玄圭之锡，四海来王，姬旦飨龟、蒙之封。夫翼圣宣绩，辅德弘猷，礼穷元赏，宠章希世。况明保冲昧，独运陶钧者哉！

朕以不德，遭家多难，云雷作《屯》，夷羿窃命，失位京邑，遂播蛮荆，艰难卑约，制命凶丑。相国宋公，天纵睿圣，命世应期，诚贯三灵，大节宏发。拯朕躬于巢幕，回灵命于已崩，固已道穷北面，晖格八表者矣。及外积全国之勋，内累戡黎之伐，芟夷强妖之始，蕴崇奸猾之源，显仁藏用之道，六府孔修之绩，莫不云行雨施，能事必举，谅已方轨于三、五，不容于典策者焉。自永嘉丧师，绵逾十纪，五都分崩，然正朔时暨。唯三秦悬隔，未之暂宾，至令羌虏袭乱，淫名三世，资百二之易守，恃函谷之可关，庙算韬略，不谋之日久矣。公命世抚运，阐曜威灵，内研诸侯之虑，外致上天之罚。故能仓兕甫训，则许、郑风偃，铖钺未指，则瀍、洛雾拔。俾旧阙之阳，复集万国之轸，东京父老，重睹司隶之章。俾朕负扆高拱，而保大洪烈。是用远鉴前典，延即群谋，敬授殊锡，光启疆宇。乘马之制，有陋旧章，徽称之美，未穷上爵。岂足以显报懋功，允塞民望，藩辅王畿，长辔六合者乎？实以公每秉谦德，卑不可逾，难进之道，以宠为威。是故降损盛制，且有后命也。自兹迄今，洪勋弥劭，棱威九河，魏、赵底服，回辕崤、潼，连城冰泮。遂长驱灞、滻，悬旆龙门，逆虏姚泓，系颈就擒。百稔梗秽，涤于崇朝；祖宗遗愤，雪于一旦。涉禹之迹，方行天下，至于海外，罔有不服。功固万世，其宁惟永，岂金石《雅》、《颂》所能赞扬，实可以告于神明，勒铭嵩、岱者已。

朕又闻之，周道方远，则鸑鷟鸣岐，二南播德，则麟驹呈瑞。自公大号初发，爰暨告成，灵祥炳焕，不可胜纪，岂伊素雉远至，嘉禾近归而已哉！朕每仰鉴玄应，俯察人谋，进惟道勋，退惟国典，岂得遂公冲挹，而久蕴盛策。便宜敬行大礼，允副幽显之望。其进宋公爵为王，以徐州之海陵、东安、北琅邪、北东莞、北东海、北谯、北梁、豫州之汝南、北颍川、北南顿凡十郡，益宋国。其相国、扬州牧、领征西将军、司豫北徐雍四州刺史如故。

十一月，前将军刘穆之卒，以左司马徐羡之代掌留任。大事皆所决于穆者，皆悉以谘。公欲息驾长安，经略赵、魏，会穆之卒，乃归。十二月庚子，发自长安，以桂阳公义真为安西将军、雍州刺史，留腹心将佐以辅之。闰月，公自洛入河，开汴渠以归。

十四年正月壬戌，公至彭城，解严息甲。以辅国将军刘遵考为并州刺史，领河东太守，镇蒲坂。公解司州，领徐、冀二州刺史，固让进爵。

六月，受相国、宋公、九锡之命。令曰：“孤以寡薄，负荷殊重，守位奉藩，危溢是惧。朝恩隆泰，委美推功，遂方轨齐、晋，拟议□典。虽亮诚守分，十稔于今，而成命弗回，百辟胥暨内外庶僚，敦勉周至。籍运来之功，参休明之迹，乘菲薄之资，同盛德之事，监寐永言，未知攸托。隆祚之始，思覃斯庆。其赦国内殊死以下，今月二十三日昧爽以前,悉皆原宥。鳏寡孤独不能自存者,人赐粟五斛。府州刑罪,亦同荡然。其余详依旧准。"诏崇豫章公太夫人为宋公太妃,世子中军将军,副贰相国府。以太尉军谘祭酒孔季恭为宋国尚书令,青州刺史檀祗为领军将军,相国左长史王弘为尚书仆射。其余百官悉依天朝之制。又诏宋国所封十郡之外,悉得除用。

先是,安西中兵参军沈由子杀安西司马王镇恶,诸将军复杀安西长史王脩,关中乱。十月,公遣右将军朱龄石代安西将军桂阳公义真为雍州刺史。义真既还,为佛佛虏所追,大败,仅以身免。诸将帅及龄石并没。领军檀祗卒,以中军司马檀道济为中领军。

十二月,天子崩,大司马琅邪王即帝位。

元熙元年正月,诏遣大使征公入辅。又申前命,进公爵为王,以徐州之海陵、东海、北谯、北梁、豫州之新蔡、兖州之北陈留、司州之陈郡、汝南颍川、荥阳十郡,增宋国。七月,乃受命,赦国内五岁刑以下。迁都寿阳。以尚书刘怀慎为北徐州刺史,镇彭城。九月,解扬州。十二月,天子命王冕十有二旒,建天子旌旗,出警入跸,乘金根车,驾六马,备五时副车,置旄头云罕,乐舞八佾,设钟虡宫县。进王太妃为太后,王妃为王后,世子为太子,王子、王孙爵命之号,一如旧仪。

二年四月,征王入辅。六月,至京师。晋帝禅位于王,诏曰:

夫天造草昧,树之司牧,所以陶钧三极,统天施化。故大道之行,选贤与能,隆替无常期,禅代非一族,贯之百王,由来尚矣。晋道陵迟,仍世多故,爰暨元兴,祸难既积,至三光贸位,冠履易所,安皇播越,宗祀堕泯,则我宣、元之祚,永坠于地,顾瞻区域,翦焉已倾。

相国宋王,天纵圣德,灵武秀世,一匡颓运,再造区夏,固以兴灭继绝,舟航沦溺矣。若夫仰在璿玑,旁穆七政,薄伐不庭,开复疆宇。遂乃三俘伪主,开涤五都,雕颜卉服之乡,龙荒朔漠之长,莫不回道朝阳,沐浴玄泽。故四灵效瑞,川岳启图,嘉祥杂遝,休应炳著,玄象表革命之期,华裔注乐推之愿。代德之符,著乎幽显,瞻乌爰止,允集明哲,夫岂延康有归,咸熙告谢而已哉。

昔火德既微,魏祖底绩,黄运不竞,三后肆勤。故天之历数,实有攸在。朕虽庸暗,昧于大道,永鉴废兴,为日已久。念四代之高义,稽天人之至望,予其逊位别宫,归禅于宋,一依唐虞、汉魏故事。

诏草既成,送呈天子,使书之。天子即便操笔,谓左右曰:"桓玄之时,天命已改,重为刘公所延,将二十载。今日之事,本所甘心。"甲子,策曰:

咨尔宋王:夫玄古权舆,悠哉邈矣,其详靡得而闻。爰自书契,降逮三、五,莫不以上圣君四海,止戈定大业。然则帝王者,宰物之通器;君道者,天下之至公。昔在上叶,深鉴兹道,是以天禄既终,唐、虞弗得传其嗣;符命来格,舜、禹不获全其谦。所以经纬三才,澄序彝化,作范振古,垂风万叶,莫尚于兹。自是厥后,历代弥劭,汉既嗣德于放勋,魏亦方轨于重华。谅以协谋乎人鬼,而以百姓为心者也。

昔我祖宗钦明,辰居其极,而明晦代序,盈亏有期。翦商兆祸,非唯一世,曾是弗克,矧伊在今,天之所废,有自来矣。惟王体上圣之姿,苞二仪之德,明齐日月,道合四时。乃者社稷倾覆,王拯而存之,中原芜梗,又济而复之。自负固不实,干纪放命,肆逆滔天,窃据万里。靡不润之以风雨,震之以雷霆。九伐之道既敷,八法之化自理。岂伊博施于民,济斯黔庶,固以义洽四海,道威八荒者矣。至于上天垂象,四灵效征,图谶之文既明,人神之望已改。百工歌于朝,庶民颂于野,亿兆抃踊,倾伫惟新。自非百姓乐推,天命攸集,岂伊在予,所得独专。是用仰祇皇灵,俯顺群议,敬禅神器,授帝位于尔躬。

大祚告穷,天禄永终。於戏!王其允执其中,敬遵典训,副率土之嘉愿,恢洪业于无穷,时膺休佑,以答三灵之眷望。

又玺书曰:

盖闻天生蒸民,树之以君,帝皇寄世,实公四海,崇替系于勋德,升降存乎其人。故有国必亡,十年著其数,代谢无常,圣哲握其符。昔在上世,三圣系轨,畴咨四岳,以弘揖让。惟先王之有作,永垂范于无穷。及刘氏致禅,实尧是法,有魏告终,亦宪兹典。我世祖所以抚归运而顺人事,乘利见而定天保者也。而道不常泰,戎夷乱华,丧我洛食,蹙国江表,仍遭否运,沦陂相因。逮于元兴,遂倾宗祀。幸赖神武光天,大节宏发,匡复我社稷,重造我国家。惟王圣德钦明,则天光大,应期诞载,明保王室。内纾国难,外播宏略,诛大憝于汉阳,遄僭盗于沂渚,澄氛西岷,肃清南越,再静江、湘,拓定樊、沔。若乃永怀区宇,思一声教,王师首路,则伊、洛澄流,棱威崤、潼,则华岳褰霭,伪首衔璧,咸阳即序。虽彝器所铭,《诗》《书》所咏,庸勋之盛,莫之与二也。遂偃武修文,诞敷德政,八统以驭万民,九职以刑邦国,思兼三王,以施四事。故能信著幽显,义感殊方。自历世所宾,舟车所暨,靡不讴歌仁德,抃舞来庭。

朕每敬惟道勋,永察符运,天之历数,实在尔躬。是以五纬升度,屡示除旧之迹;三光协数,必昭布新之祥。图谶祯瑞,皎然斯在。加以龙颜英特,天授殊姿,君人之表,焕如日月。《传》称"惟天为大,惟尧则之"。《诗》云"有命自天,命此文王。"夫"或跃在渊"者,终飨九五之位;"勋格天地"者,必膺大宝之业。昔土德告沴,传祚于我有晋,今历运改卜,永终于兹,亦以金德而传于宋。仰四代之休义,鉴明昏之定期,询于群公,爰逮庶尹,咸曰休哉,罔违朕志。今遣使持节、兼太保、散骑常侍、光禄大夫澹,兼太尉、尚书宣范奉皇帝玺绶,受终之礼,一如唐虞、汉魏故事。王其允答人神,君临万国,时膺灵祉,酬于上天之眷命。

王奉表陈让,晋帝已逊琅邪王第,表不获通。于是陈留王虔嗣等二百七十人及宋台群臣,并上表劝进。上犹不许。太史令骆达陈天文符瑞数十条,群臣又固请,王乃从之。

宋书卷三
本纪第三

武帝下

永初元年夏六月丁卯,设坛于南郊,即皇帝位,柴燎告天。策曰:

　　皇帝臣讳,敢用玄牡昭告皇天后帝:晋帝以卜世告终,历数有归,钦若景运,以命于讳。夫树君宰世,天下为公,德充帝王,乐推攸集。越俶唐、虞,降暨汉、魏,靡不以上哲格文祖,元勋陟帝位,故能大拯黔首,垂训无穷。晋自东迁,四维不振,宰辅凭依,为日已久。难棘隆安,祸成元兴,遂至帝三迁播,宗祀埋灭。讳虽地非齐、晋,众无一旅,仰愤时难,俯悼横流,投袂一援,则皇祀克复。及危而能持,颠而能扶,奸宄具歼,僭伪必灭。诚兴废有期,否终有数。至于大造晋室,拨乱济民,因藉时来,实尸其重。加以殊俗慕义,重译来庭,正朔所暨,咸服声教。至乃三灵垂象,山川告祥,人神协祉,岁月滋著。是以群公卿士,亿兆夷人,佥曰"皇灵降鉴于上,晋朝款诚于下,天命不可以久淹,宸极不可以暂旷"。遂逼群议,恭兹大礼。猥以寡德,托于兆民之上,虽仰畏天威,略是小节,顾探永怀,祗惧若陨。敬简元辰,升坛受禅,告类上帝,用酬万国之情。克隆天保,永祚于有宋。惟明灵是飨。

礼毕,备法驾幸建康宫,临太极前殿,诏曰:

　　夫世代迭兴,承天统极,虽遭遇异涂,因革殊事,若乃功济

区宇,道振生民,兴废所阶,异世一揆。朕以寡薄,属当艰运,藉
否终之期,因士民之力,用获拯溺,匡世拨乱,安国宁民,业未
半古,功参曩烈。晋氏以多难仍遘,历运已移,钦若前王,宪章
令轨,用集大命于朕躬。惟德匪嗣,辞不获申,遂祗顺三灵,飨
兹景祚,燔柴于南郊,受终于文祖。猥当与能之期,爰集乐推之
运,嘉祚肇开,隆庆惟始,思俾休嘉,惠兹兆庶。其大赦天下。改
晋元熙二年为永初元年。赐民爵二级,鳏寡孤独不能自存者,
人谷五斛。逋租宿债勿复收。其有犯乡论清议、赃污淫盗,一
皆荡涤洗除,与之更始。长徒之身,特皆原遣。亡官失爵,禁锢
夺劳,一依旧准。

封晋帝为零陵王,令食一郡。载天子旌旗,乘五时副车,行晋正
朔,郊祀天地,礼乐制度皆用晋典。上书不为表,答表勿称诏。追尊
皇考为孝穆皇帝,皇妣为穆皇后,尊王太后为皇太后。诏曰:"夫微
禹之感,叹深后昆,盛德必祀,道隆百世。晋氏封爵,咸随运改,至于
德参微管,勋济苍生,爰人怀树,犹或勿翦,虽在异代,义无泯绝。降
杀之宜,一依前典。可降始兴公封始兴县公,庐陵公封柴桑县公,各
千户;始安公封荔浦县侯,长沙公封醴陵县侯,康乐公可即封县侯,
各五百户;以奉晋故丞相王导、太傅谢安、大将军温峤、大司马陶
侃、车骑将军谢玄之祀。其宣力义熙,豫同艰难者,一仍本秩,无所
减降。"封晋临川王司马宝为西丰县侯,食邑千户。

庚午,以司空道怜为太尉,封长沙王。追封司徒道规为临川王。
尚书仆射徐羡之加镇军将军,右卫将军谢晦为中领军,宋国领军檀
道济为护军将军,中领军刘义欣为青州刺史。立南郡公义庆为临川
王。又诏曰:"夫铭功纪劳,有国之要典,慎终追旧,在心之所隆。自
大业创基,十有七载,世路迍邅,戎车岁动,自东徂西,靡有宁日。实
赖将帅竭心,文武尽效,宁内拓外,迄用有成。威灵远著,寇逆消荡,
遂当揖让之礼,猥飨天人之祚。念功简劳,无忘鉴寐,凡厥诚勤,宜
同国庆。其酬赏复除之科,以时论举。战亡之身,厚加复赠。"乙亥,
立桂阳公义真为庐陵王,彭城公讳为宜都王,第四皇子义康为彭城

王。

丁丑，诏曰：“古之王者，巡狩省方，躬览民物，搜扬幽隐，拯灾恤患，用能风泽遐被，远至迩安。朕以寡暗，道谢前哲，因受终之期，托兆庶之上，鉴寐属虑，思求民瘼。才弱事艰，若无津济，夕惕永念，心驰遐域。可遣大使分行四方，旌贤举善，问所疾苦。其有狱讼亏滥，政刑乖愆，伤化扰治，未允民听者，皆当具以事闻。方事之宜，无失厥中，畅朝廷乃眷之旨，宣下民壅隔之情。”戊寅，诏曰：“百官事殷俸薄，禄不代耕。虽国储未丰，要令公私周济。诸供纳昔减半者，可悉复旧。六军见禄粗可，不在此例。其余官僚，或自本俸素少者，亦畴量增之。”己卯，改晋《泰始历》为《永初历》。

秋七月丁亥，原放劫贼余口没在台府者，诸徙家并听还本。又运舟材及运船，不复下诸郡输出，悉委都水别量。台府所须，皆别遣主帅与民和市，即时酧直，不复责租民求辨。又停废厩车牛，不得以官威假借。又以市税繁苦，优量减降。从征关、洛，殒身战场，幽没不反者，赡赐其家。己丑，陈留王曹虔嗣薨。

辛卯，复置五校三将官，增殿中将军员二十人，余在员外。戊戌，后将军、雍州刺史赵伦之进号安北将军，征虏将军、北徐州刺史刘怀慎进号平北将军，征西大将军、开府仪同三司杨盛进号车骑大将军。甲辰，镇西将军李歆进号征西将军，平西将军乞佛炽盘进号安西大将军，征东将军高句骊王高琏进号征东大将军，镇东将军百济王扶余映进号镇东大将军。置东宫冗从仆射、旅贲中郎将官。戊申，迁神主于太庙，车驾亲奉。

壬子，诏曰：“往者军国务殷，事有权制，劾科峻重，施之一时。今王道惟新，政和法简，可一除之，还遵旧条。反叛淫盗三犯补冶士，本谓一事三犯，终无悛革。主者顷多并数众事，合而为三，甚违立制之旨，普更申明。”

八月戊午，西中郎将、荆州刺史宜都王讳进号镇西将军。辛酉，开亡叛赦，限内首出，蠲租布二年。先有资状、黄籍犹存者，听复本注。诸旧郡县以北为名者，悉除；寓立于南者，听以南为号。又制：

"有无故自残伤者补冶士,实由政刑烦苛,民不堪命,可除此条。"罢青州并兖州。

戊辰,诏曰:"彭、沛、下邳三郡,首事所基,情义缱绻,事由情奖,古今所同。彭城桑梓本乡,加隆攸在,优复之制,宜同丰、沛。其沛郡、下邳可复租布三十年。"辛未,追谥妃臧氏为敬皇后。癸酉,立王太子为皇太子。

乙亥,诏曰:"朕承历受终,猥飨天命。荷积善之祚,藉士民之力,率由令范,先后祗严,宣训七庙肇建,情敬无违。加以储宫备礼,皇基弥固,国庆家礼,爰集旬日,岂予一人,犹荷兹庆。其见刑罪无轻重,可悉原赦。限百日,以今为始。先因军事所发奴僮,各还本主;若死亡及勋劳破免,亦依限还直。"

闰月壬午朔,诏曰:"晋世帝后及藩王诸陵守卫,宜便置格。其名贤先哲,见优前代,或立德著节,或宁乱庇民,坟茔未远,并宜洒扫。主者具条以闻。"丁酉,特进、左光禄大夫孔季恭加开府仪同三司。

辛丑,诏曰:"主者处案虽多所谘详,若众官命议,宜令明审。自顷或总称参详,于文漫略。自今有异意者,皆当指名其人。所见不同,依旧继启。"又诏曰:"诸处冬使,或遣或不,事役宜省,可悉停。唯元正大庆,不在其例。郡县遣冬使诣州及都督府,亦停之。"

九月壬子朔,置东宫殿中将军十人,员外二十人。壬申,置都官尚书。冬十月辛卯,改晋所用王肃祥禫二十六月仪,依郑玄二十七月而后除。十二月辛巳朔,车驾临延贤堂听讼。

二年春正月辛酉,车驾祠南郊,大赦天下。丙寅,断金银涂。以扬州刺史庐陵王义真为司徒,以尚书仆射、镇军将军徐羡之为尚书令、扬州刺史。丙子,南康揭阳蛮反,郡县讨破之。已卯,禁丧事用铜钉。罢会稽郡府。

二月己丑,车驾幸延贤堂,策试诸州郡秀才、孝廉。扬州秀才顾练、豫州秀才殷朗所对称旨,并以为著作佐郎。戊申,制中二千石加公田一顷。

三月乙丑，初限荆州府置将不得过二千人，吏不得过一万人；州置将不得过五百人，吏不得过五千人。兵士不在此限。

夏四月己卯朔，诏曰："淫祠惑民费财，前典所绝，可并下在所，除诸房庙。其先贤及以勋德立祠者，不在此例。"戊申，车驾于华林园听讼。己亥，以左卫将军王仲德为冀州刺史。

五月己酉，置东宫屯骑、步兵、翊军三校尉官。甲戌，车驾又幸华林园听讼。

六月壬寅，诏曰："杖罚虽有旧科，然职务殷碎，推坐相寻。若皆有其实，则体所不堪；文行而已，又非设罚之意。可筹量粗为中否之格。"车驾又于华林园听讼。甲辰，制诸署敕吏四品以下，又府署所得辄罚者，听统府寺行四十杖。

秋七月己巳，地震。

八月壬辰，车驾又于华林园听讼。

九月己丑，零陵王薨。车驾三朝率百僚举哀于朝堂，一依魏明帝服山阳公故事。太尉持节监护，葬以晋礼。

冬十月丁酉，诏曰："兵制峻重，务在得宜。役身死叛，辄考傍亲，流迁弥广，未见其极。遂令冠带之伦，沦陷非所。宜革以弘泰，去其密科。自今犯罪充兵合举户从役者，便付营押领。其有户统及谪止一身者，不得复侵滥服亲，以相连染。"己亥，以凉州胡大师沮渠蒙逊为镇军大将军、开府仪同三司、凉州刺史。癸卯，车驾于延贤堂听讼。以员外散骑常侍应袭为宁州刺史。

三年春正月甲辰朔，诏刑罪无轻重，悉皆原降。壬子，以前冀州刺史王仲德为徐州刺史。癸丑，以尚书令、扬州刺史徐羡之为司空、录尚书事，刺史如故，抚军将军、江州刺史王弘进号卫将军、开府仪同三司，太子詹事傅亮为尚书仆射，中领军谢庄为领军将军。乙卯，以辅国将军毛德为司州刺史。乙丑，诏曰："古之建国，教学为先，弘风训世，莫尚于此，发蒙启滞，咸必由之。故爰自盛王，迄于近代，莫不敦崇学艺,修建庠序。自昔多故,戎马在郊,旍旗卷舒,日不暇给。遂令学校荒废,讲诵蔑闻,军旅日陈,俎豆藏器,训诱之风,将坠于地。后生大惧于墙面,故老窃叹于子衿。此《国风》所以永思,《小雅》所以怀古。今王略远届,华域载清,仰风之士,日月以冀。便宜傅延胄子,陶奖童蒙,选备儒官,弘振国学。主者考详旧典,以时施行。"

二月丁丑,诏曰:"豫州南临江浒,北接河、洛,民荒境旷,转输艰远,抚莅之宜,各有其便。淮西诸郡,可立为豫州;自淮以东,为南豫州。"以豫州刺史彭城王义康为南豫州刺史,征虏将军刘粹为豫州刺史。又分荆州十郡还立湘州,左卫将军张纪为湘州刺史。戊寅,以徐州之梁还属豫州。

三月,上不豫。太尉长沙王道怜、司空徐羡之、尚书仆射傅亮、领军将军谢晦、护军将军檀道济并入侍医药。群臣请祈祷神祇,上不许,唯使侍中谢方明以疾告庙而已。丁未,以司徒庐陵王义真为车骑将军、开府仪同三司、南豫州刺史。上疾瘳。己未,大赦天下。时秦雍流户悉南入梁州。庚申,送综绢万匹,荆、雍州运米,委州刺史随宜赋给。辛酉,亡命刁弥攻京城,得入,太尉留府司马陆仲元讨斩之。

夏四月乙亥,封仇池公杨威为武都王,平南将军杨抚进号安南将军。丁亥,以车骑司马徐琰为兖州刺史。庚寅,左光禄大夫、开府仪同三司孔季恭薨。

五月,上疾甚,召太子戒之曰:"檀道济虽有干略,而无远志,非如兄韶有难御之气也。徐羡之、傅亮当无异图。谢晦数从征伐,颇识机变,若有同异,必此人也。小却,可以会稽、江州处之。"又为手诏曰:"朝廷不须复有别府,宰相带扬州,可置甲士千人。若大臣中任要,宜有爪牙以备不祥人者,可以台见队给之。有征讨,悉配以台见军队,行还复旧。后世若有幼主,朝事一委宰相,母后不烦临朝。仗既不许入台殿门,要重人可详给班剑。"癸亥,上崩于西殿,时年六十七。秋七月己酉,葬丹阳建康县蒋山初宁陵。

上清简寡欲，严整有法度，未尝视珠玉舆马之饰，后庭无纨绮丝竹之音。宁州尝献虎魄枕，光色甚丽。时将北征，以虎魄治金创，上大悦，命捣碎分付诸将。平关中，得姚兴从女，有盛宠，以之废事，谢晦谏，即时遣出。财帛皆在外府，内无私藏。宋台既建，有司奏东西堂施局脚床、银涂钉，上不许，使用直脚床，钉用铁。诸主出适，遣送不过二十万，无锦绣金玉。内外奉禁，莫不节俭。性尤简易，常著连齿木履，好出神虎门逍遥，左右从者不过十余人。时徐羡之住西州，尝幸羡之，便步出西掖门，羽仪络驿追随，已出西明门矣。诸子旦问起居，入阁脱公服，止著裙帽，如家人之礼。孝武大明中，坏上所居阴室，于其处起玉烛殿，与群臣观之。床头有土鄣，壁上葛灯笼、麻绳拂。侍中袁颛盛称上俭素之德。太祖不答，独曰："田舍公得此，以为过矣。"故能光有天下，克成大业者焉。

　　史臣曰：汉氏载祀四百，比阼隆周，虽复四海横溃，而民系刘氏，慄慄黔首，未有迁奉之心。魏武直以兵威服众，故能坐移天历，鼎运虽改，而民未忘汉。及魏室衰孤，怨非结下。晋藉宰辅之柄，因皇族之微，世擅重权，用基王业。至于宋祖受命，义越前模。晋自社庙南迁，禄去王室，朝权国命，递归台辅。君虽存，主威久谢。桓温雄才盖世，勋高一时，移鼎之业已成，天人之望将改。自斯以后，晋道弥昏，道子开其祸端，元显成其末衅，桓玄藉运乘时，加以先父之业，因基革命，人无异心。高祖地非桓、文，众无一旅，曾不浃旬，夷凶翦暴，祀晋配天，不失旧物，诛内清外，功格区宇。至于钟石变声，柴天改物，民已去晋，异于延康之初，功实静乱，又殊咸熙之末。所以恭皇高逊，殆均释负。若夫乐推所归，讴歌所集，魏、晋采其名，高祖收其实矣。盛哉！

宋书卷四
本纪第四

少　帝

少帝讳义符，小字车兵，武帝长子也。母曰张夫人。晋义熙二年，生于京口。武帝晚无男，及帝生，甚悦。年十岁，拜豫章公世子。帝有旅力，善骑射，解音律。宋台建，拜宋世子。元熙元年，进为宋太子。武帝受禅，立为皇太子。

永初三年五月癸亥，武帝崩，是日，太子即皇帝位。大赦，尊皇太后曰太皇太后。

六月壬申，以尚书仆射傅亮为中书监，司空徐羡之、领军将军谢晦及亮辅政。戊子，太尉长沙王道怜薨。

秋九月丁未，有司奏武皇帝配南郊，武敬皇后配北郊。

冬十一月戊午，有星孛于营室。

十二月庚戌，魏军克滑台。

明年春正月己亥朔，大赦，改元为景平元年。文武进位二等。辛巳，祀南郊。虏将达奚卬破金墉，进围虎牢。毛德祖击虏败之，虏退而复合。拓跋木末又遣平安公涉归寇青州。癸卯，河南郡失守。乙卯，有星孛于东壁。

二月丁丑，太皇太后崩。沮渠蒙逊、吐谷浑阿豺并遣使朝贡。庚辰，爵蒙逊为大将军，封河西王。以阿豺为安西将军、沙州刺史，封

浇河公。辛未，富阳人孙法光反，寇山阴，会稽太守褚谈遣山阴令陆
劭讨败之。

三月壬寅，孝懿皇后祔葬于兴宁陵。是月，高丽国遣使朝贡。甲
子，豫州刺史刘粹遣军袭许昌，杀虏颍州太守庾龙。乙丑，虏骑寇高
平。初，虏自河北之败，请修和亲；及闻高祖崩，因复侵扰，河、洛之
地骚然矣。

夏四月，檀道济北征，次临朐，焚虏攻具。乙未，魏军克虎牢，执
司州刺史毛德祖以归。

秋七月癸酉，尊所生张夫人为皇太后。丁丑，以旱，诏赦五岁以
下罪人。

冬十月己未，有星孛于氐，指尾，贯摄提，向大角，仲月在危，季
月扫天仓而后灭。是岁，魏主拓跋嗣薨，子焘立。

十二月丙寅，省宁州之江阳、犍为、安上三郡，合为宋昌郡。

二年春正月癸巳朔，日有蚀之。废南豫州刺史庐陵王义真为庶
人，徙新安郡。乙未，以皇弟义恭为冠军将军、南豫州刺史。乙巳，
大风，天有五色云，占者以为有兵。高丽国遣使贡献。执政使使者
诛义真于新安。

夏五月，江州刺史檀道济、扬州刺史王弘入朝。帝居处所为多
过失。乙酉，皇太后令曰：

　　王室不造，天祸未悔，先帝创业弗永，弃世登遐。义符长
嗣，属当天位，不谓穷凶极悖，一至于此。大行在殡，宇内哀惶，
幸灾肆于悖词，喜容表于在戚。至乃征召乐府，鸠集伶官，优倡
管弦，靡不备奏，珍羞甘膳，有加平日。采择媵御，产子就宫，觍
然无怍，丑声四远。及懿后崩背，重加天罚，亲与左右执绋歌
呼，推排梓宫，抃掌笑谑，殿省备闻。加复日夜媟狎，群小慢戏，
兴造千计，费用万端，帑藏空虚，人力殚尽。刑罚苛虐，幽囚日
增。居帝王之位，好皂隶之役，处万乘之尊，悦厮养之事。亲执
鞭扑，殴击无辜，以为笑乐。穿池筑观，朝成暮毁，征发工匠，疲

极兆民。远近叹嗟,人神怨怒,社稷将坠,岂可复嗣守洪业,君临万邦!今废为荥阳王,一依汉昌邑、晋海西故事。镇^{下缺}

^{上缺}则创业之君,自天所启,宋文之主,其难乎哉!

宋书卷五
本纪第五

文　帝

　　太祖文皇帝讳义隆，小字车儿，武帝三子也。晋安帝义熙三年，生于京口。卢循之难，上年四岁，高祖使谘议参军刘粹辅上镇京城。十一年，封彭城县公。高宜伐羌至彭城，将进路，板上行冠军将军留守。晋朝加授使持节、监徐兖青冀四州诸军事、徐州刺史，将军如故。关中平定，高祖还彭城，又授监司州豫州之淮西兖州之陈留诸军事、前将军、司州刺史，持节如故，将镇洛阳。仍改授都督荆益宁雍梁秦六州豫州之河南广平扬州之义成松滋四郡诸军事、西中郎将、荆州刺史，持节如故。永初元年，封宜都王，食邑三千户。进督北秦，并前七州。进号镇西将军，给鼓吹一部。又进督湘州。是岁入朝，时年十四。长七尽五寸，博涉经史，善隶书。

　　景平二年七月中，少帝废。百官备法驾奉迎，入奉皇统。行台至江陵，进玺绂。侍中臣琇，散骑常侍臣凝之，中书监、尚书令、护军将军建城县公臣亮，左卫将军臣景仁，给事中、游击将军龙乡县侯臣隆，越骑校尉都亭侯臣纲，给事黄门侍郎臣孔璩之，散骑侍郎臣刘思考，员外散骑侍郎臣潘盛，中书侍郎臣何尚之，羽林监封阳县开国侯臣萧思话，长兼尚书左丞德阳县侯臣孙康，吏部郎中、骑都尉臣张茂度，仪曹郎中臣徐长琳，仓部郎中臣庾俊之，都官郎中臣袁洵等上表曰："臣闻否泰相革，数穷则变，天道所以不诇，卜世所以灵长。乃者运距陵夷，王室艰晦，九服之命，靡所适归，高祖之业，将坠于地。赖基厚德深,人神同奖,社稷以宁,有生获乂。伏惟陛下君德自然,圣明在御,孝悌著于家邦,风猷宣于蕃牧。是以征祥杂沓,符瑞燿辉。宗庙神灵,乃眷西顾,万邦黎献,望景托生。臣等忝荷朝列,豫充将命,复集休明之运,再睹太平之业。行台止心,瞻望城阙,不胜喜说凫藻之情,谨诣门拜表以闻。”上答曰:“皇运艰弊,数钟屯夷,仰惟崇基,感寻国故,永慕□躬,悲慨交集。赖七百祚永,股肱忠贤,故能休否以泰,天人式序。猥以不德,谬降大命,顾己兢悸,何以克堪。辄当暂归朝庭,展哀陵寝,并与贤彦申写所怀。望体其心,勿为辞费。”府州佐史并称臣,请题榜诸门,一依宫省,上不许。甲戌,发江陵。八月丙申,车驾至京城。丁酉,谒初宁陵,还于中堂即皇帝位。

元嘉元年秋八月丁酉,大赦天下,改景平二年为元嘉元年,文武赐位二等,逋租宿债勿复收。庚子,以行抚军将军、荆州刺史谢晦为抚军将军、荆州刺史。癸卯,司空、录尚书事、扬州刺史徐羡之进位司徒,卫将军、江州刺史王弘进位司空,中书监、护军将军傅亮加左光禄大夫、开府仪同三司,抚军将军、荆州刺史谢晦进号卫将军,镇北将军、南兖州刺史檀道济进号征北将军。甲辰,追尊所生胡婕妤为皇太后,谥曰章后。卫将军、南徐州刺史彭城王义康进号骠骑将军,冠军将军、南豫州刺史义恭进号抚军将军,封江夏王。立第六皇弟义宣为竟陵王,第七皇弟义季为衡阳王。戊申,以豫州刺史刘粹为雍州刺史,骁骑将军管义之为豫州刺史,南蛮校尉到彦之为中领军。己酉,减荆、湘二州今年税布之半。

九月丙子,立妃袁氏为皇后。

二年春正月丙寅,司徒徐羡之、尚书令傅亮奉表归政,上始亲览。车驾祠南郊,大赦天下。

三月乙丑,左将军、徐州刺史王仲德进号安北将军。

夏五月戊寅,特进谢澹卒。

秋八月甲申,以关中流民出汉川,置京兆、扶风、冯翊等郡。乙酉,骠骑将军、南徐州刺史彭城王义康为开府仪同三司,新除司空王弘为车骑大将军、开府仪同三司,以右军长史江恒为广州刺史。

冬十一月癸酉,以前将军杨玄为征西将军、北秦州刺史。

三年春正月丙寅,司徒、录尚书事、扬州刺史徐羡之,尚书令、护军将军、左光禄大夫傅亮,有罪伏诛。遣中领军到彦之、征北将军檀道济讨荆州刺史谢晦,上亲率六师西征。大赦天下。丁卯,以车骑大将军、江州刺史王弘为司徒、录尚书事、扬州刺史,骠骑将军、南徐州刺史彭城王义康改为荆州刺史,抚军将军、南豫州刺史江夏王义恭改为南徐州刺史。己巳,以前护军将军赵伦之为镇军将军。

闰月丙戌,皇子劭生。

二月乙卯,系囚见徒,一皆原赦。戊午,以金紫光禄大夫王敬弘为尚书左仆射,豫章太守郑鲜之为尚书右仆射。建安太守潘城有罪伏诛。庚申,特进范泰加光禄大夫。是日,车驾发京师。戊辰,到彦之、檀道济大破谢晦于隐矶。丙子,车驾自芜湖反旆。己卯,擒晦于延头,送京师,伏诛。

三月辛巳,车驾还宫。

夏五月乙未,以征北将军、南兖州刺史檀道济为征南大将军、江州刺史,中领军到彦之为南豫州刺史。戊戌,以后将军长沙王义欣为南兖州刺史。乙巳,骠骑大将军、凉州牧大且渠蒙逊改为车骑大将军。诏曰:“夫哲王宰世,广达四聪,犹巡岳省方,采风观政。所以情伪必审,幽遐罔滞,王泽无拥,九皋有闻者也。朕以寡薄,猥纂洪绪,虽永念治道,志存昧旦,愿言傅岩,发想宵寐。而丘园之秀,藏器未臻,物情民隐,尚隔视听,乃眷区域,辍寝忘餐。今氛祲祛荡,宇内宁晏,旌贤弘化,于是乎始。可遣大使巡行四方,其宰守称职之良,闾荜一介之善,详悉列奏,勿或有遗。若刑狱不恤,政治乖谬,伤民害教者,且以事闻。其高年、鳏寡、幼孤、六疾不能自存者,可与郡县优量赈给。博采舆诵,广纳嘉谋,务尽衔命之旨,俾若朕亲览焉。”

丙午,车驾临延贤堂听讼。

六月己未,以镇军将军赵伦之为左光禄大夫、领军将军。丙寅,车驾又于延贤堂听讼。丙子,又听讼。以右卫王华为中护军。

冬十一月戊寅,以梁、南秦二州刺史吉翰为益州刺史,骠骑参军刘道产为梁、南秦二州刺史。己亥,以南蛮校尉刘遵考为雍州刺史。

十二月癸丑,以中书侍郎萧思话为青州刺史。壬戌,前吴郡太守徐佩之谋反,及党与皆伏诛。

四年春正月乙亥朔,曲赦都邑百里内。辛巳,车驾亲祠南郊。

二月乙卯,行幸丹徒,谒京陵。

三月丙子,诏曰:“丹徒桑梓绸缪,大业攸始,践境永怀,触感罔极。昔汉章南巡,加恩元氏,况情义二三,有兼曩日。思播遗泽,酬慰士民。其蠲此县今年租布,五岁刑以下皆悉原遣;登城三战及大将家,随宜隐恤。”丁亥,车驾还宫。戊子,尚书右仆射郑鲜之卒。壬寅,禁断夏至日五丝命缕之属,富阳令诸葛阐之议也。

夏四月庚戌,以廷尉王徽之为交州刺史。

五月壬午,中护军王华卒。京师疾疫,甲午,遣使存问,给医药;死者若无家属,赐以棺器。

六月癸卯朔,日有蚀之。庚申,以金紫光禄大夫殷穆为护军将军。

五年春正月乙亥,诏曰:“朕恭承洪业,临飨四海,风化未弘,治道多昧,求之人事,鉴寐惟忧。加顷阴阳违序,旱疫成患,仰惟灾戒,责深在予。思所以侧身克念,议狱详刑,上答天谴,下恤民瘝。群后百司,其各献谠言,指陈得失,勿有所讳。”甲申,车驾临玄武馆阅武。戊子,京邑大火,遣使巡慰赈赐。

夏四月己亥,以南蛮校尉萧摹之为湘州刺史。戊午,以始兴太守徐豁为广州刺史。

五月己卯，以湘州刺史张邵为雍州刺史。

六月庚戌，司徒王弘降为卫将军、开府仪同三司。京邑大水，乙卯，遣使检行赈赡。以江夏内史程道惠为广州刺史。

秋八月壬戌，特进、左光禄大夫范泰卒。

冬十月甲辰，车驾于延贤堂听讼。

闰月癸未，以右军司马刘德武为豫州刺史。辛卯，安陆公相周籍之为宁州刺史。

十二月庚寅，左光禄大夫、领军将军赵伦之卒。

是岁，天竺国遣使献方物。

六年春正月辛丑，车驾亲祠南郊。癸丑，以骠骑将军、荆州刺史彭城王义康为司徒、录尚书事，领平北将军、南徐州刺史。

三月丁巳，立皇子劭为皇太子。戊午，大赦天下，赐文武位一等。辛酉，以左卫将军殷景仁为中领军。

夏四月癸亥，以尚书左仆射王敬弘为尚书令，丹阳尹临川王义庆为尚书左仆射，吏部尚书江夷为尚书右仆射。

五月壬辰朔，日有蚀之。癸巳，以新除尚书令王敬弘为特进、左光禄大夫。甲午，以抚军司马刘道济为益州刺史。乙卯，于雍州置冯翊郡。

七月己酉，以尚书左丞孔默之为广州刺史。是月，百济王遣使献方物。

九月戊午，于秦州置陇西、宋康二郡。

冬十月壬申，中领军殷景仁丁艰去职。

十一月己丑朔，日有蚀之。

十二月丁亥，河南国、河西王遣使献方物。

七年春正月癸巳，以吐谷浑慕容瑰为征西将军、沙州刺史。是月，倭国王遣使献方物。

三月戊子，遣右将军到彦之北伐，水军入河。甲午，以前征虏司马冲为司州刺史。甲寅,以前中领军殷景仁为领军将军。

夏四月癸未,诃罗单国遣使献方物。

六月己卯,以冠军将军氐杨难当为秦州刺史。

秋七月戊子,索虏碻磝戍弃城走。丙申,以平北谘议参军甄法护为梁、南秦二州刺史。戊戌,索虏滑台戍弃城走。甲寅。林邑国、诃罗佗国、师子国遣使献方物。

冬十月甲寅,罢南豫州并豫州。以左将军竟陵王义宣为徐州刺史。戊午,立钱署,铸四铢钱。戊寅,金墉城为索虏所陷。

十一月癸未,虎牢城复为索虏所陷。壬辰,遣征南大将军檀道济北讨,右将军到彦之自滑台奔退。

十二月辛酉,以南兖州刺史长沙王义欣为豫州刺史,司徒司马吉翰为司州刺史。乙亥,京邑火,延烧太社北墙。兖州刺史竺灵秀有罪伏诛。

八年春正月庚寅,于交州复立珠崖郡。癸巳,以左军将军申宣为兖州刺史。丁酉,征南大将军檀道济破索虏于东寿张。

二月乙卯,以平北司马韦朗为青州刺史。戊午,以尚书右仆射江夷为湘州刺史。辛酉,滑台为索虏所陷。癸酉,征南大将军檀道济引军还。丁丑,青州刺史萧思话弃城走。以太子右卫率刘遵考为南兖州刺史。

三月甲申,车驾于延贤堂听讼。戊申,诏曰:"自顷军役殷兴,国用增广,资储不给,百度尚繁。宜存简约,以应事实。内外可通共详思,务令节俭。"

夏四月甲寅,以衡阳王师阮万龄为湘州刺史。乙卯,以后军参军徐遵之为兖州刺史。

六月乙丑,大赦天下。己卯,割江南及扬州晋陵郡属南徐州,江北属兖州。以徐州刺史竟陵王义宣为南兖州刺史,司徒司马吉翰为徐州刺史。

闰月庚子,诏曰:"自顷农桑惰业,游食者众,荒莱不辟,督课无闻。一时水旱,便有罄匮,不深存务本,丰给靡因。郡守赋政方畿,县宰亲民之主,宜思奖训,导以良规,咸使肆力,地无遗利,耕蚕树艺,各尽其力。若有力田殊众,岁竟条名列上。"扬州旱。乙巳,遣侍御史省狱讼,申调役。丙午,以左军谘议参军刘道产为雍州刺史。

秋八月甲辰,临川王义庆解尚书仆射。丁未,割豫州秦郡属南兖州。

冬十二月,罢湘州还并荆州。

九年春三月庚戌,卫将军王弘进位太保,加中书监。丁巳,征南大将军、江州刺史檀道济进位司空。

夏四月乙亥,以护军将军殷穆为特进、右光禄大夫,建昌县公到彦之为护军将军。

五月壬申,中书监、录尚书事、卫将军、扬州刺史王弘薨。

六月甲戌,以左军谘议参军申宣为青州刺史。分青州置冀州。戊寅,司徒、南徐州刺史彭城王义康改领扬州刺史。己卯,以司徒参军崔谭为冀州刺史。壬午,以吐浑慕容延为平东将军,吐浑拾虔为平北将军,吐谷浑辉伐为镇军将军。癸未,诏曰:"益、梁、交、广,境域幽遐,治宜物情,或多偏拥。可更遣大使,巡求民瘼。"置积射、强弩将军官。乙未,以征西将军、沙州刺史吐谷浑慕容瑰为征西大将军、西秦河二州刺史、陇西王。北秦州刺史氐杨难当加号征西将军。壬寅,以抚军将军、荆州刺史江夏王义恭为征北将军、开府仪同三司、南兖州刺史,前将军临川王义庆为平西将军、荆州刺史,南兖州刺史竟陵王义宣为中书监、中军将军,征虏将军衡阳王义季为南徐州刺史。

秋七月戊辰,以尚书王仲德为镇北将军、徐州刺史。庚午,以领军将军殷景仁为尚书仆射,太子詹事刘湛为领军将军。壬申,河南国、河西王遣使献方物。

九月,妖贼赵广寇益州,陷没郡县,州府讨平之。

冬十一月壬子,以少府甄法崇为益州刺史。癸丑,于广州立宋康郡。

十二月甲戌,以右军参军李秀之为交州刺史。庚寅,立第五皇子绍为庐陵王,江夏王义恭子朗为南丰县王。

十年春正月甲寅,竟陵王义宣改封南谯王。镇北将军、徐州刺史王仲德加领兖州刺史,淮南太守段宏为青州刺史。己未,大赦天下,孤老、六疾不能自存者,人赐谷五斛。后将军、豫州刺史长沙王义欣进号镇军将军。

夏四月戊戌,青州刺史段宏加冀州刺史。封阳县侯萧思话为梁、南秦二州刺史。

五月,林邑王遣使献方物。

六月乙亥,以前青州刺史韦朗为广州刺史。阇婆州诃罗单国遣使献方物。

秋七月戊戌,曲赦益、梁、秦三州。于益州立宋宁、宋兴二郡。

八月丁丑,于青州立太原郡。辛巳,护军将军到彦之卒。

冬十一月,氐杨难当寇汉川。丁未,梁州刺史甄法护弃城走,难当据有梁州。

十一年春正月,亡命马大玄群党数百人寇泰山,州郡讨平之。

二月癸酉,以交趾太守李耽之为交州刺史。

夏四月,梁、秦二州刺史萧思话破氐杨难当,梁州平。

五月丁卯,曲赦梁、南秦二州剑阁北。戊寅,以大沮渠茂虔为征西大将军、凉州刺史。是月,京邑大水。

六月丁未,省魏郡。

是岁,林邑国、扶南国、诃罗单国遣使献方物。

十二年春正月辛酉,大赦天下。辛未,车驾亲祠南郊。癸酉,封黄龙国主冯弘为燕王。

夏四月乙酉,尚书仆射殷景仁加中护军。丙辰,诏曰:"周宗以宁,实由多士,汉室之降,亦资得人。朕寐寤乐贤,为日已久,而则哲难阶,明扬莫效。用令遗才在野,管库虚朝,永怀前载,惭德深矣。夫举尔所知,宣尼之笃训,贡士任官,先代之成准。便可宣敕内外,各有荐举。当依方铨引,以观厥用。"是夜,京都地震。

六月,丹阳、淮南、吴兴、义兴大水,京邑乘船。己酉,以徐、豫、南兖三州、会稽、宣城二郡米数百万斛,赐五郡遭水民。是月,断酒。师子国遣使献方物。

秋七月辛酉,阇婆娑达国、扶南国并遣使献方物。

八月壬申,于益州立南晋寿、新巴、西三郡。乙亥,原遭水郡诸逋负。

九月,蜀郡贼张寻为寇。

冬十一月,以右军行参军苟道覆为交州刺史。

十三年春正月癸丑,上有疾,不朝会。

三月己未,司空、江州刺史檀道济有罪伏诛。庚申,大赦天下。以中军将军南谯王义宣为镇南将军、江州刺史。

夏五月戊辰,镇北将军、徐兖二州刺史王仲德进号镇北大将军。庚辰,以征北司马王方俳为兖州刺史。

六月,高丽国、武都王遣使献方物。

秋七月己未,零陵王太妃薨。追崇为晋皇后,葬以晋礼。

八月庚寅,尚书仆射、中护军殷景仁改为护军将军。

九月癸丑,立第二皇子浚为始兴王,第三皇子讳为武陵王。

十四年春正月辛卯,车驾亲祠南郊。大赦天下;文武赐位一等;孤老、六疾不能自存者,人赐谷五斛。

二月壬子,以步兵校尉刘道真为梁、南秦二州刺史。

夏四月丁未,以辅国将军周籍之为益州刺史。

秋八月戊午,以尚书金部郎中徐森之为交州刺史。

冬十二月辛酉,停贺雪。河南国、河西王、诃罗单国并遣使献方物。

十五年春二月丁未,以平东将军吐谷浑慕容延为镇西将军、秦河二州刺史。

夏四月甲辰,燕王弘遣使献方物。立皇太子妃殷氏,赐王公以下各有差。己巳,以倭国王珍为安东将军。

五月己丑,特进、右光禄大夫殷穆卒。辛卯,镇北大将军、徐州刺史王仲德卒。壬辰,以右卫将军刘遵考为徐、兖二州刺史。

秋七月辛未,地震。甲戌,以陈、南顿二郡太守徐循为宁州刺史。

八月辛丑,以左卫将军赵伯符为徐、兖二州刺史。甲寅,以始兴内史陆徽为广州刺史。丁巳,以兖州刺史王方俳为青、冀二州刺史。

是岁,武都王、河南国、高丽国、倭国,扶南国、林邑国并遣使献方物。

十六年春正月戊寅,车驾于北郊阅武。庚寅,司徒、录尚书事、扬州刺史彭城王义康进位大将军,领司徒,余如故。征北将军、开府仪同三司、南兖州刺史江夏王义恭进位司空,刺史如故。特进、左光禄大夫王敬弘开府仪同三司。癸巳,复分荆州置湘州。

二月己亥,以南徐州刺史衡阳王义季为安西将军、荆州刺史。丁未,以始兴王浚为湘州刺史。癸亥,割梁州之巴西、梓潼、南宕渠、南汉中、南秦州之南安、怀宁凡六郡,属益州。分长沙江夏郡立巴陵郡,属湘州。

夏四月丁巳,以镇南将军、江州刺史南谯王义宣为征北将军、南徐州刺史。平西将军临川王义庆为卫将军、江州刺史。

六月己酉,陇西吐谷浑慕容延改封河南王。癸丑,以吐谷浑拾寅为平西将军,吐谷浑繁昵为抚军将军。

秋八月庚子,立第四皇子铄为南平王。

闰月乙未,镇军将军、豫州刺史长沙王义欣薨。戊戌,复分豫州之淮南为南豫州。癸卯,以左卫将军刘遵考为豫州刺史。戊申,以湘州刺史始兴王浚为南豫州刺史,武陵王讳为湘州刺史。

冬十二月乙亥,皇太子冠,大赦天下。

是岁,武都王、河南王、林邑国、高丽国并遣使献方物。

十七年夏四月戊午朔,日有蚀之。

五月癸巳,领军将军刘湛母忧去职。

秋七月壬寅,以征虏谘议参军杜骥为青州刺史。壬子,皇后袁氏崩。

八月,徐、兖、青、冀四州大水,己未,遣使检行赈恤。

九月壬子,葬元皇后于长宁陵。

冬十月戊午,前丹阳尹刘湛有罪,及同党伏诛。大赦天下,文武赐爵一级。以大将军、领司徒、录尚书、扬州刺史彭城王义康为江州刺史,大将军如故。以司空、南兖州刺史江夏王义恭为司徒、录尚书事。戊寅,卫将军临川王义庆以本号为南兖州刺史,尚书仆射、护军将军殷景仁为扬州刺史,仆射如故。

十一月丙戌,以尚书刘义融为领军将军,秘书监徐湛之为中护军。丁亥,诏曰:“前所给扬、南徐二州百姓田粮种子,兖、两豫、青、徐诸州比年所宽租谷应督入者,悉除半。今年有不收处,都原之。凡诸逋债,优量申减。又州郡估税,所在市调,多有烦刻。山泽之利,犹或禁断;役召之品,遂及稚弱。诸如此比,伤治害民。自今咸依法令,务尽优允。如有不便,即依事别言,不得苟趣一时,以乖隐恤之旨。主者明加宣下,称朕意焉。”癸丑,尚书仆射、扬州刺史殷景仁卒。

十二月癸亥,以光禄大夫王琳为尚书仆射。戊辰,以南豫州刺史始兴王浚为扬州刺史,湘州刺史武陵王讳为南豫州刺史,南平王铄为湘州刺史。

是岁,武都王、河南王、百济国遣使献方物。

十八年春二月乙卯,以豫章太守庾登之为江州刺史。

夏五月壬申,卫将军、南兖州刺史临川王义庆,征北将军、南徐州刺史南谯王义宣,并开府仪同三司。癸巳,于交州置宋熙郡。是月,沔水泛溢。

六月戊辰,遣使巡行赈赡。辛未,领军将军刘义融卒。

秋七月戊戌,以徐、兖二州刺史赵伯符为领军将军。

冬十月辛亥,以巴东、建平二郡太守臧质为徐、兖二州刺史。乙卯,省南徐州之南燕、濮阳、南广平郡。

十一月戊子,尚书仆射王琳卒。己亥,丹阳尹孟顗为尚书仆射。氐杨难当又寇汉川。

十二月癸亥,遣龙骧将军裴方明与梁、秦二州刺史刘真道讨之。十二月,晋宁太守爨松子反叛,宁州刺史徐循讨平之。

是岁,肃特国、高丽国、苏靡黎国、林邑国并遣使献方物。

十九年正月乙巳,诏曰:"夫所因者本,圣哲之远教;本立化成,教学之为贵。故诏以三德,崇以四时,用能纳诸义方,致之轨度。盛王祖世,咸必由之。永初受命,宪章弘远,将陶钧庶品,混一殊风,有诏典司,大启庠序,而频遭屯夷,未及修建。永瞻前猷,思敷鸿烈。今方隅乂宁,戎夏慕响,广训胄子,实维时务。便可式遵成规,阐扬景业。"

夏四月甲戌,以久疾愈,始奉初祠,大赦天下。

五月庚寅,梁秦二州史刘真道、龙骧将军裴方明破氐杨难当,仇池平。

闰月,京邑雨水;丁巳,遣使巡行赈恤。

六月壬午,以大沮渠无讳为征西大将军、凉州刺史。

秋七月,以梁、秦二州刺史刘真道为雍州刺史,龙骧将军裴方明为梁、南秦二州刺史。甲戌晦,日有蚀之。

冬十月甲申,芮芮国遣使献方物。己亥,以晋宁太守周万岁为宁州刺史。

十二月丙申,诏曰:"胄子始集,学业方兴。自微言泯绝,逝将千祀,感事思人,意有慨然。奉圣之胤,可速议继袭。于先庙地,特为营造,依旧给祠直令,四时飨祀。阙里往经寇乱,黉校残毁,并下鲁郡修复学舍,采召生徒。昔之贤哲及一介之善,犹或卫其丘垄,禁其刍牧,况尼父德表生民,功被百代,而坟茔荒芜,荆棘弗翦。可蠲墓侧数户,以掌洒扫。"鲁郡上民孔景等五户居近孔子墓侧,蠲其课役,供给洒扫,并种松柏六百株。

是岁,婆黄国遣使献方物。

二十年春正月,于台城东西开万春、千秋二门。

二月甲戌,江州刺史庾登之为中护军。庚申,以庐陵王绍为江州刺史。仇池为索虏所没。甲申,车驾于白下阅武。

三月辛亥,安西将军、荆州刺史衡阳王义季进号征西大将军。以巴西、梓潼二郡太守申坦为梁、南秦二州刺史。

夏四月甲午,立第六皇子诞为广陵王。

五月癸丑,中护军庾登之卒。

秋七月癸丑,以杨文德为征西将军、北秦州刺史,封武都王。辛酉,以南蛮校尉萧思话为雍州刺史。甲子,前雍州刺史刘真道、梁南秦二州刺史裴方明有罪,下狱死。

八月癸未,以廷尉陶愍祖为广州刺史。

冬十二月庚午,以始兴内史檀和之为交州刺史。壬午,诏曰:

国以民为本,民以食为天。故一夫辍稼,饥者必及。仓廪既实,礼节以兴。自顷在所贫罄,家无宿积。赋役暂偏,则人怀愁垫;岁或不稔,而病乃比室。诚由政德弗孚,以臻斯弊;抑亦耕桑未广,地利多遗。宰守微化导之方,萌庶忘勤分之义。永言弘济,明发载怀。虽制令亟下,终莫惩劝,而坐望滋殖,庸可致乎?有司其班宣旧条,务尽敦课。游食之徒,咸令附业,考核勤惰,行其诛赏,观察能殿,严加黜陟。古者躬耕帝籍,敬供粢盛,仰瞻前王,思遵令典。便可量处千亩,考卜元辰。朕当亲率百辟,致礼郊甸,庶几诚素,将被斯民。

是岁,河西国、高丽国、百济国、倭国并遣使献方物。是岁,诸州郡水旱伤稼,民大饥。遣使开仓赈恤,给赐粮种。

二十一年春正月己亥,南徐、南豫州、扬州之浙江西,并禁酒。大赦天下。诸逋债在十九年以前,一切原除。去岁失收者,畴量申减。尤弊之处,遣使就郡县随宜赈恤。凡欲附农,而种粮匮乏者,并加给贷。营千亩诸统司役人,赐布各有差。戊午,卫将军临川王义庆薨。辛酉,以太子詹事刘义宗为南兖州刺史。

二月庚午,以领军将军赵伯符为豫州刺史。己丑,司徒、录尚书事江夏王义恭进位太尉,领司徒。庚寅,以右卫将军沈演之为中领军。辛卯,立第七皇子宏为建平王。甲午,以广陵王诞为南兖州刺史。

夏四月,晋陵延陵民徐耕以米千斛助恤饥民。

五月壬戌,以尚书何尚之为中护军,谘议参军刘道锡为广州刺史。

六月,连雨水。丁亥,诏曰:"霖雨弥日,水潦为患,百姓积俭,易致乏匮。二县官长及营署部司,各随统检实,给其柴米,必使周悉。"

秋七月丁酉,扬州刺史始兴王浚加中军将军,南豫州刺史武陵王讳加抚军将军。乙巳,诏曰:"比年谷稼伤损,淫亢成灾,亦由播殖之宜,尚有未尽。南徐、兖、豫及扬州浙江西属郡,自今悉督种麦,以助阙乏。速运彭城下邳郡见种,委刺史贷给。徐、豫土多稻田,而民间专务陆作,可符二镇,履行旧陂,相率修立,并课垦辟,使及来年。凡诸州郡,皆令尽勤地利,劝导播殖,蚕桑麻纻,各尽其方,不得但奉行公文而已。"

八月戊辰,征西大将军、荆州刺史衡阳王义季为征北大将军、开府仪同三司、南兖州刺史,征北将军、徐州刺史南谯王义宣为车骑将军、荆州刺史。南兖州刺史广陵王诞为南徐州刺史。

九月甲辰,以大沮渠安周为征西将军、凉州刺史,封河西王。

冬十月己卯,以左军将军徐琼为兖州刺史,大将军参军申恬为冀州刺史。

二十二年春正月辛卯朔,改用御史中丞何承天《元嘉新历》。壬辰,抚军将军、南豫州刺史武陵王讳改为雍州刺史,湘州刺史南平王铄为南豫州刺史。

二月辛巳,以侍中王僧朗为湘州刺史。甲戌,立第八皇子祎为东海王,第九皇子昶为义阳王。

夏六月辛亥,以南豫州刺史南平王铄为豫州刺史。

秋七月己未,以尚书仆射孟𫖮为尚书左仆射,中护军何尚之为尚书右仆射。雍州刺史武陵王讳讨缘沔蛮,移一万四千余口于京师。乙酉,征北大将军、南兖州刺史衡阳王义季改为徐州刺史。

九月乙未,开酒禁。

冬十月,起湖熟废田千顷。

十二月乙未,太子詹事范晔谋反,及党与皆伏诛。丁酉,免大将军彭城王义康为庶人。庚戌,以前豫州刺史赵伯符为护军将军。

二十三年春正月丁巳,以长沙内史陆徽为益州刺史。庚申,尚书左仆射孟𫖮去职。迁汉州流民于沔次。

二月癸卯,以左卫将军刘义宾为南兖州刺史。

三月,索虏寇兖、豫,青、冀刺史申恬破之。

夏四月丁未,大赦天下。

六月癸未朔,日有蚀之。交州刺史檀和之伐林邑国,克之。

秋七月辛未,以散骑常侍杜坦为青州刺史。

八月癸卯,揭阳赭贼攻建安郡,燔烧城府。

九月己卯,车驾幸国子学,策试诸生,答问凡五十九人。

冬十月戊子,诏曰:"庠序兴立累载,胄子隶业有成。近亲策试,睹济济之美,缅想洙、泗,永怀在井。诸生答问,多可采览。教授之官,并宜沾赉。"赐帛各有差。

十二月丁酉,以龙骧司马萧景宪为交州刺史。

是岁,大有年。筑北堤,立玄武湖,筑景阳山于华林园。

二十四年春正月甲戌,大赦天下,文武赐位一等。系囚降宥,诸逋负宽减各有差。孤老、六疾不能自存,人赐谷五斛。蠲建康、秣陵二县今年田租之半。

三月壬申,护军将军赵伯符迁职。

夏五月甲戌,青州刺史杜坦加冀州刺史。

六月,京邑疫疠,丙戌,使郡县及营署部司,普加履行,给以医药。是月,以货贵,制大钱一当两。

秋七月乙卯,以林邑所获金银宝物班赉各有差。

八月乙未,征北大将军、徐州刺史衡阳王义季薨。癸卯,以南兖州刺史刘义宾为徐州刺史。

九月己未,以中领军沈演之为领军将军。辛未,以太子詹事徐湛之为南兖州刺史。

冬十月壬午,豫章胡诞世反,杀太守桓隆之,前交州刺史檀和之南还至豫章,因讨平之。壬辰,以建平王宏为中护军。

十一月甲寅,立第十皇子浑为汝阴王。

二十五年春正月戊辰,诏曰:"比者冰雪经旬,薪粒贵踊,贫弊之室,多有窘罄。可检行京邑二县及营署,赐以柴米。"

二月庚寅,诏曰:"安不忘虞,经世之所同;治兵教战,有国之恒典。故服训明耻,然后少长知禁。顷戎政虽修,而号令未审。今宣武场始成,便可克日大习众军。当因校猎,隶武讲事。"

闰月己酉,大搜于宣武场。

三月庚辰,车驾校猎。

夏四月乙巳,新作阊阖、广莫二门,改先广莫门曰承明,开阳曰津阳。乙卯,以抚军将军、雍州刺史武陵王讳为安北将军、徐州刺史。癸亥，以右卫将军萧思话为雍州刺史。

五月己卯，罢大钱当两。

六月庚戌，零陵王司马元瑜薨。庚申，安北将军、徐州刺史武陵王讳加兖州刺史。丙寅，车骑将军、荆州刺史南谯王义宣进位司空。

秋七月壬午，左光禄大夫王敬弘薨。

八月己酉，以抚军参军刘秀之为梁、南秦二州刺史。甲子，立第十一皇子讳为淮阳王。

九月辛未，以尚书右仆射何尚之为尚书左仆射，领军将军沈演之迁职，吴兴太守刘遵考为领军将军。

二十六年春正月辛巳，车驾亲祠南郊。

二月己亥，车驾陆道幸丹徒，谒京陵。

三月丁巳，诏曰：“朕违北京，二十余载，虽云密尔，瞻涂莫从。今因四表无尘，时和岁稔，复获拜奉旧茔，展冈极之思，飨燕故老，申追远之怀。固以义兼于桑梓，情加于过沛，永言慷慨，感慰实深。宜聿宣仁惠，覃被率土。其大赦天下，复丹徒县侨旧今岁租布之半，行所经县蠲田租之半。二千石官长并勤劳王务，宜有沾锡。登城三战及大将战亡坠没之家，老病单弱者，普加赡恤。遣使巡行百姓，问所疾苦。孤老、鳏寡、六疾不能自存者，人赐谷五斛。”遣使祭晋故司空忠肃公何无忌之墓。乙丑，申南、北沛、下邳三郡复。又诏曰：“京口肇祥自古，著符近代，衿带江山，表里华甸，经涂四达，利尽淮、海，城邑高明，土风淳壹，苞总形胜，实唯名都，故能光宅灵心，克昌帝业。顷年岳牧迁回，军民徙散，廛里庐宇，不逮往日。皇基旧乡，地兼蕃重，宜令殷阜，式崇形望。可募诸州乐移者数千家，给以田宅，并蠲复。”

五月丙寅，诏曰：“吾生于此城。及卢循肆乱，害流兹境。先帝以桑梓根本，实同休戚，复以蒙稚，猥同艰难，情义缱绻，夷险兼备，旧物遗踪，犹存心目。岁月不居，逝逾三纪，时人故老，与运零落。眷惟既往，位深感叹。可搜访于时士庶文武今尚存者，具以名闻。人身已亡,而子孙见在,优量赐赉之。"车驾水路发丹徒,壬午,至京师。丙戌,婆皇国,壬辰,婆达国,并遣使献方物。

秋七月辛未,以江州刺史庐陵王绍为南徐州刺史,广陵王诞为雍州刺史。

八月己酉,以中护军建平王宏为江州刺史。癸丑,以南丰王朗为湘州刺史。

冬十月,广陵王诞改封随郡王。甲辰,以中军将军、扬州刺史始兴王浚为征北将军、开府仪同三司、南徐兖二州刺史,南徐州刺史庐陵王绍为扬州刺史。

二十七年春正月辛未,制交、宁二州假板郡县,俸禄听依台除。辛卯,百济国遣使献方物。

二月辛丑,右将军、豫州刺史南平王铄进号平西将军。辛巳,索虏寇汝南诸郡,陈、顿二郡太守郑琨,汝阳、颍川二郡太守郭道隐,委守走。索虏攻悬瓠城,行汝南郡事陈宪拒之。以军兴减百官俸三分之一。

三月乙丑,淮南太守诸葛阐求减俸禄同内百官,于是州及郡县丞尉并悉同减。戊寅,罢国子学。乙酉,以新除吏部尚书萧思话为护军将军。

夏四月壬子,安北将军、徐兖二州刺史武陵王讳降号镇军将军。

六月丁酉,侍中萧斌为青、冀二州刺史。

秋七月庚午,遣宁朔将军王玄谟北伐。太尉江夏王义恭出次彭城,总统诸军。乙亥,索虏碻磝戍委城走。

冬闰月癸亥,玄谟攻滑台不克,为虏所败,退还碻磝。辛未,雍州刺史随王诞遣军攻弘农城,克之。丙戌,又克关城。

十一月戊子,索虏陷邹山,鲁、阳平二郡太守崔邪利没。甲午,随王诞所遣军又攻陕城,克之。癸卯,左军将军刘康祖于寿阳尉武戍与虏战,败,见杀。丁未,大赦天下。

十二月戊午，内外纂严。乙丑，冗从仆射胡崇之、太子积弩将军臧澄之、建威将军毛熙祚于盱眙与虏战，败，并见杀。庚午，虏伪主率大众至瓜步。壬午，内外戒严。

二十八年春正月丙戌朔，以寇逼不朝会。丁亥，索虏自瓜步退走。丁酉，攻围盱眙城。是月，宁朔将军王玄谟自碻磝退还历下。

二月丙辰，索虏自盱眙奔走。癸酉，诏曰：“狨狁孔炽，难及数州，眷言念之，鉴寐兴悼。凶羯瘣挫，迸迹远奔，凋伤之民，宜时振理。凡遭寇贼郡县，令还复居业，封尸掩骼，赈赡饥流。东作方始，务尽劝课。贷给之宜，事从优厚。其流寓江、淮者，并听即属，并蠲复税调。”甲戌，太尉、领司徒江夏王义恭降为骠骑将军、开府仪同三司。辛巳，镇军将军、徐兖二州刺史武陵王讳降号北中郎将。壬午，车驾幸瓜步，是日解严。

三月乙酉，车驾还宫。壬辰，征北将军始兴王浚解南兖州。庚子，以辅国将军臧质为雍州刺史。戊申，徐州刺史武陵王讳为南兖州刺史。甲寅，护军将军萧思话为抚军将军、徐兖二州刺史。

夏四月癸酉，婆达国遣使献方物。索虏伪宁南将军鲁爽、中书郎鲁秀归顺。戊寅，以爽为司州刺史。

五月乙酉，亡命司马顺则自号齐王，据梁邹城。丁巳，婆皇国，戊戌，河南王，并遣使献方物。己巳，骠骑将军江夏王义恭领南兖州刺史。戊申，以尚书左仆射何尚之为尚书令，太子詹事徐湛之为尚书仆射、护军将军。壬子，以后将军随王诞为安南将军、广州刺史。

六月壬戌，以北中郎将武陵王讳为江州刺史，以振武将军、秦郡太守刘兴祖为青、冀二州刺史。

秋七月甲辰，安东将军倭王倭济进号安东大将军。

八月癸亥，梁邹平斩司马顺则。

冬十月癸亥，高丽国遣使献方物。

十一月壬寅，曲赦二兖、徐、豫、青、冀六州。

是冬，徙彭城流民于瓜步，淮西流民于姑熟，合万许家。

二十九年春正月甲午,诏曰:"经寇六州,居业未能,仍值灾涝,饥困荐臻。可速符诸镇,优量救恤。今农事行兴,务尽地利。若须田种,随宜给之。"

二月庚申,虏帅拓跋焘死。庚午,立第十二皇子休仁为建安王。

夏四月戊午,河罗单国遣使献方物。以骠骑参军张永为冀州刺史。

五月甲午,罢湘州并荆州。以始兴、临贺、始安三郡属广州。丙申,诏曰:"恶稔身灭,戎丑常数,虐虏穷凶,著于自昔。未劳资斧,已伏天诛,子孙相残,亲党离贰,关、洛伪帅,并怀内款,河朔遗民,注诚请效。拯溺荡秽,今其会也。可符骠骑、司空二府,各部分所统,东西应接。归义建绩者,随劳酬奖。"是月,京邑雨水。

六月己酉,遣部司巡行,赐樵米,给船。抚军将军萧思话率众北伐。以征北从事中郎刘瑀为益州刺史。

秋七月壬辰,汝阴王浑改封武昌王,淮阳王诨改封湘东王。丁酉,省大司农、太子仆、廷尉监官。

八月丁卯,萧思话攻碻磝,不拔,退还。

九月丁亥,以平西将军吐谷浑拾寅为安西将军、秦河二州刺史。己丑,抚军将军、徐兖二州刺史萧思话加冀州刺史,兖州如故。

冬十月癸亥,司州刺史鲁爽攻虎牢,不拔,退还。

十一月壬寅,扬州刺史庐陵王绍薨。

十二月辛未,以骠骑将军、南兖州刺史江夏王义恭为大将军、南徐州刺史,录尚书事如故。

三十年春正月戊寅,以司空、荆州刺史南谯王义宣为司徒、中军将军、扬州刺史。以南兖州并南徐州。庚辰,以领军将军刘遵考为平西将军、豫州刺史。壬午,以征北将军、南徐州刺史始兴王浚为卫将军、荆州刺史。戊子,江州刺史武陵王诨统众军伐西阳蛮。癸巳,以豫州刺史南平王铄为抚军将军、领军将军。青、徐州饥。

二月壬子，遣运部赈恤。甲子，上崩于含章殿，时年四十七。谥曰景皇帝，庙曰中宗。三月癸巳，葬长宁陵。世祖践祚，追改谥及庙号。

史臣曰：太祖幼年特秀，顾无保傅之严，而天授和敏之委，自禀君人之德。及正位南面，历年长久，纲维备举，条禁明密，罚有恒科，爵无滥品。故能内清外晏，四海谧如也。昔汉氏东京，常称建武、永平故事。自兹厥后，亦每以元嘉为言，斯故盛矣。授将遣帅，乖分阃之命，才谢光武，而遥制兵略，至于攻日战时，莫不仰听成旨。虽覆师丧旅，将非韩、白，而延寇戚境，抑此之由。及至言漏衾衽，难结商竖，虽祸生非虑，盖亦有以而然也。呜呼哀哉！

宋书卷六
本纪第六

孝武帝

世祖孝武皇帝讳骏,字休龙,小字道民,文帝第三子也。元嘉七年秋八月庚午生。十二年,立为武陵王,食邑二千户。十六年,都督湘州诸军事、征虏将军、湘州刺史,领石头戍事。十七年,迁使持节、都督南豫豫司雍并五州诸军事、南豫州刺史,将军如故,犹戍石头。二十一年,加督秦州,进号抚军将军。明年,徙都督雍梁南北秦四州荆州之襄阳竟陵南陵顺阳新野随六郡诸军事、宁蛮校尉、雍州刺史,持节、将军如故。自晋氏江左以来,襄阳未有皇子重镇,时太祖欲经略关、河,故有此授。寻给鼓吹一部。二十五年,改授都督南兖徐兖青冀幽六州豫州之梁郡诸军事、安北将军、徐州刺史,持节如故,北镇彭城。寻领兖州刺史。始兴王浚为南兖州,上解督南兖。二十七年,坐汝阳战败,降号镇军将军。又以索虏南侵,降为北中郎将。二十八年,进督南兖州、南兖州刺史,当镇山阳。寻迁都督江州荆州之江夏豫州之西阳晋熙新蔡四郡诸军事、南中郎将、江州刺史,持节如故。时缘江蛮为寇,太祖遣太子步兵校尉沈庆之等伐之,使上总统众军。

三十年正月,上出次西阳之五洲。会元凶弑逆,以上为征南将军,加散骑常侍。上率众入讨,荆州刺史南谯王义宣、雍州刺史臧质并举义兵。四月辛酉,上次溠洲。癸亥,冠军将军柳元景前锋至新亭,修建营垒。甲子,贼劭亲率众攻元景,大败退走。丙寅,上次江宁。丁卯，大将军江夏王义恭来奔，奉表上尊号。戊辰，上至于新亭。
己巳，即皇帝位。大赦天下，文武赐爵一等，从军者二等。赃污清议，
悉皆荡除。高年、鳏寡、孤幼、六疾不能自存，人赐谷五斛。逋租宿
债勿复收。长徒之身，优量降宥。崇改太祖号谥。以大将军江夏王
义恭为太尉、录尚书六条事、南徐州刺史。庚午，以荆州刺史南谯王
义宣为中书监、丞相、录尚书六条事、扬州刺史，安东将军随王诞为
卫将军、开府仪同三司、荆州刺史，雍州刺史臧质为车骑将军、开府
仪同三司、江州刺史，征房将军沈庆之为领军将军，抚军将军、兖冀
二州刺史萧思话为尚书左仆射。壬申，以征房将军王僧达为尚书右
仆射。改新亭为中兴亭。

　　五月甲戌，辅国将军申坦克京城。乙亥，辅国将军朱脩之克东
府。丙子，克定京邑。劭及始兴王浚诸同逆并伏诛。庚辰，诏曰：
"天步艰难，国道用否，虽基构永固，而气数时愆。朕以眇身，奄承皇
业，奉寻历命，鉴寐震怀。万邦风政，人治之本，感念陵替，若疾在
心。可分遣大使巡省方俗。"是日解严。辛巳，车驾幸东府城。甲申，
尊所生路淑媛为皇太后。乙酉，立妃王氏为皇后。戊子，以左卫将
军柳元景为雍州刺史。壬辰，以太尉江夏王义恭为太傅，领大司马。
甲午，曲赦京邑二百里内，并蠲今年租税。戊戌，以抚军将军南平王
铄为司空，建平王宏为尚书左仆射，东海王祎为抚军将军，新除尚
书左仆射萧思话迁职。

　　六月壬寅，以骠骑参军垣护之为冀州刺史。甲辰，以山阳太守
申恬为青州刺史。丙午，车驾还宫。初置殿门及上阁屯兵。以江夏
内史朱脩之为平西将军、雍州刺史，御史中丞王昙生为广州刺史。
戊申，以新除雍州刺史柳元景为护军将军。己酉，以司州刺史鲁爽
为南豫州刺史。庚戌，以梁、南秦二州刺史刘秀之为益州刺史，太尉
司马庞秀之为梁、南秦二州刺史，卫军司马徐遗宝为兖州刺史，宁
朔将军王玄谟为徐州刺史，卫将军随王诞进号骠骑大将军。尚书右
仆射王僧达迁职，丹阳尹褚湛之为尚书右仆射。丙辰，以侍中南谯
王世子恢为湘州刺史。丁亥，诏曰："兴王立训，务弘治节，辅臣佐

时,勤献政要,仰惟圣规,每存兹道。猥以眇躬,属承景业,阐扬遗泽,无废厥心。夫量入为出,邦有恒典,而经给之宜,多违常度。兵役糜耗,府藏散减,外内众供,未加损约,非所以聿遵先旨,敬奉遗图。自今诸可薄己厚民、去烦从简者,悉宜施行,以称朕意。"庚申,诏有司论功班赏各有差。辛酉,安西将军、西秦河二州刺史吐谷浑拾寅进号镇西大将军、开府仪同三司。庚午,还分南徐立南兖州。辛未,改封南谯王义宣为南郡王,随王诞为竟陵王,义宣次子宜阳侯恺为宜阳县王。

闰月壬申,以领军将军沈庆之为镇军将军、南兖州刺史。癸酉,以护军将军柳元景为领军将军。丙子,遣兼散骑常侍乐询等十五人巡行风俗。甲申,蠲寻阳、西阳郡租布三年。甲午,丞相南郡王义宣改为荆、湘二州刺史,骠骑大将军、荆州刺史竟陵王诞改为扬州刺史,南蛮校尉王僧达为护军将军。是月,置卫尉官。

秋七月辛丑朔,日有蚀之。甲寅,诏曰:"世道未夷,惟忧在国。夫使群善毕举,固非一才所议,况以寡德,属衰薄之期,夙宵寅想,永怀待旦。王公卿士,凡有嘉谋善政,可以维风训俗,咸达乃诚,无或依隐。"辛酉,诏曰:"百姓劳弊,徭赋尚繁,言念未义,宜崇约损。凡用非军国,宜悉停功。可省细作并尚方,雕文靡巧,金银涂饰,事不关实,严为之禁。供御服膳,减除游侈。水陆捕采,各顺时月。官私交市,务令优衷。其江海田池公家规固者,详所开驰。贵戚竞利,悉皆禁绝。"戊戌,以右卫将军宗悫为广州刺史。己巳,司空南平王铄薨。

八月辛未,武皇帝旧役军身,尝在斋内,人身犹存者,普赐解户。乙亥,尚书左仆射建平王宏加中书监、中军将军。丁亥,以沛郡太守垣阆为宁州刺史,抚军司马费沉为梁、南秦二州刺史。甲午,护军将军王僧达迁职。

九月丁巳,以前尚书刘义綦为中护军。壬戌,新亭战亡者,复同京城。劭党南海太守萧简据广州反。丁卯,辅国将军邓琬讨平之。

冬十月癸未,车驾于阅武堂听讼。

十一月丙午，以左军将军鲁秀为司州刺史。丙辰，停台省众官朔望问讯。丙寅，高丽国遣使献方物。

十二月甲戌，省都水台，罢都水使者官，置水衡令官。癸未，以将置东宫，省太子率更令、步兵、翊军校尉、旅贲中郎将、冗从仆射、左右积弩将军官，中庶子、中舍人、庶子、舍人、洗马，各减旧员之半。

孝建元年春正月己亥朔，车驾亲祠南郊，改元，大赦天下。壬寅，以丹阳尹萧思话为安北将军、徐州刺史。甲辰，护军将军刘义綦迁职，以尚书令何尚之为左光禄大夫、护军将军。戊申，诏曰："首食尚农，经邦本务，贡士察行，宁朝当道。内难甫康，政训未洽，衣食有仍耗之弊，选造无观国之美。昔卫文勤民，高宗恭默，卒能收贤岩穴，大殷季年。朕每侧席疚怀，无忘鉴寐。凡诸守莅亲民之官，可详申旧条，劝尽地利。力田善蓄者，在所具以名闻。褒甄之科，精为其格。四方秀孝，非才勿举，献答允值，即就铨擢。若止无可采，犹赐除署；若有不堪酬奉，虚窃荣荐，遣还田里，加以禁锢。尚书，百官之元本，庶绩之枢机，丞郎列曹，局司有在。而顷事无巨细，悉归令仆，非所以众材成构，群能济业者也。可更明体制，咸责厥成，纠核勤惰，严施赏罚。"壬戌，更铸四铢钱。丙寅，立皇子子业为皇太子。赐天下为父后者爵一级，孝子、顺孙、义夫、节妇粟帛各有差。是月，起正光殿。

二月庚午，豫州刺史鲁爽、车骑将军江州刺史臧质、丞相荆州刺史南郡王义宣、兖州刺史徐遗宝举兵反。乙亥，抚军将军东海王祎迁职。己卯，领军将军柳元景加抚军将军。壬午，曲赦豫州。辛卯，左卫将军王玄谟为豫州刺史。癸巳，玄谟进据梁山。丙申，以安北司马夏侯祖欢为兖州刺史。

三月癸亥，内外戒严。辛丑，以安北将军、徐州刺史萧思话为安南将军、江州刺史，抚军将军柳元景即本号为雍州刺史。癸卯，以太子左卫率庞秀之为徐州刺史。徐遗宝为夏侯祖欢所破，弃众走。丙寅，以辅国长史明胤为冀州刺史。

夏四月戊辰，以后将军刘义綦为湘州刺史。甲申，以平西将军、雍州刺史朱脩之为安西将军、荆州刺史。丙戌，镇军将军、南兖州刺史沈庆之大破鲁爽于历阳之小岘，斩爽。癸巳，进庆之号镇北大将军。封第十六皇弟休倩为东平王，未拜，薨。

五月甲寅，义宣等攻梁山，王玄谟大破之。己未，解严。癸亥，以吴兴太守刘延孙为尚书右仆射。

六月戊辰，臧质走至武昌，为人所斩，传首京师。甲戌，抚军将军柳元景进号抚军大将军，镇北大将军沈庆之并开府仪同三司。丙子，以征西将军武昌王浑为雍州刺史。癸未，分扬州立东扬州。分荆、湘、江、豫州立郢州。罢南蛮校尉。戊子，省录尚书事。庚寅，义宣于江陵赐死。

秋七月丙申朔，日有蚀之。丙辰，大赦天下，文武赐爵一级，逋租宿债勿复收。辛酉，于雍州立建昌郡。以会稽太守义阳王昶为东扬州刺史。

八月庚午，抚军大将军柳元景复为领军将军，本号如故。壬申，以游击将军垣护之为徐州刺史。壬辰，以安西司马梁坦为梁、南秦二州刺史。

九月丙申，以强弩将军尹怀顺为宁州刺史。丁酉，左光禄大夫何尚之解护军将军。甲辰，加尚之特进。丙午，以安南将军、江州刺史萧思话为镇西将军、郢州刺史。

冬十月戊寅，诏曰："仲尼体天降德，维周兴汉，经纬三极，冠冕百王。爰自前代，咸加褒述。典司失人，用阙宗祀。先朝远存遗范，有诏缮立，世故妨道，事未克就。国难频深，忠勇奋厉，实凭圣义，大教所敦。永惟兼怀，无忘待旦。可开建庙制，同诸侯之礼。详择爽垲，厚给祭秩。"丁亥，以秘书监东海王祎为抚军将军、江州刺史。于郢州立安陆郡。

十一月癸卯，复立都水台，置都水使者官。

是岁，始课南徐州侨民租。

二年正月壬寅，以冠军将军湘东王讳为中护军。

二月己丑，婆皇国遣使献方物。丙寅，以镇北大将军、南兖州刺史沈庆之为左光禄大夫、开府仪同三司。辛巳，以尚书右仆射刘延孙为南兖州刺史。

三月辛亥，以吴兴太守刘遵考为湘州刺史。壬子，以行征西将军杨文智为征西将军、北秦州刺史。

夏四月壬申，河南国遣使献方物。壬午，以豫章太守檀和之为豫州刺史。

五月戊戌，以湘州刺史刘遵考为尚书右仆射，前军司马坦闳为交州刺史。庚子，以辅国将军申坦为徐、兖二州刺史。癸卯，以右卫将军顾觊之为湘州刺史。丁未，以金紫光禄大夫王偃为右光禄大夫。

六月甲子，以国哀除释，大赦天下。庚辰，以曲江县侯王玄谟为豫州刺史。

秋七月癸巳，立第十三皇弟休佑为山阳王，第十四皇弟休茂为海陵王，第十五皇弟休业为鄱阳王。戊戌，镇西将军萧思话卒。己酉，以益州刺史刘秀之为郢州刺史。盘盘国遣使献方物。甲寅，以义兴太守到元度为益州刺史。

八月庚申，雍州刺史武昌王浑有罪，废为庶人，自杀。辛酉，以南兖州刺史刘延孙为镇军将军、雍州刺史。斤陀利国遣使献方物。三吴民饥，癸酉，诏所在赈贷。丙子，诏曰："诸苑禁制绵远，有妨肆业。可详所开弛，假与贫民。"壬午，以新除豫州刺史王玄谟为青、冀二州刺史，青州刺史申恬为豫州刺史。甲申，以右卫将军檀和之为南兖州刺史。

九月丁亥，车驾于宣武场阅武。庚戌，诏曰："国道再屯，艰虞毕集。朕虽寡德，终膺鸿庆。惟新之祉，实深百王；而惠宥之令，未殊常湮。永言勤虑，痌瘝载怀。在朕受命之前，凡以罪徙放，悉听还本。犯衅之门，尚有存者，子弟可随才署吏。"

冬十月壬午,太傅江夏王义恭领扬州刺史,骠骑大将军、扬州刺史竟陵王诞为司空、南徐州刺史,中书监、尚书左仆射、中军将军建平王宏为尚书令,将军如故。

十月戊子,中护军湘东王讳迁职,镇军将军刘延孙为护军将军。青、冀二州刺史王玄谟为雍州刺史。甲午,以大司马垣护之为青、冀二州刺史。辛亥,高丽国遣使献方物。

十二月癸亥,以前交州刺史萧景宪为交州刺史。

三年春正月庚寅,立第十八皇弟休范为顺阳王,第十九皇弟休若为巴陵王。戊戌,立第二皇子子尚为西阳王。辛丑,车驾亲祠南郊。壬子,立皇太子妃何氏。甲寅,大赦天下。

二月癸亥,右光禄大夫王偃卒。甲子,以广州刺史宗悫为平西将军、豫州刺史。丁卯,以新除御史中丞王翼为广州刺史。丁丑,始制朔望临西堂,接群下,受奏事。壬午,内外官有田在近道,听遣所给吏僮附业。

三月癸丑,以西阳王子尚为南兖州刺史。

闰月戊午,尚书右仆射刘遵考迁职。癸酉,鄱阳王休业薨。庚辰,停元嘉三十年以前兵工考剥。

夏五月辛酉,制荆、徐、兖、豫、雍、青、冀七州统内,家有马一匹者,蠲复一丁。壬戌,以右卫将军刘瑀为益州刺史。

六月,上于华林园听讼。

秋七月,太傅江夏王义恭解扬州。丙子,以南兖州刺史西阳王子尚为扬州刺史,秘书监建安王休仁为南兖州刺史。

八月戊戌,以北军中郎谘议参军费淹为交州刺史。丁未,以尚书吏部郎王琨为广州刺史。

九月壬戌,以丹阳尹刘遵考为尚书右仆射。

冬十月癸未,以寻阳太守张悦为益州刺史。丙午,太傅江夏王义恭进位太宰,领司徒。丁未,领军将军柳元景加骠骑将军,尚书令建平王宏加中书监、卫将军,抚军将军、江州刺史东海王祎进号平南将军。

十一月癸丑,淮南太守袁景有罪弃市。

十二月丙午,以侍中孔灵符为郢州刺史。

大明元年春正月辛亥朔,改元,大赦天下,赐高年孤疾粟帛各有差。庚午,护军将军刘延孙迁职,右卫将军湘东王讳为中护军。京邑雨水,辛未,遣使检行,赐以樵米。

二月己亥,复亲民职公田。索虏寇兖州。

三月壬戌,制大臣加班剑者,不得入宫城门。梁州獠求内属,立怀汉郡。

夏四月,京邑疾疫,丙申,遣使按行,赐给医药。死而无收敛者,官为敛霾。庚子,省湘州宋建郡并临贺。

五月,吴兴、义兴大水,民饥。乙卯,遣使开仓赈恤。癸酉,于华林园听讼。乙亥,以左卫将军沈昙庆为徐州刺史,辅国将军梁瑾葱为河州刺史、宕昌王。

六月己卯,以前太子步兵校尉刘祗子歆继南丰王朗。辛巳,以长沙校尉山阳王休佑为东扬州刺史,丁亥,休佑改为湘州刺史,以丹阳尹颜竣为东扬州刺史。

秋七月辛未,土断雍州诸侨郡县。

八月戊戌,于兖州立阳平郡。壬寅,于华林园听讼。甲辰,司空、南徐州刺史竟陵王诞改为南兖州刺史,太子詹事刘延孙为镇军将军、南徐州刺史。

冬十月丙申,诏曰:"旒纩之道,有孚于结绳,日昃之勤,已切于姬后。况世弊教浅,岁月浇季。朕虽戮力宇内,未明求衣,而识狭前王,务广昔代,永言菲德,其愧良深。朝咨野怨,自达者寡,惠民利公,所昧实众。自今百辟庶尹,下民贱隶,有怀诚抱志,拥郁衡闾,失理负谤,未闻朝听者,皆听躬自申奏,小大以闻。朕因听政之日,亲对览焉。"甲辰,以百济王余庆为镇东大将军。

十二月丁亥,顺阳王休范改封桂阳王。戊戌,于华林园听讼。

二年春正月辛亥,车驾祀南郊。壬子,诏曰:"去岁东土多经水灾。春务已及,宜加优课。粮种所须,以时贷给。"丙辰,复郡县田秩,并九亲禄俸。壬戌,诏曰:"先帝灵命初兴,龙飞西楚,岁纪浸远,感往缠心。奉迎文武,情深常隶,思弘殊泽,以申永怀。吏身可赐爵一级,军户免为平民。"

二月丙子,诏曰:"政道未著,俗弊尚深,豪侈兼并,贫弱困窘,存阙衣裳,没无敛槽,朕甚伤之。其明敕守宰,勤加存恤。赙赠之科,速为条品。"乙酉,以金紫光禄大夫褚湛之为尚书左仆射。丙戌,中书监、尚书令、卫将军建平王宏以本号开府仪同三司,中书监如故。丁酉,骠骑将军柳元景以本号开府仪同三司。甲辰,散骑常侍义阳王昶为中军将军。

三月丁未,中书监、尚书令、卫将军建平王宏薨。乙卯,以田农要月,太官停役牛。丁卯,上于华林园听讼。癸酉,以宁朔将军刘季之为司州刺史。

夏四月甲申,立皇子子绥为安陆王。甲午,以海陵王休茂为雍州刺史。辛丑,地震。

五月戊申,复西阳郡。

六月戊寅,增置吏部尚书一人,省五兵尚书。丁亥,左光禄大夫何尚之加开府仪同三司。戊子,以金紫光禄大夫羊玄保为右光禄大夫。丙申,诏曰:"往因师旅,多有逋亡,或连山染逆,惧致军宪,或辞役惮劳,苟免刑罚。虽约法从简,务思弘宥,恩令骤下,而逃伏犹多。岂习愚为性,忸恶难反,将在所长吏,宣导乖方。可普加宽申,咸与更始。"

秋七月甲辰,彭城民高阇等谋反,伏诛。癸亥,以右卫将军颜师伯为青、冀二州刺史。

八月乙酉,河南王遣使献方物。丙戌,中书令王僧达有罪,下狱死。己丑,以强弩将军杜叔文为宁州刺史,交州刺史费淹为广州刺史,南海太守垣阆为交州刺史。甲午,以宁朔将军沈僧荣为兖州刺史。

九月癸卯，于华林园听讼。壬戌，以宁朔将军刘道隆为徐州刺史。襄阳大水，遣使巡行赈赡。庚午，置武卫将军、武骑常侍官。

冬十月甲午，以中军将军义阳王昶为江州刺史。乙未，高丽国遣使献方物。

十一月壬子，扬州刺史西阳王子尚加抚军将军。

十二月己亥，诸王及妃、主、庶姓位从公者，丧事听设凶门，余悉断。

闰月庚子，诏曰："夫山处岩居，不以鱼鳖为礼。顷岁多虞，军调繁切，远方设赋，本济一时，而主者玩习，遂为常典。杶栝瑶琨，任土作贡，积羽群轻，终致深弊。永言弘革，无替朕心。凡寰卫贡职，山渊采捕，皆当详辨产殖，考顺岁时，勿使牵课虚悬，睽忤气序。庶简约之风，有孚于品性，惠敏之训，无漏于幽仄。"庚申，上于华林园听讼。壬戌，林邑国遣使献方物。

是冬，索虏寇青州，刺史颜师伯频大破之。

三年春正月丁亥，割豫州梁郡属徐州。己丑，以骠骑将军、领军将军柳元景为尚书令，尚书右仆射刘遵考为领军将军。丙申，婆皇国遣使献方物。

二月乙卯，以扬州所统六郡为王畿。以东扬州隶扬州。时欲立司隶校尉，以元凶已立乃止。抚军将军、扬州刺史西阳王子尚从为扬州刺史。甲子，复置廷尉监官。

荆州饥，三月甲申，原田租布各有差。庚寅，以义兴太守垣阆为兖州刺史。壬辰，中护军湘东王祎迁职，以中书令东海王祎为卫将军、护军将军。癸巳，太宰江夏王义恭加中书监。

夏四月癸卯，上于华林园听讼。丙午，以建宁太守苻仲子为宁州刺史。乙卯，司空、南兖州刺史竟陵王诞有罪，贬爵。诞不受命，据广陵城反，杀兖州刺史垣阆。以始兴公沈庆之为车骑大将军、开府仪同三司、南兖州刺史讨诞。甲子，上亲御六师，车驾出顿宣武堂。司州刺史刘季之反叛，徐州刺史刘道隆讨斩之。

秋七月己巳，克广陵城，斩诞。悉诛城内男丁，以女口为军赏。是日解严。辛未，大赦天下，尚方长徒、奚官奴婢老疾者悉原放，孝子、顺孙、义夫、节妇，赐粟帛各有差，王畿下贫之家，与近行顿所由，并蠲租一年。丙子，以丹阳尹刘秀之为尚书右仆射。丙戌，分淮南北复置二豫州。以新除车骑大将军、开府仪同三司、南兖州刺史沈庆之为司空，刺史如故。戊子，以卫将军、护军将军东海王祎为南豫州刺史，卫将军如故。江州刺史义阳王昶为护军将军，冠军将军桂阳王休范为江州刺史。癸巳，以前左卫将军王玄谟为郢州刺史。

八月丙申，诏曰："近北讨文武，于军亡没，或殒身矢石，或疠疾死亡，并尽勤王事，而敛槥卑薄。可普更赗给，务令丰厚。"己酉，以车骑长史庾深之为豫州刺史。甲子，诏曰："昔姬道方凝，刑法斯厝，汉德初明，犴圄用简，良由上一其道，下淳其性。今民浇俗薄，诚浅伪深，重以寡德，弗能心化。故知方者鲜，趣辟实繁。向因巡览，见二尚方徒隶，婴金屡校，既有矜复。加国庆民和，独隔凯泽，益以惭焉。可详所原宥。"

九月己巳，诏曰："夫五辟三刺，自古所难，巧法深文，在季弥甚。故沿情察讼，鲁师致捷，市狱勿扰，汉史飞声。廷尉远迩疑谳，平决攸归，而一蹈幽国，动逾时岁。民婴其困，吏容其私。自今囚至辞具，并即以闻，朕当悉详断，庶无留狱。若繁文滞劾，证逮遐广，必须亲察，以尽情状。自后依旧听讼。"壬辰，于玄武湖北立上林苑。

冬十月丁酉，诏曰："古者荐鞠青坛，聿祈多庆，分茧玄郊，以供纯服。来岁，可使六宫妃嫔修亲桑之礼。"庚子，镇军将军、南徐州刺史刘延孙进号车骑将军。戊申，河西国遣使献方物。庚戌，以河西王大沮渠安周为征虏将军、凉州刺史。

十一月己巳，高丽国遣使献方物。肃慎国重译献楛矢、石砮。西域献舞马。

十二月戊午，上于华林园听讼。辛酉，置谒者仆射官。

四年春正月辛未,车驾祠南郊。甲戌,宕昌王奉表献方物。乙亥,车驾躬耕藉田。大赦天下;尚方徒系及逋租宿债,大明元年以前,一皆原除;力田之民,随才叙用;孝悌义顺,赐爵一级;孤老贫疾,人谷十斛;藉田职司,优沾普赉;百姓乏粮种,随宜贷给;吏宣劝有章者,详加褒进。壬午,以北中郎司马柳叔仁为梁、南秦二州刺史。左将军、荆州刺史朱脩之进号镇军将军。庚寅,立第三皇子子勋为晋安王,第六皇子子房为寻阳王,第七皇子子顼为历阳王,第八皇子子鸾为襄阳王。

二月庚子,侍中建安王休仁为湘州刺史。乙未,以员外散骑侍郎费景绪为宁州刺史。

三月甲子,以冠军将军巴陵王休若为徐州刺史。丁卯,以安陆王子绥为郢州刺史。癸酉,以徐州刺史刘道隆为青、冀二州刺史。索虏寇北阴平孔堤,太守杨归子击破之。甲申,皇后亲桑于西郊。

夏四月癸卯,以南琅邪隶王畿。丙午,诏:“昔绂衣御宇,贬甘示节;土簋临天,饬俭昭度。朕绨帛之念,无忘于怀。虽深诏有司,省游务实,而岁用兼积,年最虚广。岂以捐丰从损,允称约心。四时供限,可详减太半。庶裘绨顺典,有偃民华;纂组伤工,无竞廛市。”辛酉,诏曰:“都邑节气未调,疫疠犹众,言念民瘼,情有矜伤。可遣使存问,并给医药,其死亡者,随宜恤赠。”

五月庚辰,于华林园听讼。乙酉,以徐州之梁郡还属豫州。丙戌,尚书左仆射褚湛之卒。以抚军长史刘思考为益州刺史。庚寅,以南下邳并南彭城郡。

秋七月甲戌,左光禄大夫、开府仪同三司何尚之薨。

八月壬寅,宕昌王遣使献方物。己酉,以晋安王子勋为南兖州刺史。雍州大水,甲寅,遣军部赈给。

九月辛未,以冠军将军垣护之为豫州刺史。甲申,上于华林园听讼。丁亥,改封襄阳王子鸾为新安王。

冬十月庚寅,遣新除司空沈庆之讨沿江蛮。壬辰,制郡县减禄,并先充公限。

十一月戊辰,改细作署令为左右御府令。丙戌,复置大司农官。

十二月乙未,上于华林园听讼。辛巳,车驾幸廷尉寺,凡囚系咸悉原遣。索虏遣使请和。丁未,车驾幸建康县,原放狱囚。倭国遣使献方物。

五年春正月丁卯,以宕昌王梁唐子为河州刺史。

二月癸巳,车驾阅武,诏曰:“昔人称人道何先,于兵为首,虽淹纪勿用,忘之必危。朕以听览余间,因时讲事,坐作有仪,进退无爽。军幢以下,普量班锡。顷化弗能孚,而民未知禁,遣役违调,起触刑网。凡诸逃亡,在今昧爽以前,悉皆原赦。已滞图圄者,释还本役。其逋负在大明三年以前,一赐原停。自此以还,鳏贫疾老,详所申减。伐蛮之家,蠲租税之半。近籍改新制,在所承用,殊谬实多,可普更符下,听以今为始。若先已犯制,亦同荡然。”甲寅,加右光禄大夫羊玄保特进。

夏四月癸巳,改封西阳王子尚为豫章王。丙申,加尚书令柳元景左光禄大夫、开府仪同三司。戊戌,诏曰:“南徐、兖二州,去岁水潦伤年,民多困窭。遣租未入者,可申至秋登。”丙午,雍州刺史海陵王休茂杀司马庚深之,举兵反,义成太守薛继考讨斩之。甲寅,以第九皇子子仁为雍州刺史。

五月癸亥,制帝室期亲,朝官非禄官者,月给钱十万。丙辰,车驾幸阅武堂听讼。

六月丙午,以护军将军义阳王昶为中军将军。壬子,分广陵置沛郡,省东平郡并广陵。

秋七月丙辰,诏曰:“雨水猥降,街衢泛溢。可遣使巡行。穷弊之家,赐以薪粟。”丁卯,高丽国遣使献方物。庚午,曲赦雍州。

八月戊子,立第九皇子子仁为永嘉王,第十一皇子子真为始安王。以北中郎参军费伯弘为宁州刺史。己丑,诏曰:“自灵命初基,圣图重远,参正乐职,感神明之应,崇殖礼囿,奋至德之光。声实同和,文以均节,化调其俗,物性其情。故临经式奠,焕乎炳发,道丧世屯,学落年永。狱讼微衰息之术,百姓忘退素之方。今息警夷嶂,恬波河渚,栈山航海,向风慕义,化民成俗,兹时笃矣。来岁可修葺庠序,旌延国胄。"庚寅,制方镇所假白板郡县,年限依台除,食禄三分之一,不给送故。卫将军东海王祎以本号开府仪同三司。

九月甲寅朔,日有食之。丁卯,行幸琅邪郡,囚系悉原遣。甲戌,移南豫州治淮南于湖县。丁丑,以冠军将军寻阳王子房为南豫州刺史。

闰月戊子,皇太子妃何氏薨。丙申,初立驰道,自阊阖门至于朱雀门,又自承明门至于玄武湖。壬寅,改封历阳王子顼为临海王。

冬十月甲寅,以车骑将军、南徐州刺史刘延孙为尚书左仆射,领护军将军,尚书右仆射刘秀之为安北将军、雍州刺史。以冠军将军临海王子顼为广州刺史。乙卯,以东中郎将新安王子鸾为南徐州刺史。

十一月壬辰,诏曰:"王畿内奉京师,外表众夏,民殷务广,宜思简惠。可遣尚书就加详检,并与守宰平治庶狱。其有疑滞,具以状闻。"丁酉,增置少府丞一人。

十二月壬申,以领军将军刘遵考为尚书右仆射。甲戌,制天下民户岁输布四匹。庚辰,以太常王玄谟为平北将军、徐州刺史。

六年春正月己丑,湘州刺史建安王休仁加平南将军。辛卯,车驾亲祠南郊。是日,又宗祀明堂。大赦天下,孝子、顺孙、义夫、悌弟,赐爵一级,慈姑、节妇及孤老、六疾,赐帛五匹,谷十斛。下四方旌赏茂异,其有怀真抱素,志行清白,恬退自守,不交当世,或识通古今,才经军国,奉公廉直,高誉在民,具以名奏。乙未,置五官中郎将、左右中郎将官。

二月乙卯,复百官禄。

三月庚寅,立第十三皇子子元为邵陵王。壬寅,以倭国王世子兴为安东将军。乙巳,改豫州南梁郡为淮南郡,旧淮南郡并宣城。丁未,辅国将军、征虏长史、广陵太守沈怀文有罪下狱死。

四月庚申,原除南兖州大明三年以前逋租。新作大航门。

五月丙戌,置凌室,修藏冰之礼。壬寅,太宰江夏王义恭解领司徒。

六月辛酉,尚书右仆射、护军将军刘延孙卒。

秋七月庚辰,以荆州刺史朱修之为领军将军,广州刺史临海王子顼为荆州刺史。甲申,地震。戊子,以辅国将军王翼之为广州刺史。辛卯,以西阳太守檀翼之为交州刺史。乙未,立第十九皇子子云为晋陵王。

八月癸亥,原除雍州大明四年以前逋租。乙亥,置清台令。

九月戊寅,制沙门致敬人主。戊子,以前金紫光禄大夫宗悫为中护军。乙未,尚书右仆射刘遵考为尚书左仆射,丹阳尹王僧朗为尚书右仆射。

冬十月丁巳,以山阳王休佑子士弘继鄱阳哀王休业。上林苑内民庶丘墓,欲还合葬者,勿禁。

十一月己卯,陈留王曹庆秀薨。辛巳,以尚书令柳元景为司空,尚书令如故。

七年春正月癸未,诏曰:“春搜之礼,著自周令;讲事之语,书于鲁史。所以昭宣德度,示民轨则。今岁稔气荣,中外宁晏,当因农隙,茸是旧章。可克日于玄武湖大阅水师,并巡江右,讲武校猎。”丁亥,以尚书右仆射王僧朗为太常,卫将军颜师伯为尚书右仆射。己丑,以尚书令柳元景为骠骑大将军、开府仪同三司。庚寅,以南兖州刺史晋安王子勋为江州刺史。癸巳,割吴郡属南徐州。

二月甲寅,车驾巡南豫、南兖二州。丙辰,诏曰:“江汉楚望,咸秩周禋,礼九疑于盛唐,祀蓬莱于渤海,皆前载流训,列圣遗式。霍山是曰南岳,实维国镇,韫灵呈瑞,肇光宋道。朕驻跸于野,有事岐阳,瞻睇风云,徘徊以想,可遣使奠祭。”丁巳,车驾校猎于历阳之乌江。己未,车驾登乌江县六合山。庚申,割历阳秦郡置临江郡。壬寅,诏曰:“朕受天庆命,十一年于兹矣。凭七庙之灵,获上帝之力,礼横四海，威震八荒。方巡三湘而奠衡岳，次九河而检云、岱。今恢览功成，省风畿表，观民六合，搜校长洲。腾沙飞砾，平岳荡海，蓺晋合序，铙钲协节，献豵如礼，馌兽倾郊，敬举王公之觞，广纳士民之寿。八风循通，卿云丛聚，尽天罄瑞，率宇竭欢。思散太极之泉，以福无方之外。可大赦天下；行幸所无出今岁租布，其逋租余债勿复收；赐民爵一级，女子百户牛酒；刺守邑宰及民夫从搜者，普加洽赉。"又诏曰："朕弱年操制，出牧阿维，承政宣风，荐历年纪。国步中阻，治戎江甸，难夷情义，实系于怀。今或练搜训旅，涉兹境间，故邑耆旧，在目罕存。年世未远，歼亡太半，抚迹惟事，倾慨兼著。太宗燕故，晋阳洽恩，世祖流仁，济畿畅泽。永言往猷，思广前赉。可蠲历阳郡租输三年。遣使巡慰，问民疾苦，鳏寡、孤老、六疾不能自存者，厚赐粟帛，高年加以羊酒。凡一介之善，随才铨贯，前国名臣及府州佐吏，量所沾锡。人身已往，施及子孙。"壬申，车驾还宫。

夏四月甲寅，以领军将军朱脩之为特进。丙辰，以尚书湘东王讳为领军将军。甲子，诏曰："自非临军战陈，一不得专杀。其罪甚重辟者，皆如旧先上须报，有司严加听察。犯者以杀人罪论。"

五月乙亥，抚军将军、扬州刺史豫章王子尚进号车骑将军，辅国将军始安王子真为广州刺史。丙子，诏曰："自今刺史守宰动民兴军，皆须手诏施行。唯边隅外警，及奸衅内发，变起仓卒者，不从此例。"

六月甲辰，以北中郎司马柳元怙为梁、南秦二州刺史。戊申，芮芮国、高丽国遣使献方物。戊辰，以秦郡太守刘德愿为豫州刺史。

七月乙亥，征东大将军高丽王□连进号车骑大将军、开府仪同三司。秋七月丙申，诏曰："前诏江海田池，与民共利。历岁未久，浸以驰替，名山大川，往往占固。有司严加检纠，申明旧制。"

八月丁巳，诏曰："昔匹妇含怨，山燋北鄙，孀妻哀恸，台倾东国。良以诚之所动，在微必著，感之所震，虽厚必崩。朕临察九野，志深待旦，弗能使烂然成章，各如其节。遂令炎精损河，阳偏不施，岁云不稔，咎实朕由。太官供膳，宜从贬撤。近道刑狱，当亲料省。

其王畿内及神州所统,可遣尚书与所在共详,畿外诸州,委之刺史。并详省律令,思存利民。其考讁贸袭,在大明七年以前,一切勿治。尤弊之家,开仓赈给。"乙丑,立第十六皇子子孟为淮南王,第十八皇子子产为临贺王。车驾幸建康、秣陵县讯狱囚。

九月己卯,诏曰:"近炎精亢序,苗稼多伤,今二麦未晚,甘泽频降。可下东境郡,勤课垦殖,尤弊之家,量贷麦种。"戊子,诏曰:"昔周王骥迹,实穷四溟,汉帝鸾轸,凤遍五岳,皆所以上对幽灵,下理民土。自天昌替驭,临宫创图,礼代夭郁,世贸兴毁。皇家造宋,日月重光,璇玑得序,五星顺命,而戎车岁动,陈诗义阙。朕聿含五光,奄一天下,思尽宝戒之规,以塞谋危之路,当沿时省方,观察风俗。外详考旧典,以副侧席之怀。"庚寅,南徐州刺史新安王子鸾兼司徒。乙未,车驾幸廷尉讯狱囚。丙申,立第十七皇子子嗣为东平王。

冬十月壬寅,太子冠,赐王公以下帛各有差。戊申,车驾巡南豫州。诏曰:"朕巡幸所经,先见百年者,及孤寡老疾,并赐粟帛。狱系刑罪,并亲听讼。其士庶或怨郁危滞,受抑吏司,或隐约洁立,负摈州里,皆听进朕前,面自陈诉。若忠信孝义,力田殖谷,一介之能,一艺之美,悉加旌赏。虽秋泽频降,而夏旱婴弊。可即开行仓,并加赈赐。"癸丑,行幸江宁县讯狱囚。车骑将军、扬州刺史豫章王子尚加开府仪同三司。癸亥,卫将军、开府仪同三司东海王祎为司空,中军将军义阳王昶加开府仪同三司。丙寅,诏曰:"赏庆刑威,奄国彝轨,黜幽升明,辟宇恒宪。故采言聆风,式观侈质,贬爵加地,于是乎在。今类帝宜社,亲巡江甸,因觐岳守,躬求民瘼,思弘明试之典,以申考绩之义。行幸所经,茬民之职,功宜宣听,即加甄赏。若废务乱民,随愆议罚。主者详察以闻。"己巳,车驾校猎于姑熟。

十一月丙子,曲赦南豫州殊死以下,巡幸所经,详减今岁田租。乙酉,诏遣祭晋大司马桓温、征西将军毛璩墓。上于行所讯溧阳、永世、丹阳县囚。癸巳,车驾习水军于梁山,有白爵二集华盖,有司奏改大明七年为神爵元年,诏不许。乙未,原放行狱徙系东诸郡大狱。壬寅,遣使开仓贷恤,听受杂物当租。

十二月丙午,行幸历阳。甲寅,大赦天下;南豫州别署敕系长徒,一切原散;其兵期考袭谪戍,悉停;历阳郡女子百户牛酒,高年孤疾,赐帛十匹;蠲郡租十年。己未,太宰江夏王义恭加尚书令。于博望梁山立双阙。癸亥,车驾至自历阳。

八年春正月甲戌,诏曰:"东境去岁不稔,宜广商货。远近贩鬻米者,可停道中杂税。其以仗自防,悉勿禁。"癸未,安北将军、雍州刺史刘秀之卒。戊子,以平南将军、湘州刺史建安王休仁为安南将军、江州刺史,晋安王子勋为镇军将军、雍州刺史,南徐州刺史新安王子鸾为抚军将军,领司徒、刺史如故,辅国将军江夏王世子伯禽为湘州刺史。

二月辛丑,特进朱脩之卒。壬寅,诏曰:"去岁东境偏旱,田亩失收,使命来者,多至乏绝,或下穷流冗,顿伏街巷,朕甚闵之。可出仓米付建康、秣陵二县,随宜赡恤。若温拯不时,以至捐弃者,严加纠劾。"乙巳,以镇军将军湘东王讳为镇北将军、徐州刺史,平北将军、徐州刺史王玄谟为领军将军。

夏闰五月辛丑,以前御史中丞萧惠开为青、冀二州刺史。壬寅,太宰江夏王义恭领太尉。特进、右光禄大夫羊玄保卒。庚申,帝崩于玉烛殿,时年三十五。秋七月丙午,葬丹阳秣陵县岩山景宁陵。

史臣曰:役己以利天下,尧、舜之心也;利己以及万物,中主之志也;尽民命以自养,桀、纣之行也。观大明之世,其将尽民命乎!虽有周公之才之美,犹终之以乱,何益哉!

宋书卷七
本纪第七

前废帝

　　前废帝讳子业，小字法师，孝武帝长子也。元嘉二十六年正月甲申生。世祖镇寻阳，子业留京邑。三十年，世祖入伐元凶，被囚侍中下省，将见害者数矣，卒得无恙。世祖践祚，立为皇太子。始未之东宫，中庶子、二率并入直永福省。大明二年，出东宫。四年讲《孝经》于崇正殿。七年，加元服。

　　八年闰五月庚申，世祖崩。其日，太子即皇帝位，大赦天下。太宰江夏王义恭解尚书令，加中书监，骠骑大将军柳元景加尚书令。甲子，置录尚书，太宰江夏王义恭录尚书事。骠骑大将军柳元景加开府仪同三司。丹阳尹永嘉王子仁为南豫州刺史。

　　六月辛未，诏曰："朕以眇身，夙绍洪业，敬御天威，钦对灵命。仰遵凝绪，日鉴前图，实可以拱默守成，诒风长世。而宝位告始，万宇改属，惟德弗明，昧于大道。思宣睿范，引兹简恤，可具询执事，详访民隐。凡曲令密文，繁而伤治，关市儌税，事施一时。而奸吏舞文，妄兴威福，加以气纬舛玄，偏颇滋甚。宜其宽徭轻宪，以救民切。御府诸署，事不须广，雕文篆刻，无施于今。悉宜并省，以酬氓愿。蕃王贸货，壹皆禁断。外便具条以闻。"戊寅，以豫州之淮南郡复为南梁郡，复分宣城还置淮南郡。庚辰，以南海太守袁昙远为广州刺史。

　　秋七月己亥，镇军将军、雍州刺史晋安王子勋改为江州刺史，中护军宗悫为安西将军、雍州刺史，镇北将军、徐州刺史湘东王讳为护军将军,中军将军义阳王昶为征北将军、徐州刺史。庚戌,婆皇国遣使献方物。崇皇太后曰太皇太后,皇后曰皇太后。乙卯,罢南北二驰道。孝建以来所故制度,还依元嘉。丙辰,追崇献妃为献皇后。乙丑,抚军将军、南徐州刺史新安王子鸾解领司徒。

八月丁卯,领军将军王玄谟为镇北将军、南徐州刺史,新安王子鸾为青冀二州刺史。己巳,以青、冀二州刺史萧惠开为益州刺史。己未,皇太后崩。京师雨水。庚子,遣御史与官长随宜赈恤。

九月辛丑,护军将军湘东王祎为领军将军。癸卯,以尚书左仆射刘遵考为特进、右光禄大夫。乙卯,文穆皇后祔葬景宁陵。

冬十月甲戌,太常建安王休仁为护军将军。戊寅,辅国将军宋越为司州刺史。庚辰,原除扬、南徐州大明七年逋租。

十二月乙酉,以尚书右仆射颜师伯为尚书仆射。壬辰,以王畿诸郡为扬州,以扬州为东扬州。癸巳,以车骑将军、扬州刺史豫章王子尚为司徒、扬州刺史。

去岁及是岁,东诸郡大旱,甚者米一升数百,京邑亦至百余,饿死者十有六七。孝建以来,又立钱署铸钱,百姓因此盗铸,钱转伪小,商货不行。

永光元年春正月乙未朔,改元。大赦天下。乙巳,省诸州台传。戊午,以领军将军湘东王祎为卫将军、南豫州刺史,护军将军建安王休仁为领军将军,秘书监山阳王休佑为豫州刺史,左卫将军桂阳王休范为中护军,南豫州刺史寻阳王子房为东扬州刺史。

二月乙丑,减州郡县田禄之半。庚寅,铸二铢钱。

三月甲辰,罢临江郡。

五月己亥,割郢州随郡属雍州。丙午,以后军司马张牧为交州刺史。

八月己巳,左军长史刘道隆为梁、南秦二州刺史。乙亥,安西将军、雍州刺史宗悫卒。壬午,卫将军、豫州刺史湘东王祎改为雍州刺史。尚书令、骠骑大将军柳元景加南豫州刺史。

秋八月辛酉,越骑校尉戴法兴有罪赐死。庚午,以尚书左仆射颜师伯为尚书仆射,吏部尚书王景文为尚书右仆射。癸酉,帝自率宿卫兵,诛太宰江夏王义恭、尚书令骠骑大将军柳元景、尚书仆射颜师伯、廷尉刘德愿。改元为景和元年,文武赐位二等。以领军将军建安王休仁为安西将军、雍州刺史,卫将军湘东王讳还为南豫州刺史。甲戌,司徒、扬州刺史豫章王子尚领尚书令,射声校尉沈文秀为青州刺史,左军司马崔道固为冀州刺史。乙亥,诏曰:“昔凝神伫逸,磻溪赞道,湛虑思才,傅岩毗化。朕位御三极,风澄万宇,资铁电断,正卯斯戮。思所以仰宣遗烈,俯弘景祚,每结梦庖鼎,瞻言板筑,有劬日昃,无忘昧旦。可甄访郡国,招聘闾部:其有孝性忠节,幽居遁栖,信诚义行,廉正表俗,文敏博识,干事治民,务加旌举,随才引擢,庶官克顺,彝伦咸叙。主者精加详括,称朕意焉。”以始兴公沈庆之为太尉,镇北将军、青冀二州刺史王玄谟为领军将军。庚辰,以石头城为长乐宫,东府城为未央宫。罢东扬州并扬州。甲申,以北邸为建章宫,南第为长扬宫。以冠军将军邵陵王子元为湘州刺史。丙戌,原除吴、吴兴、义兴、晋陵、琅邪五郡大明八年以前逋租。己丑,复立南北二驰道。

九月癸巳,车驾幸湖熟,奏鼓吹。戊戌,车驾还宫。庚子,以南兖州刺史永嘉王子仁为南徐州刺史,丹阳尹始安王子真为南兖州刺史。辛丑,抚军将军、南徐州刺史新安王子鸾免为庶人,赐死。丙午,以兖州刺史薛安都为平北将军、徐州刺史。丁未,卫将军湘东王讳加开府仪同三司,特进、右光禄大夫刘遵考为安西将军、南豫州刺史,宁朔将军殷孝祖为兖州刺史。戊申,以前梁、南秦二州刺史柳元怙复为梁、南秦二州刺史。己酉,车驾讨征北将军、徐州刺史义阳王昶,内外戒严。昶奔于索虏。辛亥,右将军、豫州刺史山阳王休佑进号镇西大将军。甲寅,以安西长史袁顗为雍州刺史。戊午,以左民尚书刘思考为益州刺史。是日解严,车驾幸瓜步。开百姓铸钱。

冬十月癸亥,曲赦徐州。丙寅,车驾还宫。以建安王休仁为护军将军。己卯,东阳太守王藻下狱死。以宫人谢贵嫔为夫人,加虎贲軷戟，鸾辂龙旂，出警入跸，实新蔡公主也。乙酉，以镇北大将军、豫州刺史山阳王休佑为镇军大将军、开府仪同三司。

十一月壬辰，宁朔将军何迈下狱死。新除太尉沈庆之薨。壬寅，立皇后路氏，四厢奏乐。赦扬、南徐二州。护军将军建安王休仁加特进、左光禄大夫。中护军桂阳王休范迁职。丁未，皇子生，少府刘胜之子也。大赦天下；赃污淫盗，悉皆原除；赐为父后者爵一级。壬子，以特进、左光禄大夫、护军将军建安王休仁为骠骑大将军、开府仪同三司。戊午，南平王敬猷、庐陵王敬先、安南侯敬渊并赐死。

时帝凶悖日甚，诛杀相继，内外百司，不保首领。先是讹言云"湘中出天子"，帝将南巡荆、湘二州以厌之。先欲诛诸叔，然后发引。太宗与左右阮佃夫、王道隆、李道儿密结帝左右寿寂之、姜产之等十一人，谋共废帝。戊午夜，帝于华林园竹林堂射鬼。时巫觋云"此堂有鬼"，故帝自射之。寿寂之怀刀直入，姜产之为副，帝欲走，寂之追而殒之，时年十七。太皇太后令曰：

> 司徒，领、护军，八座：子业虽曰嫡长，少禀凶毒，不仁不孝，著自髫龀。孝武弃世，属当辰历。自梓宫在殡，喜容觌然，天罚重离，欢恣滋甚。逼以内外维持，忍虐未露，而凶惨难抑，一旦肆祸，遂纵戮上宰，殄害辅臣。子鸾兄弟，先帝钟爱，含怨既往，枉加屠酷。昶茂亲作捍，横相征讨。新蔡公主逼离夫族，幽置深宫，诡云薨殒。襄事甫尔，丧礼顿释，昏酣长夜，庶事倾遗。朝贤旧勋，弃若遗土。管弦不辍，珍羞备膳。詈辱祖考，以为戏谑。行游莫止，淫纵无度。肆宴园陵，规图发掘。诛剪无辜，籍略妇女。建树伪竖，莫知谁息。拜嫔立后，庆过恒典。宗室密戚，遇若婢仆，鞭捶陵曳，无复尊卑。南平一门，特钟其酷。反天灭理，显暴万端，苛罚酷令，终无纪极，夏桀、殷辛，未足以譬。阖朝业业，人不自保，百姓遑遑，手足靡厝。行秽禽兽，罪盈三千。高祖之业将泯，七庙之享几绝。吾老疾沉笃，每规祸鸩，忧煎漏刻，气命无几。开辟以降，所未尝闻，远近思奋，十室而九。

卫将军湘东王体自太祖，天纵英圣，文皇钟爱，宠冠列藩。吾早识神睿，特兼常礼。潜运宏规，义士投袂，独夫既殒，悬首白旗。社稷再兴，宗祏永固，人鬼属心，大命允集。且勋德高邈，大业攸归，宜遵汉、晋，纂承皇极。主者详旧典以时奉行。

未亡人余年不幸，婴此百艰，永寻情事，虽存若殒。当复奈何！当复奈何！

葬废帝丹阳秣陵县南郊坛西。

帝幼而猖急，在东宫每为世祖所责。世祖西巡，子业启参承起居，书迹不谨，上诘让之。子业启事陈谢，上又答曰："书不长进，此是一条耳。闻汝素都懈怠，猖戾日甚，何以顽固乃尔邪！"初践阼，受玺绂，悖然无哀容。始犹难诸大臣及戴法兴等，既杀法兴，诸大臣莫不震慑，于是又诛群公。元凯以下，皆被殴捶牵曳，内外危惧，殿省骚然。

初，太后疾笃，遣呼帝，帝曰："病人间多鬼，可畏，那可往！"太后怒，语侍者："将刀来，破我腹，那得生如此宁馨儿！"及太后崩后数日，帝梦太后谓之曰："汝不孝不仁，本无人君之相。子尚愚悖如此，亦非运祚所及。孝武险虐灭道，怨结人神，儿子虽多，并无天命。大运所为，应还文帝之子。"其后，湘东王绍位，果文帝子也。故帝聚诸叔京邑，虑在外为患。

山阴公主淫恣过度，谓帝曰："妾与陛下，虽男女有殊，俱托体先帝。陛下六宫万数，而妾唯驸马一人。事不均平，一何至此！"帝乃为主置面首左右三十人，进爵会稽郡长公主，秩同郡王，侯汤沐邑二千户，给鼓吹一部，加班剑二十人。帝每出，与朝臣常共陪辇。主以吏部郎褚渊貌美，就帝请以自侍，帝许之。渊侍主十日，备见逼迫，誓死不回，遂得免。

帝所幸阉人华愿儿，官至散骑常侍，加将军，带郡。帝少好读书，颇识古事，自造《世祖诔》及杂篇章，往往有辞采。以魏武帝有发丘中郎将、摸金校尉，乃置此二官，以建安王休佑领之。其余事迹，分见诸列传。

　　史臣曰：废帝之事行著于篇。若夫武王数殷纣之衅，不能绘其万一；霍光书昌邑之过，未足举其毫厘。假以中才之君，有一于此，足以陨社残宗，污宫潴庙，况总斯恶以萃一人之体乎！其得亡亦为幸矣。

宋书卷八
本纪第八

明　帝

　　太宗明皇帝讳彧，字休炳，小字荣期，文帝第十一子也。元嘉十六年十月戊寅生。二十五年，封淮阳王，食邑二千户。二十九年，改封湘东王。元凶弑立，以为骁骑将军，加给事中。世祖践阼，为秘书监，迁冠军将军、南兰陵下邳二郡太守，领石头戍事。孝建元年，徙为南彭城、东海二郡太守，将军如故，镇京口。其年，征为中护军。二年，迁侍中，领游击将军。三年，徙卫尉，侍中如故。又为左卫将军，卫尉如故。大明元年，转中护军，卫尉如故。三年，为都官尚书，领游击将军，卫尉如故。七年，迁领军将军。八年，出为使持节、都督徐兖二州豫州之梁郡诸军事、镇北将军、徐州刺史，给鼓吹一部。其年，征为侍中、护军将军。未拜，复为领军将军，侍中如故。永光元年，又出为使持节、散骑常侍、都督南豫豫司江四州扬州之宣城诸军事、卫将军、南豫州刺史，镇姑熟。又徙为都督雍梁南北秦四州郢州之竟陵诸军事、宁蛮校尉、雍州刺史，持节、常侍、将军如故。未拜，复本位。寻以本号开府仪同三司。

　　废帝景和末，上入朝，被留停都，废帝诱害宰辅，杀戮大臣，恒虑有图之者，疑畏诸父，并拘之殿内，遇上无礼，事在《文诸王传》。遂收上付廷尉，一宿被原。将加祸害者，前后非一。既而害上意定，明旦便应就祸。上先已与腹心阮佃夫、李道儿等密共合谋。于时废帝左右常虑祸及，人人有异志。唯有直阁将军宋越、谭金、童太一等数人为其腹心，并虓虎有干力，在殿省久，众并畏服之，故莫敢动。是夕，越等并外宿，佃夫、道儿因结寿寂之等殒废帝于后堂，十一月二十九日夜也。

事定，上未知所为。建安王休仁便称臣奉引升西堂，登御坐，召见诸大臣。于时事起仓卒，上失履，跣至西堂，犹著乌帽。坐定，休仁呼主衣以白帽代之，令备羽仪。虽未即位，凡众事悉称令书施行。己未，司徒扬州刺史豫章王子尚、山阴公主并赐死。宋越、谭金、童太一谋反伏诛。

十二月庚申朔，令书以司空东海王祎为中书监、太尉，镇军将军、江州刺史晋安王子勋进号车骑将军、开府仪同三司。癸亥，以新除骠骑大将军建安王休仁为司徒、尚书令、扬州刺史，镇军将军、开府仪同三司山阳王休佑进号骠骑大将军、荆州刺史。崇宪卫尉桂阳王休范为镇北将军、南徐州刺史。乙丑，改封安陆王子绥为江夏王。

泰始元年冬十二月丙寅，上即皇帝位。诏曰：

高祖武皇帝德洞四瀛，化绵九服，太祖文皇帝以大明定基，世祖孝武皇帝以下武宁乱。日月所照，梯山航海，风雨所均，削衽袭带，所以业固盛汉，声溢隆周。子业凶器自天，忍悖成性，人面兽心，见于龆日，反道败德，著自比年。其狎侮五常，息弃三正，矫诬上天，毒流下国，实开辟所未有，书契所未闻。再罹遏密，而无一日之哀，齐斩在躬，方深北里之乐。虎兕难匣，凭河必彰，遂诛灭上宰，穷衅逆之酷，虐害国辅，究挛戮之刑。子鸾同生，以昔憾殄殪，敬猷兄弟，以睚眦歼夷。征逼义阳，将加屠脍，陵辱戚藩，榎楚妃主。夺立左右，窃子置储，肆酗于朝，宣淫于国。事秽东陵，行污飞走，积衅罔极，日月滋深。比遂图犯玄宫，志窥题凑，将肆枭、镜之祸，骋商、顿之心。又欲鸩毒崇宪，虐加诸父，事均宫闱，声遍国都。鸱枭小竖，莫不宠昵，朝廷忠诚，必也戳挫。收掩之旨，虓虎结辙，掠夺之使，白刃相望。百僚危气，首领无有全地，万姓崩心，妻子不复相保。所以鬼哭山鸣,星钩血降,神器殆于驭索,景祚危于缀旒。

朕假寐凝忧,泣血待旦,虑大宋之基,于焉而泯,武、文之业,将坠于渊。赖七庙之灵,藉八百之庆,巨猾斯殄,鸿沴时赛。皇纲绝而复纽,天纬缺而更张。猥以寡薄,属承乾统,上缉三光之重,俯顾庶民之艰。业业矜矜,若履冰谷,思与亿兆,同此维新。可大赦天下,改景和元年为泰始元年。赐民爵二级,鳏寡孤独不能自存者谷,人五斛,逋租宿债勿复收。犯乡论清议,赃污淫盗,并悉洗除。长徒之身,特赐原遣。亡官失爵,禁锢旧劳,一依旧典。其昏制谬封,并皆刊削。

己巳,以安西将军、南豫州刺史刘遵考为特进、右光禄大夫,辅国将军、历阳南谯二郡太守建平王景素为南豫州刺史。庚午,以荆州刺史临海王子顼为镇军将军,徐州刺史永嘉王子仁为中军将军,左卫将军刘道隆为中护军。辛未,改封临贺王子产为南平王,晋熙王子舆为庐陵王。壬申,以尚书左仆射王景文为尚书仆射。新除中护军刘道隆卒。壬午,诏曰:“朕裁乱宁民,属膺景祚。鸿制初造,革道惟新。而国故频罗,仁泽偏壅。每鉴寐疚心,罔识攸济。巡方问俗,弘政所先。可分遣大使,广求民瘼,考守宰之良,采衡闾之善。若狱犴淹枉,伤民害教者,具以事闻。鳏寡孤独、癃残六疾不能自存者,郡县优量赈给。贞妇孝子,高行力田,许悉条奏。务询舆诵,文纳嘉谋,每尽皇华之旨,俾若朕亲览焉。”乙亥,追尊所生沈婕妤曰宣皇太后。后军将军垣阆为司州刺史,前右将军长史殷琰为豫州刺史。丙子,诏曰:“皇室多故,縻费滋广,且久岁不登,公私歉弊。方刻意从俭,弘济时艰,政道未孚,慨愧兼积。太官供膳,可详所减撤,尚方御府雕文篆刻无益之物,一皆蠲省。务存简约,以称朕心。”戊寅,崇太后为崇宪皇太后,立皇后王氏。镇军将军、江州刺史晋安王子勋举兵反,镇军长史刘琬为其谋主,雍州刺史袁颛率众赴之。辛巳,骠骑大将军、前荆州刺史山阳王休佑改为江州刺史,荆州刺史临海王子顼即留本任。加领军将军王玄谟镇军将军。壬午,车驾谒太庙。甲申,后将军、郢州刺史安陆王子绥进号征南将军,右将军、会稽太守寻阳王子房进号安东将军，前将军、荆州刺史临海王子顼进号平西将军。子绥、子房、子顼并不受命，举兵同逆。戊子，新除中军将军永嘉王子仁为护军将军。

　　二年春正月己丑朔，以军事不朝会。庚寅，以金紫光禄大夫王僧朗为左光禄大夫、开府仪同三司。壬辰，骠骑大将军、江州刺史山阳王休佑改为南豫州刺史，镇历阳。镇军将军、领军将军王玄谟为车骑将军、江州刺史，平北将军、徐州刺史薛安都进号安北将军。安都亦不受命。癸巳，以左卫将军巴陵王休若为镇东将军，新除安东将军寻阳王子房为抚军将军，司徒左长史袁愍孙为领军将军。甲午，中外戒严。司徒建安王休仁都督征讨诸军事，统众军南讨。以青州刺史刘祗为南兖州刺史。丙申，以征虏司马申令孙为徐州刺史，义阳内史庞孟虬为司州刺史。申令孙、孟虬及豫州刺史殷琰、青州刺史沈文秀、冀州刺史崔道固、湘州行事何慧文、广州刺史袁昙远、益州刺史萧惠开、梁州刺史柳元怙，并同叛逆。兖州刺史殷孝祖入卫京都，仍遣孝祖前锋南伐。甲辰，加孝祖抚军将军。丙午，车驾亲御六师，出顿中兴堂。辛亥，骠骑大将军、南豫州刺史山阳王休佑改为豫州刺史，统众军西讨。吴郡太守顾琛、吴兴太守王昙生、义兴太守刘延熙、晋陵太守袁摽、山阳太守程天祚，并举兵反。镇东将军巴陵王休若统众军东讨。壬子，崇宪皇太后崩。是日，军主任农夫、刘怀珍平定义兴。永世县民史逸宗据县为逆，殿中将军陆攸之讨平之。丙辰，以新除左光禄大夫、开府仪同三司王僧朗为特进，左光禄大夫如故。

　　二月乙丑，僧朗卒。尚书仆射王景文父忧去职。曲赦吴、吴兴、义兴、晋陵四郡。吏部尚书蔡兴宗为尚书左仆射，吴兴太守张永、右军将军齐王东讨，平晋陵。癸未，曲赦浙江东五郡。丁亥，镇东将军巴陵王休若进号卫将军。建武将军吴嘉公率诸军破贼于吴、吴兴、会稽，平定三郡，同逆皆伏诛。辅国将军齐王前锋北讨，辅国将军刘勔前锋南讨。贼刘胡领众四万据赭圻。

三月庚寅,抚军将军沈攸之代为南讨前锋。贼众稍盛,袁顗顿鹊尾,联营迄至浓湖,众十余万。壬辰,以新除太子詹事张永为青、冀二州刺史。丙申,镇北将军、南徐州刺史桂阳王休范总统北讨诸军事。丁酉,以尚书刘思考为徐州刺史。戊戌,贬寻阳王子房爵为松滋县侯。乙巳,以奉朝请郑黑为司州刺史。辛亥,镇北将军、南徐州刺史桂阳王休范领南兖州刺史。壬子,断新钱,专用古钱。癸丑,原赦扬、南徐二州囚系,凡逋亡一无所问。

夏四月壬午,以散骑侍郎明僧暠为青州刺史。

五月壬辰,以辅国将军沈攸之为雍州刺史。丁酉,曲赦豫州。丁未,新除尚书仆射王景文为中军将军,以青、冀二州刺史张永为镇军将军。庚戌,以宁朔将军刘乘民为冀州刺史。甲寅,葬崇宪皇太后于攸宁陵。冠军将军、益州刺史萧惠开进号平西将军。

六月辛酉,镇军将军张永领徐州刺史。京师雨水,丁卯,遣殿中将军检行赐恤。以左军将军垣恭祖为梁、南秦二州刺史。

秋七月己丑,镇北将军、南徐兖二州刺史桂阳王休范进号征北大将军。辛卯,镇军将军、徐州刺史张永改为南兖州刺史。丁酉,以仇池太守杨僧副为北秦州刺史、武都王。壬寅,以男子时朗之为北豫州刺史。乙巳,龙骧将军刘道符平山阳。辛亥,人以义军主郑叔举为北豫州刺史,镇军将军、南兖州刺史张永复领徐州刺史。甲寅,复以冀州刺史崔道固为徐州刺史。

八月己卯,司徒建安王休仁率众军大破贼,斩伪尚书仆射袁顗,进讨江、郢、荆、雍、湘五州,平定之。晋安王子勋、安陆王子绥、临海王子顼、邵陵王子元并赐死,同党皆伏诛。诸将军帅封赏各有差。甲申,以护军将军永嘉王子仁为平南将军、湘州刺史。

九月乙酉,曲赦江、郢、荆、雍、湘五州,守宰不得离职。壬辰,骠骑大将军、豫州刺史山阳王休佑改为荆州刺史。分豫州立南豫州。癸巳,六军解严,大赦天下,赐民爵一级。甲午,以中军将军王景文为安南将军、江州刺史。戊戌,以车骑将军、江州刺史王玄谟为左光禄大夫,开府仪同三司、护军将军。庚子,以建安王休仁世子伯融为豫州刺史。辛丑，卫将军巴陵王休若即本号为雍州刺史，雍州刺史沈攸之为郢州刺史。庚戌，以太子左卫率建平王景素为南兖州刺史。

十月乙卯，永嘉王子仁、始安王子真、淮南王子孟、南平王子产、庐陵王子舆、松滋侯子房并赐死。丁卯，以郢州刺史沈攸之为中领军，与张永俱北讨。庚午，以吴郡太守顾颛之为湘州刺史。戊寅，立皇子昱为皇太子。曲赦扬、徐二州。以辅国将军刘勔为广州刺史，左军将军张世为豫州刺史。

十一月甲申，以安成太守刘袭为郢州刺史。壬辰，诏曰："治崇简易，化疾繁侈，远关隆替，明著轨迹者也。朕拯斯坠运，属此屯极。仍之以凋耗，因之以师旅，而识昧前王，务艰昔代。俾夫旧赋既繁，为费弥广，监寐万务，每思弘革。方欲缓繇优调，爱民为先，有司详加宽惠，更立科品。其方物职贡，各顺土宜，出献纳贡，敬依时令。凡诸蠹俗妨民之事，趣末违本之业，雕华靡丽，奇器异技，并严加裁断，务归要实。左右尚方御府诸署，供御制造，咸存俭约。庶淳风至教，微遵太古，阜财兴让，少敦季俗。"又诏曰："矢机询政，立教之攸本，举贤聘逸，弘化之所基。故负鼎进策，殷代以康，释钓作辅，周祚斯义。朕甫承大业，训道未敷，虽侧席忠规，伫梦岩筑，而良图莫荐，奇士弗闻，永鉴通古，无忘宵寐。今藩隅克晏，敷化维始，屡怀存治，实望箴阙。王公卿尹，群僚庶官，其有嘉谋直献，匡俗济时，咸切事陈奏，无或依隐。若乃林泽贞栖，丘园耿洁，博洽古今，敦崇孝让，四方在任，可明书搜扬，具即以闻，随就褒立。"以建平王景素子延年为新安王。以新除左光禄大夫、开府仪同三司王玄谟为车骑将军、南豫州刺史。丙申，制使东土经荒流散，并各还本，蠲众调二年。

十二月己未，以尚书金部郎刘善明为冀州刺史。乙丑，诏曰："近众藩称乱，多染衅科。或诚系本朝，事缘逼迫，混同证锢，良以怅然。夫天道尚仁，德刑并用，雷霆时至，云雨必解。朕眷言静念，思弘风泽，凡应禁削，皆从原荡。其文武堪能，随才铨用。"辛未，以新除广州刺史刘勔为益州刺史，前巴西、梓潼二郡太守费混为广州刺史。刘勔克寿阳,豫州平。辛巳,以辅国将军刘灵道为梁、南秦二州刺史。薛安都要引索虏,张永、沈攸之大败,于是遂失淮北四州及豫州淮西地。

三年春正月庚子,以农役将兴,太官停宰牛。癸卯,曲赦豫、南豫二州。卫将军巴陵王休若降号镇西将军。

闰月庚午,京师大雨雪,遣使巡行,赈赐各有差。戊寅,以游击将军垣阆为益州刺史。

二月甲申,以御史中丞羊希为广州刺史。是日,车驾为战亡将士举哀。己丑,以镇西司马刘亮为梁、南秦二州刺史。索虏寇汝阴,太守张景远击破之。丙申,曲赦青、冀二州。

三月丙子,以尚书左仆射蔡兴宗为安西将军、郢州刺史。戊寅,以冠军将军王玄载为徐州刺史,宁朔将军崔平为兖州刺史。

夏四月癸巳,以前司州刺史郑黑为司州刺史。乙未,冠军将军、北秦州刺史杨僧嗣进号征西将军。庚子,立桂阳王休范第二子德副为庐陵王,立侍中刘韫第二子铣为南丰王。丙午,安西将军蔡兴宗降号平西将军。

五月丙辰,宣太后崇宁陵禁内坟屋瘗迁徙者,给葬直,蠲复家丁。戊午,以车骑将军、南豫州刺史王玄谟为左光禄大夫、开府仪同三司。辛酉,罢南豫州并豫州。壬戌,以太子詹事袁粲为尚书仆射。

六月乙酉,以侍中刘韫为湘州刺史。

秋七月壬子,以左光禄大夫、开府仪同三司王玄谟为特进、左光禄大夫、护军将军。薛安都子伯令略据雍州四郡,刺史巴陵王休若讨斩之。

八月丁酉,诏曰:"古者衡虞置制,蟭蚑不收,川泽产育,登器进御,所以繁阜民财,养遂生德。顷商贩逐末,竞早争新,折未实之果,收豪家之利,笼非膳之翼,为戏童之资。岂所以还风尚本,捐华务实。宜修道布仁,以革斯蠹。自今鳞介羽毛,肴核众品,非时月可采,器味所须,可一皆禁断,严为科制。"壬寅,以中领军沈攸之行南兖州刺史，率众北讨。癸卯，诏曰："法网之用，期世而行，宽惠之道，因时而布。况朕尚德戢乱，依仁驭俗，宜每就弘简，以隆至治。而频罹兵革，繇赋未休，军民巧伪，兴事甚多，蹈刑入宪，谅非一科，至乃假名戎伍，窃爵私庭，基战散亡，托惧逃役。且往诸沦逼，虽经累宥，逋窜之党，犹为实繁。宵言永怀，良兼矜疚。思所以重播至泽，覃被区宇。可大赦天下。"加新除左光禄大夫王玄谟车骑将军。丙午，遣吏部尚书褚渊慰劳缘淮将帅，随宜量赐。戊申，以新除右卫将军刘勔为豫州刺史。

九月癸丑，镇西将军、雍州刺史巴陵王休若进号卫将军，平西将军、郢州刺史蔡兴宗进号安西将军。乙卯，以越骑校尉周宁民为兖州刺史。戊午，以皇后六宫以下杂衣千领，金钗千枚，班赐北征将士。庚申，前将军兼冀州刺史崔道固进号平北将军。甲子，曲赦徐、兖、青、冀四州。

冬十月壬午，改封新安王延年为始平王。戊子，芮芮国遣使献方物。辛丑，复郡县公田。镇西大将军、西秦河二州刺史吐谷浑拾寅进号征西大将军。

十一月，立建安王休仁第二子伯猷为江夏王，改封义阳王昶为晋熙王。乙卯，分徐州置东徐州，以辅国将军张说为刺史。高丽国、百济国遣使献方物。

十二月庚辰，以宁朔将军刘休宾为兖州刺史。

四年春正月己未，车驾亲祠南郊，大赦天下。庚午，卫将军巴陵王休若降号左将军。乙亥，零陵王司马勔薨。

二月辛丑，以前龙骧将军常珍奇为平北将军、司州刺史，珍奇子超越为北冀州刺史。乙巳，右光禄大夫、车骑将军、护军将军王玄谟薨。

三月己未，以游击将军刘怀珍为东徐州刺史。戊辰，以军司马刘灵遗为梁、南秦二州刺史，谯南太守孙奉伯为交州刺史，交州人李长仁据州叛。妖贼攻广州，杀刺史羊南，龙骧将军陈伯绍讨平之。

夏四月己卯,复减郡县田租之半。东海王祎改封庐江王,山阳王休佑改封晋平王,改晋安郡为晋平郡。辛丑,芮芮国及河南王并遣使献方物。甲辰,以豫章太守张辩为广州刺史。

五月乙未,曲赦广州。癸亥,以行雍州刺史巴陵王休若行湘州刺史,会稽太守张永为雍州刺史,湘州刺史刘韫为南兖州刺史。

秋七月乙巳朔,以吴郡太守王琨为中领军。丙辰,始平王延年薨。己未,以侍中刘袭为中护军。庚申,以骁骑将军齐王为南兖州刺史。

八月戊子,以南康相刘勃为交州刺史。辛卯,分青州置东青州,以辅国将军沈文靖为东青州刺史。丁酉,安南将军、江州刺史王景文进号镇南将军。

九月丙辰,以骠骑长史张悦为雍州刺史。戊辰,诏曰:"夫愆有小大,宪随宽猛,故五刑殊用,三典异施。而降辟次网,便暨钳挞,求之法科,差品滋远。朕务存钦恤,每有矜贷。寻创制科罪,轻重同之大辟,即事原情,未为详衷。自今凡窃执官仗,拒战逻司,或攻剽亭寺,及害吏民者,凡此诸条,悉依旧制。五人以下相逼夺者,可特赐黥刖,投畀四远,仍用代杀,方古为优,全命长户,施同造物。庶简惠之化,有孚群萌,好生之德,无漏幽品。"庚午,曲赦扬、南徐、兖、豫四州。

冬十月癸酉朔,日有蚀之。发诸州兵北讨。南康、建安、安成、宣城四郡,昔不同南逆,并不在征发之例。甲戌,割扬州之义兴郡属南徐州。

五年春正月癸亥。车驾躬耕藉田。大赦天下,赐力田爵一级。

二月丙申,分豫州、扬州立南豫州,以太尉庐江王祎为车骑将军,开府仪同三司、南豫州刺史。

三月乙卯,于南豫州立南义阳郡。丙寅,车驾幸中堂听讼。己巳,河南王遣使献方物。

夏四月辛未,割雍州随郡属郢州。乙酉,割豫州义阳郡属郢州,郢州西阳郡属豫州。戊子,以宁朔将军崔公烈为兖州刺史。戊戌,新除给事黄门侍郎杜幼文为梁、南秦二州刺史。

六月辛未,晋平王休佑子宣曜为南平王。壬申,以安西将军、郢州刺史蔡兴宗为镇东将军。癸酉,以左卫将军沈攸之为郢州刺史。以军兴已来,百官断俸,并给生食。丁丑,车骑将军、南豫州刺史庐江王祎免官爵。戊寅,以左将军、行湘州刺史巴陵王休若为征南将军、湘州刺史。壬午,罢南豫州。丙戌,以新除给事黄门侍郎刘亮为益州刺史。

秋七月己酉,以辅国将军王亮为徐州刺史。东莞太守陈伯绍为交州刺史。甲寅,以山阳太守李灵谦为兖州刺史。壬戌,改辅国将军为辅师将军。

八月己丑,以右将军、行豫州刺史刘勔为平西将军、豫州刺史。壬辰,以海陵太守刘崇智为冀州刺史。

九月甲寅,立长沙王纂子延之为始平王。戊午,中领军王琨迁职。己未,诏曰:“夫箕、颖之操,振古所贵,冲素之风,哲王攸重。朕属横流之会,接难晦之辰,寇暴剪乱,日不暇给。今虽关、陇犹霿,区县澄氛,偃武修文,于是乎在。思崇廉耻,用静驰薄,固已物色载怀,寝兴伫叹。其有贞栖隐约,自事衡樊,凿坏遗荣,负钓辞聘,志恬江海,行高尘俗者,在所精加搜括,时以名闻。将贲园矜德,茂昭厥礼。群司各举所知,以时授爵。”乙丑,以新除平西将军、豫州刺史刘勔为中领军。

冬十月丁卯朔,日有蚀之。

十一月丁未,索虏遣使献方物。

闰月戊子,骠骑大将军、荆州刺史晋平王休佑以本号为南徐州刺史,征南将军、湘州刺史巴陵王休若为征西将军、荆州刺史,辅师将军孟阳为兖州刺史,义阳太守吕安国为司州刺史。

十二月戊戌,司徒建安王休仁解扬州刺史。己未,以征北大将军、南徐州刺史桂阳王休范为中书监、中将军、扬州刺史,吴兴太守建平王景素为湘州刺史,辅师将军建安王世子融为广州刺史。庚申，分荆、益州五郡置三巴校尉。

六年春正月乙亥，初制间二年一祭南郊，间一年一祭明堂。

二月壬寅，司徒建安王休仁为太尉，领司徒。癸丑，皇太子纳妃。甲寅，大赦天下。巧注从军，不在赦例。班赐各有差。

三月乙亥，中护军刘袭卒。丁丑，以太子詹事张永为护军将军。

夏四月癸亥，立第六皇子燮为晋熙王。

五月丁丑，以前军将军陈胤宗为徐州刺史。丁亥，以冠军将军吐谷浑拾虔为平西将军。戊子，奉朝请孔玉为宁州刺史。

六月己亥，以第五皇子智井继东平冲王休倩。庚子，以侍中刘韫为抚军将军、雍州刺史，前将军、郢州刺史沈攸之进号镇军将军，扬州刺史桂阳王休范为征南大将军、江州刺史。癸卯，以镇南将军、江州刺史王景文为尚书右仆射、扬州刺史，尚书仆射袁粲为尚书左仆射。已未，改临贺郡为临庆郡，追改东平王休倩为临庆冲王。

七月丙戌，第五皇子智井薨。

九月乙丑，中领军刘勔加平北将军。戊寅，立总明观，征学士以充之。置东观祭酒。癸未，以第八皇子智涣继临庆冲王休倩。

冬十月辛卯，立第九皇子赞为武陵王。乙巳，以前右军马诜为北雍州刺史。己酉，车驾幸东堂听讼。

十一月己巳，高丽国遣使献方物。

十二月癸巳，以边难未息，制父母陷异域，悉使婚宦。戊戌，以始兴郡为宋安郡。丙辰，护军将军张永迁职。

七年春正月甲戌，置散骑奏举郎。

二月癸巳，征南大将军、荆州刺史巴陵王休若进号征西大将军、开府仪同三司。戊戌，置百梁、陇苏、永宁、安昌、富昌、南流郡，又分广、交州三郡，合九郡，立越州。已亥，以前将军刘康为平东将军。妖寇宋逸攻合肥，杀汝阴太守王穆之，郡县讨平之。甲寅，骠骑大将军、开府仪同三司、南徐州刺史晋平王休佑薨。戊午，以征西大将军、荆州刺史巴陵王休若为征北大将军、南徐州刺史,湘州刺史建平王景素为荆州刺史。

三月辛酉,索虏遣使献方物。壬戌,芮芮国遣使奉献。

夏四月辛丑,减天下死罪一等,凡救系悉遣之。甲辰,于南兖州置新平郡。癸丑,金紫光禄大夫张永领护军。

五月戊午,司徒建安王休仁有罪自杀。辛酉,以宁朔长史孙超之为广州刺史,尚书左仆射、扬州刺史王景文以刺史领中书监。庚午,以尚书左仆射袁粲为尚书令,新除吏部尚书褚渊为尚书右仆射。辛未,监吴郡王僧虔行湘州刺史。丙戌,追免晋平王休佑为庶人。

六月丁酉,以征南大将军、江州刺史桂阳王休范为骠骑大将军、南徐州刺史,征北大将军巴陵王休若为车骑大将军、江州刺史。甲辰,芮芮国遣使献方物。

秋七月丁巳,罢散骑奏举郎。乙丑,新除车骑大将军、江州刺史巴陵王休若薨。桂阳王休范以新除骠骑大将军还为江州。庚午,以第三皇子准为抚军将军。辛未,以太子詹事刘秉为南徐州刺史。戊寅,以宁朔将军沈怀明为南兖州刺史。乙酉,于冀州置西海郡。

八月戊子,第八皇子跻继江夏文献王义恭。庚寅,以疾愈,大赦天下。冀州刺史刘崇智加青州刺史。戊戌,立第三皇子准为安成王。

九月辛未,以越骑校尉周宁民为徐州刺史。

冬十月戊午,百济国遣使献方物。

十二月丁酉,分豫州、南兖州立南豫州,以历阳太守王玄载为南豫州刺史。

泰豫元年春正月甲寅朔,上有疾,不朝会。以疾患未瘳,故改元。赐孤老贫疾粟帛各有差。戊午,皇太子会万国于东宫,并受贡计。

二月辛丑,以给事黄门侍郎王瞻为司州刺史。

三月癸丑朔,林邑国遣使献方物。己未,中书监、扬州刺史王景文卒。

夏四月辛卯，以抚军司马蔡那为益州刺史。癸巳，以右卫将军张兴为雍州刺史。己亥，上大渐。骠骑大将军、江州刺史桂阳王休范进位司空，尚书右仆射褚渊为护军将军，中领军刘勔加尚书右仆射，镇东将军蔡兴宗为征西将军、开府仪同三司、荆州刺史，镇军将军、郢州刺史沈攸之进号安西将军。诏曰："朕自临御亿兆，仍属戎寇，虽每存弘化，而惠弗覃远，军国凋弊，刑讼未息。今大渐维危，载深矜叹。可缓徭优调，去繁就约。因改之宜，详有简衷。务以爱民为先，以宣朕遗意。"袁粲、褚渊、刘勔、蔡兴宗、沈攸之同被顾命。是日，上崩于景福殿，时年三十四。五月戊寅，葬临沂县莫府山高宁陵。

帝少而和令，风姿端雅。早失所生，养于太后宫内。大明世，诸弟多被猜忌，唯上见亲，常侍路太后医药。好读书，受文义，在藩时，撰《江左以来文章志》，又续卫瓘所注《论语》二卷，行于世。及即大位，四方反叛，以宽仁待物，诸军帅有父兄子弟问逆者，并授以禁兵，委任不易，故众为之用，莫不尽力。平定天下，逆党多被全，其有才能者，并见授用，有如旧臣。才学之士，多蒙引进，参侍文籍，应对左右，于华林园芳堂讲《周易》，常自临听。

末年好鬼神，多忌讳，言语文书，有祸败凶丧及疑似之言应回避者，数百千品，有犯必加罪戮。改"骢"为边瓜，亦以"骢"字似"祸"字故也。以南苑借张永，云"且给三百年，期讫更启"。其事类皆如此。宣阳门，民间谓之白门，上以白门之名不祥，甚讳之。尚书右丞江谧尝误犯，上变色曰："白汝家门！"谧稽颡谢，久之方释。太后停尸漆床先出东宫，上尝幸宫，见之怒甚，免中庶子官，职局以之坐者数十人。内外常虑犯触，人不自保。宫内禁忌尤甚，移床治壁，必先祭土神，使文士为文词祝策，如大祭飨。

泰始、泰豫之际，更忍虐好杀，左右失旨忤意，往往有斩剒断截者。时经略淮、泗，军旅不息，荒弊积久，府藏空竭。内外百官，并日料禄奉，而上奢费过度，务为凋侈。每所造制，必为正御三十副，御次、副又各三十，须一物辄造九十枚，天下骚然，民不堪命。其余事迹，列见众篇。亲近谗慝，剪落皇枝，宋氏之业，自此衰矣。

史臣曰：圣人立法垂制，所以必称先王，盖由遗训余风，足以贻之来世也。太祖负扆南面，实有君人之懿焉，经国之义虽弘，而隆家之道不足。彭城王照不窥古，本无卓尔之资，徒见昆弟之义，未识君臣之礼，冀以此家情，行之国道，主猜而犹犯，恩薄而未悟，致以呵训之微行，遂成灭亲之大祸。开端树隙，垂之后人。虽天伦之重，义殊凡岁，而中人以下，情由恩变。至于易衣而出，分苦而食，与夫别宫异门，形疏事隔者，宜有降矣。太宗因易隙之情，据已行之典，剪落洪枝，愿不待虑。既而本根无庇，幼主孤立，神器以势弱倾移，灵命随乐推回改。斯盖履霜有渐，坚冰自至，所从来远也。

宋书卷九
本纪第九

后废帝

　　废帝讳昱，字德融，小字慧震，明帝长子也。大明七年正月辛丑，王于卫尉府。太宗诸子在孕，皆以《周易》筮之，即以所得之卦为小字，故帝字慧震，其余皇子亦如之。泰始二年，立为皇太子。三年，始制太子改名昱。安车乘象辂。六年，出东宫。又制太子元正朝贺，服衮冕九章衣。

　　泰豫元年四月己亥，太宗崩。庚子，太子即皇帝位，大赦天下。尚书令袁粲、护军将军褚渊共辅朝政。乙巳，以护军将军张永为右光禄大夫，抚军将军安成王为扬州刺史。己酉，特进、右光禄大夫刘遵考改为左光禄大夫。

　　五月丁巳，以吴兴太守张岱为益州刺史。戊辰，缘江戍兵老疾者，悉听还。班剑依旧入殿。

　　六月壬辰，诏曰："夫兴王经制，实先民隐，方求广教，刑于四维。朕以眇眇，凤膺宝历，永言民政，未接听览，眷言乃顾，无忘鉴寐。可遣大使分行四方，观采风谣，问其疾苦。令有咈民，法不便俗者，悉各条奏。若守宰威恩可纪，廉勤允著，依事腾闻。如狱讼诬枉，职事纰缪，惰公存私，害民利己者，无或隐昧。广纳刍舆之议，博求献艺之规。巡省之道，务令精洽，深简行识，俾若朕亲览焉。"又诏曰："夫寝梦期贤，往诰垂美，物色求良，前书称盛。朕以冲昧，嗣膺宝业,思仰述圣猷,勉弘政道,兴言多士,常想得人。可普下牧守,广加搜采。其有孝友闻族,义让光闾,或匿名屠钓,隐身耕牧,足以整厉浇风,扶益淳化者,凡厥一善,咸无遗逸。虚轮伫帛,俟闻嘉荐。"京师雨水,诏赈恤二县贫民。乙巳,尊皇后曰皇太后,立皇后江氏。

秋七月戊辰,崇拜帝所生陈贵妃为皇太妃。

闰月丁亥,罢宋安郡还属广兴。己丑,割南豫州南汝阴郡属西豫州,西豫州庐江郡属豫州。甲辰,以新除征西将军、开府仪同三司、荆州刺史蔡兴宗为中书监、光禄大夫,安西将军、郢州刺史沈攸之为镇西将军、荆州刺史,南徐州刺史刘秉为平西将军、郢州刺史,新除太常建平王景素为镇军将军、南徐州刺史。

八月戊午,新除中书监、左光禄大夫、开府仪同三司蔡兴宗薨。

冬十月辛卯,抚军将军刘韫有罪免官。辛未,护军将军褚渊母忧去职。

十一月己亥,新除平西将军、郢州刺史刘秉为尚书左仆射。辛丑,护军将军褚渊还摄本任。芮芮国、高丽国遣使献方物。

十二月,索虏寇义阳。丁巳,司州刺史王瞻击破之。

元徽元年春正月戊寅朔,改元,大赦天下。壬寅,诏曰:"夫缓法昭恩,裁风茂典,蠲宪贷眚,训俗彝义。朕临驭宸枢,寅制氓宇,式存宽简,思孚矜惠。今开元肆宥,万品惟新,凡兹流斥,宜均弘洗。自元年以前贻罪徙放者,悉听还本。"

二月乙亥,以晋熙王燮为郢州刺史。

三月丙申,以抚军长史何恢为广州刺史。婆利国遣使献方物。戊戌,以前淮南太守刘灵遗为南豫州刺史。夏五月辛卯,以辅师将军李安民为司州刺史。丙申,河南王遣使献方物。

六月壬子,以越州刺史陈伯绍为交州刺史。乙卯,特进、左光禄大夫刘遵考卒。寿阳大水。己未,遣殿中将军赈恤慰劳。丙寅,以左军将军孟次阳为兖州刺史。

秋七月丁丑,散骑常侍顾长康、长水校尉何翌之表上所撰《谏林》,上自虞舜,下及晋武,凡十二卷。

八月辛亥,诏曰:"分方正俗,著自虞册,川谷异制,焕乎姬典。故井遂有辨,闾伍无杂,用能七教克宣,八政斯序。虽绵代殊轨,沿革异仪,或民怀迁俗,或国尚兴徙,汉阳列燕、代之豪,关西炽齐、楚之族,并通籍新邑,即居成旧。洎金行委御,礼乐南移,中州黎庶,襁负扬、越。圣武造运,道一阂区,贻长世之规,申土断之制。而夷险相因,盈晦递袭,岁馑凋流,戎役惰散,违乡寓境,渐至繁积。宜式遵鸿轨,以为永宪,庶阜俗昌民,反风定保。夷胥山之险,澄瀚海之波,括《河图》于九服,振玉轫于五都矣。"秘书丞王俭表上所撰《七志》三十卷。京师旱,甲寅,诏曰:"比亢序骞度,留熏耀昏,有伤秋稼,方贻民瘼。朕以眇疚,未弘政道,图圄尚繁,枉滞犹积,夕厉晨矜,每恻于怀。尚书令可与执法以下,就讯众狱,使冤讼洗遂,困弊昭苏。颁下州郡,咸令无壅。"癸亥,镇军将军、南徐州刺史建平王景素进号镇北将军。庚午,陈留王曹铣薨。

九月壬午,诏曰:"国赋岷税,盖有恒品,往属戎难,务先军实,征课之宜,或乖昔准。湘、江二州,粮运偏积,调役既繁,庶徒弥扰。因循权政,容有未革,民单力弊,岁月愈甚。永言矜叹,情兼宵寐。可遣使到所,明加详察。其输违旧令,役非公限者,并既蠲改,具条以闻。"丁亥,立衡阳王嶷子伯玉为南平王。

冬十月壬子,以抚军司马王玄载为梁、南秦二州刺史。癸酉,割南兖州之钟离、豫州之马头,又分秦郡、梁郡、历阳,置新昌郡,立徐州。

十一月丙子,以散骑常侍垣阆为徐州刺史。丁丑,尚书令袁粲母丧去职。十二月癸卯朔,日有蚀之。乙巳,司空、江州刺史桂阳王休范进位太尉,尚书令袁粲还摄本任,加号卫将军。癸亥,立前建安王世子伯融为始安县王。丙寅,河南王遣使献方物。

二年春正月庚子,以右光禄大夫张永为征北将军、南兖州刺史。

二月己巳，加护军将军褚渊中军将军。

三日癸酉，以左卫将军王宽为南豫州刺史。

夏四月癸亥，诏曰："顷列爵叙勋，铨荣酬义，条流积广，又各淹阙。岁往事留，理至遄壅，在所参差，多违甄饬。赏未均洽，每疚阙心。可悉依旧准，并下注职。"

五月壬子，太尉、江州刺史桂阳王休范举兵反。庚寅，内外戒严。加中领军刘勔镇军将军，加右卫将军齐王平南将军，前锋南讨，出屯新亭。征北将军张永屯白下，前南兖州刺史沈怀明戍石头，卫将军袁粲、中军将军褚渊入卫殿省。壬辰，贼奄至，攻新亭垒。齐王拒击，大破之。越骑校尉张敬儿斩休范。贼党杜黑蟊、丁文豪分军向朱雀航，刘勔拒贼败绩，力战死之。右军将军王道隆奔走遇害。张永溃于白下，沈怀明自石头奔散。戊午，抚军典签茅恬开东府纳贼，贼入屯中堂。羽林监陈显达击，大破之。丙申，张敬儿等破贼于宣阳门、庄严寺、小市，进平东府城，枭擒群贼。赏赐封爵各有差。丁酉，诏京邑二县埋藏所杀贼，并战亡者，复同京城。是日解严，大赦天下，文武赐位一等。戊戌，原除江州逋债，其有课非常调、役为民蠹者，悉皆蠲停。诏曰："顷国赋多蹇，公储罕给。近治戎虽浅，而军费已多，廪藏虚罄，难用驭远。宜矫革淫长，务在节俭。其供奉服御，悉就减撤，雕文靡丽，废而勿修。凡诸游费，一皆禁断，外可详为科格。"荆州刺史沈攸之、南徐州刺史建平王景素、郢州刺史晋熙王燮、湘州刺史王僧虔、雍州刺史张兴世并举义兵赴京师。己亥，以第七皇弟友为江州刺史。芮芮国遣使献方物。

六月庚子，以平南将军齐王为中领军、镇军将军、南兖州刺史。癸卯，晋熙王燮遣军克寻阳，江州平。戊申，以淮南太守任农夫为豫州刺史，右将军、南豫州刺史王宽进号平西将军。壬戌，改辅师将军还为辅国。

秋七月庚辰，立第七皇弟友为邵陵王。辛巳，以抚军司马孟次阳为兖州刺史。乙酉，镇西将军、荆州刺史沈攸之进号征西大将军，镇北将军、徐州刺史建平王景素进号征北将军，并开府仪同三司。

征虏将军、郢州刺史晋熙王燮进号安西将军,前将军、湘州刺史王僧虔进号平南将军。

八月辛酉,以征虏行参军刘延祖为宁州刺史。

九月壬辰,以游击将军吕安国为兖州刺史。丁酉,以尚书令、新除卫将军袁粲为中书监,即本号开府仪同三司,领司徒。加护军将军褚渊尚书令。抚军将军、扬州刺史安成王进号车骑将军。

冬十月庚申,以新除侍中王蕴为湘州刺史。甲子,以游击将军陈显达为广州刺史。

十一月丙戌,御加元服,大赦天下。赐民男子爵一级,为父后及三老、孝悌、力田者,爵二级;鳏寡、孤独、笃癃不能自存者,谷五斛,年八十以上,加帛一匹;大酺五日,赐王公以下各有差。

十二月癸亥,立第八皇弟跻为江夏王,第九皇弟赞为武陵王。

三年春正月辛巳,车驾亲祠南郊、明堂。

三月丙寅,河南王遣使献方物。己巳,以车骑将军张敬儿为雍州刺史。其日,京师大水,遣尚书郎官长检行赈赐。

闰月戊戌,诏曰:“顷民俗滋弊,国度未殷,岁时屡骞,编户不给。且边虞尚警,徭费弥繁,永言夕惕,寝兴增疚。思弘丰耗之制,以惇约素之风,庶俟蓄拯民,以康治道。太官珍膳,御府丽服,诸所供拟,一皆减撤。可详为其格,务从简衷。”

夏四月,遣尚书郎到诸州检括民户,穷老尤贫者,蠲除课调;丁壮犹有生业,随宜宽申;赀财足以充限者,督令洗毕。丙戌,车驾幸中堂听讼。

六月癸未,北国使至。兼司徒袁粲、尚书令褚渊并固让。

秋七月庚戌,以粲为尚书令。壬戌,以给事黄门侍郎刘怀珍为豫州刺史。

八月庚子,加护军将军褚渊中书监。

九月丙辰,征西大将军河南王吐谷浑拾寅进号车骑大将军。

冬十月丙戌,高丽国遣使献方物。

十二月乙丑，以冠军将军姚道和为司州刺史。

四年春正月己亥，车驾躬耕籍田。大赦天下，赐力田爵一级，贷贫民粮种。壬子，以梁、南秦二州刺史王玄载为益州刺史。

二月壬戌，以步兵校尉范柏年为梁、南秦二州刺史。丁卯，加金紫光禄大夫王琨特进。

夏五月，以宁朔将军武都王杨文度为北秦州刺史。乙未，尚书右丞虞玩之表陈时事曰：

天府虚散，垂三十年。江、荆诸州，税调本少，自顷以来，军募多乏。其谷帛所入，折供文武。豫、兖、司、徐，开口待哺，西北戍将，裸身求衣。委输京都，盖为寡薄。天府所资，唯有淮、海。民荒财单，不及曩日。而国度弘费，四倍元嘉。二卫台坊人力，五不余一；都水、材官朽散，十不两存。备豫都库，材竹俱尽；东西二埒，砖瓦双匮。敕令给赐，悉仰交市。尚书省舍，日就倾颓，第宅府署，类多穿毁。视不遑救，知不暇及。寻所入定调，用恒不周，既无储畜，理至空尽。积弊累耗，钟于今日。昔岁奉敕，课以扬、徐众逋，凡入米谷六十万斛，钱五千余万，布绢五万匹，杂物在外，赖此相赡，故得推移。即今所悬转多，兴用渐广，深惧供奉顿阙，军器辍功，将士饥怨，百官骞禄。署府谢雕丽之器，土木停缇紫之容，国戚无以赡，勋求无以给。如愚管所虑，不月则岁矣。

经国远谋，臣所不敢言，朝夕祗勤，心存于匪懈。起伏震遽，事属冒闻。伏愿陛下留须臾之鉴，垂永代之计，发不世之诏，施必行之典。则氓祗齐欢，高卑同泰。

帝优诏答之。庚戌，以骁骑将军曹欣之为徐州刺史。

六月乙亥，加镇军将军齐王尚书左仆射。

秋七月戊子，征北将军、南徐州刺史建平王景素据京城反。己丑，内外纂严。遣骁骑将军任农夫、领军将军黄回北讨，镇军将军齐王总统众军。曲赦南徐州。始安王伯融、都乡侯伯猷赐死。辛卯，豫州刺史段佛荣统前锋马步众军。甲午,军主、左军将军张保战败见杀。黄回等至京城,与景素诸军战,连破之。乙未,克京城,斩景素,同逆皆伏诛。其日解严。丙申,大赦天下,封赏各有差。原京邑二县元年以前逋调。辛丑,以武陵王赞为南徐州刺史。

八月丁卯,立第十皇弟翙为南阳王,第十一皇弟嵩为新兴王,第十二皇弟禧为始建王。庚午,以给事黄门侍郎阮佃夫为南豫州刺史。乙酉,以行青、冀二州刺史刘善明为青、冀二州刺史。

九月丁亥,割郢州之随郡属司州。戊子,骁骑将军高道庆有罪赐死。己丑,车骑将军、扬州刺史安成王进号骠骑大将军、开府仪同三司,安西将军、郢州刺史晋熙王燮进号镇西将军。

冬十月辛酉,以吏部尚书王僧虔为尚书右仆射。宕昌王梁弥机为安西将军、河凉二州刺史。丙寅,中书监、护军将军褚渊母忧去职,十一庚戌,诏摄本任。

五年春二月壬申,以建宁太守柳和为宁州刺史。

四月甲戌,豫州刺史阮佃夫、步兵校尉申伯宗、朱幼谋废立,佃夫、幼下狱死,伯宗伏诛。

五月己亥,以左军将军沈景德为交州刺史,骠骑将军全景文为南豫州刺史。丙午,以屯骑校尉孙昙瓘为越州刺史。

六月甲戌,诛司徒左长史沈勃、散骑常侍杜幼文、游击将军孙超之、长水校尉杜叔文,大赦天下。

七月戊子夜,帝殂于仁寿殿,时年十五。己丑,皇太后令曰:

> 卫将军、领军、中书监、八座:昱以冢嫡,嗣登皇统,庶其体识日弘,社稷有寄。岂意穷凶极悖,自幼而长,善无细而不违,恶有大而必蹈。前后训诱,常加隐蔽,险戾难移,日月滋甚。弃冠毁冕,长袭戎衣,犬马是狎,鹰隼是爱,皂历轩殿之中,韝绁宸宸之侧。至乃单骑远郊,独宿深野,手挥矛铤,躬行劓斩,白刃为弄器,斩害为恒务。舍交戟之卫,委天毕之仪,趋步阛阓,酣歌垆肆,宵游忘反,宴寝营舍,夺人子女,掠人财物。方荚所

不书,振古所未闻。沈勃儒士,孙超功臣,幼文兄弟,并豫勋效,四人无罪,一朝同戮。飞镞鼓剑,孩稚无遗,屠裂肝肠,以为戏谑,投骸江流,以为欢笑。又淫费无度,帑藏空竭,横赋关河,专充别蓄,黔庶嗷嗷,厝生无所。吾与其所生每厉以义方,遂谋鸩毒,将骋凶忿。沉忧假日,虑不终朝。自昔辛、癸,爰及幽、厉,方之于此,未譬万分。民怨既深,神怒已积,七庙阽危,四海褫气。

废昏立明,前代令范,况乃灭义反道,天人所弃,衅深牧野,理绝桐宫。故密令萧领军潜运明略,幽显协规,普天同泰。骠骑大将军安成王体自太宗,天挺淹睿,风神凝远,德映在田。地隆亲茂,皇历攸归,亿兆系心,含生属望,宜光奉祖宗,临享万国。便依旧典,以时奉行。未亡人追往伤怀,永言感绝。太后又令曰:“昱穷凶极暴,自取灰灭,虽曰罪招,能无伤悼。弃同品庶,顾所不忍。可特追封苍梧郡王。”葬丹阳秣县郊坛西。

初,昱在东宫,年五六岁时,始就书学,而惰业好嬉戏,主帅不能禁,好缘漆帐竿,去地丈余,如此者半食久乃下。年渐长,喜怒乖节,左右有失旨者,辄手加扑打。徒跣蹲踞,以此为常。主帅以白太宗,上辄敕昱所生,严加捶训。及嗣位,内畏太后,外惮大臣,犹未得肆志。自加元服,变态转兴,内外稍无以制。三年秋冬间,便好出游行,太妃每乘青篾车,随相检摄。昱渐自放恣,太妃不复能禁。单将左右,弃部伍,或十里、二十里,或入市里,或往营署,日暮乃归。四年春夏,此行弥数。自京城克定,意志转骄,于是无日不出。与左右人解僧智、张五儿恒相驰逐。夜出,开承明门,夕去晨反,晨出暮归。从者并执铤矛,行人男女,及犬马牛驴,值无免者。民间扰惧,昼日不敢开门,道上行人殆绝。常著小裤褶,未尝服衣冠。或有忤意,辄加以虐刑。有白棓数十枚,各有名号,针椎凿锯之徒,不离左右。尝以铁椎椎人阴破,左右人见之有敛眉者,昱大怒,令此人祖胛正立,以矛刺胛洞过。于耀灵殿上养驴数十头,所自乘马,养于御床侧。先是,民间讹言,谓太宗不男,陈太妃本李道儿妾,道路之言,或云道儿子也。昱每出入去来，常自称刘统，或自号李将军。与右卫冀辇营女子私通，每从之游，持数千钱，供酒肉之费。阮佃夫腹心人张羊为佃夫所委信。佃夫败，叛走，后捕得，昱自于承明门以车轹杀之。杜延载、沈勃、杜幼文、孙超，皆躬运矛铤，手自脔割。执幼文兄叔文于玄武湖北，昱驰马执矟，自往刺之。制露车一乘，其上施篷，乘以出入，从者不过数十人。羽仪追之恒不及，又各虑祸，亦不敢追寻，唯整部伍，别在一处瞻望而已。凡诸鄙事，过目则能，锻炼金银，裁衣作帽，莫不精绝。未尝吹篪，执管便韵。天性好杀，以此为欢，一日无事，辄惨惨不乐。内外百司，人不自保，殿省忧遑，夕不及旦。

　齐王顺天人之心，潜图废立，与直阁将军王敬则谋之。七月七日，昱乘露车，从二百许人，无复卤簿羽仪，往青园尼寺，晚至新安寺，就昙度道人饮酒。醉，夕扶还，于仁寿殿东阿毡幄中卧。时昱出入无恒，省内诸閤，夜皆不闭。且群下畏相逢值，无敢出者。宿卫并逃避，内外无相禁摄。王敬则先结昱左右杨玉夫、杨万年、吕欣之、汤成之、陈奉伯、张石留、罗僧智、钟千载、严道福、雷道赐、戴昭祖、许启、戚元宝、盛道泰、钟千秋、王天宝、公上延孙、俞成、钱道宝、马敬之、陈宝直、吴璩之、刘印鲁、唐天宝、俞孙等二十五人，谋共取昱。其夕，敬则出外，玉夫见昱醉熟无所知，乃与万年同入毡幄内，以昱防身刀斩之。奉伯提昱首，依常行法，称敕开承明门出，以首与敬则，驰至领军府，以首呈齐王。王乃戎服，率左右数十人，称行还，开承明门入。昱他夕每开门，门者震慑不敢视，至是弗之疑。齐王既入，晓，乃奉太后令奉迎安成王。

　史臣曰：丧国亡家之主，虽适末同途，发轸或异也。前废帝卑游亵幸，皆龙驾帝饰，传警清路；苍梧王则藏玺怀绂，鱼服忘反，危冠短服，匹马孤征。至于殒身覆祚，其理若一。姬、夏之隆，质文异尚，亡国之道，其亦然乎？

宋书卷一〇
本纪第一〇

顺 帝

顺皇帝讳准，字仲谋，小字智观，明帝第三子也。泰始五年七月癸丑生。七年，封安成王，食邑三千户。仍拜抚军将军，置佐史。废帝即位，为扬州刺史。元徽二年，进号车骑将军、都督扬、南豫二州诸军事，给鼓吹一部，刺史如故。四年，又进号骠骑大将军、开府仪同三司，班剑三十人，都督、刺史如故。元徽五年七月戊子夜，废帝殒，奉迎王入居朝堂。壬辰，即皇帝位。

升明元年，改元，大赦天下，赐文武位二等。甲午，镇军将军齐王出镇东城，辅政作相。丙申，诏曰："露台息构，义光汉德，雉裘焚制，事隆晋道，故以检奢轨化，敦俭驭俗。顷甸服未静，师旅连年，委蓄屡空，劳敝莫偃。而丹腠之饬，糜耗难訾，宝赂之费，征赋靡计。今车服仪制，实宜约损，使徽章有序，勿得侈溢。可罢省御府二署。凡工丽雕镂，伤风毁治，一皆禁断。庶永昭宪则，弘兹始政。"征西大将军、荆州刺史沈攸之进号车骑大将军、开府仪同三司，尚书左仆射、中领军、镇军将军、南兖州刺史齐王为司空、录尚书事、骠骑大将军，刺史如故，中书令、卫将军、开府仪同三司，抚军将军刘秉为尚书令，加中军将军，安西将军、郢州刺史晋熙王燮为抚军将军、扬州刺史，南阳王翔为郢州刺史。辛丑，尚书右仆射王僧虔为尚书仆射，右卫将军刘韫为中领军，金紫光禄大夫王琨为右光禄大夫。给司空齐王钱五百万,布五千匹。癸卯,车驾谒太庙。丙午,以安西参军明庆符为青、冀二州刺史,武陵王赞为郢州刺史,新除郢州刺史南阳王翙为湘州刺史,司空、南兖州刺史齐王改领南徐州刺史,征虏将军李安民为南兖州刺史。雍州大水。

八月壬子,遣使赈恤,蠲除税调。以骠骑长史刘澄之为南豫州刺史。山阳太守于天宝、新吴县子秦立有罪,下狱死。戊午,改平准署。辛酉,以宣城太守李灵谦为兖州刺史。癸亥,司空袁粲镇石头。丁卯,原除元年以前逋调;复郡县禄田。戊辰,崇拜帝所生陈昭华为皇太妃。庚午,司空长史谢朏、卫军长史江敩、中书侍郎褚炫、武陵王文学刘候入直殿省,参侍文义。齐王固让司空,庚辰,以为骠骑大将军、开府仪同三司。

九月己丑,诏曰:“昔圣王既没,淳风已衰,龟书永湮,龙图长秘。故三代之末,德刑相扰,世沦物竞,道陂人谀。然犹正士比毂,奇才接轸。朕袭运金枢,篡灵瑶极,负扆巡政,日晏忘疲,永言兴替,望古盈虑。姬、夏典载,犹传缃帙,汉、魏余文,布在方册。故元封兴茂才之制,地节创独行之品,振维务本,存乎得人。今可宣下州郡,搜扬幽仄,摽采乡邑,随名荐上。朕将亲览,甄其茂异,庶野无遗彦,永激遐芬。”己酉,庐陵王昌薨。

冬十一月己酉,倭国遣使献方物。丙午,员外散骑侍郎胡羡生行越州刺史,以交州刺史沈景德为广州刺史。

十二月丁巳,以骁骑将军王广之为徐州刺史。车骑大将军、荆州刺史沈攸之举兵反。丁卯,录公齐王入守朝堂,侍中萧嶷镇东府。戊辰,内外纂严。己巳,以郢州刺史武陵王赞为安西将军、荆州刺史,征虏将军、雍州刺史张敬儿进号镇军将军。右卫将军黄回为平西将军、郢州刺史,督诸军前锋南讨。征虏将军吕安国为湘州刺史,都官尚书王宽加平西将军。庚午,新除左卫将军齐王世子奉新除抚军将军、扬州刺史晋熙王燮镇寻阳之盆城。壬申,以骁骑将军周槃龙为广州刺史。是日,司徒袁粲据石头反,尚书令刘秉、黄门侍郎刘述、冠军王蕴率众赴之,黄回及辅国将军孙昙瓘、屯骑校尉王宜兴、辅国将军任候伯、左军将军彭文之密相响应，中领军刘韫、直阁将军卜伯兴在殿内同谋。录公齐王诛韫等于省内。军主苏烈、王天生、薛道渊、戴僧静等陷石头，斩粲于城内。秉、述、蕴逾城走，追擒之，并伏诛。其余无所问。豫州刺史刘怀珍、雍州刺史张敬儿、广州刺史陈显达并举义兵。司州刺史姚道和、梁州刺史范柏年、湘州行事庾佩玉拥众怀贰。甲戌，大赦天下。乙亥，以尚书仆射王僧虔为尚书左仆射，新除中书令王延之为尚书右仆射。吴郡太守刘遐据郡反，辅国将军张瓌讨斩之。

　　闰月辛巳，屯骑校尉王宜兴有罪伏诛。癸巳，沈攸之攻围郢城，前军长史柳世隆固守。攸之弟登之作乱于吴兴，吴兴太守沈文季讨斩之。己亥，内外戒严，假录公齐王黄钺。辛丑，宁朔将军、北秦州刺史武都王杨文庆进号征西将军。乙巳，录公齐王出顿新亭。

　　二年春正月，沈攸之遣将公孙方平据西阳，辛酉，建宁太守张谟击破之。丁卯，沈攸之自郢城奔散。己巳，华容县民斩送之。左将军、豫州刺史刘怀珍进号平南将军。辛未，镇军将军、雍州刺史张敬儿克江陵，斩攸之子光琰，荆州平，同逆皆伏诛。丙子，解严。以新除侍中柳世隆为尚书右仆射。是日，录公齐王旋镇东府。丁丑，以江州刺史邵陵王友为安南将军、豫州刺史。左卫将军齐王世子为江州刺史，侍中萧嶷为领军，镇军将军、雍州刺史张敬儿进号征西将军，平西将军、郢州刺史黄回进号镇西将军。

　　二月庚辰，以尚书左仆射王僧虔为尚书令，尚书右仆射王延之为尚书左仆射。癸未，录公齐王加授太尉，卫将军褚渊为中书监、司空。甲申，曲赦荆州。丙戌，抚军将军、扬州刺史晋熙王燮进号中军将军、开府仪同三司。戊子，蠲雍州缘沔居民前被水灾者租布三年。辛卯，郢州刺史、新除镇南将军黄回为镇北将军、南兖州刺史，南兖州刺史李安民为郢州刺史。癸巳，以山阴令傅琰为益州刺史。丙申，左军将军彭文之有罪下狱死。行湘州事任候伯杀前湘州行事庾佩玉，传首京邑。

三月庚戌,以广州刺史周槃龙为司州刺史,辅国将军刘悛为广州刺史。丙子,给太尉齐王羽葆、鼓吹。

夏四月己卯,以游击将军垣崇祖为兖州刺史。辛卯,新除镇北将军、南兖州刺史黄回有罪赐死。甲午,辅国将军、淮南宣城二郡太守萧映行南兖州刺史。

五月戊午,倭国王武遣使献方物,以武为安东大将军。辅国将军、行湘州事任候伯有罪伏诛。

六月己丑,以前新会太守赵超民为交州刺史。丁酉,以辅国将军杨文弘为北秦州刺史、武都王。

八月辛卯,太尉齐王表断奇饰丽服,凡十有四条。乙未,以江州刺史齐王世子为领军将军、抚军将军。丙申,以领军萧嶷为江州刺史。

九月乙巳朔,日有蚀之。丙午,加太尉齐王黄钺、都督中外诸军事、太傅,领扬州牧,剑履上殿,入朝不趋,赞拜不名。置左右长史、司马、从事中郎、掾、属各四人。中军将军、扬州刺史晋熙王燮为司徒。戊申,行南兖州刺史萧映为南兖州刺史。甲寅,给太傅齐王三望车。己未,芮芮国遣使献方物。癸酉,武陵内史张澹有罪下狱死。

冬十月丁丑,宁朔将军、淮南宣城二郡太守萧晃为豫州刺史。孙昙瓘先逃亡,己卯,擒获,伏诛。壬寅,立皇后谢氏,减死罪一等,五岁刑以下悉原。

十二月壬子,立故武昌太守刘琨息颁为南丰县王。癸亥,临澧候刘晃谋反,晃及党与皆伏诛。甲子,改封南阳王翔为随郡王,改随阳郡。

十二月丙戌,皇后见于太庙。戊子,高丽国遣使献方物。

三年春正月甲辰,江州刺史萧嶷为镇西将军、荆州刺史,尚书左仆射王延之为安南将军、江州刺史,安西长史萧顺之为郢州刺史。乙卯,太傅齐王表诸负官物质役者,悉原除。辛亥,以骁骑将军王玄邈为梁、南秦二州刺史。领军将军、抚军将军齐王世子加尚书仆射,进号中军大将军、开府仪同三司。丙辰,加太傅齐王前部羽葆、鼓吹。丁巳,诏太傅府依旧辟召。以征西将军、雍州刺史张敬儿为护军将军,新除给事黄门侍郎萧讳为雍州刺史。

二月丙子,安南将军、南豫州刺史邵陵王友薨。

三月癸卯朔,日有蚀之。甲辰,崇太傅为相国,总百揆,封十郡为齐公,备九锡之礼,加玺绂、远游冠,位在诸王上,加相国绿綟绶,其骠骑大将军、扬州牧、南徐州刺史如故。丙午,以中军大将军讳为南豫州刺史、齐公世子,副贰相国,绿綟绶。庚戌,临川王绰谋反,绰及党与皆伏诛。丁巳,以齐国初建,给钱五百万,布五千匹,绢千匹。

夏四月壬申,进齐公爵为齐王,增封十郡。甲戌,安西将军武陵王赞薨。丙戌,命齐王冕十有二旒,建天子旌旗,出警入跸,乘金根车,驾六马,备五时副车,置旄头云罕,乐舞八佾,设钟虡宫悬。进世子为太子,王子、王女、王孙爵命之号,壹如旧仪。辛卯,天禄永终,禅位于齐。壬辰,帝逊位于东郊,既而迁居丹阳宫。齐王践阼,封帝为汝阴王,待以不臣之礼。行宋正朔,上书不为表,答表不为诏。建元元年五月己未,殂于丹阳宫,时年十三。谥曰顺帝。六月乙酉,葬于遂宁陵。

史臣曰:圣王膺录,自非接乱承微,则天历不至也。自三、五以来,受命之主,莫不乘沦亡之极,然后符乐推之运。水德迁谢,其来久矣,岂止于区区汝阴揖禅而已哉!

宋书卷一一
志第一

志序　历上

　　左史记言，右史记事，事则《春秋》是也，言则《尚书》是也。至于楚《书》、郑《志》、晋《乘》、楚《杌》之篇，皆所以照述前史，俾不泯于后。

　　司马迁制一家之言，始区别名题，至乎礼仪刑政，有所不尽，乃于纪传之外，创立八书，片文只事，鸿纤备举。班氏因之，靡违前式，网罗一代，条流遂广。《律历》、《礼乐》，其名不变，以《天官》为《天文》，改《封禅》为《郊祀》，易《货殖》、《平准》之称，革《河渠》、《沟洫》之名，缀孙卿之辞，以述《刑法》，采孟轲之书，用序《食货》。刘向《鸿范》，始自《春秋》，刘歆《七略》，儒墨异部，朱赣博采风谣，尤为详洽，固并因仍，以为三《志》。而《礼乐》疏简，所漏者多，典章事数，百不记一。《天文》虽为该举，而不言天形，致使三天之说，纷然莫辨。是故蔡邕于朔方上书，谓宜载述者也。

　　汉兴，接坑儒之后，之后典坟残缺，耆生硕老，常以亡逸为虑。刘歆《七略》，固之《艺文》，盖为此也。河自龙门东注，横被中国，每漂决所渐，寄重灾深，堤筑之功，劳役天下。且关、洛高垲，地少川源，是故镐、鄠、潦、滈，咸入礼典。漳、滏、郑、白之饶，沟渠沾溉之利，皆民命所祖，国以为天，《沟洫》立志，亦其宜也。世殊事改，于今可得而略。

　　窃以班氏《律历》，前事已详，自杨伟改创《景初》，而《魏书》阙志，及元嘉重造新法，大明博议回改，自魏至宋，宜入今书。

班固《礼乐》、《郊祀》，马彪《祭祀》、《礼仪》，蔡邕《朝会》，董巴《舆服》，并各立志。夫礼之所苞，其用非一，郊祭朝飨，匪云别事，旗章服物，非礼而何？今总而裁之，同谓《礼志》。《刑法》、《食货》，前说已该，随流流别，附之纪传。《乐经》残缺，其来已远，班氏所述，政抄举《乐记》，马彪《后书》，又不备续。至于八音众器，并不见书，虽略见《世本》，所阙犹众。爰及雅、郑，讴谣之节，一皆屏落，曾无概见。郊庙乐章，每随世改，雅声旧典，咸有遗文。又案今鼓吹铙哥，虽有章曲，乐人传习，口相师祖，所务者声，不先训以义。今乐府铙哥，校汉、魏旧曲，曲名时同，文字永异，寻文求义，无一可了。不知今之铙章何代曲也。今《志》自郊庙以下，凡诸乐章，非淫哇之辞，并皆详载。

《天文》、《五行》，自马彪以后，无复记录。何书自黄初之始，徐志肇义熙之元。今以魏接汉，式遵何氏。然则自汉高帝五年之首冬，暨宋顺帝升明二年之孟夏，二辰六沴，甲子无差。圣帝哲王，咸有瑞命之纪，盖所以神明宝位，幽赞祯符，欲使逐鹿弭谋，窥觎不作，握河括地，绿文赤字之书，言之详矣。爰逮道至天而甘露下，德洞地而醴泉出，金芝玄秬之祥，朱草白乌之瑞，斯固不可诬也。若夫衰世德爽，而嘉应不息，斯固天道茫昧，难以数推。亦由明主居上，而震蚀之灾不弭，百灵咸顺，而悬象之应独违。今立《符瑞志》，以补前史之阙。

地理参差，事难该辨。魏、晋以来，迁徙百计，一郡分为四五，一县割成两三，或昨属荆、豫，今隶司、兖，朝为零、桂之士，夕为庐、九之民。去来纷扰，无暂止息，版籍为之浑淆，职方所不能记。自戎狄内侮，有晋东迁，中土遗氓，播徙江外，幽、并、冀、雍、兖、豫、青、徐之境，幽沦寇逆。自扶莫而裹足奉首，免身于荆、越者，百郡千城，流寓比室。人伫鸿雁之哥，士蓄怀本之念，莫不各树邦邑，思复旧井。既而民单户约，不可独建，故魏邦而有韩邑，齐县而有赵民。且省置交加，日回月徙，寄寓迁流，迄无定托，邦名邑号，难或详书。大宋受命，重启边隙，淮北五州，翦为寇境，其或奔亡播迁，复立郡县，斯则元嘉、泰始，同名异实。今以班固、马彪二志，晋、宋《起居》，凡诸记注，悉加推讨，随条辨析，使悉该详。

百官置省，备有前说，寻源讨流，于事为易。

元嘉中，东海何承天受诏纂《宋书》，其志十五篇，以续马彪《汉志》，其证引该博者，即而因之，亦由班固、马迁共为一家者也。其有漏阙，及何氏后事，备加搜采，随就补缀焉。渊流浩漫，非孤学所尽，足蹇途遥，岂短策能运。虽斟酌前史，备睹妍嗤，而爱嗜异情，取舍殊意，每含毫握简，杼轴忘餐，终不足与班、左并驰，董、南齐辔。庶为后之君子削藁而已焉。

黄帝使伶伦自大夏之西，阮隃之阴，取竹之嶰谷生，其窍厚均者，断两节间而吹之，以为黄钟之宫。制十二管，以听凤鸣，以定律吕。夫声有清浊，故协以宫商；形有长短，故检以丈尺；器有大小，故定以斛斗；质有轻重，故平以钧石。故《虞书》曰："乃同律、度、量、衡。"然则律吕，宫商之所由生也。

夫乐有器有文，有情有官。钟鼓干戚，乐之器也；屈伸舒疾，乐之文也；论伦无患，乐之情也；欣喜欢爱，乐之官也。是以君子反情以和志，广乐以成教，故能情深而文明，气盛而化神，和顺积中，而英华发外。故曰：乐者，心之动也；声者，乐之象也。《周礼》曰："乃奏黄钟，哥大吕，舞《云门》，以祀天神。乃奏太蔟，哥应钟，舞《咸池》，以祭地祇。"四望山川先祖，各有其乐。又曰："圜钟为宫，黄钟为徵，姑洗为羽，雷鼓雷鼗，孤竹之管，云和之琴瑟，《云门》之舞，冬日至，于地上之圜丘奏之。若乐六变，则天神皆降，可得而礼矣。"地祇人鬼，礼亦如之。其可以感物兴化，若此之深也。

道始于一，一生二，二生三，三而九。故黄钟之数六，分而为雌雄十二钟。钟以三成，故置一而三之，凡积分十七万七千一百四十七，为黄钟之实。故黄钟位子，主十一月，下生林钟。林钟之数五十四，主六月，上生太蔟。太蔟之数七十二，主正月，下生南吕。南吕之数四十八，主八月，上生姑洗。姑洗之数六十四，主三月，下生应钟。应钟之数四十三，主十月，上生蕤宾。蕤宾之数五十七，主五月，上生大吕。大吕之数七十六，主十二月，下生夷则。夷则之数五十，主七月，上生夹钟。夹钟之数六十七，主二月，下生无射。无射之数四十五，主九月，上生中吕。中吕之数六十，主四月，极不生。极不生，钟律不能复相生。宫生徵，徵生商，商生羽，羽生角，角生姑洗，姑洗生应钟，不比于正音，故为和。姑洗三月，应钟十月，不与正音比，效为和。和，徙声也。应钟生蕤宾，蕤宾不比于正音，故为缪。缪，音相干也。周律故有缪、和，为武王伐纣七音也。日冬至，音比林钟浸以浊；日夏至，音比黄钟浸以清。以十二月律应二十四时。甲子，中吕之徵也；丙子，夹钟之羽也；戊子，黄钟之宫也；庚子，无射之商也；壬子，夷则之角也。

古人为度量轻重，皆生乎天道。黄钟之律长九寸，物以三生，三三九，三九二十七，故幅广二尺七寸，古之制也。音以八相生，故人长八尺，寻自倍，故八尺而为寻。有形即有声，音之数五，以五乘八，五八四十尺为匹。匹者，中人之度也，一匹为制。秋分而禾穤定，穤，禾穗芒也。穤定而禾孰。律之数十二，故十二穤而当一粟，一粟而当一寸。律以当辰，音以当日。日之数十，故十寸而为尺，十尺为丈。其以为重，十二粟而当一分，十二分而当一铢，十二铢而当半两。衡有左右，因而倍之，故二十四铢而当一两。天有四时，以成一岁，因而四之，四四十六，故十六两而一斤。三月而一时，三十日一月，故三十斤而为一钧。四时而一岁，故四钧而一石。""其为音也，一律而生五音，十三律而为六十音。因而六之，六六三十六，故三百六十音以当一岁之日。故律历之数，天地之道也。下生者倍，以三除之；上生者四，以三除之。

杨子云曰："声生于日，谓甲己为角，乙庚为商，丙辛为徵，丁壬为羽，戊癸为宫。律生于辰，谓子为黄钟，丑为大吕之属。声以情质，质，正也。各以其行本情为正也。律以和声，当以律管钟均，和其清浊之声。声律相协，而八音生。协，和。宫、商、角、徵、羽，谓之五声。金、石、匏、革、丝、竹、土、木，谓之八音。声和音谐，是谓五乐。"

夫阴阳和则景至，律气应则灰除。是故天子常以冬夏至御前殿，合八能之士，陈八音，听খ均，度晷景，候钟律，权土炭，效阴阳。冬至阳气应，则乐均清，景长极，黄钟通，土炭轻而衡卬。夏至阴气应，则乐均浊，景短极，蕤宾通，土炭重而衡低。进退于先后五日之中，八能各以候状闻，太史令封上。效则和，否则占。候气之法，为室三重，户闭，涂衅周密，布缇幔。室中以木为案，每律各一，内庳外高，从其方位，加律其上。以葭莩灰布其内端，案历而候之，气至者次去散，人及风所动者，其灰聚。殿中候，用玉律十二。唯二至乃候。取弘农宜阳县金门山竹为灰。

三代陵迟，音律失度。汉兴，北平侯张苍始定律历。孝武之世，置协律之官。元帝时，郎中京房知五音六十律之数，受学于小黄令焦延寿。其下生、上生，终于中吕，而十二律毕矣。中吕上生执始，执始下生去灭，终于南事，而六十律毕矣。夫十二律之变至于六十，犹八卦之变至于六十四也。宓羲作《易》，纪阳气之初，以为律法。建日冬至之声，以黄钟为宫，太蔟为商，姑洗为角，林钟为徵，南吕为羽，应钟为变宫，蕤宾为变徵。此声气之元，五音之正也。故各统一日。其余以次运行，当日者各自为宫，而商、角、徵、羽以类从焉。《礼运篇》曰："五声、六律、十二管还相为宫。"此之谓也。以六十律分一期之日，黄钟自冬至始，及冬至而复，阴阳寒暖风雨之占，于是生焉。房又曰："竹声不可以度调，故作准以定数。准之状如瑟，长丈而十三弦，隐间九尺，以应黄钟之律九寸；中央一弦，下有画分寸，以为六十律清浊之节。"房言律详，其术施于史官，候部用之。《续汉志》具载其律准度数。

汉章帝元和元年，待诏候钟律殷肜上言："官无晓六十律以准调音者，故待诏严崇具以准法教子男宣。愿召宣补学官，主调乐器。"诏曰："崇子学审晓律，别其族，协其声者，审试。不得依托父学，以聋为聪。声微妙，独非莫知，独是莫晓，以律错吹，能知命十二律不失一，乃为能传崇学耳。"试宣十二律，其二中，其四不中，其六

不知何律，宣遂罢。自此律家莫能为准。灵帝熹平六年，东观召典
律者太子舍人张光等问准意。光等不知，归阅旧藏，乃得其器，形制
如房书，犹不能定其弦缓急。音不可以书晓人，知之者欲教而无从，
心达者体知而无师，故史官能辨清浊者遂绝。其可以相传者，唯候
气而已。

旧律度	新律度	旧律分	新律分 新律小分十三十六
黄钟九寸	九寸	十七万七千一百 四十七	十七万七千一百 四十七
林钟六寸	六寸一厘	十一万八千九 十八	十一万八千二百 九十六二十五
太簇八寸	八寸二厘	十五万七千四百 六十四	十五万七千八百 六十一十四
南吕五寸二分 三厘少强	五寸三分六厘 少强	十万四千九百 七十六	十万五千五百 七十二三
姑洗七寸一分 一厘强	七寸一分五厘 少强	十三万九千九百 六十八	十四万七百六十 二二十八
应钟四寸七	四寸七分九厘强	九万三千三百 一十二	九万四千三百 五十七
蕤宾六寸三分 二厘强	六寸三分八厘 少强	十二万四千四 三十六	十二万五千六 八六
大吕八寸四分 二厘大强	八寸四分九 厘大强	十六万五千 八百八十八	十六万七千二百 七十八三十一
夷则五寸六分 一厘大强	五寸七分弱	十一万五百 九十二	十一万二千一 百八十一二十
夹钟七寸四分 九厘少强	七寸五分八厘	十四万七千四 百五十六	十四万九千二百 四十四九

无射四寸九分九厘半强	五寸九厘半	九万八千三百四	十万二百九十三十四
中吕六寸六分六厘弱	六寸七分七厘	十三万一千七十二	十三万三千二百五十七二十五
黄钟八寸八分八厘弱	九寸	十七万四千七百六十二	十七万七千一百四十七
		三分之二分二千四百八十四三分之一	

论曰:律吕相生,皆三分而损益之。先儒推十二律,从子至亥,每三之,凡十七万七千一百四十七,而三约之,是为上生。故《汉志》云:"三分损一,下生林钟;三分益一,上生太蔟。"无射既上生中吕,则中吕又当上生黄钟,然后五声、六律、十二管还相为宫。今上生不及黄钟实二千三百八十四,九约实一千九百六十八为一分,此则不周九寸之律一分有奇,岂得还为宫乎？凡三分益一为上生,三分损一为下生,此其大略,犹周天斗分四分之一耳。京房不思此意,比十二律微有所增,方引而伸之,中吕上生执始,执始下生去灭,至于南事,为六十律,竟复不合,弥益其疏。班氏所志,未能通律吕本源,徙训角为触,徵为祉,阳气施种于黄钟,如斯之属,空烦其文,而为辞费。又推九六,欲符刘歆三统之数,假托非类,以饰其说,皆孟坚之妄矣。

蔡邕从朔方上书,云《前汉志》但载十律,不及六十。六律尺寸相生,司马彪皆已志之。汉末,亡失雅乐。黄初中,铸工柴玉巧有意思,形器之中,多所造作。协律都尉杜夔令玉铸钟,其声清浊,多不如法。数毁改作,玉甚厌之,谓夔清浊任意,更相诉白于魏王。魏王取玉所铸钟,杂错更试,然后知夔为精,于是罪玉及诸子,皆为养马主。

晋太始十年,中书监荀勖、中书令张华,出御府铜竹律二十五具,部太乐郎刘秀等校试。其三具与杜夔及左延年律法同,其二十二具,视其铭题尺寸,是笛律也。问协律中郎将列和,辞:"昔魏明帝时,令和承受笛声,以作此律,欲使学者别居一坊,哥咏讲习,依此律调。至于都合乐时,但识其尺寸之名,则丝竹哥咏,皆得均合。哥声浊者,用长笛长律;哥声清者,用短笛短律。凡弦哥调张清浊之制,不依笛尺寸名之,则不可知也。"

勖等奏:"昔先王之作乐也,以振风荡俗,飨神佐贤,必协律吕之和,以节八音之用。是故郊祀朝宴,用之有制,哥奏分叙,清浊有宜。故曰:'五声十二律,还相为宫'。此经传记籍可得而知者也。如和对辞,笛之长短,无所象则,率意而作,不由曲度。考以正律,皆不相应,吹其声均,多不谐合。又辞:'先师传笛,别其清浊,直以长短,工人裁制,旧不依律。'是为作笛无法。而知写笛造律,又令琴瑟哥咏,从之为正,非所以稽古先哲,垂宪于后者也。谨条牒诸律,问和意状如左。及依典制,用十二律造笛像十二枚,声均调和,器用便利。讲肄弹击,必合律吕,况乎宴飨万国,奏之庙堂者哉!虽伶、夔旷远,至音难精,犹宜形古昔,以求厥衷,合于经礼,于制为详。若可施用,请更部笛上,选竹造作,太乐乐府施行。平议诸杜夔、左延年律可皆留。其御府笛正声下徵各一具,皆铭题作者姓名。其余无所施用,还付御府毁。"奏可。

勖又问和:"作笛为可依十二律作十二笛,令一孔依一律,然后乃以为乐不?"和辞:"太乐东厢长笛正声已长四尺二寸,令当复取其下徵之声;于法,声浊者笛当长,计其尺寸,乃五尺有余,和昔日作之,不可吹也。又笛诸孔,虽不校试,意谓不能得一孔辄应一律也。"案太乐,四尺二寸笛正声均应蕤宾,以十二律还相为宫,推法下徵之孔,当应律大吕。大吕笛长二尺六寸有奇,不得长五尺余。令太乐郎刘秀、邓昊等依律作大吕笛以示和。又吹七律,一孔一校,声皆相应。然后令郝生鼓筝,宋同吹笛,以为《杂引》、《相和》诸曲。和乃辞曰:"自和父祖汉世以来,笛家相传,不知此法。而令调均与律相应,实非所及也。"郝生、鲁基、种整、朱夏,皆与和同。

又问和:"笛有六孔,及其体中之空为七。和为能尽名其宫商角徵不？孔调与不调，以何检知？"和辞："先师相传，吹笛但以作曲相语，为某曲当与某指，初不知七孔尽应何声也。若当作笛，其仰尚方笛工，依案旧像讫，但吹取鸣者，初不复校其诸孔调与不调也。"案《周礼》调乐金石，有一定之声，是故造钟磬者，先依律调之，然后施于厢悬。作乐之时，诸音皆受钟磬之均，即为悉应律也。至于飨宴殿堂之上，无厢悬钟磬，以笛有一定调，故诸弦哥皆从笛为正。是为笛犹钟磬，宜必合于律吕。如和所对，直以意造，率短一寸，七孔声均，不知其皆应何律。调与不调，无以检正，唯取竹之鸣者，为无法制。辄部郎刘秀、邓昊、□魏邵等，与笛工参共作笛，工人造其形，律者定其声，然后器象有制，音均和协。

又问和："若不知律吕之义，作乐音均高下清浊之调，当以何名之？"和辞："每合乐时，随哥者声之清浊，用笛有长短。假令声浊者用三尺二笛，因名曰此三尺二调也；声清者，用二尺九笛，因名曰此二尺九调也。汉、魏相传，施行皆然。"案《周礼》奏六乐，乃奏黄钟，哥大吕，乃奏太蔟，哥应钟。皆以律吕之义，纪哥奏清浊。而和所称以二尺三尺为名，虽汉、魏用之，俗而不典。部郎刘秀、邓昊等以律作笛，三尺二寸者，应无射之律，若宜用长笛，执乐者曰："请奏无射。"《周语》曰："无射所以宣布哲人之令德，示民轨仪也。"二尺八寸四分四厘应黄钟之律，若宜用短笛，执乐者曰："请奏黄钟。"《周语》曰："黄钟所以宣养六气九德也。"是则哥奏之义，当合经礼，考之古典，于制为雅。

《书》曰："予欲闻六律五声八音，在治七始。"《周礼》载六律六同。《礼记》又曰："五声十二律，还相为宫。"刘歆、班固纂《律历志》，亦纪十二律。唯京房始创六十律，至章帝时，其法已亡。蔡邕虽追□其言，亦曰"今无能为者"。依案古典及今音家所用六十律者，无施于乐。谨依典记，以五声十二律还相为宫之法，制十二笛象，记注图侧，如别。省图，不如视笛之了，故复重作蕤宾伏孔笛。其制云：

黄钟之笛，正声应黄钟，下徵应林钟，长二尺八寸四分四厘有奇。《周语》曰："黄钟所以宣养六气九德也。"主声调法，以黄钟为宫，则姑洗为角。翕笛之声应姑洗，故以四角之长为黄钟之笛也。其宫声正而不倍，故曰正声。**正声调法，黄钟为宫，**第一孔。**应钟为变宫，**第二孔。**南吕为羽，**第三孔。**林钟及徵，**第四孔。**蕤宾为变徵，**第五附孔。**姑洗为角，**笛体中声。**大蔟为商。**笛后出孔也。商声浊于角，当在角下，而角声以在体中，故上其商孔，令在宫上，清于宫也。然则宫商正也，余声皆倍也。是故从宫以下，孔转下转浊也。此章说笛孔上下大律之名也。下章说律吕相生，笛之制也。**正声调法，黄钟为宫，**作黄钟之笛，将求宫孔，以姑洗及黄钟律从笛首下度之，尽二律之长而为孔，则得宫声也。**宫生徵，黄钟生林钟也。**以林钟之律从宫孔下度之，尽律作孔，则得徵声也。**徵生商，林钟生太蔟也。**以太蔟律从徵孔上度之，尽律以为孔，则得商声也。**商生羽，太蔟生南吕也。**以南吕律度从角孔下度之，尽律为孔，则得羽声也。**羽生角，南吕生姑洗也。**以姑洗律从羽孔上行度之，尽律而为孔，则得角声也。然则出于商孔之上，吹笛者左手所不及也。从羽孔下行度之，尽律而为孔，亦得角声，出于附商孔之下，则吹者右手所不逮也，故不作角孔。推而下之，复倍其均，是以角声在笛体中，古之制也。音家旧法，虽一部再倍，但令均同。适足为唱和之声，无害于曲均故也。《周语》曰："匏竹利制，议宜。"谓便于事用从宜者也。**角生变宫，姑洗生应钟也。**上句所谓当为角孔而出商下者，墨点识之，以应律也。从此点下行度之，为孔，则得变宫之声也。**变宫生变徵，应钟生蕤宾也。**以蕤宾律从变宫下度之，尽律为孔，则得变徵之声。十二笛之制，名以其宫为主。相生之法，或倍或半，其使事用，例皆一者也。**下徵调法，林钟为宫。**第四孔也。本正声黄钟之徵。徵清当在宫上，用笛之宜，倍令浊下，故曰下徵。下徵更为宫者，记所谓"五声十二律还相为宫"者。然则正声调清，下徵调浊也。**南吕为商，**第三孔。本正声黄钟之羽，今为下徵之商。**应钟为角，**第二孔也。本正声黄钟之变宫，今为下徵之角也。**黄钟为变徵。**下徵之调，林钟为宫，大吕当变徵。而黄钟笛本无大吕之声，故假用黄钟以为变徵也。假用之法：当变徵之声，则俱发黄钟及太蔟、应钟三孔。黄钟应浊而太蔟清，大吕律在二律之间，俱发三孔而徵砲礛之，则得大吕变徵之声矣。诸笛下徵调求变徵之法，皆如此。**太蔟为徵，**笛后出孔，本正声之商，今为下徵之徵。**姑洗为羽，**笛体中翕声也。本正声之角，今为下徵之羽也。**蕤宾为变宫。**孔附是也。本正声之变徵也，今为下徵之变宫也。然则正声之调，孔转下转浊；下徵之调，孔转上转清也。

清角之调，以沽洗为宫，即是笛体中翕声也。于正声为角，于下徵为羽。清角之调，乃以为宫，而哨吹令清，故曰清角。唯得为宛诗谣俗之曲，不合雅乐也。蕤宾为商，正也。林钟为角，非正也。南吕为变徵，非正也。应钟为徵，正也。黄钟为羽，非正也。太蔟为变宫。非正也。清角之调，唯宫商及徵与律相应，余四声非正者皆油，一律哨吹令清，假而用之，其例一也。

　　凡笛体用角律，其长者八之，蕤宾、林钟也。短者四之，其余十笛，皆四角也。空中实容，长者十六，短笛竹宜受八律之黍也。若长短大小不合于此，或器用不便声均法度之齐等也。然笛竹率上大下小，不能均齐，必不得已，取其声均合。三宫一曰正声，二曰下徵，三曰清角。二十一变也。宫有七声，错综用之，故二十一变也。诸笛例皆一也。伏孔四，所以便事用也。一曰正角，出于商上者也。二曰倍角，近笛下者也。三曰变宫，近于宫孔，倍令下者也。四曰变徵，远于徵孔，倍令高者也。或倍或半，或四分一，取则于琴徵也。四者皆不作其孔而取其度，以应进退上下之法，所以协声均，便事用也。其本孔隐而不见，故曰伏孔。

　　大吕之笛：正声应大吕，下徵应夷则，长二尺六寸六分三厘有奇。《周语》曰："元间大吕，助宣物也。"

　　大蔟之笛：正声应太蔟，下徵应南吕，长二尺五寸三分一厘有奇。《周语》曰："大蔟所以金奏，赞阳出滞也。"

　　夹钟之笛：正声应夹钟，下徵应无射，长二尺四寸。《周语》曰："二间夹钟，出四隙之细也。"

　　姑洗之笛：正声应姑洗，下徵应应钟，长二尺二寸三分三厘有奇。《周语》曰："三间中吕，宫中气也。"

　　蕤宾之笛：正声应蕤宾，下徵应大吕，长三尺九寸九分五厘有奇。《周语》曰："蕤宾所以安静神人，献酬交酢。"变宫近孔，故陪半令下，便于用也。林钟亦如之。

　　林钟之笛：正声应林钟，下徵应太蔟，长三尺七寸九分七厘有奇。《周语》曰："四间林钟，和展百事，俾莫不任肃纯恪。"

　　夷则之笛：正声应夷则，下徵应夹钟，长三尺六寸。《周语》曰："夷则所以咏哥九州，平民无贰也。"变宫之法亦如蕤宾，体用四角，故四分益一也。

南吕之笛:正声应南吕,下徵应姑洗,长三尺三寸七分。《周语》曰:"五间南吕,赞阳秀也。"

无射之笛:正声应无射,下徵应中吕,长三尺二寸。《周语》曰:"无射所以宣布哲人之令德,示民轨仪也。"

应钟之笛:正声应应钟,下徵应蕤宾,长三尺九寸九分六厘有奇。《周语》曰:"六间应钟,均利器用,俾应复也。"

勖又以魏杜夔所制律吕检校太乐、总章、鼓吹八音,与律乖错。始知后汉至魏,尺度渐长于古四分有余。夔依为律吕,故致失韵。乃部佐著作郎刘恭依《周礼》更积黍起度,以铸新律。既成,慕求古器,得周时玉律,比之不差毫厘。又汉世故钟,以律命之,不叩而自应。初,勖行道,逢赵郡商人县铎于牛,其声甚韵。至是搜得此铎,以调律吕焉。

晋武帝以勖律与周、汉器合,乃施用之。散骑侍郎阮咸讥其声高,非兴国之音。咸亡后,掘地得古铜尺,果长勖尺四分,时人咸服其妙。

元康中,裴颜以为:"医方民命之急,而称两不与古同,为害特重,宜因此改治权衡。"不见省。

黄钟箱笛,晋时三尺八寸。元嘉九年,太乐令钟宗之减为三尺七寸。十四年,治书令史奚纵又减五分,为三尺六寸五分。列和云:"东箱长笛,四尺二寸也。"太蔟箱笛,晋时三尺七寸。宗之减为三尺三寸七分,纵又减一寸一分,为三尺二寸六分。姑洗箱笛,晋时三尺五寸,宗之减为二尺九寸七分,纵又减五分,为二尺九寸二分。蕤宾箱笛,晋时二尺九寸,宗之减为二尺六寸,纵又减二分,为二尺五寸八分。

宋书卷一二
志第二

历　中

　　夫天地之所贵者生也,万物之所尊者人也。役智穷神,无幽不
察,是以动作云为,皆应天地之象。古先圣哲,拟辰极,制浑仪。夫
阴阳二气,陶育群品,精象所寄,是为日月。群生之性,章为五才,五
才之灵,五星是也。历所以拟天行而序七耀,纪万国而授人时。黄
帝使大桡造六甲,容成制历象,羲和占日,常仪占月。少昊氏有凤鸟
之瑞,以鸟名官,而凤鸟氏司历。颛顼之代,南正重司天,北正黎司
地。尧复育重黎之后,使治旧职,分命羲、和,钦若昊天。故《虞书》
曰:"期三百有六旬六日,以闰月定四时成岁。"其后授舜,曰:"天之
历数在尔躬。"舜亦以命禹。爰及殷、周二代,皆创业革制,而服色从
之。顺其时气,以应天道,万物群生,蒙其利泽。三王既谢,史职废
官,故孔子正《春秋》以明司历之过。秦兼天下,自以为水德,以十月
为正,服色上黑。

　　汉兴,袭秦正朔。北平侯张苍首言律历之事,以《颛顼历》比于
六历,所失差近。施用至武帝元封七年,太中大夫公孙卿、壶遂、太
史令司马迁等,言历纪废坏,宜改正朔,易服色,所以明受之于天
也。乃诏遂等造汉历。选邓平、长乐司马可及人间治历者二十余人。
方士唐都分天部,落下闳运算转历。其法积八十一寸,则一日之分
也。闳与邓平所治同。于是皆观星度,日月行,更以算推。如闳、平
法,一月之日二十九日八十一分日之四十三。诏迁用邓平所造八十

一分律历，以平为太史丞。至元凤三年，太史令张寿王上书，以为"元年用黄帝《调历》。令阴阳不调，更历之过"。诏下主历使者鲜于妄人，与治历大司农中丞麻光等二十余人，杂候晦朔弦望二十四气。又诏丞相、御史、大将军、右将军史各一人，杂候上林清台，课诸疏密，凡十一家。起三年，尽五年，效劳寿王课疏远。又汉元年不用黄帝《调历》，效劳寿王逆天地，大不敬。诏勿劾。复候，尽六年，《太初历》第一。寿王历乃太史官《殷历》也。寿王再劾不服，竟下史。至孝成时，刘向总六历，列是非，作《五纪论》。向子歆作《三统历》以说《春秋》，属辞比事，虽尽精巧，非其实也。班固谓之密要，故汉《历志》述之。校之何承天等六家之历，虽六元不同，分章或异，至今所差，或三日，或二日数时，考其远近，率皆六国及秦时人所造。其术斗分多，上不可检于《春秋》，下不验于汉、魏，虽复假称帝王，只足以惑时人耳。

光武建武八年，太仆朱浮上言："历纪不正，宜当改治。"时所差尚微，未遑考正。明帝永平中，待诏杨岑、张盛、景防等典治历，但改易加时弦望，未能综校历元也。至元和二年，《太初》失天益远，宿度相觉浸多，候者皆知日宿差五度，冬至之日在斗二十一度，晦朔弦望，先天一日。章帝召治历编欣、李梵等综核意状，遂下诏书，称："《春秋保乾图》曰：'三百年斗历改宪。'史官用《太初》邓平术，有余分一，在三百年之域，行度转差，浸以缪错，璇机不正，文象不稽。冬至之日，日在斗二十二度，先立春一日，则《四分》之立春日也。而以折狱断大刑，于气已逆；用望平和，盖亦远矣。今改行《四分》，以遵尧顺孔，奉天之文，同心敬授，傥获咸熙。"于是《四分法》施行。黄帝以来诸历以为冬至在牵牛初者皆黜焉。

和帝永元十四年，待诏太史霍融上言："官漏刻率九日增减一刻，不与天相应，或时差至二刻半，不如夏历密。"其年十一月甲寅，诏曰："漏所以节时分，定昏明。昏明长短，起于日去极远近，日道周圜，不可以计率分。官漏九日增减一刻，违失其实，以晷景为刻，密近有验。今下晷景漏刻四十八箭。"其二十四气日所在，并黄道去极、晷景、漏刻、昏明中星,并列载于《续汉·律历志》。

安帝延光三年,中谒者亶诵上书言当用甲寅元,河南梁丰云当复用《太初》。尚书郎张衡、周兴皆审历,数难诵、丰,或不能对,或云失误。衡等参案仪注,考往校今,以为《九道法》最密。诏下公卿详议。太尉恺等参议:"《太初》过天一度,月以晦见西方。元和改从《四分》,《四分》虽密于《太初》,复不正。皆不可用。甲寅元与天相应,合图谶,可施行。"议者不同。尚书令忠上奏:"天之历数,不可任疑从虚,以非易是。"亶等遂寝。

灵帝熹平四年,五官郎中冯光、沛相上计掾陈晃等言:"历元不正,故盗贼为害。历当以甲寅为元,不用庚申,乞本庚申元经纬明文。"诏下三府,与儒林明道术者详议。群臣会司徒府集议。议郎蔡邕曰:"历数精微,术无常是。汉兴承秦,历用《颛顼》,元用乙卯。百有二岁,孝武皇帝始改《太初》,元用丁丑。行之百八十九岁,孝章帝改从《四分》,元用庚申。今光等以庚申为非,甲寅为是。按历法,黄帝、颛顼、夏、殷、周、鲁,各自有元。光、晃所援,则殷历元也。昔始用《太初》丁丑之后,六家纷错,争讼是非。张寿王挟甲寅元以非汉历,杂候清台,课在下第。《太初》效验,无所漏失。是则虽非图谶之元,而有效于前者也。及用《四分》以来,考之行度,密于《太初》,是又新元有效于今者也。故延光中,亶诵亦非《四分》,言当用甲寅元,公卿参议,竟不施行。且三光之行,迟速进退,不必若一,故有古今之术。今术之不能上通于古,亦犹古术不能下通于今也。又光、晃以《考灵耀》为本,二十八宿度数至日所在,错异不可参校。元和二年用,至今九十二岁,而光、晃言阴阳不和,奸臣盗贼,皆元之咎。元和诏书,文备义著,非群臣议者所能变易。"三公从邕议,以光、晃不敬,正鬼薪法。诏书勿治罪。

何承天曰:夫历数之术,若心所不达,虽复通人前识,无救其为敝也。是以多历年岁,未能有定。《四分》于天,出三百年而盈一日。积代不悟,徒云建历之本,必先立元,假言谶纬,遂关治乱,此之为敝,亦已甚矣。刘歆《三统法》尤复疏阔,方于《四分》,六千余年又益一日。扬雄心惑其说，采为《太玄》，班固谓之最密，著于《汉志》，司彪因曰："自太初元年始用《三统历》，施行百有余年。"曾不忆刘歆之生，不逮太初。二三君子言历，几乎不知而妄言欤。

光和中，谷城门候刘洪始悟《四分》于天疏阔，更以五百八十九为纪法，百四十五为斗分，造《乾象法》，又制迟疾历以步月行。方于《太初》、《四分》，转精微矣。魏文帝黄初中，太史丞韩翊以为《乾象》减斗分太过，后当先天，造《黄初历》，以四千八百八十三为纪法，一千二百五为斗分。其后尚书令陈群奏，以为"历数难明，前代通儒多共纷争。黄初之元，以《四分历》久远疏阔，大魏受命，宜正历明时。韩翊首建《黄初》，犹恐不审，故以《乾象》互相参校。历三年，更相是非，合本即末，争长短而疑尺丈，竟无时而决。按三公议，皆综尽曲理，殊涂同归，欲使效之璇机，各尽其法，一年之间，得失足定，合于事宜"。奏可。明帝时，尚书郎杨伟制《景初历》，施用至于晋、宋。古之为历者，邓平能修旧制新，刘洪始减《四分》，又定月行迟疾，杨伟斟酌两端，以立多少之衷，因朔积分设差，以推合朔月蚀。此三人，汉、魏之善历者。然而洪之迟疾不可以检《春秋》，伟之五星，大乖于后代，斯则洪用心尚疏，伟拘于同出上元壬辰故也。

魏明帝景初元年，改定历数，以建丑之月为正，改其年三月为孟夏四月。其孟仲季月，虽与正岁不同，至于郊祀、迎气，祭祠、烝尝、巡狩、搜田，分至启闭，班宣时令，皆以建寅为正。三年正月，帝崩，复用夏正。

杨伟表曰："臣揽载籍，断考历数，时以纪农，月以纪事，其所由来，邈而尚矣。乃自少昊，则玄鸟司分，颛顼帝喾，则重、黎司天，唐帝、虞舜，则羲官掌日。三代因之，则世有日官。日官司历，则颁之诸侯，诸侯受之，则颁于境内。夏后之代，羲、和湎淫，废时乱日，则《书》载《胤征》。由此观之，审农时而重人事者，历代然也。逮至周室既衰，战国横骛，告朔之羊，废而不绍，登台之礼，灭而不遵。闰分乖次而不识，孟陬失纪而莫悟，大火犹西流，而怪蛰虫之不藏也。是时也,天子不协时,司历不书日,诸侯不受职,日御不分朔,人事不恤,废弃农时。仲尼之拨乱于《春秋》,托褒贬纠正,司历失闰,则讥而书之,登台颁朔,则谓之有礼。自此以降,暨于秦、汉,乃复以孟冬为岁首,闰为后九月,中节乖错,时月纰缪,加时后天,蚀不在朔,累载相久而不革也。至武帝元封七年,始乃寤其缪焉。于是改正朔,更历数,使大才通人造《太初历》,校中朔所差,以正闰分,课中星得度,以考疏密,以建寅之月为正朔,以黄钟之月为历初。其历斗分太多,后遂疏阔。至元和二年,复用《四分历》,施而行之。至于今日,考察日蚀,率常在晦,是则斗分太多,故先密后疏而不可用也。是以臣前以制典余日,推考天路,稽之前典,验之食朔,详而精之,更建密历,则不先不后,古今中天。以昔在唐帝,协日正时,允厘百工,咸熙庶绩也。欲使当今国之典礼,凡百制度,皆韬合往古,郁然备足,乃改正朔,更历数,以大吕之月为岁首,以建子之月为历初。臣以为昔在帝代,则法曰《颛顼》,曩自轩辕,则历曰《黄帝》。暨至汉之孝武,革正朔,更历数,改元曰太初,因名《太初历》。今改元为景初,宜曰《景初历》。臣之所建《景初历》,法数则约要,施用则近密,治之则省功,学之则易知。虽复使研、桑心算,隶首运筹,重、黎司晷,羲、和察景,以考天路,步验日月,究极精微,尽术数之极者,皆未如臣如此之妙也。是以累代历数,皆疏而不密,自黄帝以来,改革不已。

壬辰元以来,至景初元年丁巳,岁积四千四十六,算上。此元以天正建子黄钟之月为历初,元首之岁夜半甲子朔旦冬至。

元法,万一千五十八。

纪法,千八百四十三。

纪月,二万二千七百九十五。

章岁,十九。

章月,二百三十五。

章闰,七。

通数,十三万四千六百三十。

日法,四千五百五十九。

余数,九千六百七十。

周天,六十七万三千一百五十。

纪日岁中,十二。

气法,十二。

没分,六万七千三百一十五。

没法,九百六十七。

月周,二万四千六百三十八。

通法,四十七。

会通,七十九万一百二十。

朔望合数,六万七千三百一十五。

入交限数,七十二万二千七百九十五。

通周,十二万五千六百二十一。

周日日余,二千五百二十八。

周虚,二千三十一。

斗分,四百五十五。

甲子纪第一:

　　　　纪首合朔,月在日道里。

　　　　交会差率,四十一万二千九百一十九。

　　　　迟疾差率,十万三千九百四十七。

甲戌纪第二:

　　　　纪首合朔,月在日道里。

　　　　交会差率,五十一万六千五百二十九。

　　　　迟疾差率,七万三千七百六十七。

甲申纪第三:

　　　　纪首合朔,月在日道里。

　　　　交会差率,六十二万一百三十九。

　　　　迟疾差率,四万三千五百八十七。

甲午纪第四:

　　　　纪首合朔,月在日道里。

交会差率，七十二万三千七百四十九。

迟疾差率，一万三千四百七。

甲辰纪第五：

　　纪首合朔，月在日道里。

　　交会差率，三万七千二百四十九。

　　迟疾差率，一十万八千八百四十八。

甲寅纪第六：

　　纪首合朔，月在日道里。

　　交会差率，十四万八百五十九。

　　迟疾差率，七万八千六百六十八。

　　交会纪差，十万三千六百一十。求其数之所生者，置一纪积月，以通数乘之，会通去之，所去之余，纪差之数也。以之转加前纪。则得后纪。加之未满会通者，则纪首之岁天正合朔，月在日道里。满去之，则月在日道表。加表满在里，加里满在表。

　　迟疾纪差，三万一百八十。求其数之所生者，置一纪积月，以通数乘之，通周去之，余以减通周，所减之余，纪差之数也。以之转减前纪，则得后纪。不足减者，加通周。

　　求次元纪差率，转减前元甲寅纪差率，余则次元甲子纪差率也。求次纪，如上法也。

　　推朔积月术曰：置壬辰元以来，尽所求年，外所求，以纪法除之，所得算外，所入纪第也，余则入纪年数。年以章月乘之，如章岁而一为积月，不尽为闰余。闰余十二以其年有闰。闰月以无中气为正。

　　推朔术曰：以通数乘积月，为朔积分，如日法而一为积日，不尽为小余。以六十去积日，余为大余。大余命以纪，算外，所求年天正十一月朔日也。

　　求次月，加大余二十九，小余二千四百一十九，小余满日法从大余，命如前，次月朔日也。小余二千一百四十以上，其月大也。

　　推弦望，加朔大余七，小余千七百四十四，小分一，小分满二从小余,小余满日法从大余,大余满六十去之,余命以纪,算外,上弦日也。又加得望、下弦、后月朔。其月蚀望者,定小余,如所近中节间限,限数以下者,算上为日。望在中节前后各四日以还者,视限数;望在中节前后各五日以上者,视间限。

推二十四气术曰:置所入纪年,外所求,以余数乘之,满纪法为大余,不尽为小余。大余满六十去之,余命以纪,算外,天正十一月冬至日也。

求次气,加大余十五,小余四百二,小分十一,小分满气法从小余,满纪从大余,命如前,次气日也。

推闰月术曰:以闰余减章岁,余以岁中乘之,满章闰得一月,余满半法以上亦得一月。数从天正十一月起,算外,闰月也。闰有进退,以无中气御之。

　　大雪,十一月节。限数千二百四十二。间限千二百四十八。

　　冬至,十一月中。限数千二百五十四。间限千二百四十五。

　　小寒,十二月节。限数千二百三十五。间限千二百二十四。

　　大寒,十二月中。限数千二百一十三。间限千一百九十二。

　　立春,正月节。限数千一百七十二。间限千一百三十七。

　　雨水,正月中。限数千一百一十二。间限千九十三。

　　惊蛰,二月节。限数千六十五。间限千二十五。

　　春分,二月中。限数千八。间限九百七十九。

　　清明,三月节。限数九百五十一。间限九百二十五。

　　谷雨,三月中。限数九百。间限八百七十九。

　　立夏,四月节。限数八百五十七。间限八百四十。

　　小满,四月中。限数八百二十二。间限八百一十三。

　　芒种,五月节。限数八百。间限七百九十九。

　　夏至,五月中。限数七百九十八。间限八百。

　　小暑,六月节。限数八百五。间限八百一十五。

　　大暑,六月中。限数八百二十五。间限八百四十二。

　　立秋,七月节。限数八百五十九。间限八百八十三。

处暑，七月中。限数九百七。间限九百三十五。

白露，八月节。限数九百六十二。间限九百九十二。

秋分，八月中。限数千二十一。间限千五十一。

寒露，九月节。限数千八十。间限千一百七。

霜降，九月中。限数千一百三十三。间限一百五十七。

立冬，十月节。限数千一百八十。间限千一百九十八。

小雪，十月中。限数千二百一十五。间限千二百二十九。

推没灭术曰：因冬至积日有小余者，加积一，以没分乘之，以没法除之，所得为大余，不尽为小余。大余满六十去之，余命以纪，算外，即去年冬至后没日也。

求次没，加大余六十九，小余五百九十二，小余满没法得一，从大余，命如前。小余尽，为灭也。

推五行用事日：立春、立夏、立秋、立冬者，即木、火、金、水始用事日也。各减其大余十八，小余四百八十三，小分六，余命以纪，算外，各四立之前土用事日也。大余不足减者，加六十；小余不足减者，减大余一，加纪法；小分不足减者，减小余一，加气法。

推卦用事日：因冬至大余，六其小余，《坎卦》用事日也。加小余万九十一，满元法从大余，即《中孚》用事日也。

求次卦，各加大余六，小余九百六十七。其四正名因其中曰，六其小余。

推日度术曰：以纪法乘朔积日，满周天去之，余以纪法除之，所得为度，不尽为分。命度从牛前五起，宿次除之，不满宿，则天正十一月朔夜半日所在度及分也。

求次日，日加一度，分不加，经斗除斗分，分少退一度。

推月度术曰：以月周乘朔积日，满周天去之，余以纪法除之，所得为度，不尽为分，命如上法，则天正十一月朔夜半月所在度及分也。

求次月，小月加度二十二，分八百六；大月又加一日，度十三，分六百七十九；分满纪法得一度，则次月朔夜半月所在度及分也。

其冬下旬,夕在张心署也。

推合朔度术曰:以章岁乘朔小余,满通法为大分,不尽为小分。以大分从朔夜半日度分,满纪法从度,命如前,则天正十一月合朔日月所共合度也。

求次月,加度二十九,大分九百七十七,小分四十二,小分满通法从大分,大分满纪法从度。经斗除其分,则次月合朔日月所共合度也。

推弦望日所在度:加合朔度七,大分七百五,小分十,微分一,微分满二从小分,小分满通法从大分,大分满纪法从度,命如前,则上弦日所在度也。又加得望下弦后月合也。

推弦望月所在度:加合朔度九十八,大分千二百七十九,小分三十四,数满命如前,即上弦月所在度也。又加得望下弦后月合也。

推日月昏明度术曰:日以纪法,月以月周,乘所近节气夜漏,二百而一,为明分。日以减纪法,月以减月周,余为昏分。各以加夜半,如法为度。

推合朔交会月蚀术曰:置所入纪朔积分,以所入纪交会差率之数加之,以会通去之,余则所求年天正十一月合朔去交度分也。以通数加之,满会通去之,余则次月合朔去交度分也。以朔望合数各加其月合朔去交度分,满会通去之,余则各其月望去交度分也。朔望去交分加朔望合数以下,入交限数以上者,朔则交会,望则月蚀。

推合朔交会月蚀月在日道表里术曰:置所入纪朔积分,以所入纪下交会差率之数加之,倍会通去之,余不满会通者,纪首表,天正合朔月在表,纪首里,天正合朔月在里。满会通去之,表在里,里在表。

求次月,以通数加之,满会通去之,加里满在表,加表满在里。先交会后月蚀者,朔在表则望在表,朔在里则望在里。先月蚀后交会者,看食月朔在里则望在表,朔在表则望在里。交会月蚀如朔望会数以下,则前交后会;如入交限数以上,则前会后交。其前交后会近于限数者,则豫伺之前月;前会后交近于限数者,则后伺之后月。

　　求去交度术曰：其前交后会者，今去交度分如日法而一，所得则却去交度也。其前会后交者，以去交度分减会通，余如日法而一，所得则前去交度，余皆度分也。去交度十五以上，虽交不蚀也。十以下是蚀，十以上亏蚀微少，光暑相及而已。亏之多少，以十五为法。

　　求日蚀亏起角术曰：其月在外道，先交后会者，亏蚀西南角起；先会后交者，亏蚀东南角起。其月在内道，先交后会者，亏食西北角起；先会后交者，亏食东北角起。亏食分多少，如上以十五为法。会交中者，蚀尽。月蚀在日之冲，亏角与上反也。

月行	迟疾度	损益率	盈缩积分	月行分
一日	十四度十四分	益二十六	盈一初	二百八十
二日	十四度十一分	益二十三	盈积分一十一万八千五百三十四	一百七十七
三日	十四度八分	益二十	盈积分二十二万三千三百九十一	二百七十四
四日	十四度五分	益十七	盈积分三十一万四千五百七十一	二百七十
五日	十四度一分	益十三	盈积分三十九万二千七十四	三百六十七
六日	十三度十四分	益七	盈积分四十五万一千三百四十一	二百六十一
七日	十三度七分	损	盈积分四十八万三千二百五十四	二百五十四
八日	十三度一分	损六	盈积分四十八万三千二百五十四	二百四十八
九日	十二度十六分	损十	盈积分四十五万五千九百	二百四十四

十日	十二度 十一分	损十三	盈积分四十一万 三百一十	二百四十一
十一日	十二度 十三分	损十五	盈积分三十五万 一千四十三	二百三十九
十二日	十二度 八分	损十八	盈积分二十八万 二千六百五十八	二百三十六
十三日	十二度 五分	损二十一	盈积分二十万五 百九十六	二百三十三
十四日	十二度 三分	损二十三	盈积分十万四千 八百五十七	二百三十一
十五日	十二度 五分	益二十一	缩初	二百三十三
十六日	十二度 七分	益十九	缩积分九万五千 七百三十九	二百三十五
十七日	十二度 九分	益十七	缩积分十八万二 千三百六十	二百三十七
十八日	十二度 十二分	益十四	缩积分二十五万 九千八百六十三	二百四十
十九日	十二度 十五分	益十一	缩积分三十二万 三千六百八十九	二百四十三
二十日	十二度 十八分	益八	缩积分三十七万 三千八百三十八	二百四十六
二十一日	十三度 三分	益四	缩积分四十一万 三百一十	二百五十
二十二日	十三度 七分	损	缩积分四十二万 八千五百四十六	二百五十四
二十三日	十三度 十二分	损五	缩积分四十一万 八千五百四十六	

二十四日十三度十八分	损十一	缩积分四十万五千七百五十一	二百六十五
二十五日十四度五分	损十七	缩积分三十五万五千六百二	二百七十一
二十六日十四度十一分	损二十三	缩积分二十七万八千六十九	二百七十七
二十七日十四度十一分	损二十四	缩积分十七万三千二百四十二	二百七十八
周日 十四度十三分有小分六百二十六	损二十五有小分六百二十六	缩积分六万三千八百二十六	二百七十九有小分六百二十六

推合朔交会月蚀入迟疾历术曰：置所入纪朔积分，以所入纪下迟疾差率之数加之，以通界去之，余满日法得一日，不尽为日余，命日算外，则所求年天正十一月合朔入历日也。

求次月，加一日，余四千四百五十。求望，加十四日，日余三千四百八十九。日余满日法成日，日满二十七去之。又除余如周日余，日余不足除者，减一日，加周虚。

推合朔交会月蚀定大小余：以入历日乘所入历损益率，以损益盈缩积分为定积分。以章岁减所入历月行分，余以除之，所得以盈减缩加本小余。加之满日法者，交会加时在后日；减之，不足者，交会加时在前日。月蚀者，随定大小余为日加时。入历在周日者，以周日日余乘缩积分，为定积分。以率损乘入历日余，又以周日日余乘之，以周日日度小分并之，以损定积分，余为后定积分。以章岁减周日月行分，余以周日日余乘之，以周日度小分并之，以除后定积分，所得以加本小余，如上法。

推加时，以十二乘定小余，满日法得一辰，数从子起，算外，则朔望加时所在辰也。有余不尽者四之，如日法而一为少，二为半，三为太。又有余者三之,如日法而一为强,半法以上排成之,不满半法废弃之。以强并少为少强,并半为半强,并太为太强。得二强者为少弱,以之并少为半弱,以之并半为大弱,以之并太为一辰弱。以所在辰命之,则各得其少、太、半及强、弱也。其月蚀望在中节前后四日以还者,视限数;五日以上者,视间限。定小余如间限、限数以下者,以算上为日。

　　斗二十六分四百五十五

　　牛八

　　女十二

　　虚十

　　危十七

　　室十六

　　壁九

　　　　北方九十八度分四百五十五

　　奎十六

　　娄十二

　　胃十四

　　昴十一

　　毕十六

　　觜二

　　参九

　　　　西方八十度

　　井三十三

　　鬼四

　　柳十五

　　星七

　　张十八

　　翼十八

　　轸十七

　　南方百一十二度

角十二

亢九

氐十五

房五

心五

尾十八

箕十一

　　东方七十五度

中节日所在度

日行黄道去极度

日中晷景

昼漏刻

夜漏刻

昏中星

明中星

　　冬至十一月中斗二十一少

百一十五度

丈三尺

四十五

五十五

奎六弱

亢二少强

　　小寒十二月节女二少

百一十三强

丈二尺三寸

四十五八分

五十四二分

娄五半强

氐七强

　　大寒十二月中虚女半强

百一十大弱

丈一尺

四十六八分

五十三二分

胃十一大强

心半

　　立春正月节危十太弱

百六少弱

九尺六寸

四十八六分

五十一四分

毕五少弱

尾七半弱

　　雨水正月中室八太强

百一强

七尺九寸五分

五十八分

四十九二分

参六半弱

箕半弱

　　惊蛰二月节壁八强

九十五强

六尺五寸

五十三三分

四十六七分

井十七少弱

斗初少

　　　春分二月中奎十四少强

八十九少强

五尺二寸五分

五十五八分

四十四二分

鬼四

斗十一弱

　　　清明三月节胃一半

八十三少弱

四尺一寸五分

五十八三分

四十一七分

星四太

斗二十一半

　　　谷雨三月中昂二大

七十七大强

三尺二寸

六十五分

三十九五分

张十七

牛六半

　　　立夏四月节毕六太

七十三少弱

二尺五寸二分

六十二四

三十七六

翼十七太

女十少弱

　　　小满四月中参四少弱

六十九_太

尺九寸_{八分}

六十三_{九分}

三十六_{一分}

角_{太弱}

危_{太弱}

　　芒种_{五月节井十半弱}

六十七_{少弱}

尺六寸_{八分}

六十四_{九分}

三十五_{一分}

亢五_太

危十四_强

　　夏至_{五月中井二十五半强}

六十七_强

尺五寸

六十五

三十五

氐十二_{少弱}

室十二_强

　　小暑_{六月节柳三太强}

六十七_{太强}

尺七寸

六十四_{七分}

三十五_{三分}

尾一_{太强}

奎二_{太强}

　　大暑_{六月中星四强}

七十

二尺

六十三八分

三十六

尾十五半强

娄三太

　　立秋七月节张十二少

七十三半强

二尺五寸五分

六十二三分

三十七七分

箕九太强

胃九太弱

　　处暑七月中翼九半

七十八半强

三尺三寸三分

六十二分

三十九八分

斗十少

毕三太

　　白露八月节轸六太

八十四少强

四尺三寸五分

五十七八分

四十二二分

斗二十一强

参五少强

　　秋分八月中角五弱

九十半强

五尺五寸二分

五十五二分

四十四八分

牛五少

井十六少强

　　　寒露九月节亢八半弱

九十六太强

六尺八寸五分

五十二六分

四十七四分

女七太

鬼三少强

　　　霜降九月中氏十四少强

百二少强

八尺四寸

五十三分

四十九七分

虚六太

星三太

　　　立冬十月节尾四半强

百七少强

丈八寸三分

四十八二分

五十一八分

危八强

张十五太强

　　　小雪十月中箕一太强

百一十一弱

丈一尺四寸

四十六七分

五十三三分

室三半强

翼十五太

　　大雪十一月节斗六

百一十三太强

丈二尺五寸六分

四十五五分

五十四五分

壁半强

轸十五少强

　　右中节二十四气,如术求之,得冬至十一月中也。加之得次月节,加节得其月中。中星以日所求为正,置所求年二十四气小余四之,如法得一为少,不尽少三之,如法为强。所以减其节气昏明中星各定。

　　推五星术:

　　五星者,木曰岁星,火曰荧惑,土曰填星,金曰太白,水曰辰星。凡五星之行,有迟有疾,有留有逆。曩自开辟,清浊始分,则日月五星聚于星纪。发自星纪,并而行天,迟疾留逆,互相逮及。星与日会,同宿共度,则谓之合。从合至合之日,则谓之终。各以一终之日,与一岁之日,通分相约,终而率之,岁数岁则谓之合终岁数,岁终则谓之合终合数。二率既定,则法数生焉。以章岁乘合数为合月法,以纪法乘合数为日度法,以章月乘岁数为合月分,如合月法为合月数,合月之余为月余。以通数乘合月数,如日法而一为大余,以六十去大余,余为星合朔大余,之余为朔小余。以通数乘月余,以合月法乘朔小余,并之,以日法乘合月法除之,所得星合入月日数也。余以朔通法约之,为入月日,以朔小余减日法,余为朔虚分。以历斗分乘合数,为星度斗分。木、火、土各以合数减岁数,余以周天乘之,如日度法而一,所得则行星度数也,余则度余。金、水以周天乘岁数,如日度法而一,所得则行星度数也,余则度余。

木：

　　合终岁数，千二百五十五。

　　合终合数，千一百四十九。

　　合月法，二万一千八百三十一。

　　日度法，二百一十一万七千六百七。

　　合月数，十三。

　　月余，万一千一百二十二。

　　朔大余，二十三。

　　朔小余，四千九十三。

　　入月日，十五。

　　日余，百九十九万五千六百六十四。

　　朔虚分，四百六十六。

　　斗分，五十二万二千七百九十五。

　　行星度，三十三。

　　度余，百四十七万二千八百。

火：

　　合终岁数，五千一百五。

　　合终合数，二千三百八十八。

　　合月法，四万五千三百七十二。

　　日度法，四百四十万一千八十四。

　　合月数，二十六。

　　月余，二万三。

　　朔大余，四十七。

　　朔小余，三千六百二十七。

　　入月日，十三。

　　日余，三百五十八万五千二百三十。

　　朔虚分，九百三十二。

　　斗分，百八万六千五百四十。

　　行星度，五十。

度余,百四十一万二千一百五十。

土:

合终岁数,三千九百四十三。

合终合数,三千八百九。

合月法,七万二千三百七十一。

日度法,七百一万九千九百八十七。

合月数,十二。

月余,五万八千一百五十三。

朔大余,五十四。

朔小余,千六百七十四。

入月日,二十四。

日余,六十七万五千三百六十四。

朔虚分,二千八百八十五。

斗分,百七十三万三千九十五。

行星度,十二。

度余,五百九十六万二千二百五十六。

金:

合终岁数,千九百七。

合终合数,二千三百八十五。

合月法,四万五千三百一十五。

日度法,四百三十九万五千五百五十五。

合月数,九。

月余,四万三百一十。

朔大余,二十五。

朔小余,三千五百三十五。

入月日,二十七。

日余,十九万四千九百九十。

朔虚分,千二十四。

斗分,百八万五千一百七十五。

行星度，二百九十二。

度余，十九万四千九百九十

水：

合终岁数，一千八百七十。

合终合数，万一千七百八十九。

合月法，二十二万三千九百九十一。

日度法，二千一百七十二万七千一百二十七。

合月数，一。

月余，二十一万五千四百五十九。

朔大余，二十九。

朔小余，二千四百一十九。

入月日，二十八。

日余，二千三十四万一千二百六十一。

朔虚分，二千一百四十。

斗分，五百三十六万三千九百九十五。

行星度，五十七。

度余，二千三十四万四千二百六十一。

推五星术曰：置壬辰元以来尽所求年，以合终合数乘之，满合终岁数得一，名积合，不尽名合余。以合终合数减合余，得一者星合往年，得二者合前往年，无所得，合其年。余以减合终合数，为度分。金、水积合，偶为晨，奇为夕。

推五星合月：以月数月余各乘积合，余满合月法从月，为积月，不尽为月余。以纪月除积月，所得算外，所入纪也，余为入纪月。副以章闰乘之，满章月得一为闰，以减入纪月，除以岁中去之，余为入岁月，命以天正起，算外，星合月也。其在闰交际，以朔御之。

推合月朔：以通数乘入纪月，满日法得一为积日，不尽为小余。以六十去积日，余为大余，命以所入纪，算外，星合朔日也。

推入月日：以通数乘月余，合月法乘朔小余，并之，通法约之，所得满日度法得一，则星合入月日也，不满为日余。命日以朔，算外，入月日也。

推星合度：以周天乘度分，满日度法得一为度，不尽为余，命以牛前五度起，算外，星所合度也。

求后合月，以月数加入岁月，以余加月余，余满合月法得一月，月不满岁中，即在其年，满去之，有闰计焉，余为后年；再满，在后二年。金、水加晨得夕，加夕得晨也。

求后合朔，以朔大小余数加合朔月大小余，其月余上成月者，又加大余二十九，小余一千四百一十九，小余满日法从大余，命如前法。

求后入月日，入以月日、日余加入月日及余，余满日度法得一。其前合朔小余满其虚分者，去一日；后小余满二千四百一十九以上，去二十九日；不满，去三十日。其余则后合入月日，命以朔。

求后合度，以度数及分，如前合宿次命之。

木：晨与日合，伏，顺，十六日九十九万七千八百三十二分，行星二度百七十九万五千二百三十八分，而晨见东方，在日后。顺，疾，日行五十七分之十一，五十七日行十一度。顺，迟，日行九分，五十七日行九度而留。不行，二十七日而旋。逆，日行七分之一，八十四日退十二度，而复留二十七日。复迟，日行九分，五十七日行九度而复顺。疾，日行十一分，五十七日行十一度，在日前，夕伏西方。顺，十六日九十九万七千八百三十二分，行星二度百七十九万五千二百三十八分，而与日合。凡一终，三百九十八日百九十九万五千六百六十四分，行星三十三度百四十七万二千八百六十九分。

火：晨与日合，伏，七十二日百七十九万二千六百一十五分，行星五十六度百二十四万九千三百四十五分，而晨见东方，在日后。顺，日行二十三分之十四，百八十四日行百一十二度。更顺，迟，日行十二分，九十二日行四十八度而留。不行，十一日而旋。逆，日行六十二分之十七，六十二日退十七度，而复留十一日。复顺，迟，日行十二分，九十二日，行四十八度而复疾。日行十四分，百八十四日行百一十二度，在日前，夕伏西方。顺，七十二日百七十九万二千六百一十五分,行星五十六度百二十四万九千三百四十五分,而与日合。凡一终,七百八十日三百五十八万五千二百三十分,行星四百一十五度二百四十九万八千六百九十分。

土:晨与日合,伏,十九日三百八十四万七千六百七十五分半,行星二度六百四十九万一千一百二十一分半,而晨见东方,在日后。顺,行百七十二分之十三,八十六日行六度半而留。不行,三十二日半而旋。逆,日行十七分之一,百二日退六度而复留。不行,三十二日半复顺,日行十三分,八十六日行六度半,在日前,夕伏西方。顺,十九日三百八十四万七千六百七十五分半,行星二度六百四十九万一千一百二十一分半,而与日合。凡一终,三百七十八日六十七万五千三百六十四分,行星十二度五百九十六万二千二百五十六分。

金:晨与日合,伏,六日退四度,而晨见东方,在日后而逆。迟,日行五分之三,十日退六度。留,不行,七日而旋。顺,迟,日行四十五分之三十三,四十五日行三十三度而顺。疾,日行一度九十一分之十四,九十一日行百五度而顺。益疾,日行一度九十一分之二十一,九十一日行百一十二度,在日后,而晨伏东方。顺,四十二日十九万四千九百九十分,行星五十二度十九万四千九百九十分,而与日合。一合,二百九十二日十九万四千九百九十分,行星如之。

金:夕与日合,伏,顺,四十二日十九万四千九百九十分,行星五十二度十九万四千九百九十分,而夕见西方,在日前。顺,疾,日行一度九十一分之二十一,九十一日行百一十二度而更顺。迟,日行一度十四分,九十一日行百五度而顺。益迟,日行四十五分之三十三,四十五日行三十三度而留。不行,七日而旋。逆,日行五分之三,十日退六度,在日前,夕伏西方。逆,六日退四度,而与日合。凡再合一终,五百八十四日三十八万九千九百八十分,行星如之。

水:晨与日合,伏,十一日退七度,而晨见东方,在日后。逆,疾,一日退一度而留。不行,一日而旋。顺,迟,日行八分之七,八日行七度而顺。疾,日行一度十八分之四,十八日行二十二度,在日后,晨伏东方。顺，十八日二千三十四万四千二百六十一分，行星三十六度二千三十四万四千二百六十一分，而与日合。凡一合，五十七日二千三十四万四千二百六十一分，行星如之。

水：夕与日合，伏，十八日二千三十四万四千二百六十一分，行星三十六度二千三十四万四千二百六十一分，而夕见西方，在日前。顺，疾，日行一度十八分之四，十八日行二十二度而更顺。迟，日行八分之七，八日行七度而留。不行，一日而旋。逆，一日退一度，在日前，夕伏西方。逆，十一日退七度，而与日合。凡再合一终，百一十五日千八百九十六万一千三百九十五分，行星如之。

五星历步术：以法伏日度余，加星合日度余，满日度法得一从全，命如之前，得星见日及度余也。以星行分母乘见度分，如日度法得一，分不尽，半法以上，亦得一，而日加所行分，分满其母得一度。逆顺母不同，以当行之母乘故分，如故母而一，当行分也。留者承前，逆则减之，伏不书度，除斗分，以行母为率。分有损益，前后相御。

凡五星行天，迟疾留逆，虽大率有常，至犯守逆顺，难以术推。月之行天，犹有迟疾，况五星乎。唯日之行天有常，进退有率，不迟不疾，不外不内，人君德也。

求木合终岁数法，以木日度法乘一木终之日，内分，周天除之，即得也。

求木合终合数法，以木日度法乘周天，满纪法，所得复以周天除之，即得。五星皆放此也。

魏黄初元年十一月小，己卯蔀首，己亥岁，十一月己卯朔旦冬至，臣伟上。

刘氏在蜀，不见改历，常是仍用汉《四分法》。吴中书令阚泽受刘洪《乾象法》于东莱徐岳字公河。故孙氏用《乾象历》，至于吴亡。

晋武帝泰□□□，有司奏："王者祖气而奉其□终，晋于五行之次应尚金，金生于巳，事于酉，终于丑，宜祖以酉日，腊以丑日。改《景初历》为《泰始历》。"奏可。

　　史臣按邹衍五德，周为火行。衍生在周时，不容不知周氏行运。且周之为历年八百，秦氏即有周之建国也。周之火木，其事易详。且五德更王，唯有二家之说。邹衍以相胜立体，刘向以相生为义。据以为言，不得出此二家者。假使即刘向之说，周为木行，秦氏代周，改其行运。若不相胜，则克木者金；相生，则木实生火。秦氏乃称水德，理非谬然。斯则刘氏所证为不值矣。臣以为张苍虽是汉臣，生与周接，司秦柱下，备睹图书。且秦虽灭学，不废术数，则有周遗文虽不毕在，据汉水行，事非虚作。贾谊《取秦》云"汉土德"，盖以是汉代秦。详论二说，各有其义。张苍则以汉水胜周火，废秦不班五德。贾谊则以汉土胜秦水，以秦为一代。论秦、汉虽殊，而周为火一也。然则相胜之义，于事为长。若同苍黜秦，则汉水、魏土、晋木、宋金；若同贾谊《取秦》，则汉土、魏木、晋金、宋火也。难者云："汉高断蛇而神母夜哭，云赤帝子杀白帝子，然则汉非火而何？"斯又不然矣。汉若为火，则当云赤帝，不宜云赤帝子也。白帝子又何义况乎？盖由汉是土德，土生火，秦是水德，水生乎金，斯则汉以土为赤帝子，秦以水德为白帝子也。难者又曰："向云五德相胜，今复云土为赤帝子，何也？"答曰："五行自有相胜之义，自有相生之义。不得以相胜废相生，相生废相胜也。相胜者，以土胜水耳；相生者，土自火子，义岂相关。"

　　崔寔《四人月令》曰："祖者，道神。黄帝之子曰累祖，好远游，死道路，故祀以为道神。"合《祖赋序》曰：汉用丙午，魏用丁未，晋用孟月之酉。曰莫识祖之所由。说者云，祈请道神，谓之祖有事于道者，君子行役，则列之于中路，丧者将迁，则称名于阶庭。或云，百代远祖，名谥凋灭，坟茔不复存于铭表，游魂不得托于庙祧，故以初岁良辰，建华盖，扬彩旌，将以招灵爽，庶众祖之来凭云尔。

　　晋江左时，侍中平原刘智推三百年斗历改宪，以为《四分法》三百年而减一日，以百五十为度法，三十七为斗分。饰以浮说，以扶其理。江左中领军琅邪王朔之以其上元岁在甲子，善其术，欲以九万七千岁之甲子为开辟之始，何承天云"悼于立意"者也。《景初》日中

暑景,即用汉《四分法》,是以渐就乖差。其推五星,则甚疏阔。晋江
左以来,更用《乾象五星法》以代之,犹有前却。

宋太祖颇好历数,太子率更令何承天私撰新法。元嘉二十年,
上表曰:

> 臣授性顽惰,少所关解。自昔幼年,颇好历数,耽情注意,
> 迄于白首。臣亡舅故秘书监徐广,素善其事,有既往《七曜历》,
> 每记其得失,自太和至泰元之末,四十许年。臣因比岁考校,至
> 今又四十载。故其疏密差会,皆可知也。

> 夫圆极常动,七曜运行,离合去来,虽有定势,以新故相
> 涉,自然有毫末之差,连日累岁,积微成著。是以《虞书》著钦若
> 之典,《周易》明治历之训,言当顺天以求合,非为合以验天也。
> 汉代杂候清台,以昏明中星,课日所在,虽不可见,月盈则蚀,
> 必当其冲,以月推日,则躔次可知焉。舍易而不为,役心于难
> 事,此臣所不解也。

> 《尧典》云"日永星火,以正仲夏"。今季夏则火中。又"宵
> 中星虚,以殷仲秋"。今季秋则虚中。尔来二千七百余年,以中
> 星检之,所差二十七八度。则尧冬令至,日在须女十度左右也。
> 汉之《太初历》,冬至在牵牛初,复汉《四分》及魏《景初法》,同
> 在斗二十一。臣以月蚀检之,则《景初》今之冬至,应在斗十七。
> 又史官受诏,以土圭测景,考校二至,差三日有余。从来积岁及
> 交州所上,检其增减,亦相符验。然则今之二至,非天之二至
> 也。天之南,日在斗十三四矣。此则十九年七闰,数微多差。复
> 改法易章,则用算滋繁,宜当随时迁革,以取其合。案《后汉
> 志》,春分日长,秋分日短,差过半刻。寻二分在二至之间,而有
> 长短,因识春分近夏至,故长;秋分近冬至,故短也。杨伟不悟,
> 即用之,上历表云:"自古及今,凡诸历数,皆未能并己之妙。"
> 何此不晓,亦何以云。是故臣更建《元嘉历》,以六百八为一纪,
> 半之为度法,七十五为室分,以建寅之月为岁首,雨水为气初,
> 以诸法闰余一之岁为章首。冬至从上三日五时。日之所在,移

旧四度。又月有迟疾,合朔月蚀,不在朔望,亦非历意也。故《元嘉》皆以盈缩定其小余,以正朔望之日。

伏惟陛下允迪圣哲,先天不违,劬劳庶政,寅亮鸿业,究渊思于往籍,探妙旨于未闻,穷神知化,罔不该览。是以愚臣欣遇盛明,效其管穴。伏愿以臣所上《元嘉法》下史官考其疏密。若谬有可采,庶或补正阙谬,以备万分。

诏曰:"何承天所陈,殊有理据。可付外详之。"太史令钱乐之、兼丞严粲奏曰:

太子率更令、领国子博士何承天表更改《元嘉历法》,以月蚀检今冬至日在斗十七,以土圭测影,知冬至已差三日。诏使付外检署。以元嘉十一年被敕,使考月蚀,土圭测影,检署由来用伟《景初法》,冬至之日,日在斗二十一度少。检十一年七月十六日望月蚀,加时在卯,到十五日四更二唱丑初始蚀,到四唱蚀既,在营室十五度末。《景初》其日日在轸三度。以月蚀所冲考之,其日日应在翼十五度半。又到十三年十二月十六日望月蚀,加时在酉,到亥初始食,到一更三唱蚀既,在鬼四度。《景初》其日日在女三。以冲考之,其日日应在牛六度半。又到十四年十二月十六日望月蚀,加时在戌之半,到二更四唱亥末始蚀,到三更一唱食既,在井三十八度。《景初》其日日在斗二十五。以冲考之,其日日应在斗二十二度半。到十五年五月十五日望月蚀,加时在戌,其日月始生而已,蚀光已生四分之一格,在斗十六度许。《景初》其日日在井二十四。考取其冲,其日日应在井二十。又到十七年九月十六日望月蚀,加时在子之少,到十五日未二更一唱始蚀,到三唱蚀十五分之十二格,在昴一度半。《景初》其日在房二。以冲考之,则其日日在氐十三度半。凡此五蚀,以月冲一百八十二度半考之,冬至之日,日并不在斗二十一度少,并在斗十七度半间,悉如承天所上。

又去十一年起,以土圭测景。其年《景初法》十一月七日冬至,前后阴不见影。到十二年十一月十八日冬至,其十五日影极长。到十三年十一月二十九日冬至,其二十六日影极长。到十四年十一月十一日冬至,其前后并阴不见。到十五年十一月二十一日冬至,十八日影极长。到十六年十一月二日冬至,其十月二十九日影极长。到十七年十一月十三日冬至,其十日影极长。到十八年十一月二十五日冬至,二十一日影极长。到十九年十一月六日冬至,其三日影极长。到二十年十一月十六日冬至,其前后阴不见影。寻校前后,以影极长为冬至,并差三日。以月蚀检日所在,已差四度。土圭测影,冬至又差三日。今之冬至,乃在斗十四间,又如承天所上。

又承天法,每月朔望及弦,皆定大小余,于推交会时刻虽审,皆用盈缩,则月有频三大、频二小,比旧法殊为异。旧日蚀不唯在朔,亦有在晦及二日。《公羊传》所谓"或失之前,或失之后"。愚谓此一条,自宜仍旧。

员外散骑郎皮延宗又难承天:"若晦朔定大小余,纪首值盈,则退一日,便应以故岁之晦,为新纪之首。"承天乃改新法依旧术,不复每月定大小余,如延宗所难,太史所上。

有司奏:"治历改宪,经国盛典,爰及汉、魏,屡有变革。良由术无常是,取协常时。方今皇猷载晖,旧域光被,诚应综核晷度,以播惟新。承天历术,合可施用。宋二十二年,普用《元嘉历》。"诏可。

宋书卷一三
志第三

历　下

《元嘉历法》：

上元庚辰甲子纪首至太甲元年癸亥，三千五百二十三年，至元嘉二十年癸未，五千七百三年，算外。

元法，三千六百四十八。

章岁，十九。

纪法，六百八。

章月，二百三十五。

纪月，七千五百二十。

章闰，七。

纪日，二十二万二千七十。

度分，七十五。

度法，三百四。

气法，二十四。

余数，一千五百九十五。

岁中，十二。

日法，七百五十二。

没余，三十六。

通数，二万二千二百七。

通法，四十七。

没法，三百一十九。

月周，四千六十四。

周天，十一万一千二十五。

通周，二万七百二十一。

周日日余，四百一十七。

周虚，三百三十五。

会数，一百六十。

交限数，八百五十九。

会月，九百二十九。

朔望合数，八十。

甲子纪第一迟疾差一万七千六百六十三。交会差八百七十七。

甲戌纪第二迟疾差三千四十三。交会差二百七十九。

甲申纪第三迟疾差九千一百四十四。交会差六百二十一。

甲午纪第四迟疾差一万五千二百四十五。交会差二十二。

甲辰纪第五迟疾差六百二十五。交会差三百六十三。

甲寅纪第六迟疾差六千七百二十六。交会差七百四。

推入纪法：置上元庚辰尽所求年，以元法除之，不满元法，以纪法除之，余不满纪法，入纪年也。满法去之，得后纪。入甲午纪壬辰岁来，至今元嘉二十年岁在癸未，二百三十一年，算外。

推积月术：置入纪年数算外，以章月乘之，如章岁为积月，不尽为闰余。闰余十二以上，其年闰。

推朔术：以通数乘积月，为朔积分，满日法为积日，不尽为小余。以六旬去积日，不尽为大余，命以纪，算外，所求年正月朔日也。

求次月，如大余二十九，小余三百九十九，小余满日法从大余，即次月朔也。小余三百五十三以上，其月大也。

推弦望法：加朔大余七，小余二百八十七，小分三，小分满四从小余，小余满日法从大余，命如前，上弦日也。又加之得望，又如之得下弦。

推二十四气术：置入纪年，算外，以余数乘之，满度法三百四为积没,不尽为小余。六旬去积没,不尽为大余,命以纪,算外,所求年雨水日也。求次气,加大余十五,小余六十六,小分十一,小分满气法从小余,小余满度法从大余,次气日也。雨水在十六日以后者,如法减之,得立春。

推闰月法:以闰余减章岁,余以岁中乘之,满章闰得一,数从正月起,闰所在也。闰有进退,以无中气御之。

立春,正月节。限数一百九十四。间数一百九十。

雨水,正月中。限数一百八十六。间数一百八十二。

惊蛰,二月节。限数一百七十七。间数一百七十二。

春分,二月中。限数一百六十七。间数一百六十二。

清明,三月节。限数一百五十八。间数一百五十四。

谷雨,三月中。限数一百四十九。间数一百四十五。

立夏,四月节。限数一百四十二。间数一百三十九。

小满,四月中。限数一百三十六。间数一百三十四。

芒种,五月节。限数一百三十三。间数一百三十二。

夏至,五月中。限数一百三十一。间数一百三十二。

小暑,六月节。限数一百三十三。间数一百三十四。

大暑,六月中。限数一百三十六。间数一百三十九。

立秋,七月节。限数一百四十二。间数一百四十五。

处署,七月中。限数一百四十九。间数一百五十三。

白露,八月节。限数一百五十七。间数一百六十二。

秋分,八月中。限数一百六十七。间数一百七十二。

寒露,九月节。限数一百七十七。间数一百八十二。

霜降,九月中。限数一百八十六。间数一百九十。

立冬,十月节。限数一百九十四。间数一百九十七。

小雪,十月中。限数二百。间数二百三。

大雪,十一月节。限数二百五。间数二百六。

冬至,十一月中。限数二百七。间数二百六。

小寒,十二月节。限数二百五。间数二百三。

大寒，十二月中。限数二百。间数一百九十七。

推没灭术：因雨水积，以没余乘之，满没法为大余，不尽为小余，如前，所求年为雨水前没日也。求次没，加大余六十九，小余一百九十六，满没法从大余，命如前，雨水后没日也。雨水前没多在故岁，常有五没，官以没正之，一年常有五没或六没。小余尽为灭日也。雨水小余三十九以还，雨水六旬后乃有。

推土用事法：置立春大小余小分之数，减大余十八，小余七十九，小分十八，命以纪，算外，立春前土用事日也。大余不足加六十，小余不足减，减大余一，加度法而后减。立夏、立冬求土用事，皆如上法。

推日所在度法：以度法乘朔积度，不尽为分。命度起室二，次宿除之，算外，正月朔夜半日在度及分也。求次日，日加一度，经室去度分。

推月所在度法：以月周乘朔积日，周天去之，余满度法为积度，不尽为分，命度如前，正月朔夜半月所在及度分。求次月，小月加度二十二，分一百三十三，大月加度三十五，分二百四十五，分满度法成一度，命如前，次月朔月所在度及分也。历先月法：以十六除月行分为大分，如所入迟疾加之，经室去度分。

推合朔月食术：置求所年积月，以会数一百六十乘之，以所入交会纪差二十二加之，满会月去之，余则其年正月朔去交分也。求次月，以会数加之，满会月去之。求望，加合数。朔望去交分如合数以下，交限数以上，朔则交会，望则月食。

推入迟疾历法：置所求年朔积分，年入迟疾差一万五千二百四十五加之，满通周去之，余满日得一日，不尽为日余，命日算外，所求年正月朔入历。求次月，加一日，日余七百三十四。求望，加十四日，日余五百七十五半。余满日法成一日，日满二十七去之，除日余如周日日余，不足减，减一日，加周虚。日满二十七而日余不满周日日余，为损。周日满去之，为入历一日。

推合朔月食定大小余法：以入历日余乘入历下损益率，入一日，益二十五是也。以损益盈缩积分，值损则损之，值益则益之。为定积分。
以入历日余乘列差，满日法盈减缩加差法，为定差法。以除定积分，
所得减加本朔望小余，值盈则减，缩则加之。为定小余。加之满日法，
合朔月食进一日；减之不足减者，加日法而后减之，则退一日。值周
日者，用日日定数。

　　推加时：以十二乘定小余，满日法得一辰，数从子起，算外，则
朔望加时所在辰也。有余者四之，满日法得一为少，二为半，三为太
半。又有余者三之，满日法得一为强，半法以上排成一，不满半法弃
之。以强并少为少强，并半为半强，并太为太强。得二者为小弱，以
并少为半弱，以并半为太弱，以并太为一辰弱。以所在辰名之。

　　推合朔月食加时满刻法：各以百刻乘定小余，如日法而一；不
尽什之，求分。先除夜漏之半，即昼漏加时刻及分也。昼漏尽，又入
夜漏。在中节前后四日以还者，视限数。在中节前后五日以上者，
视间限数。月食加时定小余不满数间数者，皆以算上为日。

月行	迟疾度	损益率	盈缩积分	列差差法
一日	十四度十三分	益二十五	盈二	二百六十
二日	十四度十一分	益二十三	盈万八千八百二	二百五十八
三日	十四度八分	益二十	盈三万六千九十六四分	二百五十五
四日	十四度四分	益十六	盈五万一千一百三十六五	二百五十一
五日	十三度十八分	益十一	盈六万三千一百六十八五	二百四十六
六日	十三度十三分	益六	盈七万一千四百四十六	二百四十一
七日	十三度七分	益	盈七万五千九百五十二五	二百三十五

八日	十三度二分	损五	盈七万五千九百五十二四	一百三十
九日	十二度十七	损九	盈七万二千一百九十二三	二百二十六
十日	十二度十四分	损十二	盈六万五千四百二十四三	二百二十三
十一日	十二度十一分	损十五	盈五万六千四百三	二百二十
十二日	十二度八分	损十八	盈四万五千一百二十二	二百一十七
十三日	十二度六分	损二十	盈三万一千五百八十四二	二百一十五
十四日	十二度四分	损二十二	盈一万六千五百四十四二	二百一十三
十五日	十二度二分	益二十四	缩一	二百一十一
十六日	十二度四分	益二十二	缩一万八千四百十八二	二百一十三
十七日	十二度六分	益二十	缩三万四千五百九十二三	二百一十五
十八日	十二度九分	益十七	缩四万九千六百三十二五	二百一十八
十九日	十二度十四分	益十二	缩六万二千四百一十六六	二百二十三
二十日	十三度一分	益六	缩七万一千四百四十六	二百二十九
二十一日	十三度七分	益	缩七万五千九百五十二五	二百三十五
二十二日	十三度十二分	损五	缩七万五千九百五十二四	二百四十

二十三日	十三度十六分	损九	缩七万二千一百九十二四	二百四十四
二十四日	十四度一分	损十三	缩六万五千四百二十四四	二百四十八
二十五日	十四度五分	损十七	缩五万五千六百四十八三	二百五十二
二十六日	十四度八分	损二十	缩四万二千八百六十四三	二百五十五
二十七日	十四度十一分	损二十三	缩二万七千八百二十四二	二百五十八
周日	十四度十三分小分一百三	损二十五定损二百二十四	缩一万五百二十一八定备九万三千四百八	二百六十定意差法二千三百九

推合朔度：以章岁乘朔小余，满通法为大分，不尽为小分。以大分从朔夜半日日分，满度命如前，正月朔日月合朔所在共合度也。

求次月，加度二十九，大分一百六十一，小分十四，小分满通法从大分，大分满度法从度。经室除度分。求望，加十四度，大分二百三十二，小分三十半。求望月所在度，加日度一百八十二，分一百八十九，小分二十三半。

二十四气日所度	日中晷影	昼漏刻	夜漏刻	昏中星	明中星
雨水室一大强	八尺二寸八分	五十五分	四十九五分	觜一少强一	尾十一强
惊蛰壁一强	六尺七寸二分	五十二九分	四十七一分	井九半强	箕四少弱
春分奎七少强	五尺三寸九分	五十五五分	四十四五分	井二十九半强	斗四弱
清明娄六半	四尺二寸五分	五十八	四十二	柳十二太	斗十四半

谷雨胃九大弱	三尺二寸五分	六十三分	三十九七分	张十	斗二十五半
立夏昴十一弱	二尺五寸	六十二三分	四十七七分	翼十大弱	女三少
小满毕十五少弱	一尺九寸七分	六十三九分	三十六一分	轸十弱	虚二弱
芒种井三半弱	一尺六寸九分	六十四八分	三十五二分	角十大弱	危七弱
夏至井十八	一尺五寸	六十五	三十五	氐五少弱	室五少强
小暑鬼一弱	一尺六寸九分	六十四八分	三十五二分	房四太弱	壁六大弱
大暑柳十二弱	一尺九寸七分	六十三九分	三十六一分	尾八太弱	奎十二大弱
立秋张五半强	二尺五寸	六十二三分	三十七七分	箕三	胃二大弱
处暑翼二半	三尺二寸五分	六十三分	三十九三分	斗三半	昴七大弱
白露翼十七大弱	四尺二寸五分	五十八	四十二	斗十四半弱	毕十六半弱
秋分轸十五	五尺三寸九分	五十五五分	四十四五分	斗二十五少	井九少强
寒露亢一少	六尺七寸二分	五十二九分	四十七一分	牛八半强	井二十九弱
霜降氐七半	八尺二寸八分	五十五分	四十九五分	女十一半弱	柳十一半强
立冬心二半弱	九尺九寸一分	四十八四分	五十一六分	危二弱	张八大弱
小雪尾十二大强	一丈一尺三寸四分	四十六七分	五十三三分	危十三半强	翼八大强

大雪 箕十	一丈二尺四寸八分	四十五六分	五十四四分	室九半强	轸八少强
冬至 斗十四强	一丈三尺	四十五	五十五	壁八大强	角七少强
小寒 牛三半强	一丈二尺四寸八分	四十五六分	五十四四分	奎十五少	亢九
大寒 女十半强	一丈一尺三寸四分	四十六七分	五十三三分	胃四半强	氐十三大强
立春 危四	九尺九寸一分	四十八四分	五十一六分	昴九少四	心四强

推五星法：

合岁	合数	日度法	室分
木三百四十四	三百一十五	九万五千七百六十	二万三千六百二十五
火四百五十九	二百一十五	六万五千三百六十	一万六千一百二十五
土三百八十三	三百七十	一十一万二千四百八十	二万七千七百五十
金二百六十七	一百六十七	五万七百六十八	一万二千五百二十五
水七十九	二百四十九	七万五千六百九十六	一万八千六百七十五

木后元丙戌，晋咸和元年，至元嘉二十年癸未，百十八年算上。

火后元乙亥，元嘉十二年，至元嘉二十年癸未，九年算上。

土后元甲戌，元嘉十一年，至元嘉二十年癸未，十年算上。

金后元甲申，晋太元九年，至元嘉二十年癸未，六十年算上。

水后元乙丑，元嘉二年，至元嘉二十年癸未，十九年算上。

推五星法，各设其元至所年算上，以合数乘之，满合岁为积合，不尽日合余,多者以合数除之,得一,星合往年,得二,合前往年,不满合数,其年。木、土、金则有往年合,火有前往年合,水一年三合或四合也。以合余减合数为度分,水度分满合岁则去之也。以周天十一万一千三十五。乘度分,满日度法为积度,不尽日度余。命度以室二,算外,星合所在度也。以合数乘其年,内雨水小余,并度余为日余,满日度法从积度为日,命以雨水,算外,星合日也。求星见日法,以法伏日及余木则十六日及金是也。加星合日及余,满日度法成一日,命如前,星见日也。求星见度法,以法伏度及余木则二度及余是也。加星合度及余,满日度法成一度,命如前,所见日也。以星行分母木则二十三见也。乘见度余,满日度法得一,分乃日加所行分。木顺日行四分。分满其母成一度,朔顺母不同,木逆分母七也。当各乘余,留者承前,朔则减之,伏不尽度,经室去分,不足减者,破全度。五星室分各异,若在行分,各依室分去之。

木:初与日合,伏,十六日,日余四万一千七百八十,行二度,余七万七千八百四十七半,晨见东方。去日十三度半强。顺,日行二十三分之四,一百一十五日行二十度。留,不行,二十六日而逆。日行七分之一,八十四日退十二度。又留二十六日。顺,一百一十五日行二十度,夕伏西方,日度余如初,与日合。一终三百九十八日,日余八万三千五百六十,行星三十三度,余五万九千九百三十五。

火:初与日合,伏,七十一日,日余二万四千八百一十半,行五十四度,度余四万九千四百三十,晨见东方。去日十七度半强。顺,疾,日行七分之五,一百八日半行七十七度半。小迟,日行七分之四,一百二十六日行七十二度而大迟。日行七分之二,四十二日行十二度。留,不行,十二日而迟。日行十分之三,六十日退十八度。又留十二日。顺,迟,四十二日行十二度。小疾,一百二十六日行七十二度。一百八日半行七十七度半,夕伏西方,日度余如初,与日合。一终七百七十九日,日余四万九千六百二十五,行星四百一十四,度余三万三千五百。除一周,定四十九度,一万七千三百七十五。

土:初与日合,伏,十八日,日余四千四百八十二半,行二度,度余四万六千八百四十七半，晨见东方。去十五度日半强。顺，日行十二分之一，八十四日行七度。留，不行，三十六日而逆。日行十七分之一，一百二日退六度。又留三十六日。顺，八十四日行七度，夕伏西方，日度余如初，与日合。一终三百七十八日，日余八千九百六十五，行星十二度，度余九万三千六百九十五。

金：初与日合，伏，四十一日，日余四万九千六百八十四半，行半五十一度，度余四万九千六百八十四半，见西方。去十度。顺，疾，日行一度十三分之三，九十一日行一百十二度而小迟。日行一度十三分之二，九十一日行一百五度，又大迟。日行十五分之十一，四十五日行三十三度。留，不行，八日而迟。日行三分之二，九日退六度，伏西方。伏六日，退四度而与日合。又六日退四度，晨见东方。逆，九日退六度。又留八日。顺，四十五日行三十三度。小疾，九十一日行一百五度。大疾，九十一日行百一十二度，晨伏东方，日度余如初，与日合。一终五百八十三日，日余四万八千六百一。除一周，行星定二百一十八度，度余三万六千七十六。一合二百九十一日，余四万九千六百八十四半，行星如之。

水：初与日合，伏，十七日，日余七万一千二百一十半，行三十四度，度余七万一千二百一十半，见西方。去日中七度。顺，疾，日行一度三分之一，十八日二十四度而迟。日行七分之五，七日行五度。留，不行，四日，夕伏西方。伏十一日，退六度，而与日合。又十一日退六度，而晨见东方。留四日。顺，迟，七日行五度。疾，十八日行二十四度，晨伏东方，日度余如初，与日合。一终一百一十五日，日余六万六千七百二十五，行星如之。一合五十七日，日余七万一千二百一十半，行星亦如之。盈如缩减，十六除月行分，日法除盈缩分，以减度分，盈加缩减。

推卦：因雨水大小余，加大余六，小余三百一十九，小余满三千六百四十八成日。日满二十七日余不足加减不加周虚。

元嘉二十年，承天奏上尚书："今既改用《元嘉历》，漏刻与先不同,宜应改革。按《景初历》春分日长,秋分日短,相承所用漏刻,冬至后昼漏率长于冬至前。且长短增减,进退无渐,非唯先法不精,亦各传写谬误。今二至二分,各据其正,则至之前后,无复差异。更增损旧刻,参以晷影,删定为经,改用二十五箭。请台勒漏郎将考验施用。"从之。

前世诸儒依图纬云:月行有九道。故画作九规,更相交错。检其行次,迟疾换易,不得顺度。刘向论九道云:"青道二出黄道东,白道二出黄道西,黑道二出北,赤道二出南。"又云:"立春、春分,东从青道;立夏、夏至,南从赤道。秋白冬黑,各随其方。"按日行黄道,阳路也,月者阴精,不由阳路,故或出其外,或入其内,出入去黄道不得过六度。入十三日有奇而出,出亦十三日有奇而入,凡二十七日而一入一出矣。交于黄道之上,与日相掩,则蚀焉。汉世刘洪推检月行,作阴阳历法。元嘉二十年,太祖使著作令史吴癸依洪法,制新术,令太史施用之。

《元嘉历》月行阴阳法:

阴阳历	损益率	兼数
一日	益十七	初
二日前限余六百六十五,微分一千七百三十八。	益十六	十七
三日	益十五	三十三
四日	益十二	四十八
五日	益八	六十
六日	益四	六十八
七日	益一	七十二
八日	损二	七十三
九日	损六	七十一
十日	损十	六十五
十一日	损十三	五十五

十二日	损十五	四十二
十三日_{后限余二千一十}	损十六	二十七

九，微分一千七十九。

| 分日二千六百八十五
半 | 损十六大_{大者五}
千三百七十一分之
三千四百七十二 | 十一 |

历周，五万五千五百一十七半。

差率，一万一百九十。

微分法，一千八百七十八。

推入阴阳历术曰：以会月去入纪积月，余以会数乘之，以所入纪交会差加之，周天乘之，满微分法为大分，不尽为微分。大分满周天去之，余不满历周者为入阳历。余，皆如月周得一日，算外，所求年正月合朔入历也。不尽为日余。

求次月，加二日，日余一千三百三十一，微分一千五百九十八，如法成日，日满十三去之，除日余如分日。阴阳历竟平入端，入历在前限余前，后限余后者，月行中道。

求朔弦望定数：各置入迟疾历盈缩定积分，以章岁乘之，差法除之，所得满通法为大分。不尽，以微分法乘之，如法为微分。盈减缩加阴阳日余，盈不足，以月周进退日而定，以定日余乘损益兼数，为时如定数。

推夜半入历：以差率朔小余，如微分法得一，以减入历余，不足，加月周而减之，却一日，却得分日，如其分，半微分为小，即朔日夜半入历历余小分也。

求次日，加一日，日余十六，小分三百二十，小分如会从余，余满月周去之，又加一日。历竟，下日余满分日去之，于入历初也。不满分日者，值之，加余一千二百九十四，小分七百八十九半，为入次历。

求夜半定日：以朔小余减入迟疾历日余，不足一日，却得周日，加余四百一十七，即月夜半入历日及余也。以日余乘损益率，盈缩积分,为定积分。满通法为大分,不尽以会月乘之,如法为小分,以盈加缩减入阴阳日余,盈不足进退日而定也。以定日余乘损益率,如月周,以损益兼数,为夜半定数。

求昏明数:以损益率乘所近节气夜漏,二百而一为明,以减损益率为昏,而以损益夜半数为昏明定数也。

求月去黄道度:置加时若昏明定数,以十二除之为度,其余三而一为少,不尽为强,二少弱也。所得为月去黄道度。

大明六年,南徐州从事史祖冲之上表曰:

古历疏舛,颇不精密,群氏纠纷,莫审其要。何承天所奏,意存改革,而置法简略,今已乖远。以臣校之,三睹厥谬:日月所在,差觉三度;二至晷影,几失一日;五星见伏,至差四旬,留逆进退,或移两宿。分至乖失,则节闰非正;宿度违天,则伺察无准。臣生属圣辰,逮在昌运,敢率愚瞽,更创新历。谨立改易之意有二,设法之情有三。

改者,其一,以旧法一章十九岁有七闰,闰数为多,经二百年,辄差一日。节闰既移,则应改法,历纪屡迁,实由此条。今改章法,三百九十一年有一百四十四闰。令却合周、汉,则将来永用,无复差动。其二,以《尧典》云:"日短星昴,以正仲冬。"以此推之,唐代冬至,日今宿之左五十许度。汉代之初,即用秦历,冬至日在牵牛六度。汉武改立《太初历》,冬至日在牛初。后汉《四分法》,冬至日在斗二十二。晋时姜岌以月蚀检日,知冬至在斗十七。今参以中星,课以蚀望,冬至之日在斗十一。通而计之,未盈百载,所差二度。旧法并令冬至日有定处,天数既差,则七曜宿度渐与历舛。乖谬既著,辄应改制,仅合一时,莫能通远,迁革不已,又由此条。今令冬至所在,岁岁微差,却检汉注,并皆审密,将来久用,无烦屡改。

又设法者,其一,以子为辰首,位在正北,爻应初九,斗气之端,虚为北方,列宿之中,元气肇初,宜在此次。前儒虞喜,备论其义。今历上元日度，发自虚一。其二，以日辰之号，甲子为先，历法设元，应在此岁。而黄帝以来，世代所用，凡十一历，上元之岁，莫值此名。令历上元，岁在甲子。其三，以上元之岁，历中众条，并应以此为始，而《景初历》交会迟疾，亦置纪差，裁合朔气而已。条序纷互，不及古意。今设法，日月五纬，交会迟疾，悉以上元岁首为始。则合璧之曜，信而有征，连珠之晖，于是乎在，群流共源，实精古法。

　　若夫测以定形，据以实效，县象著明，尽表之验可推，动气幽微，寸管之候不忒。今臣所立，易以取信。但深练始终，大存整密，革新变旧，有约有繁。用约之条，理不自惧，用繁之意，顾非谬然。何者？夫纪闰参差，数各有分，分之为体，非细不密。臣是用深惜毫厘，以全求妙之准，不辞积累，以成永定之制。非为思而莫悟，知而不改也。窃恐赞有然否，每崇远而随近，论有是非，或贵耳而遗目。所以竭其管穴，俯洗同异之嫌，披心日月，仰希葵藿之照。若臣所上，万一可采，伏愿颁宣群司，赐垂详究，庶陈锱铢，少增盛典。

　　历法：

上元甲子至宋大明七年癸卯，五万一千九百三十九年算外。

元法，五十九万二千三百六十五。

纪法，三万九千四百九十一。

章岁，三百九十一。

章月，四千八百三十六。

章闰，一百四十四。

闰法，十二。

月法，十一万六千三百二十一。

日法，三千九百三十九。

余数，二十万七千四十四。

岁余，九千五百八十九。

没分，三百六十万五千九百五十一。

没法,五万一千七百六十一。

周天,一千四百四十二万四千六百六十四。

虚分,万四百四十九。

行分法,二十三。

小分法,一千七百一十七。

通周,七十二万六千八百一十。

会周,七十一万七千七百七十七。

通法,二万六千三百七十七。

差率,三十九。

推朔术:置入上元年数,算外,以章月乘之,满章岁为积月,不尽为闰余。闰余二百四十七以上,其年有闰。以月法乘积月,满日法为积日,不尽为小余。六旬去积日,不尽为大余。大余命以甲子,算外,所求年天正十一月朔也。小余千八百四十九以上,其月大。

求次月,加大余二十九,小余二千九十,余满日法从大余,大余满六旬去之,命如前,次月朔也。

求弦望:加朔大余七,小余千五百七,小分一,小分满四从小余,小余满日法从大余,命如前,上弦日也。又加得望,又加得下弦,又加得后月朔也。

推闰术:以闰余减章岁,余满闰法得一月,命以天正,算外,闰所在也。闰有进退,以无干气为正。

推二十四气术:置入上元年数,算外,以余数乘之,满纪法为积日,不尽为小余。六旬去积日,不尽为大余。大余命以甲子,算外,天正十一月冬至日也。

求次气,加大余十五,小余八千六百二十六,小分五,小分满六从小余,小余满纪法从大余,命如前,次气日也。

求土用事:加冬至大余二十七,小余万五千五百二十八,季冬土用事日也。又加大余九十一,小余万二千二百七十,次土用事日也。

推没术:以九十乘冬至小余,以减没分,满没法为日,不尽为日余，命日以冬至，算外，没日也。

求次没，加日六十九，日余三万四千四百四十二，余满没法从日，次没日也。日余尽为灭。

推日所在度术：以纪法乘朔积日为度实，周天去之，余满纪法为积度，不尽为度余，命以虚一，次宿除之，算外，天正十一月朔夜半日所在度也。

求次月，大月加度三十，小月加度二十九，入虚去度分。

求行分，以小分法除度余，所得为行分，不尽为小分。小分满法从行分，行分满法从度。

求次日，加一度。入虚去行分六，小分百四十七。

推月所在度术：以朔小余乘百二十四为度余。又以朔小余乘八百六十为微分。微分满月法从度，度余满纪法为度，以减朔夜半日所在，则月所在度。

求次月，大月加度三十五，度余三万一千八百三十四，微分七万七千九百六十七，小月加度二十二，度余万七千二百六十一，微分六万三千七百三十六，入虚去度也。

迟疾历：

月行度	损益率	盈缩积分	差　法
一日十四 行分十三	益七十	盈初	五千三百四
二日十四 十一	益六十五	盈百八十四万二千三百一十六	五千二百七十
三日十四 八	益五十七	盈三百五十五万七百六	五千二百一十九
四日十四 四	益四十七	盈五百五万八千三百	五千一百五十一
五日十三 二十一	益三十四	盈六百二十九万七千八百五十七	五千六十六

六日十三 十七	益二十二	盈七百二十万二千六百九十一	四千九百八十一
七日十三 十一	益六	盈七百七十七万二千一百一十一	四千八百七十九
八日十三 五	损九	盈七百九十四万九百五十二	四千七百七十七
九日十二 二十二	损二十四	盈七百七十万七千四百一十五	四千六百七十五
十日十二 十六	损三十九	盈七百七万二千一百	四千五百七十三
十一日十二 十一	损五十二	盈六百三万五千七	四千四百八十八
十二日十二 八	损六十	盈四百六十六万三千一百	四千四百三十七
十三日十二 六	损六十五	盈三百九万三百三	四千四百三
十四日十二 四	损七十	盈百三十八万三千五百八十	四千三百六十九
十五日十二 五	益六十七	缩四十五万七千六十九	四千三百八十六
十六日十二 七	益六十二	缩二百二十三万七百五十五	四千四百二十
十七日十二 十	益五十五	缩三百八十七万五十四	四千四百七十一
十八日十二 十四	益四十四	缩五百三十一万九千三百八十五	四千五百三十九
十九日十二 十九	益三十二	缩六百四十八万四百四	四千六百二十四

二十日十三一	益十九	缩七百三十一万六千六百八	
二十一日十三七	益四	缩七百八十一万七千九百九十六	四千八百一十一
二十二日十三十三	损十一	缩七百九十一万七千六百七	四千九百一十三
二十三日十三十九	损二十七	缩七百六十一万五千四百四十	五千一十五
二十四日十四一	损三十九	缩六百九十万一千四百九十五	五千一百
二十五日十四十六	损五十二	缩五百八十七万二千七百三十五	五千一百八十五
二十六日十四十	损六十二	缩四百四十九万九千一百五十九	五千二百五十三
二十七日十四十二	损六十七	缩二百八十五万七千七百三十二	五千二百八十七
二十八日十四十日	损七十四	缩百八万二千三百七十九	五千三百三十一

推入迟疾历术：以通法乘朔积日为通实，通周去之，余满通法为日，不尽为日余。命日算外，天正十一月朔夜半入历日也。

求次月，大月加二日，小月加一日，日余皆万一千七百四十六。历满二十七日，日余万四千六百三十一，则去之。

求次日，加一日。

求日所在定度：以夜半入历日余乘损益率，以损益盈缩积分，如差率而一，所得满纪法为度，不尽为度余，以盈加缩减平行度及余为定度。益之或满法，损之或不足，以纪法进退。求度行分如上法。求次日，如所入迟疾加之，虚去分如上法。

阴阳历　　　　损益率　　　　兼数

一日	益十六	初
二日	益十五	十六
三日	益十四	三十一
四日	益十二	四十五
五日	益九	五十七
六日	益五	六十六
七日	益一	七十一
八日	损二	七十二
九日	损六	七十
十日	损十	六十四
十一日	损十三	五十四
十二日	损十五	四十一
十三日	损十六	二十六
十四日	损十六	十

推入阴阳历术：置通实以会周去之，不满交数三十五万八千八百八十八半为朔入阳历分，各去之，为朔入阴历分。各满通法得一日，不尽为日余，命日算外，天正十一月朔夜半入历日也。

求次月，大月加二日，小月加一日，日余皆二万七百七十九。历满十三日，日余万五千九百八十七半则去之。阳竟入阴，阴竟入阳。

求次日，加一日。

求朔望差，以二千二十九乘朔小余，满三百三为日余，不尽倍之为小分，则朔差数也。加一十四日，日余二万一百八十六，小分百二十五，小分满六百六从日余，日余满通法为日，即望差数也。又加之，后月朔也。

求合朔月食：置朔望夜半入阴阳历日及余，有半者去之，置小分三百三，以差数加之，小分满六百六从日余，日余满通法从日，日满一历去之。命日算外，则朔望加时入历也。朔望加时入历一日，日余四千一百九十八，小分四百二十八以下，十二日，日余万一千七百八十八，小分四百八十一以上，朔则交会，望则月食。

求合朔月食定大小余：令差数日余加夜半入迟疾历余，日余满通法从日，则朔望加时入历也。以入历余乘损益率，以损益盈缩积分，如差法而一，以盈减缩加本朔望小余，为定小余。益之或满法，损之或不足，以日法进退日。

求合朔月食加时：以十二乘定小余，满日法得一辰，命以子，算外，加时所在辰也。有余者四之，满日法得一为少，二为半，三为太。又有余者三之，满日法得一为强，以强并少为少强，并半为半强，并太为太强。得二者为少弱，以并太为一辰弱，以前辰名之。

求月去日道度：置入阴阳历余乘损益率，如通法而一，以损益兼数为定，定数十二而一为度，不尽三而一，为少、半、太。又不尽者，一为强，二为少弱，则月去日道数也。阳历在表，阴历在里。

二十四气	日中影	昼漏刻	夜漏刻	昏中星度	明中星度
冬至	一丈三尺	四十五	五十五	八十二　行分二十一	二百八十三　行分八
小寒	一丈二尺四寸三分	四十五六	五十四四分	八十四	二百八十二六
大寒	一丈一尺二寸	四十六七	五十三三	八十六一	二百八十六
立春	九尺八寸	四十八四	五十一六	八十九三	二百七十七三
雨水	八尺一寸七分	五十五	四十九五	九十三	二百七十三七
惊蛰	六尺六寸七分	五十二九	四十七一	九十七	二百六十八二十
春分	五尺三寸七分	五十五五	四十四五	百二三	二百六十四三
清明	四尺二寸五分	五十八一	四十一九	百六二十一	二百五十九八

谷雨	三尺二寸六分	六十四	三十九六	百一十一三	二百五十四四
立夏	二尺五寸三分	六十二四	三十七六	百一十四十八	二百五十一十一
小满	一尺九寸九分	六十三九	三十六一	百一十七十二	二百四十八十七
芒种	一尺六寸九分	六十四八	三十五二	百一十九四	二百四十七二
夏至	一尺五寸	六十五	三十五二	百一十九十二	二百四十六十七
小暑	一尺六寸九分	六十四八分	三十五二	百一十九四	二百四十七二
大暑	一尺九寸九分	六十三九	三十六一	百一十七十二	二百四十八十七
立秋	二尺五寸三分	六十二四	三十七六	百一十四十八	二百五十一十一
处暑	三尺二寸六分	六十四	三十九六	百一十一三	二百五十四四
白露	四尺二寸五分	五十八一	四十一九	百六二十一	二百五十九八
秋分	五尺三寸七分	五十五五	四十四五	百二三	二百六十四三
寒露	六尺六寸七分	五十二九	四十七一	九十七九	二百六十八二十
霜降	八尺一寸七分	五十五	四十九五	九十三	二百七十三七
立冬	九尺八寸	四十八四	五十一六	八十九三	二百七十七三
小雪	一丈一尺二寸	四十六七	五十三二	八十六一	二百八十六

大雪	一丈二尺四寸三分	四十五六	五十四四	八十四	二百八十二六

求昏明中星：各以度数如夜半日所在，则中星度也。

推五星术

木率：千五百七十五万三千八十二。

火率：三千八十万四千一百九十六。

土率：千四百九十三万三百五十四。

金率：二千三百六万一十四。

水率：四百五十七万六千二百四。

推五星术：置度实各以率去之，余以减率，其余如纪法而一，为入岁日，不尽为日余。命以天正朔，算外，星合日。

求星合度：以入岁日及余从天正朔日积度及余，满纪法从度，满三百六十余度分则去之，命以虚一，算外，星合所在度也。

求星见日以术：伏日及余，加星合日及余，余满纪法从日，命如前，见日也。

求星见度以术：伏度及余，加星合度及余，余满纪法从度，入虚去度分，命如前，星见度也。

行五星法：以小分法除度余，所得为行分，不尽为小分，及日加所行分满法从度，留者因前，逆则减之，伏不尽度。从行入虚，去行分六，小分百四十七；逆行出虚，则加之。

木：初与日合，伏，十六日，余万七千八百三十二，行二度，度余三万七千五百四，晨见东方。从，日行四分，百一十二日行十九度十一分。留二十八日。逆，日行三分，八十六日，退一度五分。又留二十八日。从，日行四分，百一十二日，夕伏西方。日度余如初。一终，三百九十八日，日余三万五千六百六十四，行三十三度，度余二万五千二百一十五。

火：初与日合，伏，七十二日，日余六百八，行五十五度，度余二万八千八百六十五，晨见东方。从，疾，日行十七分，九十二日，行六十八度。小迟，日行十四分，九十二日，行五十六度。大迟，日行九分，九十二日，行三十六度。留十日。逆，日行六分，六十四日，退十六度十六。又留十日。从，迟，日行九分，九十二日。小疾，日行十四分，九十二日。大疾，日行十七分，九十二日，夕伏西方，日度余如初。一终，七百八十日，日余千二百一十六，行四百一十四度，度余三万二百五十八。除一周，定行四十九度，度余万九千八百九。

土：初与日合，伏，十七日，日余千三百七十八，行一度，度余万九千三百三十三，晨见东方。行顺，日行二分，八十四日，行七度七分。留三十三日。行逆，日行一分，百一十日，退四度十八分。又留三十三日。从，日行二分，八十四日，夕伏西方，日度余如初。一终，三百七十八日，日余二千七百五十六，行十二度，度余三万一千七百九十八。

金：初与日合，伏，三十九日，余三万八千一百二十六，行四十九度，度余三万八千一百二十六，夕见西方。从，疾，日行一度五分，九十二日，行百一十二度。小迟，日行一度四分，九十二日，行百八度。大迟，日行十七分，四十五日，行三十三度六分。留九日。迟，日行十六分，退六度六分。夕伏西方。伏五日，退五度，而与日合。又五日退五度，而晨见东方。逆，日行十六分，九日。留九日。从，日迟，日行十七分，四十五日。小疾，日行一度四分，九十二日。大疾，日行一度五分，九十二日，晨伏东方，日度余如初。一终，五百八十三日，日余三万六千七百六十一，行星如之。除一周，定行二百十八度，度余二万六千三百一十二。一合，二百九十一日，日余三万八千一百二十六，行星亦如之。

水：初与日合，伏，十四日，日余三万七千一百十五，行三十度，度余三万七千一百一十五，夕见西方。从，疾，日行一度六分，二十三日，□二十□度。迟，日行二十分，八日，行六度二十二分。留二日。迟，日行十一分，二日，退二十二分。夕伏西方。伏八日，退八度，而与日合。又八日，退八度，晨见东方。逆，日行十一分，二日。留二日。从，迟，日行二十分，八日。疾，日行一度六分，二十三日，晨伏东方，

日度余如初。一终,百一十五日,日余三万四千七百三十九,行星如
之。一合,五十七日,日余三万七千一百一十五,行星亦如之。

上元之岁,岁在甲子,天正甲子朔夜半冬至,日月五星,聚于虚
度之初,阴阳迟疾,并自此始。
世祖下之有司,使内外博议。时人少解历数,竟无异同之辩。唯太
子旅贲中郎将戴法兴议以为:

三精数微,五纬会始,自非深推测,穷识晷变,岂能刊古革
今,转正圭宿。案冲之所议,每有违舛,窃以愚见,随事辨问。

案冲之新推历术,"今冬至所在,岁岁微差"。臣法兴议:夫
二至发敛,南北之极,日有恒度,而宿无改位。古历冬至皆在建
星。战国横骛,史官丧纪,爰及汉初,格候莫审,后杂觇知在南
斗二十二度,元和所用,即与古历相符也。逮至景初,而终无毫
忒。《书》云:"日短星昴,以正仲冬。"直以月维四仲,则中宿常
在卫阳,羲、和所以正时,取其万世不易也。冲之以为唐代冬至
日在今宿之左五十许度,遂虚加度分,空撤天路。其置法所在,
近违半次,则四十五年九月,率移一度。在《诗》"七月流火",此
夏正建申之时也。"定之方中",又小雪之节也。若冬至审差,
则豳公火流,晷长一尺五寸,楚宫之作,昼漏五十三刻,此诡之
甚也。仲尼曰:"丘闻之,火伏而后蛰者毕。今火犹西流,司历
过也。"就如冲之所误,则星无定次,卦有差方。名号之正,古今
必殊,典诰之音,代不通轨,尧之开、闭,今成建、除,今之寿星,
乃周之鹑尾,即时东壁,已非玄武,轸星顿属苍龙,诬天背经,
乃至于此。

冲之又改章法三百九十一年有一百四十四闰。臣法兴议:
夫日有缓急,故斗有阔狭,古人制章,立为中格,年积十九,常
有七闰,晷或虚盈,此不可革。冲之削闰坏章,倍减余数,则一
百三十九年二月,于四分之料,顿少一日,七千四百二十九年,
辄失一闰。夫日少则先时,闰失则事悖。窃闻时以作事,事以
厚生,以此乃生人之大本,历数之所先,愚恐非冲之浅虑妄可

穿凿。

冲之又命上元日度发自虚一,云虚为北方列宿之中。臣法兴议:冲之既云冬至岁差,又谓虚为北中,舍形责影,未足为迷。何者?凡在天非日不明,居地以斗而辩。借令冬至在虚,则黄道弥远,东北当为黄钟之宫,室壁应属玄枵之位,虚宿岂得复为北中乎?曲使分至屡迁,而星次不改,招摇易绳,而律吕仍往,则七政不以玑衡致齐,建时亦非摄提所纪,不知五行何居,六属安托。

冲之又令上元年在甲子。臣法兴议:夫置元设纪,各有所尚,或据文于图谶,或取效于当时。冲之云"群氏纠纷,莫审其会"。昔《黄帝》辛卯,日月不过,《颛顼》乙卯,四时不忒,《景初》壬辰,晦无差光,《元嘉》庚辰,朔无错景,岂非承天者乎!冲之苟存甲子,可谓合以求天也。

冲之又令日月五纬,交会迟疾,悉以上元为始。臣法兴议:夫交会之元,则食既可求,迟疾之际,非凡夫所测。昔贾逵略见其差,刘洪粗著其术。至于疏密之数,莫究其极。且五纬所居,有时盈缩,即如岁星在轸,见超七晨,术家既追算以会今,则往之与来,断可知矣。《景初》所以纪首置差,《元嘉》兼又各设后元者,其并省功于实用,不虚推以为烦也。冲之既违天于改易,又设法以遂情,愚谓此治历之大过也。

臣法兴议:日有八行,各成一道,月有一道,离为九行,左交右疾,倍半相违,其一终之理,日数宜同。冲之通同与会周相觉九千四十,其阴阳七十九周有奇,迟疾不及二匝。此则当缩反盈,应损更益。

冲之随法兴所难辩折之曰:

臣少锐愚尚,专功数术,搜练古今,博采沉奥,唐篇夏典,莫不揆量,周正汉朔,咸加该验,罄策筹之思,究疏密之辨。至若立员旧误,张衡述而弗改,汉时解铭,刘歆诡谬其数,此则算氏之剧疵也。《乾象》之弦望定数,《景初》之交度周日,匪谓测

候不精，遂乃乘除翻谬，斯又历家之甚失也。及郑玄、阚泽、王
蕃、刘徽，并综数艺，而每多疏舛。臣昔以暇日，撰正众谬，理据
炳然，易可详密，此臣以俯信偏识，不虚推古人者也。按何承天
历，二至先天，闰移一月，五星见伏，或违四旬，列差妄设，当益
反损，皆前术之乖远，臣历所改定也。既沿波以讨其源，删滞以
畅其要，能使躔次上通，晷管下合，反以讥诋，不其惜乎！寻法
兴所议六条，并不造理难之关楗。谨陈其目：

其一，日度岁差，前法所略，臣据经史辨正此数，而法兴设
难，微引《诗》《书》，三事皆谬。其二，臣校晷景，改旧章法，法兴
立难，不能有诘，直云"恐非浅虑所可穿凿"。其三，次改方移，
臣无此法，求术意误，横生嫌贬。其四，历上元年甲子，术体明
整，则苟合可疑。其五，臣其历七曜，咸始上元，无隙可乘，复云
"非凡所测"。其六，迟疾阴阳，法兴所未解，误谓两率日数宜
同。凡此众条，或援谬目讥，或空加抑绝，未闻折正之谈，厌心
之论也。谨随诘洗释，依源征对。仰照天晖，敢罄管穴。

法兴议曰："夫二至发敛，南北之极，日有恒度，而宿无改
位。故古历冬至，皆在建星。"冲之曰：周、汉之际，畴人丧业，曲
技竞设，图纬实繁，或借号帝王以崇其大，或假名圣贤以神其
说。是以谶记多虚，桓谭知其矫妄；古历舛杂，杜预疑其非直。
按《五纪论》，黄帝历有四法，颛顼、夏、周并有二术，诡异纷然，
则孰识其正？此古历可疑之据一也。夏历七曜西行，特违众法，
刘向以为后人所造。此可疑之据二也。殷历日法九百四十，而
《乾凿度》云殷历以八十一为日法。若《易纬》非差，殷历必妄。
此可疑之据三也。《颛顼历》元，岁在乙卯，而《命历序》云此术
设元，岁在甲寅。此可疑之据四也。《春秋》书食有日朔者凡二
十六，其所据历，非周则鲁。以周历考之，检其朔日，失二十五，
鲁历校之，又失十三。二历并乖，则必有一伪，此可疑之据五
也。古之六术，并同《四分》，《四分》之法，久则后天。以食检之，
经三百年辄差一日。古历课今，其甚疏者，朔后天过二日有余。

以此推之，古术之作，皆在汉初周末，理不得远。且却校《春秋》，朔并先天，此则非三代以前之明征矣。此可疑之据六也。寻《律历志》，前汉冬至日在斗牛之际，度在建星，其势相邻，自非帝者有造，则仪漏或阙，岂能穷密尽微，纤毫不失。建星之说，未足证矣。

法兴议曰："战国横骛，史官丧纪，爰及汉初，格候莫审，后杂觇知在南斗二十二度，元和所用，即与古历相符也。逮至景初，终无毫忒。"冲之曰：古术讹杂，其详阙闻，乙卯之历，秦代所用，必有效于当时，故其言可征也。汉武改创，检课详备，正仪审漏，事在前史，测所诬诚多，偏据一说，未若兼今之为长也。《景初》之法，实错五纬，今则在冲口，至曩已移日。盖略治朔望，无事检候，是以晷漏昏明，并即《元和》，二分异景，尚不知革，日度微差，宜其谬矣。

法兴议曰："《书》云：'日短星昴，以正仲冬。'直以月推四仲，则中宿常在卫阳，羲、和所以正时，取其万代不易也。冲之以为唐代冬至日在今宿之左五十许度，遂虚加度分，空撤天路。"冲之曰：《书》以四星昏中审分至者，据人君南面而言也。且南北之正，其详易准，流见之势，中天为极。先儒注述，其义佥同，而法兴以为《书》说四星，皆在卫阳之位，自在巳地，进失向方，退非始见，迂回经文，以就所执，违训诡情，此则甚矣。舍午称巳，午上非无星也。必据中宿，余宿岂复不足以正时。若谓举中语兼七列者，觜参尚隐，则不得言，昴星虽见，当云伏矣。奎娄已见，复不得言伏见□□不得以为辞，则名将何附？若中宿之通非允，当实谨检经旨，直云星昴，不自卫阳，卫阳无自显之义，此谈何因而立？敬理无所依，则可愚辞成说，曾泉、桑野，皆为明证，分至之辨，竟在何日，循复再三，窃深叹息。

法兴议曰："其置法所在，近违半次，则四十五年九月率移一度。"冲之曰：《元和》日度，法兴所是，唯征古历在建星，以今考之，臣法冬至亦在此宿，斗二十二了无显证，而虚贬臣历垂差半次，此愚情之所骇也。又年数之余有十一月，而议云九月，涉数每乖，皆此类也。月盈则食，必在日冲，以检日则宿度可辨，请据效以课疏密。按太史注记，元嘉十三年十二月十六日中夜月蚀尽，在鬼四度，以冲计之，日当在牛六。依法兴议曰"在女七"。又十四年五月十五日丁夜月蚀尽，在斗二十六度，以冲计之，日当在井三十。依法兴议曰"日在柳二。"又二十八年八月十五日丁夜月蚀，在奎十一度，以冲计之，日当在角二。依法兴议曰"日在角十二"。又大明三年九月十五日乙夜月蚀尽，在胃宿之末，以冲计之，日当在氐十二。依法兴议曰"日在心二"。凡此四蚀，皆与臣法符同，纤毫不爽，而法兴所据，顿差十度，违冲移宿，显然易睹。故知天数渐差，则当式遵以为典，事验昭晰，岂得信古而疑今！

　　法兴议曰："在《诗》'七月流火'，此夏正建申之时也。'定之方中'，又小雪之节也。若冬至审差，则豳公火流，晷长一尺五寸，楚宫之作，昼漏五十三刻，此诡之甚也。"冲之曰：臣按此议三条皆谬。《诗》称流火，盖略举西移之中，以为惊寒之候。流之为言，非始动之辞也。就如始说，冬至日度在斗二十二，则火星之中，当在大暑之前，岂邻建申之限？此专自攻纠，非谓矫失。《夏小正》："五月昏，大火中。"此复在卫阳之地乎？又谓臣所立法，楚宫之作，在九月初。按《诗》传、笺皆谓："定之方中者，室辟昏中，形四方也。"然则中天之正，当在室之八度。臣历推之，元年立冬后四日，此度昏中，乃自十月之初，又非寒露之日也。议者之意，盖误以周世为尧时，度差五十，故致此谬。小雪之节，自信之谈，非有明文可据也。

　　法兴议曰："仲尼曰：'丘闻之，火伏而后蛰者毕。今火犹西流，司历过也。'就如冲之所误，则星无定次，卦有差方，名号之正，古今必殊，典诰之音，时不通轨。尧之开、闭，今成建、除，今之寿星，乃周之鹑尾也。即时东壁，已非玄武，轸星顿属苍龙，诬天背经，乃至于此。"冲之曰：臣以为辰极居中，而列曜贞观，群像殊体,而阴阳区别,故羽介咸陈,则水火有位,苍素齐设,则东西可准,非以日之所在,定其名号也。何以明之?夫阳爻初九,气始正北,玄武七列,虚当子位。若圆仪辨方,以日为主,冬至所舍,当在玄枵;而今之南极,乃处东维,违体失中,其义何附。若南北以冬夏禀称,则卯酉以生杀定号,岂得春躔义方,秋丽仁域,名舛理乖,若此之反哉!因兹以言,固知天以列宿分方,而不在于四时,景纬环序,日不独守故辙矣。至于中星见伏,记籍每以审时者,盖以历数难详,而天验易显,各据一代所合,以为简易之政也。亦犹夏礼未通商典,《护》容岂袭《韶》节,诚天人之道同差,则艺之兴,因代而推移矣。月位称建,谅以气之所本,名随实著,非谓斗杓所指。近校汉时,已差半次,审斗节时,其效安在?或义非经训,依以成说,将纬候多诡,伪辞间设乎?次随方名,义合宿体,分至虽迁,而厥位不改,岂谓龙火贸处,金水乱列,名号乖殊之讥,抑未详究。至如壁非玄武,轸属苍龙,瞻度察晷,实效咸然。《元嘉历法》,寿星之初,亦在翼限,参校晋注,显验甚众。天数差移,百有余载,议者诚能驰辞骋辩,令南极非冬至,望不在冲,则此谈乃可守耳。若使日迁次留,则无事屡嫌,乃臣历之良证,非难者所宜列也。寻臣所执,必据经史,远考唐典,近征汉籍,谶记碎言,不敢依述,窃谓循经之论也。月蚀检日度,事验昭著,史注详论,文存禁阁,斯又稽天之说也。《尧典》四星,并在卫阳,今之日度,远准元和,诬背之诮,实此之谓。

法兴议曰:"夫日有缓急,故斗有阔狭,古人制章,立为中格,年积十九,常有七闰,晷或盈虚,此不可革。冲之削闰坏章,倍减余数,则一百三十九年二月,于四分之料,顿少一日;七千四百二十九年,辄失一闰。夫日少则先时,闰失则事悖。窃闻时以作事,事以厚生,此乃生民之所本,历数之所先。愚恐非冲之浅虑妄可穿凿。"冲之曰:按《后汉书》及《乾象》说,《四分历法》,虽分章设篰创自元和,而晷仪众数定于嘉平三年。《四分

志》，立冬中影长一丈，立春中影九尺六寸。寻冬至南极，日晷
最长，二气去至，日数既同，则中影应等，而前长后短，顿差四
寸，此历景冬至后天之验也。二气中影，日差九分半弱，进退均
调，略无盈缩，以率计之，二气各退二日十二刻，则晷影之数，
立冬更短，立春更长，并差二寸，二气中影俱长九尺八寸矣。即
立冬、立春之正日也。以此推之，历置冬至，后天亦二日十二刻
也。嘉平三年，时历丁丑冬至，加时正在日中。以二日十二刻
减之，天定以乙亥冬至，加时在夜半后三十八刻。又臣测景历
纪，躬辨分寸，铜表坚刚，暴润不动，光晷明洁，纤毫悆然。据大
明五年十月十日，影一丈七寸七分半，十一月二十五日，一丈
八寸一分太，二十六日，一丈七寸五分强，折取其中，则中天冬
至，历在十一月三日。求其蚤晚，令后二日影相减，则一日差率
也。倍之为法，前二日减，以百刻乘之为实，以法除实，得冬至
加时在夜半后三十一刻，在《元嘉历》后一日，天数之正也。量
检竟年，则数减均同，异岁相课，则远近应率。臣因此验，考正
章法。今以臣历推之，刻如前，窃谓至密，永为定式。寻古历法
并同《四分》，《四分》之数久则后天，经三百年，朔差一日。是以
汉载四百，食率在晦。魏代已来，遂革斯法，世莫之非者，诚有
效于天也。章岁十九，其疏尤甚，同出前术，非见经典。而议云
此法自古，数不可移。若古法虽疏，永当循用，谬论诚立，则法
兴复欲施《四分》于当今矣，理容然乎？臣所未譬也。若谓今所
革创，违舛失衷者，未闻显据有以矫夺臣法也。《元嘉历》术，减
闰余二，直以袭旧分粗，故进退未合。至于弃盈求正，非为乖
理。就如议意，率不可易，则分无增损，承天置法，复为违谬。节
气蚤晚，当循《景初》，二至差三日，曾不觉其非，横谓臣历为
失，知日少之先时，未悟增月之甚惑也。诚未睹天验，岂测历数
之要，生民之本，谅非率意所断矣。又法兴始云穷识晷变，可以
刊旧令，复谓晷数盈虚，不可为准，互自违伐，罔识所依。若推
步不得准，天功绝于心目，未详历纪何因而立。案《春秋》以来

千有余载,以食检朔,曾无差失,此则日行有恒之明征也。且臣考影弥年,穷察毫微,课验以前,合若符契,孟子以为千岁之日至,可坐而知,斯言实矣。日有缓急,未见其证,浮辞虚贬,窃非所惧。

法兴议曰:"冲之既云冬至岁差,又谓虚为北中,舍形责影,未足为迷。何者?凡在天非日不明,居地以斗而辨。借令冬至在虚,则黄道弥远,东北当为黄钟之宫,室壁应属玄枵之位,虚宿岂得复为北中乎?曲使分至屡迁,而星次不改,招摇易绳,而律吕仍往,则七政不以机衡致齐,建时亦非摄提所纪,不知五行何居,六属安托。"冲之曰:此条所嫌,前牒已详。次改方移,虚非中位,繁辞广证,自构纷惑,皆议者所谬误,非臣法之违设也。七政致齐,实谓天仪,郑、王唱述,厥训明允,虽有异说,盖非实义。

法兴议曰:"夫置元设纪,各有所尚,或据文于图谶,或取效于当时。冲之云'群氏纠纷,莫审其会'。昔《黄帝》辛卯,日月不过,《颛顼》乙卯,四时不忒,《景初》壬辰,晦无差光,《元嘉》庚辰,朔无错景,岂非承天者乎!冲之苟存甲子,可谓为合以求天也。"冲之曰:夫历存效密,不容殊尚,合谶乖说,训义非所取,虽验当时,不能通远,又臣所未安也。元值始名,体明理正。未详辛卯之说何依,古术诡谬,事在前牒,溺名丧实,殆非索隐之谓也。若以历合一时,理无久用,元在所会,非有定岁者,今以效明之。夏、殷以前,载籍沦逸,《春秋》汉史,咸书月蚀,正朔详审,显然可征。以臣历检之,数皆协同,诚无虚设,循密而至,千载无殊,则虽远可知矣。备阅曩法,疏越实多,或朔差三日,气移七晨,未闻可以下通于今者也。元在乙丑,前说以为非正,今值甲子,议者复疑其苟合,无名之岁,自昔无之,则推先者,将何从乎?历纪之作,几于息矣。夫为合必有不合,愿闻显据,以核理实。

法兴曰:"夫交会之元,则蚀既可求,迟疾之际,非凡夫所测。昔贾逵略见其差，刘洪粗著其术，至于疏密之数，莫究其极。且五纬所居，有时盈缩，即如岁星在轸，见超七辰，术家既追算以会今，则往之与来，断可知矣。《景初》所以纪首置差，《元嘉》兼又各设后元者，其并省功于实用，不虚推以为烦也。冲之既违天于改易，又设法以遂情，愚谓此治历之大过也。"冲之曰：迟疾之率，非出神怪，有形可检，有数可推，刘、贾能述，则可累功以求密矣。议又云"五纬所居，有时盈缩"，"岁星在轸，见超七辰"，谓应年移一辰也。案岁星之运，年恒过次，行天七匝，辄超一位。代以求之，历凡十法，并合一时，此数咸同，史注所记，天验又符。此则盈次之行，自其定准，非为衍度滥徙，顿过其冲也。若审由盈缩，岂得常疾无迟。夫甄耀测象者，必料分析度，考往验来，准以实见，据以经史。曲辩碎说，类多浮诡，甘、石之书，互为矛盾。今以一句之经，诬一字之谬，坚执偏论，以罔正理，此愚情之所未厌也。算自近始，众法可同，但《景初》之二差，承天之元，实以奇偶不协，故数无同尽，为遗前设后，以从省易。夫建言倡论，岂尚矫异，盖令实以文显，言势可极也。稽元曩岁，群数咸始，斯诚术体，理不可容讥，而讥者以为过谬之大者。然则《元嘉》置元，虽七率舛陈，而犹纪协甲子，气朔俱终，此又过谬之小者也。必当虚立上元，假称历始，岁违名初，日避辰首，闰余朔分，月纬七率，并不得有尽，乃为允衷之制乎？设法情实，谓意之所安；改易违天，未睹理之讥者也。

　　法兴曰："日有八行，合成一道，月有一道，离为九行，左交右疾，倍半相违，其一终之理，日数宜同。冲之通同与会周相觉九千四十，其阴阳七十九周有奇，迟疾不及一匝，此则当缩反盈，应损更益。"冲之曰：此议虽游漫无据，然言迹可检。按以日八行譬月九道，此为月行之轨，当循一辙，环匝于天，理无差动也。然则交会之际，当有定所，岂容或斗或牛，同丽一度？去极应等，安得南北无常？若日月非例，则八行之说是衍文邪？左交右疾，语甚未分，为交与疾对，为舍交即疾？若舍交即疾，即

交在平率入历七日及二十一日是也。值交蚀既当在盈缩之极，
岂得损益或多或少？若交与疾对，则在交之冲，当为迟疾之始，
岂得入历或深或浅？倍半相违，新故所同，复摽此句，欲以何
明？臣览历书，古今略备，至如此说，所未前闻，远乖旧准，近背
天数，求之愚情，窃所深惑。寻迟疾阴阳不相生，故交会加时，
进退无常。昔术著之久矣，前儒言之详矣，而法兴云日数同。窃
谓议者未晓此意，乖谬自著，无假骤辩。既云盈缩失衷，复不备
记其数，或自嫌所执，故泛略其说乎？又以全为率，当互因其
分，法兴所列二数皆误，或以八十为七十九，当缩反盈，应损更
益，此条之谓矣。

　　总检其议，岂但臣历不密，又谓何承天法乖谬弥甚。若臣
历宜弃，则承天术益不可用。法兴所见既审，则应革创。至非
景极，望非曰冲，凡诸新说，必有妙辩乎？

时法兴为世祖所宠，天下畏其权，既立异议，论者皆附之。唯中书舍
人巢尚之是冲之之术，执据宜用。上爱奇慕古，欲用冲之新法。时
大明八年也，故须明年改元，因此改历。未及施用，而宫车晏驾也。

宋书卷一四

志第四

礼　一

夫有国有家者,礼仪之用尚矣。然而历代损益,每有不同,非务相改,随时之宜故也。汉文以人情季薄,国丧革三年之纪;光武以中兴崇俭,七庙有共堂之制;魏祖以侈惑宜矫,终敛去袭称之数;晋武以丘郊不异,二至并南北之祀。互相即袭,以讫于今。岂三代之典不存哉,取其应时之变而已。且闵子讥古礼,退而致事;叔孙创汉制,化流后昆。由此言之,任己而不师古,秦氏以之致亡,师古而不适用,王莽所以身灭。然则汉、魏以来,各揆古今之中,以通一代之仪。司马彪集后汉众注,以为《礼仪志》,校其行事,已与前汉颇不同矣。况三国鼎峙,历晋至宋,时代移改,各随事立。自汉末剥乱,旧章乖弛,魏初则王粲、卫觊典定众仪;蜀朝则孟光、许慈创理制度;晋始则荀颢、郑冲详定晋礼;江左则荀崧、刁协缉理乖紊。其间名儒通学,诸所论叙,往往新出,非可悉载。今抄魏氏以后经国诞章,以备此志云。

魏文帝虽受禅于汉,而以夏数为得天,故黄初元年诏曰:“孔子称‘行夏之时,乘殷之辂,服周之冕,乐则《韶舞》。’此圣人集群代之美事,为后王制法也。《传》曰‘夏数为得天’。朕承唐、虞之美,至于正朔,当依虞、夏故事。若殊徽号,异器械,制礼乐,易服色,用牲币,自当随土德之数。每四时之季月,服五十八日,腊以丑,牲用白,其

饰节旄，自当赤，但节幡黄耳。其余郊祀天地朝会四时之服，宜如汉
制。宗庙所服，一如《周礼》。"尚书令桓阶等奏："据三正周复之义，
国家承汉氏人正之后，当受之以地正，牺牲宜用白，今从汉十三月
正，则牺牲不得独改。今新建皇统，宜稽古典先代，以从天命，而告
朔牺牲，壹皆不改，非所以明革命之义也。"诏曰："服色如所奏，其
余宜如虞承唐，但腊日用丑耳，此亦圣人之制也。"

明帝即位，便有改正朔之意，朝议多异同，故持疑不决。久乃下
诏曰："黄初以来，诸儒共论正朔，或以改之为宜，或以不改为是，意
取驳异，于今未决。朕在东宫时闻之，意常以为夫子作《春秋》，通三
统，为后王法。正朔各从色，不同因袭。自五帝、三王以下，或父子
相继，同体异德；或纳太麓，受终文祖；或寻干戈，从天行诛。虽遭遇
异时，步骤不同，然未有不改正朔，用服色，表明文物，以章受命之
符也。由此言之，何必以不改为是邪。"于是公卿以下博议。侍中高
堂隆议曰：

　　按自古有文章以来，帝王之兴，受禅之与干戈，皆改正朔，
所以明天道，定民心也。《易》曰："《革》，元亨利贞。""有孚改命
吉。""汤武革命，应乎天，从乎人。"其义曰：水火更用事，犹王
者必改正朔、易服色也。《易通卦验》曰："王者必改正朔，易服
色，以应天地三气三色。"《书》曰："若稽古帝舜曰重华，建皇授
政改朔。"初"高阳氏以十一月为正，荐玉以赤缯。高辛氏以十
三月为正，荐玉以白缯。"《尚书传》曰："舜定钟石，论人声，乃
及鸟兽，咸变于前。故更四时，改尧正。"《诗》曰：一之日觱发，
二之日栗烈，三之日于耜。"《传》曰："一之日，周正月；二之日，
殷正月；三之日，夏正月。"《诗推度灾》曰："如有继周而王者，
虽百世可知。以前检后，文质相因，法度相改。三而复者，正色
也；二而复者，文质也。"以前检后，谓轩辕、高辛、夏后氏、汉皆
以十三月为正；少昊、有唐、有殷皆以十二月为正；高阳、有虞、
有周皆以十一月为正。后虽百世，皆以前代三而复也。《礼大
传》曰："圣人南面而治天下，必正度量，考文章，改正朔，易服

色，殊徽号。”《乐稽曜嘉》曰：“禹将受位，天意大变，迅风雷雨，以明将去虞而适夏也。是以舜禹虽继平受禅，犹制礼乐，改正朔，以应天从民。夏以十三月为正，法物之始，其色尚黑。殷以十二月为正，法物之牙，其色尚白。周以十一月为正，法物之萌，其色尚赤。能察其类，能正其本，则岳渎致云雨，四时和，五稼成，麟皇翔集。”《春秋》：“十七年夏六月甲子朔，日有蚀之。”《传》曰：“当夏四月，是谓孟夏。”《春秋元命苞》曰：“王者受命，昭然明于天地之理，故必移居处，更称号，改正朔，易服色，以明天命圣人之宝，质文再而改，穷明相承，周则复始，正朔改则天命显。”凡典籍所记，不尽于此，略举大较，亦足以明也。

太尉司马懿、尚书仆射卫臻、尚书薛悌、中书监刘放、中书侍郎刁干、博士秦静、赵怡、中侯中诏李岐以为宜改；侍中缪袭、散骑常侍王肃、尚书郎魏衡、太子舍人黄□□以为不宜改。

青龙五年，山茌县言黄龙见。帝乃诏三公曰：

昔在庖牺，继天而王，始据木德，为群代首。自兹以降，服物氏号，开元著统者，既膺受命历数之期，握皇灵迁兴之运，承天改物，序其纲纪。虽炎、黄、少昊、颛顼、高辛、唐、虞、夏后，世系相袭，同气共祖，犹豫昭显所受之运，著明天人去就之符，无不革易制度，更定礼乐，延群后，班瑞信，使之焕炳可述于后也。至于正朔之事，当明示变改，以彰异代，曷疑其不然哉。

文皇帝践阼之初，庶事草创，遂袭汉正，不革其统。朕在东宫，及臻在位，每览书籍之林，总公卿之议。夫言三统相变者，有明文，云虞、夏相因者，无其言也。《历志》曰：“天统之正在子，物萌而赤；地统之正在丑，物化而白；人统之正在寅，物成而黑。”但含生气，以微成著。故太极运三辰五星于上，元气转三统五行于下，登降周旋，终则又始，言天地与人所以相通也。仲尼以大圣之才，祖述尧、舜，范章文、武，制作《春秋》，论究人事，以贯百王之则。故于三微之月，每月称王，以明三正迭相为首。夫祖述尧、舜，以论三正，则其明义，岂使近在殷、周而已乎。朕以眇身，继承洪绪，既不能绍上圣之遗风，扬先帝之休德，又使王教之弛者不张，帝典之废者未补，辈辈之德不箸，亦恶可已乎。

今推三统之次，魏得地统，当以建丑之月为正。考之群艺，厥义彰矣。改青龙五年春三月为景初元年孟夏四月。服色尚黄，牺牲用白，戎事乘黑首之白马，建太赤之旗，朝会建大白之旗。春秋冬孟仲季月，虽与岁不同，至于郊祀迎气，礿、祀、烝、尝、巡狩、搜田，分至启闭，班宣时令，中气晚早，敬授民事，诸若此者，皆以正岁斗建为节。此历数之序，乃上与先圣合符同契，重规叠矩者也。今遵其义，庶可以显祖考大造之基，崇有魏惟新之命。

於戏！王公群后，百辟卿士，靖康厥职，帅意无怠，以永天休。司徒露布，咸使闻知，称朕意焉。

案服色尚黄，据土行也。牺牲旗旐，一用殷礼，行殷之时故也。《周礼》巾车职，"建大赤以朝"，"大白以即戎"，此则周以正色之旗朝，以先代之旗即戎。魏用殷礼，变周之制，故建大赤朝，大赤即戎也。明帝又诏曰："以建寅之月为正者，其牲用玄；以建丑之月为正者，其牲用白；以建子之月为正者，其牲用骍。此为牲色各从其正，不随所祀之阴阳也。祭天不嫌于用玄，则祭地不得独疑于用白也。天地用牲，得无不宜异邪？更议。"于是议者各有引据，无适可从。又诏曰："诸议所依据各参错，若阳祀用骍，阴祀用黝，复云祭天用玄，祭地用黄，如此，用牲之义，未为通也。天地至尊，用牲当同以所尚之色，不得专以阴阳为别也。今祭皇皇帝天，皇皇后地，天地郊，明堂，宗庙，皆宜同。其别祭五郊，各随方色，祭日月星辰之类用骍，社稷山川之属用玄，此则尊卑方色，阴阳众义畅矣。"

三年正月，帝崩，齐王即位。是年十二月，尚书卢毓奏："烈祖明皇帝以今年正日弃离万国，《礼》，忌日不乐，甲乙之谓也。烈祖明皇帝建丑之月弃天下，臣妾之情，于此正日，有甚甲乙。今若以建丑正朝四方，会群臣，设盛乐，不合于礼。"博士乐祥议："正日旦受朝贡，群臣奉贽；后五日，乃大宴会作乐。"太尉属朱诞议："今因宜改之际，还修旧则，元首建寅，于制为便"。大将军属刘肇议："宜过正一日，乃朝贺大会，明令天下，知崩亡之日不朝也"。诏曰："省奏事，五内断绝，奈何奈何！烈祖明帝以正日弃天下，每与皇太后念此日至，心有剥裂。不可以此日朝群辟，受庆贺也。月二日会，又非故也。听当还夏正月。虽违先帝通三统之义，斯亦子孙哀惨永怀。又夏正朔得天数者，其以建寅之月为岁首。"

晋武帝太始二年九月，群公奏："唐尧、舜、禹不以易祚改制；至于汤、武，各推行数。宜尼答为邦之问，则曰行夏之时，辂冕之制，通为百代之言。益期于从政济治，不系于行运也。今大晋继三皇之踪，踵舜、禹之迹，应天从民，受禅有魏，宜一用前代正朔服色，皆如有虞遵唐故事，于义为弘。"奏可。孙盛曰："仍旧，非也。且晋为金行，服色尚赤，考之天道，其违甚矣。"及宋受禅，亦如魏、晋故事。

魏明帝初，司空王朗议："古者有年数，无年号，汉初犹然。或有世而改，有中元、后元。元改弥数，中、后之号不足，故更假取美名，非古也。述春秋之事，曰隐公元年，则简而易知。载汉世之事，曰建元元年，则后不见。宜若古称元而已。"明帝不从，乃诏曰："先帝即位之元，则有延康之号，受禅之初，亦有黄初之称。今名年可也。"于是尚书奏："《易》曰：'乾道变化，各正性命。保合大和，乃利贞。首出庶物，万国咸宁'。宜为大和元年，诏□□□□□□□

周之五礼，其五为嘉。嘉□□《春秋左氏传》曰："晋侯问襄公年，季武子对曰：'会于沙随之岁，寡君以生'。晋侯曰：'十二年矣，是谓一终。一星终也。国君十五而生子。冠而生子，礼也。君可以冠矣。大夫盍为冠具？'。武子对曰：'君冠必以裸享之礼行之，以金石之乐节之，以先君之祧处之。今君在行，未可具也。请及兄弟之国而假备焉。'晋侯许诺。还及卫，冠于成公之庙，假钟磬焉，礼也。"贾、服说，皆以为人君礼十二而冠也。《古尚书》说：武王崩，成王年十三。推武王以庚辰岁崩，周公以壬午岁出居东，以癸未岁反。

《礼》周公冠成王，命史祝辞。辞，告也。是除丧冠也。周公居东未反，成王冠弁以开金縢之书，时十六矣。是成王年十五服除，周公冠之而后出也。按《礼》、《传》之文，则天子诸侯近十二，远十五，必冠矣。《周礼》虽有服冕之数，而无天子冠文。《仪礼》云："公侯之有冠礼，夏末造之。"王、郑皆以为夏末上下相乱，篡弑由生，故作公侯冠礼，则明无天子冠礼之审也。大夫又无冠礼。古者五十而后爵，何大夫冠礼之有？周人年五十而有贤才，则试以大夫之事，犹行士礼也。故筮日筮宾，冠于阼以著代，醮于客位，三加弥尊。皆士礼耳。然汉氏以来，天子诸侯，颇采其议。《志》曰"仪从《冠礼》"是也。汉顺帝冠，又兼用曹褒新礼。褒新礼今不存。《礼仪志》又云："乘舆初加缁布进贤，次爵弁，武弁，次通天，皆于高庙。王公以下，初加进贤而已。"按此文始冠缁布，从古制也，冠于宗庙是也。魏天子冠一加，其说曰：士礼三加，加有成也。至于天子诸侯，无加数之文者，将以践阼临民，尊极德备，岂得复与士同？此言非也。夫以圣人之才，犹三十而立，况十二之年，未及志学，便谓德成，无所劝勉，非理实也。魏氏太子再加，皇子、王公世子乃三加。孙毓以为一加再加皆非也。《礼》词曰："令月吉日"，又"以岁之正，以月之令"。鲁襄公冠以冬，汉惠帝冠以三月，明无定月也。后汉以来，帝加元服咸以正月。晋咸宁二年秋闰九月，遣使冠汝南王柬，此则晋礼亦有非必岁首也。《礼》冠于庙，魏以来不复在庙。然晋武、惠冠太子，皆即庙见，斯亦拟在庙之仪也。晋穆帝、孝武将冠，先以币告庙，讫又庙见也。

晋惠帝之为太子将冠也，武帝临轩，使兼司徒高阳王珪加冠，兼光禄勋、屯骑校尉华廙赞冠。江左诸帝将冠，金石宿设，百僚陪位。又豫于殿上铺大床，御府令奉冕帻簪导衮服，以授侍中、常侍。太尉加帻，太保加冕。将加冕，太尉跪读祝文曰："令月吉日，始加元服。皇帝穆穆，思弘衮职。钦若昊天，六合是式。率遵祖考，永永无极。眉寿惟期，介兹景福。"加冕讫，侍中系玄纮。侍中脱绛纱服，加衮服。冠事毕，太保率群臣奉觞上寿，王公以下三称万岁，乃退。按仪注，一加帻冕而已。

宋冠皇太子及蕃王，亦一加也。官有其注。晋武帝太始十年，南宫王承年十五，依旧应冠，有司议奏：“礼十五成童，国君十五而生子，以明可冠之宜。又汉、魏遣使冠诸王，非古典。”于是制诸王十五冠，不复加命。元嘉十一年，营道侯将冠，诏曰：“营道侯义綦可克日冠。外详旧施行。”何祯《冠仪约制》及王堪私撰《冠仪》，亦皆家人之可遵用者也。

魏齐王正始四年，立皇后甄氏，其仪不存。

晋武帝咸宁二年，临轩，遣太尉贾充策立后杨氏，纳悼后也。因大赦，赐王公以下各有差。百僚上礼。

太康八年，有司奏：“昏礼纳征，大昏用玄纁，束帛加圭，马二驷；王侯玄纁，束帛加璧，乘马；大夫用玄纁，束帛加羊。古者以皮马为庭实，天子加谷圭，诸侯加大璋。可依《周礼》改璧用璋，其羊、雁、酒、米、玄纁如故。诸侯昏礼加纳采吉期迎各帛五匹，及纳征马四匹，皆令夫家自备，唯璋官为具之。”尚书朱整议：“按魏氏故事，王娶妃、公主嫁之礼，天子诸侯以皮马为庭实，天子加以谷圭，诸侯加以大璋。汉高后制，聘后黄金二百斤，马十二匹；夫人金五十斤，马四匹。魏聘后、王娶妃、公主嫁之礼，用绢百九十匹。晋兴，故事用绢三百匹。”诏曰：“公主嫁，由夫氏，不宜皆为备物，赐钱使足而已。唯给璋，余如故事。”

成帝咸康二年，临轩，遣使兼太保领军将军诸葛恢、兼太尉护军将军孔愉，六礼备物，拜皇后杜氏。即日入宫。帝御太极殿，群臣毕贺，非礼也。王者昏礼，礼无其制。《春秋》祭公逆王后于纪。《谷梁》、《左氏》说与《公羊》又不同。而汉、魏遗事厥略者众。晋武、惠纳后，江左又无复仪注，故成帝将纳杜后，太常华恒始与博士参定其仪。据杜预《左氏传》说主婚，是供其婚礼之币而已。又周灵王求婚于齐，齐侯问于晏桓子，桓子对曰：“夫妇所生若而人，姑姊妹则称先守某公之遗女若而人。”此则天子之命，自得下达，臣下之答，径自上通。先儒以为丘明详炼其事，盖为王者婚娶之礼也。故成帝临轩遣使称制拜后。然其仪注，又不具存。

康帝建元元年，纳后褚氏。而仪注陛者不设毛头。殿中御史奏："今迎皇后，依昔成恭皇后入宫御物，而仪注至尊衮冕升殿，毛头不设，求量处。又案昔迎恭皇后，唯作青龙旂，其余皆即御物。今当临轩遣使，而立五牛旂旗，毛头毕罕并出。即用故至，今厥。"诏曰："所以正法服升太极者，以敬其始，故备其礼也。今云何更厥所重而撤法物邪？又恭后神主入庙，先帝诏后礼宜有降，不宜建五牛旗，而今犹复设之邪？既不设五旗，则毛头毕罕之器易具也。"又诏曰："旧制既难准，且于今而备，亦非宜。府库之储，唯当以供军国之费耳。法服仪饰粗令举，其余兼副杂器，停之。"

及至穆帝升平元年，将纳皇后何氏，太常王彪之始更大引经传及诸故事，以正其礼，深非《公羊》婚礼不称主人之义。又曰："王者之于四海，无非臣妾。虽复父兄之亲，师友之贤，皆纯臣也。夫崇三纲之始，以定乾坤之仪。安有天父之尊，而称臣下之命，以纳伉俪？安有臣下之卑，而称天父之名，以行大礼？远寻古礼，无王者此制；近求史籍，无王者此比。于情不安，于义不通。案咸宁二年，纳悼皇后时，弘训太后母临天下，而无命戚属之臣为武皇父兄主婚之文。又考大晋已行之事，咸宁故事，不称父兄师友，则咸康华恒所上合于旧也。臣愚谓今纳后仪制，宜一依咸康故事。"于是从之。华恒所定六礼，云宜依汉旧及大晋已行之制，此恒犹识前事，故王彪之多从咸康，由此也。惟以取妇之家，三日不举乐，而咸康群臣贺为失礼；故但依咸宁上礼，不复贺也。其告庙六礼版文等仪，皆彪之所定也。详推有典制，其纳采版文玺书曰："皇帝咨前太尉参军何琦，浑元资始，肇经人伦，爰及夫妇，以奉天地宗庙社稷，谋于公卿，咸以宜率由旧典。今使使持节太常彪之、宗正綝以礼纳采。"主人曰："皇帝嘉命，访婚陋族，备数采择。臣从祖弟故散骑侍郎准之遗女，未闲教训，衣履若而人，钦承旧章，肃奉典制。前太尉参军都卿侯粪土臣何琦稽首再拜承制诏。"次问名版文曰："皇帝曰：咨某官某姓，两仪配合，承天统物，正位于内，必俟令族，重章旧典。今使使持节太常某、宗正某以礼问名。"主人曰:"皇帝嘉命,使者某到,重宣中诏,问臣名族。臣族女父母所生先臣故光禄大夫雩娄侯祯之遗玄孙,先臣故豫州刺史关中侯恽之曾孙,先臣安丰太守关中侯睿之孙,先臣故散骑侍郎准之遗女。外出自先臣故尚书左丞胄之外曾孙,先臣故侍中关内侯夷之外孙女。年十七。钦承旧章,肃奉典制。"次纳吉版文曰:"皇帝曰:咨某官某姓,人谋龟从,佥曰贞吉,敬从典礼。今使持节太常某,宗正某,以礼纳吉。"主人曰:"皇帝嘉命,使者某重宣中诏,太卜元吉。臣陋族卑鄙,忧惧不堪。钦承旧章,肃奉典制。"次纳征版文:"皇帝曰:咨某官某姓之女,有母仪之德,窈窕之姿,如山如河,宜奉宗庙,永承天祚。以玄𫄸皮帛马羊钱璧,以章典礼。今使使持节司徒某、太常某以礼纳征。"主人曰:"皇帝嘉命,降婚卑陋,崇以上公,宠以典礼,备物典策。钦承旧章,肃奉典制。"次请期版文:"皇帝曰:咨某官某姓,谋于公卿,大筮元龟,罔有不臧,率遵典礼。今使使持节太常某、宗正某以礼请期。"主人曰:"皇帝嘉命,使某重宣中诏,吉日惟某可迎。臣钦承旧章,肃奉典制。"次迎版文:"皇帝曰:咨某官某姓,岁吉月令,吉日惟某,率礼以迎。今使使持节太保某,太尉某以迎。"主人曰:"皇帝嘉命,使者某重宣中诏,令月吉辰,备礼以迎。上公宗卿,兼至副介,近臣百两。臣蝼蚁之族,猥承大礼,忧惧战悸,钦承旧章,肃奉典制。"其稽首承诏,皆如初答。

孝武纳王皇后,其礼亦如之。其纳采、问名、纳吉、请期、迎,皆用白雁、白羊各一头,酒、米各十二斛。唯纳征羊一头,玄𫄸用帛三匹,绛二匹,绢二百匹,虎皮二枚,钱二百万,玉璧一枚,马六头,酒、米各十二斛,郑玄所谓五雁六礼也。其圭马之制,备物之数,校太康所奏,又有不同,官有其注。

古者昏、冠皆有醮,郑氏醮文三首具存。

宋文帝元嘉十五年四月,皇太子纳妃,六礼文与纳后不异。百官上礼。其月壬戌,于太极殿西堂叙宴二宫队主副、司徒征北镇南三府佐、扬兖江三州纲、彭城江夏南谯始兴武陵庐陵南丰七国侍郎以上,诸二千石在都邑者,并豫会。又诏:"今小会,可停妓乐。"时有临川曹太妃服。

明帝泰始五年十一月，有司奏："按晋江左以来，太子昏，纳征，礼用玉一，虎皮二，未详何所准况。或者虎取其威猛有彬炳，玉以象德而有润栗。圭璋既玉之美者，豹皮义兼炳蔚，熊罴亦昏礼吉征，以类取象，亦宜并用，未详何以遗文。晋氏江左，礼物多厥，后代因袭，未遑研考。今法章徽仪，方将大备。宜宪范经籍，稽诸旧典。今皇太子昏，纳征，礼合用圭璋、豹皮、熊罴皮与不？下礼官详依经记更正。若应用者，为各用一？为应用两？"博士裴昭明议："案《周礼》，纳征，玄纁束帛俪皮。郑玄注云：'束帛以仪注，以虎皮二。'太元中，公主纳征，以虎豹皮各一具。岂谓婚礼不辨王公之序，故取虎豹皮以尊革其事乎。虎豹虽文，而征礼所不用。熊罴吉祥，而婚典所不及。圭璋虽美，或为用各异。今帝道弘明，徽则光阐，储皇聘纳，宜准经诰。凡诸僻谬，并合详裁。虽礼代不同，文质或异，而郑为儒宗，既有明说，守文浅见，盖有惟疑。兼太常丞孙诜议以为：'聘币之典，损益惟义，历代行事，取制士婚。若圭璋之用，实均璧品，采豹之彰，义齐虎文，熊罴表祥，繁衍攸寄。今储后崇聘，礼先训远，皮玉之美，宜尽晖备。礼称束帛俪皮，则圭璋数合同璧，熊罴文豹，各应用二。'长兼国子博士虞和议：'案《仪礼》纳征，直云玄纁、束帛、杂皮而已。《礼记·郊特牲》云虎豹皮与玉璧，非虚作也。则虎豹之皮，居然用两，圭璧宜仍旧各一也。'参诜、和二议不异，今加圭、璋各一，豹、熊罴皮各二，以和议为允。"诏可。

晋武帝太始十年，将聘拜三夫人、九嫔。有司奏："《礼》，皇后聘以谷穀圭，无妾媵礼贽之制。"诏曰："拜授可依魏氏故事。"于是临轩，使使持节兼太常拜夫人，兼御史中丞拜九嫔。

汉、魏之礼，公主居第，尚公主者来第成婚。司空王朗以为不可，其后乃革。

凡遣大使拜皇后、三公，及冠皇太子，及拜蕃王，帝皆临轩。其仪，太乐令宿设金石四厢之乐于殿前。漏上二刻，侍中、侍臣、冗从仆射、中谒者、节骑郎、虎贲、旄头遮列，五牛旗皆入。虎贲中郎将、羽林监,分陛端门内。侍御史、谒者各一人,监端门。廷尉监、平,分陛东、西中华门。漏上三刻,殿中侍御史奏开殿之殿门、南止车门、宣阳城门。军校、侍中、散骑常侍、给事黄门侍郎、散骑侍郎升殿夹御座。尚书令以下应阶者以次入。治礼引大鸿胪入,陈九宾。漏上四刻,侍中奏:"外办。"皇帝服衮冕之服,升太极殿,临轩南面。谒者前,北面一拜,跪奏:"大鸿胪臣某稽首言,群臣就位。谨具。"侍中称制曰:"可。"谒者赞拜,在位皆再拜。大鸿胪称臣一拜,仰奏:"请行事。"侍中称制曰:"可。"鸿胪举手曰:"可行事。"谒者引护当使者当拜者入就拜位。四厢乐作,将拜,乐止。礼毕出。官有其注。

旧时岁旦,常设苇茭桃梗,磔鸡于宫及百寺门,以禳恶气。《汉仪》,则仲夏之月设之,有桃卯,无磔鸡。案明帝大修禳礼,故何晏禳祭据鸡牲供穰衅之事,磔鸡宜起于魏也。卯本汉所以辅,卯金又宜魏所除也。但未详改仲夏在岁旦之所起耳。宋皆省,而诸郡县此礼往往犹存。

上代聘享之礼,虽颇见经传,然首尾不全。《叔孙通传》载通所制汉元会仪,纲纪粗举,施于今,又未周备。魏国初建,事多兼厥,故黄初三年,始奉璧朝贺。何承天云,魏元会仪无存者。案何祯《许都赋》曰:"元正大飨,坛彼西南。旗幕峨峨,檐宇弘深。"王沉《正会赋》又曰:"华幄映于飞云,朱幕张于前庭。绚青帷于两阶,象紫极之峥嵘。延百辟于和门,等尊卑而奉璋。"此则大飨悉在城外,不在宫内也。臣案魏司空王朗奏事曰:"故事,正月朔,贺。殿下设两百华灯,对于二阶之间。端门设庭燎火炬,端门外设五尺、三尺灯。月照星明,虽夜犹昼矣。"如此,则不在城外也。何、王二赋,本不在洛京。何云《许都赋》,时在许昌也。王赋又云"朝四国于东巡",亦赋许昌正会也。

晋武帝世,更定元会注,今有《咸宁注》是也。傅玄《元会赋》曰:"考夏后之遗训,综殷、周之典艺,采秦、汉之旧仪,定元正之嘉会。"

此则兼采众代可知矣。《咸宁注》：

先正一日，守宫宿设王公卿校便坐于端门外，大乐鼓吹又宿设四厢乐及牛马帷阊于殿前。夜漏未尽十刻，群臣集到，庭燎起火。上贺谒报，又贺皇后。还从云龙、东中华门入谒，诣东阁下便坐。漏未尽七刻，群司乘车与百官及受赗郎下至计吏，皆入，诣陛部立。其陛卫者，如临轩仪。漏未尽五刻，谒者仆射、大鸿胪各奏："群臣就位定。"漏尽，侍中奏："外办。"皇帝出，钟鼓作，百官皆拜伏。太常导皇帝升御座，钟鼓止，百官起。大鸿胪跪奏："请朝贺"。治礼郎赞："皇帝延王登。"大鸿胪跪赞："蕃王臣某等奉白璧各一，再拜贺。"太常报："王悉登。"谒者引上殿，当御座。皇帝兴，王再拜。皇帝坐，复再拜，跪置御座前，复再拜。成礼讫，谒者引下殿，还故位。治礼郎引公、特进、匈奴南单于子、金紫将军当大鸿胪西，中二千石、二千石、千石、六百石当大行令西，皆北面伏。大鸿胪跪赞："太尉、中二千石等奉璧皮帛羔雁雉，再拜贺。"太常赞："皇帝延君登。"礼引公至金紫将军上殿，当御座。皇帝兴，皆再拜。皇帝坐，又再拜。跪置璧皮帛御座前，复再拜。成礼讫，赞者引下殿，还故位。王公置璧成礼时，大行令并赞殿下中二千石以下同。成礼讫，以赗授赗郎，郎以璧帛付谒者，羔雁雉付太官。太乐令跪奏雅乐，以次作乐。乘黄令乃出车。皇帝罢入，百官皆坐。昼漏上水六刻，诸蛮夷胡客以次入，皆再拜讫，坐。御入三刻，又出，钟鼓作。谒者仆射跪奏："请群臣上。"谒者引王公至二千石上殿，千石、六百石停本位。谒者引王诣尊酌寿尊，跪授侍中，侍中跪置御座前。王还自酌，置位前。谒者跪奏："蕃王臣某等奉觞再拜，上千万岁寿。"侍中曰："觞已上。"百官伏称万岁，四厢乐作，百官再拜。已饮，又再拜。谒者引诸王等还本位。陛者传就席，群臣皆跪诺。侍中、中书令、尚书令，各于殿上上寿酒，登歌乐升，太官令又行御酒。御酒升阶，太官令跪授侍郎，侍郎跪进御座前。乃行百官酒。太乐令跪奏："奏登歌。"三。终，乃降。太官令跪请御饭到陛，群臣皆起。太官令持羹跪授司徒，持饭跪授大司农，尚食持案并授侍郎，侍郎跪侍御座前。群臣就席。太乐令跪奏："食，举乐。"太官行百官饭案遍。食毕，太乐令跪奏："请进舞。"舞以次作。鼓吹令又前跪奏："请以次进众伎。"乃召诸郡计吏前，授敕戒于阶下。宴乐毕，谒者一人跪奏："请罢退。"钟鼓作，群臣北面再拜，出。

江左更随事立位，大体亦无异也。宋有天下，多仍旧仪，所损益可知矣。晋江左注，皇太子出会者，则在三恪下、王公上。宋文帝元嘉十一年，升在三恪上。

魏制，蕃王不得朝觐。明帝时有朝者，皆由特恩，不得以为常。晋太始中，有司奏："诸侯之国，其王公以下入朝者，四方各为二番，三岁而周，周则更始。若临时有解，却在明年。来朝之后，更满三岁乃复，不得从本数。朝礼执璧如旧朝之制。不朝之岁，各遣卿奉聘。"奏可。江左王侯不之国，其有授任居外，则同方伯、刺史、二千石之礼，亦无朝聘之制，此礼遂废。

正旦元会，设白虎樽于殿庭。樽盖上施白虎，若有能献直言者，则发此樽饮酒。案《礼记》，知悼子卒，未葬，平公饮酒，师旷、李调侍，鼓钟。杜蒉自外来，闻钟声曰："安在？"曰："在寝。"杜蒉入寝，历阶而升，酌曰："旷饮斯。"又酌曰："调饮斯。"又酌，堂上北面坐饮之，降，趋而出。平公呼而进之曰："蒉，曩者尔心或开予，是以不与尔言。尔饮旷，何也？"曰："子卯不乐，知悼子在堂，斯其为子卯也大矣。旷也，太师也。不以诏，是以饮之也。""尔饮调，何也？"曰："调也，君之亵臣也。为一饮一食，忘君之疾，是以饮之也。""尔饮，何也？"曰："蒉也宰夫，唯刀匕是供，又敢与知防，是以饮也。"平公曰："寡人亦有过焉，酌而饮寡人。"杜蒉洗而扬觯。公谓侍者曰："如我死，则必无废斯爵。"至于今，既毕献，斯扬觯，谓之"杜举"。白虎樽，盖杜举之遗式也。画为虎，宜是后代所加，欲令言者猛如虎，无所忌惮也。

汉以高帝十月定秦旦为岁首。至武帝，虽改用夏正，然朔犹常飨会,如元正之仪。魏、晋则冬至日受万国及百僚称贺,因小会,其仪亚于岁旦,晋有其注。宋永初元年八月,诏曰:"庆冬使或遣不,役宜省,今可悉停。唯元正大庆,不得废耳。郡县遣冬使诣州及都督府者,亦宜同停。"

孙权始都武昌及建业,不立郊兆。至末年太元元年十一月,祭南郊,其地今秣陵县南十余里郊中是也。晋氏南迁,立南郊于巳地,非礼所谓阳位之义也。宋武大明三年九月,尚书右丞徐爰议:"郊祀之位,远古莫闻。《礼记》'燔柴于大坛,祭天也。''兆于南郊,就阳位也'。汉初,甘泉、河东,禋埋易位,终亦徙于长安南北。光武绍祚,定二郊洛阳南北。晋氏过江,悉在北。及郊兆之议,纷然不一。又南出道狭,未议开阐,遂于东南巳地创立丘坛。皇宋受命,因而弗改。且居民之中,非邑外之谓。今圣图重造,旧章毕新,南驿开涂,阳路修远。谓宜郊正午,以定天位。"博士司马兴之、傅郁、太常丞陆澄并同爰议。乃移郊兆于秣陵牛头山西,正在宫之午地。世祖崩,前废帝即位,以郊旧地为吉祥,移还本处。

北郊,晋成帝世始立,本在覆舟山南。宋太祖以其地为乐游苑,移于山西北。后以其地为北湖,移于湖塘西北。其地卑下泥湿,又移于白石村东。其地又以为湖,乃移于钟山北京道西,与南郊相对。后罢白石东湖,北郊还旧处。

南郊,皇帝散斋七日,致斋三日,官掌清者亦如之。致斋之朝,御太极殿幄坐,著绛纱袍,黑介帻,通天金博山冠。先郊日未晡五刻,夕牲。公卿京兆尹众官悉坛东就位,太祝史牵牲入。到榜,廪牺令跪白:"请省牲。"举手曰:"腯"。太祝令绕牲,举手曰:"充"。太祝令牵牲诣庖。以二陶豆酌毛血,其一奠皇天神座前,其一奠太祖神座前。郊之日未明八刻,太祝令进馔,郎施馔。牲用茧栗二头,群神用牛一头。醴用秬鬯,藉用白茅。玄酒一器,器用匏陶,以瓦樽盛酒,瓦圩斟酒。璧用苍玉,蒯席各二,不设茵蓐。古者席藁,晋江左用蒯。车驾出,百官应斋及从驾填街先置者,各随申摄从事。上水一刻,御服龙衮，平天冠，升金根车，到坛东门外。博士、太常引入到黑攒。太祝令跪执匏陶，酒以灌地。皇帝再拜，兴。群臣皆再拜伏。治礼曰："兴。"博士、太常引皇帝至南阶，脱舄升坛，诣罍盥。黄门侍郎洗爵，跪授皇帝。执樽郎授爵，酌秬鬯授皇帝。跪奠皇天神座前，再拜，兴。次诣大祖配天神座前，执爵跪奠，如皇天之礼。南面北向，一拜伏。太祝令各酌福酒，合置一爵中，跪进皇帝，再拜伏。饮福酒讫，博士、太常引帝从东阶下，还南阶。谒者引太常升坛，亚献。谒者又引光禄升坛，终献。讫，各降阶还本位。太祝送神，跪执匏陶，酒以灌地。兴，直南行出坛门。治礼举手白，群臣皆再拜伏。皇帝盘，治礼曰："兴"。博士跪曰："祠事毕，就燎。"博士、太常引皇帝就燎位，当坛东阶，皇帝南向立。太祝令以案奉玉璧牲体爵酒黍饭诸馔物，登柴坛施设之。治礼举手曰："可燎。"三人持火炬上。火发，太祝令等各下坛。坛东西各二十人，以炬投坛。火半柴倾，博士仰曰："事毕。"皇帝出便坐，解严。天子有故，则三公行事，而太尉初献，其亚献，犹终献，太常、光禄勋也。北郊斋、夕牲、进孰，及乘舆百官到坛三献，悉如南郊之礼。唯事讫，太祝令牲玉馔物诣坎置牲上讫，又以一牲覆其上。治礼举手曰："可霾。"二十人俱时下土。填坎欲半，博士仰白："事毕。"帝出。自魏以来，多使三公行事，乘舆罕出矣。魏及晋初，仪注虽不具存，所损益汉制可知也。江左以后，官有其注。

魏文帝诏曰："汉氏不拜日于东郊，而旦夕常于殿下东面拜日，烦亵似家人之事，非事天郊神之道也。"黄初二年正月乙亥，朝日于东门之外。按《礼》，天子以春分朝日于东，秋分夕月于西。今正月，非其时也。《汉郊祀志》，帝郊太畤，平旦出竹宫东向揖日，其夕西向揖月。此为即用郊日，不俟二分也。明帝太和元年二月丁亥朔，朝日于东郊。八月己丑，夕月于西郊。此古礼也。《白虎通》："王者父天、母地、兄日、姊月"，此其义也。《尚书大传》，迎日之词曰："惟某年某月上日。明光于上下，勤施于四方，旁作穆穆，惟予一人。某敬拜迎日于郊。"吴时郎陈融奏《东郊颂》，吴时亦行此礼也。晋武帝太康二年,有司奏:"春分依旧车驾朝日,寒温未适,可不亲出。"诏曰:"礼仪宜有常。如所奏,与故太尉所撰不同,复为无定制。间者方难未平,故每从所奏。今戎事弭息,唯此为大。"案此诏,帝复为亲朝日也。此后废。

殷祠,皇帝散斋七日,致斋三日。百官清者亦如。致斋之日,御太极殿幄坐,著绛纱袍,黑介帻,通天金博山冠。祠之日,车驾出,百官应斋从驾留守填街先置者,各依宣摄从事。上水一刻,皇帝著平冕龙衮之服,升金根车,到庙北门讫。治礼、谒者各引太乐、太常、光禄勋、三公等皆入在位。皇帝降车入庙,脱舄,盥及洗爵,讫,升殿。初献,奠爵,乐奏。太祝令跪读祝文,讫,进奠神座前,皇帝还本位。博士引太尉亚献,讫,谒者又引光禄勋终献。凡禘祫大祭,则神主悉出庙堂,为昭穆以安坐,不复停室也。晋氏又有阴室四殇,治礼引阴室以次奠爵于馔前。其功臣配飨者,设坐于庭,谒者奠爵于馔前。皇帝不亲祠,则三公行事,而太尉初献,太常亚献,光禄勋终献也。四时祭祀,亦皆于将祭必先夕牲,其仪如郊。

晋武帝太始七年四月,帝将亲祠,车驾夕牲,而仪注还不拜。诏问其故,博士奏:"历代相承如此。"帝曰:"非致敬宗庙之礼也。"于是实拜而还,遂以为制。太康中,有司奏议:"七月一日合朔奠、冬烝、夕牲同日,可有司行事。"诏曰:"夕牲而令有司行事,非也。改择上旬他日。"案此,则武帝夕牲必躬临拜,而江左以来复止也。晋元帝建武元年十月辛卯,即晋王位,行天子殷祭之礼,非常之事也。孝武太元十一年九月,皇女亡及应烝祠。中书侍郎范宁奏:"案《丧服》传,有死宫中者,三月不举祭,不别长幼之与贵贱也。皇女虽在婴孩,臣窃以为疑。"于是尚书奏使三公行事。昔汉灵帝世,立春尚斋迎气东郊,尚书左丞欧杀陌使于南书寺,于是诏书曰:"议郎蔡邕、博士任敏,问可斋祠不?得无不宜?"邕等对曰:"按上帝之祠,无所为废。宫室至大,陌使至微,日又宽,可斋无疑。"宁非不知有此议,然不从也。魏及晋初祭仪虽不具存,江左则备矣。官有其注。

祠大社、帝、太稷，常以岁二月、八月二社日祠之。太祝令夕牲进孰，如郊庙仪。司空、太常、大司农三献也。官有其注。周礼王亲祭，汉以来有司行事。

汉安帝元初六年，立宗祠于国西北城亥地，祠仪比泰社。

日月将交会，太史上合朔。尚书先事三日，宣摄内外，戒严。挚虞《决疑》曰："凡救蚀者，皆著赤帻，以助阳也。日将蚀，天子素服避正殿，内外严警，太史登灵台，伺候日变。更伐鼓于门，闻鼓音，侍臣皆著赤帻，带剑入侍。三台令史以上，皆各持剑立其户前。卫尉卿驰绕宫，伺察守备，周而复始。日复常，乃皆罢。"鲁昭公十七年六月朔，日有蚀之。祝史请所由，叔孙昭子曰："日有蚀，天子不举乐，伐鼓于社；诸侯用币于社，伐鼓于朝，礼也。"又以赤丝为绳系社，祝史陈辞以责之。社，勾龙之神，天子之上公，故责之。合朔，官有其注。

昔汉建安中，将王会，而太史上言正旦当日蚀。朝士疑会不，共诣尚书令荀文若咨之。时广平计吏刘邵在坐，曰："梓慎、裨灶，古之良史，犹占水火，错失天时。《礼》诸侯旅见天子，入门不得终礼者四，日蚀在一。然则圣人垂制，不为变异豫废朝礼者，或灾消异伏，或推术谬误也。"文若及众人咸喜而从之，遂朝会如旧，日亦不蚀。邵由此显名，魏史美而书之。

魏高贵乡公正元二年三月朔，太史奏日蚀而不蚀。晋文王时为大将军，大推史官不验之负。史官答曰："合朔之时，或有日掩月，或有月掩日。月掩日，则蔽障日体，使光景有亏，故谓之日蚀。日掩月，则日于月上过，谓之阴不侵阳，虽交无变。日月相掩必食之理，无术以知，是以尝禘郊社，日蚀则接祭，是亦前代史官不能审蚀也。自汉故事，以为日蚀必当于交。每至其时，申警百官，以备日变。故《甲寅诏》有备蚀之制，无考负之法。古来黄帝、颛顼、夏、殷、周、鲁六历，皆无推日蚀法，但有考课疏密而已。负坐之条，由本无术可课，非司事之罪。"乃止。

晋武帝咸宁三年、四年，并以正旦合朔却元会，改魏故事也。

晋元帝天兴元年四月合朔，中书侍郎孔愉奏曰："《春秋》日有蚀之，天子伐鼓于社，攻诸阴也。诸侯伐鼓于朝，臣自攻也。案尚书符，若日有变，便伐鼓于诸门，有违旧典。"诏曰："所陈有正义，辄敕外改之。"

至康帝建元元年，太史上元日合朔，朝士复疑应却会与否。庾冰辅政，写刘劭议以示八坐。于时有谓劭为不得礼意，苟文若从之，是胜人之一失。故蔡谟遂著议非之曰："劭论灾消异伏，又以慎、灶犹有错失，太史上言亦不必审，其理诚然也。而云圣人垂制，不为变异豫废朝礼，此则谬矣。灾祥之发，所以谴告人君，王者所重诫。故素服废乐，退避正寝，百官降物，用币伐鼓，躬亲而救之。夫敬诫之事，与其疑而废之，宁慎而行之。故孔子、老聃助葬于巷党，以丧不见星行，故日蚀而止柩，曰安知其不见星也。今史官言当蚀，亦安知其不蚀乎？夫子、老聃豫行见星之防，而劭宝人状一圣贤之成规也。鲁桓公壬申有灾，而以乙亥尝祭，《春秋》讥之。灾事既过，犹退惧未已，故废宗庙之祭；祝闻天眚将至，行庆乐之会，于礼乖矣。《礼记》所云'诸侯入门不得终礼'者，谓日官不豫言，诸侯既入，见蚀乃知耳，非先闻当蚀，而朝会不废也。别此可谓失其义指。刘劭所执者《礼记》也，夫子、老聃巷党之事，亦《礼记》所言，复违而反之，进退无据。苟令所善，汉朝所从，遂使此言至今见称，莫知其谬。后来君子，将拟以为式，故正之云尔。"于是冰从众议，遂以却会。

至永和中，殷浩辅政，又欲从刘劭议不却会。王彪之据咸宁、建元故事，又曰："《礼》云诸侯旅见天子，不得终礼而废者四，自谓卒暴有之，非为存其事而缴幸史官推术缪错，故不豫废朝礼也。"于是又从彪之，相承至今。

耕籍之礼尚矣，汉文帝修之。及昭帝幼即大位，耕于钩盾弄田。明帝永平十五年二月，东巡，耕于下邳。章帝元和三年正月，北巡，耕于怀县。魏三祖皆亲耕籍。晋武帝太始四年，有司奏始耕祠先农，可有司行事。诏曰："夫民之大事，在祀与农。是以古之圣王，躬耕帝籍，以供郊庙之粢盛，且以训化天下。近代以来，耕籍止于数步中，空有慕古之名，曾无供祀训农之实，而有百官车徒之费。今修千亩之制，当与群公卿士，躬稼穑之艰难，以帅天下。主者详具其制，并下河南处田地于东郊之南，洛水之北，平良中水者。若无官田，随宜便换，不得侵民人也。"自此之后，其事便废。史注载多有阙，止元、哀二帝将修耕籍，贺循等所上注，及裴宪为胡中所定仪，又未详允。

元嘉二十年，太祖将亲耕，以其久废，使何承天撰定仪注。史学生山谦之已私鸠集，因以奏闻。乃下诏曰："国以民为本，民以食为天。一夫辍耕，饥者必及。仓廪既实，礼节以兴。自顷在所贫耗，家无宿积，阴阳暂偏，则人怀愁垫，年或不稔，而病乏比室。诚由政德未孚，以臻斯弊，抑亦耕桑未广，地利多遗。宰守微化导之方，萌庶忘勤分之义。永言弘济，明发载怀。虽制令亟下，终莫惩劝，而坐望滋殖，庸可致乎？有司其班宣旧条，务尽敦课。游食之徒，咸令附业。考核勤惰，行其诛赏。观察能殿，严加黜陟。古者从时脉土，以训农功，躬耕帝籍，敬供粢盛。仰瞻前王，思遵令典，便可量处千亩，考上元辰。朕当亲率百辟，致礼郊甸。庶几诚素，奖被斯民。"于是斟酌众条，造定图注。先立春九日，尚书宣摄内外，各使随局从事。司空、大农、京尹、令、尉，度宫之辰地八里之外，整制千亩，开阡陌。立先农坛于中阡西陌南，御耕坛于中阡东陌北。将耕，宿设青幕于耕坛之上。皇后帅六宫之人生种稑之种，付籍田令。耕日，太祝以一大牢告祠先农，悉如祠帝社之仪。孟春之月，择上辛后吉亥日，御乘耕根三盖车，驾苍驷，青旂，著通天冠，青帻，朝服青衮，带佩苍玉。蕃王以下至六百石皆青。唯三台武卫不耕，不改服章。车驾出，众事如郊庙之仪。车驾至籍田，侍中跪奏："尊降车。"临坛，大司农跪奏："先农已享，请皇帝亲耕。"太史令赞曰："皇帝亲耕。"三推三反。于是群臣以次耕，王公五等开国诸侯五推五反，孤卿大夫七推七反，士九推九反。籍田命率其属耕,竟亩,洒种,即耰,礼毕。

魏氏虽天子耕藉,其蕃镇诸侯,并阙百亩之礼。晋武帝末,有司奏:"古诸侯耕藉百亩,躬秉耒耜,以奉社稷宗庙,以劝率农功。今诸王治国,宜修耕藉之义。"然未施行。宋太祖东耕后,乃班下州郡县,悉备其礼焉。

周礼,王后帅内外命妇,蚕于北郊。汉则东郊,非古也。魏则北郊,依周礼也。晋则西郊,宜是与籍田对其方也。魏文帝黄初七年正月,命中宫蚕于北郊。按韦诞《后蚕颂》,则于时汉注已亡,更考撰其仪也。及至晋氏,先蚕多采魏法。晋武帝太康六年,散骑常侍华峤奏:"先王之制,天子诸侯亲耕千亩,后夫人躬蚕桑。今陛下以圣明至仁,修先王之绪,皇后体资生之德,合配乾之义,而教道未先,蚕礼尚厥。以为宜依古式,备斯盛典。"诏曰:"古者天子亲籍以供粢盛,后夫人躬蚕以备祭服。所以聿遵孝敬,明教示训也。今籍田有制,而蚕礼不修,中间务多,未暇崇备。今天下无事,宜修礼以示四海。其详依古典及近代故事,以参今宜。明年施行。"于是使侍中□纂草定其仪。皇后采桑坛在蚕室西,帷宫中门之外,桑林在其东,先蚕坛在宫外门之外而东南。取民妻六人为蚕母。蚕将生,择吉日,皇后著十二笄,依汉魏故事,衣青衣,乘油盖云母安车,驾六马。女尚书著貂蝉,佩玺,陪乘,载筐钩。公主、三夫人、九嫔、世妇、诸太妃、公太夫人、公夫人,及县乡君、郡公侯特进夫人、外世妇、命妇,皆步摇、衣青,各载筐钩从。蚕桑前一日,蚕官生蚕著薄上。桑日,太祝令以一大牢祠先蚕。皇后至西郊,升坛,公主以下陪列坛东。皇后东面躬桑,采三条,诸妃、公主各采五条,县乡君以下各采九条。悉以桑授蚕母,还蚕室。事讫,皇后还便坐,公主以下以次就位,设飨赐绢各有差。宋孝武大明四年,又修此礼。

汉献帝建安二十二年,魏国作泮宫于邺城南。魏文帝黄初五年,立太学于洛阳。齐王正始中,刘馥上疏曰:"黄初以来,崇立大学,二十余年,而成者盖寡。由博士选轻,诸生避役,高门子弟,耻非其伦,故学者虽有其名,而无其实,虽设其教,而无其功。宜高选博士,取行为人表、经任人师者,掌教国子。依遵古法,使二千石以上子孙,年从十五,皆入太学。明制黜陟,陈荣辱之路。"不从。晋武帝太始八年,有司奏:"太学生七千余人,才任四品,听留。"诏:"已试经者留之,其余遣还郡国。大臣子弟堪受教者,令入学。"咸宁二年,起国子学,盖《周礼》国之贵游子弟所谓国子,受教于师氏者也。太康五年,修作明堂、辟雍、灵台。

孙休永安元年,诏曰:"古者建国,教学为先。所以导世治性,为时养器也。自建兴以来,时事多故,吏民颇以目前趋务,弃本就末,不循古道。夫所尚不淳,则伤化败俗。其按旧置学官,立五经博士,核取应选,加其宠禄。科见史之中及将吏子弟有志好者,各令就业。一岁课试,差其品第,加以位赏。使见之者乐其荣,闻之者羡其誉。以淳王化,以隆风俗。"于是立学。

元帝为晋王,建武初,骠骑将军王导上疏:

夫治化之本,在于正人伦。人伦之正,存乎设庠序。庠序设而五教明,则德化洽通,彝伦攸叙,有耻且格也。父子、兄弟、夫妇、长幼之序顺,而君臣之义固矣。《易》所谓"正家而天下定"者也。故圣王蒙以养正,少而教之,使化沾肌骨,习以成性,有若自然,日迁善远罪,而不自知。行成德立,然后裁之以位。虽王之嫡子,犹与国子齿,使知道而后贵。其取才用士,咸先本之于学。故《周礼》乡大夫"献贤能之书于王,王拜而受之"。所以尊道而贵士也。人知士之所贵,由乎道存,则退而修其身。修其身以及其家,正家以及于乡,学于乡以登于朝。反本复始,各求诸己。敦素之业著,浮伪之道息,教使然也。故以之事君则忠,用之莅下则仁,即孟轲所谓"未有仁而遗其亲,义而后其君者也。"

自顷皇纲失统,礼教陵替,颂声不兴,于今二纪。传曰:"三年不为礼,礼必坏;三年不为乐,乐必崩。"而况如此其久者乎!

先进渐忘揖让之容，后生唯闻金革之响，干戈日寻，俎豆不设，先王之道弥远，华伪之风遂滋，非所以习民靖俗，端本抑末之谓也。殿下以命世之资，属当倾危之运，礼乐征伐，翼成中兴，将涤秽荡瑕，拨乱反正。诚宜经纶稽古，建明学校，阐扬六艺，以训后生，使文武之道，坠而复兴。方今《小雅》尽废，戎虏扇炽，节义陵迟，国耻未雪。忠臣义士，所以扼腕拊心，礼乐政刑，当并陈以俱济者也。苟礼义胶固，纯风载洽，则化之所陶者广，而德之所被者大，义之所属者深，而威之所震者远矣。由斯而进，则可朝服济河，使帝典厥而复补，王纲弛而更张，饕餮改情，兽心革面，揖让而蛮夷服，缓带而天下从。得乎其道者，岂难也哉！故有虞舞干戚而三苗化，鲁僖作泮宫而淮夷平，桓、文之霸，皆先教而后战。今若聿遵前典，兴复教道，使朝之子弟，并入于学，立德出身者咸习之而后通。德路开而伪涂塞，则其化不肃而成，不严而治矣。选明博修礼之士以为之师，隆教贵道，化成俗定，莫尚于斯也。

散骑常侍戴邈又上表曰：

　　臣闻天道之所运，莫大于阴阳；帝王之至务，莫重于礼学。是以古之建国，教学为先。国有明堂、辟雍之制，乡有庠序、黉校之仪，皆所以抽导幽滞，启广才思。盖以六四有《困》《蒙》之吝，君子大养正之功也。昔仲尼列国之大夫耳，兴礼修学于洙、泗之间，四方髦俊，斐然向风，受业身通者七十余人。自兹以来，千载寂漠，岂天下小于鲁国，贤哲乏于曩时，厉与不厉故也。

　　自顷遭无妄之祸，社稷有缀旒之危，寇羯饮马于长江，凶狡虎步于万里，遂使神州萧条，鞠为茂草，四海之内，人迹不交。霸主有旰食之忧，黎民怀荼毒之痛，戎首交并于中原，何遽笾豆之事哉！然"三年不为礼，礼必坏；三年不为乐，乐必崩。"况旷载累纪，如此之久邪！今末进后生，目不睹揖让升降之礼，耳不闻钟鼓管弦之音，文章散灭胡马之足，图谶无复孑遗于世。此盖圣达之所深悼，有识之所咨嗟也。夫治世尚文，遭乱尚武，文武迭用，久长之道。譬之天地，昏明之术，自古以来，未有不由之者也。今以天下未壹，非兴礼学之时，此言似是而非。夫儒道深奥，不可仓卒而成，古之俊乂，必三年而通一经，比须寇贼清夷，天下平泰，然后修之，则功成事定，谁与制礼作乐者哉！又贵游之子，未必有斩将搴旗之才，亦未有从军征戍之役，不及盛年讲肄道义，使明珠加莹磨之功，荆、随发采琢之美，不亦良乎！

愚以世丧道久，民情玩于所习，纯风日去，华竞日彰，犹火之消膏而莫之觉也。今天地造始，万物权舆，圣朝以神武之德，值革命之运，荡近世之流弊，继千载之绝轨，笃道崇儒，创立大业。明主唱之于上，宰辅笃之于下，夫上之所好，下必有过之者焉。是故双剑之节崇，而飞白之俗成；挟琴之容饰，而赴曲之和作。君子之德风，小人之德草，实在所以感之而已。臣以暗浅，不能远识格言，谓宜以三时之隙，渐就经始。

太兴初，议欲修立学校，唯《周易》王氏、《尚书》郑氏、《古文》孔氏、《毛诗》《周官》《礼记》《论语》《孝经》郑氏、《春秋左传》杜氏、服氏，名置博士一人。其《仪礼》《公羊》《谷梁》及郑《易》，皆省不置博士。大常荀崧上疏曰：

臣闻孔子有云，"才难，不其然乎"。自丧乱以来，经学尤寡。儒有席上之珍，然后能弘明道训。今处学则阙朝廷之秀，仕朝则废儒学之美。昔咸宁、太康、元康、永嘉之中，侍中、常侍、黄门之深博道奥，通洽古今，行为世表者，领国子博士。一则应对殿堂，奉酬顾问；二则参训门子，以弘儒学；三则祠、仪二曹及太常之职，以得藉用质疑。今皇朝中兴，美隆往初。宜宪章令轨，祖述前典。

世祖武皇帝圣德钦明，应运登禅，受终于魏。崇儒兴学，治致升平。经始明堂，营建辟雍，告朔班政，乡饮大射，西阁东序，图书禁籍，台省有宗庙、太府、金墉故事，太学有石经、古文、先儒典训。贾、马、郑、杜、服、孔、王、何、颜、尹之徒，章句传注，众家之学，置博士十九人。九州之中，师徒相传，学士如林。犹是选张华、刘寔居太常之官，以重儒教。

传称"孔子没而微言绝，七十子终而大义乖。"自顷中夏殄瘁，讲诵遏密，斯文之道，将坠于地。陛下圣哲龙飞，阐弘祖烈，申命儒术，恢崇道教，乐正《雅》、《颂》，于是乎在。江、扬二州，先渐声教，学士遗文，于今为盛。然方之畴昔，犹千之一也。臣学不章句，才不弘道，阶缘光宠，遂忝非服，方之华、寔，儒风邈远，思竭驽骀，庶增万分，愿斯道隆于百代之上，搢绅咏于千载之下。

伏闻节省之制，皆三分置二，博士旧员十有九人，今五经合九人，准古计今，犹未中半。今九以外，犹宜增四。愿陛下万机余暇，时垂省览。《周易》一经，有郑玄注，其书根源，诚可深惜，宜为郑《易》博士一人。《仪礼》一经，所谓曲礼，郑玄于《礼》特明，皆有证据，宜置郑《仪礼》博士一人。《春秋公羊》，其书精隐，明于断狱，宜置博士一人。《谷梁》简约隐要，宜存于世，置博士一人。昔周之衰，下陵上替，臣弑其君，子弑其父，上无天子，下无方伯，善者谁赏，恶者谁罚，纲纪乱矣。孔子惧而作《春秋》，诸侯讳妒，惧犯时禁，是以微辞妙旨，义不显明，故曰"知我者其唯《春秋》，罪我者其唯《春秋》。"时左丘明、子夏造膝亲受，无不精究。孔子既没，微言将绝，于是丘明退撰所闻而为之《传》。其书善礼，多膏腴美辞，张本继末，以发明经意，信多奇伟，学者好之。儒者称公羊高亲受子夏，立于汉朝，辞义清俊，断决明审，多可采用，董仲舒之所善也。谷梁亦师徒相传，暂立于汉，时刘向父子，汉之名儒，犹执一家，莫肯相从。其书文清约，诸所发明，或是《左氏》、《公羊》所不载，亦足有所订正。是以三《传》并行于先代，通才未能废。今去圣久远，斯文将坠，与其过废，宁过而立也。臣以为三《传》虽同一《春秋》，而发端异趣。案如三家异同之说，义则战争之场，辞亦剑戟之锋，于理不可得共。博士宜各置一人，以传其学。

元帝诏曰："崧表如此，皆经国大务，而为治所由。息马投戈，犹可讲艺。今虽日有暇给，岂忘本而道存邪。可共博议之。"有司奏宜如崧表。诏曰："《谷梁》肤浅，不足立博士。余如所奏。"会王敦之难，事不施行。

成帝咸康三年，国子祭酒袁瓌、太常冯怀又上疏曰：

> 臣闻先王之教也，崇典训，明礼学，以示后生，道万物之性，畅为善之道也。宗周既兴，文史载焕，端委治于南蛮，颂声逸于四海。故延州入聘，闻《雅》音而嗟咨，韩起适鲁，观《易》象而叹息。何者？立人之道，于此为首也。孔子恂恂，道化洙、泗，孟轲皇皇，诲诱无倦。是以仁义之声，于今犹存，礼让之风，千载未泯。

> 畴昔陵替，丧乱屡臻，儒林之教暂颓，庠序之礼有阙，国学索然，坟卷莫启，有心之徒，抱志无由。昔魏武身亲介胄，务在武功，犹尚息鞍披览，投戈吟咏，以为世之所须者，治之本宜崇。况今陛下以圣明临朝，百官以虔恭莅事，庙野无虞，江外静谧。如之何泱泱之风，漠焉无闻，洋洋之美，坠于圣世乎？古人有言，《诗》《书》，义之府；礼乐，德之则。实宜留心经籍，阐明学义，使讽颂之音，盈于京室，味道之贤，□□是咏。岂不盛哉！

疏奏，帝有感焉。由是议立国学，征集生徒，而世尚庄、老，莫肯用心儒训。穆帝永和八年，殷浩西征，以军兴罢遣，由此遂废。

征西将军庾亮在武昌，开置学官，教曰：

> 人情重交而轻财，好逸而恶劳，学业致苦，而禄答未厚，由捷径者多，故莫肯用心。洙、泗邈远，《风》、《雅》弥替，后生放任，不复宪章典谟。临官宰政者，务目前之治，不能闲以典诰。遂令《诗》、《书》荒尘，颂声寂漠，仰瞻俯省，能乃叹慨。自胡夷交侵，殆三十年矣。而未革面向风者，岂威武之用尽，抑文教未洽，不足绥之邪？昔鲁秉周礼，齐不敢侮；范会崇典，晋国以治。楚、魏之君，皆阻带山河，凭城据汉，国富民殷，而不能保其强

大，吴起、屈完所以为叹也。由此言之，礼义之固，孰与金城汤
池？季路称摄乎大国之间，加之以师旅，因之以饥馑，为之三
年，犹欲行其义方。况今江表晏然，王道隆盛，而不能弘敷礼
乐，敦明庠序，其何以训彝伦而来远人乎？魏武帝于驰骛之时，
以马上为家，逮于建安之末，风尘未弭，然犹留心远览，大学兴
业，所谓颠沛必于是，真通才也。

今使三时既务，五教并修，军旅已整，俎豆无废，岂非兼善
者哉！便处分安学校处所，筹量起立讲舍。参佐大将子弟，悉
令入学，吾家子弟，亦令受业。四府博学识义、通涉文学经纶
者，建儒林祭酒，使班同三署，厚其供给，皆妙选邦彦，必有其
宜者，以充此举。近临川、临贺二郡，并求修复学校，可下听之。
若非束脩之流，礼教所不及，而欲阶缘免役者，不得为生。明为
条制，令法清而人贵。

又缮造礼器俎豆之属，将行大射之礼。亮寻薨，又废。

孝武帝太元元年，尚书谢石又陈之曰：

立人之道，曰仁与义。翼善辅性，唯礼与学。虽理出自然，
必须诱导。故洙、泗阐弘道之风，《诗》、《书》垂轨教之典。敦
《诗》悦《礼》，王化以斯而隆；甄陶九流，群生于是乎穆。世不常
治，道亦时亡。光武投戈而习诵，魏武息马以修学，惧坠斯文，
若此之至也。大晋受命，值世多阻，虽圣化日融，而王道未备，
庠序之业，或废或兴。遂令陶铸阙日用之功，民性靡素丝之益，
衅衅玄绪，翳焉莫抽，臣所以远寻伏念，痞瘵永叹者也。

今皇威遐震，戎车方静，将洒玄风于四区，导斯民于至德。
岂可不弘敷礼乐，使焕乎可观。请兴复国学，以训胄子，班下州
郡，普修乡校。雕琢琳琅，和宝必至，大启群蒙，茂兹成德。匪
懈于事，必由之以通，则人竞其业，道隆学备矣。

烈宗纳其言。其年，选公卿二千石子弟为生，增造庙屋一百五十五
间。而品课无章，士君子耻与其列。国子祭酒殷茂言之曰：

臣闻弘化正俗，存乎礼教，辅性成德，必资于学。先王所以

陶铸天下，津梁万物，闲邪纳善，潜被于日用者也。故能疏通玄理，穷综幽微，一贯古今，弥纶治化。且夫子称回，以好学为本，七十希仰，以善诱归宗。《雅》《颂》之音，流咏千载，圣贤之渊范，哲王所同风。

自大晋中兴，肇基江左，崇明学校，修建庠序，公卿子弟，并入国学。寻值多故，训业不终。陛下以圣德玄一，思隆前美，顺通居方，导达物性，兴复儒肆，金与后生。自学建弥年，而功无可名。惮业避役，就存者无几，或假托亲疾，真伪难知，声实浑乱，莫此之甚。臣闻旧制，国子生皆冠族华胄，比列皇储。而中者混杂兰艾，遂令人情耻之。子贡去朔之饩羊，仲尼犹爱其礼，况名实兼丧，面墙一世者乎！若以当今急病，未皇斯典，权宜停废者，别一理也。若其不然，宜依旧准。窃谓群臣内外，清官子侄，普应入学，制以程课。今者见生，或年在扞格，方圆殊趣，宜听其去就，各从所安。所上谬合，乞付外参议。

烈宗下诏褒纳，又不施行。朝廷及草莱之人有志于学者，莫不发愤叹息。

清河人李辽又上表曰：

臣闻教者，治化之本，人伦之始，所以诱达群方，进德兴仁，譬诸土石，陶冶成器。虽复百王殊礼，质文参差，至于斯道，其用不爽。自中华湮没，阙里荒毁，先王之泽寝，圣贤之风绝。自此迄今，将及百年。造化有灵，否终以泰，河、济夷徙，海、岱清通，黎庶蒙苏，凫藻奋化。而典训弗敷，《雅》《颂》寂蔑，久凋之俗，大弊未改。非演迪斯文，缉熙宏猷，将何以光赞时邕，克隆盛化哉！事有如赊而急，实此之谓也。亡父先臣回，绥集邦邑，归诚本朝。以太元十年，遣臣奉表。路经阙里，过觐孔庙，庭宇倾顿，轨式颓弛，万世宗匠，忽焉沦废。仰瞻俯慨，不觉涕流。既达京辇，表求兴复圣祀，修建讲学。至十四年十一月十七日，奉被明诏，采臣鄙议，敕下兖州鲁郡，准旧营饰。故尚书令谢石令臣所须列上，又出家布，薄助兴立。故镇北将军谯王

恬版臣行北鲁县令,赐许供道。二臣薨徂,成规不遂。陛下体
唐尧文思之美,访宣尼善诱之勤,矜荒余之凋昧,愍声教之未
浃。愚谓可重符兖州刺史,遂成旧庙,蠲复数户,以供扫洒。并
赐给六经,讲立庠序,延请宿学,广集后进,使油然入道,发剖
琢之功。运仁义以征伐,敷道德以服远,何招而不怀,何柔而不
从。所为者微,所弘甚大。臣自致身鞿毂,于今八稔,违亲转积,
夙夜匪宁。振武将军何澹之今震捍三齐,臣当随反。裴回天邑,
感恋罔极。乞臣表付外参议。

又不见省。

宋高祖受命,诏有司立学,未就而崩。太祖元嘉二十年,复立国
子学,二十七年废。

魏高贵乡公甘露二年,车驾亲率群司行养老之礼于太学。于是
王祥为三老,郑小同为五更。今无其注,然汉礼具存也。

晋武帝太始六年十二月,帝临辟雍,行乡饮酒之礼。诏曰:“礼
仪之废久矣,乃令复讲肄旧典。赐太常绢百匹,丞、博士及学生牛
酒。”咸宁三年,惠帝元康九年,复行其礼。

魏齐王正始中,齐王每讲经,使太常释奠先圣先师于辟雍,弗
躬亲。晋惠帝、明帝之为太子,及愍怀太子讲经竟,并亲释奠于太
学,太子进爵于先师,中庶子进爵于颜渊。元帝诏曰:“吾识太子此
事,祠讫便请王公以下者,昔在洛时,尝豫清坐也。”成、穆、孝武三
帝,亦皆亲释奠。孝武时,以太学在水南县远,有司议依升平元年,
于中堂权立行太学。于时无复国子生,有司奏:“应须二学生百二十
人。太学生取见人六十,国子生权铨大臣子孙六十人,事讫罢。”奏
可。释奠礼毕,会百官六品以上。元嘉二十二年,太子释奠,采晋故
事,官有其注。祭毕,太祖亲临学宴会,太子以下悉豫。

　　兵者,守国之备。孔子曰:"以不教民战,是谓弃之。"兵,凶事,不可空设,因搜狩而习之。而凡师出曰治兵,入曰振旅,皆战陈之,辨鼓铎镯铙之用,以教坐作、进退、疾徐、疏数之节,遂以搜田。献禽以祭社。仲夏教茇舍,如振旅之陈,遂以苗田,如搜之法。献禽以享礿。仲秋教治兵,如振旅之陈,以狝田,如搜之法。致禽以祀方。仲冬教大阅,遂以狩田。献禽以享蒸。搜者,搜索取其不孕者也。苗者,为苗除害而已。狝者,杀也,从秋气所杀多也。狩者,冬物毕成,获则取之,无所择也。

　　汉仪,立秋日,郊礼毕,始扬威武,斩牲于郊,以荐陵庙,名曰貙刘。其仪,乘舆御戎路,白马朱鬣,躬执弩射牲。太宰令以获车送陵庙。于是乘舆还宫,遣使以束帛赐武官,肄孙、吴兵法战陈之仪,率以为常。至献帝建安二十一年,魏国有司奏:"古四时讲武,皆于农隙。汉西京承秦制,三时不讲,唯十月都试。今兵革未偃,士民习素,可无四时讲武,但以立秋择吉日,大朝车骑,号曰治兵。上合礼名,下承汉制。"奏可。是冬,治兵。魏王亲金鼓以令进退。

　　延康元年,魏文帝为魏王。是年六月立秋,治兵于东郊,公卿相仪。王御华盖,亲令金鼓之节。

　　明帝太和元年十月,治兵于东郊。

　　晋武帝太始四年、九年、咸宁元年、太康四年、六年冬,皆自临宣武观,大习众军。然不自令进退也。自惠帝以后,其礼遂废。

　　元帝太兴四年,诏左右卫及诸营教习,依大习仪作雁羽仗。成帝咸和中,诏内外诸军戏兵于南郊之场,故其地因名斗场。自后蕃镇桓、庾诸方伯,往往阅习,然朝廷无事焉。

　　太祖在位,依故事肄习众军,兼用汉、魏之礼。其后以时讲武于宣武堂。元嘉二十五年闰二月,大搜于宣武场,主胄奉诏列奏申摄,克日校猎,百官备办。设行宫殿便坐武帐于幕府山南冈,设王公百官便坐幔省如常仪,设南北左右四行旌门。建获旗以表获车,殿中郎一人典获车,主者二人收禽,吏二十四人配获车,备获车十二两。校猎之官著裤褶,有带武冠者,脱冠者上缨。二品以上拥刀、备槊、麾幡，三品以下带刀，皆骑乘。将领部曲先猎一日，遣屯布围。领军将军一人督右甄，护军一人督左甄，大司马一人居中，董正诸军，悉受节度。殿中郎率获车部曲，在司马之后，尚书仆射、都官尚书、五兵尚书、左右丞、都官诸曹郎、都令史、都官诸曹令史干、兰台治书侍御史令史、诸曹令史干，督摄纠司，校猎非违。至日，会于宣武场，列为重围。设留守填街位于云龙门外内官道南，以西为上。设从官位于云龙门内大官阶北，小官阶南，以西为上。设先置官位于行止车门外内官道西，外官道东，以北为上。设先置官还位于广莫门外道之东西，以南为上。校猎日平旦，正直侍中严。上水一刻，奏："捶一鼓。"为一严。上水二刻，奏："捶二鼓。"为再严。殿中侍御史奏开东中华、云龙门，引仗为小驾卤簿。百官非校猎之官，著朱服，集列广莫门外。应还省者还省。留守填街后部从官就位，前部从官依卤簿，先置官先行。上水三刻，奏："捶三鼓。"为三严。上水四刻，奏："外办。"正次直侍中、散骑常侍、给事黄门侍郎、军校剑履进夹上阁。正直侍郎负玺，通事令史带龟印中书之印。上水五刻，皇帝出，著黑介帻，单衣，乘辇。正直侍中负玺陪乘，不带剑。殿中侍御史督摄黄麾以内。次直侍中、次直黄门侍郎护驾在前。又次直侍中佩信玺、行玺，与正直黄门侍郎从护驾在后。不鸣鼓角，不得喧哗，以次引出，警跸如常仪。车驾出，驺赞，陛者再拜。皇太子入守。车驾将至，威仪唱："引先置前部从官就位。"再拜。车驾至行殿前回辇，正直侍中跪奏："降辇。"次直侍中称制曰："可"。正直侍中俯伏起。皇帝降辇登御坐，侍臣升殿。直卫鞁戟虎贲，毛头文衣，鹖尾，以次列阶。正直侍中奏："解严。"先置从驾百官还便坐幔省。

帝若躬亲射禽，变御戎服，内外从官以及虎贲悉变服，如校猎仪。鞁戟抽鞘，以备武卫。黄麾内外从入围里，列置部曲，广张甄围，旗鼓相望，衔枚而进。甄周围会，督甄令史奔骑号法施令："春禽怀孕，搜而不射；鸟兽之肉不登于俎，不射；皮革、齿牙、骨角、毛羽不登于器，不射。"甄会。大司马鸣鼓蹙围，众军鼓噪警角，至武场止。大司马屯北旌门，二甄帅屯左右旌门，殿中中郎率获车部曲入次北旌门内之右。皇帝从南旌门入，射禽。谒者以获车收载，还陈于获旗北。王公以下以次射禽，各送诣获旗下，付收禽主者。事毕，大司马鸣鼓解围复屯，殿中郎率其属收禽，以实获车，充庖厨。列言统曹正厨，置尊酒俎肉于中逵，以犒飨校猎众军。至晡，正直侍中量宜奏严，从官还著朱服，鞁载复鞘。再严，先置官先还。三严后二刻，正直侍中奏："外办。"皇帝著黑介帻，单衣，正次直侍中、散骑常侍、给事黄门侍郎、军校进夹御坐。正直侍中跪奏："还宫。"次直侍郎称制曰："可。"正直侍中俯伏起。乘舆登辇还，卫从如常仪。大司马鸣鼓散屯，以次就舍。车驾将至，威仪唱："引留守填街先置前部从官就位。"再拜。车驾至殿前回辇，正直侍中跪奏："降辇。"次直侍中称制曰："可。"正直侍中俯伏起。乘舆降入，正直次直侍中、散骑常侍、给事黄门侍郎、散骑侍郎、军校从至閤，亦如常仪。正直侍中奏："解严。"内外百官拜表问讯如常仪，讫，罢。

宋书卷一五
志第五

礼　二

　　古者天子巡狩之礼，布在方策。至秦、汉巡幸，或以厌望气之祥，或以希神仙之应，烦扰之役，多非旧典。唯后汉诸帝，颇有古礼焉。魏文帝值叁分初创，方隅事多，皇舆驱动，略无宁岁。盖应时之务，又非旧章也。明帝凡三东巡，所过存问高年，恤人疾苦，或赐谷帛，有古巡幸之风焉。齐王正始元年，巡洛阳，赐高年、力田各有差。

　　晋武帝太始四年，诏刺史二千石长吏曰："古之王者，以岁时巡狩方岳，其次则二伯述职，不然则行人巡省，掸人诵志。故虽幽遐侧微，心无拥隔。人情上通，上指远喻。至于鳏寡，罔不得所。用垂风遗烈，休声犹存。朕在位累载，如临深泉，夙兴夕惕，明发不寐，坐而待旦。思四方水旱灾眚，为之怛然。勤躬约己，欲令事事当宜。常恐众吏用情，诚心未著，万机兼猥，虑有不周，政刑失谬，而弗获备览。百姓有过，在予一人。惟岁之不易，未遑卜征巡省之事。人之未义，其何以恤之。今使使持节、侍中，副给事黄门侍郎，衔命四出，周行天下，亲见刺史二千石长吏，申喻朕心恳诚至意，访求得失损益诸宜，观省政治，问人间患苦。周典有之曰：'其万人利害为一书，其礼俗政事教治刑禁之逆顺为一书，其悖逆暴乱作慝犯令为一书，其札丧凶荒厄贫为一书，其康乐和亲安平为一书。每国辨异之，以反命于王，以周知天下之故。'斯旧章前训，今率由之。还具条奏，俾朕昭然鉴于幽远，若亲行焉。大夫君子，其各悉乃心，各敬乃事，嘉谋令图,苦言至戒,与使者尽之,无所隐讳,方将虚心以俟。其勉哉勖之,称朕意焉。”

挚虞新礼议曰:“魏氏无巡狩故事,新礼则巡狩方岳,柴望告至,设壝宫,如礼诸侯之觐者。揆及执贽,皆如朝仪,而不建其旗。臣虞案觐礼,诸侯觐天子,各建其旗章,所以殊爵命,示等威。《诗》称‘君子至止,言观其旂’。宜定新礼建旗如旧礼。”然终晋世,巡狩废矣。

宋武帝永初元年,诏遣大使分行四方,举善旌贤,问其疾苦。元嘉四年二月己卯,太祖东巡。丁卯,至丹徒。己巳,告觐园陵。三月甲戌,幸丹徒离宫,升京城北顾。乙亥,飨父老旧勋于丹徒行宫,加赐衣裳各有差。蠲丹徒县其年租布之半。系囚见徒五岁刑以下,悉皆原遣。登城三战及先大将军并贵泥关头败没余口,老疾单孤,又诸战亡家不能自存者,并随宜隐恤。二十六年二月己亥,上东巡。辛丑,幸京城。辛亥,谒二陵。丁巳,会旧京故老万余人,往还飨劳,孤疾勤劳之家,咸蒙恤赉,发赦令,蠲徭役。

　　其时皇太子监国,有司奏仪注:
　　某曹关某事云云。被令,仪宜如是。请为笺如左。谨关。
　　　　右署众官如常仪。
　　尚书仆射、尚书左右丞某甲,死罪死罪。某事云云。参议以为宜如是事诺。奉行。某年月日,某曹上。
　　　　右笺仪准于启事年月右方,关门下位及尚书官署。其言选事者,依旧不经它官。
　　太常主者寺押。某署令某甲辞。言某事云云。求告报如所称。详检相应。今听如所上处事诺。明详旨申勤,依承不得有亏。符到奉行。
　　　　年月日。起尚书某曹。
　　　　右符仪。
　　某曹关太常甲乙启辞。押。某署令某甲上言,某事云云。请台告报如所称。主者详检相应。请听如所上事诺。别符申摄奉行。谨关。

年月日。

右关事仪准于黄案年月日右方,关门下位年月下左方,下附别尚书众官署。其尚书名下应云奏者,今言关。余皆如黄案式。

某曹关司徒长史壬申启辞。押。某州刺史丙丁解腾某郡县令长李乙书,言某事云云。请台告报如所称。尚书某甲参议,以为所论正如法令,报听如所上。请为令书如左。谨关。

右关门下位及尚书署,如上仪。

司徒长史壬申启辞。押。某州刺史丙丁解腾某郡县令长李乙书,言某事云云。州府缘案允值。请台告报。

年月日。尚书令某甲上。

建康宫无令,称仆射。

令日下司徒,令报听如某所上。某宣摄行如故事。文书如千里驿行。

年月朔日子。尚书令某甲下。无令称仆射。

司徒承书从事到上起某曹。

右外上事,内处报,下令书仪。

某曹关某事云云。令如是,请为令书如右。谨关。

右关署如前式。

令司徒,某事云云。令如是,其下所属,奉行如故事。文书如千里驿行。

年月日子,下起某曹。

右令书自内出下外仪。

令书前某官某甲。令以甲为某官,如故事。

右令书板文准于诏事板文。

年月日。侍御史某甲受。

尚书下云云。奏行如故事。

右以准尚书敕仪。起某曹。

右并白纸书。凡内外应关笺之事,一准此为仪。其经宫臣者,依臣礼。

拜刺史二千石诫敕文曰:制诏云云。某动静屡闻。

右若拜诏书除者如旧文。其拜令书除者,"令"代"制诏",余如常仪。辞关板文云"某官粪土臣某甲临官。稽首再拜辞。"制曰右除粪土及稽首云。某官某甲再拜辞。以"令曰"代"制曰"。某官宫臣者,称臣。

皇太子夜开诸门,墨令,银字榮传令信。

太史每岁上某年历。先立春、立夏、大暑、立秋、立冬,常读五时令。皇帝所服,各随五时之色。帝升御坐,尚书令以下就席位,尚书三公郎以令著录案上,奉以入,就席伏读讫,赐酒一卮。官有其注。博咸曰:"立秋一日,白路光于紫庭,白旆陈于玉阶。"然则其日旆、路皆白也。

晋成帝咸和五年六月丁末,有司奏读秋令。兼侍中散骑侍郎荀奕、兼黄门侍郎散骑侍郎曹宇驳曰:"尚书三公曹奏读秋令仪注。新荒以来,旧典未备。臣等参议,光禄大夫臣华恒议,武皇帝以秋夏盛暑,常阙不读令,在春冬不废也。夫先王所以从时读令者,盖后天而奉天时。正服,尊严之所重,今服章多阙如。比热隆赫,臣等谓可如恒议依故事阙而不读。"诏可。六年三月,有司奏:"今月十六日立夏。案五年六月三十日门下驳,依武皇夏阙读令。今正服渐备,四时读令,是祗述天和隆赫之道。谓今故宜读夏令。"奏可。

宋文帝元嘉六年六月辛酉朔,驸马都尉奉朝请徐道娱上表曰:"谨案晋博士曹弘之议,立秋御读令,上应著缃帻,遂改用素,相承至今。臣浅学管见,窃有惟疑。伏寻《礼记·月令》,王者四时之服正□驾仓龙,载赤旂,衣白衣,服黑玉。季夏则黄,文极于此,无白冠则某履某乌也。且帻又非古服,出自后代。上附于冠,下不属衣。冠固不革,而帻岂容异色。愚谓应恒与冠同色,不宜随节变彩。土令在近，谨以上闻。如或可采，乞付外详议。"太学博士荀万秋议："伏寻帻非古者冠冕之服，《礼》无其文。案蔡邕《独断》云："帻是古卑贱供事不冠人所服。"又董仲舒《止雨书》曰："其执事皆赤帻。"知并不冠之服也。汉元始用，众臣率从。故司马彪《舆服志》曰：'尚书帻名曰纳言。迎气五郊，各如其色，从章服也。'自兹相承，迄于有晋。大宋受命，礼制因循。斯既历代成准，谓宜仍旧。"有司奏："谨案道娱启事，以土令在近，谓帻不宜变。万秋虽云帻宜仍旧，而不明无读土令之文。今书旧事于左。《魏台杂访》曰：'前后但见读春、夏、秋、冬四时令，至于服黄之时，独阙不读。今不解其故。'魏明帝景初元年十二月二十一日，散骑常侍、领太史令高堂隆上言曰：'黄于五行，中央土也。王四季各十八日。土生于火，故于火用事之末服黄，三季则否。其令则随四时，不以五行为分也。是以服黄无令。'"其后太祖常谓土令，三公郎每读时令，皇帝临轩，百僚备位，多震悚失常仪。宋唯世祖世刘勰、太宗世谢纬为三公郎，善于其事，人主及公卿并属目称叹。勰见《宗室传》。纬，谢综弟也。

旧说后汉有郭虞者，有三女。以三月上辰产二女，上巳产一女。二日之中，而三女并亡。俗以为大忌。至此月此日，不敢止家，皆于东流水上为祈禳，自洁濯，谓之禊祠。分流行觞，遂成曲水。史臣案《周礼》，女巫掌岁时祓除衅浴，如今三月上巳如水上之类也。衅浴谓以香薰草药沐浴也。《韩诗》曰："郑国之俗，三月上巳，之溱、洧两水之上，招魂续魄。秉兰草，拂不祥。"此则其来甚久，非起郭虞之遗风、今世之度水也。《月令》，暮春，天子始乘舟。蔡邕章句曰："阳气和暖，鲔鱼时至，将取以荐寝庙，故因是乘舟禊于名川也。《论语》，暮春浴乎沂。自上及下，古有此礼。今三月上巳，祓于水滨，盖出此也。"邕之言然。张衡《南都赋》祓于阳滨又是也。或用秋，《汉书》八月祓于霸上。刘祯《鲁都赋》："素秋二七，天汉指隅，人胥祓除，国子水嬉。"又是用七月十四日也。自魏以后，但用三日，不以巳也。

魏明帝天渊池南，设流杯石沟，燕群臣。晋海西钟山后流杯曲水,延百僚,皆其事也。官人循之至今。

汉文帝始革三年丧制。临终诏曰:"天下吏民临三日,皆释服。无禁取妇、嫁女、祠祀、饮酒、食肉。其当给丧事者,无跣。经带无过三寸。当临者,皆旦夕各十五举音。服大红十五日,小红十四日,纤七日而释服。"文帝以己亥崩,乙巳葬,其间凡七日。自是之后,天下遵令,无复三年之礼。案《尸子》,禹治水,为丧法,曰毁必杖,哀必三年。是则水不救也。故使死于陵者葬于陵,死于泽者葬于泽。桐棺三寸,制丧三日。然则圣人之于急病,必为权制也。但汉文治致升平,四海宁晏,废礼开薄,非也。宣帝地节四年,诏曰:"今百姓或遭衰绖凶灾,而吏徭事不得葬,伤孝子心。自今诸有大父母、父母丧者,勿徭事,得收敛送终,尽其子道。"至成帝时,丞相翟方进事父母孝谨,母终,既葬,三十六日,除服视事。自以为身备汉相,不敢逾国家典章。然而原涉行父丧三年,显名天下。河间惠王行母丧三年,诏书褒称,以为宗室仪表。薛脩服母丧三年,而兄宣曰:"人少能行之。"遂兄弟不同,宣卒以此获讥于世。是则丧礼见贵常存矣。至汉平帝崩,王莽欲眩惑天下示忠孝,使六百石以上皆服丧三年。及莽母死,但服天子吊诸侯之服,一吊再会而已,而令子新都侯宇服丧三年。及元后崩,莽乃自服三年之礼。事皆奸妄,天下疾之。汉安帝初,长吏多避事弃官。乃令自非父母服,不得去职。是后吏又守职居官,不行三年丧服。其后又开长吏以下告宁,言事者或以为刺史二千石宜同此制,帝从之。建元元年,尚书孟布奏宜复如建武、永平故事,绝刺史二千石告宁及父母丧服,又从之。至桓帝永兴二年,复令刺史二千石行三年服。永寿二年,又使中常侍以下行三年服。至延熹元年,又皆绝之。

后汉世,诸帝不豫,并告泰山、弘农、庐江、常山、颍川、南阳、河东、东郡、广陵太守,祷祠五岳四渎,遣司徒分诣郊庙社稷。

魏武临终遗令曰:"天下尚未安定,未得遵古。百官临殿中者,十五举音。葬毕便除服。其将兵屯戍者,不得离部。"帝以正月庚子

崩,辛丑即殡,是月丁卯葬。葬毕反告,是为不逾月也。诸葛亮受刘
备遗诏,既崩,群臣发丧,满三日除服,到葬复如礼。其郡国太守、
相、尉、县令、长,三日便除服。此则魏、蜀丧制,又并异于汉也。孙
权令诸居任遭三年之丧,皆须交代乃去,然多犯者。嘉禾六年,使群
臣议立制,胡综以为宜定大辟之科。又使代未至,不得告,告者抵
罪。顾雍等同综议。从之。其后吴令孟仁闻丧辄去,陆逊陈其素,
得减死一等,自此遂绝。

　　晋宣帝崩,文、景并从权制。及文帝崩,国内行服三日。武帝亦
遵汉、魏之典,既葬除丧,然犹深衣素冠,降席撤膳。太宰司马孚、太
傅郑冲、太保王祥、太尉何曾、司徒领中领军司马望、司空荀顗、车
骑将军贾充、尚书令裴秀、尚书仆射武陔、都护大将军郭建、侍中郭
绥、中书监荀勖、中军将军羊祜等奏曰:"臣闻礼典轨度,丰杀随时,
虞、夏、商、周,咸不相袭,盖有由也。大晋绍承汉、魏,有革有因,期
于足以兴化致治而已。故未皆得返情素,同规上古也。陛下既已附
遵汉、魏降丧之典,以济时务,而躬蹈大孝,情过乎哀,素冠深衣,降
席撤膳。虽武丁行之于殷世,曾闵履之于布衣,未足以喻。方今荆
蛮未夷,庶政未乂,万机事殷,动劳神虑。岂遑全遂圣旨,以从至情。
加岁时变易,期运忽过,山陵弥远,攀慕永绝。臣等以为陛下宜回虑
割情,以康时济治。辄敕御府易服,内省改坐,太官复膳,诸所施行,
皆如旧制。"诏曰:"每感念幽冥,而不得终其经于草土,以存此痛,
况当食稻衣锦,诚恧然激切其心,非所以相解也。吾本诸生,家传礼
来久,何心一旦使易此情于所天。相从已多,可试省孔子答宰我之
言,无事纷纭也。言及悲剥,奈何奈何!"孚等重奏:"伏读明诏,感以
悲怀。辄思仲尼所以抑宰我上问,圣思所以不能已已,甚深甚笃。然
今水干戈未戢,武事未偃,万机至重,天下至众。陛下以万乘之尊,
履布衣之礼,服粗席藁,水饮疏食,慜忧内盈,毁悴外表,而躬勤万
机,坐而待旦,降心接下,仄不遑食,所以劳力者如斯之甚。是以臣
等悚息不宁,诚惧神气用损,以疚大事。辄敕有司改坐复常,率由旧
典。惟陛下察纳愚款,以慰皇太后之心。"又诏曰:"重览奏议,益以

悲剥,不能自胜,奈何奈何!三年之丧,自古达礼,诚圣人称心立衷,明恕而行也。神灵日远,无所告诉。虽薄于情,食旨服美,朕更所不堪也。不宜反复,重伤其心,言用继绝,奈何奈何!"帝遂以此礼终三年。后居太后之丧,亦如之。

泰始二年八月,诏书曰:"此上旬,先帝弃天下日也。便以周年。吾茕茕,当复何时壹得叙人子情邪?思慕烦毒,欲诣陵瞻侍,以尽哀愤。主者奏行备。"太宰司马孚、尚书令裴秀、尚书仆射武陔等奏:"陛下至孝蒸蒸,哀思罔极,衰麻虽除,毁顿过礼,疏食粗服,有损神和。今虽秋节,尚有余暑,谒见山陵,悲感摧伤,群下窃用悚息。平议以为宜惟远体,降抑圣情,以慰万国。"诏曰:"孤茕忽尔,日月已周,痛慕摧感,永无逮及。欲奉瞻山陵,以叙哀偾。体气自佳,其又已凉,便当行,不得如所奏也。主者便具行备。"又诏曰:"昔者哀适三十日,便为梓宫所弃,遂离衰经,感痛岂可胜言?顾汉文不使天下尽哀,亦先帝至谦之志,是以自割,不以副诸君子。有三年之爱,而身礼廓然,当见山陵,何心而无服,其以衰经行。"孚等重奏:"臣闻上古丧期无数,后世乃有年月之渐。汉文帝随时之义,制为短丧,传之于后。陛下以社稷宗庙之重,万万亿兆之故,既从权制,释降衰麻。群臣庶僚吉服。今者谒陵,以叙哀慕,若加衰经,近臣期服,当复受制。进退无当,不敢奉诏。"诏曰:"亦知不在此麻布耳。然人子情思,为欲令哀丧之物在身,盖近情也。群臣自当案旧制。期服之义,非先帝意也。"孚等又奏:"臣闻圣人制作,必从时宜。故五帝殊乐,三王异礼。此古今所以不同,质文所以迭用也。陛下随时之宜,既降心克己,俯就权制,既除衰麻,而行心丧之礼。今复制服,义无所依。若君服而臣不服,虽先帝厚恩,亦未之敢安也。参量平议,宜如前奏。臣等敢固以请。"诏曰:"患情不能企及耳,衣服何在。诸君勤勤之至,岂苟相违。"

泰始四年,皇太后崩。有司奏:"前代故事,倚庐中施白缣帐蓐,素床,以布巾裹由草。辒辌板舆与细犊车,皆施缣里。"诏不听,但令以布衣车而已。其余居丧之制,一如礼文。有司又奏:"大行皇太后当以四月二十五日安厝。故事，虞著衰服，既虞而除。其内外官僚，皆就朝晡临位。御除服讫，各还所次除衰服。"诏曰："夫三年之丧，天下之达礼也。受终身之爱，而无数年之报，奈何！葬而便即吉，情所不忍也。"有司又奏："世有险易，道有汚隆，所遇之时异，诚有由然，非忽礼也。方今戎马未散，王事至殷，更须听断，以熙庶绩。昔周康王始登翌室，犹戴冕临朝。降于汉、魏，既葬除释，谅闇之礼，自远代而废矣。唯陛下割高宗之制，从当时之宜。敢固以请。"诏曰："揽省奏事，益增感剥。夫三年之丧，所以尽情致礼。葬已便除，所不堪也。当叙吾哀怀，言用断绝，奈何奈何！"有司又固请，诏曰："不能笃孝，勿以毁伤为忧也。诚知衣服末事耳，然今思存草土，率常以吉夺之，乃所以重伤至心，非见念也。每代礼典，质文皆不同，此身何为限以近制，使达丧阙然乎？"君臣又固请，帝流涕久之乃许。

文帝崇阳陵先开一日，遣侍臣侍梓宫，又遣将军、校尉、当直尉中监各一人，将殿中将军以下及先帝时左右常给使，诣陵宿卫。文明皇后□及武元杨后崩，天下将吏发哀三日止。

泰始元年，诏诸将吏二千石以下遭三年丧，听归终宁，庶人复除徭役。

太康七年，大鸿胪郑默母丧，既葬，当依旧摄职，固陈不起。于是始制大臣得终丧三年。然元□中，陈准、傅咸之徒，犹以权夺，不得终礼。自兹至今，往往以为成比也。

晋文帝之崩也，羊祜谓□玄曰："三年之丧，自天子达。汉文除之，毁礼伤义。今上有曾闵之性，实行丧礼。丧礼实行，何为除服。若因此守先王之法，不亦善乎？"玄曰："汉文以来世浅薄，不能复行国君之丧，故因而除之。数百年一旦复古，恐难行也。"祜曰："且使主上遂服，犹为善乎？"玄曰："若上不除而臣下除，此为但为父子，无复君臣，三纲之道亏矣。"习凿齿曰："傅玄知无君臣之伤教，而不知兼无父子为重，岂不蔽哉！且汉废君臣之丧，不降父子之服，故四海黎庶，莫不尽情于其亲。三纲之道，二服恒用于私室，而王者独尽废之，岂所以孝治天下乎。《诗》云'猷之未远'，其傅玄之谓也。"

泰始十年，武元杨皇后崩。博士张靖议："太子宜依汉文权制，割情除服。"博士陈逵议："太子宜令服重。"尚书仆射卢钦、尚书魏舒、杜预奏："谅闇之制，乃因自古，是以高宗无服丧之文，唯称不言而已。汉文限三十六日，魏氏以既虞为断。皇太子与国为体，理宜释服。"博士假畅承述预旨，推引《礼》传，以成其说。既卒哭，太子及三夫人以下皆随御除服。

自汉文用权礼，无复□禁，历代遵用之。至晋孝武崩，太傅、录尚书会稽王道子议："山陵之后通婚嫁，不得作乐，以一期为限。"宋高祖崩，葬毕，吏民至于宫掖，悉通乐，唯殿内禁。

宋武帝永初元年，黄门侍郎准之议："郑玄丧制二十七月而终，学者多云得礼。晋初用王肃议，祥禫共月，遂以为制。江左以来，唯晋朝施用，搢绅之士，犹多遵玄议。宜使朝野一礼。"诏可。

晋惠帝永康元年，愍怀太子薨，帝依礼服长子三年，群臣服齐衰期。

晋孝武太元二十一年，孝武帝崩，李太后制三年之制。

宋武帝永初三年，武帝崩，萧太后制三年之服。

晋惠帝太安元年三月，皇太孙尚薨。有司奏："御服齐衰期。"诏通议。散骑常侍谢衡以为："诸侯之太子，誓与未誓，尊卑体殊。《丧服》亡为嫡子长殇，谓未誓也。三誓则不殇也。"中书令卞粹曰："太子始生，故已尊重，不待命誓。若行议已誓不殇，则元服之子，当斩衰三年，未誓而殇，则虽十九，当大功九月。誓与未誓，其为升降也微；斩与大功，其为轻量也远。而令注云，诸侯不降嫡殇，重嫌于无，以大功为重嫡之服。大功为重嫡之服，则虽誓，无复有三年之理明矣。男能奉卫社稷，女能奉妇道，各以可成之年，而有已成之事，故可无殇，非孩龀之谓也。谓殇后者，尊之如父，犹无所加，而止殇服。恐以天子之尊，为无服之殇，行成人之制邪。凡诸宜重之殇，皆士大夫不加服，而令至尊独居其重，未之前闻也。"博士蔡克同粹。秘书监挚虞议："太子初生，举以成人之礼，则殇理除矣。太孙亦体君重，由位成而服全，非以年也。天子无服殇之仪，绝期故也。"于是御史以上皆服齐衰。

晋康帝建元元年正月朔晦，成恭杜皇后周忌。有司奏："至尊期年应改服。"诏曰："君亲，名教之重也。权制出于近代耳。"于是素服如旧。非汉、魏之典。

晋孝武太元元年，崇宪太后褚氏崩。后于帝为从嫂，或疑其服。太学博士徐恭议："资父事君而敬同。又《礼》传，其夫属乎父道者，妻皆母道也。则夫属君道，妻亦后道矣。服后宜以资母之义。鲁讥逆祀，以明尊尊。今上躬奉康、穆、哀皇及靖后之祀，致敬同于所天。岂可敬之以君道，而服废于本亲。谓应服齐衰期。"于是帝制期服。

晋安帝隆安四年，太皇太后李氏崩。尚书祠部郎徐广议："太皇太后名位允正，体同皇极，理制备尽，情礼弥申。《阳秋》之义，母以子贵。既称夫人，礼服从正。故成风显夫人之号，昭公服三年之丧，予于父之所生，体尊义重。且礼祖不厌孙，宜遂服无屈。而缘情立制，若嫌明文不存，则疑斯从重。谓应同于为祖母后齐衰期。永安皇后无服，但一举哀。百官亦一期。"诏可。

宋文帝元嘉十七年七月壬子，元皇后崩。兼司徒给事中刘温持节监丧。神虎门设凶门柏历至西上阁，皇太子于东宫崇正殿及永福省并设庐。诸皇子未有府第者，于西廨设庐。

元嘉十七年，元皇后崩。皇太子心丧三年。礼，心丧者，有禫无禫，礼无成文，世或两行。皇太子心丧毕，诏使博议。有司奏："丧礼有禫，以祥变有渐，不宜便除即吉，故其闻服以缌缟也。心丧已经十三月，大祥十五月，禫变除，礼毕余一期，不应复有禫。宣下以为永制。"诏可。

孝武孝建三年三月，有司奏："故散骑常侍、右光禄大夫、开府仪同三司、义阳王师王偃丧逝，至尊为服缌三月，成服，仍即公除。至三月竟，未详当除服与不？又皇后依朝制服心丧，行丧三十日公除。至祖葬日,临丧当著何服?又旧事,皇后心丧,服终除之日,更还著未公除时服,然后就除。未详今皇后除心制日,当依旧更服?为但释心制中所著布素而已?勒礼官处正。"太学博士王应之议:"尊卑殊制,轻重有级,五服虽同,降厌则异。礼,天子止降旁亲,外易缌麻,本在服例,但衰绖不可以临朝飨,故有公除之议。虽释衰袭冕,尚有缌月之制。愚谓至尊服三月既竟,犹宜除释。"又议:"吉凶异容,情礼相称。皇后一月之限虽过,二功之服已释,哀丧所极,莫深于尸柩,亲见之重,不可以无服。案周礼,为兄弟既除丧以,及其葬也,反服其服。轻丧虽除,犹畜衰以临葬。举轻明重,则其理可知也。愚谓王右光禄祖葬之日,皇后宜反齐衰。"又议:"丧礼即远,变除渐轻,情与日杀,服随时改。权礼既行,服制已变,岂容终除之日,而更重服乎?案晋太始三年,武帝以期除之月,欲反重服拜陵,频诏勤勤,思申棘心。于时朝议謷执,亦遂不果。愚谓皇后终除之日,不宜还著重服,直当释除布素而已。"太常丞朱膺之议:"凡云公除,非全除之称。今朝臣私服,亦有公除,犹自穷其本制。膺之,晋武拜陵不遂反服,此时是权制,既除衰麻,不可以重制耳,与公除不同。愚谓皇后除心制日,宜如旧反服未公除时服,以申创巨之情。"余同膺之议。国子助教苏玮生议:"案三日成服即除,及皇后行丧三十日,礼无其文。若并谓之公除,则可粗相依准。凡诸公除之设,盖以王制夺礼。葬及祥除,皆宜反服。未有服之于前,不除于后。虽有齐、斩重制,犹为功、缌除丧。夫公除暂夺,岂可遂以即吉邪?愚谓至尊三月服竟,故应依礼除释。皇后临祖,及一周祥除,并宜反服齐衰。"尚书令、中军将军建平王宏议谓:"至尊缌制终,举哀而已,不须释服。"余同朱膺之议。前祠部郎中周景远议:"权事变礼,五服俱革,缌麻轻制,不容独异。"谓:"至尊既已公除,至三月竟,不复有除释之义。"其余同朱膺之议。重加研详,以宏议为允。诏可。

大明二年正月,有司奏:"故右光禄大夫王偃丧,依格皇后服期,心丧三年,应再周来二月晦。检元嘉十九年旧事,武康公主出适,二十五月心制终尽,从礼即吉。昔国哀再周,孝建二年二月,其月末，诸公主心制终，则应从吉。于时犹心禫素衣，二十七月乃除，二事不同。"领曹郎朱膺之议："详寻礼文，心丧不应有禫，皇代考验，已为定制。元嘉季年，祸乱深酷，圣心天至，丧纪过哀。是以出适公主，还同在室，即情变礼，非革旧章。今皇后二月晦，宜依元嘉十九年制，释素即吉。以

文帝元嘉十五年，皇太子妃祖父右光禄大夫殷和丧，变除之礼，仪同皇后。

晋孝武太元十五年，淑媛陈氏卒，皇太子所生也。有司参详，母以子贵，赠淑媛为夫人，置家令，典丧事。太子前卫率徐邈议："《丧服》传称，与尊者为体，则不服其私亲。又君父所不服，子亦不敢服。故王公妾子服其所生母，练冠麻衣，既葬而除。非五服之常，则谓之无服。"从之。

宋孝武大明五年闰月，皇太子妃薨。樟木为椟，号曰樟宫，载以龙辒。造陵于龙山，置大匠卿断草，司空告后土，谓葬曰山茔。祔文元皇后庙之阴室，在正堂后壁之外，北向。御服大功九月，设位太极东宫堂殿。中监、黄门侍郎、仆射并从服。从服者，御服衰乃从服，他日则否。宫臣服齐衰三月，其居宫者处宁假。

大明五年闰月，有司奏："依礼，皇太后服太子妃小功五月，皇后大功九月。"右丞徐爰参议："宫人从服者，若二御哭临应著衰时，从服者悉著衰，非其日如常仪。太子既有妃期服，诏见之日，还著公服。若至尊非哭临日幸东宫，太子见亦如之。宫臣见至尊，皆著朱衣。"

大明五年闰月，有司奏："皇太子妃薨，至尊、皇后并服大功九月，皇太后小功五月。未详二御何当得作鼓吹及乐？"博士司马兴之议："案《礼》，'齐衰大功之丧，三月不从政。'今临轩拜授，则人君之大典，今古既异，赊促不同。愚谓皇太子妃祔庙之后，便可临轩作乐及鼓吹。"右丞徐爰议："皇太子妃虽未山茔，临轩拜官，旧不为碍。樟棺在殡，应县而不作。祔后三御乐，宜使学官拟礼上。"兴又议：

"案礼，大功至则辟琴瑟，诚无自奏之理。但王者体大，理绝凡庶。故汉文既葬，悉皆复吉，唯县而不乐，以此表哀。今准其轻重，倅其降杀，则下流大功，不容撤乐终服。夫金石宾飨之礼，箫管警涂之卫，实人君之盛典，当阳之威饰，固亦不可久废于朝。又礼无天王服嫡妇之文，直后学推贵嫡之义耳。既已制服成月，虚悬终窆，亦足以甄崇家正，摽明礼归矣。"爰参议："皇太子期服内，不合作乐及鼓吹。"

明帝泰始中，陈贵妃父金宝卒。贵妃制服三十日满，公除。晋穆帝时，东海国言："哀王薨逾年，嗣王乃来继，不复追服，群臣皆已反吉，国妃亦宜同除。"诏曰："朝廷所以从权制者，以王事夺之，非为变礼也。妇人传重义大，若从权制，义将安托？"于是国妃终三年之制。孙盛曰："废三年之礼，开偷薄之源，汉、魏失之大者也。今若以丈夫宜夺以王事，妇人可终本服，是为吉凶之仪，杂陈于宫寝，采素之制，乖异于内外，无乃情礼俱违，哀乐失所乎？蕃国寡务，宜如圣典，可无疑矣。"

宋文帝元嘉四年八月，太傅长沙景王神主随子南兖州刺史义兴镇广陵，备所加殊礼下船。及至镇，入行庙。大司马临川烈武王神主随子荆州刺史义庆江陵，亦如之。

元嘉二十三年七月，白衣领御史中丞何承天奏：

尚书刺："海盐公主所生母蒋美人丧。海盐公主先离婚，今应成服，撰仪注参详，宜下二学礼官博士，议公主所服轻重。太学博士顾雅议：'今既咸用士礼，便宜同齐衰削杖，布带疏履，期，礼毕，心丧三年。'博士周野王议又云：'今诸王公主咸用士礼，谯王、衡阳王为所生太妃皆居重服，则公主情礼，亦宜家中期服为允。'其博士庾邃之、颜测、殷明、王渊之四人同雅议，何恢、王罗云二人同野王议。"如所上台案。今之诸王，虽行士礼，是施于傍亲及自己以下。至于为帝王所厌，犹一依古典。又永初三年九月，符修仪亡，广德三主以余尊所厌，犹服大功。海盐公主体自宸极，当上厌至尊，岂得遂服。台据经传正文，并引事例,依源贵失。而博士顾雅、周野王等捍不肯帖,方称"自有宋以来,皇子蕃王,皆无厌降,同之士礼,著于故事。缌功之服,不废于末戚,顾独贬于所生,是申其所轻,夺其所重。夺其所重,岂缘情之谓。"台伏寻圣朝受终于晋,凡所施行,莫不上稽礼文,兼用晋事。又太元中,晋恭帝时为皇子,服其所生陈氏,练冠缐缘,此则前代施行故事,谨依礼文者也。又广德三公主为所生母符修仪服大功,此先君余尊之所废者也。元嘉十三年,第七皇子不服曹婕好,止于麻衣,此厌乎至尊者也。博士既不据古,又不依今,背违施行见事,而多作浮辞自卫。乃云五帝之时,三王之季。又言长子去斩衰,除禫杖,皆是古礼,不少今世。博士虽复引此诸条,无救于失。又诘台云:"蕃国得遂其私情,此义出何经记?"臣案南谯、衡阳太妃,并受朝命,为国小君,是以二王得遂其服,岂可为美人比例。寻蕃王得遂者,圣朝之所许也。皇子、公主不得申者,由有厌而然也。台登重更责失制不得过十日,而复不酬答。既被催摄二三日,甫输帖辞。虽理屈事穷,犹闻义耻服。臣闻丧纪有制,礼之大经;降杀攸宜,家国旧典。古之诸侯众子,犹以尊厌,况在王室,而欲同之士庶。此之僻谬,不俟言而显。太常统寺,曾不研却,所谓同乎失者,亦未得之。宜加裁正,弘明国典。

谨案太学博士顾雅、国子助教周野王、博士王罗云、颜测、殷明、何悆、王渊之、前博士迁员外散骑侍郎庾邃之等,咸蒙抽饰,备位前疑,既不谨守旧文,又不审据前准,遂上背经典,下违故事,率意妄作,自造礼章。太常臣敬叔位居宗伯,问礼所司,腾述往反,了无研却,混同兹失,亦宜及咎。请以见事并免今所居官,解野王领国子助教。雅、野王初立议乖舛,中执捍愆失,未违十日之限,虽起一事,合成三愆,罗云掌押捍失,三人加禁固五年。

诏叔敬白衣领职,余如奏。

元嘉二十九年,南平王铄所生母吴淑仪薨。依礼无服,麻衣练冠,既葬而除。有司奏:"古者与尊者为体,不得服其私亲。而比世诸侯咸用士礼,五服之内,悉皆成服,于其所生,反不得遂。"于是,皇子皆申母服。

孝武帝孝建元年六月己巳,有司奏:"故第十六皇弟休倩薨夭,年始及殇,追赠谥东平冲王。服制未有成准,辄下礼官详议。"太学博士陆澄议:"案礼有成人道,则不为殇。今既追阼土宇,远崇封秩,圭黻备典,成孰大焉。典文式昭,殇名去矣。夫典文垂式,元服表身,犹以免孺子之制,全丈夫之义。安有名颁爵首,而可服以殇礼?"有司寻澄议无明证,却使秉正更上。澄重议:"窃谓赠之为义,所追加名器。故赠公者便成公,赠卿者便成卿。赠之以王,得不为王乎?然则有在生而封,或既没而爵,俱受帝命,不为吉凶殊典,同备文物,岂以存亡异数。今玺策咸秩,是成人之礼;群后临哀,非下殇之制。若丧用成人,亲以殇服,末学含疑,未之或辨。敢求详衷如所称。"左丞臣芉希参议:"寻澄议,既无画然前例,不合准据。案《礼》,子不殇父,臣不殇君。君父至尊,臣子恩重,不得以幼年而降。又曰'尊同则服其亲服'。推此文者,旁亲自宜服殇,所不殇者唯施臣子而已。"诏可。

孝建元年六月,湘东国刺称:"国太妃以去三十年闰六月二十八日薨。未详周忌当在六月?为取七月?"勒礼官议正。博士丘迈之议:"案吴商议,闰月亡者,应以本正之月为忌。谓正闰论虽各有所执,商议为允。宜以今六月为忌。"左仆射建平王宏谓:"迈之议不可准据。案晋世及皇代以来,闰月亡者,以闰之后月祥。宜以来七月为祥忌。"及大明元年二月,有司又奏:"太常鄱阳哀王去年闰三月十八日薨。今为何月末祥除?"下礼官议正。博士傅休议:"寻三《礼》,丧遇闰,月数者数闰,岁数者没闰,闰在期内故也。鄱阳哀王去年闰三月薨,月次节物,则定是四月之分,应以今年四月末为祥,晋元、明二帝,并以闰二月崩,以闰后月祥,先代成准,则是今比。"太常丞庾蔚之议:"礼,正月存亲,故有忌日之感。四时既已变;人情亦已衰,故有二祥之杀。是则祥忌皆以同月为议,而闰亡者,明年必无其月，不可以无其月而不祥忌，故必宜用闰所附之月。闰月附正，《公羊》明议，故班固以闰九月为后九月，月名既不殊，天时亦不异。若用闰之后月，则春夏永革，节候亦舛。设有人以闰腊月亡者，若用闰后月为祥忌，则祥忌应在后年正月。祥涉三载，既失周期之议，冬亡而春忌，又乖致感之本。譬人年末三十日亡，明年末月小，若以去年二十九日亲尚存，则应用后年正朝为忌，此必不然。则闰亡可知也。"通关并同蔚之议，三月末祥。

大明五年七月，有司奏："故永阳县开国侯刘叔子夭丧，年始四岁，傍亲服制有疑。"太学博士虞和、领军长史周景远、司马朱膺之、前太常丞庾蔚之等议，并云"宜同成人之服。东平冲王服殇，宴由追赠，异于已受茅土"。博士司马兴之议："应同东平殇服。"左丞荀万秋等参议："南面君国，继体承家，虽则佩觽，未关成人，得君父名也，不容服殇，故云'臣不殇君，子不殇父'。推此，则知傍亲故依殇制。东平冲王已经前议。若升仕朝列，则为大成，故郗阳哀王追赠太常，亲戚不降。愚谓下殇以上，身居封爵，宜同成人。年在无服之殇，以登官为断。今永阳国臣，自应全服，至于旁亲，宜从殇礼。"诏"景远议为允"。

后废帝元徽二年七月，有司奏："第七皇弟训养母郑修容丧，未详服制。"下礼官正议。太学博士周山文议："案庶母慈己者，小功五月。郑玄云：'其使养之命不为母子，亦服庶母慈己之服'。愚谓第七皇弟宜从小功之制。"参议并同。

汉、魏废帝丧亲三年之制，而魏世或为旧君服三年者。至晋泰始四年，尚书何祯奏："故辟举纲纪吏，不计违适，皆反服旧君齐衰三月。"于是诏书下其奏，所适无贵贱，悉同依古典。

魏武以正月崩，魏文以其年七月设伎乐百戏。是魏不以丧废乐也。晋武帝以来，国有大丧未除，正会亦废乐。太安元年，太子丧未除，正会亦废乐。穆帝永和中，为中原山陵未修复，频年会，辄废乐。

是时太后临朝,后父褚蓁薨,元会又废乐。

宋世孝武太元六年,为皇后王氏丧,亦废乐。宋大丧则废乐。

汉献帝建安末,魏武帝作终令曰:"古之葬者,必在瘠薄之地,其规西原上为寿陵。因高为基,不封不树。《周礼》,冢人掌公墓之地,凡诸侯居左右以前,卿大夫居后。汉制亦谓之陪陵。其公卿大臣列将有功者,宜陪寿陵。其广为兆域,使足相容。"魏武以送终制衣服四箧,题识其上,春秋冬夏日有不讳,随时以敛。金珥珠玉铜铁之物,一不得送。文帝遵奉,无所增加。及受禅,刻金玺,追加尊号。不敢开埏,乃为石室,藏玺埏首,示陵中无金银诸物也。汉礼明器甚多,自是皆省矣。

文帝黄初三年,又自作终制:"礼,国君即位,为椑,存不忘亡也。寿陵因山为礼,无封无树,无立寝殿,造园邑,通神道。夫葬者,藏也,欲人之不能见也。礼不墓祭,欲存亡之不黩也。皇后及贵人以下,不随王之国者,有终没,皆葬涧西,前又已表其处矣。"此诏藏之宗庙,副在尚书、秘书、三府,明帝亦遵奉之。明帝性虽崇奢,然未遽营陵墓也。

晋宣帝豫自于首阳山为土藏,不坟不树,作顾命终制,敛以时服,不设明器。文、景皆谨奉成命,无所加焉。

景帝崩,丧事制度又依宣帝故事。

武帝泰始四年,文明王皇后崩,将合葬,开崇阳陵。使太尉司马望奉祭,进皇帝蜜玺绶于便房神坐。魏氏金玺,此又俭矣。

泰始二年,诏曰:"昔舜葬苍梧,农不易亩,禹葬会稽,市不改肆。上惟祖考清简之旨,外欲移陵十里内居人,一切停之。"

江左元、明崇俭,且百度草创,山陵奉终,省约备矣。

成帝咸康七年,杜后崩。诏外官五日一入临,内官旦一入而已。过葬虞祭礼毕止。有司奏:"大行皇后陵所作凶门柏历,门号显阳端门。"诏曰:"门如何处,凶门柏历,大为烦费,停之。"案蔡谟说,以二瓦器盛死者之祭,系于木表,以苇席置于庭中近南,名为重。今之凶门,是其象也。礼,既虞而作主。今未葬,未有主,故以重当之。《礼》称为主道,此其义也。范坚又曰:"凶门非古。古有悬重,形似凶门。后人出之门外以表丧,俗遂行之。薄帐,即古吊幕之类也。"是时又诏曰:"重壤之下,岂宜崇饰无用。陵中唯洁扫而已。"有司又奏依旧选公卿以下六品子弟六十人为挽郎,诏又停之。

　　孝武帝太元四年九月,皇后王氏崩。诏曰:"终事唯从俭速。"又诏:"远近不得遣山陵使。"有司奏选挽郎二十四人,诏停。

　　宋文帝元嘉十七年,元皇后崩,诏亦停选挽郎。

　　汉仪,五供毕则上陵,岁岁以为常。魏则无定礼。齐王在位九载,始一谒高平陵,而曹爽诛。其后遂废,终魏世。

　　晋宣帝遗诏:"子弟群官,皆不得谒陵。"于是景、文遵旨。至武帝犹再谒崇阳陵,一谒峻平陵,然遂不敢谒高原陵。至惠帝复止也。逮江左初,元帝崩后,诸公始有谒陵辞陵之事,盖由眷同友执,率情而举,非洛京之旧也。成帝时,中宫亦年年拜陵。议者以为非礼,于是遂止,以为永制。至穆帝时,褚太后临朝,又拜陵,帝幼故也。至孝武崩,骠骑将军司马道子命曰:"今虽权制释服.至于朔望诸节,自应展情陵所,以一周为断。"于是至陵变服单衣帢,烦渎无准,非礼意也。至安帝元兴元年,尚书左仆射桓谦奏曰:"百僚拜陵,起于中兴,非晋旧典。积习生常,遂为近法。寻武皇帝诏,乃不使人主诸王拜陵,岂唯百僚。谓宜遵奉。"于是施行。及义熙初,又复江左之旧。

　　宋明帝又断群臣初拜谒陵,而辞如故。自元嘉以来,每岁正月,舆驾必谒初宁陵,复汉仪也。世祖、太宗亦每岁拜初宁、长宁陵。

　　汉以后,天下送死奢靡,多作石室、石兽、碑铭等物。建安十年,魏武帝以天下雕弊,下令不得厚葬,又禁立碑。魏高贵乡公甘露二年,大将军参军太原王伦卒,伦兄俊作《表德论》,以述伦遗美,云"祗畏王典,不得为铭,乃撰录行事,就刊于墓之阴云尔"。此则碑禁尚严也。此后复弛替。

晋武帝咸宁四年，又诏曰："此石兽碑表，既私褒美，兴长虚伪，伤财害人，莫大于此。一禁断之。其犯者，虽会赦令，皆当毁坏。"至元帝大兴元年，有司奏："故骠骑府主簿故恩营葬旧君顾荣，求立碑。"诏特听立。自是后，禁又渐颓。大臣长吏，人皆私立。义熙中，尚书祠部郎中裴松之又议禁断，于是至今。

顺帝升明三年四月壬辰，御临轩，遣使奉玺绶禅位于齐王，悬而不乐。

宋明帝泰始二年九月，有司奏："皇太子所生陈贵妃礼秩既同储宫，未详宫臣及朝臣并有敬不？妃主在内相见，又应何仪？"博士王庆绪议："百僚内外礼敬贵妃，应与皇太子同。其东朝臣隶，理归臣节。"太常丞虞愿等同庆绪。尚书令建安王休仁议称："礼云，妾既不得体君，班秩视子为序。母以子贵，经著明文。内外致敬贵妃，诚如庆绪议。天子姬嫔，不容通音介于外，虽义可致虔，不应有笺表。"参详休仁议为允。诏可。

泰豫元年，后废帝即位，崇所生陈贵妃为皇太妃。有司奏："皇太妃位亚尊极，未详国亲举哀格当一同皇太后？为有降异？又于本亲期以下，当犹服与不？"前曹郎王燮之议："案《丧服传》，'妾服君之党，得与女君同。'如此，皇太妃服宗与太后无异。但太后既以尊降无服，太妃仪不应殊，故悉不服也。计本情举哀，其礼不异。又《礼》，'诸侯绝期。'皇太后虽云不居尊极，不容轻于诸侯。谓本亲期以下，一无所服。有惨自宜举哀。亲疏二仪，准之太后。"兼太常丞司马燮之议："《礼》，'妾服君之庶子及女君之党'。皆谓大夫士耳。妾名虽总，而班有贵贱。三夫人九嫔，位视公卿。大夫犹有贵妾，而况天子。诸侯之妾为他妾之子无服，既不服他妾之子，岂容服君及女君余亲。况皇太后、妃贵亚极，礼绝群后，崇辉盛典，有逾东储，尚不服期，太妃岂应有异。若本亲有惨，举哀之仪，宜仰则太后。"参议以燮之议为允。太妃于国亲无服，故宜缘情为诸王、公主于至尊是期服者反，其太妃、王妃、三夫人、九嫔各举哀。

宋孝武帝孝建三年八月戊子，有司奏："云杜国解称国子檀和之所生亲王，求除太夫人。检无国子除太夫人先例，法又无科。"下礼官议正。太学博士孙豁之议："《春秋》，'母以子贵。'王虽为妾，是和之所生。案五等之例，郑伯许男同号夫人，国子体例，王合如国所生。"太常丞庾蔚之议："母以子贵，虽《春秋》明义，古今异制，因革不同。自顷代以来，所生蒙荣，唯有诸王。既是王者之嫔御，故宜见尊于蕃国。若功高勋重，列为公侯，亦有拜太夫人之礼。凡此皆朝恩曲降，非国之所求。子男妾母，未有前比。"祠部郎中朱膺之议以为："子不得爵父母，而《春秋》有'母以子贵'。当谓传国君母，本先公嫔媵，所因藉有由故也。始封之身，所不得同。若殊绩重勋，恩所特锡，时或有之，不由司存。"所议参议，以蔚之为允。诏可。

大明二年六月，有司奏："凡侯、伯、子、男世子丧，无嗣，求进次息为太子，检无其例。"下礼官议正。博士孙武议："案晋济北侯荀勖长子连卒，以次子辑拜世子。先代成准，宜为今例。"博士傅郁议："《礼记》，微子立衍，商礼斯行。仲子舍孙，姬典攸贬。历代遵循，靡替于旧。今胙土之君在，而世子卒，厥嗣未育，非孙之谓。愚以为次子有子，自宜绍为世孙。若其未也，无容远搜轻属，承纲继体，传之有由。父在立子，允称情典。"曹郎诸葛雅之议："案《春秋传》云：'世子死，有母弟则弟，无则立长，年均择贤，义均则卜。'古之制也。今长子早卒，无嗣，进立次息以为世子，取诸《左氏》，理义无违。又孙武所据晋济北侯荀勖长子卒，立次子，亦近代成例。依文采比，窃所允安。谓宜开许，以为永制。"参议为允。诏可。

大明十二年十一月，有司奏："兴平国解称国子袁愍孙母王氏，应除太夫人。检无国子除太夫人例。"下礼官议正。太学博士司马兴之议："案礼，下国卿大夫之妻，皆命天子。以斯而推，则子、男之母，不容独异。"博士程彦议以为："五等虽差，而承家事等。公、侯之母，崇号得崇，子、男于亲，尊秩宜显。故《春秋》之义，母以子贵，固知从子尊与国均也。彦参议，以兴之议为允。除王氏为兴平县开国子太夫人。"诏可。

大明四年九月，有司奏："陈留国王曹虔季长兄虔嗣早卒，季袭封之后，生子铣，以继虔嗣。今依例应拜世子，未详应以铣为世子？为应立次子锴？"太学博士王温之、江长议，并为应以铣为正嗣。太常陆澄议立锴。右丞徐爰议谓："礼后大宗，以其不可乏祀。诸侯世及，《春秋》成义。虔嗣承家传爵，身为国王，虽薨没无子，犹列昭穆。立后之日，便应即纂国统。于时既无承继，虔嗣以次袭绍。虔嗣既列庙飨，故自与出数而迁。岂容蒸尝无阙，横取他子为嗣。为人胤嗣，又应恭祀先父。案礼文，公子不得祢诸侯。虔嗣无缘降庙既寝。铣本长息，宜还为虔季世子。"诏如爰议。

宋文帝元嘉十三年七月，有司奏："御史中丞刘式之议，'每至出行，未知制与何官分道，应有旧科。法唯称中丞专道，传诏荷信，诏唤众官，应诏者行，得制令无分别他官之文，既无尽然定则，准承有疑。谓皇太子正议东储，不宜与众同例，中丞应与分道。扬州刺史、丹扬尹、建康令，并是京辇土地之主，或检校非违，或赴救水火，事应神速，不宜稽驻，亦合分道。又寻六门则为行马之内，且禁卫非违，并由二卫及领军，未详京尹、建康令门内之徒及公事，亦得与中丞分道与有？其准参旧仪，告报参详所宜分道。'听如台所上，其六门内，既非州郡县部界，则不合依门外。其尚书令、二仆射所应分道，亦悉与中丞同。"

孝武帝大明六年五月，诏立凌室藏冰。有司奏："季冬之月，冰壮之时，凌室长率山虞及舆隶取冰于深山穷谷涸阴沍寒之处，以纳于凌阴。务令周密，无泄其气。先以黑牡稚黍祭司寒于凌室之北。中春之月，春分之日，以黑羔秬黍祭司寒。启冰室，先荐寝庙。二庙夏祠，用鉴盛冰，室一鉴，以御温气蝇蚋。三御殿及太官膳羞，并以鉴供冰。自春分立秋,有臣妾丧,诏赠秘器。自立夏至立秋,不限称数以周丧事。缂制夷盘,随冰借给。凌室在乐游苑内,置长一人,保举吏二人。

三公黄阁,前史无其义。史臣按,《礼记》:"士韠与天子同,公侯大夫则异。"郑玄注:"士贱,与君同,不嫌也。"夫朱门洞启,当阳之正色也。三公之与天子,礼秩相亚,故黄其阁,以示谦不敢斥天子,盖是汉来制也。张超与陈公笺,"拜黄阁将有日月"是也。

史臣按,今朝士诣三公,尚书丞、郎诣令、仆射、尚书,并门外下车,履,度门阃乃纳屦。汉世朝臣见三公,并拜。丞、郎见八座,皆持板揖。事在《汉仪》及《汉旧议》。然则并有敬也。陈蕃为光禄勋,范滂为主事,以公仪诣蕃,执板入阁,至坐,蕃不夺滂板,滂投板振衣而去。郭泰责蕃曰:"以阶级言之,滂宜有敬,以类数推之,至阁宜省。"然后敬止在门,其来久矣。

宋书卷一六
志第六

礼　三

"国之大事，在祀与戎。"自书契经典，咸崇其义，而圣人之德，莫大于严父者也。故司马迁著《封禅书》，班固备《郊祀志》，上纪皇王正祀，下录郡国百神。司马彪又著《祭祀志》以续终汉。中兴以后，其旧制诞章，粲然弘备。自兹以降，又有异同。故复撰次云尔。

汉献帝延康元年十一月己丑，诏公卿告祠高庙，遣兼御史大夫张音奉皇帝玺绶策书，禅帝位于魏。是时，魏文帝继王位，南巡在颍阴，有司乃为坛于颍阴之繁阳故城。庚午，登坛。魏相国华歆跪受玺绶以进于王。既受毕，降坛视燎，成祀而返，未有祖配之事。

魏文帝黄初二年正月，效祀天地明堂。是时，魏都洛京，而神祇兆域明堂灵台，皆因汉旧事。四年七月，帝将东巡，以大军当出，使太常以一特牛告祠南郊，自后以为常。及文帝崩，太尉钟繇告谥南郊，皆是有事于郊也。

明帝太和元年正月丁未，郊祀武皇帝以配天，宗祀文皇帝于明堂以配上帝。是时，二汉郊禋之制具存，魏所损益可知也。

四年八月，帝东巡，过繁昌。使执金吾臧霸行太尉事，以特牛祠受禅坛。《众汉纪》，章帝诏高邑祠即位坛。此虽前代已行之事，然为坛以祀天，而坛非神也。今无事于上帝，而致祀于虚坛，未详所据也。

景初元年十月乙卯，始营洛阳南委粟山为圆丘。诏曰："盖帝王受命，莫不恭承天地，以彰神明，尊祀世统，以昭功德。故先代之典既著，则禘郊祖宗之制备也。昔汉氏之初，承秦灭学之后，采摭残缺，以备郊祀。自甘泉、后土、雍宫、五畤神祇兆位，多不经见，并以兴废无常，一彼一此，四百余年，废无畤礼。古代之所更立者，遂有阙焉。曹氏世系，出自有虞氏，今祀圆丘，以始祖帝舜配，号圆丘曰皇皇帝天。方丘所祭曰皇皇后地，以舜妃伊氏配。天郊所祭曰皇天之神，以太祖武皇帝配。地郊所祭曰皇地之祇，以武宣皇后配。宗祀皇考高祖文皇帝于明堂，以配上帝。"十二月壬子冬至，始祀皇皇帝天于圆丘，以始祖有虞帝舜配。自正始以后，终魏世，不复郊祀。

孙权初称尊号于武昌，祭南郊告天。文曰："皇帝臣孙权，敢用玄牡，昭告皇皇后帝。汉飨国二十有四世，历年四百三十，行气数终，禄祚运尽，普天弛绝，率土分崩。擘臣曹丕，遂夺神器。丕子睿继世作慝，窃名乱制。权生于东郊，遭值期运，承乾秉戎，志在拯世，奉辞行罚，举足为民。群臣将相，州郡百城，执事之人，咸以为天意已去于汉，汉氏已终于天，皇帝位虚，郊祀无主，休征嘉瑞，前后杂沓，历数在躬，不得不受。权畏天命，敢不敬从。谨择元日，登坛柴燎，即皇帝位。唯尔有神飨之，左右有吴，永绥天极。"其后，自以居非中土，不复修设。中年，群臣奏议，宜修郊祀。权曰："郊祀当于中土，今非其所。"重奏曰："普天之下，莫非王土。王者以天下为家。昔周文、武郊于酆、镐，非必中土。"权曰："武王伐纣，即阼于镐京，而郊其所也。文王未为天子，立郊于酆，见何经典？"复奏曰："伏见《汉书·郊祀志》，匡衡奏徙甘泉河东郊于长安，言文王郊于酆。"权曰："文王德性谦让，处诸侯之位，明未郊也。经传无明文，由匡衡俗儒意说，非典籍正义，不可用也。"虞喜《志林》曰："吴主纠驳郊祀，追贬匡衡，凡在见者，莫不慨然称善也。"何承天曰："案权建号继天，而郊享有阙，固非也。末年虽一南郊，而遂无北郊之礼。环氏《吴纪》：'权思崇严父配天之义，追上父坚尊号为吴始祖'。如此说，则权末年所郊，坚配天也。权卒后，三嗣主终吴世不郊祀，则权不享配帝之礼矣。”

　　刘备章武元年，即皇帝位，设坛。“建安二十六年夏四月丙午，皇帝臣备，敢用玄牡，昭告皇天上帝、后土神祇。汉有天下，历数无疆。曩者王莽篡盗，光武皇帝震怒致诛，社稷复享。今曹操阻兵安忍，子丕载其凶逆，窃居神器。群臣将士以为社稷堕废，备宜修之，嗣武二祖，龚行天罚。备惟否德，惧忝帝位，询于庶民，外及蛮夷君长，佥曰天命不可以不答，祖业不可以久替，四海不可以无主，率土式望，在备一人。备畏天之威，又惧汉邦将湮于地。谨择元日，与百僚登坛，受皇帝玺绶。修燔瘗。告类于大神。惟大神尚飨，祚于汉家，永绥四海。”

　　章武二年十月，诏丞相诸葛亮营南、北郊于成都。

　　魏元帝咸熙二年十二月甲子，使持节、侍中、太保郑冲，兼太尉、司隶校尉李喜，奉皇帝玺绶策书，禅帝位于晋。丙寅，晋设坛场于南郊，柴燎告类，未有祖配。其文曰：“皇帝臣炎，敢用玄牡，明告于皇皇后帝。魏帝稽协皇运，绍天明命，以命炎曰：‘昔者，唐尧禅位虞舜，虞舜又以禅禹，迈德垂训，多历年载。暨汉德既衰，太祖武皇帝拨乱济民，扶翼刘氏，又用受禅于汉。粤在魏室，仍世多故，几于颠坠，实赖有晋匡拯之德，用获保厥肆祀，弘济于艰难。此则晋之有大造于魏也。诞惟四方之民，罔不祇顺，开国建侯，宣礼明刑，廓清梁、岷，苞怀扬、越，函夏兴仁，八纮同轨，遐迩驰义，祥瑞屡臻，天人协应，无思不服。肆子宪章三后，用集大于命兹。’炎惟德不嗣，辞不获命。于是群公卿士，百辟庶僚，黎献陪隶，暨千百蛮君长，佥曰：‘皇天鉴下，求民之瘼，既有成命，固非克让所得距违。’天序不可以无统，人神不可以旷主，炎虔奉皇运，畏天之威，敢不钦承休命，敬简元辰，升坛受禅，告类上帝，以永答民望，敷佑万国。惟明德是飨。”

　　泰始二年正月，诏曰：“有司前奏，郊祀权用魏礼。朕不虑改作之难，今便为永制。众议纷互，遂不时定，不得以时供飨神祀，配以祖考，日夕叹企，贬食忘安。其便郊祀。”时群臣又议：“五帝，即天也,王气时异,故殊其号。虽名有五,其实一神。明堂南郊,宜除五帝之坐。五郊改五精之号,皆同称昊天上帝,各设一坐而已。北郊又除先后配祀。"帝悉从之。二月丁丑,郊祀宣皇帝以配天,宗祀文皇帝于明堂以配上帝。是年十一月,有司又议奏:"古者丘郊不异,宜并圜丘方于南北郊,更修治坛兆。其二至之祀,合于二郊。"帝又从之。一如宣帝所用王肃议也。是月庚寅冬至,帝亲祠圆丘于南郊。自是后,圆丘方泽不别立,至今矣。

太康十年十月,乃更诏曰:"《孝经》:'郊祀后稷以配天,宗祀文王于明堂以配上帝。'而《周官》云:'祀天旅上帝'。又曰:'祀地旅四望。'四望非地,则明堂上帝不得为天也。往者众议除明堂五帝位,考之礼文正经不通。且《诗叙》曰:'文、武之功,起于后稷。'故推以配天焉。宣帝以神武创业,既已配天,复以先帝配天,于义亦不安。其复明堂及南郊五帝位。"

晋武帝太康三年正月,帝亲郊祀。皇太子、皇弟、皇子,悉侍祠,非前典也。

愍帝都长安,未及立郊庙而败。

元帝中兴江南,太兴元年,始更立郊兆。其制度皆太常贺循依据汉、晋之旧也。三月辛卯,帝亲郊祀,飨配之礼,一依武帝始郊故事。初,尚书令刁协、国子祭酒杜夷,议宜须旋都洛邑乃修之。司徒荀组据汉献帝居许,即便立郊,自宜于此修奉。骠骑王导、仆射荀崧、太常华恒、中书侍郎庾亮,皆同组议,事遂施行。按元帝绍命中兴,依汉氏故事,宜享明堂宗祀之礼。江左不立明堂,故阙焉。

明帝太宁三年七月,始诏立北郊。未及建而帝崩,故成帝咸和八年正月,追述前旨,于覆丹山南立之。是月辛未,祀北郊,始以宣穆张皇后配地。魏氏故事,非晋旧也。

康帝建元元年正月,将北郊,有疑议。太常顾和表曰:"太始中,合二至之祀于二郊。北郊之月,古无明文,或以夏至,或同用阳复。汉光武正月辛未,始建北郊。此则与南郊同月。及中兴草创,百度从简,合七郊于一丘。宪章未备,权用斯礼,盖时宜也。至咸和中,议别立北郊，同用正月。魏承后汉，正月祭天，以地配，而称周礼，三王之郊，一用夏正。”于是从和议。是月辛未，南郊。辛巳，北郊。帝皆亲奉。

安帝元兴三年三月，宋高祖讨桓玄走之。己卯，告义功于南郊。是年，帝蒙尘江陵未返。其明年应郊，朝议以为依《周礼》，宗伯摄职，三公行事。尚书左丞王纳之独曰：“既殡郊祀，自是天子当阳，有君存焉，禀命而行，何所辨也。齐之兴否，岂如今日之比乎！议者又云今宜郊，故是承制所得命三公行事。又郊天极尊，唯一而已，故非天子不祀也。庶人以上，莫不蒸尝，嫡子居外，庶子执事，礼文炳然。未有不亲受命而可祭天者。又武皇受禅，用二月郊，元帝中兴，以三月郊。今郊时未过，日望舆驾。无为欲速而无据，使皇舆旋返，更不得亲奉。”遂从纳之议。

晋恭帝元兴二年五月，遣使奉策，禅帝位于宋。永初元年六月丁卯，设坛南郊，受皇帝玺绂，柴燎告类。策曰：“皇帝臣讳，敢用玄牡，昭告皇皇后帝。晋帝以卜世告终，历数有归，钦若景运，以命于讳。夫树君司民，天下为公，德充帝王，乐推攸集。越傒唐、虞，降暨汉、魏，靡不以上哲格文祖，元勋陟帝位，故能大拯黔黎，垂训无穷。晋自东迁，四维弗树，宰辅焉依，为日已久。难棘隆安，祸成元兴，遂至帝王迁播，宗祀湮灭。讳虽地非齐、晋，众无一旅，仰愤时难，俯悼横流，投袂一麾，则皇祚克复。及危而能持，颠而能扶，奸宄具歼，僭伪必灭。诚否终必泰，兴废有期。至于拨乱济民，大造晋室，因藉时运，以尸其劳。加以殊俗慕义，重译来款，正朔所暨，咸服声教。至乃三灵垂象，山川告祥，人神和协，岁月兹著。是以群公卿士，亿兆夷人，佥曰‘皇灵降鉴于上，晋朝款诚于下，天命不可以久淹，宸极不可以暂旷。’遂逼群议，恭兹大礼。猥以寡德，托于兆民之上。虽仰畏天威，略是小节，顾深永怀，祗惧若厉。敬简元日，升坛受禅，告类上帝，酬于万国之嘉望。克隆天保，永祚于有宋。惟明灵是飨。”

永初元年，皇太子拜告南北郊。

永初二年正月上辛，上亲郊祀。

文帝元嘉三年，车驾西征谢晦，币告二郊。

孝武帝孝建元年六月癸巳，八座奏：“刘义宣、臧质，干时犯顺，滔天作戾，连结淮、岱，谋危宗社。质反之始，戒严之日，二郊庙社，皆已遍陈。其义宣为逆，未经同告。舆驾将发，丑徒冰消，质既枭悬，义宣禽获，二寇俱殄，并宜昭告。检元嘉三年讨谢晦之始，普告二郊、太庙。贼既平荡，唯告太庙、太社，不告二郊。”礼官博议。太学博士徐宏、孙勃、陆澄议：“礼无不报。始既遍告，今贼已擒，不应不同。”国子助教苏玮生议：“案《王制》，天子巡狩，‘归，假于祖祢。’又《曾子问》：‘诸侯适天子，告于祖，奠于祢，命祝史告于社稷、宗庙、山川。告用牲币，反亦如之。诸侯相见，反必告于祖祢，乃命祝史告至于前所告者。’又云：‘天子诸侯将出，必以币帛皮圭，告于祖祢。反必告寻。’天子诸侯，虽事有小大，其礼略钧，告出告至，理不得殊。郑云：‘出入礼同。’其义甚明。天子出征，类于上帝，推前所告者归必告至，则宜告郊，不复容疑。元嘉三年，唯告庙社，未详其义。或当以《礼记》唯云‘归假祖祢’，而无告郊之辞。果立此义，弥所未达。夫《礼记》残缺之书，本无备体，折简败字，多所阙略。正应推例求意，不可动必征文。天子反行告社，亦无成记，何故告郊，独当致嫌。但出入必告，盖孝敬之心。既以告归为义，本非献捷之礼。今舆驾竟未出宫，无容有告至之文。若陈告不行之礼，则为未有前准。愚谓祝史致辞，以昭诚信。苟其义舛于礼，自可从实而阙。臣等参议，以应告为允，宜并用牲告南北二郊、太庙、太社，依旧公卿行事。”诏可。

孝建二年正月庚寅，有司奏：“今月十五日南郊。寻旧仪，庙祠至尊亲奉，以太尉亚献；南郊亲奉，以太常亚献。又庙祠行事之始，以酒灌地，送神则不灌。而郊初灌，同之于庙，送神又灌，议仪不同，于事有疑。”辄下礼官详正。太学博士王祀之议：“案《周礼·大宗伯》，佐王保国，以吉礼事鬼神祇，禋祀昊天。’则今太常是也。以郊天，太常亚献。又《周礼·外宗》云：‘王后不与，则赞宗伯。’郑玄云：‘后不与祭，宗伯摄其事。’又说云：‘君执圭瓒祼尸，大宗伯执璋瓒亚献。'中代以来，后不庙祭，则应依礼大宗伯摄亚献也。而今以太尉亚献。郑注《礼·月令》云：'三王右司马，无太尉。太尉，秦官也。'盖世代弥久，宗庙崇敬，摄后事重，故以上公亚献。"又议："履时之思，情深于霜露，室户之感，有怀于容声。不知神之所在，求之不以一处。郑注《仪礼》有司云，天子诸侯祭于祊而绎。绎又祭也。今庙祠阙送神之祼，将移祭于祊绎，明在于留神，未得而杀。礼，郊庙祭殊，故灌送有异。"太常丞朱膺之议："案《周礼·大宗伯》，使掌典礼，以事神为上，职总祭祀，而昊天为首。今太常即宗伯也。又寻袁山松《汉百官志》云：'郊祀之事，太尉掌亚献，光禄掌三献。太常每祭祀，先奏其礼仪及行事，掌赞天子。'无掌献事。如仪志，汉亚献之事，专由上可，不由秩宗贵官也。今宗庙太尉亚献，光禄三献，则汉仪也。又贺循制太尉由东南道升坛，明此官必预郊祭。古礼虽由宗伯，然世有因革，上司亚献，汉仪所行。愚谓郊祀礼重，宜同宗庙。且太常既掌赞天子，事不容兼。又寻灌事，《礼记》曰：'祭求诸阴阳之义也。殷人先求诸阳。''乐三阕，然后迎牲。'则殷人后灌也。'周人先求诸阴'，'灌用鬯，达于渊泉。既灌，然后迎牲。'则周人先灌也。此谓庙祭，非谓郊祠。案《周礼·天官》：'凡祭祀赞王祼将之事。'郑注云：'祼者，灌也。唯人道宗庙有灌，天地大神至尊不灌。'而郊未始有灌，于礼未详。渊儒注义，炳然明审。谓今之有灌，相承为失，则宜无灌。"通关八座、丞、郎、博士，并同膺之议。尚书令建平王宏重参议，谓膺之议为允。诏可。

大明二年正月丙午朔，有司奏："今月六日南郊，舆驾亲奉。至时或雨。魏世值雨，高堂隆谓应更用后辛。晋时既出遇雨，顾和亦云宜更告。徐禅云：'晋武之世，或用丙，或用己，或用庚。'使礼官议正并详。若得迁日，应更告庙与不？"博士王燮之议称："遇雨迁郊，则先代成议。《礼》传所记，辛日有征。《郊特牲》曰：'郊之用辛也，周之始郊日以至。'郑玄注曰：'三王之郊，一用夏正。用辛者，取其斋戒自新也。'又《月令》曰：'乃择元日，祈谷于上帝。'注曰：'元日，谓上辛。郊祭天也。'又《春秋》载郊有二，成十七年九月辛丑，郊。

《公羊》曰：'曷用郊？用正月上辛。'哀元年四月辛巳，郊。《穀梁》曰：'自正月至于三月，郊之时也。以十二月下辛卜正月上辛。如不从，以正月下辛卜二月上辛。如不从，以二月下辛卜三月上辛。'以斯明之，则郊祭之礼，未有不用辛日者也。晋氏或丙、或己、或庚，并有别议。武帝以十二月丙寅南郊受禅，斯则不得用辛也。又太始一年十一月己卯，始并圆丘方泽二至之祀合于二郊。三年十一月庚寅冬至，祠天，郊于圆丘。是犹用圆丘之礼，非专祈谷之祭，故又不得用辛也。今之郊飨，既行夏时，虽得迁却，谓宜犹必用辛也。徐禅所据，或为未直。又案《郊特牲》曰：'受命于祖庙，作龟于祢宫。'郑玄注曰：'受命，谓告退而卜也。'则告义在郊，非为告日。今日虽有迁，而郊礼不异，愚谓不宜重告。"曹郎朱膺之议："案先儒论郊，其议不一。《周礼》有冬至日圆丘之祭。《月令》孟春有祈谷于上帝。郑氏说，圆丘祀昊天上帝，以帝喾配，所谓禘也。祈谷祀五精之帝，以后稷配，所谓郊也。二祭异时，其神不同。诸儒云，圆丘之祭，以后稷配，取其所在，名之曰郊。以形体言之，谓之圆丘。名虽有二，其实一祭。晋武舍郑而从诸儒，是以郊用冬至日。既已至日，理无常辛。然则晋代中原不用辛日郊，如徐禅议也。江左以来，皆用正月，当以传云'三王之郊，各以其正。'晋不改正朔，行夏之时，故因以首岁，不以冬日，皆用上辛，近代成典也。夫祭之礼，'过时不举'。今在孟春，郊时未过，值雨迁日，于礼无违。既已告日，而以事不从，禋祀重敬，谓宜更告。高堂隆云：'九日南郊，十日北郊。'是为北郊可以不辛也。"尚书何偃议："郑玄注《礼记》，引《易》说，三王之郊，一用夏正。《周礼》凡国大事，多用正岁。《左传》又启蛰而郊。则郑之此说，诚有据矣。众家异议，或云三王各用其正郊天，此盖曲学之辩，于礼无取。固知《穀梁》三春皆可郊之月，真所谓肤浅也。然用辛之说，莫不必同。晋郊庚巳，参差未见前征。愚谓宜从晋迁郊依礼用辛。燮之以受命作龟，知告不在日，学之密也。"右丞徐爰议以为："郊礼用辛，有碍迁日，礼官祠曹，考详已备。何偃据礼，不应重告，愚情所同。寻告郊克辰，于今宜改，告事而已。次辛十日，居然展斋，养牲在涤，无缘三月。谓毛血告牷之后，虽有事碍，便应有司行事，不容迁郊。"众议不同。参议："宜依经，遇雨迁用后辛，不重告。若杀牲荐血之后值雨，则有司行事。"诏可。

明帝泰始二年十一月辛酉，诏曰："朕载新宝命，仍离多难，戎车遄驾，经略务殷，禋告虽备，弗获亲礼。今九服既康，百祀咸秩，宜聿遵前典，郊谒上帝。"有司奏检，未有先准。黄门侍郎徐爰议："虞称肆类，殷述昭告。盖以创世成功，德盛业远，开统肇基，必享上帝。汉、魏以来，聿遵斯典。高祖武皇帝克伐伪楚，晋安帝尚在江陵，即于京师告义功于郊兆。伏惟太始应符，神武英断，王赫出讨，戎戒淹时，虽司奉弗亏，亲谒尚阙。谨寻晋武郊以二月，晋元禋以三月。有非常之庆，必有非常之典，不得拘以常祀，限以正月上辛。愚谓宜下史官，考择十一月嘉吉，车驾亲郊，奉谒昊天上帝，高祖武皇帝配飨。其余祔食，不关今祭。"尚书令建安王休仁等同爰议。参议为允。诏可。

泰始六年五月乙亥，诏曰："古礼，王者每岁郊享，爰及明堂。自晋以来，间年一郊，明堂同日。质文详略，疏数有分。自今可间二年一郊，间岁一明堂。外可详议。"有司奏："前兼曹郎虞愿议：'郊祭宗祀，俱主天神，而同日殷荐，于义为黩。明诏使圆丘报功，三载一享。明堂配帝，间岁昭荐。详辰酌衷，实允懋典。'缘咨参议并同。曹郎王延秀重议：'改革之宜，实如圣旨。前虞愿议，盖是仰述而已，未显后例。谨寻自初郊间二载，明堂间一年，第二郊与第三明堂，还复同岁。愿谓自始郊明堂以后，宜各间二年。以斯相推，长得异岁。'通关八座，同延秀议。"

后废帝元徽二年十月丁巳，有司奏郊祀明堂还复同日，间年一修。

汉文帝初祭地祇于渭阳，以高帝配。武帝立后土社祠于汾阴，亦以高帝配。汉氏以太祖兼配天地，则未以后配地也。王莽作相，引《周礼》享先妣为配北郊。夏至祭后土，以高后配，自此始也。光武建武中，不立北郊，故后地之祇，常配食天坛，山川群望皆在营内，凡一千五百一十四神。中元年，建北郊，使司空冯鲂告高庙，以薄后代吕后配地。江左初，未立北坛，地祇众神，共在天郊也。晋成帝立二郊。天郊则六十二神，五帝之佐、日月五星、二十八宿、文昌、北斗、三台、司命、轩辕、后土、太一、天一、太微、钩陈、北极、雨师、雷、电、司空、风伯、老人六十二神也。地郊则四十四神，五岳、四望、四海、四渎、五湖、五帝之佐、沂山、岳山、白山、霍山、医无闾山、蒋山、松江、会稽山、钱唐江、先农凡四十四也。江南诸小山，盖江左所立，犹如汉西京关中小水，皆有祭秩也。二郊所秩，官有其注。

宋武帝永初三年九月，司空羡之、尚书令亮等奏曰："臣闻崇德明祀，百王之令典，宪章天人，自昔之所同。虽因革殊时，质文异世，所以本情笃教，其揆一也。伏惟高祖武皇帝允协灵祇，有命自天，弘日静之勤，立蒸民之极，帝迁明德，光宅八表，太和宣被，玄化遐通。陛下以圣哲嗣徽，道孚万国。祭礼久废，思光鸿烈，飨帝严亲，今实宜之。高祖武皇帝宜配天郊。至于地祇之配，虽礼无明文，先代旧章，每所因循，魏、晋故典，足为前式。谓武敬皇后宜配北郊。盖述怀以追孝，跻圣敬于无穷，对越两仪，允洽幽显者也。明年孟春，有事于二郊，请宣摄内外，详依旧典。"诏可。

晋武帝太康二年冬，有司奏："三年正月立春祠，时日尚寒，可有司行事。"诏曰："郊祀礼典所重，中间以军国多事，临时有所妨废，故每从奏可。自今方外事简，唯此为大，亲奉禋享，固常典也。"

成帝祠南郊，遇雨。侍中顾和启："宜还，更克日。"诏可。

汉明帝据《月令》有五郊迎气服色之礼，因采元始中故事，兆五郊于洛阳，祭其帝与神，车服各顺方色。魏、晋依之。江左以来，未遑修建。

宋孝武大明五年四月庚子，诏曰："昔文德在周，明堂崇祀，高烈惟汉，汶邑斯尊。所以职祭罔愆，气令斯正，鸿名称首，济世飞声。

朕皇考太祖文皇帝功耀洞元，圣灵昭俗，内穆四门，仁济群品，外薄八荒，威憺殊俗，南脑劲越，西髓刚戎。裁礼兴稼穑之根，张乐协四气之纪。匡饰坟序，引无题之外，旌延宝臣，尽盛德之范。训深劝农，政高刑厝，万物隶通，百神荐祉。动协天度，下沿地德。故精纬上灵，动殖下瑞，诸侯轨道，河漾海夷。朕仰凭洪烈，入子万姓，皇天降佑，迄将一纪。思奉扬休德，永播无穷。便可详考姬典，经始明堂，宗祀先灵，式配上帝，诚敬克展，幽显咸秩。惟怀永远，感慕崩心。"有司奏："伏寻明堂、辟雍，制无定文，经记差差，传说乖舛。名儒通哲，各事所见，或以为名异实同，或以为名实皆异。自汉暨晋，莫之能辨。《周书》云，清庙、明堂、路寝同制。郑玄注《礼》，义生于斯。诸儒又云，明堂在国之阳，丙巳之地，三里之内。至于室宇堂个，户牖达向，世代湮缅，难得该详。晋侍中裴頠，西都硕学，考详前载，未能制定。以为尊祖配天，其义明著，庙宇之制，理据未分，直可为殿，以崇严纪。其余杂碎，一皆除之。参详郑玄之注，差有准据。裴頠之奏，窃谓可安。国学之南，地实丙巳，爽垲平畅，足以营建。其墙宇规范，宜拟则太庙，唯十有二间，以应期数。依汉汶上图仪，设五帝位，太祖文皇帝对飨。祭皇天上帝，虽为差降，至于三载恭祀，理不容异。自郊徂宫，亦宜共日。《礼记》郊以特牲，《诗》称明堂羊牛，吉蠲虽同，质文殊典。且郊有燔柴，堂无禋燎，则鼎俎彝篁，一依庙礼。班行百司，搜材简工，权置起部尚书、将作大匠，量物商程，克今秋缮立。"乃依頠议，但作大殿屋雕画而已，无古三十六户、七十二牖之制。六年正月，南郊还，世祖亲奉明堂，祠祭五时之帝，以文皇帝配。是用郑玄议也。官有其注。

大明五年九月甲子，有司奏："南郊祭用三牛。庙四时祠六室用二牛。明堂肇建，祠五帝，太祖文皇帝配，未详祭用几牛？"太学博士司马兴之议："案郑玄注《礼记·大传》称：'《孝经》郊祀后稷以配天，配灵威仰也。宗祀文王于明堂以配上帝，配五帝也。'夫五帝司方，位殊功一，牲牢之用，理无差降。太祖文皇帝躬成天地，则道兼覆载；左右群生，则化洽四气。祖、宗之称，不足彰无穷之美；金石之音,未能播勋烈之盛,故明堂聿修,圣心所以昭玄极;泛配宗庙,先儒所以得礼情。愚管所见,谓宜用六牛。"博士虞和议:"祀帝之名虽五,而所生之实常一。五德之帝,迭有休王,各有所司,故有五室。宗祀所主,要随其王而飨焉。主一配一,合用二牛。"祠部郎颜俊议:"祀之为义,并五帝以为言。帝虽云五,牲牢之用,谓不应过郊祭、庙祀。宜用二牛。"

明帝泰始七年十月庚子,有司奏:"来年正月十八日,祠明堂。寻旧南郊与明堂同日,并告太庙。未审今祀明堂,复告与不?"祠部郎王延秀议:"案郑玄云:'郊者,祭天之名;上帝者,天之别名也。神无二主,故明堂异处,以避后稷。'谨寻郊宗二祀,既名殊实同,至于应告,不容有异。"守尚书令袁粲等并同延秀议。

魏明帝世,中护军蒋济奏曰:"夫帝王大礼,巡狩为先;昭祖扬祢,封禅为首。是以自古革命受符,未有不蹈梁父,登泰山,刊无竟之名,纪天人之际者也。故司马相如谓有文以来七十二君,或从所繇于前,谨遗迹于后。太史公曰:'主上有圣明而不宣布,有司之过也。'然则元功懿德,不刊山、梁之石,无以显帝王之功,布生民不朽之观也。语曰,当君而叹尧、舜之美,譬犹人子对厥所生誉他人之父。今大魏振□王之弊乱,拯流遁之艰危,接千载之衰,继百世之废治。自武、文至于圣躬,所以参成天地之道,纲维人神之化,上天报应,嘉瑞显祥,以比往古,其优衍丰隆,无所取喻。至于历世迄今,未发大礼。虽志在扫尽残盗,荡涤余秽,未遑斯事。若尔,三苗堀强于江海,大舜当废东巡之仪,徐夷跳梁于淮、泗,周成当止岱岳之礼也。且昔岁破吴虏于江、汉,今兹屠蜀贼于陇右。其震荡内溃,在不复淹,就当探其窟穴,无累于封禅之事也。此仪久废,非仓卒所定。宜下公卿,广纂其礼,十年考时,昭告上帝,以副天下之望。臣待罪军旅,不胜大愿,冒死以闻。"诏曰:"闻济斯言,使吾汗出流足。自开辟以来,封禅者七十余君尔。故太史公曰:'虽有受命之君,而功有不洽,是以中间旷远者,千有余年,近数百载。其仪阙不可得记。'吾何德之修，敢庶兹乎！济岂谓世无管仲，以吾有桓公登泰山之志乎？吾不敢欺天也。济之所言，华则华矣，非助我者也。公卿、侍中、尚书、常侍省之而已，勿复有所议，亦不须答诏也。"帝虽拒济议，而实使高堂隆草封禅之仪。以天下未一，不欲便行大礼。会隆卒，故不行。

晋武帝平吴，混一区宇。太康元年九月庚寅，尚书令卫瓘、尚书左仆射山涛、魏舒、尚书刘寔、张华等奏曰："圣德隆茂，光被四表，诸夏乂清，幽荒率从。神策庙算，席卷吴越，孙皓稽颡，六合为家，巍巍之功，格于天地。宜同古典，勒封东岳，告三府、太常为仪制。"瓘等又奏："臣闻肇自生民，则有后辟，载祀之数，莫之能纪。立德济世，挥扬仁风，以登封泰山者七十有四家，其谥号可知者，十有四焉。沉沦寂寞，曾无遗声者，不可胜记。自黄帝以前，古传昧略，唐、虞以来，典谟炳著。三王代兴，体业继袭，周道既没，秦氏承之，至于汉、魏，而质文未复。大晋之德，始自重、黎，实佐颛顼，至于夏、商，世序天地，其在于周，不失其绪。金德将升，世济明圣，外平蜀汉，海内归心，武功之盛，实由文德。至于陛下受命践阼，弘建大业，君生仰流，唯独江湖沅湘之表，凶桀负固，历代不宾。神谋独断，命将出讨，兵威暂加，数旬荡定，羁其鲸鲵，赦其罪逆。云覆雨施，八方来同，声教所被，达于四极。虽黄轩之征，大禹远略，周之奕世，何以尚今！若夫玄石素文，底号前载，象以姓表，言以事告，《河图》《洛书》之征，不是过也。加以驺虞麟趾，众瑞并臻。昔夏、殷以丕崇为祥，周武以乌鱼为美，咸曰休哉。然符瑞之应，备物之盛，未有若今之富者也。宜宣大典，礼中岳，封泰山，禅梁父，发德号，明至尊，享天休，笃黎庶，勒千载之表，播流后之声，俾百代之下，莫不兴起。斯帝王之盛业，天人之至望也。"诏曰："今遹寇虽殄，外则障塞有警，内则民黎未康，此盛德之事，所未议也。"瓘等又奏："今东渐于海，西被流沙，大漠之阴，日南北户，莫不通属。茫茫禹迹，今实过之，则天人之道已周，巍巍之功已著。宜有事梁父，修礼地祇，登封泰山，致诚上帝，以答人神之愿。乞如前奏。"诏曰："今阴阳未和，政刑未当，百姓未得其所,岂可以勒功告成邪!"瓒又奏:"臣闻处帝王之位者,必有历运之期,天命之应;济生民之大功者,必有盛德之容,告成之典,无不可诬,有不可让,自古道也。而明诏谦冲,屡辞其礼。虽盛德攸在,推而未居。夫三公职典天地,实掌民物,国之大事,取议于此。汉氏封禅,非是官也,不在其事。臣等前奏,盖陈祖考之功,天命又应,陛下之德,合同四海,述古考今,宜循此礼。至于克定盛月,须五府上议,然后奏闻。请写诏及奏,如前下议。"诏曰:"虽荡清江表,皆临事者之劳,何足以告成。方望群后,思隆大化,以宁区夏,百姓获义,与之休息,斯朕日夜之望。无所复下诸府矣。勿复为烦。"瓒等又奏:"臣闻唐、虞二代,济世弘功之君,莫不仰答天心,俯协民志,登介丘,履梁父,未有辞焉者,盖不可让也。今陛下勋高百王,德无与二,茂绩宏规,巍巍之业,固非臣等所能究论。而圣旨劳谦,屡自抑损,时至弗应,推美不居,阙皇代之上仪,塞神祇之款望,使大晋之典谟,不同风于三、五。臣等诚不敢奉诏,请如前奏施行。"诏曰:"方当共弘治道,以康庶绩。且俟他年,无复纷纭也。"

太康元年冬,王公有司又奏:"自古圣明,光宅四海,封禅名山,著于史籍,作者七十四君矣。舜、禹之有天下,巡狩四岳,躬行其道。《易》著'观民省方',《礼》有'升中于天',《诗》颂'陟其高山',皆载在方策。文王为西伯,以服事殷,周公为鲁蕃,列于诸侯,或亨于岐山,或有事泰山。徒以圣德,犹得为其事。自是以来,功薄而僭其义者,不可胜言,号谥不泯,以至于今。况高祖宣皇帝肇开王业,海内有截;世宗景皇帝济以大功,辑宁区夏;太祖文皇帝受命造晋,荡定蜀汉;陛下应期龙兴,混壹六合,泽被群生,威震无外。昔汉氏失统,吴、蜀鼎峙,兵兴以来,近将百年。地险俗殊,民望绝塞,以为分外,其日久矣。大业之隆,重光四叶,不羁之寇,二世而平。非聪明神武,先天弗违,孰能巍巍其有成功若兹者欤!臣等幸以千载,得遭运会,亲奉大化,目睹太平至公之美,谁与为让。宜祖述先朝,宪章古昔,勒功岱岳,登封告成,弘礼乐之制,正三雍之典,扬名万世,以显祖宗。是以不胜大愿,敢昧死以闻。请告太常具礼仪。"上复诏曰:"所议诚前烈之盛事也。方今未可以尔。"便报绝之。

宋太祖在位长久,有意封禅。遣使履行泰山旧道,诏学士山谦之草封禅仪注。其后索虏南寇,六州荒毁,其意乃息。

世祖大明元年十一月戊申,太宰江夏王义恭表曰:

惟皇天崇称大道,始行揖让。迄于有晋,虽聿修前绪,而迹沦言废,蔑记于竹素者,焉可单书。绍乾维,建徽号,流风声,被丝管,自无怀以来,可传而不朽者,七十有四君。罔仁厚而道灭,鲜义浇而德宣,钟律之先,旷世绵绝,难得而闻,《丘》《索》著明者,尚有遗炳。故《易》称先天弗违,后天奉时。盖陶唐姚姒商姬之主,莫不由斯道也。是以风化大洽,光熙于后。炎汉二帝,亦踵曩则,因百姓之心,听舆人之颂,龙驾帝服,镂玉梁甫,昌言明称,告成上灵。况大宋表祥唐、虞,受终素德,山龙启符,金玉显瑞,异采腾于轸墟,紫烟蔼于邦甸,锡冕兆九五之征,文豹赴天历之会。诚二祖之幽庆,圣后之冥休。道冠轩、尧,惠深亭毒;而犹执冲约,未言封禅之事,四海窃以为焉。臣闻惟皇配极,惟帝祀天,故能上稽乾式,照临黔首,协和穹昊,膺兹多福。高祖武皇帝明并日月,光振八区,拯已溺之晋,济横流之世,拨乱宁民,应天受命,鸿徽洽于海表,威棱震乎沙外。太祖文皇帝体圣履仁,述业兴礼,正乐颂,作象历,明达通于神祇,玄泽被乎上下。仁孝命世,睿武英挺,遭运屯否,三才湮灭,乃龙飞五洲,凤翔九江,身先八百之期,断出人鬼之表,庆烟应高牙之建,风耀符发迹之辰,亲剪凶逆,躬清昏壒,天地革始,夫妇更造,岂与彼承业继绪,拓复禹迹,车一其轨,书罔异文者,同年而议哉!今龙麟已至,凤皇已仪,比李已实,灵茅已茂,雕气降雾于宫树,珍露呈味于禁林,嘉禾积穗于殿甍,连理合干于园籞,皆耀质离宫,植根兰圃,至夫霜毫玄文,素翮颓羽,泉河山岳之瑞,草木金石之祥,方畿憬涂之谒,抗驿绝祖之奏,彪炳杂沓,粤不可胜言。太平之应,兹焉富矣。宜其从天人之诚,遵先王之则,备万乘,整法驾,修封泰山,瘗玉岱趾,延乔、松于东序,诏韩、岐于西厢,靡天阍,使启关,谒紫宫,朝太一,奏《钧天》,咏《云门》,赞扬幽奥,超声前古,岂不盛哉!伏愿时命宗伯,具兹典度。

诏曰:"太宰表如此。昔之盛王,永保鸿名,常为称首,由斯道矣。朕遭家多难,入纂绝孝,德薄勋浅,鉴寐崩愧。顷麟凤表祯,茅禾兼瑞,虽符祥显见,愿乎犹深,庶仰述先志,拓清中宇,礼祗谒神,朕将试哉。"

四年四月辛亥,有司奏曰:

臣闻崇号建极,必观俗以树教;正位居体,必采世以立言。是以重代列圣,咸由厥道。玄勋上烈,融章未分,鸣光委绪,歇而罔藏。若其显谥腾轨,则系缀声采,征略闻听。爰洎姬、汉,风流尚存,遗芬余荣,绵映纪纬。虽年绝世祀,代革精华,可得腾金彩,奏玉润,镂迹以燻今,镂德以丽远。而四望埋禋歌之礼,日观弛修封之容,岂非神明之业难崇,功基之迹易泯。自兹以降,讫于季末,莫不欲英弘徽位,详固洪声。岂徒深默修文,渊幽驭世而已。谅以滕非虚奏,书匪妄埋,击雨恕神,淳荫复树,安得紫坛肃祗,竹宫载仁,散火投郊,流星奔座。宝纬初基,厌灵命历,德振弛维,功济沦象,玄浸纷流,华液幽润,规存永驭,思详树远。

太祖文皇帝以启遷泰运,景望震凝,采乐调风,集礼宣度,祖宗相映,轨迹重晖。圣上韬篆蕃河,伫翔衡汉,金波掩照,华耀停明,运动时来,跃飞风举,澄氛海、岱,开景中区,歇神还灵,颓天重耀,储正凝位于兼明,衮岳蕃华于元列。故以祥映昌基,系发篆素。重以班朝待典,饰令详仪,纂综沦芜,搜腾委逸,奏玉郊宫,禋圭玄畤,景集天庙,脉壤祥农,节至昕阳,川丘凤礼,纲威巡驰,表绥中甸,史流其咏,民挹其风。于是涵迹视阴,振声威响,历代之渠,沈□望内,安侯之长,贤王入侍,殊生诡气,奉俗还乡,羽族卉仪,怀音革状,边帛绝书,权光弛烛。天岱发灵,宗河开宝,崇丘沦鼎,振采泗渊,云皇王岳,摘藻□汉,并角即音，栖翔禁籞，衮甲霜味，翾舞川肆，荣泉流镜，后昭河源，故以波沸外关，云蒸内泽，若其雪趾青毳，玄文朱彩，日月郊甸，择木弄音。重以荣露腾轩，萧云掩阁，镐颖孳萌，移华渊禁，山舆伫衡，云鹣竦翼，海鲽泳流，江茅吐荫。校书之列，仰笔以饰辞，济、代之蕃，献邑以待礼。岂非神䴹气昌，物瑞云照，蒲轩龟轸，□泉淳芳。

太宰江夏王臣义恭咀道遵英，抽奇丽古，该润图史，施详闳载，表以功懋往初，德耀炎、昊，升文中岱，登牒天关，耀冠荣名，摛振声号。而道谦称首，礼以虚挹，将使玄祇缺观，幽瑞乖期，梁甫无盛德之容，介丘靡升闻之响。加穷泉之野，献八代之驷，交木之乡，奠绝金之楛，肃灵重表，珍符兼贶。伏惟陛下谟详渊载，衍属休章，依征圣灵，润色声业，诹辰稽古，肃齐警列，儒僚展采，礼官相仪，悬蕤动音，洪钟竦节，阳路整卫，正途清禁。于是绩环佩，端玉藻，鸣凤伫律，腾驾流文，间彩以象之容，昭明纪数之服。徽焯天阵，容藻神行，翠盖怀阴，羽华列照。乃诏联事掌祭，宾客赞仪，金支宿县，镛石润响。命五神以相列，辟九关以集灵，警卫兵而开云，先雨祇以洒路。霞凝生阙，烟起成宫，台冠丹光，坛浮素霭。尔乃临中坛，备盛礼，天降祥锡，寿固皇根，谷动神音，山传称响。然后辨年问老，陈诗观俗，归荐告神，奉遗清庙。光美之盛，彰乎万古，渊祥之烈，溢乎无穷。岂不盛欤！

臣等生接昌辰，肃懋明世，束教管闻，未足言道。且章志湮微，代往沦绝，拘采遗文，辩明训诰□□□□篮访邹、鲁，草滕书埋玉之礼，具竦石绳金之仪，和芝润瑛，镌玺乾封。惧弗轨属上徽，辉当王则。谨奉仪注以闻。

诏曰："天生神物，昔王称愧，况在寡德，敢当鸿贶。今文轨未一，可停此奏。"

汉献帝建安十八年五月，以河北十郡封魏武帝为魏公。是年七

月，始建宗庙于邺，自以诸侯礼立五庙也。后虽进爵为王，无所改
易。延康元年，文帝继王位，七月，追尊皇祖为大王，丁夫人曰大王
后。黄初元年十一月受禅，又追尊大王曰大皇帝，皇考武王曰武皇
帝。明帝太和三年六月，又追尊高祖大长秋曰高皇，夫人吴氏曰高
皇后，并在邺庙。庙所祠，则文帝之高祖处士、曾祖高皇、祖太皇帝
共一庙，考太祖武皇帝特一庙，百世不毁。然则所祠止于亲庙四室
也。至明帝大和三年十一月，洛京庙成，则以亲尽迁处士主，置园
邑，使令丞奉荐。而使行太傅太常韩暨、行太庙宗正曹恪持节迎高
皇以下神主共一庙，犹为四室而已。至景初元年六月，群公有司始
更奏定七庙之制，曰："大魏三圣相承，以成帝业。武皇帝肇建洪基，
拨乱夷险，为魏太祖。文皇帝继天革命，应期受禅，为魏高祖。上集
成大命，清定华夏，兴制礼乐，宜为魏烈祖。"更于太祖庙北为二祧，
其左为文帝庙，号曰高祖，昭祧，其右拟明帝，号曰烈祖，穆祧。三祖
之庙，万世不毁。其余四庙，亲尽迭迁，一如周后稷、文、武庙祧之
礼。孙盛《魏氏春秋》曰："夫谥以表行，庙以存容，皆于既殁然后著
焉。所以原始要终，以示百世者也。未有当年而逆制祖宗，未终而
豫自尊显。昔华乐以厚欲致讥，周人以豫凶违礼，魏之群司，于是乎
失正矣。"

　　文帝甄后赐死，故不列庙。明帝即位，有司奏请追谥曰文昭皇
后，使司空王朗持节奉策告祠于陵。三公又奏曰："自古周人归祖后
稷，又特立庙以祀姜嫄。今文昭皇后之于后嗣，圣德至化，岂有量
哉。夫以皇家世妃之尊，神灵迁化，而无寝庙以承享祀，非以报显
德，昭孝敬也。稽之古制，宜依周礼，先妣别立寝庙。"奏可，以太和
元年二月，立庙于邺。四月，洛邑初营宗庙，掘地得玉玺方一寸九
分，其文曰："天子羡思慈亲。"明帝为之故容，以太牢告庙。至景初
元年十二月己未，有司又奏文昭皇后庙京师，永传享祀，乐舞与祖
庙同，废邺庙。

　　魏文帝黄初二年六月，以洛京宗庙未成，乃祠武帝于建始殿，
亲执馈奠如家人礼。何承天曰："案礼，将营宫室，宗庙为先。庶人

无庙,故祭于寝。帝者行之,非礼甚矣。"

汉献帝延康元年七月,魏文帝幸谯,亲祠谯陵。此汉礼也。汉氏诸陵皆有园寝者,承秦所为也。说者以为,古前庙后寝,以象人君前有朝后有寝也。庙以藏主,四时祭祀,寝有衣冠象生之具以荐新。秦始出寝起于墓侧,汉因弗改。陵上称寝殿,象生之具,古寝之意也。及魏武帝葬高陵,有司依汉立陵上祭殿。至文帝黄初三年,乃诏曰:"先帝躬履节俭,遗诏省约。子以述父为孝,臣以系事为忠。古不墓祭,皆设于庙。高陵上殿屋皆毁坏,车马还厩,衣服藏府,以从先帝俭德之志。"及文帝自作终制,又曰:"寿陵无立寝殿,造园邑。"自后至今,陵寝遂绝。

孙权不立七庙,以父坚尝为长沙太守,长沙临湘县立坚庙而已。权既不亲祠,直是依后汉奉南顿故事,使太守祠也。坚庙又见尊曰始祖庙,而不在京师。又以民人所发吴芮冢材为屋,未之前闻也。于建邺立兄长沙桓王策庙于朱爵桥南。权疾,太子所祷,即策庙也。权卒,子亮代立。明年正月,于宫东立权庙曰太祖庙,既不在宫南,又无昭穆之序。及孙皓初立,追尊父和曰文皇帝。皓先封乌程侯,即改葬和于乌程西山,号曰明陵,置园邑二百家。于乌程立陵寝,使县令丞四时奉祠。宝鼎元年,遂于乌程分置吴兴郡,使太守执事。有司寻又言,宜立庙京邑。宝鼎二年,遂更营建,号曰清庙。遣守丞相孟仁、太常姚信等备官僚中军步骑,以灵舆法驾迎神主于明陵,亲引仁拜送于庭。比仁还,中吏手诏日夜相继,奉问神灵起居动止。巫觋言见和被服颜色如平日,皓悲喜,悉召公卿尚书诣阁下受赐。灵舆当至,使丞相陆凯奉三牲祭于近郊。皓于金城外露宿,明日,望拜于东门之外,又拜庙荐飨。比七日,三祭,倡伎昼夜娱乐。有司奏:"'祭不欲数。数则黩',宜以礼断情。"然后止。

刘备章武元年四月,建尊号于成都。是月,立宗庙,祫祭高祖已下。备绍世而起,亦未辨继何帝为祢,亦无祖宗之号。刘禅面缚,北地王谌哭于昭烈之庙。此则备庙别立也。

魏元帝咸熙元年,增封晋文帝,进爵为王,追命舞阳宣文侯为晋宣王，忠武侯为晋景王。是年八月，文帝崩，谥曰文王。武帝太始元年十二月丙寅，受禅。丁卯，追尊皇祖宣王为宣皇帝，伯考景王为景皇帝，考文王为文皇帝，宣王妃张氏为宣穆皇后，景王夫人羊氏为景皇后。二年正月，有司奏天子七庙，宜如礼营建。帝重其役，诏宜权立一庙。于是群臣奏议："上古清庙一宫，尊远神祇。逮至周室，制为七庙，以辨宗祧。圣旨深弘，远迹上世，敦崇唐、虞。舍七庙之繁华，遵一宫之尊远。昔舜承尧禅，受终文祖，遂陟帝位，盖三十载，正月元日，又格于文祖。此则虞氏不改唐庙，因仍旧宫。可依有虞氏故事，即用魏庙。"奏可。于是追祭征西将军、豫章府君、颍川府君、京兆府君，与宣皇帝、景皇帝、文皇帝为三昭三穆。是时宣皇未升，太祖虚位，所以祠六世与景帝为七庙，其礼则据王肃说也。七月，又诏曰："主者前奏就魏旧庙，诚亦有准。然于祇奉神明，情犹未安。宜更营造，崇正永制。"于是改创宗庙。十一月，追尊景帝夫人夏侯氏为景怀皇后。

太康元年，灵寿公主修丽祔于太庙，周、汉未有其准。魏明帝则别立庙，晋又异魏也。六月，因庙陷，当改治。群臣又议奏曰："古者七庙异所，自宜如礼。"诏又曰："古虽七庙，自近代以来，皆一庙七室，于礼无废，于情为叙，亦随时之宜也。其便仍旧。"至十年，乃更改筑于宣阳门内，穷壮极丽。然坎位之制，犹如初尔。庙成，帝率百官迁神主于新庙，自征西以下，车服导从，皆如帝者之仪。挚虞之议也。至世祖武皇帝崩，则迁征西。及惠帝崩，又迁豫章。而惠帝世，愍怀太子、太子二子哀太孙臧、冲大孙尚，并祔庙。元帝世，怀帝殇太子又被庙，号为阴室四殇。怀帝初，又策论武帝扬后曰武悼皇后，改葬峻阳陵侧，别立弘训宫，不列于庙。元帝既即尊位，上继武帝，于礼为祢，如汉光武上继元帝故事也。是时西京神主埋灭虏庭，江左建庙，皆更新造。寻以登怀帝之主，又迁颍川。位虽七室，其实五世，盖从刁协，以兄弟为世数故也。于时百度草创，旧礼未备，三祖毁主，权居别室。太兴三年，将登愍帝之主，于是乃定更制，还复豫章、颍川二主于昭穆之位，以同惠帝嗣武帝故事，而惠、怀、愍三帝，自从《春秋》尊尊之义,在庙不替也。至元帝崩,则豫章复迁。然元帝神位,犹在愍帝之下,故有坎室者十也。至明帝崩,而颍川又迁,犹十室也。于时续广太庙,故三迁主并还西储,名之曰祧,以准远庙。成帝咸和三年,苏峻覆乱京都,温峤等入伐,立行庙于白石,告元帝先后曰:"逆臣苏峻,倾覆社稷,毁弃三正,污辱海内。臣亮等手刃戎首,龚行天罚。惟中宗元皇帝、肃祖明皇帝、明穆皇后之灵,降鉴有罪,剿绝其命,翦此群凶,以安宗庙。臣等虽陨首摧躯,犹生之年。"咸康七年五月,始作武悼皇后神主,祔于庙,配飨世祖。成帝崩,而康帝承统,以兄弟一世,故不迁京兆,始十一室也。康帝崩,京兆迁入西储,同谓之祧,如前三祖迁主之礼。故正室犹十一也。穆帝崩,而哀帝、海西并为兄弟,无所登降。咸安之初,简文皇帝上继元皇帝,世秩登进。于是颍川、京兆二主,复还昭穆之位。至简文崩,颍川又迁。孝武皇帝太元十六年,改作太庙,殿正室十六间,东西储各一间,合十八间。栋高八丈四尺,堂基长三十九丈一尺,广十丈一尺。堂集方石,庭以砖。尊备法驾,迁神主于行庙。征西至京兆四主,及太子、太孙,各用其位之仪服。四主不从帝者之仪,是与太康异也。诸主既入庙,设脯醢之奠。及新庙成,帝王还室,又设脯醢之奠。十九年二月,追尊简文母会稽太妃郑氏为简文皇帝宣太后,立庙太庙道西。及孝武崩,京兆又迁,如穆帝之世四祧故事。安帝隆安四年,以孝武母简文李太后、帝母宣德陈太后祔于宣郑太后之庙。

元兴三年三月,宗庙神主在寻阳,已立新主于太庙,权告义事。四月,辅国将军何无忌奉送神主还。丙子,百官拜迎于石头。戊寅,入庙。安帝崩,未及祫,而天禄终焉。

宋武帝初受晋命为宋王,建宗庙于彭城,依魏、晋故事,立一庙。初祠高祖开封府君、曾祖武原府君、皇祖东安府君、皇考处士府君、武敬臧后,从诸侯五庙之礼也。既即尊位,乃增祠七世右北平府君、六世相国掾府君为七庙。永初初,追尊皇考处士为孝穆皇帝,皇妣赵氏为穆皇后。三年,孝懿萧皇后崩,又祔庙。高祖崩,神主升庙,犹从昭穆之序，如魏、晋之制，虚太祖之位也。庙殿亦不改构，又如晋初之因魏也。文帝元嘉初，追尊所生胡婕妤为章皇太后，立庙西晋宣太后地。孝武昭太后、明帝宣太后，并祔章太后庙。

晋元帝大兴三年正月乙卯，诏曰："吾虽上继世祖，然于怀、愍皇帝，皆北面称臣。今祠太庙，不亲执觞酌，而令有司行事，于情礼不安。可依礼更处。"太常华恒议："今圣上继武皇帝，宜准汉世祖故事，不亲执觞爵。"又曰："今上承继武帝，而庙之昭穆，四世而已。前太常贺循、博士傅纯以为惠、怀及愍，宜别立庙。然臣愚谓庙室当以客主为限，无拘常数。殷世有二祖二宗，若拘七室，则当祭祢而已。推此论之，宜还复豫章、颍川，全祠七庙之礼。"骠骑长史温峤议："凡言兄弟不相入庙，既非礼文，且光武奋剑振起，不策名于孝平，豫神其事，以应九世之谶，又古不共庙，故别立焉。今上以策名而言，殊于光武之事，躬奉烝尝，于经既正，于情又安矣。太常恒欲还二府君以全七世，峤谓是宜。"骠骑将军王导从峤议。峤又曰："其非子者，可直言皇帝敢告某皇帝。又若以一帝为一世，则不祭祢，反不及庶人。"于是帝从峤议，悉施用之。孙盛《晋春秋》曰："《阳秋传》云，'臣子一例也。'虽继君位，不以后尊降废前敬。昔鲁僖上嗣庄公，以友于长幼而升之，为逆。准之古义，明诏是也。"

穆帝永和二年七月，有司奏："十月殷祭，京兆府君当迁祧室。昔征西、豫章、颍川三府君毁主，中兴之初，权居天府，在庙门之西。咸康中，太常冯怀表续奉还于西储夹室，谓之为祧，疑亦非礼。今京兆迁入，是为四世远祖，长在太祖之上。昔周室太祖世远，故迁有所归。今晋庙宣皇为主，而四祖居之，是屈祖就孙也。殷祫在上，是代太祖也。"领司徒蔡谟议："四府君宜改筑别室，若未展者，当入就太庙之室。人莫敢卑其祖，文、武不先不窋。殷祭之日，征西东面，处宣皇之上。其后迁庙之主，藏于征西之祧，祭荐不绝。"护军将军冯怀表议："《礼》，'无庙者，为坛以祭。'可别立室藏之，至殷祫，则祭于坛也。"辅国将军谯王司马无忌等议："诸儒谓大王、王季迁主藏于文、武之祧，如此，府君迁主，宜在宣皇帝庙中。然今无寝室，宜变通而改筑。又殷祫太庙，征西东面。”尚书郎孙绰与无忌议同，曰："太祖虽位始九五，而道以从畅，赞人爵之尊，笃天伦之道，所以成教本而光百代也。"尚书郎徐禅议："《礼》，'去祧为坛，去坛为墠，岁祫则祭之。'今四祖迁主，可藏之石室。有祷则祭于坛墠。"又遣禅至会稽访处士虞喜。喜答曰："汉世韦玄成等以毁主瘗于园。魏朝议者云应埋两阶之间。且神主本在太庙，若今别室而祭，则不如永藏。又四君无追号之礼，益明应毁而无祭。"于是抚军将军会稽王司马昱、尚书刘劭等奏："四祖同居西祧，藏主石室，禘祫乃祭，如先朝旧仪。"时陈留范宣兄子问此礼，宣答曰："舜庙所祭，皆是庶人。其后世远而毁，不居舜上，不序昭穆。今四君号犹依本，非以功德致礼也。若依虞主之瘗，则犹藏子孙之所；若依夏主之埋，则又非本庙之阶。宜思其变，别筑一室，亲未尽则禘祫，处宣帝之上；亲尽则无缘下就子孙之列。"其后，太常刘遐等同蔡谟议。博士张凭议："或疑陈于太祖者，皆其后毁主。凭案古义无别前后之文也。禹不先鲧，则迁主居太祖之上，亦可无疑矣。"

安帝义熙九年四月，将殷祭，诏博议迁毁之礼。大司马琅邪王司马德文议："太始之初，虚太祖之位，而缘情流远，上及征西，故世尽则宜毁，而宣皇帝正太祖之位。又汉光武帝移十一帝主于洛邑，则毁主不设，理可推矣。宜从范宣之言，筑别室以居四府君之主，永藏而不祀也。"大司农徐广议："四府君尝处庙室之首，歆率土之祭。若霾之幽壤，于情理未必咸尽。谓可迁藏西储，以为远祧，而禘飨永绝也。"太尉咨议参军袁豹议："仍旧无革。殷祠犹及四府君，情理为允。"祠部郎臧寿议："四府君之主，享祀礼废，则亦神所不依。宜同虞主之瘗霾矣。"时高祖辅晋，与大司马议同。须后殷祀行事改制。

晋孝武帝太元十二年五月壬戌，诏曰："昔建太庙，每事从俭约，思与率土，致力备礼。又太祖虚位，明堂未建。郊祀，国之大事，而稽古之制阙然。便可详议。"祠部郎徐邈议："圆丘郊祀，经典无二，宣皇帝尝辨斯义。而检以圣典，爰及中兴，备加研极，以定南北二郊，诚非异学所可轻改也。谓仍旧为安。武皇帝建庙，六世三昭三穆，宣皇帝创基之主，实惟太祖，亲则王考，四庙在上，未及迁世，故权虚东向之位也。兄弟相及，义非二世，故当今庙祀，世数未足，而欲太祖正位，则违事七之义矣。又《礼》曰：‘庶子王亦禘祖立庙。’盖谓支胤授位，则亲近必复。京兆府君于今六世，宜复立此室，则宣皇未在六世之上，须前世既迁，乃太祖位定尔。京兆迁毁，宜藏主于石室。虽禘祫犹弗及。何者？传称毁主升合乎太祖，升者自下之名，不谓可降尊就卑也。太子、太孙阴室四主，储嗣之重，升祔皇祖所配之庙，世远应迁，然后从食之孙，与之俱毁。明堂圆方之制，纲领已举，不宜阙配帝之祀。且王者以天下为家，未必一邦，故周平、光武无废于二京也。周公宗祀文王，汉明配以世祖，自非惟新之考，孰配上帝。"遹又曰："明堂所祀之神，积疑莫辨。按《易》：‘殷荐上帝，以配祖考。’祖考同配，则上帝亦为天，而严父之义显。《周礼》，旅上帝者有故，告天与郊祀常礼，同用四圭，故并言之。若上帝者五帝，经文何不言祀天旅五帝，祀地旅四望乎？人帝之与天帝，虽天人之通谓，然五方不可言上帝，诸侯不可言大君也。书无全证，而义容彼此，故太始、太康二纪之间，兴废迭用矣。"侍中车胤议又曰："明堂之制，既其难详。且乐主于和，礼主于敬，故质文不同，音器亦殊。既茅茨广夏，不一其度，何必守其形范，而不知弘本顺民乎？九服咸宁，河朔无尘，然后明堂辟雍可崇而修之。"中书令王珉意与胤同。太常孔注议："太始开元，所以上祭四府君，诚以世数尚近，可得飨祠，非若殷、周先世，王迹所因也。向使京兆尔时在七世之外，自当不祭此四王。推此知既毁之后，则殷禘所绝矣。"吏部郎王忱议："明堂则天象地，仪观之大，宜俟皇居反旧，然后修之。"骠骑将军会稽王司马道子、尚书令谢石□同忱议。于是奉行，一无所改。

晋安帝义熙二年六月，白衣领尚书左仆射孔安国启云："元兴三年复，应殷祠。昔年三月，皇舆旋轸。其年四月，便应殷，而太常博士徐乾等议云：‘应用孟秋。’台寻校自泰和四年相承皆用冬夏，乾等既伏应孟冬，回复追明孟秋非失。御史中丞范泰议：‘今虽既祔之后，得以烝尝，而无殷荐之比。太元二十一年十月应殷，烈宗以其年九月崩。至隆安三年，国家大吉，乃修殷事。又礼，有丧则废吉祭，祭新主于寝。今不设别寝，既祔，祭于庙。故四时烝尝，以寄追远之思，三年一禘，以习昭穆之序，义本各异。三年丧毕，则合食太祖，遇时则殷，无取于限三十月也。当是内台常以限月成旧。’就如所言，有丧可殷。隆安之初，果以丧而废矣。月数少多，复迟速失中。至于应寝而修，意所未譬。”安国又启：“范泰云：‘今既祔，遂祭于庙，故四时烝尝。’如泰此言，殷与烝尝，其本不同。既祔之后，可亲祔尝，而不得亲殷也。太常刘瑾云：‘章后丧未一周，不应祭。’臣寻升平五年五月，穆皇帝崩，其年七月，山陵，十月，殷。兴宁三年二月，哀皇帝崩，泰和元年五月，海西夫人庾氏薨，时为皇后，七月，葬，十月，殷。此在哀皇再周之内，庾夫人既葬之后，二殷策文见在庙。又文皇太后以隆安四年七月崩，陛下追述先旨，躬服重制，五年十月，殷。再周之内，不以废事。今以小君之哀，而泰更谓不得行大礼。臣寻永和十年至今五十余载，用三十月辄殷，皆见于注记，是依礼，五年再殷。而泰所言，非真难臣，乃以圣朝所用，迟速失中。泰为宪司，自应明审是非，君臣所启不允，即当责失奏弹，而愆堕稽停，遂非忘旧。请免泰、瑾官。”丁巳，诏皆白衣领职。于是博士徐乾皆免官。初，元兴三年四月，不得殷祠进用十月，计常限，则义熙三年冬又当殷，若更起端，则应用来年四月。领司徒王谧、丹阳尹孟昶议：“有非常之庆，必有非常之礼。殷祭旧准不差，盖施于经常尔。至于义熙之庆，经古莫二，难曰旋幸，理同受命。愚谓理运惟新，于是乎始。宜用四月。”中领军谢混、太常刘瑾议：“殷无定日，考时致敬，且礼意尚简。云年十月祠，虽于日有差，而情典允备，宜仍以为正。”太学博士徐乾议：“三年一祫，五年一禘，经传记籍，不见补殷之文。”员外散骑侍郎、领著作郎徐广议：“寻先事，海西公泰和六年十月，殷祠。孝武皇帝宁康二年十月，殷祠。若依常去前三十月，则应用四月也。于时盖当有故，而迁在冬，但未详其事。太元元年十月，殷祠，依常三十月，则应用二年四月也。是追计辛未岁十月，来合六十月而再殷。何邵甫注《公羊传》云，袷从先君来，积数为限。'自僖八年至文二年，知为袷祭。'如此，履端居始，承源成流，领会之节，远因宗本也。昔年有故推迁，非其常度。宁康、泰元前事可依。虽年有旷近之异，然追计之理同矣。愚谓从复常次者，以推归正之道也。左丞刘润之等议："泰元元年四月，应殷，而礼官堕失，建用十月。本非正期，不应即以失为始也。宜以反初四月为始。当用三年十月。"尚书奏从王谧议，以元年十月为始也。

宋孝武帝孝建元年十二月戊子，有司奏："依旧，今元年十月是殷祠之月。领曹郎范泰参议，依永初三年例，须再周之外殷祭。寻祭再周来二年三月，若以四月殷，则犹在禫内。"下礼官议正。国子助教苏玮生议："案《礼》，三年丧毕，然后袷于太祖。又云'三年不祭，唯天地社稷，越绋行事。'且不禫即祭，见讥《春秋》。求之古礼，丧服未终，固无裸享之义。自汉文以来，一从权制，宗庙朝聘，莫不皆吉。虽祥禫空存，无缞缟之变，烝尝荐祀，不异平日。殷祠礼既弗殊，岂独以心忧为碍。"太学博士徐宏议："三年之丧，虽从权制，再祥周变，犹服缟素，未为纯吉，无容以祭。谓来四月，未宜便殷，十月则允。"太常丞臣朱膺之议："《虞礼》云：'中月而禫，是月也吉祭，犹未配。'谓二十七月既禫祭，当四时之祭日，则未以其妃配，哀未恐也。推此而言，未禫不得祭也。又《春秋》闵公二年：'吉禘于庄公。'郑玄云：'闵公心惧于难，务自尊成，以厌其祸，凡二十二月而除丧，又不禫。'云又不禫，明禫内不得禘也。案王肃等言于魏朝云，今权宜存古礼，俟毕三年。旧说三年丧毕，遇禘则禘，遇袷则袷。郑玄云：'禘以孟夏，袷以孟秋。'今相承用十月。如宏所上《公羊》之文，如为有疑，亦以鲁闵设服，因言丧之纪制尔。何必全许素冠可吉禘。纵《公羊》异说，官以礼为正，亦求量宜。"郎中周景远参议："永初三年九月十日，奏傅亮议：'权制即吉，御世宜尔。宗庙大礼，宜依古典。'则是皇宋开代成准。谓博士徐宏、太常丞朱膺之议用来年十月殷祠为允。"诏可。

宋殷祭皆即吉乃行。大明七年二月辛亥，有司奏："四月应殷祠,若事中未得为,得用孟秋与不?"领军长史周景远议:"案《礼记》云:'天子袷禘袷尝袷烝。'依如礼文,则夏秋冬三时皆殷,不唯用冬夏也。晋义熙初,仆射孔安国启议:'自泰和四年相承殷祭,皆用冬夏。'安国又启:'永和十年至今,五十余年,用三十月辄殷祠。'博士徐乾据《礼》难安国。乾又引晋咸康六年七月殷祠,是不专用冬夏。于时晋朝虽不从乾议,然乾据《礼》及咸康故事,安国无以夺之。今若来四月未得殷祠,迁用孟秋,于礼无违。"参议据礼有证,谓用孟秋为允。诏可。

晋武帝咸宁五年十一月己酉,弘训羊太后崩,宗庙废一时之祀,天地明堂去乐,且不上胙。升平五年十月己卯,殷祠,以穆帝崩后,不作乐。初永嘉中,散骑常侍江统议曰:"《阳秋》之义,去乐卒事。"是为吉祭有废乐也。故升平末行之。其后太常江逌表:"穆帝山陵之后,十月殷祭,从太常丘夷等议,撤乐。逌寻详今行汉制,无特祀之别。既入庙吉禘,何疑于乐。"

史臣曰:闻乐不怡,故申情于遏密。至于谅阁夺服,虑政事之荒废,是以乘权通以设变,量轻重而降屈。若夫奏音之与寝声,非有损益于机务,纵复回疑于两端,固宜缘恩而从戚矣。

宋世国有故,庙祠皆悬而不乐。

宋书卷一七
志第七

礼　四

宋文帝元嘉三年五月庚午，以诛徐羡之等，仇耻已雪，币告太庙。

元嘉三年十二月甲寅，西征谢晦，告太庙、太社。晦平，车驾旋轸，又告。

元嘉六年七月，太学博士徐道娱上议曰："伏见太庙烝尝仪注，皇帝行事毕，出便坐，三公已上献，太祝送神于门，然后至尊还拜，百官赞拜，乃退。谨寻清庙之道，所以肃安神也。《礼》曰，庙者貌也，神灵所冯依也。事亡如存，若常在也。既不应有送神之文，自陈豆荐俎，车驾至止，并弗奉迎。夫不迎而送，送而后辞，暗短之情，实用未达。按时人私祠，诚皆迎送，由于无庙，庶感降来格。因心立意，非王者之礼也。《仪礼》虽太祝迎尸于门，此乃延尸之仪，岂是敬神之典。恐于礼有疑，谨以议上。"有司奏下礼官详判。博士江邃议："在始不迎，明在庙也。卒事而送，节孝思也。若不送而辞，是舍亲也。辞而后送，是遣神也。故孝子不忍违其亲，又不忍遣神。是以祝史送神，以成烝尝之义。"博士贺道期议："乐以迎来，哀以送往。《祭统》：'迎牲而不迎尸。'《诗》云：'钟鼓送尸。'郑云：'尸。'神象也。'与今仪注不迎而后送，若合符契。"博士荀万秋议："古之事尸，与今之事神，其义一也。《周礼》，尸出，送于庙门，拜，尸不顾。《诗》云：'钟鼓送尸。'则送神之义，其来久矣。《记》曰：'迎牲而不迎尸.'别嫌也。尸在门外,则疑于臣;入庙中,则全于君。君在门外,则疑于君;入庙,则全于臣。是故不出者,明君臣之义,"邃等三人谓旧仪为是,唯博士陈珉同道娱议。参详"邃等议虽未尽然,皆依拟经礼。道娱、珉所据难从。今众议不一,宜遵旧体。"诏可。

元嘉六年九月,太学博士徐道娱上议曰:"祠部下十月三日殷祠,十二日烝祀。谨按禘祫之礼,三年一,五年再。《公羊》所谓五年再殷祭也。在四时之间,《周礼》所谓凡四时之间礼也。盖历岁节月无定,天子诸侯,先后弗同。《礼》称'天子祫尝,诸侯烝祫。有田则祭,无田则荐。'郑注:'天子先祫,然后时祭,诸侯先时祭,然后祫。有田者既祭又荐新。祭以首时,荐以仲月。'然则大祭四祀,其月各异。天子以孟月殷,仲月烝,诸侯孟月尝,仲月祫也。《春秋》僖公八年秋七月,禘。文公二年八月,大事于太庙。《穀梁传》曰:'箸祫尝也。'昭公十五年二月,有事于武宫。《左传》曰:'礼也。'又《周礼》'仲冬享烝。'《月令》'季秋尝稻'。晋春烝曲沃,齐十月尝太公,此并孟仲区别不共之明文矣。凡祭必先卜,日用丁巳,如不从,进卜远日。卜未吉,岂容二事,推期而往,理尤可知。寻殷烝祀重,祭荐礼轻。轻尚异月,重宁反同。且'祭不欲数,数则渎。'今隔旬频享,恐于礼为烦。自经纬坟诰,都无一月两献,先儒旧说,皆云殊朔。晋代相承,未审其原。国事之重,莫大乎祀。愚管肤浅,窃以惟疑。请详告下议。"寝不报。

元嘉七年四月乙丑,有司奏曰:"《礼·丧服》传云:'有死于宫中者,则为之三月不举祭。'今礼祀既戒,而掖庭有故。下太常依礼详正。太学博士江邃、袁朗、徐道娱、陈珉等议,参互不同。殿中曹郎中领祠部谢元议以为:'遵依《礼》传,使有司行事,于义为安。'辄重参详。宗庙敬重,禴祀精明。虽圣情罔极,必在亲奉。然苟曰有疑,则情以礼屈。无所称述,于义有据。请听如元所上。"诏可。

元嘉十年十二月癸酉,太祝令徐闰刺署:"典宗庙社稷祠祀荐五牲,牛羊豕鸡并用雄。其一种市买,由来送雌。窃闻周景王时,宾起见雄鸡自断其尾,曰:'鸡惮牺,不祥。'今何以用雌?求下礼官祥正。"勒太学依礼详据。博士徐道娱等议称:"案《礼》孟春之月,'是月也,牺牲无用牝。'如此,是春月不用雌尔,秋冬无禁。雄鸡断尾,自可是春月。"太常丞司马操议:"寻《月令》,孟春'命祀山林川泽,牺牲无用牝。'若如学议,春祠三牲以下,便应一时俱改,以从《月令》,何以偏在一鸡。"重更勒太学议答。博士徐道娱等又议称:"凡宗祀牺牝不一,前惟《月令》不用牝者,盖明在春必雄,秋冬可雌,非以山林同宗庙也。四牲不改,在鸡偏异,相承来久,义或有由,诚非末学所能详究。求详议告报,如所称令。"参详:"闰所称粗有证据,宜如所上,自今改用雄鸡。"

孝武帝孝建三年五月丁巳,诏以第四皇子出绍江夏王太子睿为后。有司奏:"皇子出后,检未有告庙先例,辄勒二学礼官议正,应告与不?告者为告几室?"太学博士傅休议:"礼无皇子出后告庙明文。晋太康四年,封北海王寔绍广汉殇王后,告于太庙。汉初帝各异庙,故告不必同。自汉明帝以来,乃共堂各室,魏、晋依之。今既共堂,若独告一室,而阙诸室,则于情未安。"太常丞庾亮之议:"案《礼》,'大事则告祖祢,小事则特告祢。'今皇子出嗣,宜告祢庙。"祠部朱膺之议以为:"有事告庙,盖国之常典。今皇子出绍,事非常均。愚以为宜告。贺循云,'古礼异庙,唯谒一室'是也。既皆共庙,而阙于诸帝,于情未安。谓循言为允,宜在皆告。"兼右丞殿中郎徐爰议以为:"国之大事,必告祖祢。皇子出嗣,不得谓小。昔第五皇子承统庐陵,备告七庙。"参议以爰议为允。诏可。

大明元年六月己卯朔,诏以前太子步兵校尉祗男歆绍南丰王朗。有司奏:"朗先嗣营阳,告庙临轩。检继体为旧,不告庙临轩。"下礼官议正。太学博士王燮之议:"南丰昔别开土宇,以绍营阳,义同始封,故有临轩告庙之礼。今歆奉诏出嗣,则成继体,先爵犹存,事是传袭,不应告庙临轩。"祠部郎朱膺之议:"南丰王嗣爵封已绝,圣恩垂矜,特诏继茅土,复申义同始封,为之告庙临轩。"殿中郎徐爰议:"营阳继体皇基,身亡封绝,恩诏追封,锡以一城。既始启建茅土,故宜临轩告庙。今歆继后南丰,彼此俱为列国,长沙、南丰自应各告其祖,岂关太庙。事非始封,不合临轩。同博士王燮之议。"参详:"爰议为允。"诏可。

大明三年六月乙丑,有司奏:"来七月十五日,尝祠太庙、章皇太后庙,舆驾亲奉。而乘舆辞庙亲戎,太子合亲祠与不?且今月二十四日,第八皇女夭。案《礼》'宫中有故,三月不举祭。'皇太子入住上宫,于事有疑。"下礼官议正。太学博士司马兴之议:"窃惟'国之大事,在祀与戎。'皇太子有抚军之道,而无专御之义,戎既如之,祀亦宜然。案《祭统》,'夫祭之道,孙为王父尸'。又云'祭有昭穆,所以别父子'。太子监国,虽不摄,至于宗庙,则昭穆实存,谓事不可乱。又云'有故则使人'。准此二三,太子无奉祀之道。又皇女夭札,则实同宫一体之哀,理不得异。设令得祀,令犹无亲奉之义。"博士郁议:"案《春秋》,太子奉社稷之粢盛,长子主器,出可守宗庙,以为祭主,《易象》明文。监国之重,居然亲祭。皇女夭札,时既同宫,三月废祭,于礼宜停。"二议不同。尚书参议:"宜以郁议为允。"诏可。

大明三年十一月乙丑朔,有司奏:"四时庙祠,吉日已定,遇雨及举哀,旧停亲奉,以有司行事。先下使礼官博议,于礼为得迁日与不?"博士江长议:"《礼记·祭统》:'君之祭也,有故则使人,而君不失其仪。'郑玄云:'君虽不亲,祭礼无阙,君德不损。'愚以为有故则必使人者,明无迁移之文。苟有司充事,谓不宜改日。"太常丞陆澄议:"案《周礼》宗伯之职,'若王不与祭祀,则摄位。'郑君曰:'王有故,行其祭事也。'臣以为此谓在致斋,祭事尽备,神不可渎,斋不可久,而王有他故,则使有司摄焉。晋太始七年四月,世祖将亲祠于太庙。庚戌,车驾夕牲。辛亥,雨,有司行事。此虽非人故,盖亦天砆也。求之古礼,未乖周制。案《礼记》,'孔子答曾子,当祭而日蚀太庙火,如牲至未杀,则废。'然则祭非无可废之道也,但权所为之轻重耳。日蚀庙火,变之甚者,故乃牲至尚犹可废。推此而降,可以理寻。今散齐之内,未及致齐,而有轻□甚雨,日时展事,可以延敬。不愆义情,无伤正典,改择令日,夫何以疑。愚谓散齐而有举哀若雨,可更迁日。唯入致齐及日月逼晚者,乃使有司行事耳。又前代司空顾和启，南郊车驾已出遇雨，宜迁日更郊，事见施用。郊之与庙，其敬可均，至日犹迁，况散齐邪。"殿中郎中殷淡议："《曾子问》：'日蚀大庙火，牲未杀则废。'纵有故则使人。清庙敬重，郊禋礼大，故庙焚日蚀，许以可迁，轻哀微故，事不合改。是以纍鼠食牛，改卜非礼。晋世祖有司行事，顾司空之改郊月，既不见其当时之宜，此不足为准。愚谓日蚀庙火，天谴之变，乃可迁日。至于举哀小故，不宜改辰。"众议不同。参议："既有理据，且晋氏迁郊，宋初迁祠，并有成准。谓孟月散齐之中，遇雨及举轻哀，宜择吉更迁，无定限数。唯入致齐及侵仲月节者，使有司行事。"诏可。

　　大明五年十月甲寅，有司奏："今月八日，祫祠二庙，公卿行事。有皇太子献妃服。"前太常丞庾蔚之议："礼所以有丧废祭，由祭必有乐。皇太子以元嫡之重，故主上服妃，不以尊降。既正服大功，愚谓不应祭。有故，三公行事，是得祭之辰，非今之比。卿卒犹不绎，况于太子妃乎。"博士司马兴之议："夫缌则不祭，《礼》之大经。卿卒不绎，《春秋》明义。又寻魏代平原公主薨，高堂隆议不应三月废祠，而犹云殡葬之间，权废事改吉，芬馥享祠。寻此语意，非使有司。此无服之丧，尚以未葬为废，况皇太子妃及大功未祔者邪？上寻礼文，下准前代，不得祫祠。"领军长史周景远议："案《礼》，'缌不祭。'大功废祠，理不俟言。今皇太子故妃既未山茔，未从权制，则应依礼废祫尝。至尊以大功之服，于礼不得亲奉，非有故之谓，亦不使公卿行事。"右丞徐爰议以为："《礼》，'缌不祭'，盖惟通议。大夫以尊贵降绝，及其有服，不容复异。《祭统》云'君有故使人可'者，谓于礼应祭，君不得齐，祭不可阙，故使臣下摄奉。不谓君不应祭，有司行事也。晋咸宁四年，景献皇后崩，晋武帝伯母，宗庙废一时之祫，虽名号尊崇，粗可依准。今太子妃至尊正服大功，非有故之比。既未山茔，谓祫祠宜废。寻蔚之等议，指归不殊，阙祫为允。过卒哭祔庙，一依常典。"诏可。

　　大明七年二月丙辰，有司奏："銮舆巡搜江左，讲武校猎，获肉先荐太庙、章太后庙，并设醮酒，公卿行事，及献妃阴室，室长行事。”太学博士虞和议：“检《周礼》，四时讲武献牲，各有所施。振旅春搜，则以祭社；茇舍夏苗，则以享礿；治兵秋狝，则以祀方；大阅冬狩，则以享烝。案《汉祭祀志》：‘唯立秋之日，白郊事毕，始扬威武，名曰貙刘。乘舆入圈，躬执弩以射，牲以鹿麛。太宰令谒者各一人，载获车驰送陵庙。’然则春田荐庙，未有先准。”兼太常丞庾蔚之议：“和所言是搜狩不失其时，此礼久废。今时和表晏，讲武教人，又虔供干豆，先荐二庙，礼情俱允。社主土绅，司空土官，故祭社使司空行事。太庙宜使上公。”参议：“搜狩之礼，四时异议，礼有损益，时代不同。今既无复四方之祭，三杀之仪，旷废来久，禽牲物，面伤翦毛，未成禽不献。太宰令谒者择上杀奉送，先荐庙社二庙，依旧以太尉行事。”诏可。

明帝泰豫元年七月庚申，有司奏：“七月尝祠，至尊谅闇之内，为亲奉与不？使下礼官通议。伏寻三年之制，自天子达。汉文愍秦余之弊，于是制为权典。魏、晋以来，卒哭而祔则就吉。案《礼记·王制》，‘三年不祭，唯祭天地社稷，为越绋而行事。’郑玄云：‘唯不敢以卑废尊也。’范宣难杜预、段畅，所以阙宗庙祭者，皆人理所奉，哀戚之情，同于生者。谯周《祭志》称：“礼，身有丧，则不为吉祭。缌麻之丧，于祖考有服者，则亦不祭，为神不飨也。’寻宫中有故，虽在无服，亦废祭三月，有丧不祭。如或非若三年之内必宜亲奉者，则应禘序昭穆。而今必须免丧，然后禘祫，故知未祭之意，当似可思。《起居注》，晋武有二丧，两期之中，并不自祠。亦近代前事也。伏惟至尊孝越姬文，情深明发，公服虽释，纯哀内缠。推访典例，则未应亲奉。有司祇应，祭不为旷。仰思从敬，窃谓为允。臣等参议，甚有明证，宜如所上。”诏可。

后废帝元徽二年十月丙寅，有司奏：“至尊亲祠太庙文皇帝太后之日，孝武皇帝及昭穆太后，虽亲非正统，而尝经北面，未详应亲执爵与不？”下礼官议。太学博士周山文议：“案礼，尊者尊统上，卑者尊统下。孝武皇帝于至尊虽亲非正统，而祖宗之号，列于七庙。愚谓亲奉之日，应执觞爵。昭皇太后既亲非礼正，宜使三公行事。”博士颜㸑等四人同山文。兼太常丞韩贲议："晋景帝之于世祖，肃祖之于孝武，皆傍尊也，亲执觞勺。今孝武皇帝于至尊，亲惟伯父，功列祖宗，奉祠之日，谓宜亲执。按昭皇太后于主上，亲无名秩，情则疏远，庶母在我，犹子祭孙止，况伯父之庶母。愚谓昭后觞爵，可付之有司。"前左丞孙缅议："晋世祖宗祠显宗、烈宗、肃祖，并是晋帝之伯，今朝明准，而初无有司行事之礼。愚谓主上亲执孝武皇帝觞爵，有惬情敬。昭皇太后君母之贵，见尊一时，而与章、宣二庙同飨闷宫，非唯不躬奉，乃宜议其毁替。请且依旧，三公行事。"诏缅议为允。

宋孝武帝孝建元年十月戊辰，有司奏章皇太后庙毁置之礼。二品官议者六百六十三人。太傅江夏王义恭以为："经籍残伪，训传异门，谅言之者罔一，故求之者鲜究。是以六宗之辩，舛于兼儒，迭毁之论，乱于群学。章皇太后诞神启圣，礼备中兴，庆流胙胤，德光义远。宜长代崇芬，弈叶垂则。岂得降俦通伦，反遵常典。夫议者成疑，实傍纪传，知一爽二，莫穷书旨。按《礼记》不代祭，爰及慈母，置辞令有所施。《穀梁》于孙止，别主立祭。则亲执虔祀，事异前志。将由大君之宜，其职弥重，人极之贵，其数特中，且汉代鸿风，遂登配祔，晋氏明规，咸留荐祀。远考史策，近因暗见，未应毁之，于义为长。所据《公羊》，祗足坚秉。安可以贵等帝王，祭从士庶，缘情访制，颠越滋甚。谓应同七庙，六代乃毁。"六百三十六人同义恭不毁。散骑侍郎王法施等二十七人议应毁。领曹郎中周景远重参议："义恭等不毁议为允。"诏可。

大明二年二月庚寅，有司奏："皇代殷祭，无事于章后庙。高堂隆议魏文思后依周姜嫄庙禘祫，及徐邈答晋宣太后殷荐旧事，使礼官议正。"博士孙武议："按《礼记·祭法》，'置都立邑，设庙祧坛墠而祭之，乃为亲疏多少之数。是故王立七庙，远庙为祧。'郑云：'天子迁庙之主，昭穆合藏于祧中，祫乃祭之。'《王制》曰：'祫禘。'郑云：'祫，合也。合先君之主于祖庙而祭之，谓之祫。三年而夏禘，五年而秋祫，谓之五年再殷祭。'又'禘，大祭也。'《春秋》文公二年，

'大事于太庙。'《传》曰：'毁庙之主，陈于太祖；未毁庙之主，皆升合食太庙。'《传》曰：'合族以食，序以昭穆。'《祭统》曰：'有事于太庙，则群昭群穆咸在，不失其伦。'今殷祠是合食太祖，而序昭穆。章太后既屈于上，不列正庙。若迎主入太庙，既不敢配列于正序，又未闻于昭穆之外别立为位。若徐邈议，今殷祠就别庙奉荐，则乖禘祫大祭合食序昭穆之义。邈云：'阴室四殇，不同祫就祭。'此亦其义也。《丧服小记》：'殇与无后，从祖祔食。'《祭法》：'王下祭殇。'郑玄云：'祭适殇于庙之奥，谓之阴厌。'既从祖食于庙奥，是殇有位于奥，非就祭别宫之谓。今章太后庙，四时飨荐，虽不于孙止，若太庙禘祫，独祭别宫，与四时烝尝不异，则非禘大祭之义，又无取于祫合食之文。谓不宜与太庙同殷祭之礼。高堂隆答魏文思后依姜嫄庙禘祫，又不辨祫之义，而改祫大飨，益有由而然耳。守文浅学，惧乖礼衷。"博士王燮之议："按禘小祫大，礼无正文，求之情例，如有。推寻祫之为名，虽在合食，而祭典之重，于此为大。夫以孝飨亲，尊爱同极，因殷荐太祖，亦致盛祀于小庙。譬有事于尊者，可以及卑。故高堂隆所谓独以祫故而祭之也。是以魏之文思，晋之宣后，虽并不序于太庙，而犹均禘于姜嫄，其意如此。又徐邈所引四殇不祫，就而祭之，以为别飨之例，斯其证矣。愚谓章皇太后庙，亦宜殷荐。"太常丞孙缅议以为："祫祭之名，义在合食，守经据古，孙武为详。窃寻小庙之礼，肇自近魏，晋之所行，足为前准。高堂隆以祫而祭，有附情敬。徐邈引就祭四殇，以证别飨。孙武据殇祔于祖，谓庙有殇位。寻事虽同庙，而祭非合食。且七庙同宫，始自后汉，礼之祭殇，各祔厥祖。既豫祫，则必异庙而祭。愚谓章庙殷荐，推此可知。"祠部朱膺之议："閟宫之祀，高堂隆、赵怡并云周人祫，岁俱祫祭之。魏、晋二代，取则奉荐，名儒达礼，无相讥非，不忿不忘，率由旧章。愚意同王燮之、孙缅议。"诏曰："章皇太后追尊极号，礼同七庙，岂容独阙殷荐，隔兹盛祀。閟宫遥祫，既行有周，魏、晋从飨，式范无替。宜述附前典，以宣情敬。"

明帝泰始二年正月，孝武昭太后崩。五月甲寅，有司奏："晋太元中，始正太后尊号，徐邈议庙制，自是以来，著为通典。今昭皇太后于至尊无亲，正特制义服。祔庙之礼，宜下礼官详议。"博士王略、太常丞虞愿议："正名存义，有国之徽典；臣子一例，史传之明文。今昭皇太后正位母仪，尊号允著，祔庙之礼，宜备彝则。母以子贵，事炳圣文，孝武之祧，既百代不毁，则昭后之祔，无缘有亏。愚谓神主应入章后庙。又宜依晋元皇帝之于愍帝，安帝之于永安后，祭祀之日，不亲执觞爵，使有司行事。"时太宗宣太后已祔章太后庙，长兼仪曹郎虞和议以为："《春秋》之义，庶母虽名同崇号，而实异正嫡。是以犹考别宫，而公子主其祀。今昭皇太后既非所生，益无亲奉之理。《周礼》宗伯职云：'若王不与祭，则摄位。'然则宜使有司行其礼事。又妇人无常秩，各以夫氏为定，夫亡以子为次。昭皇太后即正位在前，宣太后追尊在后，以从序而言，宜跻新祔于上。"参详："和议为允。"诏可。

泰始二年六月丁丑，有司奏："来七月尝祀二庙，依旧车驾亲奉。孝武皇帝至尊亲进觞爵及拜伏。又昭皇太后室应拜，及祝文称皇帝讳。又皇后今月二十五日虔见于祔，拜孝武皇帝、昭皇太后，并无明文，下礼官议正。"太学博士刘绲议："寻晋元北面称臣于愍帝，烝尝奉荐，亦使有司行事。且兄弟不相为后，著于鲁史。以此而推，孝武之室，至尊无容亲进觞爵拜伏。其日亲进章皇太后庙，经昭皇太后室过，前议既使有司行事，谓不应进拜。昭皇太后正号久定，登列庙祀，详寻祝文，宜称皇帝讳。案礼，妇无见兄之典，昭后位居傍尊，致虔之仪，理不容备。孝武、昭后二室，牲荐宜阙。"太常丞虞愿议："夫烝尝之礼，事存继嗣，故傍尊虽近，弟侄弗祀。君道虽高，臣无祭典。按晋景帝之于武帝，属居伯父，武帝至祭之日，犹进觞爵。今上既纂祠文皇，于孝武室谓宜进拜而已，觞爵使有司行事。按《礼》，'过墓则轼，过祀则下。'凡在神祇，尚或致恭，况昭太后母临四海，至尊亲曾北面，兄母有敬，谓宜进拜，祝文宜称皇帝讳。寻皇后庙见之礼，本修虔为义，今于孝武，论其嫂叔，则无通问之典，语其尊卑，亦无相见之义。又皇后登御之初，昭后犹正位在宫，敬谒之

道，久已前备。愚谓孝武、昭太后二室，并不复荐告。"参议以愿议为
允。诏可。

后废帝元徽二年十月壬寅，有司奏昭太后庙毁置，下礼官详
议。太常丞韩贲议："按君母之尊，义发《春秋》，庶后飨荐无间。周
典七庙承统，犹亲尽则毁，况伯之所生，而无服代祭。稽之前代，未
见其准。"都令史殷匪子议："昭皇太后不系于祖宗，进退宜毁。议者
云，'妾祔于妾祖姑'，祔既必告，毁不容异。应告章皇太后一室。按
《记》云：'妾祔于妾祖姑，无妾祖姑，则易牲而祔于女君可也。'始章
太后于昭太后，论昭穆而言，则非妾祖姑，又非女君，于义不当。伏
寻昭太后名位允极，昔初祔之始，自上祔于赵后，即安于西庙，并皆
币告诸室。古者大事必告，又云每事必告。礼，牲币杂用。检魏、晋
以来，互有不同。元嘉十六年，下礼官辨正。太学博士殷灵祚议称：
'吉事用牲，凶事用币。'自兹而后，吉凶为判，已是一代之成典。今
事虽不全凶，亦未近吉，故宜依旧，以币遍告二庙。又寻昭太后毁
主，无义陈列于太祖，博士欲依虞主埋于庙两阶之间。按阶间本以
埋告币埋虞主之所。昔虞喜云，依五经典议，以毁主祔于虞主，埋于
庙之北墙，最为可据。昭太后神主毁之埋之后，上室不可不虚置，太
后便应上下升之。既升之顷，又应设脯醢以安神。今礼官所议，谬
略未周。迁毁事大，请广详访。"左仆射刘康等七人同匪子。左丞王
谌重参议，谓："以币遍告二庙，埋毁殷主于北墙，宣太后上室，仍设
脯醢以安神。匪子议为允。"诏可。

魏明帝太和三年，诏曰："礼，王后无嗣，择建支子以继太宗，则
当纂正统而奉公义，何得顾私亲哉。汉宣继昭帝，后加悼考以皇号，
哀帝以外蕃援立，而董宏等称引亡秦，或误朝议，遂尊恭皇，立庙京
师，又宠蕃妾，使比长信，僭差无礼，人神弗佑，非罪师丹忠正之谏，
用致丁、傅焚如之祸。自是之后，相踵行之。其令公卿有司，深以前
代为诫。后嗣万一有由诸侯入奉大统，则当明为人后之义。敢为佞
邪，导谀君上，妄建非正之号，谓考为皇，称妣为后，则股肱大臣，诛

之无赦。其书令策，藏之宗庙，著于令典。"是后高贵、常道援立，皆不外尊也。

晋愍帝建兴四年，司徒梁芬议追尊之礼，帝既不从，而左仆射索綝等亦称引魏制，以为不可。故追赠吴王为太保而已。元帝太兴二年，有司言琅邪恭王宜称皇考。贺循议云："礼典之义，子不敢以己爵加其父号。"帝又从之。二汉此典弃矣。

魏明帝有爱女曰淑涉，三月而夭，帝痛之甚，追封谥为平原懿公主，葬于南陵，立庙京师。无前典，非礼也。

宋孝武帝孝建元年七月辛酉，有司奏："东平冲王年稚无后，唯殇服五月。虽不殇君，应有主祭，而国是追赠，又无其臣。未详毁灵立庙，为当它祔与不？"辄下礼官祥议。太学博士臣徐宏议："王既无后，追赠无臣，殇服既竟，灵便合毁。《记》曰：'殇与无后者，从祖祔食。'又曰：'士大夫不得祔于诸侯，祔于祖之为士大夫者。'按诸侯不得祔于天子。冲王则宜祔诸祖之庙为王者，应祔长沙景王庙。"诏可。

大明四年丁巳，有司奏："安陆国土虽建，而奠酹之所未及营立，四时荐飨，故祔江夏之庙。先王所生夫人，当应祠不？"太学博士傅郁议："应废祭。"右丞徐爰议："按《礼》，'慈母妾母不代祭。'郑玄注：'以其非正，故《传》曰子祭孙止。'又云：'为慈母后者，为祖庶母可也。'注称：'缘为慈母后之义，父妾无子，亦可命己庶子为之后也。'考寻斯义，父母妾之祭，不必唯子。江夏宣王太子，体自元宰，道戚之胤，遭时不幸，圣上矜悼，降出皇爱，嗣承徽绪，光启大蕃，属国为祖。始王夫人载育明懿，则一国之正，上无所厌，哀敬得申。既未获祔享江夏，又不从祭安陆。即事求情，愚以为宜依祖母有为后之义，谓合列祀于庙。"二议不同，参议以爰议为允，诏可。

大明六年十月丙寅，有司奏："故晋陵孝王子云未有嗣，安庙后三日，国臣从权制除释，朔望周忌，应还临与不？祭之日，谁为主？"太常丞庾蔚之议："既葬三日，国臣从权制除而释，灵筵犹存，朔望及期忌,诸臣宜还临哭,变服衣帢,使上卿主祭。王既未有后,又无三年服者,期亲服除之,而国尚存,便宜立庙,为国之始祖。服除之日,神主暂祔食祖庙。诸王不得祖天子,宜祔从祖国庙,还居新庙之室。未有嗣之前,四时飨荐,常使上卿主之。”左丞徐爰参议:“以蔚之议为允。”诏可。

大明七年正月庚子,有司奏:“故宣贵妃加殊礼,未详应立庙与不?”太学博士虞和议:“《曲礼》云:‘天子有后,有夫人。’《檀弓》云:‘舜葬苍梧,三妃未之从。’《昏义》云:‘后之立六宫,有三夫人。’然则三妃即三夫人也。后之有三妃,犹天子之有三公也。按《周礼》,三公八命,诸侯七命。三公既尊于列国诸侯,三妃亦贵于庶邦夫人。据《春秋传》,仲子非鲁惠元嫡,尚得考彼别宫。今贵妃是秩,天之崇班,理应立此新庙。”左丞徐爰议:“宣贵妃既加殊命,礼绝五宫,考之古典,显有成据。庙堂克构,宜选将作大匠。”参详以和、爰议为允。诏可。

大明七年三月戊戌,有司奏:“新安王服宣贵妃齐衰期,十一月练,十三月缟,十五月祥,心丧三年。未详宣贵妃祔庙,应在何时?入庙之日,当先有祔,但入新庙而已?若在大祥及禫中入庙者,遇四时便得祭不? 新安王在心制中,得亲奉祭不?”太学博士虞和议:“《春秋传》云:‘祔而作主,烝尝禘于庙。’尝为吉祭之名,大祥及禫,未得入庙,应在禫除之后也。新安王心丧之内,若遇时节,便应吉祭于庙,亲奉亦在无嫌。祔之为言,以后亡者祔于先庙也。《小记》云:‘诸侯不得祔于天子。’今贵妃爵视诸侯,居然不得祔于先后。又别考新宫,无所宜祔。且卒哭之后,益无祔理。”左丞徐爰议以:“礼有损益,古今异仪,虽云卒哭而祔,祔而作主,时之诸侯,皆禫终入庙。且麻衣缥缘,革服于元嘉,苫经变除,申情于皇宋。况宣贵妃诞育睿蕃,葬加殊礼,灵筵庐位,皆主之哲王,考宫创祀,不得关之朝廷,谓禫除之后,宜亲执奠爵之礼。若有故,三卿行事。贵妃上厌皇姑,下绝列国,无所应祔。”参议:“和议大体与爰不异,宜以爰议为允。”诏可。

大明七年十一月癸未，有司奏："晋陵国刺：孝王庙依庐陵平王等国例，一岁五祭。二国以王三卿主祭。应同有服之例与不？"博士颜僧道议："《礼记》云：'所祭者亡服则不祭。'今晋陵王于衡阳小功，宜依二国同废。"太常丞庾蔚之议："缌不祭者，据主为言也。晋陵虽未有嗣，宜依有嗣致服，依阙祭之限。衡阳为族伯缌麻，则应祭三月。"兼左丞徐爰议："嗣王未立，将来承胤未知疏近。岂宜空计服属，以亏祭敬。"参议以爰议为允。诏可。

大明八年正月壬辰，有司奏："故齐敬王子羽将来立后，未详便应作主立庙？为须有后之日？未立庙者，为于何处祭祀？"游击将军徐爰议以为："国无后，于制除罢。始封之君，实存承嗣。皇子追赠，则为始祖。臣不殇君，事著前准，岂容虚阙烝尝，以俟有后。谓立庙作主，三卿主祭依旧。"通关博议，以爰议为允。令便立庙，庙成作主，依晋陵王近例，先暂祔庐陵考献王庙。祭竟，神主即还新庙。未立后之前，常使国上卿主祭。

《礼》云："共工氏之霸九州，其子句龙曰后土，能平九土，故土以为社。"周以甲日祭之，用日之始也。"社所以神地之道。地载万物，天垂象，取财于地，取法于天。是以尊天而亲地，教人美报焉。家主中霤，而国主社，示本也。"故言报本反始。烈山氏之有天下，其子曰农，能殖百谷。其裔曰柱，佐颛顼为稷官，主农事，周弃系之，法施于人，故祀以为稷。《礼》："王为群姓立社，曰太社；王自为立社，曰王社。"故国有二社，而稷亦有二也。汉、魏则有官社，无稷，故常二社一稷也。晋初仍魏，无所增损。至太康九年，改建宗庙，而社稷坛与庙俱徙。乃诏曰："社实一神，其并二社之礼。"于是车骑司马傅咸表曰："《祭法》，二社各有其义。天子尊事郊庙，故冕而躬耕也者，所以重孝，享之粢盛，致殷荐于上帝也。《穀梁传》曰：'天子亲耕，以供粢盛。'亲耕，谓自报，自为立社者，为藉而报也。国以人为本，人以谷为命，故又为百姓立社而祈报焉。事异报殊，此社之所以有二也。王景侯之论王社，亦谓春祈藉田，秋而报之也。其论太社，则曰：'王者布下圻内，为百姓立之，谓之太社，不自立之于京师也。'景侯此论，据《祭法》'大夫以下，成群立社，曰置社。'景侯解曰：'今之里社是也。'景侯解《祭法》，则以置社为人间之社矣。而别论复以太社为人间之社，未晓此旨也。太社，天子为人而祀，故称天子社。《郊特牲》曰：'天子太社，必受霜露风雨。'夫以群姓之众，王者通为立社，故称太社。若夫置社，其数不一，盖以里所为名。《左氏传》'盟于清丘之社'是也。人间之社，既已不称太矣。若复不立之京都，当安所立乎？《祭法》又曰：'王为群姓立七祀。自为立七祀。'言自为者，自为而祀也。为群姓者，为群姓而祀也。太社与七祀，其文正等。说者穷此，因云坟籍但有五祀无七祀也。按祭五祀，国之大祀，七者小祀。《周礼》所云祭凡小祀，则墨冕之属也。景侯解大厉曰：'如周杜伯，鬼有所归，乃不为厉。'今云无二社者，称景侯《祭法》不谓无二，则曰口传无其文也。夫以景侯之明，拟议而后为解，而欲以口论除明文。如此，非但二社，当是思惟景侯之后解，亦未易除也。前被敕，《尚书·召诰》：'社于新邑，唯一大牢。'不二社之明义也。按《郊特牲》曰：'社稷太牢。'必援一牢之文，以明社之无二，则稷无牲矣。说者则曰，举社以明稷。何独不可举一以明二。'国之大事，在祀与戎。'若有过而除之，不若过而存之。况存之有义，而除之无据乎！《周礼》，封人'掌设社壝。'无稷字。今帝社无稷，盖出于此。然国主社稷，故经传动称社稷。《周礼》，王祭稷则絺冕。此王社有稷之文也。封人设壝之无稷字，说者以为略文，从可知也。谓宜仍旧立二社，而加立帝社之稷。"时成粲议称："景侯论太社不立京都，欲破郑氏学。"咸重表以为："如粲之论，景侯之解文以此坏。《大雅》云：'乃立冢土。'毛公解曰：'冢土，太社也。'景侯解《诗》，即用此说。《禹贡》：'惟土五色。'景侯解曰：'主者取五色土为太社。封四方诸侯，各割其方色，王者覆四方也。'如此，太社复为立京都也。不知此论从何出而与解乖。上违经记明文，下坏景侯之解。臣虽顽蔽，少长学问，不能默已，谨复续上。"刘寔与咸同。诏曰："社实一神，而相袭二位，众议不同，何必改作？其使仍旧，一如魏制。"

至元帝建武元年,又依洛京立二社一稷。其太社之祝曰:"地德普施,惠存无疆。乃建太社,保佑万邦。悠悠四海,咸赖嘉祥。"其帝社之祝曰:"坤德厚载,王畿是保。乃建帝社,以神地道。明祝惟辰,景福来造。"《礼》,左宗庙,右社稷。历代遵之,故洛京社稷在庙之右,而江左又然也。吴时宫东门零门,疑吴社亦在宫东,与其庙同所也。宋仍旧,无所改作。

魏氏三祖皆亲耕籍,此则先农无废享也。其礼无异闻,宜从汉仪,执事告祠以太牢。晋武、哀帝并欲藉田而不遂,仪注亦阙略。

宋文帝元嘉二十一年春,亲耕,乃立先农坛于藉田中阡西陌南。高四尺,方二丈。为四出陛,陛广五尺,外加埒。去阡陌各二十丈。车驾未到,司空、大司农率太祝令及众执事质明以一太牢告祠。祭器用祭社稷器。祠毕,班余胙于奉祠者。旧典先农又常列于郊祭云。

汉仪,皇后亲桑东郊苑中。蚕室祭蚕神曰:"苑窳妇人,寓氏公主。"祠用少牢。晋武帝太康九年,扬皇后躬桑于西郊,祀先蚕。坛高一丈,方二丈,为四出陛,陛广五尺。在采桑坛东南帷宫之外,去帷宫十丈。皇后未到,大祝令质明以一太牢告祠。谒者一人监祠。毕,彻馔,班余胙于从桑及奉祠者。

魏文帝黄初二年六月庚子,初礼五岳四渎,咸秩群祀,瘗沉圭璋。六年七月,帝以舟军入淮。九月壬戌,遣使者沉璧于淮,礼也。

魏明帝太和四年八月,帝东巡,遣使者以特牛祠中岳,礼也。

魏元帝咸熙元年,帝行幸长安,遣使者以璧币礼华山,礼也。

晋穆帝升平中,何琦论修五岳祠曰:"唐、虞之制,天子五载一巡狩,省时之方,柴燎五岳,望于山川,遍于群神。故曰'因名山升中于天'。所以昭告神祇,飨报功德。是以灾厉不作,而风雨寒暑以时。降逮三代,年数虽殊,而其礼不易。五岳视三公,四渎视诸侯,著在经记,所谓有其举之,莫敢废也。及秦、汉都西京,泾、渭长水,虽不在祀典，以近咸阳，故尽得比大川之祠。而正立之礼，可以阙哉！自永嘉之乱，神州倾覆，兹事替矣。唯濌之天柱，在王略之内，旧台选百石吏卒，以奉其职。中兴之际，未有官守，庐江郡常遣大吏兼假，四时祷赛，春释寒而冬请冰。咸和迄今，已复堕替。计今非典之祠，可谓非一。考其正名，则淫昏之鬼，推其糜费，则四人之蠹。而山川大神，更为简阙，礼俗颓紊，人神杂扰，公私奔蹙，渐以滋繁。良由顷国家多难，日不暇给，草建废滞，事有未遑。今元憝已歼，宜修旧典。岳渎之域，风教所被，来苏之人，咸蒙德泽，而神祇禋祀，未之或甄，巡狩柴燎，其废尚矣。崇明前典，将俟皇舆北旋，稽古宪章，大厘制度。其五岳、四渎宜遵修之处，但俎豆牲牢，祝嘏文辞，旧章靡记。可令礼官作式，归诸诚简，以达明德馨香，如斯而已。其诸妖孽，可但依法令，先去其甚。俾邪正不渎。”不见省。

宋孝武帝大明七年六月丙辰，有司奏：“诏奠祭霍山，未审应奉使何官？用何牲馔？进奠之日，又用何器？”殿中郎丘景先议：“修祀川岳，道光列代；差秩圭璋，义昭联册。但业旷中叶，仪漏典文。寻姬典事继宗伯，汉载持节侍祠，血祭霾沉，经垂明范，酒脯牢具，悉有详例。又名山著圭币之异，大冢有尝禾之加。山海祠霍山，以太牢告玉，此准酌记传，其可言者也。今皇风缅畅，辉祀通岳，愚谓宜使以太常持节，牲以太牢之具，羞用酒脯时谷，礼以赤璋纁币。又鬯人之职，‘凡山川四方用蜃’，则盛酒当以蠡杯，其余器用，无所取说。按郊望山渎，以质表诚，器尚陶匏，籍以茅席，近可依准。山川以兆，宜为坛域。”参议：“景先议为允。令以兼太常持节奉使，牲用太牢，加以璋币，器用陶匏，时不复用蜃，宜同郊祀，以爵献，凡有馔种数，一依社祭为允。”诏可。

晋武帝咸宁二年春，久旱。四月丁巳，诏曰：“诸旱处广加祈请。”五月庚午，始祈雨于社稷山川。六月戊子，获澍雨。此雩崇旧典也。太康三年四月、十年二月，又如之。是后修之至今。

魏文帝黄初二年正月，诏曰：“昔仲尼资大圣之才，怀帝王之器,当衰周之末,无受命之运,乃退考五代之礼,修素王之事,因鲁史而制《春秋》,就太师而正《雅》、《颂》,俾千载之后,莫不采其文以述作,仰其圣以成谋。兹可谓命世大圣,亿载之师表者也。以遭天下大乱,百祀隳废,旧居之庙,毁而不修,褒成之后,绝而莫继,阙里不闻讲颂之声,四时不睹烝尝之位,斯岂所谓崇化报功,盛德百代必祀者哉!其以议郎孔羡为宗圣侯,邑百户,奉孔子祀。命鲁郡修旧庙,置百户吏卒,以守卫之。"

晋武帝太始三年十一月,改封宗圣侯孔震为奉圣亭侯。又诏太学及鲁国四时备三牲以祀孔子。

明帝大宁三年,诏给事奉圣亭侯孔亭四时祠孔子,祭直如太始故事。亭五代孙继之博塞无度,常以祭直顾进,替慢不祀,宋文帝元嘉八年,有司奏夺爵。至十九年,又授孔隐之。兄子熙先谋逆,又失爵。二十八年,更以孔惠云为奉圣侯,后有重疾,失爵。孝武大明二年,又以孔迈为奉圣侯。迈卒,子莽嗣,有罪,失爵。

魏齐王正始二年三月,帝讲《论语》通,五年五月,讲《尚书》通,七年十二月,讲《礼》通,并使太常释奠,以太牢祀孔子于辟雍,以颜渊配。

晋武帝太始七年,皇太子讲《孝经》通,咸宁三年,讲《诗》通,太康三年,讲《论语》通,元帝大兴三年,皇太子讲《伦语》通,太子并亲释奠,以太牢祠孔子,以颜渊配。成帝咸康元年,帝讲《诗》通,穆帝升平元年三月,帝讲《孝经》通,孝武宁康三年七月,帝讲《孝经》通,并释奠如故事。

穆帝、孝武并权以中堂为太学。

宋文帝元嘉二十二年四月,皇太子讲《孝经》通,释奠国子学,如晋故事。

汉东海王恭薨,明帝出幸津门亭发哀。魏时会丧及使者吊祭,用博士杜希议,皆去玄冠,加以布巾。

魏武帝少时,汉太尉桥玄独先礼异焉。故建安中,遣使祠以大牢。

文帝黄初六年十二月,过梁郡,又以大牢祠之。

黄初二年正月,帝校猎至原陵,遣使者以大牢祠汉世祖。

宋文帝元嘉二十五年四月丙辰,车驾行幸江宁,经司徒刘穆之墓,遣使致祭焉。

孝武帝大明三年二月戊申,行幸藉田,经左光禄大夫袁湛墓,遣使致祭。

大明五年庚午,车驾行幸,经司空殷景仁墓,遣使致祭。

大明七年十一月,南巡。乙酉,遣使祭晋司马桓温、征西将军毛璩墓。

刘禅景耀六年,诏为丞相诸葛亮立庙于沔阳。先是,所居各请立庙,不许,百姓遂私祭之。而言事者或以为,可立于京师乃从人意,皆不纳。步兵校尉习隆、中书侍郎向允等言于禅曰:"昔周人怀邵伯之美,甘棠为之不伐;越王思范蠡之功,铸金以存其象。自汉兴已来,小善小德,而图形立庙者多矣,况亮德范遐迩,勋盖季世,兴王室之不坏,实斯人是赖。而烝尝止于私门,庙象阙而莫立,百姓巷祭,戎夷野祀,非所以存德念功,述追在昔也。今若尽从人心,则渎而无典;建之京师,又逼宗庙。此圣怀所以惟疑也。愚以为宜因近其墓,立之于沔阳,使属所以时赐祭。凡其故臣欲奉祠者,皆限至庙,断其私祀,以崇正礼。"于是从之。何承天曰:"《周礼》:'凡有功者,祭于大烝。'故后代遵之,以元勋配飨。允等曾不是式,禅又从之,并非礼也。"

汉时城阳国人以刘章有功于汉,为之立祠。青州诸郡转相放效,济南尤盛。至魏武帝为济南相,皆毁绝之。及秉大政,普加除翦,世之淫祀遂绝。至文帝黄初五年十一月,诏曰:"先王制祀,所以昭孝事祖,大则郊社,其次宗庙,三神五行,名山川泽,非此族也,不在祀典。叔代衰乱,崇信巫史,至乃宫殿之内,户牖之间,无不沃酹,甚矣其惑也。自今其敢设非礼之祭，巫祝之言，皆以执左道论，著于令。"明帝青龙元年，又诏："郡国山川不在祀典者，勿祠。"

晋武帝太始元年十二月，诏："昔圣帝明王，修五岳、四渎，名山川泽，各有定制。所以报阴阳之功，而当幽明之道故也。然以道莅天下者，其鬼不神，其神不伤人也。故史荐而无愧词，是以其人敬慎幽冥，而淫祀不作。末代信道不笃，僭礼渎神，纵欲祈请，曾不敬而远之，徒偷以其幸，妖妄相扇，舍正为邪，故魏朝疾之。其按旧礼，具为之制，使功著于人者，必有其报，而妖淫之鬼，不乱其间。"二年正月，有司奏："春分祠厉殃及禳祠。"诏曰："不在祀典，除之。"

宋武帝永初二年，普禁淫祀。由是蒋子文祠以下，普皆毁绝。孝武孝建初，更修起蒋山祠，所在山川，渐皆修复。明帝立九州庙于鸡笼山，大聚群神。蒋侯，宋代稍加爵，位至相国、大都督中外诸军事，加殊礼，钟山王。苏侯骠骑大将军。四方诸神，咸加爵秩。

汉安帝元初四年，诏曰："《月令》：'仲秋，养衰老，授几杖，行糜鬻。'方今八月，按比方时，郡县多不奉行。虽有糜鬻，糠秕泥土相和半，不可饮食。"按此诏，汉时犹依《月令》施政事也。

宋书卷一八
志第八

礼　五

秦灭礼学，事多违古。汉初崇简，不存改作，车服之仪，多因秦旧。至明帝始乃修复先典，司马彪《舆服志》详之矣。魏代唯作指南车，其余虽小有改易，不足相变。晋立《服制令》，辨定众仪，徐广《车服注》略明事昔，并行于今者也。故复叙列，以通数代典事。

上古圣人见转蓬，始为轮，轮何可载，因为舆，任重致运，流运无极。后代圣人观北斗魁方杓曲携龙角，为帝车，曲其辀以便驾。《系本》云：“奚仲始作车。”案庖羲画八卦，而为大舆，服牛乘马，以利天下。奚仲乃夏之车正，安得始造乎？《系本》之言非也。“车服以庸”，著在唐典。夏建旌旗，以表贵贱。周有六职，百工居其一焉。一器而群工致其巧，车最居多。《明堂记》曰：“鸾车，有虞氏之路也。大路，殷路也。乘路，周路也。”殷有山车之瑞，谓桑根车，殷人制为大路。《礼纬》曰：“山车垂句。”句，曲也。言不揉治而自曲也。周之五路，则有玉、金、象、革、木。五者之饰，备于《考工记》。舆方法地。盖员象天，辐以象日月，二十八弓以象列宿。玉、金、象者，饰车诸末，因为名也。革者漆革，木者漆木也。玉路，建太常以祀；金路，建大旂以宾；象路，建大赤以朝；革路，建大白以戎；木路，建大麾以田。黑色，夏所尚也。

秦阅三代之车，独取殷制。古曰桑根车，秦曰金根车也。汉氏因秦之旧，亦为乘舆，所谓乘殷之路者也。《礼论·舆驾议》曰："周则玉辂最尊，汉之金根，亦周之玉路也。"汉制，乘舆金根车，轮皆朱斑，重毂两辖，飞轮。毂外复有毂，施辖，其外复设辖，施铜贯其中。《东京赋》曰："重轮贰辖，疏毂飞轮。"飞轮以赤油为之，广八寸，长注地，系轴头，谓之飞轮也。金金薄缪龙，为舆倚较。较在箱上，樶文画蕃。蕃，箱也。文虎伏轼，龙首衔轭，鸾雀立衡，樶文画辕，翠羽盖黄里，所谓黄屋也。金华施橑末，建太常十二旒，画日月升龙，驾六黑马，施十二鸾，金为叉髦，插以翟尾。又加牦牛尾，大如斗，置左骈马轭上，所谓左纛舆也。路如周王路之制。应劭《汉官卤簿图》，乘舆大驾，则御凤皇车，以金根为副。又五色安车、五色立车各五乘。建龙旂，驾四马，施八鸾，余如金根之制，犹周金路也。其车各如方色，所谓五时副车，俗谓为"五帝车"也。江左则阙矣。白马者，朱其鬣，安车者，坐乘。又有建华盖九重。甘泉卤簿者，道车五乘，游车九乘，在乘舆车前。又有象车，最在前，试桥道。晋江左驾犹有之。凡妇人车皆坐乘，故《周礼》王后有安车，而王无也。汉制乘舆乃有之。

天子所御驾六，其余副车皆驾四。案《书》称朽索御六马。逸礼《王度记》曰："天子驾六，诸侯驾五，卿驾四，大夫三，士二，庶人一。"楚平王驾白马，梁惠王以安车驾三送淳于髡，大夫之仪。《周礼》："四马为乘。"《毛诗》："天子至大夫同驾四，士驾二"。袁盎谏汉文驰六飞。魏时天子亦驾六。晋《先蚕仪》："皇后安车驾六，以两辕安车驾五为副。"江左以来，相承无六，驾四而已。

宋孝大明三年，使尚书左丞荀万秋造五路。《礼图》，□路，通赤旗，无盖，改造依拟金根，而赤漆樶画，玉饰诸末，建青旂，十有二旒，驾玄马四，施羽葆盖，以祀。即以金根为金路，建大青旂，十有二旒，驾玄马四，羽葆盖，以宾。象、革、木路，《周官》、《舆服志》、《礼图》并不载其形段，并依拟玉路，漆樶画，羽葆盖，象饰诸末，建立赤旂，十有二旒，以视朝。革路，建赤旂，十有二旒，以即戎。木路，建赤麾，以田。象、革驾玄，木驾赤，四马。旧有大事，法驾出，五路各有所主,不俱出也。大明中,始制五路俱出。

亲耕藉田,乘三盖车,一名芝车,又名耕根车,置耒耜于轼上。

戎车立乘,夏曰钩车,殷曰寅车,周曰元戎。建牙麾,邪注之,载金鼓羽幢,置甲弩于轼上。

猎车,輧幰,轮画缪龙绕之。一名蹹猪车。魏文帝改曰蹹虎车。

指南车,其始周公所作,以送荒外远使。地域平漫,迷于东西,造立此车,使常知南北。《鬼谷子》云:"郑人取玉,必载司南,为其不或也。"至于秦、汉,其制无闻。后汉张衡始复创造。汉末丧乱,其器不存。魏高堂隆、秦朗,皆博闻之士,争论于朝,云无指南车,记者虚说。明帝青龙中,令博士马钧更造之,而车成。晋乱,复亡。石虎使解飞,姚兴使令狐生又造焉。安帝义熙十三年,宋武帝平长安,始得此车。其制如鼓车,设木人于车上,举手指南。车虽回转,所指不移。大驾卤簿,最先启行。此车戎狄所制,机数不精,虽曰指南,多不审正。回曲步骤,犹须人功正之。范阳人祖冲之有巧思,常谓宜更构造。宋顺帝升明末,齐王为相,命造之焉。车成,使抚军丹阳尹王僧虔、御史中丞刘休试之。其制甚精,百屈千回,未常移变。晋代又有指南舟。索虏拓跋焘使工人郭善明鸠指南车。弥年不就。扶风人马岳又造,垂成,善明鸠杀之。

记里车,未详所由来,亦高祖定三秦所获。制如指南,其上有鼓,车行一里,木人辄击一槌。大驾卤簿,以次指南。

辇车,《周礼》王后五路之卑者也。后宫中从容所乘,非王车也。汉制乘舆御之,或使人挽,或驾果下马。汉成帝欲与班婕妤同辇是也。后汉阴就,外戚骄贵,亦辇。井丹讥之曰:"昔桀乘人车,岂此邪!"然则辇,夏后氏末代所造也。井丹讥阴就乘人,而不云僭上,岂贵臣亦得乘之乎?未知何代去其轮。《傅玄子》曰:"夏曰余车,殷曰胡奴,周曰辎车。"辎车,即辇也。魏、晋御小出,常乘马,亦多乘舆车。舆车,今之小舆。

軿车,辂车之流也。汉诸侯贫者乃乘之,其后转见贵。孙权云"车中八牛",即軿车也。江左御出,又载储偫之物。汉代贱辎车而贵辎辒，魏、晋贱辎辒而贵轺车。又有追锋车，去小车盖，加通幔，如轺车，而驾马。又以云母饰犊车，谓之云母车，臣下不得乘，时以赐王公。晋氏又有四望车，今制亦存。又汉制，唯贾人不得乘马车，其余皆乘之矣。除吏赤盖杠，余则青盖杠云。

《周礼》王后亦有五路，重翟、厌翟、安车、翟车、辇车，凡五也。汉制，太皇太后、皇太后、皇后法驾，乘重翟羽盖金根车，驾青交路，青帷裳，樵画辕，黄金涂五末，盖爪施金华，驾三马，左右騑。其法驾则紫罽轺车。按《字林》，轺车有衣蔽，无后辕。其有后辕者，谓之辎。应劭《汉官》，明帝永平七年，光烈阴皇后葬，魂车，鸾路青羽盖，驾驷马，旂九斿，前有方相，凤皇车，大将军妻参乘，太仆妻、御女骑夹毂。此前汉旧制也。

晋《先蚕仪注》，皇后乘油画云母安车，驾六骝马。骝，浅黑色也。油画两辕安车，驾五骝马为副。公主油画安车，驾三。三夫人青交路安车，驾三。皆以紫绛罽轺车，驾三为副。九嫔次妇轺车，驾二。宫人辎车，驾一。王妃、公侯特进夫人，封君皂交路安车，驾三。

汉制，贵人、公主、王妃、封君油轺，皆驾二，右騑而已。

汉制，太子、皇子皆安车，朱斑轮，倚虎较，伏鹿轼，黑樵文画蕃，青盖，金华施橑末，黑樵文画辕，金涂五末。皇子为王，锡以此乘，故曰王青盖车。皆左右騑驾，五斿，旂九斿，画降龙。皇孙乘绿车，亦驾三。魏、晋之制，太子及诸王皆驾四。

晋元帝大兴三年，太子释奠。诏曰：“未有高车，可乘安车。”高车，即立乘车也。公及列侯安车，朱斑轮，倚鹿较、伏熊轼、黑蕃者谓之轩，皂缯盖，驾二，右騑。王公旂八斿，侯七斿，卿五斿，皆降龙。公卿中二千石二千石郊陵法驾出，皆大车立乘，驾四。后导从大车，驾二，右騑也。出乘安车。其去位致仕，皆赐安车四马。中二千石皆皂盖、朱蕃，铜五末，驾二，右騑。《晋令》，王公之太子摄命治国者，安车，驾三，旂七斿，其侯太子，五斿。

傅畅《故事》，三公安车，驾三，特进驾二，卿一。汉制，公、列侯、中二千石、二千石夫人会庙及蚕，各乘其夫之安车，右騑，加皂交

路，帷裳。非公会，则乘漆布辒辀，铜五末。晋武帝太康四年，诏依
汉故事，给九卿朝车驾及安车各一乘。傅畅《故事》，尚书令轺车，黑
耳后户；仆射但后户无耳；中书监、令如仆射。

汉制，乘舆御大驾，公卿奉引，太仆，大将军参乘，备千乘万骑，
属车八十一乘。古者诸侯贰车九乘，秦灭九国，兼其车服，故八十一
乘也。汉遵弗改。汉都长安时，祠天于甘泉用之。都洛阳，上原陵，
又用之，大丧又用之。法驾则河南尹、洛阳令奉引，奉车郎御，侍中
参乘，属车三十六乘。凡属车皆皂盖赤里，后汉祠天郊用法驾，祠宗
庙用小驾。小驾，减损副车也。前驱有九游云罕，皮轩鸾旗，车皆大
夫载之。旗者，编羽旄列系幢傍也。金钲黄钺，黄门鼓车，乘舆之后
有属车，尚书、御史载之。最后一车悬豹尾。豹尾以前，比于省中。
每出警跸清道，建五旗。太仆奉驾条上卤簿，尚书郎、侍御史、令史
皆执注以督整车骑，所谓护驾也。春秋上陵，尤省于小驾。直事尚
书一人从，其余令史以下皆从行，所谓先置也。薛综《东京赋》注以
云罕九游为旌旗别名，亦不辨其形。案魏命晋王建天子旌旗，置旄
头云罕。是知云罕非旌旗也。徐广《车服注》以为九游，游车九乘。
云罕疑是毕罕。《诗叙》曰："齐侯田猎毕弋，百姓苦之。"毕罕本施游
猎，遂为行饰乎？潘岳《藉田赋》先叙五路九旗，次言琼钑云罕。若
罕为旗，则岳不应频句于九旗之下。又以其物匹钑戟，宜是今毕网
明矣。此说为得之。皮轩，以虎皮为轩也。徐又引《淮南子》"军正
执豹皮以制正其众。"《礼记》："前有士师，则载虎皮。"乘舆豹尾，亦
其义类乎？五旗者，五色各一旗，以木牛承其下。徐又云："木牛，盖
取其负重而安稳也。"五旗缠竿，即《礼记》德车结旌不尽饰也，戎事
乃散。又武车绥旌，垂舒之也。史臣案："今结旌、绥旌同，而德车、
武车之所不建。又木牛之义，亦未灼然可晓。又案《周礼》辨载法物，
莫不详究，然无相风、毕网、旄头之属，此非古制明矣。何承天谓战
国并争，师旅数出，悬乌之设，务察风祲，宜是秦矣。晋武尝问侍臣：
"旄头何义？"彭推对曰："秦国有奇怪，触山截水，无不崩溃，唯畏旄
头，故虎士服之，则秦制也。"张华曰："有是言，而事不经。臣谓壮士

之怒，发踊冲冠，义取于此。"挚虞《决疑》无所是非也。徐爰曰："彭、张之说，各言意义，无所承据。案天文，毕昴之中谓之天街，故车驾以毕罕前引，毕方昴员，因其象。《星经》，昴一名旄头。故使执之者冠皮毛之冠也。"

轻车，古之战车也。轮舆洞朱，不巾不盖，建矛戟幢麾，置弩于轼上，驾二。射声校尉司马吏士载，以次属车。

《汉仪》曰："出称警，入称跸。"说者云，车驾出则应称警，入则应称跸也，而今俱唱之。史臣以为警者，警戒也；跸者，止行也。今从乘舆而出者，并警戒以备非常也。从外而入乘舆相干者，跸而止之也。董巴、司马彪云："诸侯王遮迥出入，称警设跸。"

武刚车，有巾有盖，在前为先驱，又在轻车之后为殿也，驾一。《史记》，卫青征匈奴，以武刚车为营是也。

汉制，大行载辒辌车，四轮。其饰如金根，加施组连璧，交路，四角金龙首衔璧，垂五采，析羽流苏，前后云气画帷裳，楼文画曲蕃，长与车等。太仆御，驾六白骆马，以黑药灼其身为虎文，谓之布施马。既下，马斥卖，车藏城北秘宫。今则马不虎文，不斥卖，车则毁也。自汉霍光、晋安平、齐王、贾充、王导、谢安、宋江夏王葬以殊礼者，皆大辂黄屋，载辒辌车。

《晋令》曰："乘传出使，遭丧以上，即自表闻，听得白服乘骡车，到副使摄事。"徐广《车服注》："传闻骡车者，犊车装而马车辕也。"又车无盖者曰科车。

晋武帝时，护军将军羊琇乘羊车，司隶校尉刘毅奏弹之。诏曰："羊车虽无制，犹非素者所服。"江左来，无禁也。

旧有充庭之制，临轩大会，陈乘舆车辇旌鼓于殿庭。张衡《东京赋》云："龙路充庭，鸾旗拂霓。"晋江左废绝。宋孝武大明中，修复。

上古寝处皮毛，未有制度。后代圣人见鸟兽毛羽及其文章与草木华采之色，因染丝彩以作衣裳，为玄黄之服，以法乾坤上下之仪，观鸟兽冠胡之形，制冠冕缨蕤之饰。虞氏作绩，采章弥文，夏后崇约,犹美黻冕,咎繇陈《谟》,则称五服五章。皆后王所不得异也。周监二代,典制详密,故弁师掌六冕,司服掌六服,设拟等差,各有其序。《礼记·冠义》曰:"冠者,礼之始,事之重者也。"太古布冠,齐则缁之。夏曰母追,殷曰章甫,周曰委貌。此皆三代常所□□周之祭冕,缫采备饰,故夫子曰"服周之冕",以尽美称之。至秦以战国即天子位,灭去古制,郊祭之服,皆以袀玄。至汉明帝始采《周官》、《礼记》、《尚书》诸儒说,还备衮冕之服。魏明帝以公卿衮衣黼黻之文,拟于至尊,复损略之。晋以来无改更也。天子礼郊庙,则黑介帻,平冕,今所谓平□冠也。皂表朱绿里,广七寸,长尺二寸,垂珠十二旒。以组为缨,衣皂上绛下,前三幅,后四幅,衣画而裳绣,为日、月、星辰、山、龙、华、虫、藻、火、粉米、黼、黻之象,凡十二章也。素带广四寸,朱里,以朱绿裨饰其侧。中衣以绛缘其领袖。赤皮蔽膝。蔽膝,古之韨也。绛裤,绛袜,赤舄。未元服者,空顶介帻。其释奠先圣,则皂纱裙,绛中衣,绛裤袜,黑舄。其临轩亦衮冕也。其朝服,通天冠,高九寸,金博山颜,黑介帻,绛纱裙,皂缘中衣。其拜陵,黑介帻,蔑单衣。其杂服,有青赤黄白缃黑色介帻,五色纱裙,五梁进贤冠,远游冠,平上帻,武冠。其素服,白帢单衣。《汉仪》,立秋日猎服缃帻。晋哀帝初,博士曹弘之等议:"立秋御读令,不应缃帻。求改用素。"诏从之。宋文帝元嘉六年,奉朝请徐道娱表:"不应素帻。"诏门下详议,常执宜如旧。遂不改。

进贤冠,前高七寸,后高三寸,长八寸,梁数随贵贱。古之缁布冠也,文儒者之所服。上公、卿初祭于郊庙,皆平冕,王公八旒,卿七旒,以组为缨,色如其绶。王公衣山龙以下九章也,卿衣华虫以下七章也。行乡射礼,则公卿委貌冠,以皂绢为之,形如覆杯,与皮弁同制,长七寸,高四寸。衣黑而裳素,其中衣以皂缘领袖。其执事之人皮弁,以鹿皮为之。

武冠,皆惠文冠,本赵服也,一名大冠。凡侍臣则加貂蝉。应劭《汉官》曰:"说者以金取坚刚,百炼不耗;蝉居高食洁,目在腋下;貂内劲悍而外温润。"此因物生义,非其实也。其实赵武灵王变胡,而秦灭赵，以其君冠赐侍臣，故秦、汉以来，侍臣有貂蝉也。徐广《车服注》称其意曰："北土寒凉，本以貂皮暖额，附施于冠，因遂变成首饰乎。"侍中左貂，常侍右貂。

法冠，本楚服也，一名柱后，一名獬豸。说者云："獬豸兽知曲直，以角触不正者也。"秦灭楚，以其君冠赐法官。

谒者高山冠，本齐服也，一名侧注冠。秦灭齐，以其君冠赐谒者。魏明帝以其形似通天、远游，乃毁变之。

樊哙冠，广九寸，制似平冕，殿门卫士服之。汉将樊哙常持铁盾，鸿门之会，项羽欲害汉王，乃裂裳以苞盾，戴入见羽。

汉承秦制，冠有十三种。魏、晋以来，不尽施用。今志其施用者也。

帻者，古贱人不冠者之服也。汉元帝额有壮发，始引帻服之。王莽顶秃，又加其屋也。《汉注》曰："冠进贤者宜长耳，今介帻也。冠惠文者宜短耳，今平巾帻也。知时各随所宜，后遂因冠为别。"介帻服文吏，平上服武官也。童子帻无屋者，示未成人也。又有纳言帻，后收，又一重，方三寸。又有赤帻，骑吏、武吏、乘舆鼓吹所服。救日蚀，文武官皆免冠，著赤帻，对朝服，示威武也。宋乘舆鼓吹，黑帻武冠。

汉制，祀事五郊，天子与执事所服各如方色，百官不执事者，自服常服以从。常服，绛衣也。

魏秘书监秦静曰："汉氏承秦，改六冕之制，俱玄冠绛衣而已。"晋名曰五时朝服。有四时朝服，又有朝服。

凡兵事，总谓之戎。《尚书》云："一戎衣而天下定。"《周礼》："革路以即戎。"又曰："兵事韦弁服。"以韎韦为弁，又以为衣裳。《春秋左传》："戎服将事。"又云："晋郤至衣韎韦之跗。"注："先儒云：'韎，绛色。'今时伍伯衣。"说者云，五霸兵战，犹有绥绂、冠缨、漫胡，则戎服非裤褶之制，未详所起。近代车驾亲戎中外戒严之服，无定色，冠黑帽，缀紫摽。摽以缯为之，长四寸，广一寸。腰有络带，以代鞶革。中官紫摽，外官绛摽。又有篡严戎服，而六缀摽。行留文武悉同。其畋猎巡幸，则唯从官戎服，带鞶革；文官不下缨，武官脱冠。宋文帝元嘉中，巡幸搜狩皆如之。救宫庙水火，亦如之。

汉制，太后入庙祭神服，绀上皂下；亲蚕，青上缥下。皆深衣。深衣，即单衣也。首饰剪牦帼。

汉制，皇后谒庙服，绀上皂下；亲蚕，青上缥下。首饰假髻，步摇，八雀，九华，加以翡翠。晋《先蚕仪注》，皇后十二钿，步摇，大手髻，衣纯青之衣，带绶佩。今皇后谒庙，服袿襹大衣，谓之袆衣。公主、三夫人大手髻，七钿，蔽髻。九嫔及公夫人五钿，世妇三钿。公主会见，大手髻。其长公主得有步摇。公主、封君以上，皆带绶，以采为绲带，各如其绶色。公、特进、列侯夫人，卿、校世妇，二千石命妇年长者，绀缯，佐祭则皂绢上下，助蚕则青绢上下。自皇后至二千石命妇，皆以蚕衣为朝服。

刘向曰：“古者天子至于士，王后至于命妇，必佩玉，尊卑各有其制。”《礼记》曰：“天子佩白玉而玄组绶，公侯山玄玉而朱组绶，卿大夫水苍玉而缥组绶，士佩瓀玟而缊组绶。”缊，赤黄色。绶者，所贯佩相承受也。上下施韨如蔽膝，贵贱亦各有殊。五霸之后，战兵不息，佩非兵器，韨非战仪，于是解去佩韨，留其系襚而已。秦乃以采组连结于襚，转相结受，谓之绶。汉承用之。至明帝始复制佩，而汉末又亡绝。魏侍中王粲识其形，乃复造焉。今之佩，粲所制也。皇后至命妇所佩，古制不存，今与外同制，秦组绶，仍又施之。

汉制，自天子至于百官，无不佩刀。司马彪《志》具有其制。汉高祖为泗水亭长，拔剑斩白蛇。隽不疑云：“剑者，君子武备。”张衡《东京赋》：“纡黄组，腰干将。”然则自人君至士人，又带剑也。自晋代以来，始以木剑代刃剑。

乘舆六玺，秦制也。《汉旧仪》曰：“皇帝行玺，皇帝之玺，皇帝信玺，天子行玺，天子之玺，天子信玺。”此则汉遵秦也。初，高祖入关，得秦始皇蓝田玉玺，螭虎纽，文曰“受天之命，皇帝寿昌。”高祖佩之。后代名曰传国玺。与斩白蛇剑俱为乘舆所宝。传国玺，魏、晋至今不废。斩白蛇剑,晋惠帝武库火烧之,今亡。晋怀帝没胡,传国玺没于刘聪,后又属石勒。及石勒弟石虎死,胡乱,晋穆帝代,乃还天府。虞喜《志林》曰:"传国玺,自在六玺之外,天子凡七玺也。"《汉注》曰:"玺,印也。自秦以前,臣下皆以金玉为印,龙虎纽,唯所好。秦以来,以玺为称,又独以玉,臣下莫得用。"汉制,皇帝黄赤绶,四采:黄、赤、缥、绀。皇后金玺,绶亦如之。于礼,士绶之色如此,后代变古也。吴无刻玉工,以金为玺。孙皓造金玺六枚是也。又有麟凤龟龙玺,驼马鸭头杂印,今代则阙也。

皇太子,金玺,龟纽,𫄨朱绶,四采:赤、黄、缥、绀。给五时朝服,远游冠,亦有三梁进贤冠。佩瑜玉。

诸王,金玺,龟纽,𫄨朱绶,四采:赤、黄、缥、绀。给五时朝服,远游冠,亦有三梁进贤冠。佩山玄玉。

郡公,金章,玄朱绶。给五时朝服,进贤三梁冠,佩山玄玉。

太宰、太傅、太保、丞相、司徒、司空,金章,紫绶。给五时朝服,进贤三梁冠。佩山玄玉。相国则绿綟绶,三采:绿、紫、绀。綟,草名也,其色绿。

大司马、大将军、太尉、凡将军位从公者,金章,紫绶。给五时朝服,武冠。佩山玄玉。

郡侯,金章,青朱绶。给五时朝服,进贤三梁冠。佩水苍玉。

骠骑、车骑将军,凡诸将军加大者,征、镇、安、平、中军、镇军、抚军、前、左、右、后将军,征房、冠军、辅国、龙骧将军,金章,紫绶。给五时朝服,武冠。水苍玉。

贵嫔、夫人、贵人,金章,文曰贵嫔、夫人、贵人之章,紫绶。佩于寘玉。

淑妃、淑媛、淑仪、修华、修容、修仪、婕妤、容华、充华,银印,文曰淑妃、淑媛、淑仪、修华、修容、修仪、婕妤、容华、充华之印,青绶。佩五采琼玉。

皇太子妃,金玺,龟纽,𫄨朱绶。佩瑜玉。

诸王太妃、诸长公主、公主、封君,金印,紫绶。佩山玄玉。

诸王太子,金印,紫绶。五时朝服,进贤两梁冠。佩山玄玉。

郡公侯太夫人,银印,青绶。佩水苍玉。

郡公侯太子,银印,青绶,给五时朝服,进贤两梁冠。佩水苍玉。

侍中、散骑常侍及中常侍,给五时朝服,武冠。貂蝉,侍中左,右常侍。皆佩水苍玉。

尚书令、仆射,铜印,墨绶。给五时朝服,纳言帻,进贤两梁冠。佩水苍玉。

尚书,给五时朝服,纳言帻,进贤两梁冠。佩水苍玉。

中书监、令、秘书监,铜印,黑缥绶。给五时朝服,进贤两梁冠。佩水苍玉。

光禄大夫、卿、尹、太子保、傅、大长秋、太子詹事,银章,青绶。给五时朝服,进贤两梁冠。佩水苍玉。

卫尉,则武冠。卫尉,江左不置,宋孝武孝建初始置,不检晋服制,止以九卿皆文冠及进贤两梁冠,非旧也。

司隶校尉、武尉、左右卫、中坚、中垒、骁骑、游击、前军、左军、右军、后军、宁朔、建威、振威、奋威、扬威、广威、建武、振武、奋武、扬武、广武、左右积弩、强弩诸将军、监军,银章,青绶。给五时朝服,武冠。佩水苍玉。

领军、护军,城门五营校尉,南、东、西、北中郎将,银印,青绶。给五时朝服,武冠。佩水苍玉。

县、乡、亭侯,金印,紫绶。朝服,进贤三梁冠。

鹰扬、折冲、轻车、扬烈、威远、宁远、虎威、材官、伏波、凌江诸将军,银章,青绶。给五时朝服,武冠。

奋武护军、安夷抚军、护军、军州郡国都尉、奉车、驸马、骑都尉、诸护军将兵助郡都尉、水衡、典虞、牧官、典牧都尉、度支中郎将、校尉、都尉、司监都尉、材官校尉、王国中尉、宜和伊吾都尉、监淮南津都尉,银印,青绶。五时朝服,武冠。

州刺史,铜印,墨绶。给绛朝服,进贤两梁冠。

御史中丞、都水使者,铜印,墨绶。给五时朝服,进贤两梁冠。佩水苍玉。

谒者仆射，铜印，墨绶。给四时朝服，高山冠。佩水苍玉。

诸军司马，银章，青绶。朝服，武冠。

给事中、黄门侍郎、散骑侍郎、太子中庶子、庶子，给五时朝服，武冠。

中书侍郎，给五时朝服，进贤一梁冠。

冗从仆射、太子卫率，铜印，墨绶。给五时朝服，武冠。

虎贲中郎将、羽林监，铜印，墨绶。给四时朝服，武冠。其在陛列及备卤簿，鹖尾，绛纱縠单衣。鹖鸟似鸡，出上党。为鸟强猛，斗不死不止。复著鹖尾。

北军中候、殿中监，铜印，墨绶。给四时朝服，武冠。

护匈奴中郎将，护羌、夷、戎、蛮、越、乌丸、西域、戊己校尉，铜印，青绶。朝服，武冠。

郡、国太守、相、内史，银章，青绶。朝服，进贤两梁冠。江左止单衣帻。其加中二千石者，依卿、尹。

牙门将，银章，青绶。朝服，武冠。

骑都督、守，银印，青绶。朝服，武冠。

尚书左、右丞、秘书丞，铜印，黄绶。朝服，进贤一梁冠。

尚书、秘书郎、太子中舍人、洗马、舍人，朝服，进贤一梁冠。

黄沙治书侍御史，银印，墨绶。朝服，法冠。

侍御史，朝服，法冠。

关内、关中名号侯，金印，紫绶。朝服，进贤两梁冠。

诸博士，给皂朝服，进贤两梁冠。佩水苍玉。

公府长史、诸卿尹丞、诸县署令秩千石者，铜印，墨绶。朝服，进贤两梁冠。江左公府长史无朝服，县令止单衣帻。宋后废帝元徽四年，司徒右长史王俭议公府长史应服朝服，曰："《春秋国语》云：'貌者情之华，服者心之文。'岩廊盛礼，衣冠为大。是故军国异容，内外殊序。而自顷承用，每有乖违。府职掌人教，四方是则。臣居毗佐，志在当官，永言先典，载怀夕惕。按《晋令》，公府长史，官品第六，铜印，墨绶，朝服，进贤两梁冠。掾、属，官品第七，朝服，进贤一梁冠。《晋官表注》，亦与《令》同。而今长史、掾、属，但著朱服而已，此则公违明文，积习成谬。谓宜依旧制，长史两梁冠，掾、属一梁冠，并同备朝服。中单韦舄，率由旧章。若所上蒙允，并请班司徒二府及诸仪同三府，通为永准。又寻旧事，司徒公府领步兵者职僚悉同降朝不领兵者。主簿、祭酒，中单韦舄并备，令史以下，唯著玄衣。今府既开公，谨遵此制。其或有署台位者，玄服为疑。按《令》称：诸有兼官，皆从重官之例。寻内官为重，其署台位者，悉宜著位之服，不在玄服之例。若署诸卿寺位兼府职者，虽三品，而卿寺为卑，则宜依公府玄衣之制。服章事重，礼义所先，请台详服。"议曹郎中沈俣之议曰："制圭象德，损替因时，裁服象功，施用随代。车旗变于商、周，冠佩革于秦、汉，岂必殊代袭容，改尚沿物哉！夫边貂假幸侍之首，贱帻登尊极之颜，一适时用，便隆后制。况朱裳以朝，缅倾百祀，韦舄不加，浩然惟旧。服为定章，事成永则，其俭之所秉，会非古训。青素相因，代有损益，何事弃盛宋之兴法，追往晋之颓典。变改空烦，谓不宜革。"俣又上议曰："自顷服章多阙，有违前准，近议依令文，被报不宜改革，又称左丞刘议，'按令文，凡有朝服，今多阙亡。然则文存服损，非唯铉佐，用舍既久，即为旧章。'如下旨。伏寻皇宋受终，每因晋旧制，律令条章，同规在替。若事有宜，必合惩改，则当上关诏书，下由朝议，县诸日月，垂则后昆。岂得因外府之乖谬，以为盛宋之兴典，用晋氏之律令，而谓其仪为颓法哉！顺违从失，非所望于高议，申明旧典，何改革之可论。又左丞引令史之阙服，以为铉佐之明比。夫名位不同，礼数异等。令史从省，或有权宜，达官简略，为失弥重。又主簿、祭酒，备服于王庭，长史、掾、属，朱衣以就列。于是伦比，自成矛盾。此而可忍，孰不可安。将引令以遵旧，台据失以为例，研详符旨，良所未譬。当官而行，何强之有，制令昭然，守以无贰。"俣之又议："云火从物，沿损异仪，帝乐五殊，王礼三变，岂独大宋造命，必咸仍于晋旧哉！夫宗社疑文，庭庙阙典，或上降制书，下协朝议，何乃铉府佐属裳黻，稍改白虎之诏，断宣室之畴咨乎！又许令史之从省,咎达官之简略。律苟可遵,固无辨于贵贱;规若必等,亦何关于权宜。一用一舍,弥增其滞。且佐非韦鸟之职,吏本朝服之官,凡在班列,罔不如一。此盖前令违而遂改,今制允而长用也。爵异服殊,宁会矛盾之譬;讨论疑制,焉取强弱之辨。府执既革之余文,台据永行之成典,良有期于无固,非所望于行迷。"参详并同俭,议遂寝。

诸军长史、诸卿尹丞、狱丞、太子保傅詹事丞、郡国太守相内史丞、长史、诸县署令、长、相、关谷长、王公侯诸署令、长、司理、治书、公主家仆,铜印,墨绶。朝服,进贤一梁冠。江左太子保傅卿尹詹事丞,皂朝服。郡丞、县令长,止单衣帻。

公车司马、太史、太医、太官、御府、内省令、太子诸署令、仆、门大夫、陵令,铜印,墨绶。朝服,进贤一梁冠。

太子率更、家令、仆,铜印,墨绶。给五时朝服,进贤两梁冠。

黄门诸署令、仆、长,铜印,墨绶。四时朝服,进贤一梁冠。

黄门冗从仆射监、太子寺人监,铜印,墨绶。给四时朝服。武冠。

公府司马,诸军、城门、五营校尉司马,护匈奴中郎将、护羌、戎、夷、蛮、越、乌丸、戊巳校尉长史、司马,铜印,墨绶。朝服,武冠。江左公府司马无朝服,余止单衣帻。

延尉正、监、平,铜印,墨绶。给皂零辟朝服,法冠。

王、郡公、侯郎中令、大农,铜印,青绶。朝服,进贤两梁冠。

北军中候丞,铜印,黄绶。朝服,进贤一梁冠。

太子常从虎贲督、督、校督、司马虎贲督,铜印,墨绶。朝服,武冠。

殿中将军,银章,青绶。四时朝服,武冠。宋末不复给章绶。

水衡、典虞、牧官、典牧、材官、州郡国都尉、司马,铜印,墨绶。朝服,武冠。

诸谒者,朝服,高山冠。

门下、中书通事舍人、令史、门下主事令史,给四时朝服,武冠。

尚书典事,都水使者参事,散骑、集书、中书、尚书令史,门下、散骑、中书、尚书令史、录尚书、中书监、令、仆省事史,秘书、著作治书、主书、主玺、主谱令史,兰台、殿中兰台、谒者、都水使者令史、书令史,朝服,进贤一梁冠。江左凡令史无朝服。

节骑郎,朝服,武冠。其在陛列及备卤簿,著鹖尾,绛纱縠单衣。

殿中中郎将、校尉、都尉,黄门中郎将、校尉,殿中太医校尉、都尉,银印、青绶。四时朝服,武冠。

关外候,银印,青绶。朝服,进贤两梁冠。

左右都候、闰阖司马、城门候,铜印,墨绶。朝服,武冠。

王、郡公、侯中尉,铜印,墨绶。朝服,武冠。

部曲督护、司马史、部曲将,铜印。朝服,武冠。司马史,假墨绶。

太中、中散、谏议大夫,议郎、郎中、舍人,朝服,进贤二梁冠。秩千石者两梁。

城门令史,朝服,武冠。江左凡令史无朝服。

诸门仆射、佐史、东宫门吏,皂零辟朝服。仆射、东宫门吏,却非冠。佐史,进贤冠。

宫内游徼、亭长,皂零辟朝服,武冠。

太医校尉、都尉,总章协律中郎将、校尉、都尉,银印,青绶。朝服,武冠。

小黄门,给四时朝服,武冠。

黄门谒者,给四时朝服,进贤一梁冠。朝贺通谒时,著高山冠。

黄门诸署史,给四时朝服,武冠。

中黄门、黄门诸署从官寺人,给四时科单衣,武冠。

殿中司马及守陵者、殿中太医司马,铜印,墨绶。给四时朝服,武冠。

太医司马,铜印。朝服,武冠。

总章监、鼓吹监司律司马,铜印,墨绶。朝服。鼓吹监总章协律司马,武冠。总章监司律司马,进贤一梁冠。

诸县署丞,太子诸署丞,王、公、侯诸署及公主家丞,铜印,黄绶。朝服,进贤一梁冠。

太医丞，铜印。朝服，进贤一梁冠。

黄门诸署丞，铜印，黄绶。给四时朝服，进贤一梁冠。

黄门称长，园监，铜印，黄绶。给四时朝服，武冠。

诸县尉、关谷塞护道尉，铜印，黄绶。朝服，武冠。江左止单衣帻。

洛阳卿有秩，十铜印，青绶。朝服，进贤一梁冠。

宣威将军以下至裨将军，铜印。朝服，武冠。其以此官为刺史、郡守、若万人司马虎贲督以上及司马史者，皆假青绶。

平虏、武猛中郎将、尉、都尉，银印。朝服，武冠。其以此官为千人司马虎贲督以上及司马史者，皆假青绶。

别部司马，军假司马，银印。朝服，武冠。

图像都匠，行水中郎将、校尉、都尉，银印，青绶。朝服，武冠。若非以工伎巧能特加此官者，羽林长郎，佩武猛都尉以上印者，假青绶。别部司马以下，假墨绶。朝服，武冠。其长郎壮士，武弁冠。在陛列及卤簿，服绛縠单衣。

陛下甲仆射主事吏将骑、廷上五牛旗假使虎贲，在陛列及备卤簿，服锦文衣，武冠，鹖尾。陛长，假铜印，墨绶。旄头。

羽林在陛列及备卤簿，服绛科单衣，上著韦画要襦，假旄头。

举辇、迹禽、前驱、田基、强弩司马、守陵虎贲，佩武猛都尉以上印者，假青绶。别部司马以下，假墨绶。守陵虎贲，给绛科单衣，武冠。

殿中冗从虎贲、殿中虎贲及守陵者持钑戟冗从虎贲，佩武猛都尉以下印者，假青绶。别部司马以下，假墨绶。绛科单衣，武冠。

持椎斧武骑虎贲、五骑传诏虎贲、殿中羽林及守陵者太官尚食虎贲、称饭宰人、诸宫尚食虎贲，佩武猛都尉以上印者，假青绶。别部司马以下，假墨绶。给绛褠，武冠。其在陛列及备卤簿，五骑虎贲，服锦文衣，鹖尾。宰人，服离支衣。

黄门鼓吹及钉官仆射，黄门鼓吹史主事，诸官鼓吹，尚书廊下、都坐、门下守阁，殿中威仪驺、虎贲常直殿黄云龙门者，门下左右部虎贲羽林驺,给传事者诸导驺,门下、中书守阁,给绛褠,武冠。南书门下虎贲羽林驺,兰台五曹节藏射廊下守阁、威仪、发符驺,都水使者、黄沙廊下守阁、竭者、录事、威仪驺,河堤谒者驺,诸官谒者驺,绛褠,武冠。给其衣服,自如故事。大谁士,皂科单衣,樊哈冠。卫士,墨布褠,却敌冠。

凡此前众职,江左多不备,又多阙朝服。

诸应给朝服佩玉而不在京都者,朝服,非护乌丸、羌、夷、戎、蛮诸校尉以上及刺史、西域、戊巳校尉,皆不给佩玉。其来朝会,权时假给,会罢输还。凡应朝服者,而官不给,听自具之。诸假印绶而官不给鞶囊者,得自具作。其但假印不假绶者,不得佩绶。

鞶,古制也。汉代著鞶囊者,侧在腰间。或谓之傍囊,或谓之绶囊。然则以此囊盛绶也。或盛或散,各有其时乎。

朝服一具,冠帻各一,绛绯袍、皂缘中单衣领袖各一领,革带袷裤各一,舄、袜各一量,簪导饷自副。四时朝服者,加绛绢黄绯青绯皂绯袍单衣各一领。五时朝服者,加给白绢袍单衣一领。

诸受朝服,单衣七丈二尺,科单衣及褠五丈二尺,中衣绢五丈,缘皂一丈八尺,领袖练一匹一尺,绢七尺五寸。给裤练一丈四尺,縑二丈。袜布三尺。单衣及褠袷带,縑各一段,长七尺。江左止给绢各有差。宋元嘉末,断不复给,至今。山鹿、貂、柱貂、白貂、施毛狐白领、黄豹、斑白罴子、渠搜裘、步摇、八钿、蔽结、多服蝉、明中、櫂白,又诸织成衣帽、锦帐、纯金银器、云母从广一寸以上物者,皆为禁物。

诸在官品令第二品以上,其非禁物,皆得服之。第三品以下,加不得服三钿以上、蔽结、爵叉、假真珠翡翠校饰缨佩、杂采衣、杯文绮、齐绣黼、镳离、袿袍。第六品以下,加不得服金钿、绫、锦、锦绣、七缘绮、貂狪裘、金叉环钼、及以金校饰器物、张绛帐。第八品以下,加不得服罗、纨、绮、縠、杂色真文。骑士卒百工人,加不得服大绛紫襈、假结、真珠珰珥、犀、玳瑁、越叠、以银饰器物、张帐、乘徼车,履色无过绿、青、白。奴婢衣食客,加不得服白帻、茜、绛、金黄银叉、环、铃、镳、镅，履色无过纯青。诸去官及薨卒不禄物故，家人所服，皆得从故官之例。诸王皆不得私作禁物，及鬻碧校鞍，珠玉金银错刻镂雕饰无用之物。

天子坐漆床，居朱屋。史臣按《左传》，"丹桓宫之楹。"何休注《公羊》，亦有"朱屋以居。"所从来久矣。漆床亦当是汉代旧仪，而《汉仪》不载。寻所以必朱必漆者，其理有可言焉。夫珍木嘉树，其品非一，莫不植根深岨，致之未易。藉地广之资，因人多之力，则役苦费深，为敝滋重。是以上古圣王，采椽不断，断之则惧刻桷雕楹，莫知其限也。哲人县鉴微远，杜渐防萌，知采椽不惬后代之心，不断不为将来之用，故加朱施漆，以传厥后。散木凡材，皆可入用。远探幽旨，将在斯乎。

殿屋之为员渊方井兼植荷华者，以厌火祥也。

古者贵贱皆执笏，其有事则搢之于腰带，所谓搢绅之士者，搢笏而垂绅带也。绅垂三尺。笏者有事则书之，故常簪笔。今之白笔，是其遗象。三台、五省二品文官簪之，王、公、侯、伯、子、男、卿、尹及武官不簪。加内侍位者，乃簪之。手板，则古笏矣。尚书令、仆射、尚书手板头复有白笔，以紫皮裹之，名笏。朝服肩上有紫生袷囊，缀之朝服外，俗呼曰紫荷。或云汉代以盛奏事，负荷以行，未详也。

魏文帝黄初三年，诏赐汉太尉杨彪几杖，待以客礼。延请之日，使挟杖入朝，又令著鹿皮冠。彪辞让，不听，乃使服布单衣皮弁以见。《傅玄子》曰："汉末王公名士，多委王服，以幅巾为雅。是以袁绍、崔钧之徒，虽为将帅，皆著幦巾。"

魏武以天下凶荒，资财乏匮，拟古皮弁，裁缣帛以为帢，合乎简易随时之义，以色别其贵贱。本施军饰，非为国容也。徐爰曰："俗说帢本未有歧，荀文若巾之，行触树枝成歧，谓之为善，因而弗改。"通以为庆吊服。巾以葛为之，形如帢，而横著之，古尊卑共服也。故汉末妖贼以黄为巾，时谓之"黄巾贼"。今国子、太学生冠之，服单衣以为朝服，执一卷经以代手板。居士野人，皆服巾焉。

徐爰曰："帽名犹冠也，义取于蒙覆其首，其本缅也。古者有冠无帻，冠下有缅，以缯为之。后世施帻于冠，因裁缅为帽。自乘舆宴居，下至庶人无爵者，皆服之。"史臣案晋成帝咸和九年制，听尚书八座丞郎、门下三省侍郎乘车白帢低帻出入掖门。又二宫直官著乌纱帢。然则士人宴居，皆著帢矣。而江左时野人已著帽，士人亦往往而然，但其顶员耳。后乃高其屋云。

古者人君有朝服，有祭服，有宴服，有吊服。吊服皮弁疑衰，今以单衣黑帻为宴会服，拜陵亦如之。以单衣夹为吊服，修敬尊秩亦服之也。单衣，古之深衣也。今单衣裁制与深衣同，唯绢带为异。深衣绢帽以居丧，单衣素帢以施吉。

晋武帝太始三年，诏太宰安平王孚服侍中之服，赐大司马义阳王望衮冕之服。四年，又诏赵、乐安、燕王服散骑常侍之服。十年，赐彭城王衮冕之服。

伪楚桓玄将篡，亦加安帝母弟太宰琅邪王衮冕服。

宋兴以来，王公贵臣加侍中、散骑常侍，乃得服貂珰也。

宋孝武孝建元年，丞相南郡王义宣，二年，雍州刺史武昌王浑，又有异图。世祖嫌侯王强盛，欲加减削。其年十月己未，大司马江夏王义恭、骠骑大将军竟陵王诞表改革诸王车服制度，凡九条。表在《义恭传》。上因讽有司更增广条目。奏曰："车服以庸，《虞书》茂典；名器慎假，《春秋》明诫。是以尚方所制，禁严汉津，诸侯窃服，虽亲必罪。自顷以来，下僭弥盛。器服装饰，乐舞音容，通玩王公，达于众庶。上下无辨，人志靡一。今表之所陈，实允礼度。九条之格，犹有未尽，谨共附益，凡二十四条。听事不得南向坐，施帐并幨。蕃国官正冬不得跣登国殿，及夹侍国师传令及油戟。公主王妃传令，不得朱服。舆不得重杠。部扇不得雉尾。剑不得鹿卢形。槊耗不得孔雀白鹭。夹毂队不得绛袄。平乘诞马不得过二匹。胡伎不得彩衣。舞伎正冬著袿衣，不得庄面蔽花。正冬会不得镖舞、杯柈舞。长跻伎、透狅、丸剑、博山伎、缘大橦伎、五案伎，自非正冬会奏舞曲,不得舞。诸妃主不得著衮带。信幡,非台省官悉用绛。郡县内史相及封内官长,于其封君,既非在三,罢官则不复追敬,不合称臣,正宜上下官敬而已。诸镇常行,车前后不得过六队,白直夹毂,不在其限。刀不得过铜为装。诸王女封县主、诸王子孙袭封王、王之妃及封侯者夫人行,并不得卤簿。诸王子继体为王者,婚姻吉凶,悉依诸国公侯之礼,不得同皇弟、皇子。车舆不得油幢,轺车不在其限。平乘舫皆平两头作露平形,不得拟像龙舟,悉不得朱油。帐钩不得作五花及竖笋形。若先有器物者,悉翰送台臧。书到后二十日期,若有窃玩犯禁者,及统司无举纠,并临时议罪。”诏可。

车前五百者,卿行旅从,五百人为一旅。汉氏一统,故去其人,留其名也。

宋孝武孝建二年十一月乙巳,有司奏:“侍中祭酒何偃议:‘自今临轩,乘舆法服,凭华盖,登殿宜依庙齐以夹御,侍中、常侍夹扶上殿,及应为王公兴,又夹扶,毕,还本位。’求详议。”曹郎中徐爰参议:“宜如省所称,以为永准。”诏可。

孝建三年五月壬戌,有司奏:“案汉胡广、蔡邕并云,古者诸侯贰车九乘,秦灭六国,兼其车服,故王者大驾属车八十一乘。尚书、御史乘之。最后一车,悬豹尾。法驾则三十六乘。检晋江左逮至于今,乘舆出行,副车相承五乘。”尚书令建平王宏参议:“八十一乘,义兼九国,三十六乘无所准,并不出经典,自邕、广传说,又是从官所乘,非帝者副车正数。江左五乘,俭不中礼。案《周官》云:‘上公九命,贰车九乘。侯伯七命,车七乘。子男五命,车五乘。’然则帝王十二乘。”诏可。

大明元年九月丁未朔,有司奏:“未有皇太后出行副车定数,下礼官议正。”博士王燮之议:“《周礼》,后六服五路之数,悉与王同,则副车之制,不应独异。又《记》云:‘古者后立六宫、三夫人、九嫔、二十七世妇、八十一御妻,以听天下之内治。’‘天子立六宫、三公、九卿、二十七大夫、八十一元士,以听天下之外治。’郑注云:‘后象王立六宫而居之,亦正寝一、燕寝五。’推所立每与王同,礼无降亦明矣。皇太后既礼均至极，弥不应殊。谓并应同十二乘。”通关为允。诏可。

大明四年正月戊辰，尚书左丞荀万秋奏：“《藉田仪注》：‘皇帝冠通天冠，朱纮，青介帻，衣青纱袍。侍中陪乘，奉车郎秉辔。’案《汉舆服志》曰：‘通天冠，乘舆常服也。’若斯岂可以常服降千亩邪？《礼记》曰：‘昔者天子为藉千亩，冕而朱纮，躬秉耒耜。’郑玄注《周官·司服》曰：‘六服同冕。’尊故也。时服虽变，冕制不改。又潘岳《藉田赋》云：‘常伯陪乘，太仆秉辔。’推此，舆驾藉田，宜冠冕，璪十二旒，朱纮，黑介帻，衣青纱袍。常伯陪乘，太仆秉辔。宜改仪注，一遵二《礼》以为定仪。”诏可。

大明四年正月己卯，有司奏：“南郊亲奉仪注，皇帝初著平天冠，火龙黼黻之服。还，变通天冠，绛纱袍。庙祠亲奉，旧仪，皇帝初服与郊不异，而还变著黑介帻，单衣即事，乖体。谓宜同郊，还亦变著通天冠，绛纱袍。又旧仪乘金根车。今五路既备，依《礼》玉路以祀，亦宜改金根车为玉路。”诏可。

大明六年八月壬戌，有司奏：“《汉注仪》：‘大驾卤簿，公卿奉引，大将军参乘，太仆卿御。’法驾，侍中参乘，奉车郎御。’晋氏江左，大驾未立，故郊祀用法驾，宗庙以小驾。至于仪服，二驾不异。拜陵，御服单衣帻，百官陪从，朱衣而已，亦谓之小驾，名实乖舛。考寻前记，大驾上陵，北郊。周礼宗庙于昊天有降，宜以大驾郊祀，法驾祠庙，小驾上陵，如为从序。今改祠庙为法驾卤簿，其军幢多少，临时配衣。至尊乘玉路，以金路象路革路木路小辇轮御辂衣书等车为副。其余并如常仪。”诏可。

大明七年二月甲寅，舆驾巡南豫、兖二州，冕服，御玉路，辞二庙。改服通天冠，御木路，建大麾，备春搜之典。

明帝泰始四年五月甲戌，尚书令建安王休仁参议：“天子之子，与士齿让，达于辟雍，无生而贵者也。既命而尊，礼同上公。周制五等，车服相涉，公降王者一等而已。王以金路赐同姓诸侯，象及革、木，以赐异姓侯伯，在朝卿士，亦准斯礼。按如此制，则东宫应乘金路。自晋武过江,礼仪疏舛,王公以下,车服卑杂。唯有东宫,礼秩崇异,上次辰极,下绝侯王。而皇太子乘石山安车,义不见经,事无所出。《礼》所谓金、玉路者,正以金玉饰辂诸末耳。左右前后,同以漆画。秦改周辂,制为金根,通以金薄,周匝四面。汉、魏、二晋,因循莫改。逮于大明,始备五辂。金、玉二制,并类金根,造次瞻睹,殆无差别。若锡之东储,于礼嫌重,非所以崇峻陛级,表示等威。且《春秋》之义,降下以两,臣子之义,宜从谦约。谓东宫车服,宜降天子二等,骖驾四马,乘象辂,降龙碧旆九叶。进不斥尊,退不逼下,沿古酌时,于礼为衷。"诏可。

泰始四年八月甲寅,诏曰:"车服之饰,象数是遵,故盛皇留范,列圣垂制。朕近改定五路,酌古代今,修成六服,沿时变礼。所施之事,各有条叙。便可付外,载之典章。朕以大冕纯玉缲,玄衣黄裳,乘玉辂,郊祀天,宗祀明堂。又以法冕五彩缲,玄衣绛裳,乘金路,祀太庙,元正大会诸侯。又以饰冠冕四彩缲,紫衣红裳,乘象辂,小会宴飨,饯送诸侯,临轩会王公。又以肃冕三彩缲,朱衣裳,乘革路,征伐不宾,讲武校猎。又以宏冕二彩缯,青衣裳,乘木辂,耕稼,飨国子。又以通天冠,朱纱袍,为听政之服。"

泰始六年正月戊辰,有司奏:"被敕皇太子正朝驾,合著衮冕九章衣不?"仪曹郎丘仲起议:"案《周礼》,公自衮冕以下。郑注:'衮冕以至卿大夫之玄冕,皆其朝聘天子之服也。'伏寻古之上公,尚得服衮以朝。皇太子以储副之尊,率土瞻仰。愚谓宜式遵盛典,服衮冕九旒以朝贺。"兼左丞陆澄议:"服冕以朝,实著经典。秦除六冕之制,至汉明帝始与诸儒还备古章。自魏、晋以来,宗庙行礼之外,不欲令臣下服衮冕,故位公者,每加侍官。今皇太子承乾作副,礼绝群后,宜遵圣王之盛典,革近代之陋制。臣等参议,依礼,皇太子元正朝贺,应服衮冕九章衣。以仲起议为允。撰载仪注。"诏可。

后废帝即位,尊所生陈贵妃为皇太妃,舆服一如晋孝武太妃故事。唯省五牛旗及赤旂。

宋书卷一九
志第九

乐 一

《易》曰："先王作乐崇德，殷之上帝，以配祖考。"自黄帝至于三代，名称不同。周衰凋缺，又为郑卫所乱。魏文侯虽好古，然犹昏睡于古乐。于是淫声炽而雅音废矣。及秦焚典籍，乐经用亡。

汉兴，乐家有制氏，但能记其铿锵鼓舞，而不能言其义。周存六代之乐，至秦唯余《韶》、《武》而已。始皇改周舞曰《五行》，汉高祖改《韶舞》曰《文始》，以示不相袭也。又造《武德舞》，舞人悉执干戚，以象天下乐己行武以除乱也。故高祖庙奏《武德》、《文始》、《五行》之舞。周又有《房中之乐》，秦改曰《寿人》。其声，楚声也，汉高好之，孝惠改曰《安世》。高祖又作《昭容乐》、《礼容乐》。《昭容》生于《武德》，《礼容》生于《文始》、《五行》也。汉初又有《嘉至乐》，叔孙通因秦乐人制宗庙迎神之乐也。文帝又自造《四时舞》，以明天下之安和。盖乐先王之乐者，明有法也；乐己所自作者，明有制也。孝景采《武德舞》作《昭德舞》，荐之太宗之庙。孝宣采《昭德舞》为《盛德舞》，荐之世宗之庙。汉诸帝奏《文始》、《四时》、《五行》之舞焉。

武帝时，河间献王与毛生等共采《周官》及诸子言乐事者，以著《乐记》，献八佾之舞，与制氏不相殊。其内史中丞王定传之，以授常山王禹。禹，成帝时为谒者，数言其义，献《记》二十四卷。刘向校书，得二十三篇，然竟不用也。

至明帝初，东平宪王苍总定公卿之议，曰："宗庙宜各奏乐，不应相袭,所以明功德也。承《文始》、《五行》、《武德》为《大武》之舞。"又制舞哥一章,荐之光武之庙。

汉末大乱,众乐沦缺。魏武平荆州,获杜夔,善八音,常为汉雅乐郎,尤悉乐事,于是以为军谋祭酒,使创定雅乐。时又有邓静、尹商,善训雅乐,哥师尹胡,能哥宗庙郊祀之曲,舞师冯肃、服养,晓知先代诸舞,夔悉总领之,远考经籍,近采故事。魏复先代古乐,自夔始也。而左延年等,妙善郑声,惟夔好古存正焉。

文帝黄初二年,改汉《巴渝舞》曰《昭武舞》,改宗庙《安世乐》曰《正世乐》,《嘉至乐》曰《迎灵乐》,《武德乐》曰《武颂乐》,《昭容乐》曰《昭业乐》,《云翘舞》曰《凤翔舞》,《育命舞》曰《灵应舞》,《武德舞》曰《武颂舞》,《文始舞》曰《大韶舞》,《五行舞》曰《大武舞》。其众哥诗,多即前代之旧,唯魏国初建,使王粲改作登哥及《安世》、《巴渝》诗而已。

明帝太和初,诏曰:"礼乐之作,所以类物表庸而不忘其本者也。凡音乐以舞为主,自黄帝《云门》以下,至于周《大武》,皆太庙舞名也。然则其所司之官,皆曰太乐,所以总领诸物,不可以一物名。武皇帝庙乐未称,其议定庙乐及舞,舞者所执,缀兆之制,声哥之诗,务令详备。乐官自如故为太乐。"太乐,汉旧名,后汉依谶改太予乐官,至是改复旧。

于是公卿奏曰:"臣闻德盛而化隆者,则乐舞足以象其形容,音声足以发其哥咏。故荐之郊庙,而鬼神享其和;用之朝廷,则君臣乐其度。使四海之内,遍知至德之盛,而光辉日新者,礼乐之谓也。故先王殷荐上帝,以配祖考,盖当其时而制之矣。周之末世,上去唐、虞几二千年,《韶箾》、《南》、《籥》、《武》、《象》之乐,风声遗烈,皆可得而论也。由斯言之,礼乐之事,弗可已。今太祖武皇帝乐,宜曰《武始之乐》。武,神武也。武,又迹也。言神武之始,又王迹所起也。高祖文皇帝乐,宜曰《咸熙之舞》。咸,皆也。熙,兴也。言应受命之运,天下由之皆兴也。至于群臣述德论功,建定烈祖之称,而未制乐舞,非所以昭德纪功。夫哥以咏德,舞以象事。于文,文武为斌,兼秉文武，圣德所以章明也。臣等谨制乐舞名《章斌之舞》。昔《箫韶》九奏，亲于虞帝之庭，《武》、《象》、《大武》亦振于文、武之阼。特以显其德教，著其成功，天下被服其光辉，习咏其风声者也。自汉高祖、文帝各逮其时，而为《武德》、《四时》之舞，上考前代制作之宜，以当今成业之美，播扬弘烈，莫盛于《章赋》焉。《乐志》曰：'钟磬干戚，所以祭先王之庙，又所以献酬酳酢也。在宗庙之中，君臣莫不致敬；族长之中，长幼无不从和。'改仲尼答宾牟贾之问曰：'周道四达，礼乐交通。'《传》云：'鲁有禘乐，宾祭用之。'此皆祭礼大享，通用盛乐之明文也。今有事于天地宗庙，则此三舞宜并以为荐享，及临朝大享，亦宜舞之。然后乃合古制事神训民之道，关于万世，其义益明。又臣等思惟，三舞宜有总名，可名《大钧之乐》。钧，平也。言大魏三世同功，以至隆平也。于名为美，于义为当。"尚书奏："宜如所上。"帝初不许制《章斌之乐》。三请，乃许之。

于是尚书又奏："祀圆丘以下，《武始舞》者，平冕，黑介帻，玄衣裳，白领袖，绛领袖中衣，绛合幅裤，绛袜，黑韦鞮。《咸熙舞》者，冠委貌，其余服如前。《章斌舞》者，与《武始》、《咸熙舞》者同服。奏于朝庭，则《武始舞》者，武冠，赤介帻，生绛袍单衣，绛领袖，皂领袖中衣，虎文合幅裤，白布袜，黑韦鞮。《咸熙舞》者，进贤冠，黑介帻，生黄袍单衣，白合幅裤，其余服如前。"奏可。史臣案：《武始》、《咸熙》二舞，冠制不同，而云《章斌》与《武始》、《咸熙》同服，不知服何冠也。

侍中缪袭又奏："《安世哥》本汉时哥名。今诗哥非往诗之文，则宜变改。案《周礼》注云，《安世乐》犹周《房中之乐》也。是以往昔议者，以《房中》哥后妃之德，所以风天下，正夫妇，宜改《安世》之名曰《正始之乐》。自魏国初建，故侍中王粲所作登哥《安世诗》，专以思咏神灵及说神灵鉴享之意。袭后又依哥省读汉《安世哥》咏，亦说'高张四县，神来燕享，嘉荐令仪，永受厥福。无有《二南》后妃风化天下之言。今思惟往者谓《房中》为后妃之哥者，恐失其意。方祭祀娱神，登堂哥先祖功德，下堂哥咏燕享，无事哥后妃之化也。自宜依其事以名其乐哥,改《安世哥》曰《享神哥》。"奏可。案文帝已改《安世》为《正始》,而袭至是又改《安世》为《享神》,未详其义。王粲所造《安世诗》,今亡。

袭又奏曰:"文昭皇后庙,置四县之乐,当铭显其均奏次第,依太祖庙之名,号曰昭庙之具乐。"尚书奏曰:"礼,妇人继夫之爵,同牢配食者,乐不异文。昭皇后今虽别庙,至于宫县乐器音均,宜如袭议。"奏可。

散骑常侍王肃议曰:"王者各以其礼制事天地,今说者据《周官》单文为经国大体,惧其局而不知弘也。汉武帝东巡封禅还,祠太一于甘泉,祭后土于汾阴,皆尽用其乐。言尽用者,为尽用宫县之乐也。天地之性贵质者,盖谓其器之不文尔,不谓庶物当复减之也。礼,天子宫县,舞八佾。今祀员丘方泽,宜以天子制,设宫县之乐,八佾之舞。"卫臻、缪袭、左延年等咸同肃议。奏可。

肃又议曰:"说者以为,周家祀天唯舞《云门》,祭地唯舞《咸池》,宗庙唯舞《大武》,似失其义矣。周礼宾客皆作备乐。《左传》:'王子穨享五大夫,乐及遍舞。'六代之乐也。然则一会之日,具作六代乐矣。天地宗庙,事之大者,宾客燕会,比之为细。《王制》曰:'庶羞不逾牲,燕衣不逾祭服,'可以燕乐而逾天地宗庙之乐乎?《周官》:'以六律、六吕、五声、八音、六舞大合乐,以致鬼神,以和邦国,以谐万民,以安宾客,以说远人。'夫六律、六吕、五声、八音,皆一时而作之,至于六舞独分擘而周之,所以不厌人心也。又《周官》:'鞮师掌教鞮乐,祭祀则帅其属而舞之,大享亦如之。'鞮,东夷之乐也。又:'鞮鞻氏掌四夷之乐与其声哥,祭祀则次而哥之,燕亦如之。'四夷之乐,乃入宗庙,先代之典,独不得用。大享及燕日如之者,明古今夷、夏之乐,皆主于宗庙,而后播及其余也。夫作先王乐者,贵能包而用之,纳四夷之乐者,美德广之所及也。高皇、大皇帝、太祖、高祖、文昭庙,皆宜兼用先代及《武始》、《大均》之舞。"有司奏:"宜如肃议。"奏可。肃私造宗庙诗颂十二篇,不被哥。晋武帝太始二年,改制郊庙哥,其乐舞亦仍旧也。

汉光武平陇、蜀,增广郊祀,高皇帝配食,乐奏《青阳》、《朱明》、《西皓》、《玄冥》、《云翘》、《育命》之舞。北郊及祀明堂,并奏乐如南郊。迎时气五郊:春哥《青阳》,夏哥《朱明》,并舞《云翘》之舞;秋哥《西皓》,冬哥《玄冥》,并舞《育命》之舞;季夏哥《朱明》,兼舞二舞。章帝元和二年,宗庙乐,故事,食举有《鹿鸣》、《承元气》二曲。三年,自作诗四篇,一曰《思齐皇姚》,二曰《六骐骥》,三曰《竭肃杂》,四曰《陟叱根》。合前六曲,以为宗庙食举。加宗庙食举《重来》、《上陵》二曲,合八曲为上陵食举。减宗庙食举《承元气》一曲,加《惟天之命》、《天之历数》二曲,合七曲为殿中御食饭举。又汉太乐食举十三曲:一曰《鹿鸣》,二曰《重来》,三曰《初造》,四曰《侠安》,五曰《归来》,六曰《远期》,七曰《有所思》,八曰《明星》,九曰《清凉》,十曰《涉大海》,十一曰《大置酒》,十二曰《承元气》,十三曰《海淡淡》。魏氏及晋荀勖、傅玄并为哥辞。魏时以《远期》、《承元气》、《海淡淡》三曲多不通利,省之。魏雅乐四曲:一曰《鹿鸣》,后改曰《於赫》,咏武帝。二曰《驺虞》,后改曰《巍巍》,咏文帝。三曰《伐檀》,后省除。四曰《文王》,后改曰《洋洋》,咏明帝。《驺虞》、《伐檀》、《文王》并左延年改其声。正旦大会,太尉奉璧,群后行礼,东箱雅乐郎作者是也。今谓之行礼曲,姑洗箱所奏。按《鹿鸣》本以宴乐为体,无当于朝享,往时之失也。

晋武太始五年,尚书奏使太仆傅玄、中书监荀勖、黄门侍郎张华,各造正旦行礼及王公上寿酒食举乐哥诗。诏又使中书郎成公绥亦作。张华表曰:"按魏上寿食举诗及汉氏所施用,其文句长短不齐,未皆合古。盖以依咏弦节,本有因循,而识乐知音,足以制声,度曲法用,率非凡近所能改。二代三京,袭而不变,虽诗章词异,兴废随时,至其韵逗曲折,皆系于旧,有由然也。是以一皆因就,不敢有所改易。"荀勖则曰:"魏氏哥诗,或二言,或三言,或四言,或五言,与古诗不类。"以问司律中郎将陈颀,颀曰:"被之金石,未必皆当。"故勖造晋哥,皆为四言,唯王公上寿酒一篇为三言五言,此则华、勖所明异旨也。九年,荀勖遂典知乐事,使郭夏、宋识等造《正德》、《大豫》之舞，而勖及傅玄、张华又各造此舞哥诗。勖作新律笛十二枚，散骑常侍阮咸讥新律声高，高近哀思，不合中和。勖以其异己，出咸为始平相。

晋又改魏《昭武舞》曰《宣武舞》，《羽籥舞》曰《宣文舞》。咸宁元年，诏定祖宗之号，而庙乐同用《正德》、《大豫》之舞。至江左初立宗庙，尚书下太常祭祀所用乐名，太常贺循答云：“魏氏增损汉乐，以为一代之礼，未审大晋乐名所以为异。遭离丧乱，旧典不存，然此诸乐，皆和之以钟律，文之以五声，咏之于哥词，陈之于舞列，宫县在下，琴瑟在堂，八音迭奏，雅乐并作，登哥下管，各有常咏，周人之旧也。自汉氏以来，依放此礼，自造新诗而已。旧京荒废，今既散亡，音韵曲折，又无识者，则于今难以意言。”于时以无雅乐器及伶人，省太乐并鼓吹令。是后颇得登哥，食举之乐，犹有未备，明帝太宁末，又诏阮孚等增益之。成帝咸和中，乃复置太乐官，鸠习遗逸，而尚未有金石也。

初，荀勖既以新律造二舞，又更修正钟磬，事未竟而勖薨。惠帝元康三年，诏其子黄门侍郎蕃修定金石，以施郊庙。寻值丧乱，遗声旧制，莫有记者。庾亮为荆州，与谢尚共为朝廷修雅乐，亮寻薨。庾翼、桓温专事军旅，乐器在库，遂至朽坏焉。晋氏之乱也，乐人悉没戎虏，及胡亡，邺下乐人，颇有来者。谢尚时为尚书仆射，因之以具钟磬。太元中，破苻坚，又获乐工扬蜀等，闲练旧乐，于是四箱金石始备焉。

宋文帝元嘉九年，大乐令钟宗之更调金石。十四年，治书令史奚纵又改之。语在《律历志》。晋世曹毗、王珣等亦增造宗庙哥诗，然郊祀遂不设乐。

何承天曰：“世咸传吴朝无雅乐。案孙皓迎父丧明陵，唯云倡伎昼夜不息，则无金石登哥可知矣。”承天曰：“或云今之《神弦》，孙氏以为宗庙登哥也。”史臣案陆机《孙权诔》“《肆夏》在庙，《云翘》承□”，机不容虚设此言。又韦昭孙休世上《鼓吹铙哥》十二曲表曰：“当付乐官善哥者习哥。”然则吴朝非无乐官，善哥者乃能以哥辞被丝管，宁容止以《神弦》为庙乐而已乎？

宋武帝永初元年七月，有司奏：“皇朝肇建，庙祀庙设雅乐，太常郑鲜之等八十八人各撰立新哥。黄门侍郎王韶之所撰哥辞七首，并合施用。”诏可。十二月，有司又奏：“依旧正旦设乐，参详属三省改太乐诸哥舞诗。黄门侍郎王韶之立三十二章，合用教试，日近，宜逆诵习。辄申摄施行。”诏可。又改《正德舞》曰《前舞》，《大豫舞》曰《后舞》。

元嘉十八年九月，有司奏：“二郊宜奏登哥。”又议宗庙舞事，录尚书江夏王义恭等十二人立议同，未及列奏，值军兴，事寝。二十二年，南郊，始设登哥，诏御史中丞颜延之造哥诗，庙舞犹阙。

孝建二年九月甲午，有司奏：“前殿中曹郎荀万秋议：按礼，祭天地有乐者，为降神也。故《易》曰：‘雷出地奋豫。先王以作乐崇德，殷荐之上帝，以配祖考。’《周官》曰：‘作乐于圜丘之上，天神皆降。作乐于方泽之中，地祇皆出。’又曰：‘乃奏黄钟，哥大吕，舞《云门》，以祀天神。乃奏大簇，哥应钟，舞《咸池》，以祀地祇。’由斯而言，以乐祭天地，其来尚矣。今郊享阙乐，窃以为疑。《祭统》曰：‘夫祭有三重焉，献属莫重于祼，声莫重于升哥，舞莫重于《武宿夜》，此周道也。’至于秦奏《五行》，魏舞《咸熙》，皆以用享。爰逮晋氏泰始之初，傅玄作晋郊庙哥诗三十二篇。元康中，荀蕃受诏成父勖业，金石四县，用之郊庙。是则承郊庙有乐之证也。今庙祠登哥虽奏，而象舞未陈，惧阙备礼。夫圣王经世，异代同风，虽损益或殊，降杀迭运，未尝不执古御今，同规合矩。方兹休明在辰，文物大备，礼仪遗逸，罔不具举，而况出祇降神，辍乐于郊祭，昭德舞功，有阙于庙享。谓郊庙宜设备乐。”

于是使内外博议。骠骑大将军竟陵王诞等五十一人，并同万秋议。尚书左仆射建平王宏议以为：“圣王之德虽同，创制之礼或异，乐不相沿，礼无因袭。自宝命开基，皇符在运，业富前王，风通振古，朝仪国章，并循先代。自后晋东迁，日不暇给，虽大典略备，遗阙尚多。至于乐号庙礼，未该往正。今帝德再昌，大孝御宇，宜讨定礼本，以昭来叶。寻舜乐称《韶》，汉改《文始》，周乐《太武》，秦革《五行》。
眷夫祖有功而宗有德，故汉高祖庙乐称《武德》，太宗庙乐曰《昭
德》。魏制《武始》舞武庙，制《咸熙》舞文庙。则祖宗之庙，别有乐名。
晋氏之乐，《正德》、《大豫》，及宋不更名，直为《前》、《后》二舞，依据
昔代，义舛事乖。今宜厘改权称，以《凯容》为《韶舞》，《宣烈》为《武
舞》。祖宗庙乐，总以德为名。若庙非不毁，则乐无别称，犹汉高、文、
武，咸有嘉号，惠、景二主，乐无余名。章皇太后庙，依诸儒议，唯奏
文乐。何休、杜预、范甯注'初献六羽'，并不言佾者，佾则干在其中，
明妇人无武事也。郊祀之乐，无复别名，仍同宗庙而已。寻诸《汉
志》，《永至》等乐，各有义况，宜仍旧不改。宋及东晋，太祝唯送神而
不迎神。近议者或云，庙以居神，恒如在也，不应有迎送之事，意以
为并乖其哀。立庙居灵，四时致享，以申孝思之情。夫神升降无常，
何必恒安所处？故《祭义》云：'乐以迎来，哀以送往。'郑注云：'迎来
而乐，乐亲之来，送往而哀，哀其享否不可知也。'《尚书》有神天。又
《诗》云：'神保遹归。'注曰：'归于天地也。此并言神有去来，则有送
迎明矣。即周《肆夏》之名，备迎送之乐。古以尸象神，故《仪礼》祝
有迎尸送尸，近代虽无尸，岂可阙迎送之礼？又傅玄有迎神送神哥
辞，明江左不迎，非旧典也。"

散骑常侍、丹阳尹建城县开国侯颜竣议以为："德业殊称，则干
羽异容，时无沿制，故物有损益。至于礼失道愆，称习忘反，中兴厘
运，视听所革，先代缪章，宜见刊正。郊之有乐，盖生《周易》、《周
官》，历代著议，莫不援准。夫'扫地而祭，器用陶匏'，唯质与诚，以
章天德，文物之备，理固不然。《周官》曰：'国有故，则旅上帝及四
望。'又曰：'四圭有邸，以祀天旅上帝。两圭有邸，以祀地旅四望。'
四望非地，则知上帝非天。《孝经》云：'郊祀后稷以配天，宗祀文王
于明堂，以配上帝。'则《豫》之作乐，非郊天地。大司乐职，'奏黄钟，
哥大吕，舞《云门》，以祀天神。'郑注：'天神，五帝及日月星辰也。'
王者以夏正月祀其所受命之帝于南郊，则二至之祀，又非天地。考
之众经，郊祀有乐，未见明证。宗庙之礼，事炳载籍。爰自汉元，迄

乎有晋，虽时或更制，大抵相因，为不袭名号而已。今乐曲沦灭，知音世希，改作之事，臣闻其语。《正德》、《大豫》，礼容具存，宜殊其徽号，饰而用之。以《正德》为《宣化》之舞，《大豫》为《兴和》之舞，庶足以光表世烈，悦被后昆。前汉祖宗，庙处各异，主名既革，舞号亦殊。今七庙合食，庭殿共所，舞蹈之容，不得庙有别制。后汉东平王苍已议之矣。又王肃、韩祇以王者德广无外，六代四夷之舞，金石丝竹之乐，宜备奏宗庙。愚谓苍、肃、祇议，合于典礼，适于当今。”

左仆射建平王宏又议：“竣据《周礼》、《孝经》，天与上帝，连文重出，故谓上帝非天，则《易》之作乐，非为祭天也。按《易》称‘先王以作乐崇德，殷荐之上帝，以配祖考。’《尚书》云：‘肆类于上帝。’《春秋传》曰：‘告昊天上帝。’凡上帝之言，无非天也。天尊不可以一称，故或谓昊天，或谓上帝，或谓昊天上帝，不得以天有数称，便谓上帝非天。徐邈推《周礼》‘国有故，则旅上帝’，以知礼天，旅上帝，同是祭天。言礼天者，谓常祀也；旅上帝者，有故而祭也。《孝经》称‘严父莫大于配天’，故云‘郊祀后稷以配天，宗祀文王于明堂，以配上帝。既天为议，则上帝犹天益明也。不欲使二天之同，故变上帝尔。《周礼》祀天之言再见，故郑注以前天神为五帝，后冬至所祭为昊天。竣又云‘二至之祀，又非天地。’未知天地竟应以何时致享？《记》云：‘扫地而祭，器用陶匏。’旨明所用质素，无害以乐降神。万秋谓郊宜有乐，事有典据。竣又云‘东平王苍以为前汉诸祖别庙，是以祖宗之庙可得各有舞乐。至于祫祭始祖之庙，则专用始祖之舞。故谓后汉诸祖，共庙同庭，虽有祖宗，不宜入别舞。’此诚一家之意，而未统适时之变也。后汉从俭，故诸祖共庙，犹以异室存别室之礼。晋氏以来，登哥诵美，诸室继作。至于祖宗乐舞，何犹不可迭奏。苟所咏者殊，虽复共庭，亦非嫌也。魏三祖各有舞乐，岂复是异庙邪？”

众议并同宏：“祠南郊迎神，奏《肆夏》。皇帝初登坛，奏登哥。初献，奏《凯容》、《宣烈》之舞。送神奏《肆夏》。祠庙迎神，奏《肆夏》。皇帝入庙门，奏《永至》。皇帝诣东壁，奏登哥。初献，奏《凯容》、《宣烈》之舞。终献，奏《永安》。送神，奏《肆夏》。”诏可。

孝建二年十月辛未,有司又奏:"郊庙舞乐,皇帝亲奉,初登坛及入庙、诣东壁,并奏登哥,不及三公行事。"左仆射建平王宏重参议:"公卿行事,亦宜奏登哥。"有司又奏:"元会及二庙齐祠,登哥伎旧并于殿庭设作。寻庙祠,依新仪注,登歌人上殿,弦管在下。今元会,登哥人亦上殿,弦管在下。"并诏可。

文帝章太后庙未有乐章,孝武大明中,使尚书左丞殷淡造新哥。明帝又自造昭太后、宣太后哥诗。

后汉正月旦,天子临德阳殿受朝贺,舍利从西方来,戏于殿前,激水化成比目鱼,跳跃嗽水,作雾翳日。毕,又化成黄龙,长八九丈,出水游戏,炫耀日光。以两大丝绳系两柱头,相去数丈,两倡女对舞,行于绳上,相逢切肩而不倾。魏、晋讫江左,犹有《夏育扛鼎》、《巨象行乳》、《神龟抃舞》、《背负灵岳》、《桂树白雪》、《画地成川》之乐焉。

晋成帝咸康七年,散骑侍郎顾臻表曰:"臣闻圣王制乐,赞扬治道,养以仁义,防其邪淫,上享宗庙,下训黎民,体五行之正音,协八风以陶气。以宫声正方而好义,角声坚齐而率礼,弦哥钟鼓金石之作备矣。故通神至化,有率舞之感;移风改俗,致和乐之极。末世之伎,设礼外之观,逆行连倒,头足入筥之属,皮肤外剥,肝心内摧。敦彼行苇,犹谓勿践,矧伊生民,而不恻怆。加以四海朝觐,言观帝庭,耳聆《雅》《颂》之声,目睹威仪之序,足以蹋天,头以履地,反两仪之顺,伤彝伦之大。方今夷狄对岸,外御为急,兵食七升,忘身赴难,过泰之戏,日禀五斗。方埽神州,经略中甸,若此之事,不可示远。宜下太常,纂备雅乐,《箫韶》九成,惟新于盛运,功德颂声,永著于来叶。此乃《诗》所以'燕及皇天,克昌厥后'者也。杂伎而伤人者,皆宜除之。流简俭之德,迈康哉之咏,清风既行,民应如草,此之谓也。愚管之诚,唯垂采察。"于是除《高纟亘》、《紫鹿》、《跋行》、《鳖食》及《齐王卷衣》、《笮儿》等乐,又减其禀。其后复《高纟亘》、《紫鹿》焉。

宋文帝元嘉十三年，司徒彭城王义康于东府正会，依旧给伎。总章工冯大列："相承给诸王伎十四种，其舞伎三十六人。"太常傅隆以为："未详此人数所由。唯杜预注《左传》佾舞，云诸侯六六三十六人，常以为非。夫舞者，所以节八音者也，八音克谐，然后成乐，故必以八八为列，自天子至士，降杀以两，两者，减其二列尔。预以为一列又减二人，至士止余四人，岂复成乐。按服虔注《传》云：'天子八八，诸侯六八，大夫四八，士二八。'其义甚允。今诸王不复舞佾，其总章舞伎，即古之女乐也。殿庭八八，诸王则应六八，理例坦然。又《春秋》，郑伯纳晋悼公女乐二八，晋以一八赐魏绛。此乐以八人为列之证也。若如议者，唯天子八，则郑应纳晋二六，晋应则绛一六也。自天子至士，其文物典章，尊卑差级，莫不以两。未有诸侯既降二列，又列辄减二人，近降太半，非唯八音不具，于两义亦乖。杜氏之谬可见矣。国典事大，宜令详正。"事不施行。

民之生，莫有知其始也。含灵抱智，以生天地之间。夫喜怒哀乐之情，好得恶失之性，不学而能，不知所以然而然者也。怒则争斗，喜则咏哥，夫哥者，固乐之始也。咏哥不足，乃手之舞之，足之蹈之，然则舞又哥之次也。咏哥舞蹈，所以宣其喜心。喜而无节，则流淫莫反，故圣人以五声和其性，以八音节其流，而故谓之乐，能移风易俗，平心正体焉。

昔有娥氏有二女，居九成之台，天帝使燕夜往，二女覆以玉筐，既而发视之，燕遗二卵，五色，北飞不反。二女作哥，始为北音。禹省南土，涂山之女令其妾候禹于涂山之阳，女乃作哥，始为南音。夏后孔甲田于东阳萯山，天大风晦冥，迷入民室，主人方乳，或曰："后来是良日也，必大吉。"或曰："不胜之子，必有殃。"后乃取以归，曰："以为余子，谁敢殃之！"后析橑，斧破断其足。孔甲曰："呜呼！有命矣。"乃作《破斧》之哥，始为东音。周昭王南征，殒于汉中，王右辛余靡长且多力，振王北济，周公乃封之西翟，徙宅西河，追思故处作哥，始为西音。此盖四方之哥也。

黄帝、帝尧之世，王化下洽，民乐无事，故因击壤之欢，庆云之瑞，民因以作哥。其后《风》衰《雅》缺，而妖淫靡漫之声起。周衰，有秦青者，善讴，而薛谈学讴于秦青，未穷青之伎而辞归。青饯之于郊，乃抚节悲哥，声震林木，响遏行云。薛谈遂留不去，以卒其业。又有韩娥者，东之齐，至雍门，匮粮，乃鬻哥假食，既而去，余响绕梁，三日不绝。左右谓其人不去也。过逆旅，逆旅人辱之，韩娥因曼声哀哭，一里老幼，悲愁垂涕相对，三日不食。遽而追之，韩娥还，复为曼声长哥，一里老幼，喜跃抃舞，不能自禁，忘向之悲也。乃厚赂遣之。故雍门之人善哥哭，效韩娥之遗声。卫人王豹处淇川，善讴，河西之民皆化之。齐人绵驹居高唐，善哥，齐之右地亦传其业。前汉有虞公者，善哥，能令梁上尘起。若斯之类，并徒哥也。《尔雅》曰："徒哥曰谣。"凡乐章古词，今之存者，并汉世街陌谣讴，《江南可采莲》、《乌生》、《十五子》、《白头吟》之属是也。吴哥杂曲，并出江东，晋、宋以来，稍有增广。

《子夜哥》者，有女子名子夜，造此声。晋孝武太元中，琅邪王轲之家有鬼哥《子夜》。殷允为豫章时，豫章侨人庾僧度家亦有鬼哥《子夜》。殷允为豫章，亦是太元中，则子夜是此时以前人也。

《凤将雏哥》者，旧曲也。应璩《百一诗》云："为作《陌上桑》，反言《凤将雏》。"然则《凤将雏》其来久矣，将由讹变以至于此乎。

《前溪哥》者，晋车骑将军沈玩所制。

《阿子》及《欢闻哥》者，晋穆帝升平初，哥毕辄呼"阿子！汝闻不？"语在《五行志》。后人演其声，以为二曲。

《团扇哥》者，晋中书令王珉与嫂婢有情，爱好甚笃，嫂捶挞婢过苦，婢素善哥，而珉好捉白团扇，故制此哥。

《督护哥》者，彭城内史徐逵之为鲁轨所杀，宋高祖使府内直督护丁旿收敛殡霾之。逵之妻，高祖长女也，呼旿至阁下，自问敛送之事，每问，辄叹息曰："丁督护！"其声哀切，后人因其声，广其曲焉。

《懊侬哥》者，晋隆安初，民间讹谣之曲。语在《五行志》。宋少帝更制新哥，太祖常谓之《中朝曲》。

《六变》诸曲，皆因事制哥。

《长史变》者，司徒左长史王廞临败所制。

《读曲哥》者，民间为彭城王义康所作也。其哥云“死罪刘领军，误杀刘第四”是也。

凡此诸曲，始皆徒哥，既而被之弦管。又有因弦管金石，造哥以被之，魏世三调哥词之类是也。

古者天子听政，使公卿大夫献诗，耆艾修之，而后王斟酌焉。秦、汉阙采诗之官，哥咏多因前代，与时事既不相应，且无以垂示后昆。汉武帝虽颇造新哥，然不以光扬祖考、崇述正德为先，但多咏祭祀见事及其祥瑞而已。商周《雅》《颂》之体阙焉。

《鞞舞》，未详所起，然汉代已施于燕享矣。傅毅、张衡所赋，皆其事也。曹值《鞞舞哥序》曰：“汉灵帝《西园故事》，有李坚者，能《鞞舞》。遭乱，西随段煨。先帝闻其旧有技，召之。坚既中废，兼古曲多谬误，异代之文，未必相袭，故依前曲改作新哥五篇，不敢充之黄门，近以成下国之陋乐焉。”晋《鞞舞哥》亦五篇，又《铎舞哥》一篇，《幡舞哥》一篇，《鼓舞伎》六曲，并陈于元会。今《幡》、《鼓》哥词犹存，舞并阙。《鞞舞》，即今《鞞扇舞》也。

又云晋初有《杯盘舞》、《公莫舞》。史臣按：“《杯盘》，今之《齐世宁》也。张衡《舞赋》云：“历七盘而纵蹑。”王粲《七释》云：“七盘陈于广庭。”近世文士颜延之云：“递间关于盘扇。”鲍昭云：“七盘起长袖。”皆以七盘为舞也。《搜神记》云：“晋太康中，天下为《晋世宁舞》，矜手以接杯柈，反覆之。”此则汉世唯有柈舞，而晋加之以杯，反覆之也。

《公莫舞》，今之巾舞也。相传云项庄剑舞，项伯以袖隔之，使不得害汉高祖。且语庄云：“公莫。”古人相呼曰“公”，云莫害汉王也。今之用巾，盖像项伯衣袖之遗式。按《琴操》有《公莫渡河曲》，然则其声所从来已久。俗云项伯，非也。

江左初，又有《拂舞》。旧云《拂舞》，吴舞。检其哥，非吴词也。

皆陈于殿庭。扬泓《拂舞序》曰:"自到江南,见《白符舞》,或言《白凫鸠舞》,云有此来数十年。察其词旨,乃是吴人患孙皓虐政,思属晋也。"

又有《白纻舞》,按舞词有巾袍之言。纻本吴地所出,宜是吴舞也。晋《俳歌》又云:"皎皎白绪,节节为双。"吴音呼绪为纻,疑白纻即白绪。

《鞞舞》故二八,桓玄将即真,太乐遣众伎,尚书殿中郎袁明子启增满八佾,相承不复革。宋明帝自改舞曲哥词,并诏近臣虞和并作。

又有西、伧、羌、胡诸杂舞。随王诞在襄阳,造《襄阳乐》,南平穆王为豫州,造《寿阳乐》,荆州刺史沈攸之又造《西乌飞哥曲》,并列于乐官。哥词多淫哇不典正。

前世乐饮,酒酣,必起自舞。《诗》云:"屡舞仙仙"是也。宴乐必舞,但不宜屡尔。讥在屡舞,不讥舞也。汉武帝乐饮,长沙定王舞又是也。魏、晋已来,尤重以舞相属,所属者代起舞,犹若饮酒以杯相属也。谢安舞以属桓嗣是也。近世以来,此风绝矣。

孝武大明中,以《鞞》、《拂》、杂舞合之钟石,施于殿庭。顺帝升明二年,尚书令王僧虔上表言之,并论三调哥曰:"臣闻《风》、《雅》之作,由来尚矣。大者系乎兴衰,其次者著于率舞。在于心而木石感,铿锵奏而国俗移。故郑相出郊,辩声知戚,延陵入聘,观乐知风。是则音不妄启,曲岂徒奏。哥倡既设,休戚已征,清浊是均,山琴自应。斯乃天地之灵和,升降之明节。今帝道四达,礼乐交通,诚非寡陋所敢载酌。伏以三古缺闻,六代潜响,舞咏与日月偕湮,精灵与风云俱灭。追余操而长怀,抚遗器而太息,此则然矣。夫钟县之器,以雅为用,《凯容》之制,八佾为体。故羽籥击拊,以相谐应,季氏获诮,将在于此。今总章旧佾二八之流,袿服既殊,曲律亦异,推今校古,皎然可知。又哥钟一肆,克谐女乐,以哥为称,非雅器也。大明中,即以宫县合和《鞞》、《拂》,节数虽会,虑乖雅体。将来知音,或讥圣世。若谓钟舞已谐,不欲废罢,别立哥钟,以调羽佾,止于别宴,不关朝享，四县所奏，谨依雅则，斯则旧乐前典，不坠于地。臣昔已制哥磬，犹在乐官，具以副钟，配成一部，即义沿理，如或可安。又今之《清商》，实犹铜雀，魏氏三祖，风流可怀，京、洛相高，江左弥重。谅以金县干戚，事绝于斯。而情变听改，稍复零落，十数年间，亡者将半。自项家竞新哇，人尚谣俗，务在噍危，不顾律纪，流宕无涯，未知所极，排斥典正，崇长烦淫。士有等差，无故不可以去礼；乐有攸序，长幼不可以共闻。故喧丑之制，日盛于廛里，风味之韵，独尽于衣冠。夫川震社亡，同灵毕戒，哀思靡漫，异世齐欢，咎征不殊，而欣畏并用，窃所未譬也。方今尘静畿中，波恬海外，《雅》《颂》得所，实在兹辰。臣以为宜命典司，务勤课习，缉理旧声，迭相开晓，凡所遗漏，悉使补拾。曲全者禄厚，艺敏者位优，利以动之，则人思自劝，风以靡之，可不训自革，反本还源，庶可跂踵。"诏曰："僧虔表如此。夫钟鼓既陈，《雅》《颂》斯辨，所以愫感人祇，化动翔泳。项自金籥弛韵，羽佾未凝，正俗移风，良在兹日。昔阮咸清识，王度昭奇，乐绪增修，异世同功矣。便可付外遵详。"

乐器凡八音：曰金，曰石，曰土，曰革，曰丝，曰木，曰匏，曰竹。

八音一曰金。金，钟也，镈也，錞也，镯也，铙也，铎也。

钟者，《世本》云："黄帝工人垂所造。"《尔雅》云大钟曰镛。《书》曰"笙镛以间"是也。中者曰剽。剽音瓢。小者曰栈。栈音盏。晋江左初，所得栈钟是也。县钟磬者曰笋虡，横曰笋，从曰虡。蔡邕曰："写鸟兽之形，大声有力者以为钟虡，清声无力者以为磬虡，击其所县，知由其虡鸣焉。"

镈，如钟而大。史臣案：前代有大钟，若周之无射，非一，皆谓之钟。镈之言，近代无闻焉。

錞，錞于也。圜如碓头，大上小下，今民间犹时有其器。《周礼》："以金錞和鼓。"

镯，钲也。形如小钟，军行鸣之，以为鼓节。《周礼》："以金镯节鼓。"

铙，如铃而无舌，有柄，执而鸣之。《周礼》："以金铙止鼓。"汉《鼓吹曲》曰铙哥。

铎，大铃也。《周礼》："以金铎通鼓。"

八音二曰石。石，磬也。《世本》云叔所造，不知叔何代人。《尔雅》曰："形似犁錧，以玉为之。"大曰馨。馨音器。

八音三曰土。土，埙也。《世本》云暴新所造，亦不知何代人也。周畿内有暴国，岂其时人乎？烧土为之，大如鹅卵，锐上平底，形似称锤，六孔。《尔雅》云，大者曰嘂，嘂音叫。小者如鸡子。

八音四曰革。革，鼓也，鞉也，节也。大曰鼓，小曰鞞，又曰应。应劭《风俗通》曰："不知谁所造。"以桴击之曰鼓，以手摇之曰鞉。鼓及鞉之八面者曰雷鼓、雷鞉。六面者曰灵鼓、灵鞉。四面者曰路鼓、路鞉。《周礼》："以雷鼓祀天神，以灵鼓鼓社祭，以路鼓鼓鬼享。"鼓长八尺者曰鼖鼓，以鼓军事。长丈二尺者曰鼛鼓，凡守备及役事则鼓之。今世谓之下鼛。鼛，《周礼》音戚，今世音切豉反。长六尺六寸者曰晋鼓，金奏则鼓之。应鼓在大鼓侧，《诗》云"应鞞悬鼓"是也。小鼓有柄曰鞀。大鞀谓之鞞。《月令》"仲夏修鞀、鞞"是也。然则鞀、鞞即鞉类也。又有鼍鼓焉。

节，不知谁所造。傅玄《节赋》云："黄钟唱哥，《九韶》兴舞。口非节不咏，手非节不拊。"此则所从来亦远矣。

八音五曰丝。丝，琴也，瑟也，筑也，筝也，琵琶、空侯也。

琴，马融《笛赋》云："宓羲造琴。"《世本》云："神农所造。"《尔雅》："大琴曰离"，二十弦。今无其器。齐桓曰号钟，楚庄曰绕梁，相如曰焦尾，伯喈曰绿绮，事出傅玄《琴赋》。世云焦尾是伯喈琴，伯喈传亦云尔。以傅氏言之，则非伯喈也。

瑟，马融《笛赋》云："神农造瑟。"《世本》："宓羲所造。"《尔雅》云："瑟二十七弦者曰洒。"今无其器。

筑，不知谁所造。史籍唯云高渐离善击筑。

筝，秦声也。傅玄《筝赋序》曰："世以为蒙恬所造。今观其体合法度，节究哀乐，乃仁智之器，岂亡国之臣所能关思哉！"《风俗通》

则曰："筑身而瑟弦，不知谁所改作也。"

琵琶，傅玄《琵琶赋》曰："汉遣乌孙公主嫁昆弥，念其行道思慕，故使工人裁筝、筑，为马上之乐。欲从方俗语，故名曰琵琶，取其易传于外国也。"《风俗通》云："以手琵琶，因以为名。"杜挚云："长城之役，弦鼗而鼓之。"并未详孰实。其器不列四厢。

空侯，初名坎侯。汉武帝赛灭南越，祠太一后土用乐，令乐人侯晖依琴作坎侯，言其坎坎应节奏也。侯者，因工人姓尔。后言空，音讹也。古施郊庙雅乐，近世来专用于楚声。宋孝武帝大明中，吴兴沈怀远被徙广州，造绕梁，其器与空侯相似。怀远后亡，其器亦绝。

八音六曰木。木，枳也，敔也。并不知谁所造。《乐记》曰："圣人作为控、楬、埙、篪。"所起亦远矣。

枳如漆筩，方二尺四寸，深尺八寸，中有椎柄，连底挏之，令左右击。

敔，状如虎，背上有二十七锄铻。以竹长尺名曰止，横拯之，以节乐终也。

八音七曰匏。匏，笙也，竽也。

笙，随所造，不知何代人。列管匏内，施簧管端。宫管在中央，三十六簧曰竽；宫管在左傍，十九簧至十三簧曰笙。其它皆相似也。竽今亡。大笙谓之簧，小者谓之和。其笙中之簧，女娲所造也。《诗》传云："吹笙则簧鼓矣。"盖笙中之簧也。《尔雅》曰："笙十九簧者曰巢。"汉章帝时，零陵文学奚景于舜祠得笙，白玉管。后世易之以竹乎。

八音八曰竹。竹，律也，吕也，箫也，管也，篪也，籥也，笛也。

律、吕在《律吕志》。

箫，《世本》云："舜所造。"《尔雅》曰："编二十三管，尺四寸者曰言；十六管，长尺二寸者笅。"笅音爻。凡箫一名籁。前世有洞箫，其器今亡。蔡邕曰："箫，编竹有底。"然则邕时无洞箫矣。

管，《尔雅》曰："长尺，围寸，并漆之，有底。"大者曰簥。簥音骄。中者曰篞。小者曰篎。篎音妙。古者以玉为管，舜时西王母献白玉瑄是也。《月令》:"均琴、瑟、管、箫。"蔡邕章句曰:"管者,形长尺,围寸,有孔无底。"其器今亡。

篪,《世本》云:"暴新公所造。"旧志云,一曰管。史臣案:非也。虽不知暴新公何代人,而非舜前人明矣。舜时西王母献管,则是已有其器,新公安得造篪乎?《尔雅》曰:"篪,大者尺四寸,围三寸,曰沂。"沂音银。一名翘。"小者尺二寸。"今有胡篪,出于胡吹,非雅器也。

籥,不知谁所造。《周礼》有籥师,掌教国子秋冬吹籥。今《凯容》、《宣烈》舞所执羽籥是也。盖《诗》所云"左手执籥,右手秉翟"者也。《尔雅》云:"籥如笛,三孔而短小。"《尔雅》云七孔。大者曰产,中者曰仲,小者曰药。药音握。

笛,案马融《长笛赋》,此器起近世,出于羌中,京房备其五音。又称丘仲工其事,不言仲所造。《风俗通》则曰:"丘仲造笛,武帝时人。"其后更有羌笛尔。三说不同,未详孰实。

箛,杜挚《笳赋》云:"李伯阳入西戎所造。"汉旧注曰:"箛,号曰吹鞭。"晋《先蚕注》:"车驾住,吹小箛;发,吹大箛。"箛即箛也。又有胡笳。汉旧《筝笛录》有其曲,不记所出本末。

鼓吹,盖短箫铙歌。蔡邕曰:"军乐也,黄帝岐伯所作,以扬德建武,劝士讽敌也。"《周官》曰:"师有功则恺乐。"《左传》曰:晋文公胜楚,"振旅,凯而入"。《司马法》曰:"得意则恺乐恺哥。"雍门周说孟尝君,"鼓吹于不测之渊。"说者云,鼓自一物,吹自竽、籥之属,非箫、鼓合奏,别为一乐之名也。然则短箫铙哥,此时未名鼓吹矣。应劭汉《卤簿图》,唯有骑执箛。箛即笳,不云鼓吹。而汉世有黄门鼓吹。汉享宴食举乐十三曲,与魏世鼓吹长箫同。长箫短箫,《伎录》并云,丝竹合作,执节者哥。又《建初录》云,《务成》、《黄爵》、《玄云》、《远期》,皆骑吹曲,非鼓吹曲。此则列于殿庭者为鼓吹,今之从行鼓吹为骑吹,二曲异也。又孙权观魏武军,作鼓吹而还,此又应是今之鼓吹。魏、晋世,又假诸将帅及牙门曲盖鼓吹,斯则其时谓之鼓吹矣。魏、晋世给鼓吹甚轻,牙门、督将、五校,悉有鼓吹。晋江左初,临川太守谢摛每寝,辄梦闻鼓吹。有人为其占之曰:"君不得生鼓吹,当得死鼓吹尔。"摛击杜韬,战没,追赠长水校尉,葬给鼓吹焉。谢尚为江夏太守,诣安西将军庾翼于武昌咨事,翼与尚射,曰:"卿若破的,当以鼓吹相赏。"尚射破的,便以其副鼓吹给之。今则甚重矣。

角,书记所不载。或云出羌胡,以惊中国马。或云出吴越。旧志云:"古乐有籁、缶。"今并无。史臣按《尔雅》,籁自是箫之一名耳。《诗》云:"坎其击缶。"《毛传》曰:"盎谓之缶。"

筑城相杵者,出自梁孝王。孝王筑睢阳城,方十二里,造倡声,以小鼓为节,筑者下杵以和之。后世谓此声为《睢阳曲》,至今传之。

魏、晋之世,有孙氏善弘旧曲,宋识善击节倡和,陈左善清哥,列和善吹笛,郝索善弹筝,朱生善琵琶,尤发新声。傅玄著书曰:"人若钦所闻而忽所见,不亦惑乎!设此六人生于上世,越古今而无俪,何但夔、牙同契哉!"案此说,则自兹以后,皆孙、朱等之遗则也。

宋书卷二〇
志第一〇

乐　二

蔡邕论叙汉乐曰：一曰郊庙神灵，二曰天子享宴，三曰大射辟雍，四曰短箫铙歌。

晋郊祀歌五篇　傅玄造

天命有晋，穆穆明明。我其夙夜，祗事上灵。常于时假，迄用有成。于荐玄牡，进夕其牲。崇德作乐，神祇是听。

右祠天地五郊夕牲歌一篇。

宣文烝哉，日靖四方。永言保之，夙夜匪康。光天之命，上帝是皇。嘉乐殷荐，灵祉景祥。神祇隆假，享福无疆。

右祠天地五郊迎送神歌一篇

天祚有晋，其命惟新。受终于魏，奄有兆民。燕及皇天，怀柔百神。不显遗烈，之德之纯。享其玄牡，式用肇禋。神禋来格，福禄是臻。

时迈其犹，昊天子之。祐享有晋，兆民戴之。畏天之威，敬授民时。不显不承，于犹绎思。皇极斯建，庶绩咸熙。庶几夙夜，惟晋之祺。

宣文惟后，克配彼天。抚宁四海，保有康年。於乎缉熙，肆用靖民。爰立典制，爰修礼纪。作民之极，莫匪资始。克昌厥后，永言保之。

右飨天地五郊歌三篇。

前所作天地郊明堂歌五篇　　傅玄造

皇矣有晋，时迈其德。受终于天，光济万国。万国既光，神定厥祥。虔于郊祀，祇事上皇。祇事上皇，百禄是臻。巍巍祖考，克配彼天。嘉牲匪歆，德馨惟飨。受天之祚，神和四畅。

右天地郊明堂夕牲歌。

于赫大晋，膺天景祥。二帝迈德，宣兹重光。我皇受命，奄有万方。郊祀配享，礼乐孔章。神祇嘉飨，祖考是皇。克昌厥后，保胙无疆。

右天地郊明堂降神歌。

整泰坛，祀皇神。精气感，百灵宾。蕴朱火，燎芳薪。紫烟游，冠青云。神之体，靡象形。旷无方，幽以清。神之来，光景照。听无闻，视无兆。神之至，举欣欣。灵爽协，动余心。神之坐，同欢娱。泽云翔，化风舒。嘉乐奏，文中声。八音谐，神是听。咸洁斋，并芬芳。烹牷牷，享玉觞。神说飨，歆禋祀。祐大晋，降繁祉。胙京邑，行四海。保天年，穷地纪。

右天郊飨神歌。

整泰折，俟皇祇。众神感，群灵仪。阴祀设，吉礼施。夜将极，时未移。祇之体，无形象。潜泰幽，洞忽荒。祇之出，菱若有。灵无远，天下母。祇之来，遗光景。照若存，终冥冥。祇之至，举欣欣。舞象德，歌成文。祇之坐，同欢豫。泽雨施，化云布。乐八变，声教敷。物咸享，祇是娱。斋既洁，侍者肃。玉觞进，咸穆穆。飨嘉庆，歆德馨。胙有晋，暨群生。溢九壤，格天庭。保万寿，延亿龄。

右地郊飨神歌。

经始明堂，享祀匪懈。於皇烈考，光配上帝。赫赫上帝，既高既崇。圣考是配，明德显融。率土敬职，万方来祭。常于时假，保胙永世。

右明堂飨神歌。

宋南郊雅乐登歌三篇　　颜延之造

夤威宝命，严恭帝祖。表海炳岱，系唐胄楚。灵鉴浚文，民属睿武。奄受敷锡，宅中拓宇，亘地称皇，罄天作主。月竁来宾，日际奉土。开元首正，礼交乐举。六典联事，九官列序。有牷在涤，有洁在俎。以荐王衷，以答神祜。

右天地郊夕牲歌。

维圣飨帝，维孝飨亲。皇乎备矣，有事上春。礼行宗祀，敬达郊禋。金枝中树，广乐四陈。陟配在京，降德在民。奔精照夜，高燎炀晨。阴明浮烁，沉祟深沦。告成大报，受厘元神。月御按节，星驱扶轮。遥兴远驾，耀耀振振。

右天地郊迎送神歌。

营泰畤，定天衷。思心睿，谋筮从。建表蕝，设郊宫。田烛置，权火通。历元旬，律首吉。饰紫坛，坎列室。中星兆，六宗秩。乾宇晏，地区谧。大孝昭，祭礼供。牲日展，盛自躬。具陈器，备礼容。形舞缀，被歌钟。望帝阍，耸神跸。灵之来，辰光溢。洁粢酌，娱太一。明辉夜，华晢日。祼既始，献又终。烟芗鬯，报清穹。飨宋德，胙王功。休命永，福履充。

右天地飨神歌。

宋明堂歌　　谢庄造

地纽谧，乾枢回。华盖动，紫微开。旌蔽日，车若云。驾六气，乘烟缊。晔帝京，辉天邑。圣祖降，五灵集。构瑶戺，耸珠帘。汉拂幌，月栖檐。舞缀畅，钟□融。驻飞景，郁行风。懋粢盛，洁牲牷。百礼肃，群司虔。皇德远，大孝昌。贯九幽，洞三光。神之安，解玉銮。景福至，万宇欢。

右迎神歌诗。依汉郊祀迎神，三言，四句一转韵。

雍台辨朔，泽宫练辰。洁火夕昭，明水朝陈。六瑚贲室，八羽华庭。昭事先圣，怀濡上灵。《肆夏》戒敬，升歌发德。永固鸿基，以绥万国。

右登歌词。旧四言。

维天为大，维圣祖是言。辰居万宇，缀旒下国。内灵八辅，外光四瀛。蒿宫仰盖,日馆希旌。复殿留景,重檐结风。刮楹接纬,达向承虹。设业设虡,在王庭。肇禋祀,克配乎灵。我将我享,维孟之春。以孝以敬,以立我烝民。

右歌太祖文皇帝词。依《周颂》体。

参映夕,驷照晨。灵乘震,司青春。雁将向,桐始蘢。柔风舞,暄光迟。萌动达,万品新。润无际,泽无垠。

右歌青帝词。三言,依木数。

龙精初见大火中。朱光北至圭景同。帝在在《离》实司衡,水雨方降木槿荣。庶物盛长咸殷阜,恩覃四冥被九有。

右歌赤帝辞。七言,依火数。

履建宅中宇,司绳御四方。裁化遍寒燠,布政周炎凉。景丽条可结,霜明冰可折。凯风扇朱辰,白云流素节。分至乘结昏,启闭集恒度。帝运缉万有,皇灵澄国步。

右歌黄帝辞。五言,依土数。

百川如镜,天地爽且明。云冲气举,德盛在素□。木叶初下,洞庭始扬波。夜光彻地,翻霜照悬河。庶类收成,岁功行欲宁,浃地奉湮,馨宇承秋灵。

右歌白帝辞。九言,依金数。

岁月既,晏方驰。灵乘坎,德司规。玄云合,晦鸟路。白云繁,亘天涯。雷在地,时未光。饬国典,闭关梁。四节遍,万物殿。福九域,祚八乡。晨晷促,夕漏延。大阴极,微阳宣。鹊将巢,冰已解。气濡水,风动泉。

右歌黑帝辞。六言,依水数。

蕴礼容,余乐度。灵方留,景欲暮。开九重,肃五达。凤参差,龙已沫。云既动,河既梁。万里照,四空香。神之车,归清都。琁庭寂,玉殿虚。睿化凝,孝风炽。顾灵心,结皇思。

右送神歌辞。汉郊祀送神,亦三言。

右天郊飨神歌。

魏《俞儿舞歌》四篇魏国初建所用,后于太祖庙并作之。　　　　王粲造

汉初建国家,匡九州。蛮荆震服,五刃三革休。安不忘备武乐
修。宴我宾师,敬用御天,永乐无忧。子孙受百福,常与松乔游。蒸
庶德,莫不咸欢柔。

　　　右《矛俞新福歌》。

材官选士,剑弩错陈。应桴蹈节,俯仰若神。绥我武烈,笃我淳
仁。自东自西,莫不来宾。

　　　右《弩俞新福歌》。

我功既定,庶士咸绥。乐陈我广庭,式宴宾与师。昭文德,宣武
威。平九有,抚民黎。荷天宠,延寿尸。千载莫我违。

　　　右《安台新福歌》曲。

神武用师士素厉。仁恩广覆,猛节横逝。自古立功,莫我弘大。
桓桓征四国,爰及海裔。汉国保长庆,垂祚延万世。

　　　右《行辞新福歌》曲

晋《宣武舞歌》四篇　　傅玄造

《惟圣皇篇》　　《矛俞》第一

　　惟圣皇德,巍巍光四海。礼乐犹形影,文武为表里。乃作《巴
俞》,肄舞士。剑弩齐列,戈矛为之始。进退疾鹰鹞,龙战而豹起。如
乱不可乱,动作顺其理,离合有统纪。

《短兵篇》　　《剑俞》第二

　　剑为短兵,其势险危。疾逾飞电,回旋应规。武节齐声,或合或
离。电发星弩,若景若差。兵法攸象,军容是仪。

《军镇篇》　　《弩俞》第三

　　弩为远兵军之镇,其发有机。体难动,往必速,重而不迟。锐精
分铺,射远中微。《弩俞》之乐,壹何奇! 变多姿。退若激,进若飞。
五声协,八音谐。宣武象,赞天威。

《穷武篇》　　《安台行乱》第四

　　穷武者凶,何但败北。柔弱亡战,国家亦废。秦始徐偃,既已作
戒前世。先王鉴其机,修文整武艺。文武足相济,然后得光大。乱
曰:高则亢,满则盈。亢必危,盈必倾。去危倾,守以平。冲则久,浊

能清。混文武,顺天经。

晋《宣文舞歌》二篇　　傅玄造

《羽籥舞歌》

　　羲皇之初,天地开元。囹圄禽兽,群黎以安。神农教耕,创业诚
难。民得粒食,澹然无所患。黄帝始征伐,万品造其端。军驾无常
居,是曰轩辕。轩辕既勤止,尧舜匪荒宁。夏禹治水,汤武又用兵。
孰能保安逸,坐致太平?圣皇迈乾乾,天下兴颂声,穆穆且明明。惟
圣皇,道化彰。澄四海,清三光。万机理,庶事康。潜龙升,仪凤翔。
风雨时,物繁昌。却走马,降瑞祥。扬仄陋,简忠良。百禄是荷,眉
寿无疆。

《羽铎舞歌》

　　昔在浑成时,两仪尚未分。阳升垂清景,阴降兴浮云。中和含
氤氲,万物名异群。人伦得其序,众生乐圣君。三统继五行,然后有
质文。皇王殊运代,治乱亦缤纷。伊大晋,德兼往古。越牺农,邈舜
禹。参天地,陵三五。礼唐周,乐《韶》《武》。岂唯《箫韶》,六代具举。
泽沾地境,化充天宇。圣明临朝,元凯作辅,普天同乐胥。浩浩元气,
遐哉大清。五行流迈,日月代征。随时变化,庶物乃成。圣皇继天,
光济群生。化之以道,万国咸宁。受兹介福,延于亿龄,

晋宗庙歌十一篇　　傅玄造

　　我夕我牲,猗欤敬止。嘉荐孔时,供兹享祀。神鉴厥诚,博硕欺
歆。祖考降飨,以虞孝孙之心。

　　　　右祠庙夕牲歌

　　呜呼悠哉!日鉴在兹。以时享祀,神明降之。神明斯降,既祐
飨之。祚我无疆,受天之祜。赫赫太上,巍巍圣祖。明明烈考,丕承
继序。

　　　　右祠庙迎送神歌

　　经始宗庙,神明戾止。申锡无疆,祇承享祀。假哉皇祖,绥于孙
子。燕及后昆,锡兹繁祉。

　　　　右祠征西将军登歌。

嘉乐肆庭,荐祀在堂。皇皇宗庙,乃祖先皇。济济辟公,相子烝尝。享祀不忒,降福穰穰。

右祠豫章府君登歌。

於遫先后,实司于天。显矣皇祖,帝祉肇臻。本支克昌,资始开元。惠我无疆,享祚永年。

右祠颍川府君登歌。

於惟曾皇,显显令德。高明清亮,匪竞柔克。保乂命祜,基命惟则。笃生圣祖,光济四国。

右祠京兆府君登歌。

於铄皇祖,圣德钦明。勤施四方,夙夜敬止。载敷文教,载扬武烈。匡定社稷,龚行天罚。经始大业,造创帝基。畏天之命,于时保之。

右祠宣皇帝登歌。

执竞景皇,克明克哲。旁作穆穆,惟祗惟畏。纂宣之绪,耆定厥功。登此俊乂,纠彼群凶。业业在位,帝既勤止。维天之命,于穆不已。

右祠景皇帝登歌。

於皇时晋,允文文皇。聪明睿智,圣敬神武。万机莫综,皇斯清之。虎兕放命,皇斯平之。柔远能迩,简授英贤。创业垂统,勋格皇天。

右祠文皇帝登歌。

曰晋是常,享祀时序。宗庙致敬,礼乐具举。惟其来祭,普天率土。牺樽既奠,清酤既载。亦有和羹,荐羞斯备。蒸蒸永慕,感时兴思。登歌奏舞,神乐其和。祖考来格,祐我邦家。敷天之下,罔不休嘉。

肃肃在位,济济臣工。四海来格,礼仪有容。钟鼓振,管弦理。舞开元,歌永始。神胥乐兮。肃肃在位,臣工济济。小大咸敬,上下有礼。理管弦,振鼓钟。舞象德,歌咏功。神胥乐兮。肃肃在位,有来雍雍。穆穆天子,相惟辟公。礼有仪,乐有则。

右祠庙飨神歌二篇。

晋江左宗庙歌十三篇　曹毗造十一首　王珣造二首

歌高祖宣皇帝　曹毗造

　　於赫高祖，德协灵符。应运拨乱，厘整天衢。勋格宇宙，化动八区。肃以典刑，陶以玄珠。神石吐瑞，灵芝自敷。肇基天命，道均唐虞。

歌世宗景皇帝

　　景皇承运，纂隆洪绪。皇维重抗，天晖再举。蠢矣二寇，扰我扬楚。乃整元戎，以膏齐斧。芊芊神算，赫赫王旅。鲸鲵既平，功冠帝宇。

歌太祖文皇帝

　　太祖齐圣，王猷诞融。仁教四塞，天基累崇。皇室多难，严清紫宫。威厉秋霜，惠过春风。平蜀夷楚，以文以戎。奄有参墟，声流无穷。

歌世祖武皇帝

　　於穆武皇，允龚钦明。应期登禅，龙飞紫庭。百揆时序，听断以情。殊域既宾，伪吴亦平。晨流甘露，宵映朗星。野有击壤，路垂颂声。

歌中宗元皇帝

　　运屯百六，天罗解贯。元皇勃兴，网笼江汉。仰齐七政，俯平祸乱。化若风行，泽犹雨散。沦光更耀，金辉复焕。德冠千载，蔚有余粲。

歌肃祖明皇帝

　　明明肃祖，阐弘帝祚。英风凤发，清晖载路。奸逆纵忒，罔式皇度。躬振朱旗，遂豁天步。宏猷渊塞，高罗云布。品物咸宁，洪基永固。

歌显宗成皇帝

　　於休显宗，道泽玄播。式宣德音，畅物以和。迈德蹈仁，匪神弗过。敷以纯风，濯以清波。运理映阜，鸣凤栖柯。同规放勋，义盖山河。

歌康皇帝。

康皇穆穆，仰嗣洪德。为而不宰，雅音四塞。闲邪以诚，镇物以默。威静区宇，道宣邦国。

歌孝宗穆皇帝。

孝宗夙哲，休音允臧。如彼晨离，耀景扶桑。垂训华幄，流润八荒。幽赞玄妙，爰该典章。西平僭蜀，北静旧疆。高猷远畅，朝有遗芳。

歌哀皇帝。

於穆哀皇，圣心虚远。雅好玄古，大庭是践。道尚无为，治存易简。化若风行，民犹草偃。虽曰登遐，徽音弥阐。愔愔《云》《韶》，尽美尽善。

歌太宗简文皇帝　　王珣造

皇矣简文，於昭于天。灵明若神，周淡如渊。冲应其来，实与其迁。娓娓心化，日用不言。易而有亲，简而可传。观流弥远，求本愈玄。

歌烈宗孝武皇帝　　王珣造

天鉴有晋，钦哉烈宗。同规文考，玄默允龚。威而不猛，约而能通。神钲一震，九域来同。道积淮海，《雅》《颂》自东。气陶淳露，化协时雍。

四时祠祀歌　　曹毗造

肃肃清庙，巍巍圣功。万国来宾，礼仪有容。钟鼓振，金石熙。宣兆祚，武开基。神斯乐兮。理管弦，有来斯和。说功德，吐清歌。神斯乐兮。洋洋玄化，润被九壤。民无不悦，道无不往。礼有仪，乐有式。咏九功，永无极。神斯乐兮。

宋宗庙登歌八篇　　王韶之造

绵绵遐绪，昭明载融。汉德未远，尧有遗风。於穆皇祖，永世克隆。本枝惟庆，贻厥靡穷。

右祠北平府君登歌

乃立清庙,清庙肃肃。乃备礼容,礼容穆穆。显允皇祖,昭是嗣服。锡兹繁祉,聿怀多福。

右祠相国掾府君登歌

四县既序,箫管既举。堂献六瑚,庭万八羽。先王有典,克禋皇祖。不显洪烈,永介休祜。

右祠开封府君登歌。

钟鼓喤喤,威仪将将。温恭礼乐,敬享曾皇。迈德垂仁,系轨重光。天命纯嘏,惠我无疆。

右祠武原府君登歌。

铄矣皇祖,帝度其心。永言配命,播兹徽音。思我茂猷,如玉如金。骏奔在陛,是鉴是歆。

右祠东安府君登歌。

烝哉孝皇,齐圣广渊。发祥诞庆,景胙自天。德敷金石,道被管弦。有命既集,徽风永宣。

右祠孝皇帝登歌。

惟天有命,眷求上哲。赫矣圣武,抚运桓拨。功并敷土,道均汝坟。止戈曰武,经纬称文。鸟龙失纪,云火代名。受终改物,作我宋京。至道惟王,大业有劭。降德兆民,升歌清庙。

右祠高祖武皇帝登歌。

弈弈寝庙,奉璋在庭。笙簴既列,牺象既盈。黍稷匪芳,明祀惟馨。乐具礼充,洁羞荐诚。神之格思,介以休祯。济济群辟,永观厥成。

右祠七庙享神登歌。并以歌章太后篇。

世祖孝武皇帝歌　　谢庄造

帝锡二祖,长世多祜。於穆睿考,袭圣承矩。玄极弛驭,乾纽坠绪。辟我皇维,缔我宋宇。刷定四海,肇构神京。复礼辑乐,散马堕城。泽切九有,化浮八瀛。庆云承披,甘露飞甍。肃肃清庙,徽徽闷宫,舞蹈象德,笙磬陈风。黍稷非盛,明德惟崇。神其歆止,降福无穷。

宣皇太后庙歌

禀祥月辉，毓德轩光。嗣徽妫汭，思媚周姜。母临万宇，训蔼紫房。朱弦玉籥，式载琼芳。

晋四箱乐歌三首　　　傅玄造

天鉴有晋，世祚圣皇。时齐七政，朝此万方。其一　钟鼓斯震，九宾备礼。正位在朝，穆穆济济。其二　煌煌三辰，实丽于天。君后是象，威仪孔虔。其三　率礼无愆，莫匪迈德。仪形圣皇，万邦惟则。其四

右《天鉴》四章，章四句。正旦大会行礼歌。

於赫明明，圣德龙兴。三朝献酒，万寿是膺。敷佑四方，如日之升。自天降祚，元吉有征。

右《於赫》一章，八句。上寿酒歌。

天命大晋，载育群生。於穆上德，随时化成。其一　自祖配命，皇皇后辟。继天创业，宣文之绩。其二　丕显宣文，先知稼穑。克恭克俭，足教足食。其三　既教食之，弘济艰难。上帝是祐，下民所安。其四　天祐圣皇，万邦来贺。虽安勿安，乾乾匪暇。其五　乃正丘郊，乃定冢社。禀禀作宗，光宅天下。其六　惟敬朝飨，爰奏食举。尽礼供御，嘉乐有序。其七　树羽设业，笙镛以间。琴瑟齐列，亦有簴埙。其八　喤喤鼓钟，枪枪磬管。八音克谐，载夷载简。其九　既夷既简，其大不御。风化潜兴，如云如雨。其十　如云之覆，如雨之润。声教所暨，无思不顺。其十一　教以化之，乐以和之。和而养之，时惟邕熙。其十二　礼慎其仪，乐节其声。於铄皇繇，既和且平。其十三

右《天命》十三章，章四句。食举东西箱歌。

晋《正德》、《大豫》二舞歌二篇　　　傅玄造

天命有晋，光济万国。穆穆圣皇，文武惟则。在天斯正，在地成德。载韬政刑，载崇礼教。我敷玄化，臻于中道。

右《正德舞歌》。

於铄皇晋，配天受命。熙帝之光，世德惟圣。嘉乐《大豫》，保祐万姓。渊兮不竭，冲而用之。先天弗违，虔奉天时。

右《大豫舞歌》。

晋四箱乐歌十七篇　　荀勖造

正旦大会行礼歌四篇

於皇元首,群生资始。履端大享,敬御繁祉。肆觐群后,爰及卿士。钦顺则元,允也天子。

《於皇》一章,八句。当《于赫》。

明明天子,临下有赫。四表宅心,惠浃荒貊。柔远能迩,孔淑不逆。来格祁祁,邦家是若。

《明明》一章,八句。当《巍巍》。

光光邦国,天笃其祜。丕显哲命,顾柔三祖。世德作求,奄有九土。思我皇度,彝伦攸序。

《邦国》一章,八句。当《洋洋》。

惟祖惟宗,高朗缉熙。对越在天,骏惠在兹。聿求厥成,我皇崇之。式固其犹,往敬用治。

《祖宗》一章,八句。当《鹿鸣》。

正旦大会王公上寿酒歌一篇

践元辰,延显融。献羽觞,祁令终。我皇寿而隆,我皇茂而嵩。本枝奋百世,休祚钟圣躬。

《践元辰》一章,八句。当《觞行》。

食举乐东西箱歌十二篇

煌煌七耀,重明交畅。我有嘉宾,是应是贶。邦政既图,接以大飨。人之好我,式遵德让。

《煌煌》一章,八句。当《鹿鸣》。

宾之初筵,蔼蔼济济。既朝乃宴,以洽百礼。颂以位叙,或廷或陛。登俟台叟,亦有兄弟。胥子陪僚,宪兹度楷。观颐养正,降福孔偕。

《宾之初筵》一章,十二句。当《於穆》。

昔我三后,大业是维。今我圣皇,焜耀前晖。弈世重规,明照九畿。思辑用光,时罔有违。陟禹之迹,莫不来威。天被显禄,福履是绥。

《三后》一章,十二句。当《昭昭》。

赫矣太祖,克广明德。廓开宇宙,正世立则。变化不经,民无瑕
愿。创业垂统,兆我晋国。

《赫矣》一章,八句。当《华华》。

烈文伯考,时惟帝景。夷险平乱,威而不猛。御衡不迷,皇涂焕
炳,七德咸宣,其宁惟永。

《烈文》一章,八句。当《朝宴》。

猗歟盛歟,先皇圣文。则天作乎,大哉为君。慎徽五典,帝载是
勷。文武发挥,茂建嘉勋。修己济治,民用宁殷。怀远烛幽,玄教氛
氲。善世不伐,服事参分。德博化隆,道冒无垠。

《猗歟》一章,十六句。当《盛德》。

隆化洋洋,帝命溥将。登我晋道,越惟圣皇。龙飞革运,临薄八
荒。睿哲钦明,配踪虞唐。封建厥福,骏发其祥。三朝习吉,终然允
臧。其臧惟何,总彼万方。元侯列辟,四岳蕃王。时见世享,率兹有
常。旅揖在庭,嘉客在堂。宋卫既臻,陈留山阳。我有宾使,观国之
光。贡贤纳计,献璧奉璋。保祐命之,申锡无疆。

《隆化》一章,二十八句。当《绥万邦》。

振鹭于飞,鸿渐其翼。京邑穆穆,四方是式。无竞惟人,王纲允
敕。君子来朝,言观其极。

《振鹭》一章,八句。当《朝朝》。

翼翼大君,民之攸暨。信理天工,惠康不匮。将远不仁,训以淳
粹。幽明有伦,俊义在位。九族既睦,庶邦顺比。开元布宪,四海鳞
萃。协时正统,殊涂同致。厚德载物,灵心隆贵。敷奏谠言,纳以无
讳。树之典象,海之义类。上教如风,下应如卉。一人有庆,群萌以
遂。我后宴喜,令闻不坠。

《翼翼》一章,二十六句。当《顺天》。

既宴既喜,翕是万邦。礼仪卒度,物有其物。晢晢庭燎,喤喤鼓
钟。笙磬咏德。万舞象功。八音克谐,俗易化从。其和如乐,庶品

时邕。

　　《既宴》一章,十二句。当《陟天庭》。

　　时邕份份,六合同尘。往我祖宣,威静如邻。首定荆楚,遂平燕秦。娓娓文皇,迈德流仁。爰造草昧,应乾顺民。灵瑞告符,休征飨震。天地弗违,以和神人。既戡庸蜀,吴会是宾。肃慎率职,楛矢来陈。韩涉进药,均协清钧。西旅献獒,扶南效珍。蛮裔重译,玄齿文身。我皇抚之,景命惟新。

　　《时邕》一章,二十六句。当《参两仪》。

　　愔愔嘉会,有闻无声。清酤既奠,笾豆既馨。礼充乐备,《箫韶》九成。恺乐饮酒,醹而不盈。率土欢豫,邦国以宁。王猷允塞,万载无倾。

　　《嘉会》一章,十二句。

晋《正德》、《大豫》二舞歌一篇　　荀勖造

　　人文垂则,盛德有容。声以依咏,舞以象功。干戚发挥,节以笙镛。羽籥云会,翊宣令踪。敷美尽善,允协时邕。焕炳其章,光乎万邦。万邦洋洋,承我晋道。配天作享,元命有造。上化如风,民应如草。穆穆斌斌,形于缀兆。文武旁作,庆流四表。无竞维烈,永世是绍。

　　《正德舞歌》。

　　豫顺以动,大哉惟时。时迈其仁,世载邕熙。兆我区夏,宣文是基。大业惟新,我皇隆之。重光累曜,钦明文思。迄用有成,惟晋之祺。穆穆圣皇,受命既固。品物咸宁,芳烈云布。文教旁通,笃以淳素。玄化洽畅,被之晭豫。作乐崇德,同美《韶》《护》。浚邈幽遐,式遵王度。

　　右《大豫舞歌》。

晋四箱乐歌十六篇　　张华造

　　称元庆,奉寿觞。后皇延遐祚,安乐抚万方。

　　右王公上寿诗一章。

　　明明在上,丕显厥猷。翼翼三寿,蕃后惟休。群生渐德,六合承

流。

三正元辰，朝庆□萃。华夏奉职贡，八荒觐殊类。黻冕充广庭，鸣玉盈朝位。济济朝位，言观其光。仪序既以时，礼文涣以彰。思皇享多祜，嘉乐永无央。

九宾在庭，胪赞既通。升瑞奠贽，乃侯乃公。穆穆天尊，隆礼动容。履端承元吉，介福御万邦。

朝享，上下咸雍。崇多仪，繁礼容。舞盛德，歌九功。扬芳烈，播休踪。皇化洽，洞幽明。怀柔百神，辑祥祯。潜龙跃，雕虎仁。仪凤鸟，届游麟。枯蠚荣，竭泉流。菌芝茂，枳棘柔。和气应，休征弦。协灵符，彰帝期。绥宇宙，万国和。昊天成命，赉皇家，赉皇家。

世资圣哲，三后在天，启鸿烈。启鸿烈，隆王基。率土讴吟，欣戴于时。恒文示象，代气著期。

泰始开元，龙升在位。四隩同风，爕宁殊类。五韪来备，嘉生以遂。

疑庶绩，臻大康。申繁祉，胤无疆。本枝百世，继绪不忘。继绪不忘，休有烈光。永言配命，惟晋之祥。

圣明统世，笃皇仁。广大配天地，顺动若陶钧。玄化参自然，至德通神明。清风畅八极，流泽被无垠。

於皇时晋，弈世齐圣。惟天降嘏，神祇保定。弘济区夏，允集大命。有命既集，光帝猷。大明重耀，鉴六幽。声教洋溢，惠滂流。惠滂流，移风俗。多士盈朝，贤俊比屋。敦世心，断雕反素朴。反素朴，怀庶方。干戚舞阶庭，疏狄说遐荒。扶南假重译，肃慎袭衣裳。云覆雨施，德洽无疆。旁作穆穆，仁化翔。

朝元日，宾王庭。承宸极，当盛明。衍和乐，竭祗诚。仰嘉惠，怀德馨。游淳风，泳淑清。协亿兆，同欢荣。建皇极，统天位。运阴阳，御六气。殷群生，成性类。王道浃，治功成。人伦序，俗化清。虔明祀，祗三灵。崇礼乐，式仪形。

庆元吉，宴三朝。播金石，咏泠箫。奏《九夏》，舞《云》《韶》。迈德音，流英声。八纮一，六合宁。六合宁，承圣明。王泽洽，道登隆。

绥函夏,总华戎。齐德教,混殊风。混殊风,康万国。崇夷简,尚敦德。弘王度,表遐则。

右食举东西箱乐诗十一章。

於赫皇祖,迪哲齐圣。经纬大业,基天之命。克开洪绪,诞笃天庆。旁济彝伦,仰齐七政。

烈烈景皇,克明克聪,静封略,定勋功。成民立政,仪形万邦。式固崇轨,光绍前踪。

允文烈考,浚哲应期。参德天地,比功四时。大亨以正,庶绩咸熙,肇启晋宇,遂登皇基。

明明我后,玄德通神。受终正位,协应天人。容民厚下,育物流仁。跻我王道,晖光日新。

右雅乐正旦大会行礼诗四章。

晋《正德》、《大豫》二舞歌二篇　　　张华造

《正德舞》歌诗

曰皇上天,玄鉴惟光。神器周回,五德代章。祚命于晋,世有哲王。弘济区夏,甄陶万方。大明垂曜,旁烛无疆。蚩蚩庶类,风德永康。皇道惟清,礼乐斯经。金石在县,万舞在庭。象容表庆,协律被声。轶《武》超《护》,取节六英。同进退让,化渐无形。大和宣洽,通于幽冥。

《大豫舞》歌诗

惟天之命,符运有归。赫赫大晋,三后重晖。继明昭世,光抚九围。我皇绍期,遂在璇玑。群生属命,奄有庶邦。慎徽五典,玄教遐通。万方同轨,率土咸雍。爰制《大豫》,宣德舞功。淳化既穆,王道协隆。仁及草木,惠加昆虫。亿兆夷人,说仰皇风。丕显大业,永世弥崇。

晋四箱歌十六篇　　　成公绥造

上寿酒,乐未央。大晋应天庆,皇帝永无疆。

右诗一章,王公上寿酒所用。

穆穆天子,光临万国。多士盈朝,莫匪俊德。流化罔极,王猷允

塞。嘉会置酒，嘉宾充庭。羽旄耀辰极，钟鼓振泰清。百辟朝三朝，或或明仪形。济济锵锵，金振玉声。

礼乐具，宴嘉宾。眉寿胙圣皇，景福惟日新。群后庆止，有来雍雍。献酬纳贽，崇此礼容。丰肴万俎，旨酒千钟。嘉乐尽乐宴，福禄咸攸同。

乐哉！天下安宁。道化行，风俗清。《箫韶》作，咏九成。年丰穰，世泰平。至治哉！乐无穷。元首聪明，股肱忠。澍丰泽，扬清风。

嘉瑞出，灵应彰。麒麟见，凤皇翔。醴泉涌，流中唐。嘉禾生，穗盈箱。降繁祉，胙圣皇。承天位，统万国。受命应期，授圣德。四世重光，宣开洪业，景克昌，文钦明，德弥彰，肇启晋邦，流胙无疆。

泰始建元，凤皇龙兴。龙兴伊何，享胙万乘。奄有八荒，化育黎蒸。图书焕炳，金石有征。德光大，道熙隆。被四表，格皇穹。弈弈万嗣，明明显融。高朗令终。保兹永胙，与天比崇。

圣皇君四海，顺人应天期。三叶合重光，泰始开洪基。明耀参日月，功化侔四时，宇宙清且泰，黎庶咸雍熙。善哉雍熙。

惟天降命，翼仁祐圣。於穆三皇，载德弥盛。总齐璇玑，光统七政。百揆时序，化若神圣。四海同风，兴至仁。济民育物，拟陶钧，拟陶均，垂惠润。皇皇群贤，峨峨英俊。德化宣，芬芳播来胤。播来胤，垂后昆。

清庙何穆穆，皇极辟四门。皇极辟四门，万机无不综。娓娓翼翼，乐不及荒，饥不遑食。大礼既行，乐无极。

登昆仑，上增城。乘飞龙，升泰清。冠日月，佩五星。扬虹霓，建彗旌。披庆云，荫繁荣。览八极，游天庭。顺天地，和阴阳。序四气，耀三光。张帝网，正皇纲。播仁风，流惠康。迈洪化，振灵威。怀万方，纳九夷。朝阊阖，宴紫微。

建五旗，罗钟虡。列四县，奏《韶》《武》。铿金石，扬旌羽。纵八佾，巴渝舞。咏《雅》《颂》，和律吕。于胥乐，乐圣主。

化荡荡，清风泄。总英雄，御俊杰。开宇宙，埽四裔。光缉熙，美圣哲。超百代，扬休烈。流景胙，显万世。

皇皇显祖，翼世佐时。宁济六合，受命应期。神武膺扬，大化咸熙。廓开皇衢，用成帝基。

光光景皇，无竞维烈。匡时拯俗，休功盖世。宇宙既康，九域有截。天命降鉴，启胙明哲。

穆穆烈考，克明克俊。实天生德，诞膺灵运。肇建帝业，开国有晋。载德弈世，垂庆洪胤。

明明圣帝，龙飞在天。与灵合契，通德幽玄。仰化清云，俯育重渊。受灵之祐，于万斯年。

右雅乐正旦大会行礼诗十五章。

宋四箱乐歌五篇　　　王韶之造

於铄我皇，礼仁包元。齐明日月，比量乾坤。陶甄百王，稽则黄轩。讦谟定命，辰告四蕃。

将将蕃后，翼翼群僚。盛服待晨，明发来朝。飨以八珍，乐以《九韶》。仰祗天颜。厥献孔昭。

法章既设，初筵长舒。济济列辟，端委皇除。饮和无盈，威仪有余。温恭在位，敬终如初。

九功既歌，六代惟时。被德在乐，宣道以诗。穆矣大和，品物咸熙。庆积自远，告成在兹。

　　右《肆夏》乐歌四章。客入，于四箱振作《於铄曲》。皇帝当阳，四箱振作《将将曲》。皇帝入变服，四箱振作《於铄》、《将将》二曲。又黄钟、太簇二箱作《法章》、《九功》二曲。

大哉皇宋，长发其祥。纂系在汉，统源伊唐。德之克明，休有烈光。配天作极，辰居四方。

皇矣我后，圣德通灵。有命自天，诞授休祯。龙飞紫极，造我宋京。光宅宇宙，赫赫明明。

　　右大会行礼歌二章。姑洗箱作。

献寿爵，庆圣皇。灵祚穷二仪，休明等三光。

　　右王公上寿歌一章。黄钟箱作。

明明大宋，缉熙皇道。则天垂化，光定天保。天保既定，肆觐万方。礼繁乐富，穆穆皇皇。

沔彼流水，朝宗天池。洋洋贡职，抑抑威仪。既习威仪，亦闲礼容。一人有则，作孚万邦。

烝哉我皇，固天诞圣。履端惟始，对越休庆。如天斯久，如日斯盛。介兹景福，永固骏命。

右殿前登歌三章，别有金石。

晨羲载耀，万物咸睹。嘉庆三朝，礼乐备举。元正肇始，典章晖明。万方毕来贺，华裔充皇庭。多士盈九位，俯仰观玉声。恂恂俯仰，载烂其辉。鼓钟震天区，礼容塞皇闱。思乐穷休庆，福履同所归。

五玉既献，三帛是荐。尔公尔侯，鸣玉华殿。皇皇圣后，降礼南面。元首纳嘉礼，万邦同欢愿。休哉！君臣嘉燕。建五旗，列四县。乐有文，礼无倦。融皇风，穷一变。

体至和，感阴阳。德无不柔，繁休祥。瑞徽璧，应嘉钟。舞灵凤，跃潜龙。景星见，甘露坠。木连理，禾同穗。玄化洽，仁泽敷。极祯瑞，穷灵符。

怀荒裔，绥齐民。荷天祐，靡不宾。靡不宾，长世弘盛。昭明有融，繁嘉庆。繁嘉庆，熙帝载。合气成和，苍生欣戴。三灵协瑞，惟新皇代。

王道四达，流仁布德。穷理咏乾元，垂训顺帝则。灵化侔四时，幽诚通玄默。德泽被八纮，乾宁轨万国。

皇猷缉，咸熙泰。礼仪焕帝庭，要荒服遐外。被发袭缨冕，在衽回衿带。天覆地载，流泽汪沶。声教布护，德光大。

开元辰，毕来王。奉贡职，朝后皇。鸣珩佩，观典章。乐王度，说徽芳。陶盛化，游太康。丕昭明，永克昌。

惟永初，德丕显。齐七政，敷五典。彝伦序，洪化阐。王泽流，太平始。树声教，明皇纪。和灵祇，恭明祀。衍景祚，膺嘉祉。

礼有容，乐有仪。金石陈，牙羽施。迈《武》《护》，均《咸池》。歌《南风》，舞德称。文武焕，颂声兴。

王道纯，德弥淑。宁八表，康九服。道礼让，移风俗。移风俗，永克融。歌盛美,造成功。咏徽烈,邈无穷。

　　　　右食举歌十章。黄钟、大簇二箱更作。黄钟作《晨羲》、《体至和》、
《王道》、《开元辰》、《礼有容》五曲。大簇作《五玉》、《怀荒裔》、《皇猷缉》、
《惟永初》、《王道纯》五曲。

宋《前舞》、《后舞》歌二篇　　　王韶之造

　　於赫景明,天监是临。乐来伊阳,礼作惟阴。歌自德富,舞由功
深。庭列宫县,陛罗瑟琴。翙簫繁会,笙磬谐音。《箫韶》虽古,九成
在今。道志和声,德音孔宣。光我帝基,协灵配乾。仪形六合,化穆
自然。如彼云汉,为章于天。熙熙万类,陶和当年。击辕中《韶》,永
世弗骞。

　　　　右前舞歌一章。晋《正德之舞》,蕤宾箱作。

　　假乐圣后,实天诞德。积美自中,王猷四塞。龙飞在天,仪形万
国。钦明惟神,临朝渊默。不言之化,品物咸德。告成于天,铭勋是
勒。翼翼厥犹,娓娓其仁。顺命创制,因定和神。海外有截,九围无
尘。冕旒司契,垂拱临民。乃舞《大豫》,钦若天人。纯嘏孔休,万载
弥新。

　　　　右《后舞歌》一章。晋《大豫之舞》,蕤宾箱作。

章庙舞乐歌词 杂歌悉同用太庙词,唯三后别撰。　　　殷淡造

宾出入奏《肃成乐》歌词二章

　　彝承孝典,恭事严圣。浃天奉照,罄壤齐庆。司仪具序,羽容凤
彰。分枝飏烈,黼构周张。助宝奠轩,酊珍充庭。璆县凝会,涓朱仁
声。先期选礼,肃若有承。祗对灵祉,皇庆昭膺。

　　尊事威仪,晖容昭叙。迅恭神明,梁盛牲俎。肃肃严宫,蔼蔼崇
基。皇灵降祉,百祇具司。戒诚望夜,端列承朝。依微昭旦,物色轻
霄。鸿庆遝邕,嘉荐令芳。翊帝明德,永胙流光。

牲出入《引牲乐》歌词

　　维诚洁飨,维孝奠灵。敬芬黍稷,敬涤牺牲。骍犉在豢,载溢载
丰。以承宗祀,以肃皇衷。萧芳四举,华火周传。神监孔昭,嘉是柔
牷。

荐豆呈毛血奏《嘉荐乐》歌词。

肇禋戒祀，礼容咸举。六典饰文，九司昭序。牲柔既昭，仪刚既陈。恭涤惟清，敬事惟神。加笾再御，兼俎重荐。节动轩越，声流金县。奕奕闳幄，娓娓严闱。洁诚夕鉴，端服晨晖。圣灵戾止，翊我皇则。上绥四宇，下洋万国。永言孝飨，孝飨有容。侯僚赞列，肃肃雍雍。

右夕牲歌词。

迎神奏《韶夏乐》歌词

闷宫黝黝，复殿微微。璇除肃焰，钉璧彤辉。黼帝神凝，玉堂严馨。圜火夕耀，方水朝清。金枝委树，翠镫仁县。淳波澄宿，华汉浮天。恭事既夙，虔心有慕。仰降皇灵，俯宁休胙。

皇帝入庙北门奏《永至乐》歌词

皇明邑矣，孝容以昭。銮华羽迤，拂汉涵滈。申申嘉夜，翊翊休朝。行金景送，步玉风《韶》。师承祀则，肃对禋桃。

太祝祼地奏登歌乐词二章

帝容承祀，练时涓日。九重彻关，四灵宾室。肃倡函音，庶旃委佾。休灵告飨，嘉荐尚芬。玉瑚饰列，桂簋昭陈。具司选礼，翼翼振振。

祼崇祀典，酎恭孝时。礼无爽物，信靡愧词。精华孚邑，诚监昭通。升歌翊节，下管调风。皇心履变，敬明尊亲。大哉孝德，至矣交神。

章皇太后神室奏《章德凯容》之乐舞歌词

幽瑞浚灵，表彰嫔圣。翊载徽文，敷光崇庆。上纬缠祥，中维饰咏。永属辉猷，联昌景命。

昭皇太后神室奏《昭德凯容》之乐舞歌词　　明帝造

表灵蹴象，缵仪纬风。膺华丹耀，登瑞紫穹。训形霄宇，武彰宸宫。腾芬金会，写德声容。

宣皇太后神室奏《宣德凯容》之乐舞歌词　　明帝造

天枢凝耀，地纽俪辉。联光腾世，炳庆翔机。薰蔼中宇，景缠上微。玉颂镂德,金篇传徽。

皇帝还东壁受福酒奏《嘉时》之乐舞词

　　礼荐洽,福时昌。皇圣膺嘉祐,帝业凝休祥。居极乘景运,宅德瑞中王。澄明临四表,精华延八乡。洞海周声惠,彻宇丽乾光。灵庆缠世祉,鸿烈永无疆。

送神奏《昭夏》之乐舞歌词二章。

　　大孝备,盛礼丰。神安留,嘉乐充。旋驾耸,泛青穹。延八虚,辟四空,蔼流景,肃行风。

　　昭融教,缉风度。恋皇灵,结深慕。解羽县,缀华树。背璇除,端玉辂。流汪涉,庆国步。

皇帝诣便殿奏《休成》之乐歌词

　　酾醴具登,嘉俎咸荐。飨洽诚陈,礼周乐遍。祝词罢祼,序容辍县。骅动端庭,銮回严殿。神仪驻景,华汉亭虚。八灵案卫,三祇解途。翠盖耀澄,毕弈凝震。玉镳息节,金辂怀音。式诚远孝,底心肃感。追凭皇鉴,思承渊范。神锡懋祉,四纬昭明。仰福帝徽,俯齐庶生。

宋书卷二一
志第一一

乐　三

　　《但歌》四曲，出自汉世。无弦节，作伎，最先一人倡，三人和。魏武帝尤好之。时有宋容华者，清澈好声，善倡此曲，当时特妙。自晋以来，不复传，遂绝。

　　《相和》，汉旧歌也。丝竹更相和，执节者歌。本一部，魏明帝分为二，更递夜宿。本十七曲，朱生、宋识、列和等复合之为十三曲。
《相和》

《驾六龙》　　《气出倡》　　　武帝词

　　驾六龙乘风而行，行四海外。路下之八邦，历登高山，临溪谷，乘云而行，行四海外，东到泰山。仙人玉女，下来翱游，骖驾六龙，饮玉浆，河水尽，不东流。解愁腹，饮玉浆。奉持行，东到蓬莱山。上至天之门。玉阙下，引见得入，赤松相对，四面顾望，视正焜煌。开玉心正兴，其气百道至，传告无穷。闭其口，但当爱气，寿万年。东到海，与天连。神仙之道，出窈入冥。常当专之，心恬憺无所愒欲，闭门坐自守，天与期气。愿得神之人，乘驾云车，骖驾白鹿，上到天之门，来赐神之药。跪受之，敬神齐。当如此，道自来。

　　华阴山，自以为大，高百丈，浮云为之盖。仙人欲来，出随风，列之雨。吹我洞箫鼓瑟琴，何闇闇，酒与歌戏。今日相乐诚为乐，玉女起，起舞移数时。鼓吹一何嘈嘈，从西北来时，仙道多驾烟，乘云驾龙，郁何荟荟。邀游八极，乃到昆仑之山，西王母侧。神仙金止玉亭，来者为谁？赤松王乔，乃德旋之门。乐共饮食到黄昏，多驾合坐，万岁长宜子孙。

游君山，甚为真，碨魂砟硌，尔自为神。乃到王母台，金阶玉为堂，芝草生殿旁。东西厢，客满堂。主人当行觞，坐者长寿遽何央。长乐甫始宜孙子，常愿主人增年，与天相守。

《厥初生》　　《精列》　武帝词

厥初生，造化之陶物，莫不有终期。莫不有终期，圣贤不能免，何为怀此忧。愿螭龙之驾，思想昆仑居。思想昆仑居，见期于迂怪，志意在蓬莱。志意在蓬莱，周孔圣徂落，会稽以坟丘。会稽以坟丘，陶陶谁能度，君子以弗忧。年之暮，奈何，过时时来微。

《江南可采莲》　　《江南》　　古辞

江南可采莲，莲叶何田田。鱼戏莲叶间，鱼戏莲叶东，鱼戏莲叶西，鱼戏莲叶南，鱼戏莲叶北。

《天地间》　　《度关山》　　武帝词

天地间，人为贵。立君牧民，为之轨则。车辙马迹，经纬四极。纽陕幽明，黎庶繁息。於贤圣，总统邦域。封建五爵，井田刑狱。有燔丹书，无普赦赎。皋陶《甫刑》，何有失职。嗟哉后世，改制易律。劳民为君，役赋其力。舜漆食器，畔者十国。不及唐尧，采椽不斫。世叹伯夷，欲以厉俗。侈恶之大，俭为恭德。许由推让，岂有讼曲。兼爱尚同，疏者为戚。

《东光乎》　　《东光乎》　　古辞

东光乎！仓梧何不乎！仓梧多腐粟，无益诸军粮。诸军游荡子，蚤行多悲伤。

《登山有远望》　　《十五》　　文帝词

登山而远望，溪谷多所有。梗枏千余尺，众草之盛茂。华叶耀人目，五色难可纪。雉雊山鸡鸣，虎啸谷风起。号罴当我道，狂顾动牙齿。

《惟汉二十二世》　　《薤露》　　武帝词

惟汉二十二世，所任诚不良。沐猴而冠带，智小而谋强。犹豫不敢断,因狩执君王。白虹为贯日,己亦先受殃。贼臣持国柄,杀主灭宇京。荡覆帝基业,宗庙以燔丧。播越西迁移,号泣而且行。瞻彼洛城郭,微子为哀伤。

《关东有义士》 《蒿里行》 武帝词

关东有义士,兴兵讨群凶。初期会孟津,乃心在咸阳。军合力不齐,踌躇而雁行。势利使人争,嗣还自相戕。淮南弟称号,刻玺于北方,铠甲生虮虱,万姓以死亡。白骨露于野,千里无鸡鸣。生民百遗一,念之绝人肠。

《对酒歌太平时》 《对酒》 武帝词

对酒歌,太平时,吏不呼门。王者贤且明,宰相股肱皆忠良,咸礼让,民无所争讼。三年耕有九年储,仓谷满盈,斑白不负戴。雨泽如此,五谷用成。却走马以粪其上田。爵公侯伯子男,咸爱其民,以黜陟幽明,子养有若父与兄。犯礼法,轻重随其刑。路无拾遗之私,囹圄空虚,冬节不断人。耄耋皆得以寿终,恩德广及草木昆虫。

《鸡鸣高树颠》 《鸡鸣》 古词

鸡鸣高树颠,狗吠深宫中。荡子何所之,天下方太平。刑法非有贷,柔协正乱名。黄金为君门,璧玉为轩阑堂。上有双尊酒,作使邯郸倡。刘玉碧青礜,后出郭门王。舍后有方池,池中双鸳鸯。鸳鸯七十二,罗列自成行。鸣声何啾啾,闻我殿东箱。兄弟四五人,皆为侍中郎。五日一时来,观者满道傍。黄金络马头,颎颎何煌煌。桃生露井上,李树生桃傍,虫来啮桃根,李树代桃僵。树木身相代,兄弟还相忘。

《乌生八九子》 《乌生》 古词

乌生八九子,端坐秦氏桂树间。唶我秦氏,家有游遨荡子,工用睢阳强苏合弹。左手持强弹,两丸出入乌东西。唶我一丸即发中乌身,乌死魂魄飞扬上天。阿母生乌子时,乃在南山岩石间。唶我人民安知乌子处,蹊径窈窕安从通。白鹿乃在上林西苑中,射工尚复得白鹿脯哺。唶我黄鹄摩天极高飞,后宫尚复得亨煮之。鲤鱼乃在洛水深渊中,钓钩尚得鲤鱼口。唶我人民生各各有寿命,死生何须复道前后。

《平陵东》 《平陵》 古词

平陵东，松柏桐，不知何人劫义公。劫义公在高堂下，交钱百万两走马。两走马，亦诚难，顾见追吏心中恻。心中恻，血出漉，归告我家卖黄犊。

《弃故乡》亦在瑟调《东西门行》。 《陌上桑》 文帝词

弃故乡，离室宅，远从军旅万里客。披荆棘，求阡陌，侧足独窘步，路局笮。虎豹嗥动，鸡惊，禽失群，鸣相索。登南山，奈何蹋盘石，树木丛生郁差错。寝蒿草，荫松柏，涕泣雨面沾枕席。伴旅单，稍稍日零落，惆怅窃自怜，相痛惜。

《今有人》 《陌上桑》 《楚词》钞

今有人，山之阿，被服薜荔带女萝。既含睇，又宜笑，子恋慕予善窈窕。乘赤豹，从文狸，新夷车驾结桂旗。被石兰，带杜衡，折芳拔荃遗所思。处幽室，终不见，天路险艰独后来。表独立，山之上，云何容容而在下。杳冥冥，羌昼晦，东风飘摇神灵雨。风瑟瑟，木搜搜，思念公子徒以忧。

《驾虹霓》 《陌上桑》 武帝词

驾虹霓，乘赤云，登彼九疑历玉门。济天汉，至昆仑，见西王母谒东君。交赤松，及羡门，受要秘道爱精神。食芝英，饮醴泉，柱杖桂枝佩秋兰。绝人事，游浑元，若疾风游欻飘飘。景未移，行数千，寿如南山不忘愆。

清商三调歌诗 荀勖撰旧词施用者

平调

《周西》 《短歌行》 武帝词六解

周西伯昌，怀此圣德，叁分天下，而有其二。修奉贡献，臣节不坠。崇侯谗之，是以拘系。一解。后见赦原，赐之斧钺，得使征伐。为仲尼所称，达及德行，犹奉事殷，论叙其美。二解。齐桓之功，为霸之首，九合诸侯，一匡天下。一匡天下，不以兵车。正而不谲，其德传称。三解。孔子所叹，并称夷吾，民受其恩。赐与庙胙，命无下拜。小

白不敢尔,天威在颜咫尺。四解。晋文亦霸,躬奉天王。受赐圭瓒、秬鬯、彤弓、卢弓、矢千、虎贲三百人。五解。威服诸侯,师之者尊,八方闻之,名亚齐桓。河阳之会,诈称周王,是以其名纷葩。六解。

《秋风》　　《燕歌行》　　　文帝词七解

　　秋风萧瑟天气凉,草木摇落露为霜。一解。群燕辞归鹄南翔,念君客游多思肠。二解。慊慊思归恋故乡,君何淹留寄它方。三解。贱妾茕茕守空房,忧来思君不敢忘。四解。不觉泪下沾衣裳,援瑟鸣弦发清商。五解。短歌微吟不能长,明月皎皎照我床。六解。星汉西流夜未央,牵牛织女遥相望,尔独何辜限河梁。七解。

《仰瞻》　　《短歌行》　　　文帝词六解

　　仰瞻帷幕,俯察几筵。其物如故,其人不存。一解。神灵倏忽,弃我遐迁。靡瞻靡恃,泣涕连连。二解。呦呦游鹿,衔草鸣麑。翩翩飞鸟,挟子巢栖。三解。我独孤茕,怀此百离。忧心孔疾,莫我能知。四解。人亦有言,忧令人老。嗟我白发,生一何早。五解。长吟永叹,怀我圣考。曰仁曰寿,胡不是保。六解。

《别日》　　《燕歌行》　　　文帝词六解

　　别日何易会日难,山川悠远路漫漫。一解。郁陶思君未敢言,寄书浮云往不还。二解。涕零雨面毁形颜,谁能怀忧独不叹。三解。耿耿伏枕不能眠,披衣出户步东西。四解。展诗清歌聊自宽,乐往哀来摧心肝。悲风清厉秋气寒,罗帷徐动经秦轩。五解。仰戴星月观云间,飞鸟晨鸣,声气可怜,留连顾怀不自存。六解。

《对酒》　　《短歌行》　　　武帝词六解

　　对酒当歌,人生几何!譬如朝露,去日苦多。一解。慨当以慷,忧思难忘。以何解愁,唯有杜康。二解。青青子衿,悠悠我心。但为君故,沉吟至今。三解。明明如月,何时可辍。忧从中来,不可断绝。四解。呦呦鹿鸣,食野之苹。我有嘉宾,鼓瑟吹笙。五解。山不厌高,水不厌深。周公吐哺,天下归心。六解。

清调

《晨上》　　《秋胡行》　　　武帝词

晨上散关山,此道当何难!晨上散关山,此道当何难!牛顿不起,车堕谷间。坐盘石之上,弹五弦之琴,作为清角韵,意中述烦。歌以言志,晨上散关山。一解。有何三老公,卒来在我傍。有何三老公,卒来在我傍。员掩被裘,似非恒人。谓卿云何,困苦以自怨,徨徨所欲,来到此间。歌以言志,有何三老公。二解。我居昆仑山,所谓者真人。我居昆仑山,所谓者真人。道深有可得。名山历观,遨游八极。枕石漱流饮泉。沉吟不决,遂上升天。歌以言志,我居昆仑山。三解。去去不可追,长恨相牵攀。去去不可追,长恨相牵攀。夜夜安得寐,惆怅以自怜。正而不谲,辞赋依因。经传所过,西来所传。歌以言志,去去不可追。四解。又本:晨＝上＝散＝官＝山＝,此＝道＝当＝何＝难＝。有＝何＝三＝老＝公＝,卒＝来＝在＝我＝傍＝。我＝居＝昆＝仑＝山＝,所＝谓＝真＝人＝,去＝不＝可＝追＝,长＝相＝牵＝攀＝。

《北上》　《苦寒行》　　武帝词六解

北上太＝行＝山＝,艰＝哉＝何＝巍＝。羊肠坂诘屈,车轮为之摧。一解。树木何萧＝瑟＝,北＝风＝声＝正＝悲＝。熊罴对我蹲,虎豹夹道啼。二解。溪谷少＝人＝民＝,雪＝落＝何＝霏＝霏＝。延颈长叹息,远行多所怀。三解。我心何＝怫＝郁＝,思＝欲＝一＝东＝归＝。水深桥梁绝,中道正裴回。四解。迷惑失＝径＝路＝,暝＝无＝所＝宿＝栖＝。行行日以远,人马同时饥。五解。儋＝囊＝行＝取＝薪＝,斧＝冰＝持＝作＝糜＝。悲彼《东山诗》,悠悠使我哀。六解。

《愿登》　《秋胡行》　　武帝词五解

愿＝登＝泰＝华山,山＝神＝人＝共＝远＝游。经历昆仑山,到蓬莱。飘摇八极,与神人俱。思得神药,万岁为期。歌以言志,愿登泰华山。一解。天＝地＝何＝长＝久＝,人＝道＝居＝之＝短＝。世言伯阳,殊不知老,赤松王乔,亦云得道。得之未闻,庶以寿考。歌以言志,天地何长久。二解。明＝明＝日＝月＝光＝,何＝所＝不＝光＝昭＝。二仪合圣化。贵者独人不。万国率土,莫非王臣。仁义为名,礼乐为荣。歌以言志,明明日月光。三解。四＝时＝更＝逝＝

去＝，昼＝夜＝以＝成＝岁＝。大人先天，而天弗违。不戚年往，世忧不治。存亡有命，虑之为蚩。歌以言志，四时更逝去。四解。戚＝戚＝欲＝何＝念，欢＝笑＝意＝所＝之＝。盛壮智惠，殊不再来。爱时进趣，将以惠谁。泛泛放逸，亦同何为。歌以言志，戚戚欲何念？五解。

《上谒》　　《董桃行》　　古词五解

吾欲上谒从高山，山头危嶮大难。遥望五岳端，黄金为阙，班璘。但见芝草，叶落纷纷。一解。百鸟集，来如烟。山兽纷纶，麟辟邪其端。鹍鸡声鸣，但见山兽援戏相拘攀。二解。小复前行玉堂，未心怀流还。传教出门来，门外人何求？所言欲从圣道，求一得命延。三解。教敕凡吏受言，采取神药若水端。白兔长跪捣药虾蟆丸，奉上陛下一玉盘，服此药可得即仙。四解。服尔神药，无不欢喜。陛下长生老寿，四面肃肃稽首，天神拥护左右，陛下长与天相保守。五解

《蒲生》　　《塘上行》　　武帝词五解

蒲＝生＝我＝池＝中＝，其叶何离离。傍能行仪仪，莫能缕自知。众口铄黄金，使君生别离。一解。念＝君＝去＝我＝时＝，独愁常苦悲。想见君颜色，感结伤心脾。今悉夜夜愁不寐。二解。莫用＝豪＝贤＝故＝，弃捐素所爱；莫用鱼肉贵，弃捐葱与薤；莫用麻枲贱，弃捐菅与蒯。三解。倍＝恩＝者＝苦＝栝＝，蹶船常苦没。教君安息定，慎莫致仓卒。念与君一共离别，亦当何时共坐复相对。四解。出＝亦＝复＝苦＝愁＝，入亦复苦愁。边地多悲风，树木何肃＝。今日乐相乐，延年寿千秋。五解。

《悠悠》　　《苦寒行》　　明帝词五解

悠＝悠＝发＝洛＝都＝，茾＝我＝征＝东＝行＝。征行弥二旬，屯吹陇陂城。一解。愿观故＝垒＝处＝，皇＝祖＝之＝所＝营＝。屋室若平昔，栋宇无邪倾。二解。奈何我＝皇＝祖＝，潜＝德＝隐＝圣＝形＝。虽没而不朽，书贵垂休名。三解。光光我＝皇＝祖＝，轩＝耀＝同＝其＝荣＝。遗化布四海，八表以肃清。四解。虽有吴＝蜀＝寇＝，春＝秋＝足＝耀＝兵＝。徒悲我皇祖，不永享百龄。

赋诗以写怀,伏轼泪沾缨。五解。

瑟调

《朝日》　　《善哉行》　　文帝词五解

　　朝日乐相乐,酣饮不知醉。悲弦激新声,长笛吐清气。一解。弦歌感人肠,四坐皆欢说。寥寥高堂上,凉风入我室。二解。持满如不盈,有得者能卒。君子多苦心,所愁不但一。三解。慊慊下白屋,吐握不可失。众宾饱满归,主人苦不悉。四解。比翼翔云汉,罗者安所羁。冲静得自然,荣华何足为。五解。

《上山》　　《善哉行》　　文帝词六解

　　上山采薇,薄莫苦饥。溪谷多风,霜露沾衣。一解。野雉群雊,猿猴相追。还望故乡,郁何垒垒。二解。高山有崖,林木有支。忧来无方,人莫之知。三解。人生若寄,多忧何为。今我不乐,岁月其驰。四解。汤汤川流,中有行舟。随波转薄,有似客游。五解。策我良马,被我轻裘。载驰载驱,聊以忘忧。六解。

《朝游》　　《善哉行》　　文帝词五解

　　朝游高台观,夕宴华池阴。大酋奉甘醪,狩人献嘉禽。一解。齐倡发东舞,秦筝奏西音。有客从南来,为我弹清琴。二解。五音纷繁会,拊者激微吟。淫鱼乘波听,踊跃自浮沉。三解。飞鸟翻翔舞,悲鸣集北林。乐极哀情来,廖亮摧肝心。四解。清角岂不妙,德薄所不任。大哉子野言,弭弦且自禁。五解。

《古公》　　《善哉行》　　武帝词七解。

古公亶甫,积德垂仁。思弘一道,哲王于幽。一解。太伯仲雍,王德之仁。行施百世,断发文身。二解。伯夷叔齐,古之遗贤。让国不用,饿殂首山。三解。智哉山甫,相彼宣王。何用杜伯,累我圣贤。四解。齐桓之霸,赖得仲父,后任竖刁,虫流出户。五解。晏子平仲,积德兼仁。与世沉德,未必思命。六解。仲尼之世,王国为君。随制饮酒,扬波使官。七解。

《自惜》　　《善哉行》　　武帝词六解

　　自惜身薄祐,夙贱罹孤苦。既无三徙教,不闻过庭语。一解。其

穷如抽裂，自以思所怙。虽怀一介志，是时其能与。二解。守穷者贫
贱，惋叹泪如雨。泣涕于悲夫，乞活安能睹。三解。我愿于天穷，琅
邪倾侧左。虽欲竭忠诚，欣公归其楚。四解。快人曰为叹，抱情不得
叙。显行天教人，谁知莫不绪。五解。我愿何时随，此叹亦难处。今
我将何照于光耀，释衔不如雨。六解。

《我祖》　《善哉行》　　明帝词八解

我祖我征，伐彼蛮虏。练师简卒，爰正其旅。一解。轻舟竟川，
初鸿依浦。桓桓猛毅，如羆如虎。二解。发袍若雷，吐气成雨。旄旍
指麾，进退应矩。三解。百马齐辔，御由造父。休休六军，咸同斯武。
四解。兼涂星迈，岂兹行阻。行行日远，西背京许。五解。游弗淹旬，
遂届扬土。奔寇震惧，莫敢当御。六解。虎臣列将，怫郁免怒。淮泗
肃清，奋扬微所。七解。运德耀威，惟镇惟抚。反旆言归，告入皇祖。
八解。

《赫赫》　《善哉行》　　明帝词四解

赫赫大魏，王师祖征。冒暑讨乱，振耀威灵。一解。泛舟黄河，
随波潺湲。通渠回越，行路绵绵。二解。采旄蔽日，旗旒翳天。淫鱼
瀺灂，游戏深渊。三解。唯塘泊，从如流。不为单，握扬楚。心惆怅，
歌《采薇》。心绵绵，在淮肥。愿君速捷蚤旋归。四解。

《来日》　《善哉行》　　古词六解

来日大难，口燥唇干。今日相乐，皆当喜欢。一解。经历名山，
芝草翻翻。仙人王乔，奉药一丸。二解。自惜袖短，内手知寒。惭无
灵辄，以报赵宣。三解。月没参横，北斗阑干。亲交在门，饥不及餐。
四解。欢日尚少，戚日苦多。以何忘忧。弹筝酒歌。五解。淮南八公，
要道不烦。参驾六龙，游戏云端。六解。

大曲

《东门》　《东门行》　　古词四解

出东门，不顾归。来入门，怅欲悲。盎中无斗储，还视桁上无县
衣。一解。拔剑出门去，儿女牵衣啼。它家但愿富贵，贱妾与君共铺
糜。二解。共铺糜，上用仓浪天故，下为哝口小儿。今时清廉，难犯

教言,君复自爱莫为非。三解。今时清廉,难犯教言,君复自爱莫为
非。行! 吾去为迟,平慎行,望吾归。四解

《西山》　　《折杨柳行》　　文帝词四解

　　西山一何高,高高殊无极。上有两仙僮,不饮亦不食。与我一
丸药,光耀有五色。一解。服药四五日,身体生羽翼。轻举乘浮云,
倏忽行万亿。流览观四海,芒芒非所识。二解。彭祖称七百,悠悠安
可原。老聃适西戎,于今竟不还。王乔假虚词,赤松垂空言。三解。
达人识真伪,愚夫如妄传。追念往古事,愦愦千万端。百家多迂怪,
圣道我所观。四解。

《罗敷》　　《艳歌罗敷行》　　古词三解

　　日出东南隅,照我秦氏楼。秦氏有好女,自名人罗敷。罗敷喜
蚕桑,采桑城南隅。青丝为笼系,桂枝为笼钩。头上倭堕髻,耳中明
月珠。缃绮为下裙,紫绮为上襦。行者见罗敷,下儋捋髭须。少年
见罗敷,脱帽著帩头。耕者忘其犁,锄者忘其锄。来归相怒怨,但坐
观罗敷。一解。使君从南来,五马立踟蹰。使君遣吏往,问是谁家姝?
秦氏有好女,自名为罗敷。罗敷年几何? 二十尚不足,十五颇有余。
使君谢罗敷,宁可共载不? 罗敷前置词,使君一何愚! 使君自有妇,
罗敷自有夫。二解。东方千余骑,夫婿居上头。何用识夫婿? 白马
从骊驹。青丝系马尾,黄金络马头。腰中鹿卢剑,可直千万余。十
五府小史,二十朝大夫,三十侍中郎,四十专城居。为人洁白晰,鬑
鬑颇有须。盈盈公府步,冉冉府中趋。坐中数千人,皆言夫婿殊。三
解。前有艳词曲,后有趋。

《西门》　　《西门行》　　古词六解。

　　出西门,步念之。今日不作乐,当待何时。一解。夫为乐,为乐
当及时。何能坐愁怫郁,当复来兹。二解。饮醇酒,炙肥牛。请呼心
所欢,可用解愁忧。三解。人生不满百,常怀千岁忧。昼短而夜长,
何不秉烛游。四解。自＝非＝仙＝人＝王＝子＝乔＝,计＝会＝寿
＝命＝难＝与＝期＝。五解。人寿非金石,年命安可期。贪财爱惜
费,但为后世嗤六解。一本"烛游"后"行去之,如云除,弊车羸马为自推",无

"自非"以下四十八字。

《默默》 《折杨柳行》 古词四解

　　默默施行违，厥罚随事来。末喜杀龙逢，桀放于鸣条。一解。祖伊言不用，纣头县白旄。指鹿用为马，胡亥以丧躯。二解。夫差临命绝，乃云负子胥。戎王纳女乐，以亡其由余。璧马祸及虢，二国俱为墟。三解。三夫成市虎，慈母投杼趋。卞和之刖足，接予归草庐。四解。

《园桃》 《煌煌京洛行》 文帝词五解。

　　夭夭园桃，无子空长。虚美难假，偏轮不行。一解。淮阴五行，鸟得弓藏。保身全名，独有子房。大愤不收，褒衣无带。多言寡诚，只令事败。二解。苏秦之说，六国以亡。倾侧卖主，车裂固当。贤矣陈轸，忠而有谋。楚怀不从，祸卒不救。三解。祸夫吴起，智小谋大。西河何健，伏尸何劣。四解。嗟彼郭生，古之雅人。智矣燕昭，可谓得臣。峨峨仲连，齐之高士。北辞千金，东蹈沧海。五解。

《白鹄》 《艳歌阿尝》一曰《飞鹄行》 古词四解。

　　飞来双白鹄，乃从西北来。十十五五，罗列成行。一解。妻卒被病，行不能相随。五里一反顾，六里一裴回。二解。吾欲衔汝去，口噤不能开。吾欲负汝去，毛羽何摧颓。三解。乐哉新相知，忧来生别离。踟蹰顾群侣，泪下不自知。四解。念与君离别，气结不能言。各各重自爱，道远归还难。妾当守空房，闭门下重关。若生当相见，亡者会黄泉。今日乐相乐，延年万岁期。"念与"下为趋曲，前有□。

《碣石》 《步出夏门行》 武帝词四解

　　云行雨步，超越九江之皋，临观异同。心意怀游豫，有知当复何从。经过至我碣石，心惆怅我东海。"临行"至此为艳。东临碣石，以观沧海。水何淡淡，山岛疏峙。树木丛生，百草丰茂。秋风萧瑟，洪涛涌起。日月之行，若出其中；星汉粲烂，若出其里。幸甚至哉！歌以言志。 《观沧海》一解。

　　孟冬十月，北风裴回。天气肃清，繁霜霏霏。鹍鸡晨鸣，鸿雁南飞，蛰鸟潜藏，熊罴窟栖。钱铺停置，农收积场。逆旅正设，以通贾商。幸甚至哉！歌以咏志。　　《冬十月》二解。

　　乡土不同，河朔隆寒。流澌浮漂，舟船行难。锥不入地，蘴藾深奥。水竭不流，冰坚可蹈。士隐者贫，勇侠轻非。心常叹怨，戚戚多悲。幸甚至哉！歌以咏志。　　《河朔寒》三解。

　　神龟虽寿，犹有竟时；腾蛇未雾，终为土灰。骥老伏历，志在千里；烈士暮年，壮心不已。盈缩之期，不但在天；养怡之福，可得永年。幸甚至哉！歌以咏志。　　《神龟虽寿》四解。

《何尝》　　《艳歌何尝行》　　古辞五解

　　何尝快独无忧？但当饮醇酒，炙肥牛。一解。长兄为二千石，中兄被貂裘。二解。小弟虽无官爵，鞍马驱驱，往来王侯长者游。三解。但当在王侯殿上，快独樗蒲六博，对坐弹棋。四解。男儿居世，各当努力；蹙迫日暮，殊不久留。五解。少小相触抵，寒苦常相随，忿恚安足诤，吾中道与卿共别离。约身奉事君，礼节不可亏。上惭沧浪之夫，下顾黄口小儿。奈何复老心皇皇，独悲谁能知。"少小"下为趋曲，前为艳。

《置酒》　　《野田黄雀行》《空侯引》亦用此曲。东阿王词四解

　　置酒高殿上，亲交从我游。中厨办丰膳，烹羊宰肥牛。秦筝何慷慨，齐瑟和且柔。一解。阳阿奏奇舞，京洛出名讴。乐饮过三爵，缓带倾庶羞。主称和金寿，宾奉万年酬。二解。久要不可忘，薄终义所尤。谦谦君子德，磬折欲何求。盛时不再来，百年忽我道。三解。惊风飘白日，光景驰西流。生存华屋处，零落归山丘。先民谁不死，知命复何忧。四解。

《为乐》　　《满歌行》四解

　　为乐未几时，遭世险巇，逢此百离，伶丁荼毒，愁懑难支。遥望辰极，天晓月移。忧来阗心，谁当我知。一解。戚戚多思虑，耿耿不宁。祸福无形，唯念古人，逊位躬耕。遂我所愿，以兹自宁。自鄙山栖，守此一荣。二解。莫秋列风起，西蹈沧海，心不能安。揽衣起瞻夜，北斗阑干。星汉照我，去去自无它。奉事二亲，劳心可言。三解。穷达天所为，智者不愁，多为少忧。安贫乐正道，师彼庄周。遗名者

贵,子熙同巇。往者二贤,名垂千秋。四解。饮酒歌舞,不乐何须。善
哉照观日月,日月驰驱。辗轲世间,何有何无!贪财惜费,此一何愚!
命如凿石见火,居世竟能几时?但当欢乐自娱,尽心极所熙怡。安
善养君德性,百年保此期颐。"饮酒"上为趋。

《夏门》　　《步出夏门行》一曰《陇西行》。明帝词二解

步出夏门,东登首阳山。嗟哉夷叔,仲尼称贤。君子退让,小人争先。
惟斯二子,于今称传。林钟受谢,节改时迁。日月不居,谁得久存。
善哉殊复善,弦歌乐情。一解。商风夕起,悲彼秋蝉,变形易色,随风
东西。乃眷西顾,云雾相连,丹霞蔽日,采虹带天。弱水潺潺,落叶
翩翩,孤禽失群,悲鸣其间。善哉殊复善,悲鸣在鸣其间。二解。朝
游清泠,日莫嗟归。"朝游"上为艳。蹙迫日莫,乌鹊南飞。绕树三匝,
何枝可依。卒逢风雨,树折枝摧。雄来惊雌,雌独愁栖。夜失群侣,
悲鸣裴回。芃芃荆棘,葛生绵绵。感彼风人,惆怅自怜。月盈则冲,
华不再繁。古来之说,嗟哉一言。"蹙迫"下为趋。

《王者布大化》　　《棹歌行》　　明帝词二解

　　王者布大化,配乾稽后祇。阳育则阴杀,晷景应度移。一解。文
德以时振,武功伐不随。重华舞干戚,有苗服从妫。二解。蠢尔吴蜀
虏,冯江栖山阻。哀哀王士民,瞻仰靡依怙。三解。皇上悼愍斯,宿
昔奋天怒。发我许昌宫,列舟于长浦。四解。翌日乘波扬,棹歌悲且
凉。大常拂白日,旗帜纷设张。五解。将抗旄与钺,耀威于彼方。伐
罪以吊民,清我东南疆。"将抗"下为趋。

《洛阳行》　　《雁门太守行》　　古词八解

　　孝和帝在时,洛阳令王君,本自益州广汉民,小行宦,学通五纶
论。一解。明知法令,历世衣冠。从温补洛阳令,治行致贤,拥护百
姓,子养万民。二解。外行猛政,内怀慈仁。文武备具,料民富贫,移
恶子姓名,五篇著里端。五解。伤杀人,比伍同罪对门。禁镏矛八尺,
捕轻薄少年,加笞决罪,诣马市论。四解。无妄发赋,念在理冤,敕吏
正狱,不得苛烦。财用钱三十,买绳礼竿。五解。贤哉贤哉!我县王
君。臣吏衣冠,奉事皇帝。功曹主簿,皆得其人。六解。临部居职,

不敢行恩。清身苦体，夙夜劳勤。治有能名，远近所闻。七解。天年不遂，蚤就奄昏。为君作祠，安阳亭西。欲令后世，莫不称传。八解。

《白头吟》　　与《棹歌》同调　　古词五解

　　晴如山上云，皎若云间月。闻君有两意，故来相决绝。一解。平生共城中，何尝斗酒会。今日斗酒会，明旦沟水头。蹀躞御沟上，沟水东西流。二解。郭东亦有樵，郭西亦有樵。两樵相推与，无亲为谁骄？三解。凄凄重凄凄，嫁娶亦不啼；愿得一心人，白头不相离。竹竿何袅袅，鱼尾何离筵，男儿欲相知，何用钱刀为？龆如五马啖其，川上高士嬉。今日相对乐，延年万岁期。一本云：词曰上有"紫罗咄咄奈何"。

楚调怨诗。

《明月》　　东阿王词七解。

明月照高楼，流光正裴回。上有愁思妇，悲叹有余哀。一解。借问叹者谁？自云客子妻。夫行逾十载，贱妾常独栖。二解。念君过于渴，思君剧于饥。君为高山柏，妾为浊水泥。三解。北风行萧萧，烈烈入吾耳。心中念故人，泪堕不能止。四解。沉浮各异路，会合当何谐？愿作东北风，吹我入君怀。五解。君怀常不开，贱妾当何依。恩情中道绝，流止任东西。六解。我欲竟此曲，此曲悲且长。今日乐相乐，别后莫相忘！七解。

宋书卷二二
志第一二

乐　四

汉《鼙舞歌》五篇：

《关东有贤女》

《章和二年中》

《乐久长》

《四方皇》

《殿前生桂树》

魏《鼙舞歌》五篇：

《明明魏皇帝》

《太和有圣帝》

《魏历长》

《天生烝民》

《为君既不易》

魏陈思王《鼙舞歌》五篇

《圣皇篇》　　当《章和二年中》

圣皇应历数，正康帝道休。九州咸宾服，威德洞八幽。三公奏诸公，不得久淹留。蕃位任至重，旧章咸率由。侍臣省文奏，陛下体仁慈。沉吟有爱恋，不忍听可之。迫有官典宪，不得顾恩私。诸王当就国，玺绶何累缘。便时舍外殿，宫省寂无人。主上增顾念，皇母怀苦辛。何以为赠赐，倾府竭宝珍。文钱百亿万，采帛若烟云。乘

舆服御物,锦罗与金银。龙旗垂九旒,羽盖参班轮。诸王自计念,无
功荷厚德。思一效筋力,糜躯以报国。鸿胪拥节卫,副使随经营。贵
戚并出送,夹道交辒轊。车服齐整设,靴晔耀天精。武骑卫前后,鼓
吹箫笳声。祖道魏东门,泪下沾冠缨。扳盖因内顾,俯仰慕同生。行
行将日莫,何时还阙庭。车轮为裴回,四马踌躇鸣。路人尚酸鼻,何
况骨肉情。

《灵芝篇》　　　当《殿前生桂树》

　　灵芝生玉地,朱草被洛滨。荣华相晃耀,光采晔若神。古时有
虞舜,父母顽且嚚。尽孝于田陇,烝烝违仁。伯瑜年七十,采衣以娱
亲,慈母笞不痛,歔欷涕沾巾。丁兰少失母,自伤蚤孤茕,刻木当严
亲,朝夕致三牲。暴子见陵侮,犯罪以亡形,丈人为泣血,免庆全其
名。董永遭家贫,父老财无遗,举假以供养,佣作致甘肥。责家填门
至,不知何用归。天灵感至德,神女为秉机。步月不安居,乌乎我皇
考! 生我既已晚,弃我何期蚤!《蓼莪》谁所兴,念之令人老。退咏
《南风》诗,洒泪满袆抱。

乱曰:圣皇君四海,德教朝夕宣。万国咸礼让,百姓家肃虔。庠序不
失仪,孝悌处中田。户有曾闵子,比屋皆仁贤。髫龀无夭齿,黄发尽
其年。陛下三万岁,慈母亦复然。

《大魏篇》　　　当《汉吉昌》

　　大魏应灵符,天禄方甫始。圣德致泰和,神明为驱使。左右宜
供养,中殿宜皇子。陛下长寿考,群臣拜贺咸说喜。积善有余庆,荣
禄固天常。众善填门至,臣子蒙福祥。无患及阳遂,辅翼我圣皇。众
吉咸集会,凶邪奸恶并灭亡。黄鹄游殿前,神鼎周四阿。玉马充乘
舆,芝盖树九华。白虎戏西除,舍利从辟邪。骐骥蹑足舞,凤凰拊翼
歌。丰年大置酒,王尊列广庭。乐饮过三爵,朱颜暴己形。式宴不
违礼,君臣歌《鹿鸣》。乐人舞鼙鼓,百年雷抃赞若惊。储礼如江海,
积善若陵山。皇嗣繁且炽,孙子列曾玄。群臣咸称万岁,陛下长乐
寿年。御酒停未饮,贵戚跪东厢。侍人承颜色,奉进金玉觞。此酒
亦真酒,福禄当圣皇。陛下临轩笑,左右咸欢康。杯来一何迟,群僚

以次行。赏赐累千亿，百官并富昌。

《精微篇》　　当《关中有贤女》

精微烂金石，至心动神明。杞妻哭死夫，梁山为之倾，子丹西质秦，乌日白角生。邹衍囚燕市，繁霜为下零。关东有贤女，自字苏来卿。壮年报父仇，身没垂功名。女休逢赦书，自刃几在颈。俱上列仙籍，去死独就生。太仓令有罪，远征当就拘。自悲居无男，祸至无与俱。缇萦痛父言，何僭西上书。盘桓北阙下，泣泪何涟如。乞得并姊弟，没身赎父躯。汉文感其义，肉刑法用除。其父得以免，辩义在列图。多男亦何为，一女足成居。简子南渡河，津吏废舟船。执法将加刑，女娟拥棹前。妾父闻君来，将涉不测渊。畏惧风波起，祷祝祭名川。备礼飨神祇，为君求福先。不胜醲祀诚，至令犯罚艰。君必欲加诛，乞使知罪愆。妾愿以身代，至诚感苍天。国君高其义，其父用赦原。河激奏中流，简子知其贤。归婢为夫人，荣宠超后先。辩女解父命，何况健少年。黄初发和气，明堂德教施。治道致太平，礼乐风俗移。刑错民无枉，怨女复何为。圣皇长寿考，景福常来仪。

《孟冬篇》　　当《狡兔》

孟冬十月，阴气厉清。武官诫田，讲旅统兵。元龟袭吉，元光著明。蚩尤跸路，风弭雨停。乘舆启行，鸾鸣幽轧。虎贲采骑，飞象珥鹖。钟鼓铿锵，箫管嘈喝。万骑齐镳，千乘等盖。夷山填谷，平林涤薮。张罗万里，尽其飞走。翟翟狡兔，扬白跳翰。猎以青骹，掩以修竿。韩卢宋鹊，呈才骋足。噬不尽绁，牵麋掎鹿。魏氏发机，养基抚弦。都卢寻高，搜索猴猿。庆忌孟贲，蹈谷超峦。张目决眦，发怒穿冠。顿熊扼虎，蹴豹搏貙。气有余势，负象而趋。获车既盈，日侧乐终。罢役解徒，大飨离宫。

乱曰：圣皇临飞轩，论功校猎徒。死禽积如京，流血成沟渠。明诏大劳赐，大官供有无。走马行酒醴，驱车布肉鱼。鸣鼓举觞爵，钟击位无余。绝网纵骢麢，弛罩出凤雏。收功在羽校，威灵振鬼区。陛下长欢乐，永世合天符。

晋《鼙舞歌》　　五篇

《洪业篇》　　《鼙鼓歌》，当魏曲《明明魏皇帝》，古曲《关东有贤女》。

　　宣文创洪业，盛德在泰和。圣皇应灵符，受命君四海。万国何所乐，上有明天子。唐尧禅帝位，虞舜惟恭己。恭己正南面，道化与时移。大赦荡萌渐，文教被黄支。象天则地，体无为。聪明配日月，神圣叁两仪。虽有三凶类，静言无所施。象天则地，体无为。稷契并佐命，伊吕升王臣。兰芷登朝肆，下无失宿民。声发响自应，表立景来附。虓虎从羁制，潜龙升天路。备物立成器，变通极其数。百事以时叙，万机有常度。训之以克让，纳之以忠恕。群下仰清风，海外同欢慕。象天则地，化云布。昔日贵雕饰，今尚俭与素。昔日多纤介，今去情与故。象天则地，化云布。济济大朝士，夙夜综万机。万机无废理，明明降畴咨。臣譬列星景，君配朝日晖。事业并通济，功烈何巍巍。五帝继三皇，三王世所归。圣德应期运，天地不能违。仰之弥已高，犹天不可阶。将复御龙氏，凤皇在庭栖。

《天命篇》　《鼙舞歌》，当魏曲《大和有圣帝》，古曲《章和二年中》。

　　圣祖受天命，应期辅魏皇。入则综万机，出则征四方。朝廷无遗理，方表宁且康。道隆舜臣尧，积德逾太王。孟度阻穷险，造乱天一隅。神兵出不意，奉命致天诛。赦善戮有罪，元恶宗为虚。威风震劲蜀，武烈慑强吴。诸葛不知命，肆逆乱天常。拥徒十余万，数来寇边疆。我皇迈神武，秉钺镇雍凉。亮乃畏天威，未战先仆僵。盈虚自然运，时变固多难。东征陵海表，万里枭贼渊。受遗齐七政，曹爽又滔天。群凶受诛殄，百禄咸来臻。黄华应福始，王凌为祸先。

《景皇帝》　　《鼙舞歌》，当魏曲《魏历长》，古曲《乐久长》。

　　景皇帝，聪明命世生，盛德参天地。帝王道，创基既已难，继世亦未易。外则夏侯玄，内则张与李，三凶称逆，乱帝纪。从天行诛，穷其奸宄。遏将御其渐，潜谋不得起，罪人咸伏辜，威风震万里。平衡综万机，万机无不理。召陵桓不君，内外何纷纷，众小便成群。蒙昧恣心，治乱不分。睿圣独断，济武常以文。从天惟废立，扫霓披浮云。云霓既已辟，清和未几间。羽檄首尾至，变起东南蕃。俭、钦为长蛇，外则冯吴蛮。万国纷骚扰，戚戚天下惧不安。神武御六军，我皇秉钺征。俭、钦起寿春，前锋据项成。出其不意，并纵奇兵。奇兵诚难御，庙胜实难支。两军不期遇，敌退计无施。虎骑惟武进，大战沙阳陂。钦乃亡魂走，奔房若云披。天恩赦有罪，东土放鲸鲵。

《大晋篇》　　《鼙舞歌》，当魏曲《天生烝民》，古曲《四方皇》。

赫赫大晋，於穆文皇。荡荡巍巍，道迈陶唐。世称三皇五帝，及今重其光。九德克明，文既显，武又章。恩弘六合，兼济万方。内举元凯，朝政以纲。外简虎臣，时惟鹰扬。靡从不怀，逆命斯亡。仁配春日，威逾秋霜。济济多士，同兹兰芳。唐虞至治，四凶滔天。致讨俭、钦，罔不肃虔。化感海外，海外来宾。献其声乐，并称妾臣。西蜀猾夏，僭号方域。命将致讨，委国稽服。吴人放命，冯海阻江。飞书告谕，响应来同。先王建万国，九服为蕃卫。亡秦坏诸侯，序胙不二世。历代不能复，忽逾五百岁。我皇迈圣德，应期创典制。分土五等，蕃国正封界。莘莘文武佐，千秋遘嘉会。洪业溢区内，仁风翔海外。

《明君篇》　　《鼙舞歌》，当魏曲《为君既不易》，古曲《殿前生桂树》。

明君御四海，听鉴尽物情。顾望有谴罚，竭忠身必荣。兰茝出荒野，万里升紫庭。茨草秽堂阶，埽截不得生。能否莫相蒙，百官正其名。恭己慎有为，有为无不成。暗君不自信，群下执异端。正直罹谮润，奸臣夺其权。虽欲尽忠诚，结舌不敢言。结舌亦何惮，尽忠为身患。清流岂不洁，飞尘浊其源。歧路令人迷，未远胜不还。忠臣立君朝，正色不顾身。邪正不并存，譬若胡与秦。秦胡有合时，邪正各异津。忠臣遇明君，乾乾惟日新。群目统在纲，众星拱北辰。设令遭暗主，斥退为凡民。虽薄共时用，白茅犹可珍。冰霜昼夜结，兰桂摧为薪。邪臣多端变，用心何委曲。便辟从情指，动随君所欲。偷安乐目前，不问清与浊。积伪罔时主，养交以持禄。言行恒相违，难赝甚溪谷。昧死射乾没，觉露则灭族。

右五篇《鼙舞歌行》。

《铎舞》歌诗二篇

《圣人制礼乐篇》

　　　昔皇文武邪　弥弥舍善　谁吾时吾　行许帝道　衔来治路万
邪　治路万邪　赫赫　意黄运道吾　治路万邪　善道　明邪金邪
善道　明邪金邪帝邪　近帝武武邪邪　圣皇八音　偶邪尊来
圣皇八音　及来义邪同邪　乌及来义邪　善草供国吾　咄等邪乌
近帝邪武邪　近帝武邪武邪　应节合用　武邪尊邪　应节合用
酒期义邪同邪　酒期义邪　善草供国吾　咄等邪乌　近帝邪武
邪　近帝武武邪邪　下音足木　上为鼓义邪　应众义邪　乐邪邪
延否　已邪乌已礼祥　咄等邪乌　素女有绝其圣乌乌武邪

《云门篇》　　《铎舞歌行》,当魏《太和时》。

　　黄《云门》,唐《咸池》,虞《韶武》,夏殷《濩》。刑伐有五,振铎鸣
金,近《大武》。清歌发倡,刑为主。声和八音,协律吕。身不虚动,
手不徒举。应节合度,周其叙。时奏宫商,杂之以徵羽。不餍众目,
上从钟鼓。乐以移风,与德礼相辅,安有失其所。

　　　右二篇《铎舞歌行》。

《拂舞》歌诗五篇

《白鸠篇》

　　翩翩白鸠,再飞再鸣。怀我君德,来集君庭。白雀呈瑞,素羽明
鲜。翔庭舞翼,以应仁乾。交交鸣鸠,或丹或黄。乐我君惠,振羽来
翔。东壁余光,鱼在江湖。惠而不费,敬我微躯。策我良驷,习我驱
驰。与君周旋,乐道亡余。我心虚静,我志沾濡。弹琴鼓瑟,聊以自
娱。陵云登台,浮游太清。扳龙附凤,日望身轻。

《济济篇》

　　畅飞畅舞,气流芳。追念三五,大绮黄。去失有,时可行。去来
同时,此未央。时冉冉,近桑榆。但当饮酒,为欢娱。衰老逝,有何
期。多忧耿耿,内怀思。渊池广,鱼独希。愿得黄浦,众所依。恩感
人,世无比。悲歌具舞,无极已。

《独禄篇》

独禄独禄,水深泥浊。泥浊尚可,水深杀我。雍雍双雁,游戏田畔。我欲射雁,念子孤散。翩翩浮苹,得风遥轻。我心何合,与之同并。空床低帷,谁知无人。夜衣锦绣,谁别伪真。刀鸣削中,倚床无施。父冤不报,欲活何为。猛虎班班,游戏山间。虎欲啮人,不避豪贤。

《碣石篇》

东临碣石,以观沧海。水何澹澹,山岛竦峙。树木丛生,百草丰茂。秋风萧瑟,洪波涌起。日月之行,若出其中。星汉粲烂,若出其里。幸甚至哉！歌以咏志。　　　《观沧海》

孟冬十月,北风裴回。天气肃清,繁霜霏霏。鹍鸡晨鸣,雁过南飞。鸷鸟潜藏,熊罴窟栖。钱镈停置,农收积场。逆旅整设,以通贾商。幸甚至哉！歌以咏志。　　　《冬十月》

乡土不同,河朔隆寒。流澌浮漂,舟船难行。锥不入地,丰籁深奥。水竭不流,冰坚可蹈。士隐者贫,勇侠轻非。心常叹怨,戚戚多悲。幸甚至哉！歌以咏志。　　　《土不同》

神龟虽寿,犹有竟时；腾蛇乘雾,终为土灰。老骥伏枥,志在千里；烈士莫年,壮心不已。盈缩之期,不但在天；养怡之福,可得永年。幸甚至哉！歌以咏志。　　　《龟虽寿》

《淮南王篇》

淮南王,自尊言,百尺高楼与天连。后园凿井银作床,金瓶素绠汲寒浆。汲寒浆,饮少年。少年窈窕何能贤？扬声悲歌音绝天。我欲度河河无梁,愿化双黄鹄,还故乡。还故乡,入故里。徘徊故乡,身不已。繁舞寄声无不泰,徘徊桑梓游天外。

右五篇《拂舞行》

《杯盘舞》歌诗一篇

晋世宁,四海平,普天安乐永大宁。四海安,天下欢,乐治兴隆舞杯盘。舞杯盘,何翩翩,举坐翻覆寿万年。天与日,终与一,左回右转不相失。筝笛悲,酒舞疲,心中慷慨可健儿。樽酒甘,丝竹清,愿令诸君醉复醒。醉复醒,时合同,四坐欢乐皆言工。丝竹音,可不听,亦舞此盘左右轻。自相当,合坐欢乐人命长。人命长,当结友,千秋万岁皆老寿。

　　右《杯盘舞歌行》。

《巾舞》歌诗一篇

　　吾不见公莫时吾何嬰公来嬰姥时吾哺声何为茂时为来嬰当思吾明月之上转起吾何嬰土来嬰转去吾哺声何为土转南来嬰当去吾城上羊下食草吾何嬰下来吾食草吾哺声汝何三年针缩何来嬰吾亦老吾平平门淫涕下吾何嬰何来嬰涕下吾哺声昔结吾马客来嬰吾当行吾度四州洛四海吾何嬰海何来嬰海何来嬰四海吾哺声熇西马头香来嬰吾洛道吾治五丈度汲水吾噫邪哺谁当求儿母何意零邪钱健步哺谁当吾求儿母何吾哺声三针一发交时还弩心意何零意弩心遥来嬰弩心哺声复相头巾意何零何邪相哺头巾相吾来嬰头巾母何何吾复来推排意何零相哺推相来嬰推非母何吾复车轮意何零子以邪相哺转轮吾来嬰转母何吾使君去时意何零子以邪使君去时使来嬰去时母何吾思君去时意何零子以邪思君去时思来嬰吾去时母何何吾吾

　　右《公莫巾舞歌行》。

《白纻舞》歌诗三篇

　　高举两手白鹄翔。轻躯徐起何洋洋。凝停善睐容仪光。宛若龙转乍低昂。随世而变诚无方。如推若引留且行。宋世方昌乐未央。舞以尽神安可忘。爱之遗谁赠佳人。质如轻云色如银。袍以光躯巾拂尘。制以为袍余作巾。四坐欢乐胡可陈。清歌徐舞降祗神。

　　右一篇。

　　双袂齐举鸾凤翔。罗裾飘摇昭仪光。趋步生姿进流芳。鸣弦清歌及三阳。人生世间如电过。乐时每少苦日多。幸及良辰曜春花。齐倡献舞赵女歌。羲和驰景逝不停。春露未晞严霜零。百草凋索花落英。蟋蟀吟牖寒蝉鸣。百年之命忽若倾。蚤知迅速秉烛行。东造扶桑游紫庭。西至昆仑戏曾城。

右一篇。

阳春白日风花香。趋步明玉舞瑶珰。声发金石媚笙簧。罗袿徐转红袖扬。清歌流响绕凤梁。如矜若思凝且翔。转眄遗精艳辉光。将流将引双雁翔。欢来何晚情何长。明君御世永歌倡。

右一篇。《白纻》旧新合三篇。

宋泰始歌舞曲词

《皇业颂》歌自尧至楚元王、高祖，世世载圣德。　　　明舜造

皇业沿德建，帝运资勋融。胤唐重盛轨，胄楚载休风。尧舜兆深祥。元王衍遐庆。积善传上业，祚福启圣圣。衰数随金禄，登历昌水命。维宋垂光烈，世美流舞咏。

《圣祖颂》

圣祖惟高德，积勋代晋历。永建享鸿基，万古盛音册。睿文缵宸驭，广运崇帝声。衍德被仁祉，留化洽民灵。孝建缔孝业，允协天人谋。宇内齐政轨，宙表烛威流。钟管腾列圣，彝铭贲重猷。

《明君大雅》　　虞和造

明君应乾数，拨乱纽颓基。民庆来苏日，国颂《薰风》诗。天步或暂难，列蕃扇迷匿。庙胜敷九代，神谟洞七德。文教洗昏俗，武谊清禄垠。英勋冠帝则，万寿永衍天。

《通国风》　　明帝造

开宝业，资贤昌。谟明盛，弼谐光。烈武惟略，景王勋。南康华容，变政文。猛绩爰著，有左军。三王到氏，文武赞。丞相作辅，属伊旦。沈柳宗侯，皆殄乱。泰始开运，超百王。司徒骠骑，勋德康。江安谋效，殷诚彰。刘沈承规，功名扬。庆归我后，祚无疆。

《天符颂》　　明帝造

天符革运，世诞英皇。在馆神炫，既壮龙骧。六钟集表，四纬骈光。於穆配天，永休厥祥。

《明德颂》　　明帝造

明德孚教，幽符丽纪。山鼎见奇，醴液涵祉。鹓雏耀仪，驺虞游趾。福延亿祚，庆流万祀。

《帝图颂》

　　帝图凝远，瑞美昭宣。济流月镜，鹿毚霜鲜。甘露降和，花雪表年。孝德载衍，芳风永传。

《龙跃大雅》

　　龙跃式符，王耀蕃宫。岁淹豫□，玺属嫔中。江波澈映，石柏开文。观毓花蕊，楼凝景云。白乌三获，甘液再呈。嘉穗表沃，连理协成。德充动物，道积通神。宋业允大，灵瑞方臻。

《淮祥风》

　　淮祥应，贤彦生。翼赞中兴，致太平。

《宋世大雅》　　虞和造

　　宋世宁，在泰始。醉酒欢，饱德喜。万国朝，上寿酒。帝同天，惟长久。

《治兵大雅》　　明帝造

　　王命治兵，有征无战。巾拂以净，丑类革面。王仪振旅，载戢在辰。中虚巾拂，四表静尘。

《白纻篇大雅》　　明帝造

　　在心曰志发言诗，声成于文被管丝。手舞足蹈欣泰时，移风易俗王化基。琴角挥韵白云舒，《箫韶》协音神凤来。拊击和节咏在初，章曲乍毕情有余。文同轨壹道德行，国靖民和礼乐成。四县庭响美勋英，八列陛倡贵人声。舞饰丽华乐容工，罗裳皎日袂随风。金翠列辉蕙麝丰，淑姿委体允帝衷。

汉鼓吹铙歌十八曲

《朱鹭曲》

　　朱鹭，鱼以乌路訾邪。鹭何食，食茄下。不之食，不以吐，将以问诛—作谏。者。

《思悲翁曲》

　　思悲翁，唐思，夺我美人侵以遇，悲翁也，但我思。逢首—作蕤。狗，逐狡兔，食交君，枭子五。枭母六，拉沓高飞莫安宿。

《艾如张曲》

艾而张罗,夷于何。行成之,四时和。山出黄雀亦有罗,雀以高飞奈雀何?为此倚欲,谁肯礴室。

《上之回曲》

上之回,所中益。夏将至,行将北。以承甘泉宫,寒暑德。游石关,望诸国,月支臣,匈奴服。令从百官疾驱驰,千秋万岁乐无极。

《翁离曲》

拥离趾中,可筑室,何用茸之蕙用兰。拥离趾中。

《战城南曲》

战城南,死郭北?野死不葬乌可食。为我谓乌,且为客豪,野死谅不葬,腐肉安能去子逃?水深激激,蒲苇冥冥。枭骑战斗死,驽马裴回鸣。梁筑室,何以南?梁何北?禾黍而获君何食?愿为忠臣安可得?思子良臣,良臣诚可思,朝行出攻,莫不夜归。

《巫山高曲》

巫山高,高以大。淮水深,难以逝。我欲东归,害梁不为。我集无高,曳水何梁。汤汤回回,临水远望。泣下沾衣,远道之人心思归。谓之何?

《上陵曲》

上陵何美美,下津风以寒。问客从何来,言从水中央。桂树为君船,青丝为君笮,木兰为君棹,黄金错其间。沧海之雀赤翅鸿,白雁随,山林乍开乍合,曾不知日月明。醴泉之水,光泽何蔚蔚。芝为车,龙为马。览邀游,四海外。甘露初二年,芝生铜池中,仙人下来饮,延寿千万岁。

《将进酒曲》

将进酒,乘太白。辨加哉,诗审搏。放故歌,心所作。同阴气,诗愁索。使禹良工,观者苦。

《君马黄歌》

君马黄,臣马苍,三马同逐臣马良。易之有骒蔡有赭,美人归以南,驾车驰马。美人伤我心!佳人归以北,驾车驰马。佳人安终极!

《芳树曲》

芳树，日月君乱，如于风。芳树不上无心。温而鹄，三而为行。临兰池，心中怀我怅。心不可匡，目不可顾，妒人之子愁杀人。君有它心，乐不可禁。王将何似？如孙如鱼乎？悲矣！

《有所思曲》

有所思，乃在大海南。何用问遗君，双珠玳瑁簪，用玉绍缭之。闻君有它心，拉杂摧烧之！摧烧之，当风扬其灰。从今以往，勿复相思！相思与君绝，鸡鸣狗吠，兄嫂当知之。妃呼狶！秋风肃肃晨风飔，东方须臾高知之。

《雉子曲》

雉子，班如此，之于雉梁，无以吾翁孺。雉子，知得雉子高飞止，黄鹄蜚之以重，王可思。雄来蜚从雌，视子趋一雉。雉子车大驾马滕，被王送行所中，尧芊蜚从王孙行。

《圣人出曲》

圣人出，阴阳和。美人出，游九河。佳人来，骓离哉何。驾六飞龙四时和。君之臣明护不道，美人哉，宜天子。免甘星筮乐甫始，美人子，含四海。

《上邪曲》

上邪，我欲与君相知。长命无绝衰。山无陵，江水为竭，冬雷震震夏雨雪，天地合，乃敢与君绝。

《临高台曲》

临高台以杆，下有清水清且寒。江有香草目以兰，黄鹄高飞离哉翻。关弓射鹄，令我主寿万年。收中吾。

《远如期曲》

远如期，益如寿，处天左侧，大乐，万岁与天无极。雅乐陈，佳哉纷，单于自归，动如惊心。虞心大佳，万人还来，谒者引，乡殿陈，累世未尝闻之。增寿万年亦诚哉！

《石留曲》

石留凉阳凉石水流为沙锡以微河为香向始籴冷将风阳北逝肯

无敢与于杨心邪怀兰志金安薄北方开留离兰

魏鼓吹曲十二篇　　　缪袭造

汉第一曲《朱鹭》，今第一曲《初之平》，言魏也。

初之平，义兵征。神武奋，金鼓鸣。迈武德，扬洪名。汉室微，社稷倾。皇道失，桓与灵。阉官炽，群雄争。边韩起，乱金城。中国扰，无纪经。赫武皇，起旌旗。麾天下，天下平。济九州，九州宁。创武功，武功成。越五帝，邈三王。兴礼乐，定纪纲。普日月，齐晖光。

右《初之平曲》，凡三十句，句三字。

汉第二曲《思悲翁》，今第二曲《战荥阳》，言曹公也。

战荥阳，汴水陂。戎士愤怒，贯甲驰。陈未成，退徐荥，二万骑，堑垒平。戎马伤，六军惊，势不集，众几倾。白日没，时晦冥，顾中牟，心屏营。同盟疑，计无成，赖我武皇，万国宁。

右《战荥阳曲》，凡二十句，其十八句句三字，二句句四字。

汉第三曲《艾如张》，今第三曲《获吕布》，言曹公东围临淮，生擒吕布也。

获吕布，戮陈宫。芟夷鲸鲵，驱骋群雄。囊括天下，运掌中。

右《获吕布曲》，凡六句，其三句句三字，三句句三字。

汉第四曲《上之回》，今第四曲《克官渡》，言曹公与袁绍战，破之于官渡也。

克绍官渡，由白马。僵尸流血，被原野。贼众如犬羊，王师尚寡。沙塠傍，风飞扬。转战不利，士卒伤。今日不胜，后何望！土山地道，不可当。卒胜大捷，震冀方。屠城破邑，神武遂章。

右《克官度曲》，凡十八句，其八句句三字，一句句五字，九句句三字。

汉第五曲《翁离》，今第五曲《旧邦》，言曹公胜袁绍于官度，还谯收藏士卒死亡也。

旧邦萧条，心伤悲。孤魂翩翩，当何依。游士恋故，涕如摧。兵起事大，令愿违。传求亲戚，在者谁。立庙置后，魂来归。

右《旧邦曲》凡十二句，其六句句三字，六句句四字。

汉第六曲《战城南》，今第六曲《定武功》，言曹公初破邺，武功之定，始乎此也。

　　定武功，济黄河。河水汤汤，且莫有横流波。袁氏欲衰，兄弟寻干戈。决漳水，水流滂沱。嗟城中如流鱼，谁能复顾室家！计穷虑尽，求来连和。和不时，心中忧戚。贼众内溃，君臣奔北。拔邺城，奄有魏国。王业艰难，览观古今，可为长叹。

　　　　右《定武功曲》，凡二十一句，其五句句三字，三句句六字，十二句句四字，一句五字。

汉第七曲《巫山高》，今第七曲《屠柳城》，言曹公越北塞，历白檀，破三郡乌桓于柳城也。

　　屠柳城，功诚难。越度陇塞，路漫漫。北逾冈平，但闻悲风正酸。蹋顿授首，遂登白狼山。神武热海外，永无北顾患。

　　　　右《屠柳城曲》，凡十句，其三句句三字，三句句四字，三句句五字，一句六字。

汉第八曲《上陵》，今第八曲《平南荆》，言曹公南平荆州也。

　　南荆何辽辽，江汉浊不清。菁茅久不贡，王师赫南征。刘琮据襄扬，贼备屯樊城。六军庐新野，金鼓震天庭。刘子面缚至，武皇许其成。许与其成，抚其民。陶陶江汉间，普为大魏臣。大魏臣，向风思自新。思自新，齐功古人。在昔虞与唐，大魏得与均。多选忠义士，为喉唇。天下一定，万世无风尘。

　　　　右《平南荆曲》，凡二十四句，其十七句句五字，四句句三字，三句句四字。

汉第九曲《将进酒》，今第九曲《平关中》，言曹公征马超，定关中也。

　　平关中，路向潼。济浊水，立高埠。斗韩马，离群凶。选骁骑，纵两翼。虏崩溃，级万亿。

　　　　右《平关中曲》，凡十句，句三字。

汉第十曲《有所思》，今第十曲《应帝期》，言曹文帝以圣德受命，应运期也。

　　应帝期，於昭我文皇，历数承天序，龙飞自许昌。聪明昭四表，恩德动遐方。星辰为垂耀,日月为重光。河洛吐符瑞,草木挺嘉祥。麒麟步郊野,黄龙游津梁。白虎依山林,凤凰鸣高冈。考图定篇籍,功配上古羲皇。羲皇无遗文,仁圣相因循。期运三千岁,一生圣明君。尧授舜万国,万国皆附亲。四门为穆穆,教化常如神。大魏兴盛,与之为邻。

　　右《应帝期曲》,凡二十六句,其一句三字,二句四字,二十二句句五字,一句六字。

汉第十一曲《芳树》,今第十一曲《邕熙》,言魏氏临其国,君臣邕穆,庶绩咸熙也。

　　邕熙,君臣念德,天下治。登帝道,获瑞宝,颂声并作,洋洋浩浩。吉日临高堂,置酒列名倡。歌声一何纡余,杂笙簧。八音谐,有纪纲。子孙永建万国,寿考乐无央。

　　右《邕熙曲》,凡十五句,其六句句三字,三句句四字,一句二字,三句句五字,二句句六字。

汉第十二曲《上邪》,今第十二曲《太和》,言魏明帝继体承统,太和改元,德泽流布。

　　惟太和元年,皇帝践阼,圣且仁,德泽为流布。灾蝗一时为绝息,上天时雨露。五谷溢田畴,四民相率遵轨度,事务征清,天下狱讼察以情。元首明,魏家如此,那得不太平?

　　右《太和曲》,凡十三句,其二句句三字,五句句五字,三句句四字,三句句七字。

晋鼓吹歌曲二十二篇　　傅玄作

《灵之祥》　　古《朱鹭行》

　　《灵之祥》,言宣皇帝之佐魏,犹虞舜之事尧也。既有石瑞之征,又能用武以诛孟度之逆命也。

　　灵之祥,石瑞章。旌金德,出西方。天命降,授宣皇。应期运,时龙骧。继大舜,佐陶唐。赞武文,建帝纲。孟氏叛,据南疆。追有扈,乱五帝。吴寇劲,蜀虏强。交誓盟,连遐荒。宣赫怒,奋鹰扬。震乾威,耀电光。陵九天,陷石城。枭逆命,拯有生。万国安,四海宁。

《宣受命》　　　　　　古《思悲翁行》。

《宣受命》，言宣皇帝御诸葛亮，养威重，运神兵，亮震怖而死。

宣受命，应天机。风云时动，神龙飞。御葛亮，镇雍凉。边境安，民夷康。务节事，勤定倾。览英雄，保持盈。渊穆穆，赫明明。冲而泰，天之经。养威重，运神兵。亮乃震死，天下宁。

《征辽东》　　　古《艾而张行》

《征辽东》，言宣皇帝陵大海之表，讨灭公孙渊，而枭其首也。

征辽东，敌大据。威灵迈日域，渊既授首，群逆破胆，咸震怖。朔北响应，海表景附。武功赫赫，德云布。

《宣辅政》　　　古《上之回行》

《宣辅政》，言宣皇帝圣道深远，拨乱反正，网罗文武之才，以定二仪之序也。

宣皇辅正，圣烈深。拨乱反正，从天心。网罗文武才，慎厥所生。所生贤，遗教施，安上治民，化风移。肇创帝基，洪业垂。於铄明明，时赫戏。功济万世，定二仪。定二仪，云泽雨施，海外风驰。

《时运多》　　　古《拥离行》

《时运》，言宣皇帝致讨吴方，有征无战也。

时运多难，道教痛。天地变化，有盈虚。蠢尔吴蛮，虎视江湖。我皇赫斯，致天诛。有征无战，弭其图。天威横被，震东隅。

《景龙飞》　　　古《战城南行》

《景龙飞》，言景帝克明威教，赏从夷逆，胙隆无疆，崇此洪基也。

景龙飞，御天威。聪鉴玄发，动与神明协机。从之者显，逆之者灭夷。文教敷，武功巍。普被四海，万邦望风，莫不来绥。圣德潜断，先天弗违。韦违祥，享世永长。猛以致宽，道化光。赫明明，胙隆无疆。帝绩惟期，有命既集，崇此洪基。

《平玉衡》　　　古《巫山高行》

《平玉衡》，言景皇帝一万国之殊风，齐四海之乖心，礼贤养士，而纂洪业也。

平玉衡，纠奸回。万国殊风，四海乖。礼贤养士，羁御英雄思心齐。纂戎洪业，崇皇阶。品物咸亨，圣敬日逾。聪鉴尽下情，明明综天机。

《文皇统百揆》　　古《上陵行》

《百揆》，言文皇帝始统百揆，用人有序，以敷泰平之化也。

文皇统百揆，继天理万方。武皇镇四宇，英佐盈朝堂。谋言协秋兰，清风发其芳。洪泽所渐润，砥石为圭璋。大道俟五帝，盛德逾三王。咸光大，上参天与地，至化无内外。无内外，六合并康义。并康义，遘兹嘉会。在昔羲与农，大晋德斯迈。镇征及诸州，为蕃卫。功济四海，洪烈流万世。

《因时运》　　古《将进酒行》

《因时运》，言文皇帝因时运变，圣谋潜施，解长蛇之交，离群桀之党，以武济文，审其大计，以迈其德也。

因时运，圣策施。长蛇交解，群桀离。势穷奔吴，虎骑厉。惟武进，审大计。时迈其德，清一世。

《惟庸蜀》　　古《有所思行》

《惟庸蜀》，言文皇帝既平万乘之蜀，封建万国，复五等之爵也。

惟庸属，僭号天一隅。刘备逆帝命，禅亮承其余。拥众数十万，窥隙乘我虚。驿骑进羽檄，天下不遑居。姜维屡寇边，陇上为荒墟。文皇愍斯民，历世受罪辜。外谟蕃屏臣，内谋众士夫。爪牙应指授，腹心同献良图。良图协成文，大兴百万军。雷鼓震地起，猛势陵浮云。逋虏畏天诛，面缚造垒门。万里同风教，逆命称妾臣。光建五等，纪纲天人。

《天序》　　古《芳树行》

《天序》，言圣皇应历受禅，弘济大化，用人各尽其才也。

天序，应历受禅，承灵祐。御群龙，勒螭虎。弘济大化，英俊作辅。明明统万机，赫赫镇四方。咎繇稷契之畴，协兰芳。礼王臣，覆兆民。化之如天与地，谁敢爱其身。

《大晋承运期》　　古《上邪行》

《大晋承运期》,言圣皇应箓受图,化象神明也。

大晋承运期,德隆圣皇。时清晏,白日垂光。应箓图,陟帝位,继天正玉衡,化行象神明。至哉道隆虞与唐。元首敷洪化,百僚股肱并忠良,民大康。隆隆赫赫,福胙盈无疆。

《金灵运》　　古《君马行》

《灵运》,言圣皇践阼,致敬宗庙,而孝道施于天下也。

金灵运,天符发。圣征见,参日月。惟我皇,体神圣。受魏禅,应天命。皇之兴,灵有征。登大麓,御万乘。皇之辅,若虓虎。爪牙奋,莫之御。皇之佐,赞清化。百事理,万邦贺。神祇应,嘉瑞章。恭亨祀,荐先皇。乐时奏,磬管锵。鼓渊渊,钟喤喤。奠尊俎,实玉觞。神歆飨,咸说康。宴孙子,祐无疆。大孝烝烝,德教被万方。

《於穆我皇》　　古《雉子行》

《於穆》,言圣皇受命,德合神明也。

於穆我皇,盛德圣且明。受禅君世,光济群生。普天率士,莫不来庭。颙颙六合内,望风仰泰清。万国雍雍,兴颂声。大化洽,地平而天成。七政齐,玉衡惟平,峨峨佐命,济济群英。夙夜乾乾,万机是经。虽治兴,匪荒宁。谦道光,冲不盈。天地合德,日月同荣。赫赫煌煌,耀幽冥。三光克从,于显天垂景星。龙凤臻,甘露宵零。肃神祇,祇上灵。万物欣戴,自天效其成。

《仲春振旅》　　古《圣人出行》

《仲春》,言大晋申文武之教,田猎以时也。

仲春振旅,大致民,武教于时日新。师执提,工执鼓,坐作从,节有序,盛矣允文允武。搜田表祸,申法誓,遂围禁,献社祭,允矣时明国制。文武并用,礼之经,列车如战,大教明,古今谁能去兵。大晋继天,济群生。

《夏苗田》　　古《临高台行》

《苗田》,言大晋田狩从时,为苗除害也。

夏苗田,运将徂,军国异容,文武殊。乃命群吏,撰车徒,辩其名号,赞契书。王军启八门,行同上帝居。时路建大麾,云旗翳紫虚。

百官象其事,疾则疾,徐则徐。回衡旋轸,罢陈敝车。献禽享祠,烝烝配有虞。惟大晋,德参两仪,化云敷。

《仲秋狝田》　　古《远期行》

《仲秋》,言大晋虽有文德,不废武事,从时以杀伐也。

仲秋狝田,金德常刚。凉风清且厉,凝露结为霜。白虎司辰,苍隼时鹰扬。鹰扬犹周尚父,从天以杀伐。春秋时叙,雷霆震威耀,进退由钲鼓。致禽祀祊,羽毛之用充军府。赫赫大晋德,芬烈陵三五,敷化以文,虽治不废武。光宅四海,永享天之祐。

《从天道》　　古《石留行》

《从天道》,言仲冬大阅,用武修文,大晋之德配天也。

从天道,握神契。三时亦讲武事,冬大阅。鸣镯振鼓铎,旌旗象虹霓。文制其中,武不穷武。动军誓众,礼成而义举。三驱以宗仁,进止不失其序。兵卒练,将如虎。惟虓虎,气陵青云。解围三面,杀不殄群。偃旌麾,班六军。献享烝,修典文。嘉大晋,德配天。禄报功,爵俟贤。飨燕乐,受兹百禄,嘉万年。

《唐尧》　　古《务成行》古曲亡。

《唐尧》,言圣皇陟帝位,德化光四表也。

唐尧咨务成,谦谦德所兴。积渐终光大,履霜致坚冰。神明道自然,河海犹可凝。舜禹统百揆,元凯以次升。禅让应天历,睿圣世相承。我皇陟帝位,平衡正准绳。德化四表,祥气见其征。兴王坐俟旦,亡生恬自矜。致远由近始,覆篑成山陵。披图按先籍,有其证灵□。

《玄云》　　古《玄云行》古曲亡。

《玄云》,言圣皇用人,各尽其材也。

玄云起山岳,祥气万里会。龙飞何蜿蜿,凤翔何翔翔。昔在唐虞朝,时见青云际。今亲游方国,流光溢天外。鹤鸣在后园,清香随风迈。成汤隆显命,伊挚来如飞。周文猎渭滨,遂载吕望归。符合如影响,先天天弗违。辍耕纲时网,解褐袗天维。元功配二主,芬馨世所稀。我皇叙群才,洪烈何巍巍。桓桓征四表,济济理万机。神化感无方，髦才盈帝畿。丕显惟昧旦，日新孔所咨，茂哉圣明德，日月同光辉。

《伯益》 古《黄爵行》古曲亡。

《伯益》，言赤乌衔书，有周公兴；今圣皇受命，神雀来也。

伯益佐舜禹，职掌山与川。德侔十六相，思心入无间。智理周万物，下知众鸟言。黄雀应清化，翔集何翩翩。和鸣栖庭树，徘徊云日间。夏桀为无道，密网施山阿。酷祝振纤网，当奈黄雀何。殷汤崇天德，去其三面罗。逍遥群飞来，鸣声乃复和。朱雀作南宿，凤皇统羽群。赤乌衔书至，天命瑞周文。神雀今来游，为我受命君。嘉祥致天和，膏泽降青云。兰风发芳气，阖世同其芬。

《钓竿》 古《钓竿行》汉《铙歌》二十二无《钓竿》。

《钓竿》，言圣皇德配尧、舜，又有吕望之佐，以济天功治太平也。

钓竿何冉冉，甘饵芳且鲜。临川运思心，微纶沉九渊。太公宝此术，乃在灵秘篇。机变随物移，精妙贯未然。游鱼惊著钓，潜龙飞戾天。戾天安所至，抚翼翔太清。太清一何异，两仪出浑成。玉衡正三辰，造化赋群形。退愿辅圣君，与神合其灵。我君弘远略，天人不足并。天人初并时，昧昧何芒芒。日月有征兆，文象兴二皇。蚩尤乱生民，黄帝用兵征万方。逮夏禹而德衰，三代不及虞与唐。我皇圣德配尧舜，受禅即阼享天祥。率土蒙祐，靡不肃，庶事康。庶事康，穆穆明明。荷百禄，保无极，永泰平。

吴鼓吹曲十二篇 韦昭造

《炎精缺》者，言汉室衰，武烈皇帝奋迅猛志，念在匡救，然而王迹始乎此也。汉曲有《朱鹭》，此篇当之。第一。

炎精缺，汉道微。皇纲弛，政德违。众奸炽，民罔依。赫武烈，越龙飞。陟天衢，耀灵威。鸣雷鼓，抗电麾。抚乾衡，镇地机。厉虎旅，骋熊罴。发神听，吐英奇。张角破，边韩羁。宛颍平，南土绥。神武章，渥泽施。金声震，仁风驰。显高门，启皇基。统罔极，垂将来。

右《炎精缺曲》，凡三十句，句三字。

《汉之季》者，武烈皇帝悼汉之微，痛卓之乱，兴兵奋击，功盖海内也。汉曲有《思悲翁》，此篇当之。第二。

汉之季，董卓乱。桓桓武烈，应时运。义兵兴，云旗建。厉六师，罗八阵。飞鸣镝，接白刃。轻骑发，介士奋。丑虏震，使众散。劫汉主，迁西馆。雄豪怒，元恶偾。赫赫皇祖，功名闻。

　　　右《汉之季曲》，凡二十句，其十八句句三字，二句句四字。

《摅武师》者，言大皇帝卒武烈之业而奋征也。汉曲有《艾如张》，此篇当之。第三。

摅武师，斩黄祖。肃夷凶族，革平西夏。炎炎大烈，震天下。

　　　右《摅武师曲》，凡六句，其三句句三字，三句四字。

《乌林》者，言曹操既破荆州，从流东下，欲来争锋。大皇帝命将周瑜逆击之于乌林而破走也。汉曲有《上之回》，此篇当之。第四。

曹操北伐，拔柳城。乘胜席卷，遂南征。刘氏不睦，八都震惊。众既降，操屠荆。舟车十万，扬风声。议者狐疑，虑无成。赖我大皇，发圣明。虎臣雄烈，周与程。破操乌林，显章功名。

　　　右《伐乌林曲》，凡十八句，其十句句四字，八句句三字。

《秋风》者，言大皇帝说以使民，民忘其死。汉曲有《拥拥》，此篇当之。第五。

秋风扬沙尘，寒露沾衣裳。角弓持弦急，鸠鸟化为鹰。边垂飞羽檄，寇贼侵界疆。跨马披介胄，慷慨怀悲伤。辞亲向长路，安知存与亡。穷达固有分，志士思立功。邀之战场，身逸获高赏，身没有遗封。

　　　右《秋风曲》，凡十五句，其十四句句五字，一句四字。

《克皖城》者，言曹操志图并兼，而令朱光为庐江太守。上亲征光，破之于皖城也。汉曲有《战城南》，此篇当之。第六。

克灭皖城，遏寇贼。恶此凶孽，阻奸慝。王师赫征，众倾覆。除秽去暴，戢兵革。民得就农，边境息。诛君吊臣，昭至德。

　　　右《克皖城曲》，凡十二句，其六句句三字，六句句四字。

《关背德》者，言蜀将关羽背弃吴德，心怀不轨。大皇帝引师浮江而禽之也。汉曲有《巫山高》,此篇当之。第七。

关背德,作鸱张。割我邑城,图不祥。称兵北伐,围樊襄阳。嗟臂大于股,将受其殃。魏夫吴圣主,睿德与玄通。与玄通,亲任吕蒙。泛舟洪泛池,溯涉长江。神武一何桓桓!声烈正与风翔。历抚江安城,大据鄂邦。虏羽授首,百蛮咸来同,盛哉三比隆。

右《关背德曲》,凡二十一句,其八句句四字,二句句六字,七句句五字,四句句三字。

《通荆门》者,言大皇帝与蜀交好齐盟,中有关羽自失之愆,戎蛮乐乱,生变作患,蜀疑其眩,吴恶其诈,乃大治兵,终复初好也。汉曲有《上陵》,此篇当之。第八。

荆门限巫山,高峻与云连。蛮夷阻其险,历世怀不宾。汉王据蜀郡,崇好结和亲。申微中情疑,谗夫乱其间。大皇赫斯怒,虎臣勇气震。荡涤幽薮,讨不恭。观兵扬炎耀,厉锋整封疆。整封疆,阐扬威武容。功赫戏,洪烈炳章。邈矣帝皇世,圣吴同厥风。荒裔望清化,化恢弘。煌煌大吴,延祚永未央。

右《通荆门曲》,凡二十四句,其十七句句五字,四句句三字,三句句四字。

《章洪德》者,言大皇帝章其大德,而远方来附也。汉曲有《将进酒》,此篇当之。第九。

章洪德,迈威神。感殊风,怀远邻。平南裔,齐海滨。越裳贡,扶南臣。珍货充庭,所见日新。

右《章洪德曲》,凡十句,其八句句三字,二句句四字。

《从历数》者,言大皇帝从箓图之符,而建大号也。汉曲有《有所思》,此篇当之。第十。

从历数,於穆我皇帝。圣哲受之天,神明表奇异。建号创皇基,聪睿协神思。德泽浸及昆虫,浩荡越前代。三光显精耀,阴阳称至治。肉角步郊畛,凤凰栖灵囿。神龟游沼池,图谶摹文字。黄龙觌鳞,符祥日月记。览往以察今,我皇多哙事。上钦昊天象,下副万姓意。光被弥苍生,家户蒙惠贲。风教肃以平,颂声章嘉喜。大吴兴隆,绰有余裕。

右《从历数曲》,凡二十六句,其一句句三字,三句句四字,二十二句句五字,一句六字。

《承天命》者,言上以圣德践位,道化至德盛也。汉曲有《芳树》,此篇当之。第十一。

承天命,於昭圣德。三精垂象,符灵表德。巨石立,九穗植。龙金其鳞,乌赤其色。舆人歌,亿夫叹息。超龙升,袭帝服。躬淳懿,体玄嘿。夙兴临朝,劳谦日昃。易简以崇仁,放远谗与懿。举贤才,亲近有德。均田畴,茂稼穑。审法令,定品式。考功能,明黜陟。人思自尽,惟心与力。家国治,王道直。思我帝皇,寿万亿。长保天禄,胙无极。

右《承天命曲》,凡三十四句,其十九句句三字,二句句五字,十三句句四字。

《玄化》者,言上修文训武,则天而行,仁泽流洽,天下喜乐也。汉曲有《上邪》,此篇当之。第十二。

玄化象以天,陛下圣真。张皇纲,率道以安民。惠泽宣流而云布,上下睦亲。君臣酣宴乐,激发弦歌扬妙新。修文筹庙胜,须时备驾巡洛津。康哉泰,四海欢忻,越与三五邻。

右《玄化曲》,凡十三句,其五句句五字,二句句三字,三句句四字,三句句七字。

今鼓吹铙歌词乐人以音声相传,诘不可复解。

大竭夜乌自云何来堂吾来声乌奚姑悟姑尊卢圣子黄尊来馄清婴乌白日为随来郭吾微令吾

应龙夜乌由道何来直子为乌奚如悟姑尊卢鸡子听乌虎行为来明吾微令吾

诗则夜乌道禄何来黑洛道乌奚悟如尊尔尊卢起黄华乌伯辽为国日忠雨令吾

伯辽夜乌若国何来日忠雨乌奚如悟姑尊卢面道康尊录龙永乌赫赫福胙夜音微令吾

　　　　右四解,《上邪曲》。

　　几令吾几令诸韩乱发正令吾

　　几令吾诸韩从听心令吾若里洛何来韩微令吾

　　尊卢　安成随来免路路子为吾路奚如文卢炯乌诸胙微令吾

　　　　右九解,《晚芝曲》。汉曲有《远期》,疑是。

　　几令吾呼历舍居执来随咄武子邪令乌衔针相风其右其右

　　几令吾呼群议破葫执来随吾咄武子邪令乌今乌今朏入海相风

及后

　　几令吾呼无公赫吾执来随吾咄武子邪令乌无公赫吾娚立诸布

始布

　　　　右三解,《艾张曲》

鼓吹铙歌十五篇　　　　何承天义熙中私造

《朱路篇》

　　朱路扬和鸾,翠盖耀金华。玄牡饰樊缨,流旃拂飞霞。雄戟辟
旷涂,班剑翼高车。三军且莫喧,听我奏铙歌。清鞞惊短箫,朗鼓节
鸣笳。人心惟恺豫,兹音亮且和。轻风起红尘,淳澜发微波。逸韵
腾天路,颓响结城阿。仁声被八表,威震振九遐。嗟嗟介胄士,勖哉
念皇家。

《思悲公篇》

　　思悲公,怀衮衣。东国何悲,公西归。公西归,流二叔,幼主既
悟,偃禾复。偃禾复,圣志申。营都新邑,从斯民。从斯民,德惟明。
制礼作乐,兴颂声。兴颂声,致嘉祥。鸣凤爰集,万国康。万国康,
犹弗已。握发吐餐,下群士。惟我君,继伊周。亲睹盛世,复何求。

《雍离篇》

　　雍士多离心,荆民怀怨情。二凶不量德,构难称其兵。王人衔
朝命,正辞纠不庭。上宰宣九伐,万里举长旌。楼船掩江溃,驷介飞
重英。归德戒后夫,贾勇尚先鸣。逆徒既不济,愚智亦相倾。霜锋
未及染,鄢郢忽已清。西川无潜鳞,北渚有奔鲸。凌威致天府,一战
夷三城。江汉被美化,宇宙歌太平。惟我东郡民,曾是深推诚。

《战城南篇》

战城南，衡黄尘。丹旆电烻，鼓雷震。勍敌猛，戎马殷。横陈亘野，若屯云。仗大从，应三灵。义之所感，士忘生。长剑击，繁弱鸣。飞镝炫晃，乱奔星。虎骑跃，华瞒旋。朱火延起，腾飞烟。骁雄斩，高旗搴。长角浮叫，响清天。夷群寇，殪逆徒。余黎沾惠，咏来苏。奏恺乐，归皇都。班爵献俘，邦国娱。

《巫山高篇》

巫山高，三峡峻。青壁千寻，深谷万仞。崇岩冠灵，林冥冥。山禽夜响，晨猿相和鸣。洪波迅澓，载逝载停。凄凄商旅之客，怀苦情。在昔阳九，皇纲微。李氏窃命，宣武耀灵威。蠢尔逆纵，复践乱机。王旅薄伐，传首来至京师。古之为国，惟德是贵。力战而虚民，鲜不颠坠。矧乃叛戾，伊胡能遂。咨尔巴子，无放肆。

《上陵者篇》

上陵者，相追攀。被服纤丽，振绮纨。携童幼，升崇峦。南望城阙，郁盘桓。王公第，通衢端。高甍华屋，列朱轩。临浚谷，掇秋兰。士女悠奕，映隰原。指营丘，感牛山。爽鸠既没，景君叹。嗟岁聿，游不还。志气衰沮，玄鬓班。野莽宿，坟土乾。顾此累累，中心酸。生必死，亦何怨。取乐今日，展情欢。

《将进酒篇》

将进酒，庆三朝。备繁礼，荐嘉肴。荣枯换，霜雾交。缓春带，命朋僚。车等旗，马齐镳。怀温克，乐林壕。士失志，愠情劳。思旨酒，寄游遨。败德人，甘醇醪。耽长夜，或淫妖。兴屡舞，厉哇谣。形傞傞，声号呶。首既濡，志亦荒。性命夭，国家亡。嗟后生，节酣觞。匪酒辜，孰为殃。

《君马篇》

君马丽且闲，扬镳腾逸姿。骏足蹑流景，高步追轻飞。冉冉六辔柔，奕奕金华晖。轻霄翼羽盖，长风靡淑祈。愿为范氏驱，雍容步中畿。岂效诡遇子，驰骋趣危机。铅陵策良驹，造父为之悲。不怨吴坂峻，但恨伯乐稀。赦彼岐山盗，实济韩原师。奈何汉魏主，纵情营所私。疲民甘藜藿，厩马患盈肥。人畜贸厥养，苍生将焉归。

《芳树篇》

　　芳树生北庭，丰隆正裴徊。翠颖陵冬秀，红葩迎春开。佳人闲
幽室，惠心婉以谐。兰房掩绮幌，绿草被长阶。日夕游云际，归禽命
同栖。皓月盈素景，凉风拂中闺。哀弦理虚堂，要妙清且凄。啸歌
流激楚，伤此硕人怀。梁尘集丹帷，微飙扬罗袿。岂怨嘉时莫，徒惜
良愿乖。

《有所思篇》

　　有所思，思昔人。曾闵二子，善养亲。和颜色，奉晨昏。至诚烝
烝，通明神。邹孟轲，为齐卿。称身受禄，不贪荣。道不用，独拥楹。
三徙既诤，礼义明。飞鸟集，猛兽附。功成事毕，乃更娶。哀我生，
遭凶旻。幼罹荼毒，备艰辛。慈颜绝，见无因。长怀永思，托丘坟。

《雉子游原泽篇》

　　雉子游原泽，幼怀耿介心。饮啄虽勤苦，不愿栖园林。古有避
世士，抗志清霄岑。浩然寄卜肆，挥棹通川阴。消摇风尘外，散发抚
鸣琴。卿相非所盻，何况于千金。功名岂不美，宠辱亦相寻。冰炭
结六府，忧虞缠胸襟。当世须大度，量己不克任。三复泉流诫，自惊
良已深。

《上邪篇》

　　上邪下难正，众枉不可矫。音和响必清，端影缘直表。大化扬
仁风，齐人犹偃草。圣王既已没，谁能弘至道。开春湛柔露，代终肃
严霜。承平贵孔孟，政敝侯申商。孝公明赏罚，六世犹克昌。李斯
肆滥刑，秦氏所以亡。汉宣隆中兴，魏祖宁三方。譬彼针与石，效疾
故称良。《行苇》非不厚，悠悠何讵央。琴瑟时永调，改弦当更张。刭
乃治天下，此要安可忘。

《临高台篇》

　　临高台，望天衢。飘然轻举，陵太虚。携列子，超帝乡。云衣雨
带，乘风翔。肃龙驾，会瑶台。清晖浮景，溢蓬莱。济西海，濯沆瀣。
伫立云岳，结幽兰。驰迅风，游炎州。愿言桑梓，思旧游。倾霄盖，

靡电旌。降彼天涂，颓窈冥。辞仙族，归人群。怀忠抱义，奉明君。任穷达，随所遭。何为远想，令心劳。

《远期篇》

远期千里客，肃驾候良辰。近命城郭友，具尔惟懿亲。高门启双闱，长筵列嘉宾。中唐舞六佾，三厢罗乐人。箫管激悲音，羽毛扬华文。金石响高宇，弦歌动梁尘。修标多巧捷，九剑亦入神。迁善自雅调，成化由清均。主人垂隆庆，群士乐亡身。愿我圣明君，遐期保万春。

《石流篇》

石上流水，湝湝其波。发源幽岫，永归长河。瞻彼逝者，岁月其偕。子在川上，惟以增怀。嗟我殷忧，载劳寤寐。遭此百罹，有志不遂。行年倏忽，长勤是婴。永言没世，悼兹无成。幸遇开泰，沐浴嘉运。缓带安寝，亦又何愠。古之为仁，自求诸己。虚情遥慕，终于徒已。

《圣人制礼乐》一篇，《巾舞歌》一篇，按《景祐广乐记》言，字讹谬，声辞杂书。宋鼓吹铙歌辞四篇，旧史言，诂不可解。汉鼓吹铙歌十八篇，按《古今乐录》，皆声、辞、艳相杂，不复可分。

宋书卷二三
志第一三

天文一

　　言天者有三家,一曰宣夜,二曰盖天,三曰浑天。而天之正体,经无前说,马《书》、班《志》,又阙其文。汉灵帝议郎蔡邕于朔方上书曰:"论天体者三家,宣夜之学,绝无师法。《周髀》术数具存,考验天状,多所违失。惟浑天仅得其情,今史官所有候台铜仪,则其法也。立八尺圆体,而具天地之形,以正黄道,占察发敛,以行日月,以步五纬,精微深妙,百世不易之道也。官有其器而无本书,前志亦阙而不论,本欲寝伏仪下,思惟微意,按度成数,以著篇章。罪恶无状,投畀有北,灰灭雨绝,势路无由。宜问群臣,下及岩穴,知浑天之意者,使述其义。"时阉官用事,邕议不行。

　　汉末,吴人陆绩善天文,始推浑天意。王蕃者,庐江人,吴时为中常侍,善数术,传刘洪《乾象历》。依《乾象法》而制浑仪,立论考度曰:

　　　　前儒旧说,天地之体,状如鸟卵,天包地外,犹壳之裹黄也。周旋无端,其形浑浑然,故曰浑天也。周天三百六十五度五百八十九分度之百四十五,半露地上,半在地下。其二端谓之南极、北极。北极出地三十六度,南极入地亦三十六度,两极相去一百八十二度半强。绕北极径七十二度,常见不隐,谓之上规;绕南极七十二度,常隐不见,谓之下规。赤道带天之纮,去两极各九十一度少强。

黄道,日之所行也。半在赤道外,半在赤道内,与赤道东交于角五弱,西交于奎十四少强。其出赤道外极远者,去赤道二十四度,斗二十一度是也。其入赤道内极者,亦二十四度,井二十五度是也。

日南至在斗二十一度,去极百一十五度少强是也。日最南,去极最远,故景最长。黄道斗二十一度,出辰入申,故日亦出辰入申。日昼行地上百四十六度强,故日短;夜行地下二百一十九度少弱,故夜长。自南至之后,日去极稍近,故景稍短。日昼行地上度稍多,故日稍长;夜行地下度稍少,故夜稍短。日所在度稍北,故日稍北,以至于夏至,日在井二十五度,去极六十七度少强,是日最北,去极最近,景最短。黄道井二十五度,出寅入戌,故日亦出寅入戌。日昼行地上二百一十九度少弱,故日长;夜行地下百四十六度强,故夜短。自夏至之后,日去极稍远,故景稍长。日昼行地上度稍少,故日稍短;夜行地下度稍多,故夜稍长。日所在度稍南,故日出入稍南,以至于南至而复初焉。斗二十一,井二十五,南北相觉四十八度。

春分日,在奎十四少强;秋分日,在角五少弱。此黄、赤二道之交中也。去极俱九十一度少强,南北处斗二十一井二十五之中,故景居二至长短之中。奎十四,角五,出卯入酉,故日亦出卯入酉。日昼行地上,夜行地下,俱百八十度半强。故日见之漏五十刻,不见之漏五十刻,谓之昼夜同。夫天之昼夜,以日出入为分,人之昼夜,以昏明为限。日未出二刻半而明,日未入二刻半而昏,故损夜五刻以益昼,是以春、秋分之漏,昼五十五刻。

三光之行,不必有常,术家以算求之,各有同异,故诸家历法参差不齐。《洛书甄耀度》、《春秋考异邮》皆云周天一百七万一千里,一度为二千九百三十二里七十一步二尺七寸四分四百八十七分分之三百六十二。陆绩云,天东西南北径三十五万七千里,此言周三径一也。考之径一不啻周三,率周百四十二而径四十五,则天径三十二万九千四百一里一百二十二步二尺二寸一分七十一分分之十。

《周礼》:"日至之景,尺有五寸,谓之地中。"郑众说:"土圭之长,尺有五寸。以夏至之日,立八尺之表,其景与土圭等,谓之地中。今颍川阳城地也。"郑玄云:"凡日景于地,千里而差一寸,景尺有五寸者,南戴日下万五千里也。"以此推之,日当去其下地八万里矣。日邪射阳城,则天径之半也。天体圆如弹丸,地处天之半,而阳城为中,则日春秋冬夏,昏明昼夜,去阳城皆等,无盈缩矣。故知从日邪射阳城为天径之半也。

以勾股法言之,傍万五千里,勾也,立八万里,股也,从日邪射阳城,弦也。以勾股求弦法入之,得八万一千三百九十四里三十步五尺三寸六分,天径之半,而地上去天之数也。倍之,得十六万二千七百八十八里六十一步四尺七寸二分,天径之数也。以周率乘之,径率约之,得五十一万二千六百八十七里六十八步一尺八寸二分,周天之数也。减《甄耀度》、《考异邮》五十五万七千三百一十二里有奇。一度凡千四百六里百二十四步六寸四分十万七千五百六十五分分之万九千三十九,减旧度千五百二十五里二百五十六步三尺三寸二十一万五千一百三十分分之十六万七百三十。

黄、赤二道,相与交错,其间相去二十四度。以两仪推之,二道俱三百六十五度有奇,是以知天体员如弹丸。而陆绩造浑象,其形如鸟卵,然则黄道应长于赤道矣。绩云,天东西南北径三十五万七千里,然则绩亦以天形正员也。而浑象为鸟卵,则为自相违背。

古旧浑象以二分为一度,凡周七尺三寸半分。张衡更制,以四分为一度,凡周一丈四尺六寸。蕃以古制局小,星辰稠概,衡器伤大,难可转移,更制浑象,以三分为一度,凡周天一丈九寸五分四分分之三也。

御史中丞何承天论浑象体曰:"详寻前说,因观浑仪,研求其意,有以悟天形正员,而水周其下。言四方者,东阳谷,日之所出,西至濛汜,日之所入。庄子又云:‘北溟之鱼,化而为鸟,将徙于南溟。’斯亦古之遗记,四方皆水证也。四方皆水,谓之四海。凡五行相生,于金,是故百川发源,皆自山出,由高趣下,归于注海。日为阳精,光耀炎炽,一夜入水,所经焦竭,百川归注,足于补复,故旱不为减,浸不为益。径天之数,蕃说近之。"

太中大夫徐爰曰:"浑仪之制,未详厥始。王蕃言:‘《虞书》称"在璇玑玉衡,以齐七政"。则今浑天仪日月五星是也。郑玄说"动运为机,持正为衡,皆以玉为之。视其行度,观受禅是非也"。浑仪,羲和氏之旧器,历代相传,谓之机衡,其所由来,有原统矣。而斯器设在候台,史官禁密,学者寡得闻见,穿凿之徒,不解机衡之意,见有七政之言,因以为北斗七星,构造虚文,托之谶纬,史迁、班固,犹尚惑之。郑玄有赡雅高远之才,沉静精妙之思,超然独见,改正其说,圣人复出,不易斯言矣’。蕃之所云如此。夫候审七曜,当以运行为体,设器拟象,焉得定其盈缩。推斯而言,未为通论。设使唐、虞之世,已有浑仪,涉历三代,以为定准,后世聿遵,孰敢非革。而三天之仪,纷然莫辩,至扬雄方难盖通浑。张衡为太史令,乃铸铜制范,衡传云:‘其作浑天仪,考步阴阳,最为详密。’故知自衡以前,未有斯仪矣。蕃又云:‘浑天遭秦之乱,师徒丧绝,而失其文,惟浑天仪尚在候台。’案既非舜之璇玉,又不载今仪所造,以纬书为穿鉴,郑玄为博实,偏信无据,未可承用。夫璇玉,贵美之名,机衡,□细之目。所以先儒以为北斗七星。天纲运转,圣人仰观俯察,以审时变焉。"

史臣案:设器象,定其恒度,合之则吉,失之则凶,以之占察,有何不可。浑文废绝,故有宣、盖之论,其术并疏,故后人莫述。杨雄《法言》云:"或人问浑天于雄,雄曰:‘落下闳营之,鲜于妄人度之,耿中丞象之,几几乎莫之违也。’"若问天形定体,浑仪疏密,则雄应以浑义答之,而举此三人以对者,则知此三人制造浑仪,以图晷纬。问者盖浑仪之疏密,非问浑仪之浅深也。以此而推,则西汉长安已有其器矣，将由丧乱亡失，故衡复铸之乎？王蕃又记古浑仪尺度并张衡改制之文，则知斯器非衡始造明矣。衡所造浑仪，传至魏、晋，中华覆败，沉没戎虏，绩、蕃旧器，亦不复存。晋安帝义熙十四年，高祖平长安，得衡旧器，仪状虽举，不缀经星七曜。

文帝元嘉十三年，诏太史令钱乐之更铸浑仪，径六尺八分少，周一丈八尺二寸六分少，地在天内，立黄、赤二道，南、北二极规二十八宿，北斗极星，五分为一度，置日月五星于黄道之上，置立漏刻，以水转仪，昏明中星，与天相应。十七年，又作小浑天，径二尺二寸，周六尺六寸，以分为一度，安二十八宿中外宫，以白黑珠及黄三色为三家星，日月五星，悉居黄道。

盖天之术，云出周公旦访之殷商，盖假托之说也。其书号曰《周髀》。髀者，表也，周天之数也。其术云："天如覆盖，地如覆盆，地中高而四陨，日月随天转运，隐地之高，以为昼夜也。天地相去凡八万里，天地之中，高于外衡六万里，地上之高，高于天之外衡二万里也。"或问盖天于扬雄，扬雄曰："盖哉！盖哉！"难其八事。郑玄又难其二事。为盖天之学者，不能通也。刘向《五纪》说，《夏历》以为列宿日月皆西移，列宿疾，而日次之，月宿迟。故日与列星昏俱入西方；后九十一日，是宿在北方；又九十一日，是宿在东方；九十一日，在南方。此明日行迟于列宿也。月生三日，日入而月见西方；至十五日，日入而月见东方，将晦，日未出，乃见东方。以此明月行之迟于日，而皆西行也。向难之以《鸿范傅》曰："晦而月见西方，谓之脁。脁，疾也。朔而月见东方，谓之侧匿。侧匿，迟不敢进也。星辰西行，史官谓之逆行。"此三说，《夏历》皆违之，迹其意，好异者之所作也。

晋成帝咸康中，会稽虞喜造《安天论》，以为："天高穷于无穷，地深测于不测。地有居静之体，天有常安之形。论其大体，当相覆冒，方则俱方，圆则俱圆，不同之义也。"喜族祖河间太守耸又立《穹天论》，云："天形穹隆，当如鸡子幕，其际周接四海之表，浮乎元气之上。"而吴太常姚信造《昕天论》曰："尝览《汉书》云：冬至日在牵牛，去极远；夏至日在东井，去极近。欲以推日之长短，信以太极处二十八宿之中央,虽有远近,不能相倍。"今《昕天》之说,以为"冬至极低,而天运近南,故日去人远,斗去人近,北天气至,故冰寒也。夏至极起,而天运近北,斗去人远,日去人近,南天气至,故炎热也。极之立时,日行地中浅,故夜短,天去地高,故昼长也。极之低时,日行地中深,故夜长,天去地下浅,故昼短也。然则天行,寒依于浑,夏依于盖也"。按此说,应作"轩昂"之"轩",而作"昕",所未详也。凡三说皆好异之谈,失之远矣。

凡天文经星,常宿中外官,前史已详。今惟记魏文帝黄初以来星变为《天文志》,以续司马彪云。

魏文帝黄初三年九月甲辰,客星见太微左掖门内。占曰:"客星出太微,国有兵丧。"十月,孙权叛命,帝自南征,前驱临江,破其将吕范等。是后累有征役。七年五月,文帝崩。

黄初四年二月癸卯,月犯心大星。十二月丙子,月又犯心大星。占曰:"心为天王,王者恶之。"七年五月,文帝崩。

黄初四年六月甲申,太白昼见。五年十一月辛卯,太白又昼见。案刘向《五纪论》曰:"太白少阴,弱,不得专行,故以己未为界,不得经天而行。经天则昼见,其占为兵,为丧,为不臣,为更王。强国弱,小国强。"是时孙权受魏爵号,而称兵距守。七年五月,文帝崩。八月,吴遂围江夏,寇襄阳,魏江夏太守文聘固守得全。大将军司马懿救襄阳,斩吴将张霸。

黄初四年十一月,月晕北斗。占曰:"有大丧,赦天下。"七年五月,文帝崩,明帝即位,大赦天下。

黄初五年十月,岁星入太微,逆从积百三十九日乃出。占曰:"五星入太微,从右入三十日以上,人主有大忧。"一曰:"有赦至。"七年五月,文帝崩,明帝即位,大赦天下。

黄初六年五月十六日壬戌,荧惑入太微,至二十六日壬申,与岁星相及,俱犯右执法,至二十七日癸酉,乃出。占曰:"从后入三十日以上,人主有大忧。"又"日月五星犯左右执法,大臣有忧"。一曰:

"执法者诛。金火尤甚。"十一月,皇子东武阳王鉴薨。七年正月,骠骑将军曹洪免为庶人。四月,征南大将军夏侯尚薨。五月,文帝崩。《蜀记》称:"明帝问黄权曰:'天下鼎立,何地为正?'对曰:'当验天文。往荧惑守心,而文皇帝崩,吴、蜀无事,此其征也。'"案三国史并无荧惑守心之文,宜是入太微。

　　黄初六年十月乙未,有星孛于少微,历轩辕。案占,孛、彗异状,其殃一也。为兵丧除旧布新之象,余灾不尽,为旱凶饥暴疾。长大见久灾深,短小见速灾浅。是时帝军广陵,辛丑,亲御甲胄,跨马观兵。明年五月,文帝崩。

　　魏明帝太和四年十一月壬戌,太白犯岁星。占曰:"太白犯五星,有大兵。犯列宿,为小兵。"五年三月,诸葛亮以大众寇天水,遣大将军司马懿距退。

　　太和五年月,荧惑犯房。占曰:"房四星,股肱臣将相位也。月五星犯守之,将相有忧。"七月,车骑将军张郃追诸葛亮,为其所害。十二月,太尉华歆薨。

　　太和五年十一月乙酉,月又犯轩辕大星。占曰:"女主忧。"十二月甲辰,月又犯镇星。占曰:"女主当之。"六年三月乙亥,月又犯轩辕大星。青龙二年十一月乙丑,月又犯镇星。三年正月,太后郭氏崩。

　　太和六年十一月丙寅,太白昼见南斗,遂历八十余日恒见。占曰:"吴有兵。"明年,孙权遣张弥等将兵万人,锡授公孙渊为燕王。渊斩弥等,虏其众。

　　太和六年十一月丙寅,有星孛于翼,近太微上将星。占曰:"为兵丧。"甘氏曰:"孛彗所当之国,是受其殃。"翼又楚分,孙权封略也。明年,权有辽东之败。权又自向合肥新城,遣全琮征六安,皆不克不吾。又明年,诸葛亮入秦川,据渭南,司马懿距之。孙权遣陆议、诸葛瑾等屯江夏口,孙韶、张承等向广陵淮阳,权以大众围新城以应亮。于是帝自东征,权及诸将乃退。太和六年十二月。陈王植薨。青龙元年夏,北海王蕤薨。三年正月,太后郭氏崩。

明帝青龙二年二月己未，太白犯荧惑。占曰："大兵起，有大战。"是年四月，诸葛亮据渭南，吴亦起兵应之，魏东西奔命。九月，亮卒，军退，将帅分争，为魏所破。案占，太白所犯在南，南国败，在北，北国败，此宜在荧惑南也。

青龙二年三月辛卯，月犯与鬼。与鬼主斩杀。占曰："民多病，国有忧，又有大臣忧。"是年夏，大疫。冬，又大病。至三年春，乃止。正月，太后郭氏崩。四年五月，司徒董昭薨。

青龙二年五月丁亥，太白昼见，积三十余日。以晷度推之，非秦、魏，则楚也。是时诸葛亮据渭南，司马懿与相持。孙权寇合肥，又遣陆议、孙韶等入淮、沔，帝亲东征。蜀本秦地，则为秦、晋及楚兵悉起占。

青龙二年七月己巳，月犯楗闭。占曰："天子崩，又为火灾。"三年七月，崇华殿灾。景初三年正月，明帝崩。

青龙二年十月戊寅，月犯太白。占曰："人君死，又为兵。"景初元年七月，公孙渊叛。二年正月，遣司马懿讨之。三年正月，明帝崩。

蜀后主建兴十二年，诸葛亮帅大众伐魏，屯于渭南。有长星赤而芒角，自东北，西南流投亮营，三投再还，往大还小。占曰："两军相当，有大流星来走军上及坠军中者，皆破败之征也。"九月，亮卒于军，营而退。群帅交恶，多相诛残。

魏明帝青龙三年六月丁未，镇星犯井钺。四年闰四月乙巳，复犯。戊戌，太白又犯。占曰："凡月五星犯井钺，悉为兵起。"一曰："斧钺用，大臣诛。"景初元年，公孙渊叛，司马懿讨灭之。

青龙三年七月己丑，镇星犯东井。四年三月癸卯，在参，又还犯之。占曰："填星入井，大人忧。行近距为行阴，其占大水，五谷不成。"景初元年夏，大水，伤五谷。九月，皇后毛氏崩。三年正月，明帝崩。

青龙三年十月壬申，太白昼见。在尾，历二百余日恒见。占曰："尾为燕，燕臣强，有兵。"

青龙四年三月己巳，太白与月俱加丙，昼见。□犯太白。

　　景初元年七月辛卯,太白又昼见,积二百八十余日。占悉同上。是时公孙渊自立为燕王,署置百官,发兵距守,遣司马懿讨灭之。

　　青龙三年十二月戊辰,月犯钩钤。占曰:"王者忧。"景初三年正月,明帝崩。

　　青龙四年五月壬寅,太白犯毕左股第一星。占曰:"毕为边兵,又主刑罚。"九月,凉州塞外胡阿毕师侵犯诸国,西域校尉张就讨之,斩首捕虏万许人。

　　青龙四年七月甲寅,太白犯轩辕大星。占曰:"女主忧。"景初元年,皇后毛氏崩。

　　青龙四年十月甲申,有星孛于大辰,长三尺。乙酉,又孛于东方。十一月己亥,彗星见,犯宦者天纪星。占曰:"大辰为天王,天下有丧。"刘向《五纪论》曰:"《春秋》星孛于东方,不言宿者,不加宿也。"宦者在天市,为中外有兵,天纪为地震。孛彗主兵丧。景初元年六月,地震。九月,吴将朱然围江夏,荆州刺史胡质击走之。皇后毛氏崩。二年正月,讨公孙渊。三年正月,明帝崩。

　　魏明帝景初元年二月乙酉,月犯房第二星。占曰:"将相有忧。"七月,司徒陈矫薨。二年四月,司徒韩暨薨。

　　景初元年十月丁未,月犯荧惑。占曰:"贵人死。"二年四月,司徒韩暨薨。八月,公孙渊灭。

　　景初二年二月己丑,月犯心距星,又犯中央大星。五月己亥,又犯心距星及中央大星。闰月癸丑,月又犯心、中央大星。按占,"大星为天王,前为太子,后为皇子。犯大星,王者恶之。犯前星,太子有忧。犯后星,庶子有忧。"三年正月,帝崩,太子立,卒见废为齐王。正始四年,秦王询薨。

　　景初二年八月,彗星见张,长三尺,逆西行,四十一日灭。占曰:"为兵丧。张,周分野,洛邑恶之。"其十月,斩公孙渊。明年正月,明帝崩。

　　景初二年十月甲午,月犯箕。占曰:"军将死。"正始元年四月,车骑将军黄权薨。

　　景初二年,司马懿围公孙渊于襄平。八月丙寅夜,有大流星长数十丈,色白有芒鬣,从首山北流,坠襄平城东南。占曰:"围城而有流星来走城上及坠城中者,破。"又曰:"星坠,当其下有战场。"又曰:"凡星所坠,国易姓。"九月,渊突围,走至星坠所被斩,屠城坑其众。

　　景初二年十月癸巳,客星见危,逆行在离宫北,腾蛇南。甲辰,犯宗星。己酉,灭。占曰:"客星所出有兵丧。虚危为宗庙,又为坟墓。客星近离宫,则宫中将有大丧,就先君于宗庙,皆王者崩殒之象也。"三年正月,明帝崩。正始二年五月,吴将朱然围樊城,司马懿率众距却之。

　　魏齐王正始元年四月戊午,月犯昴东头第一星。其年十月庚寅,月又犯昴北头第四星。占曰:"犯昴,胡不安。"二年六月,鲜卑阿妙儿等寇西方,敦煌太守王延斩之,并二千余级。三年,又斩鲜卑大帅及千余级。

　　正始元年十月乙酉,彗星见西方,在尾,长三丈,拂牵牛,犯太白。十一月甲子,进犯羽林。占曰:"尾为燕,又为吴,牛亦吴、越之分。太白为上将,羽林中军兵。吴、越有兵丧,中军兵动。"二年五月,吴将全琮寇芍陂,朱然围樊城,诸葛瑾入沮中。吴太子登卒。六月,司马懿讨诸葛恪于皖,恪焚积聚,弃城走。三年,太尉满宠薨。

　　正始二年九月癸酉,月犯舆鬼西北星。西北星主金。三年二月丁未,又犯西南星。西南星主布帛。占曰:"有钱令。"一曰:"大臣忧。"三年三月,太尉满宠薨。四年正月,帝加元服,赐群臣钱各有差。

　　正始四年十月、十一月,月再犯井钺。是月,司马懿讨诸葛恪,恪弃城走。五年三月,曹爽征蜀。

　　正始五年十一月癸巳,镇星犯亢距星。占曰:"诸侯有失国者。"嘉平元年,曹爽兄弟诛。

　　正始六年八月戊午,彗星见七星,长二尺,色白,进至张,积二十三日灭。七年十一月癸亥,又见轸,长一尺,积百五十六日灭。九年三月,又见昴,长六尺,色青白,芒西南指。七月,又见翼,长二尺,进至轸,积四十二日灭。按占,"七星、张,周分野,翼、轸为楚,昴为赵、魏。彗所以除旧布新,主兵丧也。"嘉平元年,司马懿诛曹爽兄弟及其党与,皆夷族,京师严兵,实始翦魏。三年,诛楚王彪,又袭王凌于淮南。淮南,东楚也。幽魏诸王于邺。

正始七年七月丁丑,月犯左角。占曰:"天下有兵,将军死。"九年正月辛亥,月犯亢南星。占曰:"兵起。"一曰:"军将死。"七月乙亥,荧惑犯毕距星。占曰:"有边兵。"一曰:"刑罚用。"嘉平元年,曹爽等诛。三年,王凌等又诛。

正始元年七月癸丑,镇星犯楗闭。占曰:"王者不宜出宫下殿。"明年,车驾谒陵,司马懿奏诛曹爽等,天子野宿,于是失势。

魏齐王嘉平元年六月壬戌,太白犯东井距星。二年三月己未,又犯。占曰:"国失政,大臣为乱。"四月辛巳,太白犯舆鬼。占曰:"大臣诛。"一曰:"兵起。"三年七月,王凌与楚王彪有谋,皆伏诛。人主遂卑。

吴主孙权赤乌十三年五月,日北至,荧惑逆行入南斗。七月,犯魁第二星而东。《汉晋春秋》云逆行。按占,荧惑入南斗,三月,吴王死。一曰:"荧惑逆行,其地有死君。"太元二年,权薨,是其应也。故《国志》书于吴,而不书于魏也。是时王凌谋立楚王彪,谓斗中有星,当有暴□者,以问知星人浩详。详疑有故,欲说其意,不言吴有死丧,而言淮南楚分,吴、楚同占,当有王者兴,故凌计遂定。

魏齐王嘉平二年十月丙申,月犯舆鬼。占曰:"国有忧。"一曰:"大臣忧。"三年四月戊寅,月犯东井。占曰:"军将死。"一曰:"国有忧。"五月,王凌、楚王彪等诛。七月,皇后甄氏崩。

嘉平三年五月甲寅,月犯距星。占曰:"将军死。"一曰:"为兵。"是月,王凌诛。四年三月,吴将朱然、朱异为寇,镇东将军诸葛诞破走之。

嘉平三年七月己巳,月犯舆鬼。九月乙巳,又犯。四年十一月丁未,又犯鬼积尸。五年七月丙午,月又犯鬼西北星。占曰:"国有忧。”正元元年,李丰等诛,皇后张氏废。九月,帝废为齐王。

齐王嘉平三年十月癸未,荧惑犯亢南星。占曰:“大臣有乱。”正元元年二月,李丰等谋乱诛。

嘉平三年十一月癸未,有星孛于营室,西行积九十日灭。占曰:“有兵丧。室为后宫,后宫且有乱。”四年二月丁酉,彗星见西方,在胃,长五六丈,色白,芒南指贯参,积二十日灭。五年十一月,彗星又见轸,长五丈,在太微左执法西,东南指,积百九十日灭。按占:“胃,兖州之分,参白虎主兵,太微天子廷,执法为执政,孛彗为兵,除旧布新之象。”正元元年二月,李丰、丰弟兖州刺史翼、后父光禄大夫张缉等谋乱,皆诛,皇后亦废。九月,帝废为齐王,高贵公代立。

嘉平五年六月庚辰,月犯箕。占曰:“军将死。”正元元年正月,镇东将军毌丘俭反,兵败死。

嘉平五年六月戊午,太白犯角。占曰:“群臣谋不成。”正元元年,李丰等谋泄,悉诛。

嘉平五年七月,月犯井钺。正元元年二月,李丰等诛。蜀将姜维攻陇西,车骑将军郭淮讨破之。

嘉平五年十一月癸酉,月犯东井距星。占曰:“军将死。”至六年正月,镇东将军豫州刺史毌丘俭、前将军扬州刺史文钦反,被诛。

魏高贵公正元元年十一月,有白气出斗侧,广数丈,长竟天。王肃曰:“蚩尤之旗也,东南其有乱乎。”二年正月,毌丘俭等据淮南以叛,大将军司马师讨平之。案占:“蚩尤旗见,王者征伐四方。”自后又征淮南,西平巴蜀。是岁,吴王孙亮五凤元年,斗牛,吴、越分。案占,“有兵丧,除旧布新之象也。”太平三年,孙𬘭盛兵围宫,废亮为会稽王,孙休代立,是其应也。故《国志》又书于吴。由是淮南江东同扬州地,故于时变见吴、楚之分。则魏之淮南,多与吴同灾,是以毌丘俭以孛为己应,遂起兵而败,又其应也。后三年,即魏甘露二年,诸葛诞又反淮南,吴遣朱异救之。及城陷,诞众吴兵死没数万人,犹前长星之应也。

高贵公正元二年二月戊午,荧惑犯东井北辕西头第一星。占曰:"群臣有家坐罪者。"甘露元年,诸葛诞族灭。

吴孙亮太平元年九月壬辰,太白犯南斗。《吴志》所书也。占曰:"太白犯斗,国有兵,大臣有反者。"其明年,诸葛诞反。又明年,孙琳废亮,吴、魏并有兵事也。

魏高贵公甘露元年七月乙卯,荧惑犯井钺。壬戌,月又犯钺星。二年八月壬子,岁星犯井钺。九月庚寅,岁星又逆行乘钺星。三年,诸葛诞夷灭。

甘露元年八月辛亥,月犯箕。占曰:"军将死。"九月丁巳,月犯东井。占曰:"军将死。"二年,诸葛诞诛。

甘露二年六月己酉,月犯心中央大星。景元元年五月,高贵公败。

甘露二年十月丙寅,太白犯亢距星。占曰:"廷臣为乱,人君忧。"景元元年,有成济之变。

甘露二年十一月,彗星见角,色白。占曰:"彗见两角间,色白者,军起不战,邦有大丧。"景元元年,高贵公帅左右兵袭晋文王,未交战,为成济所害。

甘露三年三月庚子,太白犯东井。占曰:"国失政,大臣为乱。"是夜,岁星又犯东井。占曰:"兵起。"至景元元年,高贵公败。

甘露三年八月壬辰,岁星犯舆鬼质星。占曰:"斧质用,大臣诛。"甘露四年四月甲申,岁星又犯舆鬼东南星。占曰:"鬼东南星主兵。木入鬼,大臣诛。"景元元年,高贵公败,杀尚书王经。

甘露四年十月丁丑,客星见太微中,辅东南行,历轸宿,积七日灭。占曰:"客星出太微,有兵丧。"景元元年,高贵公被害。

魏陈留王景元元年二月,月犯建星。案占,"月五星犯建星,大臣相潜。"是后钟会、邓艾破蜀,会潜艾,遂皆夷灭。

景元二年四月,荧惑入太微,犯右执法。占曰:"人主有大忧。"又曰:"大臣忧。"后四年,邓艾、钟会皆夷灭。五年,帝逊位。

景元三年十一月壬寅,彗星见亢,色白,长五寸,转北行,积四十五日灭。占为兵丧。一曰:"彗见亢,天子失德。"四年,钟会、邓艾伐蜀克之。会、艾反乱,皆诛,魏逊天下。

景元四年六月,大流星二,并如斗,见西方,分流南北,光照隆隆有声。案占,"流星为贵使,大者使大。"是年,钟、邓克蜀,二星盖二帅之象。二帅相背,又分流南北之应。钟会既叛,三军愤怒,隆隆有声,兵将怒之征也。

景元四年十月,岁星守房。占曰:"将相有忧。"一曰:"有大赦。"明年正月,太尉邓艾、司徒钟会并诛灭,特赦益土。咸熙二年秋,又大赦。

陈留王咸熙二年五月,彗星见王良,长丈余,色白,东南指,积十二日灭。占曰:"王良,天子御驷,彗星扫之,禅代之表,除旧布新之象。白色为丧。王良在东辟宿,又并州之分也。"八月,晋文王薨。十二月,帝逊位于晋。

晋武帝太始四年正月丙戌,彗星见轸,青白色,西北行,又转行。占曰:"为兵丧。轸又楚分也。"三月,皇太后王氏崩。十月,吴将施绩寇江夏,万彧寇襄阳,后将军田璋、荆州刺史胡烈等破却之。

太始四年七月,星陨如雨,皆西流。占曰:"星陨为民叛,西流,吴民归晋之象也。"二年,吴夏口督孙秀率部曲二千余人来降。

太始五年九月,有星孛于紫宫,占如上。紫宫,天子内宫。十年,武元杨皇后崩。

太始十年十二月,有星孛于轸。占曰:"天下兵起。轸又楚分也。"咸宁二年六月,星孛于氐。占曰:"天子失德易政。氐又兖州分。"七月,星孛大角。大角为帝坐。八月,星孛太微,至翼、北斗、三台。占曰:"太微天子廷。大人恶之。"一曰:"有徙王。翼又楚分也。""北斗主杀罚,三台为三公。"三年,星孛于胃。胃,徐州分。四月,星孛女御。女御为后宫。五月,又孛于东方。七月,星孛紫宫。占曰:"天下易主。"五年三月,星孛于柳。占曰:"外臣陵主。柳又三河分也。大角、太微、紫宫、女御,并为王者。"明年,吴亡,是其应也。孛主兵丧,征吴之役,三河、徐、兖之兵悉出,交战于吴、楚之地。吴丞相都督以下,枭戮十数,偏裨行阵之徒,馘斩万计,皆其征也。《春秋》：星孛北，则齐、鲁、晋、郑、陈、宋、莒之君，并受杀乱之祸，星孛东方，则楚灭陈，三家、田氏分篡齐、晋。汉文帝末，星孛西方，后吴、楚七国诛灭。案太始末至太康初，灾异数见，而晋氏隆盛，吴实灭，天变在吴可知矣。昔汉三年，星孛大角，项籍以亡，汉氏无事，此项先主命故也。吴、晋之时，天下横分，大角孛而吴亡，是与项氏同事。后学皆以咸宁灾为晋室，非也。

晋武帝咸宁四年四月，蚩尤旗见。案《星传》，蚩尤旗类彗，而后曲象旗。汉武帝时见，长竟天。献帝时又见，长十余丈，皆长星也。魏高贵时，则为白气。案校众记，是岁无长星，宜又是异气。后二年，倾三方伐吴，是其应。至武帝崩，天下兵又起，遂亡诸夏。

咸宁四年九月，太白当见不见。占曰：“是谓失舍，不有破军，必有死王之墓。又有亡国。”是时羊祜表求伐吴，上许之。五年十一月，兵出，太白始夕见西方。太康元年三月，大破吴军，孙皓面缚请死，吴国遂亡。

晋武帝太康二年八月，有星孛于张。占曰：“为兵丧。”周分野，灾在洛邑。十一月，星孛轩辕。占曰：“后宫当之。”四年三月戊申，星孛于西南，四年三月癸丑，齐王攸薨。四月戊寅，任城王陵薨。五月己亥，琅邪王伷薨。十一月戊午，新都王该薨。

太康八年三月，荧惑守心。占曰：“王者恶之。”太熙元年四月乙酉，武帝崩。

太康八年九月，星孛于南斗，长数十丈，十余日灭。占曰：“斗主爵禄，国有大忧。”一曰：“孛于斗，王者疾病，臣诛其父，天下易政，大乱兵起。”太熙元年四月，客星在紫宫。占曰：“为兵丧。”太康末，武帝耽宴游，多疾病。是月乙酉，帝崩。永平元年，贾后诛杨骏及其党与，皆夷三族。杨太后亦见杀。是年，又诛汝南王亮、太保卫瓘、楚王玮，王室兵丧之应。

宋书卷二四
志第一四

天文二

晋惠帝元康二年二月，天西北大裂。按刘向说："天裂，阳不足；地动，阴有余。"是时，人主拱默，妇后专制。

元康三年四月，荧惑守太微六十日。占曰："诸侯、三公谋其上，必有斩臣。"一曰："天子亡国。"是春，太白守毕，至是百余日。占曰："有急令之忧。"一曰："相亡。又为边境不安。"是年，镇、岁、太白三星，聚于毕昴。占曰："为兵丧。毕昴，赵地也。"后贾后陷杀太子，赵王废后，又杀之，斩张华、裴颁，遂篡位，废帝为太上皇。天下从此遘乱连祸。

元康五年四月，有星孛于奎，至轩辕、太微，经三台、大陵。占曰："奎为鲁，又为库兵，轩辕为后宫，太微天子廷，三台为三司，大陵有积尸死丧之事。"明年，武库火，西羌反。后五年，司空张华遇祸，贾后废死，鲁公贾谧诛。又明年，赵王伦篡位。于是三王兴兵讨伦，士民战死十余万人。

元康六年六月丙午夜，有枉矢自斗魁东南行。桉占曰："以乱伐乱。北斗主执杀，出斗魁，居中执杀者不直象也。"十月，太白昼见。后赵王杀张、裴，废贾后，以理太子之冤，因自篡盗，以至屠灭。以乱伐乱，兵丧臣强之应也。

元康九年二月，荧惑守心。占曰："王者恶之。"八月，荧惑入羽林。占曰："禁兵大起。"后二年，惠帝见废为太上皇。俄而三王起兵讨伦,伦悉遣中军兵,相距累月。

晋惠帝永康元年三月,妖星见南方,中台星坼,太白昼见。占曰:"妖星出,天下大兵将起。台星失常,三公忧。太白昼见为不臣。"是月,贾后杀太子,赵王伦寻废杀后及司空张华,又废帝自立。于是三王并起,迭总天权。

永康元年五月,荧惑入南斗。占曰:"宰相死,兵大起。斗又吴分也。"是时,赵王伦为相,明年篡位,三王兴师诛之。太安二年,石冰破杨州。

永康元年八月,荧惑入箕。占曰:"人主失位,兵起。"十二月,彗出牵牛之西,指天市。占曰:"牛者七政始,彗出之,改元易号之象也。"天市一名府,一名天子祦,帝座在其中。明年,赵王篡位,改元,寻为大兵所灭。

永康二年二月,太白出西方,逆行入东井。占曰:"国失政,臣为乱。"四月,彗星见齐分。占曰:"齐有兵丧。"是时,齐王冏起兵讨赵王伦。伦灭,冏拥兵不朝,专权淫奓,明年诛死。

晋惠帝永宁元年,自正月至于闰月,五星互经天。《星传》曰:"日阳,君道也;星阴,臣道也。日出则星亡,臣不得专也。昼而星见午上者为经天,其占为不臣,为更王。"今五星悉经天,天变所未有也。石氏说曰:"辰星昼见,其国不亡则大乱。"是后,台鼎方伯互秉大权,二帝流亡,遂至六夷强,迭据华夏,亦载籍所未有也。

永宁元年五月,太白昼见。占同前条。七月,岁星守虚危。占曰:"水守虚危,有兵忧。"一曰:"守虚饥,守危徭役烦,下屈竭。"辰星入太微。占曰:"为内乱。"一曰:"群臣相杀。"太白守右掖门。占曰:"为兵,为乱贼。"八月戊午,镇星犯左执法,又犯上相。占曰:"上相忧。"荧惑守昴。占曰:"赵、魏有灾。"辰星守舆鬼。占曰:"秦有灾。"九月丁未,月犯左角。占曰:"人主忧。"一曰:"左将军死,天下有兵。"

二年四月癸酉,岁星昼见。占曰:"为臣强。"十月,荧惑太白斗于虚危。占曰:"大兵起,破军杀将。虚危,又齐分也。"十二月,荧惑袭太白于营室。占曰："天下兵起，亡君之戒。"一曰："易相。"初，齐王冏定京都，因留辅政，遂专傲无君。是月，成都、河间檄长沙王乂讨之。冏、乂交战，攻焚宫阙。冏兵败夷灭，又杀其兄上军将军寔以下二十余人。太安二年，成都攻长沙，于是公私饥困，百姓力屈。

晋惠帝太安二年二月，太白入昴。占曰："天下扰，兵大起。"三月，彗星见东方，指三台。占曰："兵丧之象。三台为三公。"七月，荧惑入东井。占曰："兵起国乱。"是秋，太白守太微上将。占曰："上将将以兵亡。"是年冬，成都、河间攻洛阳。三年正月，东海王越执长沙王乂，张方又杀之。

太安二年八月，长沙王奉帝出距二王，庚午，舍于玄武馆。是日，天中裂为二，有声如雷。三占同元康，臣下专僭之象也。是时，长沙王擅权，后成都、河间、东海又迭专威命，是其应也。

太安二年十一月辛巳，有星昼陨中天，北下有声如雷。按占，"名曰荧首，荧首所在，下有大兵流血。"明年，刘渊、石勒攻略并州，多所残灭。王浚起燕、代，引鲜卑攻掠邺中，百姓涂地。有声如雷，怒之象也。

太安二年十一月庚辰，岁星入月中。占曰："国有逐相。"十二月壬寅，太白犯月。占曰："天下有兵。"太安三年正月己卯，月犯太白。占同青龙。荧惑入南斗，占同永康。是月，荧惑又犯岁星。占曰："有大战。"七月，左卫将军陈眕率众奉帝伐成都，六军败绩，兵逼乘舆。九月，王浚又攻成都于邺，邺溃，成都王由是丧亡。帝还洛，张方胁如长安。是时，天下盗贼群起，张昌尤盛。后二年，惠帝崩。

晋惠帝永兴元年五月，客星守毕。占曰："天子绝嗣。"一曰："大臣有诛。"七月庚申，太白犯角、亢，经房、心，历尾、箕。九月，入南斗。占曰："犯角，天下大战；犯亢，有大兵，人君忧；入房、心，为兵丧；犯尾，将军与民人为变；箕，女主忧。"一曰："天下乱。入南斗，有兵丧。"一曰："将军为乱。"其所犯守，又兖、豫、幽、冀、扬州之分也。是年七月，有荡阴之役。九月，王浚杀幽州刺史和演，攻邺，邺溃。于是兖、豫为天下兵冲。陈敏又乱扬土，刘渊、石勒、李雄等并起微贱，跨有州郡。皇后羊氏数被幽废。光熙元年,惠帝崩,终无继嗣。

永兴元年七月乙丑,星陨有声。二年十月,星又陨有声。按刘向说:"民去其土之象也。"是后,遂亡中夏。

永兴元年十二月壬寅夜,赤气亘天,砰隐有声。二年十月丁丑,赤气见在北方,东西竟天。占曰:"并为大兵。砰隐有声,怒之象也。"是后四海云扰,九服交兵。

永兴二年四月丙子,太白犯狼星。占曰:"大兵起。"九月,岁星守东井。占曰:"有兵。井又秦分也。"是年,苟晞破公师蕃,张方破范阳王虓,关西诸将攻河间王颙,颙奔走,车海王迎杀之。

永兴二年八月,星孛于昴、毕。占曰:"为兵丧。"昴、毕,又赵、魏分也。十月丁丑,有星孛于北斗。占曰:"璇玑更授,天子出走。"又曰:"强国发兵,诸侯争权。"是后,皆有其应。明年,惠帝崩。

晋惠帝光熙元年四月,太白失行,自翼入尾、箕。占曰:"太白失行而北,是谓返生。不有破军,必有屠城。"五月,汲桑攻邺,魏郡太守冯嵩出战大败。桑遂害东燕王腾,杀万余人,焚烧魏时宫室皆尽。

光熙元年五月,枉矢西南流。占曰:"以乱伐乱之象也。"是时,司马越西破河间,奉迎大驾,寻收缪胤、何绥等,肆其无君之心,天下恶之。死而石勒焚其尸□是其应也。

光熙元年九月丁未,荧惑守心。占曰:"王者恶之。"己亥,填星守房、心,又犯岁星。占曰:"土守房,多祸丧。守心,国内乱,天下赦。"又曰:"填与岁合为内乱。"是时,司马越秉权,终以无礼破灭,内乱之应也。十一月,惠帝崩,怀帝即位,大赦天下。

光熙元年十二月癸未,太白犯填星。占曰:"为内兵,有大战。"是后,河间王为东海王越所杀。明年正月,东海王越杀诸葛政等。五月,汲桑破冯嵩,杀东燕王。八月,苟晞大破汲桑。

光熙元年十二月甲申,有白气若虹,中天北下至地,夜见五日乃灭。占曰:"大兵起。"明年,王弥起青、徐,汲桑乱河北,毒流天下。

孝怀帝永嘉元年九月辛卯,有大星自西南流于东北,小者如升相随,天尽赤,声如雷。占曰:"流星为贵使。"是年五月,汲桑杀东燕王腾,遂据河北。十一月,始遣和郁为征北将军,镇邺,而田甄等大破汲桑,斩于乐陵。于是以甄为汲郡太守,弟兰巨鹿太守。小星相随,小将别帅之象也。司马越忿魏郡以东,平原以南,皆党于桑,悉以赏甄等,于是侵略赤地。有声如雷,怒之象也。

永嘉元年十二月丁亥,星流震散。案刘向说:"天官列宿,在位之象。小星无名者,庶民之类。"此百官庶民将流散之象也。是后天下大乱,百官万民流移转死矣。

永嘉二年正月庚午,太白伏不见。二月庚子,始晨见东方。是谓当见不见,占同上条。其后破军杀将,不可胜数。帝崩房庭,中夏沦覆。

永嘉三年正月庚子,荧惑犯紫微。占曰:"当有野死之王。又为火烧宫。"是时太史令高堂冲奏,乘舆宜迁率,不然必无洛阳。五年六月,刘曜、王弥入京都,烧宫庙。帝崩于平阳。

永嘉三年,镇星久守南斗。占曰:"镇星所居者,其国有福。"是时,安东琅邪王始有扬土。其年十一月,地动,陈卓以为是地动应也。

永嘉三年十二月乙亥,有白气如带出东南北方各二,起地至天,贯参伐。占曰:"天下大兵起。"四年三月,司马越收缪胤、缪播等;又三方云扰,攻战不休。五年三月,司马越死于宁平城,石勒攻破其众,死者十余万人。六月,京都焚灭,帝劫房庭。

永嘉五年十月,荧惑守心。后二年,帝崩于房庭。

永嘉六年七月,荧惑、岁星、镇星、太白聚牛女之间,裴回进退。按占曰:"牛,扬州分。"是后两都倾覆,而元帝中兴扬土,是其应也。

愍帝建武元年五月癸未,太白荧惑合于东井。占曰:"金火合曰烁,为丧。"是时,帝虽劫于平阳,天下犹未敢居其虚位,灾在帝也。六月丁卯,太白犯太微。占曰:"兵入天子廷,王者恶之。"七月,愍帝崩于寇庭,天下行服大临。

晋元帝大兴元年七月,太白犯南斗。占曰:"吴、越有兵,大人忧。"二年二月甲申,荧惑犯东井。占曰:"兵起,贵臣相戮。"八月己卯，太白犯轩辕大星。占曰："后宫忧。"乙未，太白犯岁星，在翼。占曰："为兵乱。"三年四月壬辰，枉矢出虚、危，没翼、轸。占曰："枉矢所触，天下之所伐。翼、轸，荆州之分也。"五月戊子，太白入太微，又犯上将。占曰："天子自将，上将诛。"六月丙辰，太白与岁星合于房。占曰："为兵饥。"九月，太白犯南斗，占同元年。十月己亥，荧惑在东井，居五诸侯南，踟蹰留止，积三十日。占曰："荧惑守井二十日以上，大人忧，守五诸侯，诸侯有诛者。"十二月己未，太白入月，在斗。郭景纯曰："月属坎，阴府法家也。太白金行而来犯之。天意若曰：'刑理失中，自毁其法也。'"四年十二月丁亥，月犯岁星，在房。占曰："其国兵饥，民流亡。"

永昌元年三月，王敦率江、荆之众，来攻京都，六军距战，败绩。于是杀护军将军周顗、尚书令刁协，骠骑将军刘隗出奔。四月，又杀湘州刺史谯王承、镇南将军甘卓。闰十二月，元帝崩。间一年，敦亦枭夷，枉矢触翼之应也。十月，石他入豫州，略城父、钜二县民以北，刺史祖约遣军追之，为其所没，遂退守寿春。

明帝大宁三年正月，荧惑逆行入太微。占曰："为兵丧，王者恶之。"闰八月，帝崩。咸和二年，苏峻反，攻宫室，太后以忧逼崩，天子幽劫于石头，远近兵乱，至四年乃息。

成帝咸和四年七月，有星孛于西北，二十三日灭。占曰："为兵乱。"十二月，郭默杀江州刺史刘胤，荆州刺史陶侃讨默，明年，斩之。是时，石勒又始僭号。

咸和六年正月丙辰，月入南斗。占曰："有兵。"一曰："有大赦。"是月，胡贼杀略娄、武进二县民，于是遣戍中洲。明年，胡贼又略南沙、海虞民。是年正月，大赦，伐淮南，讨襄阳，平之。

咸和六年十一月，荧惑守胃、昴。占曰："赵、魏有兵。"八年七月，石勒死，石虎自立，多所残灭。是时，虽勒、虎僭号，而其强弱常占于昴，不关太微紫宫也。

咸和八年三月己巳，月入南斗，与六年占同。其年七月，石勒死，彭彪以谯，石生以长安，郭权以秦州，并归从。于是遣督护高球率众救彪，彪败球退。又石虎、石斌攻灭生、权。咸康元年正月，大赦。

咸和八年七月，荧惑入昴。占曰："胡王死。"石虎多所攻灭。八月，月犯昴。占曰："胡不安。"九年六月，月又犯昴。是时，石弘虽袭勒位，而石虎擅威暴横。十月，废弘自立，遂幽杀之。

咸和九年三月己亥，荧惑入舆鬼，犯积尸。占曰："兵在西北，有没军死将。"四月，镇西将军、雍州刺史郭权始以秦州归从，寻为石斌所灭，徙其众于青、徐。

晋成帝咸康元年二月己亥，太白犯昴。占曰："兵起，岁大旱。"四月，石虎掠骑至历阳。朝廷虑其众也，加司徒王导大司马，治兵动众。又遣慈湖、牛渚、芜湖三戍。五月，乃罢。是时胡贼又围襄阳，征西将军庾亮遣宁距退之。六月，旱。

咸康元年八月戊辰，荧惑入东井。占曰："无兵兵起，有兵兵止。"是年夏，发众列戍。加王导大司马，以备胡贼。

咸康元年三月丙戌，月入昴。占曰："胡王死。"十一月，月犯昴。二年八月，月又犯昴。占同。咸和三年，石虎发众七万，四年二月，自袭段辽于蓟，辽奔败。又攻慕容皝于棘城，不克引退，皝追之，杀数百人。虎留其将麻秋毛令支，皝破秋，并虏辽杀之。

咸康二年正月辛巳，彗星夕见西方，在奎。占曰："为兵丧。奎又为边兵。"四年，石虎伐慕容皝不克，皝追击之，又破麻秋。时皝称蕃，边兵之应也。

咸康二年正月辛卯，月犯房南第二星。占曰："将相有忧。"五年七月，丞相王导薨。八月，太尉都鉴薨。六年正月，征西大将军庾亮薨。

咸康二年九月庚寅，太白犯南斗，因昼见。占曰："斗为宰相，又扬州分。金犯之，死丧象。昼见为不臣，又为兵丧。"三年，石虎僭称天王。四年，虎灭段辽，而败于慕容皝。皝，国蕃臣。五年，王导薨。

咸康三年六月辛未，有流星大如二斗魁，色青，赤光耀地，出奎中，没娄北。案占为饥，五谷不藏。是月，大旱。

咸康三年八月,荧惑入舆鬼,犯积尸。占曰:"贵人忧。"三年八月甲戌,月犯东井距星。占曰:"国有忧,将死。"三年九月戊子,月犯建星。占曰:"易相。"一曰:"大将死。"五年,丞相王导薨,庾冰代辅政。太尉郗鉴、征西大将军庾亮薨。

咸康三年十一月乙丑,太白犯岁星。占曰:"为兵饥。"四年二月,石虎破幽州,迁其人万余家。李寿杀李期。五年,胡众五万寇沔南,略七千余家而去。又骑二万围陷邾城,杀略五千余人。

咸康四年四月己巳,太白昼见,在柳。占曰:"为兵,为不臣。"七月乙巳,月掩太白。占曰:"王者亡地,大兵起。"明年,胡贼大寇沔南,陷邾城,豫州刺史毛宝、西阳太守樊峻皆弃城投江死。于是内外戒严,左卫桓监、匡术等诸军至武昌,乃退。七年,慕容皝自称为燕王。

咸康四年五月戊午,荧惑犯右执法。占曰:"大臣死,执政者忧。"九月,太白犯右执法。案占,"五星灾同,金火尤甚。"十一月戊子,太白犯房上星。占曰:"上相忧。"五年七月己酉,月犯房上星,亦同占。是月庚申,丞相王导薨。

咸康五年四月辛未,月犯岁星,在胃。占曰:"国饥民流。"乙未,月犯毕距星。占曰:"兵起。"是夜,月又犯岁星,在昴。及冬,有沔南、邾城之败,百姓流亡万余家。

咸康六年二月庚午朔,流星大如斗,光耀地,出天市,西行入太微。占曰:"大人当之。"乙未,太白入月。占曰:"人主死。"四月甲子,月犯太白。占曰:"人主恶之。"八年六月,成帝崩。

咸康六年三月甲寅,荧惑从行犯太微上将星。占曰:"上将忧。"四月丁丑,荧惑犯右执法。占曰:"执法者忧。"六月乙亥,月犯牵牛中央星。占曰:"大将忧。"是时,尚书令何充为执法,有谴欲避其咎,明年,求为中书令。建元二年,庾冰薨。皆大将执政之应也。是岁正月,征西将军庾亮薨。三月,而荧惑犯上将。九年,石虎大将夔安死。庾冰后积年方薨。岂冰能修德移祸于夔安乎?

咸康六年四月丙午,太白犯毕距星。占曰:"兵革起。"一曰:"女主忧。"六月乙卯,太白犯轩辕大星。占曰:"女主忧。"七年三月,皇后杜氏崩。

咸康七年三月壬午,月犯房。占曰:"将相忧。"八年六月,荧惑犯房上第二星。占曰:"次相忧。"建元二年,车骑将军、江州刺史庾冰薨。是时骠骑将军何充居内,冰为次相也。

咸康七年四月己丑,太白入舆鬼。占曰:"兵革起。"五月,太白昼见。以晷度推之,非秦、魏,则楚也。占曰:"为臣强,为有兵。"八月辛丑,月犯舆鬼。占曰:"人主忧。"八年六月,成帝崩。

咸康八年八月壬寅,月犯毕赤星。占曰:"下犯上,兵革起。"十月,月又掩毕赤星,占同。己酉,太白犯荧惑。占曰:"大兵起。"其后,庾翼大发兵谋伐胡,专制上流,朝廷惮之。

康帝建元元年正月壬午,太白入昴。占曰:"赵地有兵。"又曰:"天下兵起。"四月乙酉,太白昼见。八月丁未,太白犯岁星。占曰:"有大兵。"是年,石虎杀其太子邃及其妻子徒属二百余人。又遣将刘宁寇没狄道,又使将张举将万余人屯蓟东,谋慕容皝。

建元元年十一月六日,彗星见亢,长七尺,尾白色。占曰:"亢为朝廷,主兵丧。"二年九月,康帝崩。

建元元年,岁星犯天关。安西将军庾翼与兄冰书曰:"岁星犯天关,占云:'关梁当涩。'比来江东无他故,江道亦不艰难;而石虎频年再闭关,不通信使,此复是天公愦愦无皂白之征也。"

建元二年闰月乙酉,太白犯斗。占曰:"为丧,天下受爵禄。"九月,康帝崩,太子立,大赦赐爵也。

晋穆帝永和元年正月丁丑,月入毕。占曰:"兵大起。"戊寅,月犯天关。占曰:"有乱臣更天子之法。"五月辛巳,太白昼见,在东井。占曰:"为臣强,秦有兵。"六月辛丑,入太微,犯屏西南。占曰:"辅臣有免罢者。"七、八月,月皆犯毕。占同正月。己未,月犯舆鬼。占曰:"大臣有诛。"九月庚戌,月又犯毕。是年初,庾翼在襄阳。七月,翼疾将终,辄以子爱之为荆州刺史,代己任,爱之寻被废。明年,桓温又辄率众伐蜀,执李势,送至京都。蜀本秦地也。

永和二年二月壬子，月犯房上星。四月丙戌，月又犯房上星。占同前。八月壬申，太白犯左执法。是岁，司徒蔡谟被废。

永和三年正月壬午，月犯南斗第五星。占曰："将军死，近臣去。"五月壬申，月犯南斗第四星，因入魁。占曰："有兵。"一曰："有大赦。"六月，月犯东井距星。占曰："将死，国有忧。"戊戌，月犯五诸侯。占曰："诸侯有诛。"九月庚寅，太白犯南斗第五星。占曰："为丧兵。"四年七月丙申，太白犯左执法。甲寅，月犯房。丁巳，月入南斗，犯第二星。乙丑，太白犯左执法。占悉同上。十月甲戌，月犯亢。占曰："兵起，军将死。"十一月戊戌，犯上将星。三年六月，大赦。是月，陈达征寿春，败而还。七月，氐蜀余寇反乱益土。九月，石虎伐凉州，不克。

永和四年四月，太白入昴。五月，荧惑入娄，犯镇星。七月，太白犯轩辕。占在赵，及为兵丧，女主忧。其年八月，石虎太子宣杀弟韬，宣亦死。五年正月，石虎僭称皇帝，寻病死。是年，褚裒北伐丧众，又寻薨，太后素服。六年正月，朝会废乐。

永和五年四月丁未，太白犯东井。占曰："秦有兵。"九月戊戌，太白犯左角。占曰："为兵。"十月，月犯昴。占曰："朝廷有忧，军将死。"十一月乙卯，彗星见于亢，芒西向，白，长一丈。占曰："为兵丧。"是年八月，褚裒北征，兵败。十月，关中二十余壁举兵归从，石遇攻没南阳。十一月，冉闵杀石遵，父尽杀胡十余万人，于是中土大乱。十二月，褚裒薨。八年，刘显、苻健、慕容俊并僭号。殷浩北伐败，见废。

永和六年二月辛酉，月犯心大星。占曰："大人忧。人豫州分也。"丁丑，月犯房。占曰："将相忧。"三月戊戌，荧惑犯岁星。占曰："为战。"六月己丑，月犯昴。占同上。乙未，月犯五诸侯，占同三年。七月壬寅，月始出西方，犯左角。占曰："大将军死。"一曰："天下有兵。"丁未，月犯箕。占曰："军将死。"丙寅，荧惑犯钺星。占曰："大臣有诛。"八月辛卯，月犯左角，太白昼见，在南斗，月犯右执法。占并同上。七年二月，太白犯昴，占同上。乙卯，荧惑舆鬼，犯积尸。占曰:"贵人忧。"五月乙未,荧惑犯轩辕太白。占曰:"女主忧。"太白入毕口,犯左股。占曰:"将相当之。"六月乙亥,月犯箕。丙子,月犯斗。丁丑,荧惑入太微,犯右执法。八月庚午,太白犯轩辕。戊子,太白犯右执法。占悉同上。七年,刘显杀石祇及诸胡帅,中土大乱,戎、晋十万数,各还旧土,互相侵略及疾疫死亡,能达者十二三。是年,桓温辄以大众求浮江入淮北伐,朝廷震惧。八年,豫州刺史谢尚讨张遇,为苻雄所败。殷浩北伐败,被废。十年,桓温伐苻健,不克而还。

永和八年三月戊戌,月犯轩辕大星。癸丑,月入南斗,犯第二星。五月,月犯心星。四月癸酉,月犯房。六月辛巳,日未入,有流星如三斗魁,从辰巳上东南行。晷度推之,在箕、斗之间,盖燕分也。案占为营首,营首之下流血滂沱。七月壬子,岁星犯东井距星。占曰:"内乱兵起。"八月戊戌,荧惑入舆鬼。占曰:"忠臣戮死。"丙辰,太白入南斗,犯第四星。占曰:"将为乱。"一曰:"丞相免。"九年二月乙巳,入南斗,犯第三星。三月戊辰,月犯房。八月,岁星犯舆鬼东南星。占,"东南星主兵,兵起。"十二月,月在东井,犯岁星。占曰:"秦饥民流。"是时,帝主幼冲,母后称制,将相有隙,兵革连起。慕容俊僭称大燕,攻伐无已,故灾异数见,殷浩见废也。

永和十年正月乙卯,月食昴。占曰:"赵、魏有兵。"癸酉,填星奄钺星。占曰:"斧钺用。"二月甲申,月犯心大星。占曰:"王者恶之。"四月癸未,流星大如斗,色赤黄,出织女,没造父,有声如雷。占曰:"燕、齐有兵,民流。"戊午,月犯心大星。七月庚午,太白昼见。晷度推之,灾在秦、郑。九月辛酉,太白犯左执法。十一月,月奄填星,在舆鬼。占曰:"秦有兵。"十一年三月辛亥,月奄轩辕。占同上。四月庚寅,月犯牛宿南星。占曰:"国有忧。"八月己未,太白犯天江。占曰:"河津不通。"十二年六月庚子,太白昼见,在东井。占如上。己未,月犯钺星。七月丁卯,太白犯填星,在柳。占曰:"周地有大兵。"八月癸酉,月奄建星。九月戊寅,荧惑入太微,犯西蕃上将星。十一月丁丑,荧惑犯太微东蕃上相。十年四月,桓温伐苻健,破其尧柳众

军。健壁长安，温退。十二月，慕容恪攻齐。十二年八月，桓温破姚
苌于伊水，定周地。十一月，齐城陷，执段龛，杀三千余人。永和末，
鲜卑侵略河、冀，升平元年，慕容俊遂据临漳，尽有幽、并、青、冀之
地。缘河诸将渐奔散，河津隔绝矣。三年，会稽王以郗昙、谢万败绩，
求自贬三等。是时权在方伯，九服交兵，故谴象仍见。

晋穆帝升平元年四月壬子，太白入舆鬼。丁亥，月奄东井南辕
西头第二星。占曰：“秦地有兵。”一曰：“将死。”六月戊戌，太白昼
见，在轸。占同上。轸，楚分也。壬子，月犯毕。占曰：“为边兵。”七
月辛巳，荧惑犯天江。占曰：“河津不通。”十一月，岁星犯房。壬午，
月奄岁星，在房。占曰：“民饥。”一曰：“豫州有灾。”二年二月辛卯，
填星犯轩辕大星。甲午，月犯东井。闰月乙亥，月犯岁星，在房。占
悉同上。五月丁亥，彗出天船，在胃度中。“彗为兵丧，除旧布新，出
天船，外夷侵。”一曰：“为大水。”六月辛酉，月犯房。八月戊午，荧惑
犯填星，在张。占曰：“兵大起。张，三河分。”十月己未，太白犯哭星。
十二月，枉矢自东南流于西北，其长半天。三年正月壬辰，荧惑犯楗
闭。案占，“人主忧。”三月乙酉，荧惑逆行犯钩钤。案占，“王者恶
之。”月犯太白，在昴。占曰：“人君死。”一曰：“赵地有兵，朝廷不
安。”六月，太白犯东井。七月乙酉，荧惑犯天江。丙戌，太白犯舆鬼。
占悉同上。戊子，月犯牵牛中央大星。占曰：“牵牛，天将也。犯中
央星，大将军死。”八月丁未，太白犯轩辕大星。甲子，月犯毕大星。
占曰：“为边兵。”一曰：“下犯上。”庚午，太白犯填星，在太微中。占
曰：“王者恶之。”二年五月，关中氐帅杀苻生立坚。十二月，慕容俊
入屯邺。八月，安西将军、豫州刺史谢弈薨。三年十月，诸葛攸舟军
入河，败绩。豫州刺史谢万入颍，众溃而归，除名为民。十一月，司
徒会稽王以二镇败，求自贬三等。四年正月，慕容俊死，子炜代立。
慕容杀其尚书令阳骛等。五月，天下大水。五年五月，穆帝崩。

升平四年正月乙亥，月犯牵牛中央大星。占曰：“大将死。”六月
辛亥，辰星犯轩辕。占曰：“女主忧。”己未，太白入太微右掖门，从端
门出。占曰：“贵夺势。”一曰：“有兵。”又曰：“出端门，臣不臣。”八月

戊申，太白犯氐。占曰："国有忧。"丙辰，荧惑犯太微西上将。九月
壬午，太白入南斗口，犯第四星。占曰："为丧，有赦，天下受爵禄。"
十月庚戌，天狗见西。占曰："有大兵流血。"十二月甲寅，荧惑犯房。
丙寅，太白昼见。庚寅，月犯楗闭。占曰："人君恶之。"五年正月乙
巳，填星逆行犯太微。乙丑辰时，月在危宿奄太白。占曰："天下民
靡散。"三月丁未，月犯填星，在轸。占曰："为大丧。"五月壬寅，月犯
太微。庚戌，月犯建星。占曰："大臣相谮。"辛亥，月犯牵牛宿。占
曰："国有忧。"五年正月，北中郎将郗昙薨。五月，穆帝崩，哀帝立，
大赦赐爵，褚后失势。七月，慕容恪攻冀州刺史吕护于野王，拔之，
护奔荥阳。是时，桓温以大众次宛，闻护败乃退。

升平五年六月癸酉，月奄氐东北星。占曰："大将当之。"九月乙
酉，奄毕。占曰："有边兵。"十月丁卯，荧惑犯岁星，在营室。占曰：
"大臣有匿谋。"一曰："卫地有兵。"丁未，月犯毕赤星。占曰："下犯
上。"又曰："有边兵。"八月，范汪废。隆和元年，慕容炜遣傅末波寇
河阴，陈祐危逼。

晋哀帝兴宁元年八月，星孛大角亢，入天市。按占，"为兵丧。"
三年正月，皇后王氏崩。二月，哀帝崩。三月，慕容恪攻洛阳，沈劲
等战死。

兴宁元年十月丙戌，月奄太白，在须女。占曰："天下民靡散。"
一曰："灾在扬州。"三年，洛阳没。其后，桓温倾扬州资实讨鲜卑，败
绩，死亡太半；及征袁真，淮南残破。后氐及东胡侵逼，兵役无已。

兴宁三年正月乙卯，月奄岁星，在参。参，益州分也。六月，镇
西将军、益州刺史周抚薨。十月，梁州刺史司马勋入益州以叛，朱序
率众助刺史周楚讨平之。

兴宁三年七月庚戌，月犯南斗。占曰："女主忧。"岁星犯舆鬼。
占曰："人君忧。"十月，太白昼见，在亢。占曰："亢为朝廷，有兵丧，
为臣强。"哀帝是年二月崩，其灾皆在海西也。明年五月，皇后庾氏
崩。

晋海西太和元年二月丙子，月奄荧惑，在参。占曰："为内乱。"

一曰："参,魏地。"二年正月,太白入昴。五年,慕容㦑为苻坚所灭,司、冀、幽、并四州并属氐。

太和二年八月戊午,太白犯岁星,在太微。三年六月甲寅,太白奄荧惑,在太微端门中。六年,海西公废。

太和四年二月,客星见紫宫西垣,至七月乃灭。占曰："客星守紫宫,臣杀主。"闰月乙亥,月晕轸,复有白晕贯月,北晕斗柄三星。占曰："王者恶之。"六年,桓温废帝。

太和四年十月壬申,有大流星西下,声如雷。案占,"流星为贵使,星大者使大。"明年,遣使免衰真为庶人。桓温征寿春,真病死,息瑾代立,求救于苻坚,温破氐军。六年,寿春城陷。声如雷,将士怒之象也。

太和六年闰月,荧惑守太微端门。占曰："天子亡国。"又曰："诸侯、三公谋其上。"一曰："有斩臣。"辛卯,月犯心大星。占曰："王者恶之。"十一月,桓温废帝,并奏诛武陵王,简文不许,温乃徙之新安。

宋书卷二五
志第一五

天文三

晋简文咸安元年十二辛卯,荧惑逆行入太微,二年三月犹不退。占曰:"国不安,有忧。"是时帝有桓温之逼,恒怀忧惨。七月,帝崩。

咸安二年正月己酉,岁星犯填星,在须女。占曰:"为内乱。"五月,岁星形色如太白。占曰:"进退如度,奸邪息。变色乱行,主无福。岁星囚于仲夏,当细小而明,此其失常也。又为臣强。"六月,太白昼见在七星。乙酉,太白犯舆鬼。占曰:"国有忧。"七月,帝疾甚,诏桓温曰:"少子可辅者辅之;如不可,君自取之。"赖侍中王坦之毁手诏,改使如王导辅政故事。温闻之大怒,将诛坦之等。内乱之应也。是月,帝崩。

咸安二年五月丁未,太白犯天关。占曰:"兵起。"六月,庾希入京城。十一月,卢悚入宫。并诛灭。

晋孝武宁康元年正月戊申,月奄心大星。案占,"灾在王者,则在豫州。"一曰:"主命恶之。"三月丙午,月奄南斗第五星。占曰:"大臣有忧,忧死亡。"一曰:"将军死。"七月,桓温薨。

宁康二年正月丁巳,有星孛于女虚,经氐、亢、角、轸、翼、张。九月丁丑,有星孛于天市。十一月癸酉,太白奄荧惑,在营室。占曰:"金火合为烁,此灾皆为兵丧。"太元元年五月,氐贼苻坚伐凉州。七月,氐破凉州,虏张天锡。十一月,桓冲发三州军军淮、泗,桓豁亦遣军备境上。

宁康二年闰月己未，月奄牵牛南星。占曰："左将军死。"三年五月，北中郎将王坦之薨。

宁康三年六月辛卯，太白犯东井。占曰："秦地有兵。"九月戊申，荧惑奄左执法。占曰："执法者死。"太元元年，苻坚破凉州。十月，尚书令王彪之卒。

晋孝武太元元年四月丙戌，荧惑犯南斗第三星。丙申，又奄第四星。占曰："兵大起，中国饥。"一曰："有赦。"八月癸酉，太白昼见，在氐。氐，兖州分野。九月，荧惑犯哭泣星，遂入羽林。占曰："天子有哭泣事，中军兵起。"十一月己未，月奄左角。占曰："天子白昼见，在角，兖州分。"元年五月，大赦。三年八月，氐贼韦钟入汉中东下，苻融寇樊、邓，慕容炜围襄阳，氐兖州刺史彭超围彭城。四年二月，襄阳城陷，贼获朱序。彭超舍彭城，获吉挹。彭超等聚广陵三河众五万。于是征虏谢石次除中，右卫毛安之、游击河间王昙之等次堂邑，发丹阳民丁，使尹张涉屯卫京都。六月，兖州刺史谢玄讨贼，大破之，余烬皆走。是时，中外连兵，比年荒俭。是年，又发扬州万人戍夏口。

太元四年十一月丁巳，太白犯哭星。占曰："天子有哭泣事。"五年七月丙子，辰星犯轩辕。占曰："女主当之。"九月癸未，皇后王氏崩。

太元六年十月乙卯，有奔星东南经翼轸，声如雷。《星说》曰："光迹相连曰流，绝迹而去曰奔。"案占，"楚地有兵。"一曰："军破民流。"十二月，氐荆州刺史梁成、襄阳太守阎震率众伐竟陵。桓石虔系，大破之，生禽震，斩首七千，获生万人。声如雷，将帅怒之象也。七年九月，朱绰击襄阳，拔，将六百余家而还。

太元七年十一月，太白昼见，在斗。占曰："吴有兵丧。"八年四月甲子，太白又昼见，在参。占曰："魏有兵丧。"是月，桓冲征沔汉，杨亮伐蜀，并拔城略地。八月，苻坚自将号百万，九月，攻没寿阳。十月，刘牢之破坚将梁成，斩之，杀获万余人。谢玄等又破坚于淝水，斩其弟融,坚大众奔溃。九年六月,皇太后褚氏崩。八月,谢玄出屯彭城,经略中州。十年八月,苻坚为其将姚苌所杀。

太元十年十二月己丑,太白犯岁星。占曰:"为兵饥。"是时河朔未一,兵连在外。冬,大饥。

太元十一年二月戊申,太白昼见,在东井。占曰:"秦有兵,臣强。"六月甲午,岁星昼见,在胃。占曰:"鲁有兵,臣强。"十二年,慕容垂寇东阿,翟辽寇河上,姚苌假号安定,苻登自立陇上,吕光窃据凉土。

太元十一年三月,客星在南斗,至六月乃没。占曰:"有兵。"一曰:"有赦。"是后,司、雍、兖、冀常有兵役。十二年正月,大赦。八月,又赦。

太元十二年二月戊寅,荧惑入月。占曰:"有乱臣死,相若有戮者。"一曰:"女亲为败,天下乱。"是时,琅邪王辅政,王妃从兄国宝以姻昵受宠。又陈郡人袁悦昧私苟进,交遘主相,扇扬朋党。十三年,帝杀悦。于是主相有隙,乱阶兴矣。

太元十二年十月庚午,太白昼见,在斗。十三年闰月戊辰,天狗东北下有声。十二月戊子,辰星入月,在危。占曰:"贼臣欲杀主,不出三年,必有内恶。"是月,荧惑在角亢,形色猛盛。占曰:"荧惑大其常,吏且弃其法,诸侯乱其政。"自是后,慕容垂、翟辽、姚苌、苻登、慕容永并阻兵强。十四年正月,彭城妖贼又称号于皇丘,刘牢之破灭之。三月,张道破合乡,围大山,向钦之击走之。是年,翟辽又攻没荥阳,侵略陈、项。于时政事多弊,治道陵迟矣。

太元十四年十二月,荧惑入羽林。乙未,月犯岁星。占并同上。十五年,翟辽陆掠司、兖,众军累讨弗克。鲜卑又跨略并、冀。七月,旱。八月,诸郡大水,兖州又蝗。

太元十五年七月壬申,有星孛于北河戒,经太微、三台、文昌,入北斗,长十余丈,八月戊戌,入紫微,乃灭。占曰:"北河戒,一名胡门。胡门有兵丧。扫太微,入紫微,王者当之。三台为三公,文昌为将相,将相三公有灾。入北斗,强国发兵,诸侯争权,大夫忧。"十一月，太白入羽林。占曰：“天子为军自守，有反臣。”二十一年九月，孝武帝崩。隆安元年，王恭、殷仲堪、桓玄等并发兵表诛王国宝，朝廷从而杀之，并斩其从弟绪，司马道子由是失势，祸乱成矣。

太元十六年十一月癸巳，月奄心前星。占曰：“太子忧。”是时，太子常有笃疾。

太元十七年九月丁丑，岁星、荧惑、填星同在亢氏。占曰：“三星合，是谓惊位绝行，内外有兵丧与饥，改立王公。”

十八年正月乙酉，荧惑入月。占曰：“忧在宫中，非贼乃盗也。”一曰：“有乱臣，若有戮者。”二十一年九月，帝暴崩内殿，兆庶宣言夫人张氏潜行大逆。于时朝政暗缓，不加显戮，但默责而已。又王国宝邪狡，卒伏其辜。

太元十八年二月，有客星在尾中，至九月乃灭。占曰：“燕有兵丧。”十九年四月己巳，月奄岁星，在尾。占曰：“为饥，燕国亡。”二十年，慕容垂遣息宝伐什圭，为圭所破，死者数万人。二十一年，垂死，国遂衰亡。

太元十九年十月癸丑，太白犯岁星，在斗。占曰：“为饥，为内兵。斗，吴、越分。”至隆安元年，王恭等举兵显王国宝之罪，朝廷赦之。是后连岁水旱民饥。

太元二十年六月，荧惑入天囷。占曰：“天下饥。”七月丁亥，太白入太微。占曰：“太白入太微，国有忧。昼见，为兵丧。”九月，有蓬星如粉絮，东南行，历女虚至哭星。占曰：“蓬星见，不出三年，必有乱臣戮死于市。”十二月己巳，月犯楗闭及东西咸。占曰：“楗闭司心肠喉舌，东西咸主阴谋。”是时王国宝交构朝政，二十一年九月，帝崩，隆安元年，王恭等举兵，而朝廷戮王国宝、王绪。又连岁水旱，兼三方动众，民饥。

太元二十一年三月，太白连昼见，在羽林。占曰：“有强臣，有兵丧，中军兵起。”四月壬午，太白入天囷。占曰：“为饥。”六月，岁星犯哭星。占曰：“有哭泣事。”是年九月，孝武帝崩。隆安元年，王恭举兵胁朝廷，于是中外戒严，戮王国宝以谢之。

晋安帝隆安元年正月癸亥，荧惑犯哭星。占曰："有哭事。"二月，岁星、荧惑皆入羽林。占曰："军兵起。"四月丁丑，太白昼见，在东井。"秦有兵丧。"是月，王恭举兵，内外戒严，寻杀王国宝等。六月，羌贼攻洛阳，郗恢遣兵救之。姚苌死，子略代立。什圭自号于中山。

隆安元年六月庚午，月奄太白，在太微端门外。占曰："国受兵。"乙酉，月奄岁星，在东壁。占曰："为饥。卫地有兵。"八月，荧惑守井钺。占曰："大臣有诛。"二年六月戊辰，摄提移戾失常，岁星昼见在胃。胃，兖州分。是年六月，郗恢遣邓启方等以万人残虏于滑台。滑台，卫地也。启方等败而还。九月，王恭、庾楷、殷仲堪、桓玄等并举兵，表诛王愉、司马尚之兄弟。于是内外戒严，大发民众。仲堪军至寻阳，禽江州刺史王愉，楷将段方攻尚之于杨湖，为所败，方死。王恭司马刘牢之反恭，恭败。桓玄至白石，亦奔退。仲堪还江陵。三年冬，荆州刺史殷仲堪为桓玄所杀。

隆安二年闰月，太白昼见，在羽林。丁丑，月犯东上相。辛未，辰星犯轩辕星。占悉同上。是年正月，杨佺期破郗恢，夺其任，殷仲堪又杀之。六月，鲜卑攻没青州。十月，羌贼攻没洛阳。桓玄破荆、雍，杀殷仲堪、杨佺期。孙恩聚众攻没会稽，杀内史王凝之。刘牢之东讨走之。四年七月，太皇太后李氏崩。

隆安四年正月乙亥，月犯填星，在牵牛。占曰："吴、越有兵丧。女主忧。"二月己丑，有星孛于奎，长三丈，上至阁道紫宫西蕃，入斗魁，至三台、太微、帝座、端门。占曰："彗拂天子廷阁，易主之象。"经三台，入北斗，占同上条。六月己未，月又犯填星，在牵牛。辛酉，又犯哭星。十月，奄岁星在斗河。占曰："为饥。"十二月戊寅，有星孛于贯索、天市、天津。占曰："贵臣狱死，内外有兵丧。天津为贼断，王道天下不通。"十二月，太白在斗昼见，至五年正月乙卯。案占，"灾在吴、越。"三月甲寅，流星赤色众多，西行经牵牛、虚、危、天津、阁道，贯太微、紫宫。占曰："星者庶民，类众多西流之象。径行天子庭，主弱臣强，诸侯兵不制。"七月癸亥，大角星散摇五色。占曰："王者流散。”丁卯，月犯天关。占曰：“王者忧。”九月庚子，荧惑犯少微，又守之。占曰：“处士诛。”十月戊子，月犯东蕃次相。四年五月，孙恩复破会稽，杀内史谢琰。遣高雅之等讨之。七月，太皇太后李氏崩。十月，妖贼大破高雅之于余姚，死者十七八。五年二月，孙恩攻句章，高祖拒之。五月，吴郡内史袁山松出战，为所杀，死者数千人。六月，孙恩至京口，高祖击破之。恩军蒲州，于是内外戒严。营阵屯守，栅断淮□。恩遣别将攻广陵，杀三千余人。恩遁据郁州。是月，高祖又追破之。九月，桓玄表至，逆旨陵上。十月，司马元显大治水军，将以伐玄。元兴元年正月，桓玄东下。是月，孙恩在临海，人众饿死散亡，恩亦投水死。卢循自称征虏将军，领其余众，略有永嘉、晋安之地。二月，帝戎服遣西军。丁卯，桓玄至姑熟，破历阳，司马尚之见杀，刘牢之降于玄。三月，玄克京都，杀大司马元显，放太傅道子。七月，大饥，人相食。浙江东饿死流亡十六七，吴郡、吴兴户减半。又流奔□西者万计。十月，桓玄遣将击刘轨，破走，奔□州。四年，玄遂篡位，迁帝寻阳。

　　晋安帝元兴元年二月戊子，太白犯五诸侯，因昼见。四月辛丑，月奄辰星。七月戊寅，荧惑在东井，荧惑犯舆鬼、积尸。占并同上。八月庚子，太白犯岁星，在上将东南。占曰：“楚兵饥。”一曰：“灾在上将。”丙寅，太白奄右执法。九月癸未，太白犯进贤。占曰：“贤者诛。”十月，客星色白如粉絮，在太微西，至十二月，入太微。占曰：“兵入天子庭。”二年二月，岁星犯西上将，六月甲辰，奄斗第四星。占曰：“大臣诛，不出三年。”八月癸丑，太白犯房北第二星。九月己丑，岁星犯进贤，荧惑犯西上将。十月甲戌，太白犯泣星。十一月丁丑，荧惑犯填星。辛巳，月犯荧惑。十二月乙巳，月奄轩辕第二星。占悉同上。元年冬，索头破羌军。二年十二月，桓玄篡位，放迁帝后于寻阳，以永安何皇后为零陵君。三年二月，高祖尽诛桓氏。

　　元兴三年正月戊戌，荧惑逆行犯太微西上相。占曰：“天子战于野，上相死。”二月甲辰，月奄岁星于左角。占曰：“天下兵起。”丙辰，荧惑逆行在左执法西北。占曰：“执法者忧。”四月甲午，月奄轩辕第二星，填星入羽林。十二月，荧惑、太白皆犯羽林。占同上。是年二月丙辰，高祖杀桓脩等。三月己未，破走桓玄，遣军西讨。辛巳，诛左仆射王愉及子荆州刺史绥。桓玄劫帝如江陵。五月，玄下至峥嵘洲，义军破灭之。桓振又攻没江陵，幽劫天子。明年正月，众军攻之，振走，乘舆乃旋。七月，永安何皇后崩。三月，桓振又袭江陵，荆州刺史司马休之败走。是月，刘怀肃击振，灭之。其年二月，巴西人谯纵杀益州刺史毛璩及璩弟西夷校尉瑾，跨有西土，自号蜀王。

晋安帝义熙元年三月壬辰，月奄左执法。占同上。丁酉，月奄心前星。占曰："豫州有灾。"太白犯东井。占曰："秦有兵。"四月己卯，月犯填星，在东壁。占曰："其地亡国。"一曰："贵人死。"七月庚辰，太白比昼见，在翼、轸。占曰："为臣强。荆州有兵丧。"己未，月奄填星，在东壁。占曰："其国以伐亡。"一曰："民流。"八月丁巳，月犯斗第一星。占曰："天下有兵。"一曰："大臣忧。"案江左来，南斗有灾，则吴越会稽、丹阳、豫章、庐江各随其星应之。淮南失土，殆不占耳。史阙其说，故不列焉。九月戊子，荧惑犯少微。占曰："处士诛。"庚寅，荧惑犯右执法。癸卯，荧惑犯左执法。占并同上。十月丁巳，月奄填星营室。占同七月。十一月丙戌，太白奄钩钤。占曰："喉舌臣忧。"十二月己卯，岁星犯天江。占曰："有兵乱，河津不通。"是年六月，索头寇沛土，使伪豫州刺史索度真戍相县，太傅长沙景王讨破走之。十一月，荆州刺史魏咏之薨。二年二月，司马国璠等攻没弋阳。四月，羌伐仇池，仇池公杨盛击走之。九月，益州刺史司马荣期为其参军杨承祖所害，时文处茂讨蜀屡有功，会荣期死，乃退。三年十二月，司徒、杨州刺史王谧薨。四年正月，太保武陵王遵薨。三月，左仆射孔安国卒。五年，高祖讨鲜卑，并定旧兖之地。

义熙二年二月己丑，月犯心后星。占曰："豫州有灾。"四月癸丑，月犯太微西将。己未，月犯房南第二星。乙丑，岁星犯天江。占悉同上。五月癸未，月犯左角。占曰："左将军死，天下有兵。"壬寅，荧惑犯氐。占曰："氐为宿宫，人主忧。"六月庚午，荧惑犯房北第二星。八月癸亥，荧惑犯斗第五星。丁巳，犯建星。九月壬午，荧惑犯

哭星,又犯泣星。占悉同上。十二月丙午,月奄太白,在危。占曰:
"齐亡国。"一曰:"强国君死。"丁未,荧惑、太白皆入羽林。是年二月
甲戌,司马国璠等攻没弋阳。三年正月,鲜卑寇北徐州,至下邳。八
月,遣刘敬宣伐蜀。十二月,司徒王谧薨。四年正月,武陵王遵薨。
五年,鲜卑复寇淮北。四月,高祖大军讨之。六月,大战临朐城,进
围广固。十月,什圭为其子伪清河公所杀。六年二月,拔广固,禽慕
容超,坑斩其众三千余人。

　　义熙三年正月丙子,太白昼见,在奎。二月庚寅,月奄心后星。
占悉同上。癸亥,荧惑、填星、太白、辰星聚于奎、娄,从填星也。其
说见上九年。五月己丑,太白昼见,在参。占曰:"益州有兵丧,臣
强。"八月辛卯,荧惑犯辰星,翼。占曰:"天下兵起。"八月己卯,太白
奄荧惑,又犯执法。占曰:"奄荧惑,有大兵。"辛卯,荧惑犯左执法。
九月壬子,荧惑犯进贤。是年正月丁巳,鲜卑寇北徐,至下邳。八月,
刘敬宣伐蜀,不克而旋。四年三月,左仆射孔安国卒。七月,司马叔
璠等攻没邹山,鲁郡太守徐邕破走之。姚略遣众征佛佛,太为所破。
五年,高祖讨鲜卑。六年三月,妖贼徐道覆杀镇南将军、江州刺史何
无忌于豫章。四月,妖贼卢循寇湘中巴陵。五月丙子,循、道覆败抚
军将军、豫州刺史刘毅于桑落洲,毅仅以身免。丁丑,循等至蔡洲,
遣别将焚京口。庚辰,贼攻焚杏浦,杏浦戍将距战不利,高祖遣军渡
淮击,大破之。司马国璠寇砀山,竺夔讨破之。七月,妖贼南走据寻
阳,高祖遣刘钟等追之。八月,孙季高乘海伐广州。谦之以蜀众聚
枝江,卢循将苟林略华容,相去百里。临川烈武王讨谦之,又讨林,
林退走。鄱阳太守虞丘延破贼别师于上饶。九月,烈武王使刘遵击
苟林于巴陵,斩之。桓道儿率蔡猛向大薄,又遣刘基讨之,斩猛。十
月,高祖以舟帅南征。是时,徐道覆率二万余人攻荆州,烈武王距
之。战于江津,大破之,枭珍其十八九。道覆战船走。十一月,刘钟
破贼军于南陵。癸丑,益州刺史鲍陋卒于白帝,谯道福攻没其众。庚
戌,孙季高袭广州,克之。十二月,高祖在大雷,与贼交战,大破之。
贼走左里,进击,又破,死者十八九。贼还广州,刘蕃等追之。七年

二月,蕃拔始兴城,斩徐道覆。卢循还番禺,攻围孙季高。不能克,走交州,交州刺史杜慧度斩之。四月,到彦之攻谯道福于白帝,拔之。

义熙四年正月庚子,荧惑犯天江。占同上。五月丁未,月奄斗第二星。占同上。壬子,填星犯天廪。占曰:"天下饥,仓粟少。"六月己丑,大白犯太微西上将。己卯,又犯左执法。十月戊子,荧惑入羽林。占悉同上。五年,高祖讨鲜卑。六年,左仆射孟昶仰药卒。是后,南北军旅,运转不息。

义熙五年二月甲子,月犯昴。占曰:"胡不安。天子破匈奴。"四月甲戌,荧惑犯辰星,在东井。占同三年。五月戊戌,岁星入羽林。占同上。九月壬寅,月犯昴。占同二月。十月,荧惑犯氐。占同二年。闰月丁酉,月犯昴。占同二月。辛亥,荧惑犯钩钤。占同元年。十二月辛丑,太白犯岁星,在奎。占曰:"大兵起,鲁有兵。"己酉,月奄心大星。占曰:"王者恶之。"是年四月,高祖讨鲜卑。什圭为其子所杀。十一月,西虏攻安定,姚略自以大众救之。六年二月,鲜卑灭。皆胡不安之应也。是时,鲜卑跨鲁地,又鲁有兵之应也。五月,卢循逼郊甸,宫卫被甲。

义熙六年三月丁卯,月奄房南第二星。占曰:"灾在次相。"己巳,又奄斗第五星。占曰:"斗主兵,兵起。"一曰:"将军死。"太白犯五诸侯。占曰:"诸侯有诛。"五月甲子,月奄斗第五星。占同三月。己亥,月奄昴。占曰:"国有忧。"一曰:"有白衣之会。"六月己丑,月犯房南第二星。甲午,太白昼见。占并同上。七月己亥,月犯舆鬼。占曰:"国有忧。"一曰:"秦有兵。"八月壬午,太白犯轩辕大星。甲申,月犯心前星,灾在豫州。丙戌,月犯斗第五星。占悉同上。五月丁亥,月奄牛宿南星。占曰:"天下有大诛。"乙未,太白犯少微。丙午,太白在少微而昼见。九月甲寅,太白犯左执法。丁丑,填星犯毕。占曰:"有边兵。"是年三月,始兴太守徐道覆反,江州刺史何无忌讨之,大败于豫章,无忌死之。四月,卢循寇湘中,没巴陵。五月,循等大破豫州刺史刘毅,毅仅以身免。循率众逼京畿。是月,左仆射孟昶惧王威不振,仰药自杀。七年二月,刘蕃枭徐道覆首,杜慧度斩卢循,并传首京都。八年六月,临川烈武王道规薨,时为豫州。八月,皇后王氏崩。九月,兖州刺史刘蕃、尚书仆射谢混伏诛。高祖西讨刘毅,斩之。十二月,遣益州刺史朱龄石伐蜀。九年,诸葛长民伏诛。林邑王范胡达将万余人寇九真,九真太守杜慧期距破之。七月,朱龄石灭蜀。

义熙七年四月辛丑,荧惑入舆鬼。占曰:“秦有兵。”一曰:“雍州有灾。”六月,太白昼见,在翼。占同元年。己亥,填星犯天关。占曰:“臣谋主。”庚子,月犯岁星,在毕。占曰:“有边兵,且饥。”七月丁卯,岁星在参。占曰:“岁、填合,为内乱。”一曰:“益州战不胜,亡地。”五虹见东方。占曰:“天子黜,圣人出。”八月乙未,月犯岁星,在参。占曰:“益州兵饥。”太白犯房南第二星。十一月丙午,太白犯哭泣星。占悉同上。七月,朱龄石克蜀,蜀民寻又反,又讨灭之。八年,诛刘蕃、谢混,灭刘毅。皇后王氏崩。九年,诛诸葛长民。十一年,讨荆州刺史司马休之、雍州刺史鲁宗之,破之也。

义熙八年正月庚戌,月犯岁星,在毕。占同上。七月癸亥,月奄房北第二星。占同上。甲申,太白犯填星,在东井。占曰:“秦有大兵。”己未,月犯井钺。八月戊申,月犯泣星。十月辛亥,月奄天关。占曰:“有兵。”十月丁丑,填星犯东井。占曰:“大人忧。”十二月癸卯,填星犯井钺。是年八月,皇后王氏崩。九月,诛刘蕃、谢混,灭刘毅。九年三月,诛诸葛长民。西房攻羌安定戍,克之。十二月,朱龄石伐蜀。九年七月,朱龄石灭蜀。

义熙九年二月丙午,荧惑、填星皆犯东井。占曰:“秦有兵。”壬辰,岁星、荧惑、填星、太白聚于东井,从岁星也。荧惑入舆鬼。太白犯南河。初义熙三年,四星聚奎,奎、娄,徐州分。是时慕容超僭号于齐,侵略徐、兖,连岁寇抄,至于淮、泗。姚兴、谯纵、僭伪秦、蜀。卢循、木末南北交侵。五年,高祖北殄鲜卑,是四星聚奎之应也。九年,又聚东井。东井,秦分。十三年,高祖定关中,又其应也。而纵、循群凶之徒,皆已剪灭,于是天人归望,建国旧徐,元熙二年,受终纳禅，皆其征也。《星传》曰："四星若合，是谓太阳，其国兵丧并起，君子忧，小人流。五星若合，是谓易行。有德受庆，攻立王者，奄有四方；无德受罚，离其国家，灭其宗庙。"今案遗文所存，五星聚者有三：周、汉以王，齐以霸，周将伐殷，五星聚房。齐桓将霸，五星聚箕。汉高入秦，五星聚东井。齐则永终侯伯，卒无更纪之事。是则五星聚有不易行者矣。四星聚者有九：汉光武、晋元帝并中兴，而魏、宋并更纪。是则四星聚有以易行者矣。昔汉平帝元始四年，四星聚柳、张，各五日。柳、张，三河分。后有王莽、赤眉之乱，而光武兴复于洛。晋怀帝永嘉六年，四星聚牛、女，后有刘聪、石勒之乱，而元皇兴复杨土。汉献帝初平元年，四星聚心，又聚箕、尾。心，豫州分。后有董卓、李傕暴乱，黄巾、黑山炽扰，而魏武迎帝都许，遂以兖、豫定，是其应也。一曰："心为天王，大兵升殿，天下大乱之兆也。"韩馥以为尾、箕燕兴之祥，故奉幽州牧刘虞。虞既距之，又寻灭亡，固已非矣。尾为燕，又为吴，此非公孙度，则孙权也。度偏据僻陋，然亦郊祀备物，皆为改汉矣。建安二十二年，四星又聚，二十五年而魏文受禅。此为四星三聚而易行矣。蜀臣亦引后聚为刘备之应。案太元十九年、义熙三年九月，四星各一聚，而宋有天下，与魏同也。鱼豢云："五星聚冀方，而魏有天下。"荧惑入舆鬼。占曰："兵丧。"太白犯南河。占曰："兵起。"后皆有应。

五月壬辰，太白犯右执法，昼见。占同上。七月庚午，月奄钩钤。占曰："喉舌臣忧。"九月庚午，岁星犯轩辕大星。己丑，月犯左角。十年正月丁卯，月犯毕。占曰："将相有以家坐罪者。"二月己酉，月犯房北星。五月壬寅，月犯牵牛南星。乙丑，岁星犯轩辕大星。占悉同上。六月丙申，月奄氐。占曰："将死之，国有诛者。"七月庚辰，月犯天关。占曰："兵起。"荧惑犯井钺，填犯舆鬼，遂守之。占曰："大人忧，宗庙改。"八月丁酉，月奄牵牛南星。占同上。九月，填星犯舆鬼。占曰："人主忧。"丁巳，太白入羽林。十二月己酉，月犯西咸。占曰："有阴谋。"十一年二月丁巳，月入毕。占曰："天下兵起。"一曰："有边兵。"己卯，填星入舆鬼。闰月丙午，填星又入舆鬼。占曰："为旱，为疫，为乱臣。"五月甲申，彗星出天市，扫帝座，在房、心。房、心，宋之分野。案占，"得彗柄者兴，除旧布新。"宋兴之象。癸卯，荧惑从行入太微。甲辰，犯右执法。六月己未，太白犯东井。占曰："秦有兵。"戊寅，犯舆鬼。占曰："国有忧。"七月辛丑，月犯毕。占同上。八月壬子，月犯氐。占同上。庚申，太白从行从右掖门入太微。丁卯，奄左执法。十一月癸亥，月入毕。占同上。乙未，月入舆鬼而晕。占曰："主忧，财宝出。"一曰："晕，有赦。"十二年五月甲申，月犯岁星，在左角。占曰："为饥。留房、心之间，宋之分野，与武王伐纣同，得岁者王。"于时晋始封高祖为宋公。六月壬子，太白从行入太微右掖门。己巳，月犯毕。占同上。七月，月犯牛宿。占曰："天下有大诛。"十月丙戌，月入毕。占同上。十三年五月丙子，月犯轩辕。丁亥，犯牵牛。癸巳，荧惑犯右执法。八月己酉，月犯牵牛。丁卯，月犯太微。占曰："人君忧。"九月壬辰，荧惑犯轩辕。十月戊申，月犯毕。占悉同上。月犯箕。占曰："国有忧。"甲寅，月犯毕。占同上。乙卯，填星犯太微，留积七十余日。占曰："亡君之戒。"壬戌，月犯太微。占同上。十一月，月于太微，奄填星。占曰："王者恶之。"十四年三月癸丑，太白犯五诸侯。占同上。四月壬申，月犯填星，于张。占曰："天下有大丧。"五月庚子，月犯太微。占同上。壬子，有星孛于北斗魁中。占曰："有圣人受命。"七月甲辰，荧惑犯舆鬼。占曰："秦有兵。"丁巳，月犯东井。占曰："军将死。"癸亥，彗星出太微西，柄起上相星下，芒渐长至十余丈，进归北斗紫微中台。占曰："彗山太微，社稷亡，天下易王。入北斗紫微，帝宫空。"一曰："天下得圣主。"八月甲子，太白犯轩辕。癸酉，填星入太微，犯右执法，因留太微中，积二百余日乃去。占曰："填星守太微，亡君之戒，有徙王。"九月乙未，太白入太微，犯左执法。丁巳，月入太微。占曰："大人忧。"十月癸巳，荧惑入太微，犯西蕃上将，仍从行至左掖门内，留二十日乃逆行。元年三月五日，出西蕃上将西三尺许，又从还入太微。时填星在太微，绕填星成钩己。其年四月二十七日丙戌，从端门出。占曰："荧惑与填星钩己，天下更纪。"甲申，月入太微。占同上。十一年正月,高祖讨司马休之、鲁宗之等,溃奔长安。五月,林邑寇交州,交州刺史杜慧度距战于九真,大为所败。十三年七月,高祖伐羌。十月,前驱定陕、洛。十三年三月,索头大众缘河为寇,高祖讨之,奔退。其别帅托跋嵩交战,又大破之,嵩众歼焉。进复攻关。八月,擒姚泓,司、兖、秦、雍悉平,索头凶惧。十四年,高祖还彭城,受宋公。十一月,左仆射、前将军刘穆之卒。明年,西虏寇长安,雍州刺史朱龄石诸军陷没,官军舍而东。十二月,安帝崩,母弟琅邪王践阼,是曰恭帝。

晋恭帝元熙元年正月丙午,三月壬寅,月犯太微。占悉同上。乙卯,辰星犯轩辕。六月庚辰,太白犯太微。七月,月犯岁星。己卯,月犯太微,太白昼见。占悉同上。自义熙元年至是,太白经天者九,日有蚀,从上始。革代更王,臣民失君之象也。是夜,太白犯哭星。十二月丁巳,月、太白俱入羽林。二年二月庚午,填星犯太微。占悉同上。元年十月,高祖受宋王。二年六月,晋帝逊位,高祖入宫。

宋书卷二六
志第一六

天文四

　　宋武帝永初元年十月辛丑,荧惑犯进贤。占曰:"进贤官诛。"十一月乙卯,荧惑犯填星于角。占曰:"为丧,大人恶之。"一曰:"兵起。"十二月庚子,月犯荧惑于亢。占曰:"为内乱。"一曰:"贵人忧。角为天门,亢为朝廷。"三年五月,宫车晏驾。七月,太傅长沙景王道怜薨。索头攻略青、司、兖三州,于是禁兵大出。是后,司徒徐羡之、尚书令傅亮、领军谢晦等废少帝,内乱之应。

　　永初元年十二月甲辰,月犯南斗。占曰:"大臣忧。"三年七月,长沙王薨。索房寇青、司二州,大军出救。

　　永初二年六月甲申,太白昼见。占:"为兵丧,为臣强。"三年五月,宫车晏驾。寻遣兵出救青、司。其后,徐羡之等秉权,臣强之应也。

　　永初二年六月乙酉,荧惑犯氐;乙巳,犯房。占曰:"氐为宿宫,房为明堂,人主有忧。房又为将相,将相有忧。氐、房又兖、豫分。"三年五月,宫车晏驾。七月,长沙王薨,王领兖州也。景平元年,庐陵王义真废,王领豫州也。

　　永初二年十月,太白犯填星于亢。亢,兖州分,又为郑。占曰:"大星有大兵。金土合,为内兵。"三年,索头攻略青、冀、兖三州,禁兵大出,兖州失守,虎牢没。

　　永初三年正月丁卯,月犯南斗。占同元年。一曰:"女主当之。"

二月辛卯，有星孛于虚危，向河津，埽河鼓。占曰："为兵丧。"五月，宫车晏驾。明年，遣军救青、司。二月，太后萧氏崩。

永初三年二月壬辰，填星犯亢。占曰："诸侯有失国者，民多流亡。"一曰："廷臣为乱。亢，兖州分，又为郑。"其年，索头攻围司、兖，兖州刺史徐琰委守奔败，司州刺史毛德祖距守陷没，缘河吏民，多被侵略。

永初三年三月壬戌，月犯南斗。占同正月。五月丙午，犯轩辕。占曰："女主当之。"六月辛巳，月犯房。占曰："将相有忧，豫州有灾。"癸巳，犯岁星于昴。占曰："赵、魏兵饥。"其年，虏攻略青、兖、司三州。庐陵王义真废，王领豫州也。二月，太后萧氏崩。元嘉三年，司徒徐羡之等伏诛。

永初三年九月癸卯，荧惑经太微，犯左执法。已未，犯右执法。占悉同上。十月癸酉，太白犯南斗。占曰："国有兵事，大臣有反者。"辛巳，荧惑犯进贤。占曰："进贤官诛。"明年，师出救青、司。景平二年，徐羡之等废帝徙王。元嘉三年，羡之及傅亮、谢晦悉诛。

永初三年十一月戊午，有星孛于室壁。占曰："为兵丧。"明年，兵救青、司。二月，太后萧氏崩。营室，内宫象也。

永初三年十一月癸亥，月犯亢、氐。占曰："国有忧。"十一月戊戌，荧惑犯房。房为明堂，王者恶之。一曰："将相忧。"景平二年，羡之等废帝，因害之。元嘉三年，羡之等伏诛。

少帝景平元年正月乙卯，有星孛于东壁南，白色，长二丈余，拂天苑，二十日灭。二月，太后萧氏崩。十月戊午，有星孛于氐北，尾长四丈，西北指，贯摄提，向大角，东行，日长六七尺，十余日灭。明年五月，羡之等废帝。

文帝元嘉元年十月，荧惑犯心。元嘉三年正月甲寅夜，天东南有黑气，广一丈，长十余丈。元嘉六年五月，太白昼见经天。元嘉七年三月，太白犯岁星于奎。六月，荧惑犯东井舆鬼，入轩辕。月犯岁星。十一月癸未，西南有气，上下赤，中央黑，广三尺，长三十余丈，状如旌旗。十二月丙戌，有流星头如瓮，尾长二十余丈，大如数十斛船,赤色有光照人面,从西行,经奎北大星南过,至东壁止。其年,索虏寇青、司,杀刺史、掠居民。遣征南大将军檀道济讨伐,经岁乃归。

　　元嘉八年四月辛未,太白昼见,在胃。五月,犯天关东井。六月庚子,荧惑入东井。七月壬戌夜,白虹见东方。丁丑,太白犯上将。八月癸未,太白入太微右掖门内,犯左执法。乙未,荧惑犯积尸。九月丙寅,流星大如斗,赤色,发太微西蕃,北行,未至北斗没,余光长三丈许。十月丙辰,金土相犯,在须女。月奄天关东井。十二月,月犯房钩钤。十年,仇池氏寇汉中,梁州失戍。

　　元嘉九年正月庚午,荧惑入舆鬼。三月,月犯轩辕。四月,犯左角。岁星入羽林。月犯房钩钤。己丑,太白入积尸。五月,犯轩辕。月掩南斗第六星。辛酉,荧惑入太微右掖门,犯右执法。七月丙午,月蚀左角。八月癸未,太白犯心前星。乙酉,犯心明堂星。元嘉十年十月,有流星大如瓮,尾长二十余丈。元嘉十一年二月庚子,月犯毕,入毕口而出,因晕昴、毕,西及五车,东及参。三月丙辰,太白昼见,在参。闰月戊寅,太白犯五诸侯。己丑,月入东井,犯太白。于时,司徒彭城王义康专权。

　　元嘉十二年五月壬戌,月犯右执法。七月壬戌,荧惑犯积尸,奄上将。十月丙午,月犯右执法。十二月甲申,太白犯羽林。十七年,上将、执法皆被诛。

　　元嘉十三年正月庚午,月犯荧惑。二月,月犯太微东蕃第一星。十一月辛亥,岁星犯积尸。十二月戊子,荧惑入羽林。后年,废大将军彭城王义康及其党与。凡所收掩,皆羽林兵出。

　　元嘉十四年正月,有星晡前昼见东北维,在井左右,黄赤色,大如橘。月犯东井。四月丁未,太白犯舆鬼。五月丙午,太白昼见,在太微。七月辛卯,岁星入轩辕。八月庚申,荧惑犯上将。九月丙戌,荧惑犯左执法。其后,皇后袁氏崩,丹阳尹刘湛诛,尚书仆射殷景仁薨。

　　元嘉十五年四月己卯,月犯氐。十月壬戌,流星大如鸭子,出文昌,入紫宫,声如雷。十一月癸未,荧惑入羽林。丁未,月犯东井钺星。其后，诛丹阳尹刘湛等。

元嘉十六年二月，岁星逆行，犯左执法。五月丁卯，太白昼见胃、昴间，月入羽林，太白犯毕，岁星左执法。七月，月会填星。八月，太白犯轩辕。明年，皇后袁氏崩。荧惑犯太微西上将。太白昼见，在翼。九月，荧惑同入太微相犯，太白犯左执法，荧惑犯右执法。十月，岁星荧惑相犯，在亢。十一月，荧惑犯房北第一星。明年，大将军义康出徙豫章，诛其党与。尚书仆射、扬州刺史殷景仁薨。

元嘉十九年九月，客星见北斗，渐为彗星，至天苑末灭。元嘉二十年二月二十四日乙未，有流星大如桃，出天津，入紫宫，须臾有细流星或五或三相续，又有一大流星从紫宫出，入北斗魁，须臾又一大流星出，贯索中，经天市垣，诸流星并向北行，至晓不可称数。流星占并云："天子之使。"又曰："庶民惟星。星流，民散之象。"至二十七年，索虏残破青、冀、徐、兖、南兖、豫六州，民死太半。

元嘉二十二年二月，金火木合东井。四月，月犯心，太白入轩辕。七月，太白昼见。其冬，太子詹事范晔谋反伏诛。

元嘉二十三年正月，金火相烁。其月，索虏寇青州，驱略民户。

元嘉二十四年正月，月犯心大星。天星并西流，多细，大不过如鸡子，尾有长短，当有数百，至旦日光定乃止，有入北斗紫宫者。占："流星群趋所之者，兵聚其下，有大急。"又占："众星并流，将军并举兵。随星所之，以应天气。"又占："流星入紫宫，有丧，水旱不调。"又占："流星入北斗，大臣有系者。"又占："流星为民，大星大臣流，小星小民流。"四月，太白昼见。八月，征北大将军衡阳王义季薨。豫章民胡诞世率其宗族破郡县，杀太守及县令。

元嘉二十五年正月，火、水入羽林。月犯岁星。太白昼见经天。元嘉二十六年十月，彗星入太微。十一月，白气贯北斗。二十七年夏，太白昼见经天。九月，太白犯岁星。十月，荧惑入大微。元嘉二十八年五月，彗星见卷舌，入太微，逼帝座，犯上相，拂屏，出端门，灭翼、轸。翼、轸，荆州分。太白昼见，犯哭星。三十年，太子巫蛊咒诅事觉，遂杀害朝臣。孝建元年，荆、江二州反，皆夷灭。卷舌，咒诅之象,彗之所起,是其应也。

元嘉二十九年正月,太白昼见经天。明年,东宫弑逆。

孝武孝建元年二月,有流星大如月,西行。其年,豫州刺史鲁爽反诛。

孝建元年九月壬寅,荧惑犯左执法。尚书左仆射建平王宏表解职,不许。

孝建元年十月乙丑,荧惑犯进贤星。吏部尚书谢庄表解职。

孝建二年五月乙未,荧惑入南斗。十月甲辰,又入南斗。大明元年夏,京师疾疫。

孝建三年四月戊戌,太白犯舆鬼。占曰:"民多疾。"明年夏,京邑疫疾。

孝建三年八月甲午,太白入心。占曰:"后九年,大饥至。"大明八年,东土大饥,民死十二三。

大明元年三月癸亥,太白在奎南,犯岁星。占曰:"有灭诸侯。"三年,司空竟陵王诞反诛。

大明元年六月丙申,月在东壁,掩荧惑。占曰:"将军有忧,期不出三年。"至三年,司空竟陵王诞反。

大明二年三月辛未,荧惑入东井。四月己亥,荧惑在东井,犯北轩辕第二星。井,雍州分。其年四月,海陵王休茂为雍州刺史,五年,休茂反诛。

大明二年七月己巳,月掩轩辕第二星。十月辛卯,月掩轩辕。十一月丙戌,月又掩轩辕。轩辕,女主。时民间喧言人主帷薄不修。

大明二年十一月庚戌,荧惑犯房及钩钤。壬子,荧惑又犯钩钤。占曰:"有兵。"其年,索房寇历下,遣羽林军讨破之。

大明三年春正月夜,通天薄云,四方生赤气,长三四尺,乍没乍见,寻皆消灭。占:"名隧星,一曰刀星,天下有兵,战斗流血。"月入太微,犯次将。占曰:"有反臣死,将诛。"三月,月在房,犯钩钤,因蚀。占曰:"人主恶之,将军死。"三月,土守牵牛。占曰:"大人忧疾,兵起,大赦,奸臣贼子谋欲杀主。"四月,犯五诸侯。占曰:"诸侯诛。"

金、水合西方。占曰："兵起。"五月,岁星犯东井钺。占曰："斧钺用,大臣诛。"六月,月入南斗。占曰："大臣大将军诛。"南兖州刺史竟陵王诞寻据广陵反,遣车骑大将军沈庆之领羽林劲兵及豫州刺史宗悫、徐州刺史刘道隆众军攻战。及屠城,城内男女道俗,枭斩靡遗。将军宗越偏用虐刑,先刳肠决眼,或笞面鞭腹,苦酒灌创,然后方加以刀锯。大兵之应也。八月,月犯太白,太白犯房。占曰："人君有忧,天子恶之。"荧惑守毕。占曰："万民饥,有大兵。"九月,太白犯南斗。占曰："大臣有反者。"九月,月在胃而蚀,既,又于昴犯荧惑。占曰："兵起,女主当之,人主恶之。"一曰："女主忧,国王死,民饥。"十月,太白犯哭星。占曰："人主有哭泣之声。"自后六宫多丧,公主薨亡,天子举哀相系。岁大旱,民饥。

大明四年正月,月奄氐。占曰："太将死。"又犯房北第二星。占曰："有乱臣谋其主。"二月,有赤气长一尺余,在太白帝坐北。占曰："兵起,臣欲谋其君。"五月,月入太微。占曰："有反臣,大臣死。"六月,太白犯井钺。占曰："兵起,斧钺用,大臣诛。"月犯心前星。占曰："有乱臣,太子恶之。"月入南斗魁中。占曰："大人忧,女主恶之。"七月,岁星犯积尸。占曰："大臣诛。"十二月,月犯心中央大星。占曰："大人忧。"十二月,通天有云,西及东北并生,合八所,并长四尺,乍没乍见,寻消尽。占曰："天下有兵。"十二月,月犯箕东北星。"女主恶之。"明年,雍州刺史海陵王休茂反。太白犯东井,雍州兵乱之应也。

大明五年正月,岁星犯舆鬼、积尸。占曰："大臣诛,主有忧,财宝散。"月入南斗魁中。占曰："大人忧,天下有兵。"火、土同在须女。占曰："女主恶之。"三月,月掩轩辕。占曰："女主恶之。"有流星数千万,或长或短,或大或小,并西行,至晓而止。占曰："人君恶之,民流亡。"四月,太白犯东井北辕。占曰："大臣为乱,斧钺用。"太白犯舆鬼。占曰："大臣诛,斧钺用,人主忧。"六月,有流星白色,大如瓯,出王良,西南行,没天市中,尾长数十丈,没后余光良久。占曰："天下乱。"八月,荧惑入东井。占曰："大臣当之。"十月,岁星犯太微上将星。太白入亢，犯南第二星。占曰："上将有忧，辅臣有诛者，人君恶之。"十月，太白入氐中，荧惑入井中。占曰："王者亡地，大赦，兵起，为饥。"月入太微，掩西蕃上将，犯岁星。占曰："有反臣死。"大星大如斗，出柳北行，尾十余丈，入紫宫没，尾后余光良久乃灭。占曰："天下凶，有兵丧，天子恶之。"十一月，月掩心前星，又犯大星。占曰："大人忧，兵起，大旱。"十二月，太白犯西建中央星。占曰："大臣相谮。"月犯左角。占曰："天子恶之。"后三年，孝武帝、文穆皇后相系崩，嗣主即位一年，诛灭宰辅将相，虐戮朝臣，祸及宗室，因自受害。

大明六年正月，月在张，犯岁星。占曰："民饥流亡。"月犯心后星。占曰："庶子恶之。"二月，月掩左角。占曰："天子恶之。"三月，荧惑入舆鬼。占曰："有兵，大臣诛，天下多疾疫。"五月，月在张，又入太微，犯荧惑。占曰："国主不安，女主忧。"火犯木翼。占曰："为饥，为旱，近臣、大臣谋主。"有星前赤后白，大如瓯，尾长十余丈，出东壁北，西行没天市，啾啾有声。占曰："其下有兵，天下乱。"月掩昴七星。占曰："贵臣诛，天子破匈奴，胡主死。"岁星犯上将。占曰："辅臣诛，上将忧。"六月，月入太微，犯右执法。占曰："人主不安，天下大惊，主不吉，执法诛。"月犯心后星。占曰："庶子恶之。"七月，月犯箕。占曰："女主恶之。"八月，月入南斗魁中。占曰："大臣诛，斧钺用，吴、越有忧。"明年，扬、南徐州大旱，田谷不收，民流死亡。自后三年，帝、后仍崩，宰辅及尚书令、仆诛戮，索虏主死，新安王兄弟受害，司徒豫章王子尚薨，羽林兵入三吴讨叛逆。

大明七年正月夜，通天薄云，四方合有八气，苍白色，长二三丈，乍见乍没，名刀星。占曰："天下有兵。"三月，月犯心后星。占曰："庶子恶之。"四月，火犯金，在娄。占曰："有丧，有兵，大战。"六月，月犯箕。占曰："女主恶之。"太白入东井。占曰："大臣当之。"太白犯东井。占曰："大臣为乱，斧钺用。"七月，荧惑入东井。占曰："兵起，大将当之。"月入南斗魁，犯第二星。占曰："大人忧，吴郡当之。"太白犯舆鬼。占曰："兵起，大将诛，人主忧，财帛出。"八月，月入哭星中间。太白犯轩辕少民星。占曰:"人主忧,哭泣之声,民饥流亡。"太白入太微。占曰:"近臣起兵,国不安。"荧惑犯鬼,太白犯右执法。占曰:"大臣诛。"十月,金、水相犯。占曰:"天下饥。"荧惑守轩辕第二星。占曰:"宫中忧,有哀。"十一月,岁星入氐。占曰:"诸侯人君有入宫者。"十二月,月犯五车。占曰:"天库兵动。"后二年,帝、后崩,大臣将相诛灭,皇子被害,皇太后崩,四方兵起,分遣诸军推锋外讨。

大明八年正月,月掩舆鬼。占曰:"大臣诛。"月入南斗魁中,掩第二星。占曰:"大人忧,女主恶之。"二月,月犯南斗第四星,入魁中。占曰:"大人有忧,女主当之。豫章受灾。"四月,月入南斗魁中,犯第三星。占曰:"大人有忧,女主恶之,丹杨当之。"大白入东井,入太微,犯执法。占曰:"执法诛,近臣起兵,国不安。"六月,岁星犯氐。占曰:"岁大饥。"有流星大如五斗瓯,赤色有光,照见人面,尾长一丈余,从参北东行,直下经东井,过南河,没。占曰:"民饥,吴、越有兵。"七月,岁星入氐。十月,太白守房。占曰:"有兵,大丧。"月掩食房。占曰:"有丧,大饥。"此后,国仍有大丧,丹杨尹颜师伯、豫章王子尚死。明年,昭太后崩。四方贼起,王师水陆征伐,义兴晋陵县大战,杀伤千计。

前废帝永光元年正月丁酉,太白掩牵牛。牵牛,越分。其月庚申,月在虚宿,犯太白。虚,齐地。二月甲申,月入南斗。南斗,扬州分野,又为贵臣。三月庚子,月入舆鬼,犯积尸。舆鬼主斩戮。六月庚午,荧惑入东井。东井,雍州分。其月壬午,有大流星前赤后白,入紫宫。景和元年九月丁酉,荧惑入轩辕,在女主大星北。十月,荧惑入太微,犯西上将。十一月丁未,太白犯哭星。其月乙卯,月犯心。心为天王。其年,大宰江夏王义恭、尚书令柳元景、尚书仆射颜师伯等并诛。太尉沈庆之薨。庐陵王敬先、南平王敬猷、南安侯敬渊并赐死。废帝殒。明年,会稽太守寻阳王子房、广州刺史袁昙远、雍州刺史袁顗、青州刺史沈文秀并反。昭太后崩。

明帝泰始元年十二月己巳,太白入羽林。占曰:"羽林兵动。"乙亥，白气入紫宫。占曰：“有丧事。”明年，羽林兵出讨。昭太后崩。

泰始二年正月甲午，荧惑逆行，在屏西南。占曰：“有兵在中。”其月丙申，月晕五车，通毕、昴。占曰：“女主恶之。”其月庚子，月犯舆鬼。占曰：“将军死。”其月甲寅，流星从五车出，至紫宫西蕃没。占曰：“有兵。”其月丙辰，黑气贯宿。占曰：“王侯有归骨者。”三月乙未，有流星大小西行，不可称数，至晓乃息。占曰：“民流之象。”四月壬午，荧惑入太微，犯右执法。月在丙子，岁星昼见南斗度中。占曰：“其国有军容，大败。”其月己卯，竟夜有流星百余西南行，一大如瓯，尾长丈余，黑色，从河鼓出。又曰：“有兵。”其月壬午，太白在月南并出东方，为犯。占曰：“有破军死将，王者亡地。”七月甲午，月犯心。心为宋地。其月丙午，月犯南斗。占曰：“大臣诛。”其月乙卯，荧惑犯氐。氐，兖州分野。十月辛巳，太白入氐。占曰：“春谷贵。”十一月癸巳，太白犯房。占曰：“牛多死。”其年，四方反叛，内兵大出，六师亲戎。昭太后崩。大将殷孝祖为南贼所杀。尚书右仆射蔡兴宗以荧惑犯右执法自解，不许。九月，诸方反者皆平，多有归降者。后失淮北四州地，彭城、兖州并为虏州没，民流之验也。彭城、宋分也。是春，谷贵，民饥。明年，牛多疾死，诏太官停宰牛。

泰始三年六月甲辰，月犯东井。占曰：“军将死。”荧惑犯舆鬼。占曰：“金钱散。”又曰：“不出六十日，必大赦。”八月癸卯，天子以皇后六宫衣服金钗杂物赐北征将士。明年二月，护军王玄谟薨。

泰始四年六月壬寅，太白犯舆鬼。占曰：“民大疾，死不收。”其年，普天大疫。

泰始五年二月丙戌，月犯左角。占曰：“三年，天子恶之。”三月庚申，月犯建星。占曰：“易相。”十月壬午，月犯毕。占曰：“天子用法，诛罚急，贵人有死者。”其月丙申，太白犯亢。占曰：“收敛国兵以备北方。”其年冬，建安王休仁解扬州，桂阳王休范为扬州。扬州牧，前后常宰相居之，易相之验也。七年，晋平王休祐、建安王休仁并见杀。时失淮北，立戍以备防北虏。后三年，宫车晏驾。

泰始六年正月辛巳，月犯左角。同前占。八月壬辰，荧惑犯南斗。南斗，吴分。十一月乙亥，月犯东北辕。占曰："大人当之。"又曰："大臣有诛者。"二年，杀扬州刺史王景文。宫车晏驾。

后废帝元徽三年七月丙申，太白入角，犯岁星。占曰："角为天门，国将有兵事。"占，于角太白与木星会，"杀军在外，破军杀将。"其月丁巳，太白入氐。氐为天子宿宫，太白兵凶之星。八月己巳，太白犯房北头第二星。占曰："王失德。"九月癸卯，太白犯南斗第三星。占曰："大人当之，国易政。"十月丙戌，岁星入氐。占曰："诸侯人君有来入宫者。"十一月庚戌，月入太微，奄屏西南星。占曰："贵者失势。"四年七月，建平王景素据京口反。时废主凶慝无度，五年七月殒，安成王入篡皇阼。三年，齐受禅。

元徽四年三月乙巳朔，月犯房北头第一星，进犯键闭星。占曰："有谋伏甲兵在宗庙中，天子不可出宫下堂，多暴事。"九月甲辰，填星犯太微西蕃。占曰："立王。"一曰："徙王。"又曰："大人忧。"时废帝出入无度，卒以此殒，安成王立。

元徽五年正月戊申，月犯南斗第五星。与前同占。四月丁巳，荧惑犯舆鬼西北星。占曰："大人忧，近期六十日，远期六月日。"又曰："人君恶之。"其月丙子，太白犯舆鬼西北星。占曰："大赦。"五月戊申，太白昼见午上，光明异常。占曰："更姓。"六月壬戌，月犯钩钤星。占曰："有大令。"其月乙丑，月犯南斗第四星。与前同占。七月，废帝殒，大赦天下。后二年，齐受禅。

顺帝升明元年八月庚申，月入南斗，犯第三星。与前同占。九月丁亥，太白在翼，昼见经天。占曰："更姓。"闰十二月癸卯夜，月奄南斗第四星。与前同占。

宋书卷二七
志第一七

符瑞上

　　夫体睿穷几,含灵独秀,谓之圣人,所以能君四海而役万物,使动植之类,莫不各得其所。百姓仰之,欢若亲戚,芬若椒兰,故为旗章舆服以崇之,玉玺黄屋以尊之,以神器之重,推之于兆民之上,自中智以降,则万物之为役者也。性识殊品,盖有愚暴之理存焉。见圣人利天下,谓天下可以为利,见万物之归圣人,谓之利万物。力争之徒,至以逐鹿方之,乱臣贼子,所以多于世也。夫龙飞九五,配天光宅,有受命之符,天人之应。《易》曰:“河出《图》,洛出《书》,而圣人则之。”符瑞之义大矣。

　　赫胥、燧人之前,无闻焉。

　　太昊帝宓羲氏,母曰华胥。燧人之世,有大迹出雷泽,华胥履之,而生伏羲于成纪。蛇身人首,有圣德。燧人氏没,宓羲代之,受《龙图》,画八卦,所谓“河出《图》”者也。有景龙之瑞。

　　炎帝神农氏,母曰女登,游于华阳,有神龙首感女登于常羊山,生炎帝。人身牛首,有圣德,致大火之瑞。嘉禾生,醴泉出。

　　黄帝轩辕氏,母曰附宝,见大电光绕北斗枢星,照郊野,感而孕。二十五月而生黄帝于寿丘。弱而能言,龙颜,有圣德,劾百神朝而使之。应龙攻蚩尤,战虎、豹、熊、罴四兽之力。以女魃止淫雨。天下既定,圣德光被,群瑞毕臻。有屈轶之草生于庭,佞人入朝则草指之,是以佞人不敢进。有景云之瑞,有赤方气与青方气相连,赤方中有两星，青方中有一星，凡三星，皆黄色，以天清明时见于摄提，名曰景星。黄帝黄服斋于中宫，坐于玄扈洛水之上，有凤皇集，不食生虫，不履生草，或止帝之东园，或巢于阿阁，或鸣于庭，其雄自歌，其雌自舞。麒麟在囿，神鸟来仪。有大蝼如羊，大螾如虹。黄帝以土气胜，遂以土德王。五十年秋七月庚申，天雾三日三夜，昼昏。黄帝以问天老、力牧、容成曰：“于公何如？”天老曰：“臣闻之，国安，其主好文，则凤皇居之；国乱，其主好武，则凤皇去之。今凤皇翔于东郊而乐之，其鸣音中夷则，与天相副。以是观之，大有严教以赐帝，帝勿犯也。”乃召史卜之。龟燋，史曰：“臣不能占也。其问之圣人。”帝曰：“已问天老、力牧、容成矣。”史北面再拜曰：“龟不违圣智，故燋。”雾除，游于洛水之上，见大鱼，杀五牲以醮之，天乃甚雨，七日七夜，鱼流于海，得《图》、《书》焉。《龙图》出河，《龟书》出洛，赤文篆字，以授轩辕。轩辕接万神于明庭，今寒门谷口是也。

帝挚少昊氏，母曰女节，见星如虹，下流华渚，既而梦接意感，生少昊。登帝位，有凤皇之瑞。

帝颛顼高阳氏，母曰女枢，见瑶光之星，贯月如虹，感己于幽房之宫，生颛顼于若水。首戴干戈，有圣德。生十年而佐少昊氏，二十而登帝位。

帝喾高辛氏，生而骈齿，有圣德。代高阳氏王天下。使鼓人拊鞞鼓，击钟磬，凤皇鼓翼而舞。

帝尧之母曰庆都，生于斗维之野，常有黄云覆覆其上。及长，观于三河，常有龙随之。一旦，龙负《图》而至，其文要曰：“亦受天祐。”眉八彩，鬓发长七尺二寸，面锐上丰下，足履翼宿。既而阴风四合，赤龙感之。孕十四月而生尧于丹陵，其状如图。及长，身长十尺，有圣德，封于唐。梦攀天而上。高辛氏衰，天下归之。在帝位七十年，景星出翼，凤皇在庭，朱草生，嘉禾秀，甘露润，醴泉出，日月如合璧，五星如连珠。厨中自生肉，其薄如箑，摇动则风生，食物寒而不臭，名曰“箑脯。”又有草夹阶而生，月朔始生一荚，月半而生十五荚，十六日以后，日落一荚，及晦而尽，月小则一荚焦而不落，名曰

"冀莢",一曰"历莢。"归功于舜,将以天下禅之,乃洁斋修坛场于
河、洛,择良日,率舜等升首山,遵河渚。有五老游焉,盖五星之精
也。相谓曰:"《河图》将来告帝以期,知我者重瞳黄姚。"五老因飞为
流星,上入昴。二月辛丑昧明,礼备,至于日昃,荣光出河,休气四
塞,白云起,回风摇,乃有龙马衔甲,赤文绿色,临坛而止,吐《甲图》
而去。甲似龟,背广九尺,其图以白玉为检,赤玉为泥以黄金,约以
青绳。检文曰:"闿色授帝舜。"言虞、夏、殷、周、秦、汉当授天命。帝
乃写其言,藏于东序。后二年二月仲辛,率群臣沉璧于洛。礼毕,退
俟,至于下昃,赤光起,玄龟负书而出,背甲赤文成字,止于坛。其书
言当禅舜,遂让舜。

　　帝舜有虞氏,母曰握登,见大虹意感,而生舜于姚墟。目重瞳
子,故名重华。龙颜大口,黑色,身长六尺一寸。舜父母憎舜,使其
涂廪,自下焚之,舜服鸟工衣服飞去。又使浚井,自上填之以石,舜
服龙工衣自傍而出。耕于历,梦眉长与发等。及即帝位,冀莢生于
阶,凤皇巢于庭,击石拊石,百兽率舞,景星出房,地出乘黄之马,西
王母献白环、玉玦。舜在位十有四年,奏钟石笙管未罢,而天大雷
雨,疾风发屋拔木,桴鼓播地,钟磬乱行,舞人顿伏,乐正狂走。舜乃
拥璇持衡而笑曰:"明哉!夫天下非一人之天下也,亦乃见于钟石笙
管乎。"乃荐禹于天,使行天子事。于时和气普应,庆云兴焉,若烟非
烟,若云非云,郁郁纷纷,萧索轮囷,百工相和而歌《庆云》。帝乃倡
之曰:"庆云烂兮,礼缦缦兮。日月光华,旦或旦兮。"群臣咸进,稽首
曰:"明明上天,烂然星陈。日月光华,弘予一人。"帝乃再歌曰:"日
月有常,星辰有行。四时从经,万姓允诚。于予论乐,配天之灵。迁
于圣贤,莫不咸听。鼗乎鼓之,轩乎舞之。精华以竭,褰裳去之。"于
是八风修通,庆云丛聚,蟠龙奋迅于其藏,蛟鱼踊跃于其渊,龟鳖咸
出其穴,迁虞而事夏。舜乃设坛于河,依尧故事。至于下昃,荣光休
气至,黄龙负《图》,长三十二尺,广九尺,出于坛畔,赤文绿错,其文
言当禅禹。

　　帝禹有夏氏,母曰脩己,出行,见流星贯昴,梦接意感,既而吞

神珠。脩己背剖而生禹于石纽。虎鼻口，两耳参镂，首戴钩钤，匈有玉斗，足文履已，故名文命。长有圣德。长九尺九寸，梦自洗于河，以手取水饮之。又有白狐九尾之瑞。当尧之世，舜举之。禹观于河，有长人白面鱼身，出曰："吾河精也。"呼禹曰："文命治淫。"言授禹《河图》，言治水之事，乃退入于渊。禹治水既毕，天锡玄圭，以告成功。夏道将兴，草木畅茂，青龙止于郊，祝融之神，降于崇山。乃受舜禅，即天子之位。洛出《龟书》六十五字，是为《洪范》，此谓"洛出《书》"者也。南巡狩，济江，中流有二黄龙负舟，舟人皆惧。禹笑曰："吾受命于天，屈力以养人。生，性也。死，命也。奚忧龙哉！"龙于是曳尾而逃。

高辛氏之世妃曰简狄，以春分玄鸟至之日，从帝祀郊禖，与其妹浴于玄丘之水。有玄鸟衔卵而坠之，五色甚好，二人竞取，覆以玉筐。简狄先得而吞之，遂孕。匈剖而生契。长为尧司徒，成功于民，受封于商。后十三世，生主癸。主癸之妃曰扶都，见白气贯月，意感，以乙日生汤，号天乙。丰下锐上，晰而有须，句身而扬声，身长九尺，臂有四肘，是曰殷汤。汤在亳，能修其德。伊挚将应汤命，梦乘船过日月之傍，汤乃东至于洛，观帝尧之坛，沉璧退立，黄鱼双踊，黑鸟随鱼止于坛，化为黑玉。又有黑龟，并赤文成字，言夏桀无道，汤当代之。梼杌之神，见于邳山。有神牵白狼衔钩而入商朝。金德将盛，银自山溢。汤将奉天命放桀，梦及天而舐之，遂有天下。商人后改天下之号曰殷。

高辛氏之世妃曰姜嫄，助祭郊禖，见大人迹履之，当时歆如有人道感己，遂有身而生男。以为不祥，弃之厄巷，羊牛避而不践；又送之山林之中，会伐林者荐覆之；又取而置寒冰上，大鸟来以一翼藉覆之。姜嫄以为异，乃收养焉，名之曰弃。枝颐有异相。长为尧稷官，有功于民。后稷之孙曰公刘，有德，诸侯皆以天子之礼待之。初，黄帝之世，谶言曰："西北为王，期在甲子，昌制命，发行诛，旦行道。"及公刘之后，十三世而生季历。季历之十年，飞龙盈于殷之牧野，此盖圣人在下位将起之符也。季历之妃曰大任，梦长人感己，溲于豕牢而生昌，是为周文王。龙颜虎肩，身长十尺，匈有四乳。大王曰：“吾世当有兴者，其在昌乎！”季历之兄曰太伯，知天命在昌，适越终身不反。弟仲雍从之，故季历为嗣以及昌。昌为西北，作邑于丰。文王之妃曰大姒，梦商庭生棘，太子发植梓树于阙间，化为松柏棫柞。以告文王，文王币告群臣，与发并拜告梦。季秋之甲子，赤爵衔书及丰，止于昌户，昌拜稽首受之。其文要曰：“姬昌，苍帝子，亡殷者纣王。”将畋，史遍卜之，曰：“将大获，非熊非罴，天遗汝师以佐昌。臣太祖史畴为禹卜畋，得皋陶。其兆如此。”王至于磻溪之水，吕尚钓于涯，王下趋拜曰：“望公七年，乃今见光景于斯。”尚立变名答曰：“望钓得玉璜，其文要曰：‘姬受命，昌来提，撰尔洛钤报在齐。’”尚出游，见赤人自洛出，授尚书曰：“命曰吕，佐昌者子。”文王梦日月著其身，又鸑鷟鸣于岐山。孟春六旬，五纬聚房。后有凤皇衔书，游文王之都。书又曰：“殷帝无道，虐乱天下，皇命已移，不得复久，灵祇远离，百神吹去，五星聚房，昭理四海。”文王既没，太子发代立，是为武王。武王骈齿望羊。将伐纣，至于孟津，八百诸侯不期而会，咸曰：“纣可伐矣。”武王不从。及纣杀比干，囚箕子，微子去之，乃伐纣。度孟津，中流，白鱼跃入王舟。王俯取鱼，长三尺，目下有赤文成字，言纣可伐。王写以世字，鱼文消。燔鱼以告天。有火自天止于王屋，流为赤乌，乌衔谷焉。谷者，纪后稷之德；火者，燔鱼以告天，天火流下，应以吉也。遂东伐纣，胜于牧野，兵不血刃，而天下归之。乃封吕望于齐。周德既隆，草木茂盛，蒿堪为宫室，因名蒿宫。武王没，成王少，周公旦摄政七年，制礼作乐，神鸟凤皇见，蓂荚生。乃与成王观于河、洛，沉璧。礼毕，王退俟，至于日昳，荣光并出幕河，青云浮至，青龙临坛，衔玄甲之图，坐之而去。礼于洛，亦如之。玄龟青龙苍光止于坛，背甲刻书，赤文成字，周公援笔以世文写之，书成文消，龟堕甲而去。其言自周公讫于秦、汉盛衰之符。麒麟游苑，凤皇翔庭，成王援琴而歌曰：“凤皇翔兮于紫庭，余何德兮以感灵，赖先王兮恩泽凑，于胥乐兮民以宁。”

　　鲁哀公十四年，孔子夜梦三槐之间，丰、沛之邦，有赤烟气起，乃呼颜渊、子夏往视之。驱车到楚西北范氏街,见刍儿摘麟,伤其左前足,薪而覆之。孔子曰:"儿来,汝姓为赤诵,名子乔,字受纪。"孔子曰:"汝岂有所见邪?"儿曰:"见一禽,巨如羔羊,头上有角,其末有肉。"孔子曰:"天下已有主也,为赤刘,陈、项为辅,五星入井从岁星。"儿发薪下麟示孔子,孔子趋而往,麟蒙其耳,吐三卷图,广三寸,长八寸,每卷二十四字,其言赤刘当起,曰:"周亡,赤气起,大耀兴,玄丘制命,帝卯金。"孔子作《春秋》,制《孝经》,既成,使七十二弟子向北辰星罄折而立,使曾子抱《河》、《洛》事北向。孔子斋戒向北辰而拜,告备于天曰:"《孝经》四卷,《春秋》、《河》、《洛》凡八十一卷,谨已备。"天乃洪郁起白雾摩地,赤虹自上下,化为黄玉,长三尺,上有刻文。孔子跪受而读之曰:"宝文出,刘季握。卯金刀,在轸北。字禾子,天下服。"

汉高帝父曰刘执嘉。执嘉之母,梦赤鸟若龙戏己,而生执嘉,是为太上皇帝。母名含始,是为昭灵后。昭灵后游于洛池,有玉鸡衔赤珠,刻曰玉英,吞此者王。昭灵后取而吞之,又寝于大泽,梦与神遇。是时雷电晦冥,太上皇视之,见蛟龙在其上,遂有身而生季,是为高帝。高帝隆准而龙颜,养须髯,左股有七十二黑子。微时,数从王媪、武负贳酒,醉卧,上常有光怪。每留饮,售辄数倍。武负异之,辄折其契。单父人吕公好相人,见高帝,谓曰:"臣少好相人,相人多矣,无如季相,愿季自爱。臣有息女,愿为箕帚妾。"吕公妻媪怒吕公曰:"公常奇此女,欲为贵人。沛令善公,求不与。何妄许刘季?"吕公曰:"非女子所知。"卒与高帝。生惠帝、鲁元公主。吕后尝与两子居田中,有一老公过,请饮,吕后因馈之食。老父相吕后曰:"夫人天下贵人也。"令相二子,见惠帝曰:"夫人所以贵者,乃此男。"相鲁元公主,亦贵。老父已去,高帝适从傍舍来,吕后具言之。高帝追问老父,老父曰:"向者夫人、儿子之贵,皆以君相。君贵不可言。"高帝被饮,夜行径泽中。前人反曰:"有大蛇当道,愿还。"高帝醉,曰:"壮士行,何畏。"乃前,拔剑斩蛇,蛇分为两,道开而过。后人来者,见老妪守蛇曰:"向者赤帝子过,杀之。"见者疑妪为诈,欲笞之,忽然不见。

具以状告高帝,帝心喜。秦始皇帝曰:"东南有天子气。"于是东游以厌之。高帝隐于芒、砀山泽之间,吕后常知其处。高帝怪问之,对曰:"季所居,上常有云气,故知之。"高帝为沛公,入秦,五星聚于东井,岁星先至,而四星从之。占曰:"以义取天下。"初,张良游于下邳沂水之上,有老父来,直至良前,而堕其履。顾谓良曰:"孺子下取履。"良愕然,欲殴之,以其老,乃下取跪进。父以足受,笑而去,良殊大惊。父去里所复来,曰:"孺子可教也。后五日平明,与我会此。"良怪之,跪应曰:"诺。"五日,良往,父已先来,怒曰:"何与长者期而后也? 五日,更与我会此。"凡三期而良前至。老父喜曰:"不当如是邪!"即出怀中一卷书与之,曰:"读之,此为王者师,后十三年,孺子见我济北谷城山下,黄石即我也。"且视其书,乃《太公兵法》。良以《黄石篇》为他人说,皆不省,唯高帝说焉。良曰:"此殆天所授矣。"五年而成帝业。后十三年,张良果得谷城山下黄石,宝而祠之,死与合葬。

文帝之母薄姬,魏豹为魏王,纳之后宫。许负相之,当生天子,魏王豹于是背汉。汉高帝击虏,而薄姬输织室。高帝见而美之,内于后宫,岁余乃得幸,将见幸,薄姬言:"妾昨梦青龙据妾心。"高帝曰:"我是也。吾为尔成之。"一御而生文帝。

景帝王皇后初嫁为金王孙妻,母臧儿卜筮曰:"当贵。"乃夺金氏而内太子宫,生男。男方在身,梦日入其怀,以告太子。太子曰:"是贵征也。"生男,是为武帝。

武帝赵婕妤,家在河间,生而两手皆拳,不可开,武帝巡守过河间,望气者言,此有奇女天子气。召而见之。武帝自披其手,既时申,得一玉钩。由是见幸,号曰"拳夫人"。进为婕妤,居钩弋宫,大有宠。十四月生男,是为昭帝,号曰"钩弋子"。武帝曰:"闻昔尧十四月而生,今钩弋子亦然。"乃名其门曰尧母门。

昭帝元凤二年正月,太山、莱芜山南,民夜闻讻讻有数千人声,晨往视之,见大石自立,高丈五尺,大三十八围,入地八尺,三石为足,立后,白乌数千集其旁。又上林苑中柳树断卧地,一朝自起,生枝叶，虫啮其叶成文，曰："公孙病已立。"陈留襄邑王社忽移至长安。博士睽孟占之曰："石，阴类。太山，岱宗，王者禅代之处，将有废故之家，姓公孙，名病已，从白衣为天子者。"时昭帝幼少，霍光辅政，以孟妖言，诛之。及昭帝崩，昌邑王又废，光立宣帝，武帝曾孙，本名病已，在民间白衣三世，如孟言焉。

元帝王皇后，齐田氏之苗裔。祖父翁孺，自东平陵徙元城。元城建公曰："昔《春秋》沙鹿崩，晋史卜之，阴为阳雄，土火相乘，故沙鹿崩。后六百四十五年，宜有圣女兴，其齐田乎？今翁孺之徙，正值其地，日月当之。元城郭东有五鹿之墟，即沙鹿地。后八十年，当有贵女兴天下。"翁孺生禁，禁妻李氏方任身，梦月入其怀，生女，是为元后。每许嫁，未行，所许者辄死。卜相者云："当大贵。"遂为元帝皇后，生成帝。

初，秦始皇世，有长人十二，身长五丈，足迹六尺，见于陇西临洮。前史以为秦亡之征，史臣以为汉兴之符也。自高帝至于平帝，十二主焉。

光武皇帝，父为济阳令。济阳有武帝行宫，常封闭。哀帝建平元年十二月甲子夜，光武将产，乃开而居之。时有赤光，室中尽明，皇考异焉，使卜者王长卜之。长辟左右曰："此善事，不可言。"是岁，有嘉禾生产屋景天中，一茎九穗，异于凡禾，县界大丰，故名光武曰秀。时又有凤皇集济阳，于是画宫为凤皇之象。明年，方士有夏贺良者，上言哀帝云："汉家历运中衰，当再受命。"于是改号为太初元将元年，称陈圣刘太平皇帝，以厌胜之。王莽时，善望气者苏伯阿望光武所居县春陵城郭，唶曰："气佳哉！郁郁葱葱然。"莽忌恶汉，而钱文有金，乃改铸货泉以易之。既而光武起于春陵之白水乡，货泉之文为"白水真人"也。初起兵，望见家南有火光，以为人持火，呼之而光遂盛，萃然上属天，有顷不见。及在河北，为王郎所逼，将南济滹沱河。导吏还云："河水流澌，无船可渡。"左右皆恐惧。帝更遣王霸视之，霸往视，如吏言。霸虑还以实对，惊动众心，乃谬云："冰坚可渡。"帝驰进，比至，而河冰皆合，其坚可乘。既渡，余数乘车未毕而冰陷。前至下博城西，疑所之。有一白衣老公在道旁，曰："努力！信都为长安城守，去此八十里耳。"言毕，失所在。遂至信都，投太守任光。初，光武微时，穰人蔡少公曰："谶言刘秀发兵捕不道，卯金修德为天子。"国师公刘子骏名秀。少公曰："国师公是也。"光武笑曰："何用知非仆？"道士西门君惠等并云："刘秀当为天子。"光武平定河北，还至中山，将军万脩得《赤伏符》，言光武当受命。群臣上尊号，光武辞。前至鄗县，诸生强华又自长安诣鄗，上《赤伏符》，文与脩合。群下又请曰："受命之符，人应为大。"光武又梦乘赤龙登天，乃即位，都洛阳，营宫阙。一夕，有门材自至。是时，琅邪开阳县城门一夕无故自亡，检所得材，即是也，遂名其门曰开阳门。

先是，秦穆公时，陈仓人掘地得物，若羊非羊，若猪非猪，怪，将献之。道逢二僮子，谓之曰："子知彼乎，名为媪，常在地下食死人脑。若欲杀之，以柏东南枝指之，则死矣。"媪因言曰："此二僮子，名为宝。得其雄者王，得其雌者霸。"于是陈仓人遂弃媪而逐二僮子，二僮子化为雉，飞入林。陈仓人以告穆公，穆公发徒大猎，得其雌者，化而为石，置之汧、渭之间。至文公，为之立祠，名曰陈宝祠。雄南飞集南阳穰县，其后光武兴于南阳。

光武之初兴也。隗嚣拥众陇右，招集英俊，而公孙述称帝于蜀，天下云扰，大者连州郡，小者据县邑。嚣问扶风人班彪曰："往者周亡，战国并争，天下分裂，数世然后定。纵横之事，复起于今乎？将承运迭兴，在于一人也？原先生论之。"对曰："周之废兴与汉异。昔周立爵五等，诸侯从政，本根既微，枝叶强大，故其末流有纵横之事，其势然也。汉家承秦之制，郡县治民，主有专己之威，臣无百年之柄。至于成帝，假借外家，哀、平短祚，国嗣三绝，祸自上起，伤不及下。故王氏之贵，倾擅朝廷，能窃号位，而不根于民，是以即真之后，天下莫不引领而叹。十余年间，中外骚扰，远近俱发，假号云合，咸称刘氏，不谋而同辞。方今雄桀带州域者，皆无七国世业之资。《诗》云：'皇矣上帝，临下有赫。鉴观四方，求民之瘼。'今民皆讴吟思汉，向仰刘氏，已可知矣。"隗嚣曰："先生言周、汉之势，可也。至于但见愚民习识刘氏姓号之故，而谓汉复兴，疏矣。昔秦失其鹿，刘季逐而掎之，时民复知汉乎？”

彪既感嚣言，又愍狂狡之不息，乃著《王命论》以救时难。辞曰：

昔在帝尧之禅曰：“咨尔舜，天之历数在尔躬。”舜亦以命禹。洎于稷、契，咸佐唐、虞，光济四海，弈世载德，至于汤、武，而有天下。虽其遭遇异时，禅代不同，至于应天从民，其揆一焉。是故刘氏承尧之祚，氏族之世，著于《春秋》。言据火德，而汉绍之。始起沛泽，则神母夜号，以章赤帝之符。由是言之，帝王之祚，必有明圣显懿之德，丰功厚利积累之业，然后精诚通于神明，流泽加于生民。故能为鬼神所福向，天下所归往。未见运世无本，功德不纪，而得堀起在此位者也。世俗见高祖兴于布衣，不达其故，以为适遭暴乱，得奋其剑。游说之士，至比天下于逐鹿，幸捷而得之。不知神器有命，不可以智力求也。悲夫！此世之所以多乱臣贼子者也。若然者，岂徒暗于天道哉，又不睹之于人事矣。

夫饿馑流隶，饥寒道路，思有短褐之袭，檐石之畜，所愿不过一金，然终于转死沟壑。何则？贫穷亦有命也。况乎天子之贵，四海之富，神明之祚，可得而妄据哉！故虽遭罹厄会，窃其权柄，勇如信、布，强如梁、籍，成如王莽，然卒润镬伏锧，亨菹分裂；又况么麽不及数子，而欲暗干天位者乎？是故驽蹇之乘，不骋千里之涂；燕雀之俦，不奋六翮之用；窭梳之材，不荷栋梁之任；斗筲之子，不乘帝王之重。《易》曰：“鼎折足，覆公餗。”不胜其任也。当秦之末，豪桀共推陈婴而王之。婴母止婴曰：“自吾为子家妇，而世贫贱，卒富贵，不祥。不如以兵属人，事成，少受其利，不成，祸有所归。”婴从其言，而陈氏以宁。王陵之母，亦见项氏之必亡，而刘氏之将兴也。是时，陵为汉将，而母获于楚。有汉使来，陵母见之，谓曰：“愿告吾子，汉王长者，必得天下，子谨事之，无有二心。”遂对汉使，伏剑而死，以固勉陵。其后果定于汉，陵为宰相封侯。夫以匹妇之明，犹能推事理之致，

探祸福之机,全宗祀于无穷,垂册书于《春秋》,而况大丈夫之
事乎!是故穷达有命,吉凶由人,婴母知废,陵母知兴。审此二
者,帝王之分决矣。

盖在高祖,其兴也有五:一曰帝尧之苗裔,二曰体貌多奇
异,三曰神武有征应,四曰宽明而仁恕,五曰知人善任使。加之
以信诚好谋,达于听受,见善如不及,用人如由己,从谏如从
流,趋时如响赴。当食吐哺,纳子房之册;拔足挥洗,揖郦生之
说;瘗戍卒之言,断怀土之情;高四皓之名,割肌肤之爱;举韩
信于行阵,收陈平于亡命;英雄陈力,群才毕举,此高祖之大略
所以成帝业也。

若乃灵瑞符应,又可略闻矣。初,刘媪任高祖而梦与神遇,
震雷晦冥,有龙蛇之怪。及长多灵异,有殊于众,是以王、武感
物而折契,吕公睹貌而进女;秦皇东游以厌其气,吕后望云而
知所处;始受命则白蛇分,西入关则五星聚。故准阴、留侯谓之
天授,非人力也。

历古今之得失,验行事之成败,稽帝王之世运,考五者之
所谓,取舍不厌斯位,符应不同斯度,而欲昧于权利,越次妄
据,外不量力,内不知命,则必丧保家之主,失大年之寿,遇折
足之凶,伏铁钺之诛。英雄诚知觉寤,畏若祸戒,超然远览,渊
然深识,收陵、婴之明分,绝信、布之觊觎,距逐鹿之瞽说,审神
器之有授,无贪不可几,为二母之所笑,则福祚流于子孙,天禄
其永终矣。

隗嚣不纳,果败。

汉元、成世,道士言:"谶者云'赤厄三七。'三七二百一十年,有
外戚之篡。祚极三六,当有龙飞之秀,兴复祖宗。"及莽篡汉,汉二百
一十年矣。莽十八年而败,光武兴焉。

明帝初生,丰下兑上,赤色似尧,终登帝位。

和帝邓皇后,祖父禹,佐命光武,常曰:"我将百万人,未尝妄杀
一人,子孙当大兴。"后少时,相者苏大见后,惊曰:"此成汤之骨法

也,贵不可言。"后尝梦登梯,以手扪天,天体荡荡正青而滑,有若钟乳者,后仰吮之。以讯之占梦,占梦者曰:"尧攀天而止,汤梦及天而舐之,此皆非常梦也。"既而入宫,遂登尊位。

安帝未即大位,在邸,数有神光赤蛇嘉应,照曜室内,磐纡殿屋床笫之间,后遂入承大统。

初,桓帝之世,有黄星见于楚、宋之分。辽东殷馗曰:"后五十年,当有真人起于谯、沛之间,其锋不可当。"灵帝熹平五年,黄龙见谯。光禄大夫乔玄问太史令单飏曰:"此何祥也?"飏曰:"其国后当有王者兴,不及五十年,亦当复见天事恒象,此其征也。"内黄殷登嘿记之。其后曹操起于谯,是为魏武帝。建安五年,于黄星见之,岁五十年矣。而武帝破袁绍,天下莫敌。

《春秋谶》曰:"代汉者,当涂高也。"汉有周舒者,善内学。人或问之,舒曰:"当涂高者,魏也。"舒既没,谯周又问术士杜琼曰:"周征君以为当涂高,魏也。其义何在?"琼曰:"魏,阙名也。当涂而高,圣人以类言耳。"又问周曰:"宁复有所怪邪?"周曰:"未达也。"琼曰:"古者名官职不言曹,自汉以来,名官尽言曹,吏言属曹,卒言侍曹,此殆天意也。"周曰:"魏者,大也。曹者,众也。众而且大,天下之所归乎。"建安十八年,武帝为公,又进爵为王。二十五年,武帝薨,太子丕嗣为魏王,是为文帝。文帝始生,有云青色,员如车盖,当其上终日。望气者以为至贵之祥,非人臣之气。善相者高元吕曰:"其贵不可言。"延康元年三月,黄龙又见谯,殷登犹存,叹曰:"黄龙见于熹平也,单飏云:'不及五十年,亦当复见。'今四十五年矣,飏之言其验兹乎。"四月,饶安言白虎见。八月,石邑言凤凰集,又有麒麟见。十月,汉帝禅位于魏,魏王辞让不受,博士苏林、董巴上言:"臣闻天之去就,固有常分,圣人当之,昭然不疑。故尧捐骨肉而禅有虞,终无吝色。舜发畎亩而居天下,若固有之。其相授间,不稽漏刻,天下已传矣。所以急天命,明天下不可一日无君。今汉期运已终,妖异绝之已审。陛下受天之命,符瑞告征,丁宁详悉,反覆备至,虽言语相谕,无以代此。今既发诏书,玺绂未御,固执谦让,上稽天命，下违民情。臣谨按古之典籍，参以图纬，魏之行运及天道所在，即尊之验，在于今年此月，昭晳分明。谨条奏如左。唯陛下迁思易虑，以时即位，显告上帝，布诏天下。然后改正朔，易服色，正大号，天下幸甚。"其所陈事曰：

天有十二次，以为分野，王公之国，各有所属。周在鹑火，魏在大梁，岁星行历，凡十二次，所在国天子受命，诸侯以封。周文王始受命，岁星在鹑火，至武王伐纣，十三年，岁星复在鹑火。故《春秋传》曰："武王伐纣，岁在鹑火。"又曰："岁之所在，则我有周之分野也。"昔光和十七年，岁在大梁，武王始受命为将，讨黄巾。是岁改年为中平元年。建安元年，岁复在大梁，始拜大将军。十三年，复在大梁，始拜丞相。今二十五年，岁复在大梁，陛下受命。此魏得岁与周文、武受命相应。

今年青龙在庚子，《诗推度灾》曰："庚者，更也。子者，兹也。圣人制法天下治。"又曰："王者布德于子，治成于丑。"此言今年天更命圣人，制法天下，布德于民也。魏以政制天下，与《诗》协矣。颛顼受命，岁在豕韦。卫居其地，亦在豕韦。故《春秋传》曰："卫，颛顼之墟也。"今十月，斗之所建，则颛顼受命之分也。魏以十月受禅，此同符始祖受命之验也。

魏之氏族，出自颛顼，与舜同祖，见于《春秋》、《世家》。舜以土德承尧之火，今魏亦以土德承汉之火，其于行运合于尧、舜授受之次。

魏王犹未许。太史丞许芝又上天文祥瑞：

自建安三年十二月戊辰，有新天子气见于东南，到今积二十三年。建安十年，蚩星出库楼，历犯氐、房宿，北入天市，犯北斗、紫微。氐为天子宿宫，路寝所止。房为天子明堂，政教之首。北斗七星，主尊辅象近臣。紫微者，北极最尊。此除垢汉家之大异也。建安十八年秋，岁星、镇星、荧惑俱入太微，逆行留守帝坐百有余日。岁星入太微，人主改姓。镇星入太微，内有兵乱，人主以弱。三者，汉改姓易代之异也。建安十九年正月，白虹贯日。《易传》曰："后妃擅国，白虹贯日。"建安二十一年五月朔己亥，日蚀。建安二十三年三月，蚩星晨见东方二十余日，夕出西方，犯历五车、东井、五诸侯、文昌、轩辕、太微，锋炎刺帝坐。蚩者，除旧布新、亡恶兴圣之异也。建安二十四年二月晦壬子，日蚀。日者阳精，月为侯王，而以亥子日蚀，皆水灭火之异也。延康元年九月十日黄昏时，月蚀荧惑，过人定时，荧惑出营室，宿羽林。月为大臣侯王之象；荧惑火精，汉氏之行。占曰："汉家以兵亡。"延康元年九月二十日，《剥》卦天子气不见，皆崩亡之异也。荧惑火精，行缩日一度有余。故太史令王昱以为汉家衰亡之极。荧惑大而赤色，光不明，赤而小，与小星无别，皆汉家衰亡之异也。

《易传》曰："上下流通圣贤昌，厥应帝德凤皇翔，万民喜乐无咎殃。"《易传》又曰："圣人受命，厥应凤皇下，天子虏。"《易传》又曰："黄龙见，天灾将至，天子绌，圣人出。"黄龙以戊巳日见，五色文章皆具，圣人得天受命。黄龙以戊寅见，此帝王受命之符瑞最著明者也。《易传》又曰："圣人清静行中正，贤人至，民从命，厥应麒麟来。"《春秋玉版谶》曰："代赤者魏公子。"《春秋佐助期》曰："汉以许昌失天下。"故白马令甘陵李云上事，言许昌气见，当涂高已萌，欲使汉家防绝萌牙。今汉都许，日以微弱，当居许昌，以失天下。当涂高者，魏也；魏者，象魏两阙之名，当道而高大者也。魏当代汉，如李云之言也。《春秋佐助期》又曰："汉以蒙孙亡。"说者以蒙孙直汉二十四帝，童蒙愚惑以弱亡。汉帝少时名为董侯，名不正，蒙乱荒惑，其子孙以弱亡也。《孝经中黄谶》曰："日载东，纪火光。不横一，圣明聪。四百之外，易姓而王。天下归功致太平。"此魏王之姓讳著见图谶也。《易运期》曰："言居东，西有午，两日并光日居下。其为主，及为辅，五八四十，黄气受，真人出。"言午，"许"字，两日"昌"字，汉当以许亡，魏当以许昌。今际会之期在许，是其大效也。《易运期》又曰："鬼在山，禾女运，王天下。"

于是魏王受汉禅，柴于繁阳，有黄鸟衔丹书，集于尚书台，于是改元为黄初。汉中平二年，洛阳民讹言虎贲寺有黄人，观者日数万，道路断绝。中平元年，黄巾贼起，云："苍天已死，黄天当立。"此魏氏依刘向自云土德之符也。先是，周敬王之四十七年，宋景公问大夫邢史子臣："天道何祥？"对曰："后五年五月丁亥，臣将死。死后五年五月丁卯，吴将亡。亡后五年，君将终。终后四百年，邾王天下。"皆如其言。邾王天下，盖谓魏国之后。言四百年则错。疑年代久远，传记者谬误。

高贵公初生，有光气照耀室屋，其后即大位。

刘备身长七尺七寸，垂手过膝，顾自见耳。《洛书甄耀度》曰："赤三，德昌九世会备，合帝际。"《洛书宝予命》曰："天度帝道备称皇，以统握契，百成不败。"《洛书录运期》曰："九侯七杰争民命，炊骸道路，谁使主者玄且来。"备字玄德，故云"玄且来"也。《孝经钩命决》曰："帝三建，九会备。"先是，术士周群言，西南数有黄气，直立数丈，如此积年，每有景云祥风，从璇玑下应之。建安二十二年中，屡有气如旗，从西竟东，中天而行。图书曰："必有天子出其方。"太白、荧惑、镇星从岁星，又黄龙见犍为武阳之赤水，日乃去。阙羽在襄阳，男子张嘉、王休献玉玺，备后称帝于蜀。

孙坚之祖名钟，冢在吴郡富春，独与母居，性至孝。遭岁荒，以种瓜为业。忽有三少年诣钟乞瓜，钟厚待之。三人谓钟曰："此山下善，可作冢，葬之，当出天子。君可下山百步许，顾见我去，即可葬也。"钟去三十步，便反顾，见三人并乘白鹤飞去。钟死，即葬其地。地在县城东，冢上数有光怪，云气五色上属天，衍数里。父老相谓此非凡气，孙氏其兴矣。坚母任坚，梦肠出绕吴昌门。以告邻母，邻母曰："安知非吉祥也。"昌门，吴郭门也。坚生而容貌奇异。坚妻吴氏初任子策，梦月入其怀；后孕子权，又梦日入怀。告坚曰："昔任策，梦月入怀，今又梦日入怀，何也？"坚曰："日月，阴阳之精，极贵之象。吾子孙其兴乎！"权方颐大口紫髯，长上短下。汉世有刘琬者，能相人，见权兄弟，曰："孙氏兄弟，虽各才智明达，然禄祚不终，唯中弟孝廉,形貌奇伟,骨体不恒,有大贵之表,年又最寿。尔其识之。"权时为孝廉。初,秦始皇东巡,济江。望气者云:"五百年后,江东有天子气出于吴,而金陵之地,有王者之势。"于是秦始皇乃改金陵曰秣陵,凿北山以绝其势。至吴,又令囚徒十余万人掘污其地,表以恶名,故曰囚卷县,今嘉兴县也。汉世术士言:"黄旗紫盖,见于斗、牛之间,江东有天子气。"献帝兴平中,吴中谣言:"黄金车,斑阑耳。开昌门,出天子。"魏文帝黄初三年,举口、武昌并言黄龙、凤皇见。其年,权称尊号。年至七十一而薨。权子休,初封琅邪王,梦乘龙上天,雇不见尾。后得大位,其子被废。

汉元、成之世,先识之士有言曰:"魏年有和,当有开石于西三千余里,系五马,文曰讨曹。"及魏之初兴也,张掖删丹县金山柳谷有石生焉,周围寻,中高一仞,苍质素章,有五马、麟、鹿、凤皇、仙人之象。始见于建安,形成于黄初,文备于太和。至青三年,柳谷之玄川溢漏,石形改易,状似云龟,广一丈七尺一寸,围五丈八寸,立于川西。有石马十二,其一仙人骑之,其一骑軒,其五有形而不善成,其五成形。又有一牛八卦列宿彗星之象。有玉匣开盖于前,有玉玦二,玉玦一。又有麒麟、凤皇、白虎、马、牛于中布列。有文字曰:"上上三天王述大会讨大曹金但取之金立中大金马一匹中正大吉关寿此马甲寅述水",凡三十五字。石色苍,而物形及字,并白石书之,昔起。魏明帝恶其文有"讨曹",凿去为"计",以苍石塞之,宿昔而白石满焉。当时称为祥瑞,班下天下。处士张臶曰:"夫神兆未然,不追往事,此盖将来之休征,当今之怪异也。"既而晋以司马氏受禅。太尉属程猗说曰:"夫人者,盛之极也。金者,晋之行也。中者,物之会也。吉者,福之始也。此言司马氏之王天下,感德而生,应正吉而王之符也。"猗又为赞曰:"皇德遐通,实降嘉灵。乾生其象,坤育其形。玄石既表,素文以成。瑞虎合仁,白麟耀精。神马自图,金言其形。体正而王,中允克明。关寿无疆,於万斯龄。"

宣帝有狼顾之相,能使面正向后,而身形不异。魏武帝尝梦有三匹马在一槽中共食,其后宣帝及景、文相系为宰相,遂倾曹氏。文

帝未立世子，有意于齐献王攸。武帝时为中抚军，惧不立，以相貌示
裴秀，秀言于文帝曰："中抚军振发籍地，垂手过膝，天表如此，非人
臣之相也。"由是得立。及嗣晋位，其月，襄武县言有大人相，长三丈
余，足迹三尺一寸，白发，黄单衣，黄巾，柱杖呼民王始语云："今当
太平。"顷之，受魏禅。

　　武帝咸宁元年，大风吹帝社树折，有青气出社中。占者以为东
莞有天子气。时琅邪武王伷封东莞，伷，元帝祖也。元帝以咸宁二
年夜生，有光照室，室内尽明，有白毛生于日角之左，眼有精光耀。
随惠帝幸邺，成都王颖杀东安王繇。繇，元帝叔父也。帝惧，欲出奔，
而月明，邀候急，四衢断绝，不得去。有顷，天阴，风雨大至，候者皆
休，乃得去。初，武帝伐吴，琅邪武王伷率众出涂中，而王浑逼历阳，
王浚已次近路。孙皓欲降，送天子玺绶，近越二将，而远送诣伷，识
者咸怪之。吴之未亡也，吴郡临平湖一旦自开，湖边得石函，中有小
青石，刻作皇帝字。旧言临平湖塞天下乱，开则天下太平。吴人以
为美祥。俄而吴灭。后元帝兴于江左。吴亡后，蒋山上常有紫云，
数术者亦云，江东犹有帝王气。又谣言曰："五马游度江，一马化为
龙。"元帝与西阳、汝南、南顿、彭城五王过江，而元帝升天位，谶书
曰："铜马入海建业期。"元帝小字铜环。永嘉初，元帝以安东将军镇
建业，时岁、镇星、辰、太白四星聚于牛、女之间，常裴回进退。愍帝
建兴四年，晋陵武进人陈龙在田中得铜铎五枚，柄口皆有龙虎形；
又有将雏鸡雀集其前，皆驱去复还，至于再三；又有鹅三四头，高飞
且鸣，周回东西，昼夜不下，如此者六七日。会稽剡县陈清又于井中
得栈钟，长七寸二分，口径四寸，其器虽小，形制甚精，上有古文书
十八字，其四字可识，云："会稽徽命。"豫章有大樟树，大三十五围，
枯死积久，永嘉中，忽更荣茂。景纯并言是元帝中兴之应。初，武帝
太康三年，建邺有寇，余姚人伍振筮之，曰："寇已灭矣。三十八年，
扬州有天子。"至元帝即天位，果三十八年。先是，宣帝有宠将牛金，
屡有功。宣帝作两口榼，一口盛毒酒，一口盛善酒，自饮善酒，毒酒
与金，金饮之即毙。景帝曰："金名将，可大用，云何害之？"宣帝曰：

"汝忘石瑞,马后有牛乎?"元帝母夏侯妃与琅邪国小史姓牛私通,而生元帝。愍帝之立也,改毗陵为晋陵,时元帝始霸江、扬,而戎翟称制,西都微弱。干宝以为晋将灭于西而兴于东之符也。

宋武帝居在丹徒,始生之夜,有神光照室,其夕,甘露降于墓树。皇考以高祖生有奇异,名为奇奴。皇妣既殂,养于舅氏,改为寄奴焉。少时诞节嗜酒,自京都还,息于逆旅。逆旅妪曰:"室内有酒,自入取之。"帝入室,饮于盎侧,醉卧地。时司徒王谧有门生居在丹徒,还家,亦至此逆旅。逆旅妪曰:"刘郎在室内,可入共饮酒。"此门生入室,惊出谓妪曰:"室内那得此异物?"妪遽入之,见帝已觉矣。妪密问:"向何所见?"门生曰:"见有一物,五采如蛟龙,非刘郎。"门生还以白谧,谧戒使勿言,而与结厚。帝尝行至下邳,遇一沙门,沙门曰:"江表寻当丧乱,拯之必君也。"帝患手创积年,沙门出怀中黄散一裹与帝曰:"此创难治,非此药不能瘳也。"倏忽不见沙门所在。以散傅创即愈。余散帝宝录之,后征伐屡被伤,通中者数矣,以散傅之,无不立愈。自少至长,目中常见二龙在前,始尚小,及贵转大。晋陵人车薮善相人,相帝曰:"君贵不可言,愿无相忘。"晋安帝义熙初,帝始康晋乱,而兴霸业焉。庐江霍山常有钟声十二。帝将征关、洛,霍山崩,有六钟出,制度精奇,上有古文书一百六十字。冀州有沙门法称将死,语其弟子普严曰:"嵩皇神告我云,江东有刘将军,是汉家苗裔,当受天命。吾以三十二璧,镇金一饼,与将军为信。三十二璧者,刘氏卜世之数也。"普严以告同学法义。法义以十三年七月,于嵩高庙石坛下得玉璧三十二枚,黄金一饼。汉中城固县水际,忽有雷声,俄而岸崩,得铜钟十二枚。又巩县民宋耀得嘉禾九穗。后二年而受晋禅。孔子《河雒谶》曰:"二口建戈不能方,两金相刻发神锋,空穴无主奇入中,女子独立又为双。"二口建戈,"刘"字也。晋氏□行,刘姓又有金,故曰两金相刻。空穴无主奇入中,为"寄"字。女子独立又为双,"奴"字。

晋既禅宋,太史令骆达奏陈天文符谶曰:"去义熙元年,至元熙元年十月,太白星昼见经天凡七。占曰:'天下革民更王,异姓兴。'

义熙元年至元熙元年十一月朔，日有蚀之凡四，皆蚀从上始，臣民失君之象也。义熙十一年五月三日，彗星出天市，其芒埽帝坐。天市在房、心之北，宋之分野。得彗柄者兴，此除旧布新之征。义熙七年七月二十五日，五虹见于东方。占曰：'五虹见，天子黜，圣人出。'义熙七年八月十一日，新天子气见东南。十二年，北定中原，崇进宋公。岁星裴回房、心之间，大火，宋之分野。与武王克殷同，得岁星之分者应王也。十一年以来至元熙元年，月行失道，恒北入太微中。占：'月入太微廷，王入为主。'十三年十月，镇星入太微，积留七十余日，到十四年八月十日，又入太微不去，到元熙元年，积二百余日。占：'镇星守太微，亡君之戒。有立王，有徙王。'十四年五月十七日，茀星出北斗魁中。占曰：'星茀北斗中，圣人受命。'十四年七月二十九日，彗星出太微中，彗柄起上相星下，芒尾渐长，至十余丈，进埽北斗及紫微中。占曰：'彗星出太微，社稷亡，天下易政。入北斗，帝宫空。'一占：'天下得召人。'召人，圣主也。一曰：'彗孛紫微，天下易主。'十四年十月一日，荧惑从入太微钩己，至元年四月二十七日，从端门出积尸，留二百六日，绕镇星。荧惑与镇星钩己天廷，天下更纪。十四年十二月，岁、太白、辰裴回居斗、牛之间经旬。斗、牛，历数之起。占曰：'三星合，是谓改立。'元熙元年十二月二十四日，四黑龙登天。《易传》曰：'冬龙见，天子亡社稷，大人应天命之符。'《金雌诗》云：'大火有心水抱之，悠悠百年是其时。'火，宋之分野。水，宋之德也。《金雌诗》又曰：'云出而雨渐欲举，短如之何乃相岨，交哉乱也当何所，唯有隐岩殖禾黍，西南之朋困桓父。'两云，'玄'字也。短者，云胙短也。岩隐不见，唯应见谷，殖禾谷边，则圣讳炳明也。《易》曰：'西南得朋。'故能困桓父也。刘向谶曰：'上五尽寄致太平，草付合成集群英。'前句则陛下小讳，后句则太子讳也。十一年五月，西明门地陷，水涌出，毁门扉阈。西者，金乡之门，为水所毁，此金德将衰，水德方兴之象也。太兴中，民于井中得栈钟，上有古文十八字，晋自宣帝至今，数满十八年。义熙八年，太社生桑，明尤著者也。夫六，亢位也。汉建安二十五年，一百九十六年而禅魏。魏自黄初至咸熙二年，三十六年而禅晋。晋自太始至今元熙二年，一百五十六年。三代数穷，咸以六年。"

少帝即位，景平三年四月，有五色云见西方。时文帝为荆州刺史，镇江陵，寻即大位。文帝元嘉中，谣言钱唐当出天子，乃于钱唐置戍军以防之。其后孝武帝即大位于新亭寺之禅堂。"禅"之与"钱"，音相近也。太宗为徐州刺史，出镇彭城，昭太后赐以大珠鹿庐剑，此剑是御服，占者以为嘉祥。前废帝永光初，又讹言湘州出天子，幼主欲南幸湘川以厌之，既而湘东王即尊位，是为明帝。

史臣谨按：冀州道人法称所云玉璧三十二枚，宋氏卜世之数者，盖卜年之数也。谓卜世者，谬其言耳。三十二者，二三十，则六十矣。宋氏受命至于禅齐，凡六十年云。

宋书卷二八
志第一八

符瑞中

麒麟者,仁兽也。牡曰麒,牝曰麟。不刳胎剖卵则至。麕身而牛尾,狼项而一角,黄色而马足。含仁而戴义,音中钟吕,步中规矩,不践生虫,不折生草,不食不义,不饮洿池,不入坑阱,不行罗网。明王动静有仪则见,牡鸣曰逝圣,牝鸣曰归和,春鸣曰扶幼,夏鸣曰养绥。

汉武帝元狩元年十月,行幸雍,祠五畤,获白麟。

汉武帝太始二年三月,获白麟。

汉章帝元和二年以来至章和元年,凡三年,麒麟五十一见郡国。

汉安帝延光三年七月,麒麟见颍川阳翟。

延光三年八月戊子,麒麟见颍川阳翟。

延光四年正月壬午,麒麟见东郡濮阳。

汉献帝延康元年,麒麟十见郡国。

吴孙权赤乌元年八月,武昌言麒麟见。又白麟见建业。

晋武帝泰始元年十二月,麒麟见南郡枝江。

晋武帝咸宁五年二月甲午,白麟见平原鬲县。

咸宁五年九月甲午,麒麟见河南阳城。

晋武帝太康元年四月,白麟见顿丘。

晋愍帝建兴二年九月丙戌,麒麟见襄平,州刺史崔毖以闻。

晋元帝大兴元年正月戊子，麒麟见豫章。

晋成帝咸和八年五月己巳，麒麟见辽东。

凤凰者，仁鸟也。不剖胎剖卵则至，或翔或集。雄曰凤，雌曰凰。蛇头燕颔，龟背鳖腹，鹤颈鸡喙，鸿前鱼尾，青首骈翼，鹭立而鸳鸯思。首戴德而背负仁，项荷义而膺抱信，足履正而尾系武。小音中钟，大音中鼓。延颈奋翼，五光备举。兴八风，降时雨，食有节，饮有仪，往有文，来有嘉，游必择地，饮不妄下。其鸣，雄曰"节节"，雌曰"足足"。晨鸣曰发明，昼鸣曰上朔，夕鸣曰归昌，昏鸣曰固常，夜鸣曰保长。其乐也，徘徊徊徊，雍雍喈喈。唯凤皇为能究万物，通天祉，象百状，达王道，率五音，成九德，备文武，正下国。故得凤之象，一则过之，二则翔之，三则集之，四则春秋居之，五则终身居之。

汉昭帝始元三年十月，凤皇集东海，遣使祠其处。

汉宣帝太始元年五月，凤皇集胶东。

太始四年五月，凤皇集北海。

汉宣帝地节二年四月，凤皇集鲁，群鸟从之。

汉宣帝元康元年三月，凤皇集泰山、陈留。

元康四年，南郡获威凤。

汉宣帝神雀二年二月，凤皇集京师，群鸟从之以万数。

神雀四年春，凤皇集京师。

神雀四年十月，凤皇十一集杜陵。

神雀四年十二月，凤皇集上林。

汉宣帝甘露三年二月，凤皇集新蔡，群鸟四面行列，皆向凤皇立，以万数。

汉光武建武十七年十月，凤皇五，高八九尺，毛羽五采，集颍川郡，群鸟并从行列，盖地数顷，留十七日乃去。

汉章帝元和二年以来至章和元年，凡三年，凤皇百三十九见郡国。

汉安帝延光三年二月，车驾东巡。其月戊子，凤皇集济南台县丞霍收舍树上,赐台长巇帛十五匹,收二十匹,尉半之,吏卒人三匹;凤皇所过亭部,无出今年田租;赐男子爵人二级。

延光三年十月壬午,凤皇集京兆新丰西界槐树。

汉桓帝元嘉元年十一月,凤皇见济阴己氏。

汉灵帝光和四年秋,五色大鸟见新城,群鸟随之。民皆谓之凤皇。

汉献帝延康元年八月,石邑县言凤皇集。又郡国十三言凤皇见。

吴孙权黄武五年七月,苍梧言凤皇见。

孙权黄龙元年四月,举口、武昌并言凤皇见。

吴孙亮建兴二年十一月,大鸟五见于春申。

吴孙皓宝鼎四年正月,西苑言凤皇集。

晋武帝泰始元年十二月,凤皇见上党高都。

泰始元年十二月,凤皇二见河南山阳。

泰始元年十二月,凤皇三见冯翊下邽。

晋穆帝升平四年二月辛亥,凤皇将九子见郧乡之丰城。十二月甲子,又见丰城,众鸟随从。

升平五年四月己未,凤皇集沔北,至于辛酉。百姓聚观之。

宋武帝永初元年七月戊戌,凤皇见会稽山阴。

文帝元嘉十四年三月丙申,大鸟二集秣陵民王颙园中李树上,大如孔雀,头足小高,毛羽鲜明,文采五色,声音谐从,众鸟如山鸡者随之,如行三十步顷,东南飞去。扬州刺史彭城王义康以闻。改鸟所集永昌里曰凤皇里。

孝武帝孝建元年正月庚申,凤皇见丹徒憩贤亭,双鹄为引,众鸟陪从。征虏将军武昌王浑以闻。

神鸟者,赤神之精也,知音声清浊和调者也。虽赤色而备五采,鸡身,鸣中五音,肃肃雍雍。喜则鸣舞,乐处幽隐。风俗从则至。

汉宣帝五凤三年三月辛丑,神鸟集长乐宫东阙树上,又飞下地,五采炳发,留十余刻。

汉章帝元和中,神鸟见郡国。

黄龙者,四龙之长也。不漉池而渔,德至渊泉,则黄龙游于池。
能高能下,能细能大,能幽能冥,能短能长,乍存乍亡。

赤龙、《河图》者,地之符也。王者德至渊泉,则河出《龙图》。

汉惠帝二年正月癸酉,两龙见兰陵人家井中。

汉文帝十五年春,黄龙见成纪。

汉宣帝甘露元年四月,黄龙见新丰。

汉成帝鸿嘉元年冬,黄龙见真定。

汉成帝永始二年癸未,黄龙见东莱。

汉光武建武十二年六月,黄龙见东阿。

汉章帝元年以来至章和元年,凡三年,黄龙四十四见郡国。

元和中,青龙见郡国。

元和中,白龙见郡国。

汉安帝延光元年八月辛卯,黄龙见九真。

延光三年九月辛亥,黄龙见济南历城。

延光三年十二月乙未,黄龙见琅邪诸县。

延光四年正月壬午,黄龙二见东郡濮阳。

汉桓帝建和元年二月,黄龙见沛国谯。

汉桓帝元嘉二年八月,黄龙见济阴句阳。又见金城允街。

汉桓帝永光元年八月,黄龙见巴郡。

汉献帝延康元年三月,黄龙见谯。又郡国十三言黄龙见。

魏明帝景初元年二月壬辰,山茌县言黄龙见蜀。

魏明帝青龙元年正月甲申,青龙见郏之摩陂井。帝亲与群臣共
观之,既而诏画工图写,龙潜而不见。

魏少帝正元元年十月戊戌,黄龙见邺井中。

魏少帝甘露元年正月辛丑,青龙见轵县井中,凡二。

甘露元年六月,青龙见元城县界井中。

甘露二年二月,青龙见温县井中。

甘露三年八月甲戌,黄龙、青龙仍见顿丘、冠军、阳夏县井中。

甘露四年正月,黄龙二见宁陵县井中。

魏元帝景元元年十二月甲申,黄龙见莘县井中。

景元三年二月,青龙见轵县井中。

刘备未即位前,黄龙见武阳赤水,九日乃去。

吴孙权黄武元年三月,鄱阳言黄龙见。

吴孙权黄龙元年四月,举口、武昌并言黄龙见。权因此改元。作黄龙牙,常在军中,进退视其所向,命胡综为赋。

吴孙权赤乌五年三月,海盐县言黄龙见县井中二。

赤乌十一年,云阳言黄龙见。黄龙二又见武陵吴寿,光色炫耀。

吴孙休永安四年九月,市山言白龙见。

永安五年七月,始新言黄龙见。

永安六年四月,泉陵言黄龙见。

晋武帝泰始元年十二月,青龙二见济阴定陶。

泰始元年十二月,青龙见魏郡汤阴。

泰始元年十二月,黄龙见河南洛阳洛滨。

泰始元年十二月,白龙二见太原祁。

泰始二年七月壬午,黄龙见巴西阆中。

泰始三年四月戊午,有司奏:“张掖太守焦胜言,玄池县大柳谷口青龙见。”

晋武帝咸宁二年六月丙申,白龙二见于新兴九原居民井中。

咸宁二年十月庚午,黄龙二见于汉嘉灵关。

咸宁二年十一月癸巳,白龙二见须度支部。

咸宁五年十一月甲寅,青龙见京兆霸城。

晋武帝太康元年八月,白龙三见。

太康三年闰月己丑,白龙二见济南历城。

太康五年正月癸卯,青龙二见武库井中,帝亲往观之。

太康六年九月,白龙见京兆阴盘。

太康九年十二月戊申,青龙一见鲁国公丘居民井中。

晋惠帝元康七年三月己酉朔,成皋县狱有龙升天。

宋武帝永初元年七月,青龙见义兴阳羡。

永初元年八月,青龙二见南郡江陵。

文帝元嘉十三年九月己酉,会稽郡西南向晓,忽大光明,有青龙腾跃凌云,久而后灭。吴兴诸处并以其日同见光景。扬州刺史彭城王义康以闻。

元嘉二十一年十月己丑,永嘉永宁见黄龙自云而下,太守臧艺以闻。

元嘉二十五年五月丁丑,黑龙见玄武湖北,苑丞王世宗以闻。

元嘉二十五年五月戊戌,黑龙见玄武湖东北隈,扬州野吏张立之以闻。

元嘉二十五年八月辛亥,黄龙见会稽,太守孟𫖮以闻。

元嘉二十五年,广陵有龙自湖水中升天,百姓皆见。

孝武帝孝建二年七月癸丑,黄龙见石头城外水滨中,护军湘东王讳以闻。

孝建三年五月己未,龙见临川郡,江州刺史东海王讳以闻。

孝武大明元年五月癸亥,黑龙见晋陵占石村。改村为津里。

灵龟者,神龟也。王者德泽湛清,渔猎山川从时则出。五色鲜明,三百岁游于蕖叶之上,三千岁常游于卷耳之上。知存亡,明于吉凶。禹卑宫室,灵龟见。

玄龟书者,天符也。王者德至渊泉,则雒出龟书。

魏文帝初,神龟出于灵池。

吴孙权时,灵龟出会稽章安。

魏元帝咸熙二年二月甲辰,胸朘县获灵龟以献。

晋长沙王乂坐同产兄楚王玮事,徙封常山,后还复国。在常山穿井,入地四丈,得白玉方三四尺。玉下有大石,其中有龟长二尺余。时人以为复国之祥。

宋文帝元嘉十九年四月戊申,白龟见吴兴余杭,太守文道恩以献。

元嘉二十年四月辛卯,白龟见吴兴余杭,扬州刺史始兴王浚以闻。

元嘉二十四年十月甲午,扬州刺史始兴王浚获白龟以献。

孝武帝大明三年三月戊子,毛龟见宣城广德,太守张辨以献。

大明四年六月壬寅,车驾幸藉田,白龟见于千亩,尚书右仆射刘秀之以献。

大明七年八月乙未,毛龟见□安王子鸾第,获以献。

明帝泰始二年八月丙辰朔,四眼龟见会稽,会稽太守巴陵王休若以献。

泰始二年八月丙寅,六眼龟见东阳长山,文如爻卦,太守刘勰以献。

泰始六年九月己巳,八眼龟见吴兴故鄣,太守褚渊以献。

明帝泰豫元年十月壬戌,义兴阳羡县获毛龟,太守王蕴以献。

龙马者,仁马也,河水之精。高八尺五寸,长颈有翼,傍有垂毛,鸣声九哀。

腾黄者,神马也,其色黄。王者德御四方则出。白马朱鬣,王者任贤良则见。泽马者,王者劳来百姓则至。夏马骊,黑身白鬣尾;殷马骆,白身黑鬣尾;周马骅,赤身黑鬣尾。

汉章帝元和中,神马见郡国。

晋怀帝永嘉六年二月壬子,神马鸣南城门。

晋孝武帝泰元十四年六月甲申朔,宁州刺史费统上言:"所统晋宁之滇池县,旧有河水,周回二百余里。六月二十八日辛亥,神马二匹,一白一黑,忽出于河中,去岸百步。县民董聪见之。"

白象者,人君自养有节则至。

宋文帝元嘉元年十二月丙辰,白象见零陵洮阳。

元嘉六年三月丁亥，白象见安成安复，江州刺史南谯王义宣以闻。

汉武帝元狩二年三月，南越献驯象。

白狐，王者仁智则至。

晋成帝咸康八年七月，燕王慕容皝上言白狢见国内。

赤熊，佞人远，奸猾息，则入国。

宋文帝元嘉二十年十二月，白熊见新安歙县，太守到元度以献。

九尾狐，文王得之，东夷归焉。

汉章帝元和中，九尾狐见郡国。

魏文帝黄初元年十一月甲午，九尾狐见鄄城，又见谯。

白鹿，王者明惠及下则至。

汉章帝建初七年十月，车驾西巡，得白鹿于临平观。

汉章帝元和中，白鹿见郡国。

汉安帝延光三年六月辛未，白鹿见右扶风雍。

延光三年七月，白鹿见左冯翊。

汉桓帝永兴元年二月，白鹿见张掖。

魏文帝黄初元年，郡国十九言白鹿及白麕见。

晋武帝泰始八年十月，白鹿见扶风雍，州刺史严询获以献。

晋武帝太康元年三月，白鹿见零陵泉陵。

太康元年五月甲辰，白鹿见天水西县，太守刘辛获以献。

太康三年七月壬子，白鹿见零陵，零陵令蒋微获以献。

晋惠帝元康元年九月乙酉，白鹿见交趾武宁。

晋愍帝建武元年五月戊子，白鹿见高山县。

晋元帝太兴三年正月，白鹿二见豫章。

太兴三年四月,白鹿见晋陵延陵。

晋元帝永昌元年九月,白鹿见江乘县。

晋成帝咸和四年五月甲子,白鹿见零陵洮阳,获以献。

咸和四年七月壬寅,长沙郡逻吏黄光于南郡道遇白鹿,驱之不去,直来就光,追寻光三百余步。光遂抱取,遣吏李坚奉献。

咸和九年八月己未,白鹿见长沙临湘。

晋成帝咸康二年七月,白鹿见豫章望蔡,太守桓景获以献。

晋孝武太元十六年三月癸酉,白鹿见豫章望蔡,获以献。

太元十八年五月辛酉,白鹿见江乘,江乘令田熙之获以献。

太元二十年九月丁丑,白鹿见巴陵清水山,荆州刺史殷仲堪以献。

晋安帝隆安五年十一月,白鹿见长沙,荆州刺史桓玄以闻。

宋文帝元嘉五年七月丙戌,白鹿见东莞莒县岣峨山,太守刘玄以闻。

元嘉九年正月,白鹿见南谯谯县,豫州刺史长沙王义欣以献。

元嘉十四年,白鹿见文乡。

元嘉十七年五月甲午,白鹿见南汝阴宋县,太守文道恩以献。

元嘉二十年八月,白鹿见谯郡蕲县,太守邓琬以献。

元嘉二十二年二月,白虎见建康县,扬州刺史始兴王浚以闻。

元嘉二十二年二月辛未,白鹿见南康赣县,南康相刘兴祖以献。

元嘉二十三年二月戊戌,白鹿见交州,交州刺史檀和之以献。

元嘉二十三年六月丙辰,白鹿见彭城彭城县,征北将军衡阳王义季获以献。

元嘉二十七年二月壬辰朔,白鹿见济阴,徐州刺史武陵王讳以闻。

元嘉二十九年八月癸酉,白鹿见鄱阳,南中郎将武陵王讳以献。

元嘉三十年十一月壬午,白鹿见南琅邪,南琅邪太守王僧虔以献。

　　元嘉三十年十一月癸亥，白鹿见武建郡，雍州刺史朱脩之以
献。

　　孝武帝孝建三年三月庚子，白鹿见临川西丰县。

　　孝武帝大明元年四月甲申，白鹿见南平。

　　大明二年四月己丑，白鹿见桂阳郴县，湘州刺史山阳王休祐以
献。

　　大明三年正月癸巳，白鹿见南琅邪江乘，南徐州刺史刘延孙以
献。

　　大明三年三月辛卯，白鹿见广陵新市，太守柳光宗以闻。

　　大明五年五月丙寅，白鹿见南东海丹徒，南徐州刺史刘延孙以
献。

　　大明八年六月甲子，白鹿见衡阳郡，湘州刺史江夏王世子伯禽
以献。

　　明帝泰始二年二月乙亥，白鹿见宣城，宣城太守刘韫以闻。

　　泰始五年二月己亥，白鹿见长沙，湘州刺史刘韫以献。

　　泰始六年十二月乙未，白鹿见梁州，梁州刺史杜幼文以闻。

　　后废帝元徽三年二月甲子，白鹿见郁洲，青冀二州刺史、西海
太守刘善明以献。

　　三角兽，先王法度修则至。阙

　　一角兽，天下平一则至。阙

　　六足兽，王者谋及众庶则至。阙

　　比肩兽，王者德及矜寡则至。阙

　　獬豸，知曲直，狱讼平则至。阙

　　白虎，王者不暴虐，则白虎仁，不害物。

　　汉宣帝元康四年，南郡获白虎。

　　汉章帝元和二年以来至章和元年，凡三年，白虎二十九见郡
国。

汉安帝延光三年八月戊子,白虎二见颍川阳翟。

汉献帝延康元年四月丁巳,饶安县言白虎见,又郡国二十七言白虎见。

吴孙权赤乌六年正月,新都言白虎见。

赤乌十一年五月,鄱阳言白虎仁。

晋武帝泰始元年十二月,白虎见河南阳翟。

泰始元年十二月,白虎见弘农陆浑。

泰始二年正月己亥,白虎见辽东乐浪。

泰始二年正月辛丑,白虎见天水西。

晋武帝咸宁三年二月乙丑,白虎见沛国。

晋武帝大康元年八月,白虎见永昌南罕。

太康四年七月丙辰,白虎见建平北井。

太康十年十月丁酉,白虎见犍为。

晋成帝咸和八年五月己巳,白虎见新昌县。

晋简文帝咸安二年三月,白虎见豫章南昌县西乡石马山前。

晋孝武泰元十四年十一月辛亥,白虎见豫章郡。

泰元十九年二月,行巩令刘启期言白虎频见。

泰元十九年二月,行温令赵邛言白虎频见。

晋安帝隆安五年十一月,襄阳言驺虞见于新野。

宋武帝永初元年八月癸巳,白虎见枝江。

少帝景平元年十月,白虎见桂阳耒阳。

文帝元嘉十九年十月,白虎见弋阳、期思二县,南豫州刺史武陵王讳以闻。

元嘉二十五年二月己亥,白虎见武昌,武昌太守蔡兴宗以闻。

元嘉二十五年十一月丁丑,白虎见蜀郡二,赤虎导前,益州刺史陆徽以闻。

元嘉二十六年四月戊戌,白虎见南琅邪半阳山,二虎随从,太守王僧达以闻。

孝武孝建三年三月壬子,白虎见临川西丰。

白狼，宣王得之而犬戎服。阙

白獐，王者刑罚理则至。

晋武帝咸宁元年四月丙戌、乙卯，白獐见琅邪，赵王伦以献。

咸宁三年七月壬辰，白獐见魏郡。

晋武帝太康三年八月，白獐见梁国蒙，梁相解隆获以献。

太康五年九月己酉，白獐见义阳。

太康七年五月戊辰，白獐见汲郡。

晋成帝咸和九年五月癸酉，白獐见吴国吴县，内史虞潭获以献。

晋穆帝永和元年八月，白獐见吴国吴县西界包山，获以献。

永和八年十二月，白獐见丹阳永世，永世令徐该获以献。

永和十二年十一月庚午，白獐见梁郡，梁郡太守刘遂获以献。

晋安帝隆安五年十一月，白獐见荆州，荆州刺史桓玄以闻。

宋少帝景平元年五月癸未，白獐见义兴阳羡，太守王准之获以献。

景平二年六月，白獐见南郡江阳，太守王华献之太祖。太祖时入奉大统，以为休祥。

文帝元嘉五年四月乙巳，白獐见汝南武津，太守郑据获以献。

元嘉十二年正月，白獐见东莱黄县，青、冀州刺史王方回以献。

元嘉十九年五月，山阳张休宗获白獐，南兖州刺史临川王义庆以献。

元嘉二十年八月，白獐见江夏安陆，内史刘思考以献。

元嘉二十五年二月己丑，白獐见淮南，太守王休获以献。

元嘉二十五年四月戊午，白獐见南琅邪，太守王远获以献。

元嘉二十五年五月辛未朔，华林园白獐生二子，皆白，园丞梅道念以闻。

元嘉二十六年五月丙戌，白獐见马头，豫州刺史南平王铄以献。

元嘉二十七年正月己丑,白獐见济阴,徐州刺史武陵王讳以闻。

元嘉二十七年四月癸丑,华林园白獐生一白子,园丞梅道念以闻。

元嘉二十九年六月壬戌,白獐见晋陵既阳,南徐州刺史始兴王浚以献。

孝武帝孝建三年六月癸巳,白獐见广陵,南兖州以献。

孝武帝大明元年七月丁丑,白獐见东莱曲城县,获以献。

大明二年正月壬戌,白獐见山阳,山阳内史程天祚以献。

大明二年二月辛丑,白獐见济北,济北太守殷孝祖以献。

大明五月九月己巳,白獐见南阳,雍州刺史永嘉王子仁以献。

大明六年四月戊辰,白獐见荥阳,湘州刺史建安王休仁以献。

大明七年正月庚寅,白獐见南阳,荆州刺史临海王子顼以献。

大明七年六月己巳,白獐见武陵临沅,太守刘衍以献。

大明七年九月癸未,白獐见南阳,雍州刺史刘秀之以献。

明帝泰始三年五月癸酉,白獐见南东海丹徒,南徐州刺史桂阳王休范以献。

泰始三年五月己卯,白獐见北海都昌,青州刺史沈文秀以献。

泰始五年正月癸卯,白獐见汝阴楼烦,豫州刺史刘勔以献。

明帝泰豫元年十月壬戌,白獐见义兴国山,太守王蕴以献。

后废帝元徽元年正月甲午,白獐见海陵宁海,海陵太守孙嗣之以献。

文帝元嘉二十三年五月甲寅,东宫队白从陈超获黑獐于肥如县,皇太子以献。

元嘉二十三年十月辛巳,东宫将魏荣获青獐于秣陵。

元嘉十年十二月,营城县民成公会之于广陵高邮界获白獐麂以献。

孝武帝大明元年二月己亥,白麖见会稽诸暨县,获以献。

银麂，刑罚得共，民不为非则至。阙

赤兔，王者德盛则至。阙

比翼鸟，王者德及高远则至。阙

赤雀，周文王时衔丹书来至。

晋愍帝建兴三年四月癸酉，赤雀见平州府舍。

宋文帝元嘉二十年五月，赤雀集南平郡府，内史臧绰以闻。

孝武帝孝建元年五月己亥，临沂县鲁尚斯军人于城上获赤雀，太傅假黄钺江夏王义恭以献。

福草者，宗庙肃，则生宗庙之中。阙

苍乌者，贤君修行，孝慈于万姓，不好杀生则来。

宋孝武帝大明元年五月丁丑，苍乌见襄阳县。

大明二年四月甲申，苍乌见襄阳，雍州刺史王玄谟以献。

甘露，王者德至大，和气盛则降。

柏受甘露，王者耆老见敬，则柏受甘露。

竹受甘露，王者尊贤爱老，不失细微，则竹箪受甘露。

汉宣帝元康元年三月，甘露降未央宫。

汉宣帝神雀二年二月，甘露降京师。

神雀四年春，甘露降京师。

汉宣帝五凤二年正月，甘露降京师。

汉成帝元延四年三月，甘露降京师。

汉光武建武中元元年五月，郡国上甘露降。

汉明帝永平十七年五月戊子夜，帝梦见光武帝、光烈皇后，梦中喜觉，悲不能寐。明旦上陵，百官、胡客悉会。太常丞上言，其日陵树叶有甘露，帝令百官采甘露。帝自伏御床，视太后庄器奁中物，流涕，敕易奁中脂泽之具。

永平十七年春，甘露仍降京师。

汉章帝元和中，甘露降郡国。

汉安帝延光三年四月丙戌，甘露下沛国丰。

延光三年七月，甘露下左冯翊频阳。

汉桓帝延熹三年四月，甘露降上郡。

汉桓帝永康元年八月，甘露降巴郡。

魏文帝初，郡国三十七言甘露降。

魏少帝甘露元年五月，邺及上洛并言甘露降。

魏元帝咸熙二年四月，南深泽县言甘露降。

吴孙权黄武前，建业言甘露降。

黄武二年五月，曲阿言甘露降。

吴孙权赤乌元年三月，零陵言甘露降。

赤乌九年四月，武昌言甘露降。

吴孙权嘉禾五年三月，武昌言甘露降于礼宾殿。

吴孙皓甘露元年四月，蒋陵言甘露降。

晋武帝泰始十年四月乙亥，甘露降西河离石。

晋武帝咸宁元年四月丙戌，甘露降张掖。

咸宁元年五月戊午，甘露降清河绛幕。

咸宁元年九月，甘露降太原晋阳。

咸宁二年五月戊子，甘露降玄菟郡治。

咸宁五年六月戊申，甘露降巴郡南充国。

晋武帝太康五年三月乙卯，甘露降东宫。

太康七年四月，甘露降京兆杜陵。

太康七年五月，甘露降魏郡邺。

晋惠帝元康四年五月，甘露降乐陵郡。

晋愍帝建兴元年六月，甘露降西平县。

建兴三年八月己未，甘露降新昌县。

晋愍帝建武元年六月丁丑，甘露降寿春。

晋元帝太兴三年四月,甘露降琅邪费。

晋明帝泰宁二年正月,巴郡言甘露降。

晋成帝咸和四年四月,甘露降武昌郡阁前柳树,太守诩以闻。

咸和六年三月,甘露降宁州城内北园榛桃树,刺史以闻。

咸和七年四月癸巳,甘露降京邑,扬州刺史王导以闻。

咸和八年四月癸卯,甘露降庐江襄安县蒋胄家。

咸和八年四月癸卯,甘露降宣城宛陵县之须里。

咸和九年四月甲寅,甘露降兵国钱唐县右乡康巷之柳树。

咸和九年十二月丙辰,甘露降建平陵。

咸和九年十二月丁巳,甘露降武平陵。

晋成帝咸康元年四月癸卯,甘露降西堂桃树。

咸康二年三月甲戌,甘露降郁林城内。

咸康二年四月,甘露降西堂,又降尚书都坐桃树,又降会稽永兴县,众官毕贺。戊午,甘露降会稽山阴县,又降吴兴武康县。庚申,又降武康。

咸康三年四月戊午,甘露降殿后桃李树。五月,甘露降义兴阳羡县柞树,东西十四步,南北十五步。

咸康七年四月丙子,甘露降彭城王纮第内,众官毕贺。

晋穆帝永和元年三月,甘露降庐江郡内桃李树,太守永以闻。

永和五年十一月,太常刘邵上崇平陵令王昂即日奉行陵内,甘露降于玄宫前殿。

永和五年十二月己酉,甘露降丹阳湖孰县西界刘敷墓松树,县令王恬以闻,众官毕贺。

晋简文帝咸安二年正月,甘露降随郡溠阳县界桑木,沾凝十余里中。

晋孝武帝泰元十二年八月,甘露降宁州界内,刺史费统以闻。

泰元十五年闰月,甘露降永平陵。

泰元十六年十一月庚午,甘露降句阳县。

泰元十七年二月,甘露降南海番禺县杨树。

晋安帝元兴二年十月，甘露降武昌王成基家竹。

元兴三年三月己卯，甘露降丹徒。

元兴三年四月己酉，甘露降兰台。

宋武帝永初元年九月庚辰，甘露降丹徒现山。

永初元年十月庚午，甘露降兴宁、永宁二陵，弥冠百余里。

文帝元嘉三年闰正月己丑，甘露降吴兴乌程，太守王韶之以闻。

元嘉四年五月辛巳，甘露降齐郡西安临朐城。

元嘉四年十一月辛未朔，甘露降初宁陵。

元嘉四年十一月己丑，甘露降南海熙安，广州刺史江桓以闻。

元嘉八年五月，甘露降南海番禺。

元嘉九年十一月壬子，甘露降初宁陵。

元嘉十一年八月甲辰，甘露降费县之沙里，琅邪太守吕绰以闻。

元嘉十三年二月丁卯，甘露降上明巴山。

元嘉十三年二月，甘露降吴县武康董道益家园树。

元嘉十三年三月甲午，甘露降初宁陵。

元嘉十六年三月己卯，甘露降广州城北门杨树，刺史陆徽以闻。

元嘉十七年四月丁丑，甘露降广陵永福里梁昌季家树，南兖州刺史江夏王义恭以闻。

元嘉十七年，甘露降高平金乡富民村方三十里中，徐州刺史赵伯符以闻。

元嘉十七年十一月乙酉，甘露降乐游苑。

元嘉十八年五月甲申，甘露降丹阳秣陵卫将军临川王义庆园，扬州刺史始兴王浚以闻。

元嘉十八年六月，甘露降广陵广陵孟玉秀家树，南兖州刺史临川王义庆以闻。

元嘉十九年五月丁卯，甘露降建康司徒参军督护顾俊之宅竹柳。

元嘉十九年五月乙亥,甘露降马头济阳宋庆之园树,太守苟预以闻。

元嘉二十一年,甘露降益州府内梨李树,刺史庾俊之以闻。

元嘉二十一年四月,甘露频降乐游苑。

元嘉二十一年四月,甘露降彭城绥舆里,徐州刺史臧质以闻。

元嘉二十一年四月,甘露降义阳平阳,太守庞秀之以闻。

元嘉二十二年十一月辛巳,甘露降南郡江陵方城里,荆州刺史南谯王义宣以闻。

元嘉二十二年十二月丁酉,甘露降长宁陵,陵令包诞以闻。

元嘉二十三年二月丁未,甘露降乐游苑,苑丞张宝以闻。

元嘉二十三年九月丙子,甘露降长宁陵,陵令华林以闻。

元嘉二十三年十二月庚子,甘露降襄阳郡治,雍州刺史武陵王讳以闻。

元嘉二十三年十二月辛丑,甘露频降乐游菀,苑丞何道之以闻。

元嘉二十四年二月己亥、庚子,甘露频降景阳山,山监张绩以闻。

元嘉二十四年二月己亥、癸卯,三月丙辰,甘露频降景阳山,华林园丞陈袭祖以闻。

元嘉二十四年三月甲寅,甘露降浔阳松滋,江州刺史庐陵王绍以闻。

元嘉二十四年四月癸未,甘露降浔阳松滋;丙申,又降江州城内桐树;丁酉,又降城北数里之中。江州刺史庐陵王绍以闻。

元嘉二十四年七月乙卯,甘露降京师,扬州刺史始兴王浚以闻。

元嘉二十四年七月,甘露降襄城治下无量寺,雍州刺史武陵王讳以闻。

元嘉二十四年十月甲午,甘露降魏兴郡内,太守韦宁民以闻。

元嘉二十三年至二十四年十二月,甘露频降,状如细雪,京都及郡国处处皆然,不可称纪。

元嘉二十五年十一月庚辰,甘露降南郡,荆州刺史南谯王义宣以闻。

元嘉二十五年十一月乙未,甘露降丹阳秣陵岩山。

元嘉二十六年三月壬午,甘露降景阳山,华林园丞梅道念以闻。

元嘉二十六年三月庚寅、癸巳,甘露频降武昌,江州刺史庐陵王绍以闻。

元嘉二十六年四月甲辰、丙午、戊申,甘露频降豫章南昌;太守刘思考以闻。

元嘉二十六年七月,甘露降南郡江陵,荆州刺史南谯王义宣以闻。

元嘉二十七年四月乙卯、丙辰、丁巳,甘露频降豫章南昌;戊午午时,天气清明,有彩雾映覆郡邑,甘露又自云降。太守刘思考以闻。

元嘉二十七年五月甲戌,甘露降东海丹徒,南徐州刺史始兴王浚以闻。

元嘉二十八年二月戊辰,甘露降钟山延贤寺,扬州刺史庐陵王绍以闻。

元嘉二十八年二月壬午,甘露降徽音殿前果树。

元嘉二十八年二月,甘露降合欢殿后香花诸草。

孝武帝孝建元年三月丙辰,甘露降华林园。

孝建二年三月己酉,甘露降丹阳秣陵中里路与之墓树。

孝建二年三月辛亥,甘露降长宁陵松树。

孝建二年三月,甘露降襄阳民家梨树。

孝建二月三月戊午,甘露降丹阳秣陵尚书谢庄园竹林,庄以闻。

孝武帝大明元年四月癸卯,甘露降华林园桐树。

大明三年三月己卯,甘露降乐游苑梅树。

大明三年三月戊子,甘露降宣城郡舍,太守张辩以闻。

大明四年正月壬辰,甘露降初宁陵松树。

大明四年二月丙申,甘露降长宁陵松树。

大明四年二月乙巳,甘露降丹阳秣陵龙山,丹阳尹孔灵符以闻。

大明五年四月辛亥,甘露降吴兴安吉,太守历阳王子顼以闻。

大明五年四月乙卯,甘露降吴兴乌程,太守历阳王子顼以闻。

大明六年二月戊午,甘露降建康灵耀寺及诸苑园,及秣陵龙山,至于娄湖。是日,又降句容、江宁二县。

大明七年三月丙申,甘露降寻阳松滋,太守刘矇以闻。

大明七年四月己未,甘露降荆州城内,刺史临海王子顼以闻。

大明七年十二月辛丑朔,甘露降吴兴乌程,令荀卞之以闻。

明帝泰始二年四月己未,甘露降上林苑,苑令徐承道以献。

泰始二年四月庚申,甘露降华林园,园令臧延之以献。

泰始二年五月己亥,甘露降丹阳秣陵县舍齐前竹,丹阳尹王景文以献。

泰始三年十一月庚申,甘露降晋陵,晋陵太守王蕴以闻。

泰始三年十一月癸亥,甘露降南东海丹徒建冈,徐州刺史桂阳王休范以闻。

泰始三年十二月壬午,甘露降崇宁陵,扬州刺史建安王休仁以闻。

后废帝元徽四年十一月乙巳,甘露降吴兴乌程,太守萧惠明以闻。

顺帝升明二年十二月,甘露降建康禁中里。

升明二年十一月,甘露降南东海武进彭山,太守谢朏以闻。

升明二年十一月,甘露降吴兴长城下山,太守王奂以闻。

威香者,王者礼备则常生。阙

宋书卷二九
志第一九

符瑞下

　　嘉禾,五谷之长,王者德盛,则二苗共秀。于周德,三苗共穗;于商德,同本异穗;于夏德,异本同秀。

　　汉宣帝元康四年,嘉谷玄稷,降于郡国。

　　汉章帝元和中,嘉禾生郡国。

　　汉安帝延光二年六月,嘉禾生九真,百十六本,七百六十八穗。

　　汉桓帝建和二年四月,嘉禾生太司农舍。

　　汉桓帝永康元年八月,嘉禾生魏郡。

　　魏文帝黄初元年,郡国三言嘉禾生。

　　吴孙权黄龙三年十月,会稽南平始言嘉禾生。

　　孙权赤乌七年秋,宛陵言嘉禾生。

　　晋武帝泰始八年十月,泸水胡王彭护献嘉禾。

　　晋武帝太康四年十二月,嘉禾生扶风雍。

　　太康五年七月,嘉禾生东豫章南昌。

　　太康八年闰三月,嘉禾生东夷校尉园。

　　太康八年九月,嘉禾生东莱掖。

　　晋愍帝建兴元年八月癸亥,嘉禾生襄平县,一茎七穗。

　　建兴二年六月,嘉禾生平州治,三实同蒂。

　　建兴三年七月,嘉禾生襄平县,异体同蒂。

　　宋文帝元嘉二年十月,嘉禾生颍川阳翟,太守垣苗以闻。

元嘉九年三月,嘉禾生义阳,豫州刺史长沙王义欣以献。

元嘉十年八月,嘉禾生汝南苞信,豫州刺史长沙王义欣以献。

元嘉十一年八月,嘉禾一茎九穗生北汝阴,太守王玄谟以献。

元嘉二十年六月,嘉禾一茎九穗生上庸新安,梁州刺史刘道以献。

元嘉二十一年,嘉禾生新野邓县,雍州刺史萧思话以献。

元嘉二十二年六月,嘉禾生藉田,一茎九穗。

元嘉二十二年七月癸酉,嘉禾生平虏陵,徐州刺史臧质以献。

元嘉二十二年九月,嘉禾生太尉府田,太尉江夏王义恭以闻。

元嘉二十二年九月,嘉禾生扬州东耕田,刺史始兴王浚以闻。

元嘉二十二年,嘉禾生华林园,百六十穗,园丞陈袭祖以闻。

元嘉二十二年,嘉禾生颍川阳白,豫州刺史赵伯符以献。

元嘉二十三年七月乙丑,嘉禾旅生藉田,藉田令褚熙伯以闻。

元嘉二十三年七月庚午,嘉禾生丹阳椒唐里,扬州刺史始兴王浚以闻。

元嘉二十三年七月庚辰,嘉禾生醴湖屯,屯主王世宗以闻。

元嘉二十三年八月己酉,嘉禾生华林园,园丞陈袭祖以闻。

元嘉二十三年九月庚申,嘉禾生沛郡萧,征北大将军衡阳王义季以闻。

元嘉二十三年,嘉禾生江夏汝南,荆州刺史南谯王义宣以闻。

元嘉二十四年七月乙卯,嘉禾旅生华林园及景阳山,园丞梅道念以闻。太尉江夏王义恭上表曰:

　　臣闻居高听卑,上帝之功;天且弗违,圣王之德。故能影响二仪,甄陶万有。鉴观今古,采验图纬,未有道阙化亏,而祯物著明者也。自皇运受终,辰曜交和,是以卉木表灵,山渊效宝。伏惟陛下体乾统极,休符袭逮。若乃凤仪西郊,龙见东邑,海苔献改缯之羽,河祇开俟清之源。三代象德,不能过也。有幽必阐,无远弗届,重译岁至,休瑞月臻。前者躬藉南亩,嘉谷仍植,神明之应,在斯尤盛。四海既穆,五民乐业,思述汾阳,经始灵囷。兰林甫树，嘉露频流，板筑初就，祥穗如积。太平之符，于是乎在。臣以寡立，承乏槐铉，沐浴芳津，预睹冥庆，不胜抃舞之情。谨上《嘉禾甘露颂》一篇，不足称扬美烈，追用悚汗。其颂曰：

　　二象攸分，三灵乐主。齐应合从，在今犹古。天道谁亲，唯仁斯辅。皇功帝绩，理冠区宇。四民均极，我后体兹。惟机惟神，敬昭文思。九族既睦，万邦允厘。德以位叙，道致雍熙。於穆不已，显允东储。王知凤睿，岳茂渊虚。因心则哲，令问弘敷。继徽下武，俪景辰居。轩制合宫，汉兴未央。矧伊圣朝，九有已康。率由旧典，思焫前王。乃造陵霄，遂作景阳。有蔼景阳，天渊之涘。清暑爽立，云堂特起。植类斯育，动类斯止。极望江波，遍对岳峙。化德惟达，休瑞惟懋。诞降嘉种，呈祥初构。甘露春凝，祯穗秋秀。□□匪烈，嗣岁仍富。昔在放勋，历荚数朝。降及重华，倚扇清庖。铄矣皇庆，比物竞昭。伦彼典策，被此风谣。资臣六蔽，任兼两司。既恧仲衮，又惭郑缁。岂忘衡泌，乐道明时。敢述休祉，愧阙令辞。

中领军吉阳县侯沈演之奏上《嘉禾颂》曰：

　　焕炳祯图，昭晰瑞典。运倾方闼，时亨始显。绨状既章，鸟文斯辩。於皇圣辟，承物纪远。明两辰丽，昌辉天衍。其一。理妙位崇，事神业盛。渊渥德泽，虚寂道政。协化安心，调乐移性。玉衡从体，瑶光得正。巨星垂采，景云立庆。其二。极仁所被，罔幽不攘。至和所感，靡况弗彰。鸳出丹穴，鸎起西湘。白鹿逾海，素鸟越江。结响穹阴，仪形钟阳。其三。治人奉天，乃勤乃格。黛未椒载，高廪已积。嘉禾重穋，甘露流液。擢秀辰畦，扬颖角泽。离穗合豪，荣区荫斥。其四。盈箱征殷，贯桑表周。今我大宋，灵贶绸缪。帝终执谦，绎思勿休。躬荐宗庙，温恭率由。降福以城，孝享虔羞。其五。颂趾推功，登徽睿诏。恩覃隐显，赏延荒徼。河濂海夷，山华岳耀。憬琛复赆，兼泽委效。日表地外，改服请教。其六。茂对盛时，绥万屡丰。厌厌归素，秩秩大同。上藏诸用，下知所从。仰式王度，俯歌南风。鸿名称首，永保无穷。其七。"

元嘉二十四年八月乙巳，嘉禾生鱼城内晋陵，南徐州刺史广陵王诞以闻。

元嘉二十五年六月壬寅，嘉禾旅生华林园，十株七百穗，园丞梅道念以闻。

元嘉二十五年六月壬子，嘉禾生藉田，藉田令褚熙伯以献。

元嘉二十五年七月壬辰，嘉禾生北海，青、冀二州刺史杜坦以献。

元嘉二十五年八月丙午，嘉禾生太尉江夏王义恭果园，江夏国典书令陈颖以闻。

元嘉二十五年八月壬子，嘉禾生建康化义里，令丘珍孙以献。

元嘉二十五年八月癸丑，嘉禾生华林园，园丞梅道念以献。

元嘉二十五年十一月，嘉禾生巴东，荆州刺史南谯王义宣以闻。

元嘉二十五年五月癸酉，嘉禾生建康禁中里，扬州刺史始兴王浚以献。

元嘉二十六年六月甲寅，嘉禾生藉田，藉田令褚熙伯以献。

元嘉二十六年七月，嘉禾生巴东朐䏰，荆州刺史南谯王义宣以献。

元嘉二十七年十月已丑，嘉禾生北海，青州刺史杜坦以闻。

元嘉二十八年七月戊戌，嘉禾生广陵邵伯埭，兖州刺史江夏王义恭以闻。

孝武帝孝建二年六月癸巳，嘉禾二株生江夏王义恭东田。

孝建二年九月已丑朔，嘉禾异亩同颖生齐郡广饶县。

孝建三年七月庚午，嘉禾生吴兴武康。

孝武帝大明元年五月戊午，嘉禾一株五茎生清暑殿鸱尾中。

大明元年八月甲申，嘉禾生青州，异根同穗。

大明三年九月乙亥，嘉禾生北海都昌县，青州刺史颜师伯以闻。

大明六年八月辛未，嘉禾生乐陵，青、冀二州刺史刘道隆以闻。

明帝泰始二年七月己酉，嘉禾生会稽永兴，太守巴陵王休若以献。

汉章帝元和中，嘉麦生郡国。

晋武帝太康十年六月，嘉麦生扶风郡，一茎四穗。是岁收三倍。

宋文帝元嘉二十三年，醴湖屯生嘉粟，一茎九穗，屯主王世宗以闻。

元嘉二十五年六月壬子，嘉黍生藉田，藉田令褚熙伯以献。

吴孙权黄龙三年，由拳野稻生，改由拳为禾兴。

吴孙亮五凤元年，交址稗草化为稻。

宋文帝元嘉二十三年，吴郡嘉兴盐官县野稻自生三十许种，扬州刺史始兴王浚以闻。

元嘉二十八年七月癸卯，寻阳柴桑菽粟旅生，弥漫原野，江州刺史建平王宏以闻。

汉章帝元和中，嘉瓠生郡国。

汉安帝元初三年三月，东平陵有瓜异处共生，八瓜同蒂。

汉桓帝建和二年七月，河东有瓠瓜，两体共蒂。

晋武帝太康三年六月，嘉瓜异体同蒂，生河南洛阳辅国大将军王浚园。

晋武帝太康元年十二月戊子，嘉瓠生宁州，宁州刺史费统以闻。

宋文帝元嘉二十五年四月戊辰，嘉瓠生京邑新园，园丞徐道兴以献。

孝武帝大明五年五月，嘉瓜生建康蒋陵里，丹阳尹王僧朗以献。

明帝太始二年八月戊午,嘉瓜生南豫州,南豫州刺史山阳王休祐以献。

文帝元嘉七年七月乙酉,建康额檐湖二莲一蒂。

元嘉十六年七月壬申,华林池双莲同干。

元嘉十年七月己丑,华林天渊池芙蓉异花同蒂。

元嘉十九年八月壬子,扬州后池二莲合华,刺史始兴王浚以献。

元嘉二十年五月,庐陵郡池芙蓉二花一蒂,太守王渊以闻。

元嘉二十年六月壬寅,华林天渊池芙蓉二花一蒂,园丞陈袭祖以闻。

元嘉二十年夏,永嘉郡后池芙蓉二花一蒂,太守臧艺以闻。

元嘉二十年七月,吴兴郡后池芙蓉二花一蒂,太守孔山士以闻。

元嘉二十年,扬州后池芙蓉二花一蒂,刺史始兴王浚以献。

元嘉二十一年六月丙午,华林园天渊池二莲同干,园丞陈袭祖以闻。

元嘉二十年四月,乐游苑池二莲同干,苑丞梅道念以闻。

元嘉二十二年七月,东宫玄圃园池二莲同干,内监殿守舍人宫勇民以闻。

元嘉二十三年六月壬寅,华林天渊池芙蓉二花一蒂,园丞陈袭祖以闻。

元嘉二十三年六月辛丑,太子西池二莲共干,池统胡永祖以闻。

元嘉二十三年八月己酉,鱼邑三周池二莲同干,园丞徐道兴以闻。

孝武帝孝建二年六月庚寅,玄武湖二莲同干。

孝武帝大明五年,藉田芙蓉二花同蒂,大司农萧邃以献。

明帝太始二年八月丙辰,五城澳池二莲同干,都水使者罗僧愍以献。

太始二年八月己未，豫州刺史山阳王休祐献莲二花一蒂。

太始五年六月甲子，嘉莲生湖孰，南台侍御史竺曾度以闻。

太始六年六月壬子，嘉莲生东宫玄圃池，皇太子以闻。

晋武帝太始二年六月壬申，嘉柰一蒂十实，生酒泉。

太始七年六月己亥，东宫玄圃池芙蓉二花一蒂，皇太子以献。

晋成帝咸和六年，镇西将军庾亮献嘉橘，一蒂十二实。

晋安帝隆安三年，武陵临沅献安石榴，一蒂六实。

云有五色，太平之应也，曰庆云。若云非云，若烟非烟，五色纷缊，谓之庆云。

汉宣帝神爵元年春，斋戒之莫，神光显著。荐鬯之夕，神光交错，或降于天，或登于地，或从四方，来集于坛上。

汉章帝元和三年正月，车驾北巡，以太牢祠北岳山，见黄白气。

宋孝武帝大明元年五月壬子，紫气从景阳楼上层出，状如烟，回薄良久。

明帝太始二年三月丙午，黄紫云从景阳楼出，随风回，久乃消。华林园令臧延之以闻。

太始二年六月己卯，日入后，有黄白赤白气东西竟天，光明润泽，久乃消。

太始四年十一月辛未，崇宁陵令上书言："自大明八年至今四年二月，宣太后陵明堂前后数有光及五色云，又芳香四满，又五采云在松下，状如车盖"。

太始七年四月戊申夜，京邑崇虚馆堂前有黄气，状如宝盖，高十许丈，渐有五色。道士陆修静以闻。

白兔，王者敬耆老则见。

汉光武建武十三年九月，南越献白兔。

章帝元和中,白兔见郡国。

魏文帝黄初中,郡国十九言白兔见。

晋武帝太始五年七月己亥,白兔见北海即墨,即墨长获以献。

晋武帝咸宁二年十月癸亥,白兔二见河南阳翟,阳翟令华衍获以献。

咸宁四年六月,白兔见天水。

晋武帝太康二年八月壬子,白兔见彭城。

太康二年十月,白兔见赵国平乡,赵王伦获以献。

太康四年十一月癸未,白兔见北地富平。

太康八年十二月庚戌,白兔见陈留酸枣,关内侯成公忠获以献。

晋穆帝永和十二年九月甲申,白兔见鄱阳,太守王耆之以献,并上颂一篇。

晋穆帝升平三年十二月庚申,北中郎将郗昙献白兔。

晋海西公泰和九年四月,阳谷献白兔。

晋孝武帝太元十五年三月,白兔见淮南寿阳。

晋安帝义熙二年四月,无锡献白兔。

义熙二年四月,寿阳献白兔。

宋文帝元嘉六年九月,长广昌阳淳于邈获白兔,青州刺史萧思话以献。

元嘉八年闰六月丁亥,司徒府白从伊生于淮南繁昌获白兔以献。

元嘉十三年七月甲戌,济南朝阳王道获白兔,青州刺史段宏以献。

元嘉十四年正月丙申,白兔见山阳县,山阳太守刘怀之以献。

元嘉十五年七月壬申,山阳师齐获白兔,南兖州刺史江夏王义恭以献。

元嘉二十二年三月,白兔见东莱当利,青州刺史杜冀以闻。

元嘉二十四年七月丁巳,白兔见兖州,刺史徐琼以闻。

元嘉二十四年七月己酉,白兔见东莞,太守赵球以献。

元嘉二十七年二月壬辰,白兔见竟陵,荆州刺史南谯王义宣以献。

元嘉二十七年六月丙午,白兔见南汝阴,豫州刺史南平王铄以献。

孝武帝孝建二年正月庚戌,白兔见淮南,太守申坦以闻。

孝建三年闰二月乙丑,白兔见平原,获以献。

孝武大明元年六月庚子,白兔见即墨,获以献。

大明六年八月辛未,白兔见北海,青、冀二州刺史刘道隆以献。

大明六年六月乙丑,白兔见,青、冀二州刺史刘道隆以献。

斗殒精,王者孝行溢则见。阙

赤乌,周武王时衔谷至,兵不血刃而殷服。

汉章帝元和中,赤乌见郡国。

吴孙权赤乌元年,有赤乌集于殿前。

吴孙休永安三年三月,西陵言赤乌见。

晋元帝永昌二年正月,赤乌见暨阳。

宋武帝永初二年二月,赤乌六见北海都昌。

孝武帝大明五年六月戊子,赤乌见蜀郡,益州刺史刘思考以献。

白燕者,师旷时衔丹书来至。

汉章帝元和中,白燕见郡国。

晋惠帝元康元年七月,白燕二见酒泉祥福,太守索靖以闻。

宋文帝元嘉元年七月壬戌,白燕集齐郡城,游翔庭宇,经九日乃去,众燕随从无数。

元嘉十四年,白燕集荆州府门,刺史临川王义庆以闻。

元嘉十八年六月,白燕产丹徒县,南徐州刺史南谯王义宣以闻。

元嘉二十年五月,白燕集南平乡府内,内史臧绰以闻。

元嘉二十一年,白燕见广陵,南兖州刺史广陵王诞以献。

元嘉二十四年五月辛未,白燕集司徒府西园,太尉江夏王义恭以闻。

元嘉二十五年八月壬子,白燕见广陵城,南兖州刺史徐湛之以闻。

元嘉二十六年五月戊寅,白燕产衡阳王墓亭,郎中令朱旷之获以闻。

元嘉二十七年五月甲戌,白燕产京口,南徐州刺史始兴王浚以闻。

元嘉二十七年六月壬辰,白燕见秣陵,丹阳尹徐湛之以献。

孝武帝大明二年五月乙巳,白燕产南郡江陵民家,荆州刺史朱脩之以献。

大明二年五月甲子,白燕二产山阳县舍,南兖州刺史竟陵王诞以献。

大明二年六月甲戌,白燕产吴郡城内,太守王翼之以献。

大明三年五月甲申,白燕产武陵临沅民家,郢州刺史孔灵符以闻。

大明四年六月乙卯,白燕见平昌,青州刺史刘道隆以献。

明帝太始二年六月,白燕见零陵,获以献。

金车,王者至孝则出。阙

三足乌,王者慈孝天地则至。

汉章帝元和中,三足乌见郡国。

象车者,山之精也。王者德泽流洽四境则出。阙白乌，王者宗庙肃敬则至。

汉桓帝永寿元年四月，白乌见商国。

晋武帝咸宁五年七月戊辰，白乌见齐南隰，太守获以献。

晋武帝太康元年五年庚午，白乌见襄。

太康十年五月丁丑，白乌见京兆长安。

晋惠帝元康元年四月，白乌见河南成皋，县令刘机获以闻。

元康元年五月戊戌，白乌见梁国睢阳。

元康元年七月辛丑，白乌见陈留，获以献。

元康四年十月，白乌见鄱阳。

晋明帝泰宁二年十一月，白乌见京都。

泰宁三年三月，白乌见吴郡海虞，获以献，群官毕贺。

晋孝武帝太元十一年八月乙酉，白乌集江州寺庭，群乌翔卫。

太元二十一年五月癸卯，白乌见吴国，获以献。

宋武帝永初二年六月丁酉，白乌见吴郡娄县，太守孟颛以献。

文帝元嘉二年十一月丙辰，白乌见山阳，太守阮宝以闻。

元嘉三年三月甲戌，丹阳湖孰薛爽之获白乌以献。

元嘉十一年六月乙巳，吴郡海盐王说获白乌，扬州刺史彭城王义康以献。

元嘉十三年三月戊辰，义兴阳羡令获白乌，太守刘祯以献。

元嘉十九年五月，海陵王文秀获白乌，南兖州刺史临川王义庆以献。

元嘉十九年十月，白乌产晋陵暨阳侨民彭城刘原秀宅树，原秀以闻。

元嘉二十年七月，彭城刘原秀又获白乌以献。

元嘉二十四年八月乙巳，白乌见晋陵，南徐州刺史广陵王诞以献。

孝武帝大明元年四月甲申，白乌见南郡江陵。

明帝太始二年六月丁巳，白乌见吴郡海盐，太守顾觊之以献。

太始二年九月壬寅，白乌见吴兴乌程，太守郗颙以献。

白雀者,王者爵禄均则至。

汉章帝元和初,白雀郡国。

魏文帝初,郡国十九言白雀见。

晋武帝咸宁元年,白雀见梁国,梁王肜获以献。

晋武帝太康二年六月丁卯,白雀二见河内南阳,太守阮侃获以献。

太康二年六月,白雀二见河南,河南尹向雄获以献。

太康七年七月庚午,白雀见豫章。

太康八年八月,白雀见河南洛阳。

太康十年五月丁亥,白雀见宣光北门,华林园令孙邵获以献。

晋愍帝建武元年四月,尚书仆射刁协献白雀于晋王。

晋孝武帝太康十六年十二月,白雀见南海增城县民吴比屋。

晋安帝隆安五年十一月,白雀见宜都。

晋安帝元兴三年六月丙申,白雀见豫章新淦,获以献。

宋文帝元嘉元年七月己巳,白雀见齐郡都国。

元嘉四年七月乙酉,白雀见北海剧。

元嘉八年五月辛丑,白雀集左卫府。

元嘉十一年五月丁丑,齐郡西安宗显获白雀,青州刺史段宏以献。

元嘉十四年五月甲午,白雀集费县员外散骑侍郎颜敬家,获以献。

元嘉十四年,白雀二见荆州府客馆。

元嘉十五年五月辛未,白雀集建康都亭里,扬州刺史彭城王义康以闻。

元嘉十五年六月,白雀见建康定阴里,彭城王义康以献。

元嘉十五年八月,白雀见西阳,江州刺史南谯王义宣以献。

元嘉十七年五月壬寅,白雀二集荆州后园,刺史衡阳王义季以闻。

元嘉十八年七月，吴郡盐官于玄获白雀，太守刘祯以献。

元嘉二十年五月乙卯，秣陵卫猗之获白雀，丹阳尹徐湛之以献。

元嘉二十二闰五月丙午，白雀见华林园，员外散骑侍郎长沙王瑾获以献。

元嘉二十二年四月丙子，白雀见东安郡，徐州刺史臧质以献。

元嘉二十二年六月庚申，南彭城蕃县时佛护获白雀以献。

元嘉二十四年四月，白雀产吴郡盐官民家，太守刘祯以献。

元嘉二十四年六月己亥，白雀五集长沙庙，长沙王瑾以闻。

元嘉二十五年五月丁丑，白雀二见京都，材官吏黄公欢、军人丁田夫各获以献。

元嘉二十七年六月乙卯，白雀见济南郡，薛荣以献。

元嘉二十八年八月己巳，崇义军人获白雀一双，太子左率王锡以献。

元嘉二十九年四月癸丑，白雀见会稽山阴，太守东海王祎获以献。

孝武帝孝建元年五月己亥，临沂县鲁尚期于城上得白雀，太傅假黄钺江夏王义恭以献。

孝建二年六月丙子，左卫军获白雀以献。

孝建三年闰三月辛酉，黄门侍郎庾徽之家获白雀以献。

孝建三年五月丁卯，白雀见建康，获以献。

孝武帝大明元年四月戊申，白雀见寻阳。

大明元年五月甲寅，白雀二见渤海，获以献。

大明元年五月甲子，白雀见建康，获以献。

大明元年六月丁亥，白雀见零陵祁阳，获以献。

大明元年七月辛亥，白雀见南阳宛，获以献。

大明二年五月丁未，白雀见建康，扬州刺史西阳王子尚以献。

大明二年六月丁亥，白雀见河东定襄县，荆州刺史朱脩之以闻。

大明三年四月庚戌，白雀见秣陵，丹阳尹刘秀之以献。

大明三年五月壬午，太宰府崇蓺军人获白雀，太宰江夏王义恭以献。

大明四年五月辛巳，白雀见广陵，侍中颜师伯以献。

大明五年四月庚戌，白雀见晋陵，太守沈文叔以献。

大明五年五月，白雀见寻阳，江州刺史桂阳王休范以献。

大明五年五月癸未，白雀二见寻阳，江州刺史桂阳王休范以献。

大明五年五月癸未，白雀二见济南，青州刺史刘道隆以献。

大明五年十月，白雀见太原，青州刺史刘道隆以献。

大明六年八月辛巳，白雀见齐郡，青、冀二州刺史刘道隆以献。

大明七年四月乙未，白雀集庐陵王第，庐陵王敬先以献。

大明七年四月乙丑，白雀见历阳，太守建平王景素以献。

大明七年五月辛未，白雀见汝阴，豫州刺史垣护之以献。

大明七年六月，白雀见宝城，南豫州刺史寻阳王子房以献。

大明七年十月丁卯，白雀见建康，丹阳尹永嘉王子仁以献。

大明七年十一月，车驾南巡，隶水师于梁山，中江，白雀二集华盖。

前废帝永光元年四月乙亥，白雀见会稽，东扬州刺史寻阳王子房以献。

永光元年六月丙子，白雀见彭城，徐州刺史义阳王昶以闻。

明帝太始二年七月戊子，白雀见虎槛洲，都督征讨诸军建安王休仁以闻。

太始六年七月壬午，白雀二见庐陵吉阳，内史江孜以闻。

明帝太豫元年六月辛丑，白雀见广州，刺史孙超以献。

后废帝元徽五年四月己巳，白雀二见寻阳柴桑，江州刺史邵陵王友以献。

孝武帝大明六年三月丙午，青雀见华林园。

明帝太始二年九月庚寅，青雀见京城内，南徐州刺史桂阳王休范以献。

玉马，王者精明，尊贤者则出。阙

根车者，德及山陵则出。阙

白鸠，成汤时来至。

魏文帝黄初初，郡国十九言白鸠见。

吴孙权赤乌十二年八月癸丑，白鸠见章安。

晋武帝太始八年五月甲辰，白鸠二集太庙南门，议郎董胄获以献。

晋武帝太康二年七月，白鸠见太仆寺。

太康四年十二月，白鸠见安定临泾。

太康十年正月乙亥，白鸠见河南新城。

宋文帝元嘉十八年八月庚午，会稽山阴商世宝获白鸠，眼足并赤，扬州刺史始兴王浚以献。太子率更令何承天上表曰：

谨考寻先典，稽之前志，王德所覃，物以应显。是以玄扈之凤，昭帝轩之鸿烈，酆宫之雀，征姬文之徽祚。伏惟陛下重光嗣服，永言祖武，洽惠和于地络，烛皇明于天区。故能九服混心，万邦含爱，员神降祥，方祇荐裕，休珍杂沓，景瑞毕臻。去七月上旬，时在昧旦，黄晖洞照，宇宙开朗，徽风协律，甘液洒津。虽朱晃瑰玮于运衡，荣光图灵于河纪，蔑以尚兹。臣不量卑惛，窃慕击辕有作，相杵成讴。近又豫白鸠之观，目玩奇伟，心欢盛烈，谨献颂一篇。野思古拙，意及庸陋，不足以发挥清英，敷赞幽旨，瞻前顾后，亦各其志。谨冒以闻。其《白鸠颂》曰：

三极协情，五灵会性。理感冥符，道实玄圣。於赫有皇，先天配命。朝景升趩，八维同映。休祥载臻，荣光播庆。宇宙照烂，日月光华。陶山练泽，是生柔嘉。回龙表粹，离穗合柯。翩翩者鸠，亦皎其晖。理翩台领，扬鲜帝畿。□□□□，匪德莫归。

暮从仪凤,栖阁荫闱。

炁哉明后,昧旦乾乾。惟德之崇,其峻如山。惟泽之赡,其润如渊。礼乐四达,颂声遐宣。穷发纳贡,九译导言。伊昔唐萌,爰逢庆祚。余生既辰,而年之暮。提心命耋,式歌王度。晨晞永风,夕漱甘露。思乐灵基,不遏有固。

元嘉二十四年九月,白鸠又见。庚戌,中领军沈演之上表曰:

臣闻贞裕之美,介于盛王,休瑞之臻,罔违哲后。故鸣凤表垂衣之化,翔鹙征解网之仁。陛下道德嗣基,圣明缵世,教清鸟纪,治昌云官,礼渐同川,泽浃朱徼。天嘉明懿,民乐薰风,星辰以之炳焕,日月以之光华。神图祇纬,盈观闼序,白质黑章,充牣灵囿。应感之符毕臻,而因心之祥未属。以素鸠自远,毦翰归飞,资性闲淑,羽貌鲜丽,既闻之先说,又亲睹嘉祥,不胜藻抃,上颂一首。辞不稽典,分乏采章,愧不足式昭皇庆,崇赞盛美,盖率舆诵,备之篇末。其颂曰:

有哲其仪,时惟皓鸠。性飚五教,名编素丘。殷历方昌,婉翘来游。汉录克钘,爰降爰休。其一。於显盛宋,睿庆遐传。圣皇在上,道照鸿轩。称施既平,孝思永言。人和于地,神豫于天。其二。礼乐孔秩,灵物咸昭。白雀集苞,丹凤栖郊。文驺俪迹,嘉颖擢苗。灼灼缟羽,从化驯朝。其三。岂伊赴林,必周之栖。岂伊归义,必商之所。惟德是依,惟仁是处。育景阳岳,濯姿帝宇。其四。刑历颁兴,理感迭通。雉飞越常,鹭起西雍。炁然戾止,实兼斯容。壹兹民听,穆是王风。其五。

玉羊,师旷时来至。阙

玉鸡,王者至孝则至。阙

璧流离,王者不隐过则至。阙

玉英,五常并修则见。阙

玄圭,水泉流通,四海会同则出。阙

汉桓帝永兴二年四月,光禄勋府吏舍夜壁下有青气,得玉钩、玦各一。钩长七寸三分,玦周五寸四分,身中皆雕镂。

晋怀帝永嘉六年二月壬子,玉龟出灞水。

晋愍帝建兴二年十月,大将军刘琨掘地得玉玺,使参军郎硕奉之,归于京师。

建兴二年十二月,凉州刺史张寔遣使献行玺一纽,封送玺使关内侯。

晋愍帝建武元年三月己酉,丹阳江宁民虞由垦土得白麒麟玺一纽,文曰"长寿万年",献晋王。

晋成帝咸康八年九月,庐江春谷县留珪夜见门内有光,取得玉鼎一枚,外围四寸。豫州刺史路永以献。著作郎曹毗上《玉鼎颂》。

晋安帝义熙十二年六月,左卫兵陈阳于东府前淮水中得玉玺一枚。

宋孝武帝大明元年五月戊寅,江乘县民朱伯地中得玉璧,径五寸八分,以献。

大明四年二月乙巳,徐州刺史刘道隆于汴水得白玉戟,以献。

明帝太始五年十月庚辰,郢州获玄璧,广八寸五分,安西将军蔡兴宗以献。

后废帝元徽四年十一月乙巳,吴兴乌程余山道人慧获苍玉璧,太守萧惠开以献。

金胜,国平盗贼,四夷宾服则出。

晋穆帝永和元年二月,春谷民得金胜一枚,长五寸,状如织胜。明年,桓温平蜀。

永和元年三月,庐江太守路永上言,于春谷城北见水岸边有紫赤光,取得金状如印,遣主簿李迈表送。

吴孙皓天玺元年,吴郡言掘地得银一,长尺,广三分,刻上有年月字。

丹甄五谷丰孰则出。阙

白鱼，武王度孟津，中流入于王舟。

宋明帝太始二年十月己巳，幸华林天渊池，白鱼跃入御舟。

汉章帝元和三年正月，车驾北巡，以太牢具祠北岳，有神鱼跃出十数。

金人，王者有盛德则游后池。阙

木连理，王者德泽纯洽，八方合为一，则为生。

汉章帝元和中，木连理生郡国。

安帝元初三年正月丁丑，东平陵树连理。

汉安帝延光三年七月，左冯翊衙有木连理。

延光三年七月，颍川定陵有木连理。

汉桓帝建和二年七月，河东有木连理。

吴孙权黄武四年六月，皖口言有木连理。

魏文帝黄初初，郡国二言木连理。

晋武帝泰始元年十二月，木连理生辽东方城。

泰始二年八月，木连理生河南成皋。

泰始八年正月，木连理生东平范。

泰始八年五月甲辰，木连理生东平寿张。

泰始八年十月，木连理生建宁。

晋武帝咸宁元年正月，木连理生汝阴南顿。

咸宁二年四月，木连理生清河灵。

咸宁二年六月，木连理生燕国。

咸宁三年七月壬辰，木连理生始平鄠。

咸宁四年八月，木连理生陈留长垣。

咸宁五年，木连理生义阳。

咸宁五年,木连理生乐安临济。

晋武帝太康元年正月,木连理生涪陵永平。

太康元年四月,木连理生顿丘。

太康元年五月,木连理二生济阴乘氏,沛国。

太康元年七月,木连理生冯翊粟邑。

太康二年正月,木连理生荥阳密。

太康二年十月,木连理十三生南安源道。

太康三年四月,木连理生琅邪华。

太康三年六月,木连理生广陵海西。

太康四年正月,木连理生冯翊临晋,蜀郡成都。

太康四年十二月,木连理生扶风。

太康七年三月,木连理生河南新安。

太康七年六月,木连理生始兴中宿,南乡范阳。

太康八年四月,木连理生庐陵东昌。

太康八年九月,木连理生东莱庐乡。

太康九年九月,木连理生陈留浚仪。

太康十年十一月,木连理生鄱阳鄡乡。

晋武帝太熙元年二月,木连理生河南梁。

晋惠帝元康元年五月,木连理三生成都临邛。

元康元年七月辛丑,梁国内史任式上言,武平界有作栎二树,合为一体,连理。

晋愍帝建兴二年三月庚辰,木连理生朱提。

建兴二年三月,木连理二生益州双柏。

建兴二年六月,木连理生襄平。

晋愍帝建武元年闰月乙丑,木连理生嵩山。

建武元年八月甲午,木连理生汝阴。

建武元年十一月,木连理生武昌,大将军王敦以闻晋王。

建武元年十一月癸酉,木连理生汝阴,太守以闻。

晋元帝太兴元年七月戊辰,木连理生武昌,大将军王敦以闻。

太兴三年十一月，木连理生零陵永昌。

晋成帝咸和八年五月己巳，木连理生昌黎咸和。

咸康三年三月庚戌，木连理生平州世子府治故园中。

咸康七年十二月，吴国内史王恬上言，木连理生吴县沙里。

晋穆帝永和五年二月癸丑，临海太守蓝田侯述言，郡界木连理。

晋孝武帝宁康三年六月辛卯，江宁县建兴里侨民留康家树，异本连理。

晋孝武帝太元十一年四月壬申，琅邪费有榆木，异根连理，相去四尺九寸。

太元十八年十月戊午，临川东兴令惠欣之言，县东南溪傍有白银树、芳灵树、李树，并连理。

太元十九年正月丁亥，华林园延贤堂西北李树连理。

太元二十一年正月丙子，木连理生南康宁都县社后。

晋安帝隆安三年十一月，木连理生汝阳，太守垣苗以闻。

元兴元年正月，木连理生泰山武阳。

宋文帝元嘉八年四月乙亥，东莞莒县松树连理，太守刘玄以闻。

元嘉八年八月，木连理生东安新泰县。

元嘉九年六月，木连理生营阳泠道，太守展禽以闻。

元嘉十二年二月丁卯，南郡江陵庾和园甘树连理，荆州刺史临川王义庆以献。

元嘉十二年三月，马头济阳柞树连理，豫州刺史长沙王义欣以闻。

元嘉十四年二月，宫内螽斯堂前梨树连理，豫州刺史长沙王义欣以闻。

元嘉十四年，南郡江陵光祎之园甘李二连理。

元嘉十五年二月，太子家令刘征园中林檎树连理，征以闻。

元嘉十七年七月，武昌崇让乡程僧爱家候风木连理，江州刺史临川王义庆以闻。

元嘉十七年十月,寻阳弘农祐几湖芙蓉连理,临川王义庆以闻。

元嘉十八年十二月,木连理生历阳刘成之家,南豫州刺史武陵王讳以闻。

元嘉二十年七月,盱眙考城县柞树二株连理,南兖州刺史临川王义庆以闻。

元嘉二十年八月,木连理生汝阴,豫州刺史刘遵考以闻。

元嘉二十一年,木连理生历阳乌江,南豫州刺史武陵王讳以闻。

元嘉二十一年,木连理生晋陵无锡,南徐州刺史南谯王义宣以闻。

元嘉二十二年七月辛巳,南顿柞连理,豫州刺史赵伯符以闻。

元嘉二十二年九月,木连理生建康,建康令张永以闻。

元嘉二十二年,木连理生武昌,江州刺史庐陵王绍以闻。

元嘉二十三年二月辛亥,木连理生南阴柔县,太守以闻。

元嘉二十三年,木连理生淮南当涂,扬州刺史始兴王浚以闻。

元嘉二十四年二月壬午,临川王第梨树连理,临川王烨以闻。

元嘉二十四年七月壬子,晋陵无锡谷栎树连理,南徐州刺史广陵王诞以闻。

元嘉二十四年七月乙卯,木连理生会稽诸暨,扬州刺史始兴王浚以闻。会稽太守羊玄保上改连理所生处康亭村为“木连理”。

元嘉二十四年七月乙卯,临川王第梨树连理,临川王烨以闻。

元嘉二十五年四月戊辰,木连理生晋陵,南徐州刺史广陵王诞以闻。

元嘉二十八年正月戊子,木连理生寻阳柴桑,又生州城内,江州刺史建平王宏以闻。

元嘉二十九年十月丁未,木连理生南琅邪,太守刘成以闻。

孝武帝孝建二年三月己酉,木连理生南郡江陵,荆州刺史朱脩之以闻。

孝建三年五月,木连理生北海都昌,冀州刺史垣护之以闻。

孝建三年七月癸未,木连理生历阳,历阳太守袁敳以闻。

孝武帝大明元年正月乙亥,木连理生高平。

大明元年二月壬寅,华林园双橘树连理。

大明元年九月乙丑,华林园梨树连理。

大明元年十月丁丑朔,木连理生豫章南昌。

大明二年四月辛丑,木连理生汝南,豫州刺史宗悫以闻。

大明三年九月甲午,木连理生丹阳秣陵,材官将军范悦时以闻。

大明四年三月丁亥,木连理生华林园曜灵殿北。

大明四年四月壬子,木连理生华林园日观台北。

大明四年六月戊戌,木连理生会稽山阴,扬州刺史西阳王子尚以闻。

大明五年闰九月,木连理生边城,豫州刺史坦护之以闻。

大明五年十二月戊寅,淮南松木连理,豫州刺史寻阳王子房以闻。

大明六年二月乙丑,木连理生晋陵,南徐州刺史新安王子鸾以闻。

大明六年四月戊辰,木连理生营阳,湘州刺史建安王休仁以闻。

大明六年八月乙丑,木连理生彭城城内,徐州刺史王玄谟以闻。

大明七年正月己酉,珊瑚连理生郁林,始安太守刘勔以闻。

明帝泰始二年七月,木连理生丹阳秣陵。

泰始四年三月庚戌,太子西池冬生树连理,园丞周獥猗以献。

泰始六年四月丙午,木连理生会稽永兴,太守蔡兴宗以闻。

泰始六年十二月壬辰,木连理生豫章南昌,太守刘愔之以闻。

泰始七年二月戊寅,木连理生吴郡钱唐,太守王延之以闻。

升明二年,木连理生豫州界内,刺史刘怀珍以闻。

比目鱼,王者德及幽隐则见。阙

珊瑚钩,王者恭信则见。阙

芝草,王者慈仁则生,食之令人度世。

汉武帝元封二年,甘泉宫内产芝,九茎连叶。

汉宣帝元康四年,金芝九茎,产于函德殿铜池中。

汉明帝永平十七年春,芝生前殿。

汉明帝建和元年四月,芝草生中黄藏府。

宋从帝升明二年,宣城山中生紫芝一株,在所获以献。

明月珠,王者不尽介鳞之物则出。

汉高后、景帝时,会稽人朱仲献三寸、四寸珠。

汉章帝元和中,郡国献明珠。

巨鬯,三禺之禾,一稃二米,王者宗庙修则出。

黄帝时,南夷乘白鹿来献鬯。

汉章帝元和中,秬秠生郡国。

华平,其枝正平,王者有德则生。德刚则仰,德弱则低。

汉章帝元和中,华平生郡国。

平露,如盖,以察四方之政。其国不平,则随方而倾。阙

蓂荚,一名历荚,夹阶而生,一日生一叶,从朔而生,望而止;十六日,日落一叶,若月小,则一叶萎而不落。尧时生阶。阙

蓂莆,一名倚扇,状如蓬,大枝叶小,根根如丝,转而成风,杀蝇。尧时生于厨。阙

朱草,草之精也,世有圣人之德则生。

汉光武建武元年五月,京师有赤草生水涯。

魏文帝初,朱草生文昌殿侧。

汉章帝元和中,朱草生郡国。

宋文帝元嘉十一年,朱草生蜀郡郫县王之家,益州刺史甄法崇以闻。

景星,大星也。状如半月,于晦朔助月为明。阙

宾连阔达,生于房室,王者御后妃有节则生。阙

渠搜,禹时来献裘。阙

浪井,不凿自成,王者清静则应。阙

西王母,舜时来献白环白琯。阙

越常,周公时来献白雉、象牙。阙

汉平帝元始元年正月,越常重译献白雉一,黑雉二,诏二公荐宗庙。

汉光武建元十三年九月,南越献白雉。

汉章帝元和中,白雉见郡国。

汉桓帝永康元年十一月,白雉见西河。

汉献帝延康元年四月丁巳,饶安县言白雉见;又郡国十九言白雉见。

晋武帝咸宁元年四月丁巳,白雉见安丰松滋。

咸宁元年十二月丙午,白雉见梁国睢阳,梁王肜获以献。

咸宁三年十一月,白雉见渤海饶安,相阮温获以献。

晋武帝太康元年庚戌,白雉见中山。

晋愍帝建兴三年十二月戊午,白雉见襄平。

建兴三年十二月戊午,白雉见。

安帝义熙七年五月,白雉见豫章南昌。

宋文帝元嘉五年五月庚辰,白雉见东莞莒县,太守刘玄以闻。

元嘉十六年二月,白雉见陈郡,豫州刺史长沙王义欣以献。

元嘉十八年二月癸亥,白雉见南汝阴宋县,太守文道恩以献。

元嘉二十年六月,白雉见高平方与县,徐州刺史臧质以献。

元嘉二十六年三月戊寅,白雉见东安、沛郡各一,徐、兖二州刺史武陵王获以献。

孝武帝大明二年三月己巳,白雉雌雄各一见海陵,南兖州刺史竟陵王诞以献。

大明五年十二月,白雉见秦郡,南兖州刺史晋安王子勋以献。

大明八年二月丁卯,白雉见南郡江陵,荆州刺史临海王子玉以献。

前废帝永光元年正月丙午,白雉见渤海,青州刺史王玄谟以献。

永光元年三月甲午朔,白雉见新蔡,豫州刺史刘德愿以献。

黄银紫玉,王者不臧金玉,则黄银紫玉光见深山。

宋明帝太始二年八月,于赭圻城南得紫玉一段,围三尺二寸,长一尺,厚七尺。太宗攻为二爵,以献武、文二庙。

玉女,天赐妾也。《礼含文嘉》曰:"禹卑宫室,尽力沟洫,百谷用成,神龙女降。"阙

地珠,王者不以财为宝则生珠。阙

天鹿者,纯灵之兽也,五色光耀洞明,王者道备则至。阙

角端者,日行万八千里,又晓四夷之语,明君圣主在位,明达方外幽远之事,则奉书而至。阙

周印者,神兽之名也,星宿之变化,王者德盛则至。阙

飞菟者,神马之名也,日行三万里。禹治水,勤劳历年,救民之害,天应其德而至。阙

泽兽,黄帝时巡狩至于东滨,泽兽出,能言,达知万物之精,以戒于民,为时除害。贤君明德幽远则来。阙

麟震者，幽隐之兽也，有明王在位则来，为时辟除灾害。阙

骎者，神马也，与飞菟同，亦各随其方而至，以明君德也。阙

同心鸟，王者德及遐方，四夷合同则至。阙

跊蹏者，后土之兽，自能言语，王者仁孝于国则来。禹治水而至。阙

紫达，王者仁义行则见。阙

小鸟生大鸟，王者土地开辟则至。阙

河精者，人头鱼身，师旷时所受谶也。阙

延嬉，王者孝道行则至。阙

大贝，王者不贪财宝则出。阙

威蕤，王者礼备则生于殿前。阙

醴泉，水之精也，甘美。王者修理则出。

汉光武建武中元元年五月，醴泉出京师及郡国。饮醴泉者，痼病皆愈，独眇者、蹇者不差。

魏文帝初，郡国二言醴泉出。

宋文帝元嘉十二年，衡阳湘乡醴泉出县庭，荆州刺史临川王义庆以闻。

孝武帝孝建三年九月甲戌，细仗队省井泉春夏深不盈尺，忽至一丈，有五色，水清澄，醴味，汲引不穷。

孝武帝大明二年三月壬子，北汝阴楼烦平地出醴泉，豫州刺史宗悫以闻。

明帝泰豫元年四月乙酉，会稽山阴思义醴泉出，太守蔡兴宗以闻。

日月扬光，日者，人君象也，人君不假臣下之权，则日月扬光明。阙

芝英者，王者亲近耆老，养有道，则生。

汉章帝元和中，芝英生郡国。

碧石者，玩好之物弃则至。阙

玉瓮者，不汲而满，王者清廉则出。

山车者，山藏之精也。不藏金玉，山泽以时，通山海之饶，以给天下，而山成其车。阙

鸡骇犀，王者贱难得之物则出。阙

陵出黑丹，王者修至孝则出。阙

神鼎者，质文之精也。知吉知凶，能重能轻，不炊而沸，五味自生。王者盛德则出。

汉武帝元鼎元年五月五日，得鼎汾水上。

汉明帝永平六年三月，庐江太守献宝鼎。出王雒山。雒或作雄。

汉章帝建初七年十月，车驾西巡至槐里，右扶风禁上美阳得铜器于岐山，似酒尊。诏在道晨夕以为百官热酒。

汉和帝永元元年，窦宪征匈奴，于漠北酒泉得仲山甫鼎，容五斗。

吴孙权赤乌十二年六月戊戌，宝鼎出临平湖。又出东部鄮县。

吴孙皓宝鼎元年八月，在所言得大鼎。

晋愍帝建兴二年十二月，晋陵武进县民陈龙在田中得铜铎五枚。

晋成帝咸和元年十月辛卯，宣城春谷县山岸崩，获石鼎，重二斤，受斛余。

晋成帝咸康五年，豫章南昌民掘地得铜钟四枚，太守褚裒以献。

晋穆帝升平五年二月乙未，南掖门有马足陷地，得铜钟一枚。

宋文帝元嘉十三年四月辛丑，武昌县章山水侧自开，出神鼎。江州刺史南谯王义宣以献。

元嘉十九年九月戊申，广陵肥如石梁涧中出石钟九口，大小行

次,引列南向。南兖州刺史临川王义庆以献。

元嘉二十一年十二月,新阳获古鼎于水侧,有篆书四十二字。雍州刺史萧思话以献。

元嘉二十二年,豫章豫宁县出铜钟,江州刺史广陵王绍以献。

孝武帝孝建三年四月丁亥,临川宜黄县民田中得铜钟七口,内史傅徽以献。

孝建三年四月甲辰,晋陵延陵得古钟六口,徐州刺史竟陵王诞以献。

孝武帝大明七年六月,江夏蒲圻获铜路鼓,四面独足。郢州刺史安陆王子绥以献。

明帝太始四年二月丙申,豫章望蔡获古铜钟,高一尺七寸,围二尺八寸。太守张辩以献。

太始五年五月壬戌,豫章南昌获古铜鼎,容斛七斗。江州刺史王景文以献。

太始七年六月甲寅,义阳郡获铜鼎,受一斛,并盖并隐起镂。豫州刺史段佛荣以献。

从帝升明二年九月,建宁万岁山涧中得铜钟,长二尺一寸。预州刺史刘怀珍以献。

汉宣帝元康二年夏,神雀集雍。

元康三年春,神雀集泰山。

宣帝元康二年春,五色雀以万数,飞过属县。

元康四年三月,神雀五采以万数,飞过集长乐、未央、北宫、高寝、甘泉泰畤殿。元康四年,神雀仍集。

汉宣帝五凤三年正月,神雀集京师。

汉明帝永平十七年春,神雀五色集京师。

汉章帝元和中,神雀见郡国。

宋文帝元嘉二十二年,白鹊见新野邓县,雍州刺史萧思话以闻。

元嘉二十六年五月癸酉,白鹊见建康崇孝里,扬州刺史始兴王浚以献。

孝武帝大明七年三月辛巳,白鹊见汝南安阳,太守申令孙以献。

晋惠帝永嘉元年五月,白鼠见东宫,皇太子获以献。

宋明帝太始三年二月壬寅,白鼠见乐安,青州刺史沈文秀以献。

汉昭帝始元元年二月,黄鹄下建章宫太液池中。

汉章帝元和二年正月,车驾东巡,柴祭岱宗。礼毕,黄鹄三十从西南来,经祠坛上东北过。

汉武帝太初三年二月五日,行幸东海,获赤雁。

魏文帝初,镬中生赤鱼。

孙权时,神雀巢朱雀门。

孙皓天玺元年,临海郡吏伍曜在海水际得石树,高三尺余,枝茎紫色,诘屈倾靡,有光采。《山海经》所载玉碧树之类也。

晋武帝太始二年六月壬申,白鸽见酒泉延寿,延寿长王音以献。

晋成帝咸和九年五月癸酉,白戠见吴国钱塘,内史虞潭以献。

安帝义熙元年,南康雩都嵩山有金鸡,青黄色,飞集岩间。

宋文帝元嘉二十二年，湘州刺史南平王铄献赤鹦鹉。

孝武帝大明三年正月丙申，婆皇国献赤、白鹦鹉各一。

宋文帝元嘉二十四年十月甲午，扬州刺史始兴王浚献白鹦鹉。

孝武帝大明五年正月丙子，交州刺史垣闳献白孔雀。

明帝太始三年五月乙亥，白鹇鸽见京兆，雍州刺史巴陵王休若以献。

汉桓帝延熹九年四月，济阴、东郡、济北、平原河水清。

宋文帝元嘉二十四年二月戊戌，河、济俱清，龙骧将军、青冀二州刺史杜坦以闻。

文帝元嘉二十五年五月，征北长史、广陵太守范邈上言："所领舆县，前有大浦，控引潮流，水常淤浊。自比以来，源流清洁，纤鳞呈形。古老相传，以为休瑞。"

孝武帝孝建三年九月，济、河清，冀州刺史垣护之以闻。

孝武帝大明五年九月庚戌，河、济俱清，平原太守申纂以闻。

明帝太始元年二月丙寅，扬、淮水清洁，有异于常，州治中从事史张绪以闻。

汉光武建武初，野茧、谷充给百姓。其后耕蚕稍广，二事渐息。

吴孙权黄龙三年夏，野蚕茧大如卵。

宋文帝元嘉十六年，宣城宛陵广野蚕成茧，大如雉卵，弥漫林谷，年年转盛。

孝武帝大明三年五月癸巳，宣城宛陵县石亭山生野蚕，三百余里，太守张辩以闻。

孝武帝大明三年十一月己巳，肃慎氏献楛矢石砮，高丽国译而至。

大明五年正月戊午元日，花雪降殿庭。时右卫将军谢庄下殿，雪集衣，还白，上以为瑞，于是公卿并作花雪诗。史臣按《诗》云："先集为霰。"《韩诗》曰："霰，英也。"花叶谓之英。《离骚》云："秋菊之落英。"左思云"落英飘摇"是也。然则霰为花雪矣。草木花多五出，花雪独六出。

明帝太始二年五月甲寅，赭中获石柏，长三尺二寸。广三尺五寸。扬州刺史建安王休仁以献。

太始三年十一月乙卯，盱眙获石柏，宁朔将军段荣以献。

汉和帝在位十七年，郡国言瑞应八十余品，帝让而不宣。

宋书卷三〇
志第二〇

五行一

　　昔八卦兆而天人之理著，九畴序而帝王之应明。虽可以知从德获自天之祐，违道陷神听之罪，然未详举征效，备考幽明，虽时列鼎雉庭谷之异，然而未究者众矣。至于鉴悟后王，多有所阙。故仲尼作《春秋》，具书祥眚，以验行事。是则九畴陈其义于前，《春秋》列其效于后也。逮至伏生创纪《大传》，五行之体始详；刘向广演《鸿范》，休咎之文益备。故班固斟酌经传，详纪条流，诚以一王之典不可独阙故也。夫天道虽无声无臭，然而应若影响，天人之验，理不可诬。司马彪纂集光武以来，以究汉事；王沉《魏书》志篇阙，凡厥灾异，但编帝纪而已。自黄初以降，二百余年，览其灾妖，以考之事，常若重规沓矩，不谬前说。又高堂隆、郭景纯等，据经立辞，终皆显应。阙而不序，史体将亏。今自司马彪以后，皆撰次论序，斯亦班固远采《春秋》，举远明近之例也。又按言之不从，有介虫之孽，刘歆以为毛虫；视之不明，有蠃虫之孽，刘歆以为羽虫。按《月令》，夏虫羽，秋虫毛，宜如歆说，是以旧史从之。五行精微，非末学所究。凡已经前议者，并即其言以释之；未有旧说者，推准事理，以俟来哲。

　　《五行传》曰："田猎不宿，饮食不享，出入不节，夺民农时，及有奸谋，则木不曲直，谓木失其性而为灾也。"又曰："貌之不恭，是谓不肃。厥咎狂，厥罚恒雨，厥极恶。时则有服妖，时则有龟孽，时则有鸡祸，时则有下体生上之疴，时则有青眚、青祥。惟金沴木。"班固曰："盖工匠为轮矢者多伤败，及木为变怪。"皆为不曲直也。

木不曲直

魏文帝黄初六年正月，雨，木冰。按刘歆说，木不曲直也。刘向曰："冰者阴之盛，木者少阳，贵臣象也。此人将有害，则阴气胁木，木先寒，故得雨而冰也。"是年六月，利成郡兵蔡方等杀太守徐质，据郡反，多所胁略，并聚亡命。遣二校尉与青州刺史共讨平之。太守，古之诸侯，贵臣有害之应也。一说以木冰为甲兵之象。是岁，既讨蔡方，又八月，天子自将以舟师征吴，戎卒十余万，连旍数百里，临江观兵。

晋元帝太兴三年二月辛未，雨，木冰。后二年，周颛、戴渊、刁协、刘隗皆遇害，与《春秋》同事，是其应也。一曰，是后王敦攻京师，又其象也。

晋穆帝永和八年正月乙巳，雨，木冰。是年，殷浩北伐，明年，军败，十年，废黜。又曰，荀羡、殷浩北伐，桓温入关之象也。

晋孝武帝太元十四年十二月乙巳，雨，木冰。明年二月，王恭为北蕃。八月，庾楷为西蕃。九月，王国宝为中书令，寻加领军将军。十七年，殷仲堪为荆州。虽邪正异规，而终同摧灭，是其应也。一曰，符坚虽败，关、河未一，丁零、鲜卑，侵略司、兖，窦扬胜扇逼梁、雍，兵役不已，又其象也。

吴孙亮建兴二年，诸葛恪征淮南，行后，所坐听事栋中折。恪妄兴征役，夺民农时，作为邪谋，伤国财力，故木失其性，致毁折也。及旋师而诛灭，于《周易》又为栋桡之凶也。

晋武帝太康五年五月，宣帝庙地陷梁折。八年正月，太庙殿又陷，改作庙，筑基及泉。其年九月，遂更营新庙，远致名材，杂以铜柱。陈勰为匠，作者六万人。十年四月，乃成。十一月庚寅，梁又折。按地陷者，分离之象；梁折者，木不曲直也。孙盛曰：于时后宫殿有蘗火，又庙梁无故自折。先是帝多不豫，益恶之。明年，帝崩，而王室频乱,遂亡天下。

晋惠帝太安二年,成都王颖使陆机率众向京师,击长沙王乂。军始引而牙竿折,俄而战败,机被诛。颖寻奔溃,卒赐死。初,河间王颙谋先诛长沙,废太子,立颖。长沙知之,诛其党卞粹等,故颖来伐。机又以颖得遻迩心,将为汉之代王,遂委质于颖,为犯从之将。此皆奸谋之罚,木不曲直也。

王敦在武昌,铃下仪仗生华,如莲花状,五六日而萎落。此木失其性而为变也。干宝曰:"铃阁,尊贵者之仪;铃下,主威仪之官。今狂花生于枯木,又在铃阁之间,言威仪之富,荣华之盛,皆如狂花之发,不可久也。"其后终以逆命,没又加戮,是其应也。一说,此花孽也,于《周易》为"枯杨生华"。

桓玄始篡,龙旂竿折。玄田猎出入,不绝昏夜,饮食恣爹,土木妨农,又多奸谋,故木失其性也。夫旂所以拟三辰,章著明也。旂竿之折,高明去矣。在位八十日而败。

宋明帝泰始二年五月丙午,南琅邪临沂黄城山道士盛道度堂屋一柱自然,夜光照室内。此木失其性也。或云木腐自光。

废帝升明元年,吴兴余杭舍亭禾蕈树生李实。禾蕈树,民间所谓胡颓树。

貌不恭

魏文帝居谅闇之始,便数出游猎,体貌不重,风尚通脱。故戴凌以直谏抵罪,鲍勋以近旨极刑,天下化之,咸贱守节。此貌之不恭也。是以享国不永,后祚短促。《春秋》鲁君居丧不哀,在戚而有嘉容,穆叔谓之不度,后终出奔。盖同事也。

魏尚书邓飏,行步施纵,筋不束体,坐起倾倚,若无手足。此貌之不恭也。管辂谓之鬼躁。鬼躁者,凶终之征。后卒诛死。

晋惠帝元康中,贵游子弟相与为散发倮身之饮,对弄婢妾。逆之者伤好,非之者负讥。希世之士,耻不与焉。盖胡、翟侵中国之萌也。岂徒伊川之民,一被发而祭者乎。

晋惠帝元康中，贾谧亲贵，数入二宫，与储君游戏，无降下心。又尝同弈棋争道，成都王颖历色曰："皇太子，国之储贰。贾谧何敢无礼！"谧犹不悛，故及于祸。

齐王冏既诛赵伦，因留辅政，坐拜百官，符敕台府，淫恣专骄，不一朝觐。此狂恣不肃之容也。天下莫不高其改，而虑其亡也。冏终弗改，遂至夷灭。

太元中，人不复著帩头。头者，元首，帩者，令发不垂，助元首为仪饰者也。今忽废之，若人君独立无辅，以至危亡也。其后桓玄篡位。

旧为屐者，齿皆达楄上，名曰"露卯"。太元中，忽不彻，名曰"阴卯"。其后多阴谋，遂致大乱。

晋安帝义熙七年，晋朝拜授刘毅世子。毅以王命之重，当设飨宴亲，请吏佐临视。至日，国僚不重白，默拜于厩中。王人将反命，毅方知，大以为恨，免郎中令刘敬叔官。识者怪焉。此堕略嘉礼，不肃之妖也。

陈郡谢灵运有逸才，每出入，自扶接者常数人。民间谣曰"四人挈衣裙，三人捉坐席"是也。此盖不肃之咎，后坐诛。

宋明帝泰始中，幸臣阮佃夫势倾朝廷，室宇豪丽，车服鲜明，乘车常偏向一边，违正立执绥之体，时人多慕效。此亦貌不恭之失也。时偏左之化行，方正之道废矣。

后废帝常单骑游遨，出入市里营寺，未尝御辇。辇终以殒灭。

恒雨

魏明帝太和元年秋，数大雨，多暴雷电，非常，至杀鸟雀。案杨阜上疏，此恒雨之罚也。时帝居丧不哀，出入弋猎无度，奢侈繁兴，夺民农时，故木失其性，而恒雨为灾也。

太和四年八月，大雨霖三十余日，伊、洛、河、汉皆溢，岁以凶饥。

孙亮太平二年二月甲寅，大雨震电。乙卯，雪，大寒。案刘歆说，此时当雨而不当大,大雨,恒雨之罚也。于始震电之明日而雪大寒,又恒寒之罚也。刘向以为既已震雷,则雪不当复降,皆失时之异也。天戒若曰:为君失时,贼臣将起。先震雷而后雪者,阴见间隙,起而胜阳,逆杀之祸将及也。亮不悟,寻见废。此与《春秋》鲁隐同也。

晋武帝太始六年六月,大雨霖。甲辰,河、洛、沁水同时并溢,流四千九百余家,杀二百余人,没秋稼千三百六十余顷。晋武太康五年七月,任城、梁国暴雨,害豆麦。太康五年九月,南安霖雨暴雪,折树木,害秋稼;魏郡、淮南、平原雨水,伤秋稼。是秋,魏郡、西平郡九县霖雨暴水,霜伤秋稼。

晋惠帝永宁元年十月,义阳、南阳、东海霖雨,淹害秋麦。

晋成帝咸康元年八月乙丑,荆州之长沙攸、醴陵、武陵之龙阳三县,雨水浮漂屋室,杀人,伤损秋稼。

宋文帝元嘉二十一年六月,京邑连雨百余日,大水。

孝武帝大明元年正月,京邑雨水。

大明五年七月,京邑雨水。

大明八年八月,京邑雨水。

明帝太始二年六月,京邑雨水。

顺帝升明三年四月乙亥,吴郡桐庐县暴风雷电,扬沙折木,水平地二丈,流漂居民。

服妖

魏武帝以天下凶荒,资财乏匮,始拟古皮弁,裁缣帛为白帢,以易旧服。傅玄曰:"白乃军容,非国容也。"干宝以为缟素,凶丧之为,帢,毁辱之言也。盖革代之后,攻杀之妖也。初为白帢,横缝其前以别后,名之曰"颜",俗传行之。至晋永嘉之间,稍去其缝,名"无颜帢"。而妇人束发,其缓弥甚,纷之坚不能自立,发被于额,目出而已。无颜者,愧之言也;覆额者,惭之貌;其缓弥甚,言天下忘礼与义,放纵情性,及其终极,至乎大耻也。永嘉之后,二帝不反,天下愧焉。

魏明帝著绣帽,被缥纨半袖。尝以见直臣杨阜,阜谏曰:"此于礼何法服邪?"帝默然。近服妖也。缥,非礼之色,亵服不贰。今之人主,亲御非法之章,所谓自作孽不可禳也。帝既不享永年,身没而禄去王室,后嗣不终,遂亡天下。

魏明帝景初元年,发铜铸为巨人二,号曰"翁仲"。置之司马门外。案古长人见,为国亡。长狄见临洮,为秦亡之祸,始皇不悟,反以为嘉祥,铸铜人以象之。魏法亡国之器,而于义竟无取焉。盖服妖也。

魏尚书何晏,好服妇人之服。傅玄曰:"此服妖也。"夫衣裳之制,所以定上下,殊内外也。《大雅》云:"玄衮赤舄,钩膺镂锡。"歌其文也。《小雅》云:"有严有翼,共武之服。"咏其武也。若内外不殊,王制失叙,服妖既作,身随之亡。末嬉冠男子之冠,桀亡天下;何晏服妇人之服,亦亡其家。其咎均也。

吴妇人之修容者,急束其发,而剿角过于耳。盖其俗自操束大急,而廉隅失中之谓也。故吴之风俗,相驱以急,言论弹射,以刻薄相尚。居三年之丧者,往往有致毁以死。诸葛恪患之,著《正交论》,虽不可以经训整乱,盖亦救时之作也。孙休后,衣服之制,上长下短,又积领五六而裳居一二。干宝曰:"上饶奢,下俭逼。上有余下不足之妖也。"至孙皓,果奢暴恣情于上,而百姓凋困于下,卒以亡国。是其应也。

晋兴后,衣服上俭下丰,著衣者皆厌㩉盖裙。君衰弱,臣放纵,下掩上之象也。陵迟至元康末,妇人出两裆,加乎胫之上。此内出外也。为车乘者,苟贵轻细,又数变易其形,皆以白篾为纯,古丧车之遗象。乘者,君子之器,盖君子立心无恒,事不崇实也。干宝曰:"及晋之祸,天子失柄,权制宠臣,下掩上之应也。永嘉末,六宫才人,流徙戎、翟,内出外之应也。及天下乱扰,宰辅方伯,多负其任,又数改易,不崇实之应也。"

晋武帝泰始后,中国相尚用胡床、貊盘,及为羌煮、貊炙。贵人富室,必置其器,吉享嘉会,皆此为先。太康中,天下又以毡为绲头及络带、衿口。百姓相戏曰："中国必为胡所破也。毡产于胡，而天下以为绲头、带身、衿口，胡既三制之矣，能无败乎。"干宝曰："元康中，氐、羌反。至于永嘉，刘渊、石勒遂有中都。自后四夷迭据华土，是其应也。"

晋武帝太康后，天下为家者，移妇人于东方，空莱北庭，以为园圃。干宝曰："夫王朝南向，正阳也；后北宫，位太阴也；世子居东宫，位少阳也。今居内于东，是与外俱南面也。亢阳无阴，妇人失位而干少阳之象也。贾后谗杀愍怀，俄而祸败亦及。"

昔，初作履者，妇人员头，男子方头。员者，顺从之义，所以别男女也。晋太康初，妇人皆履方头，此去其员从，与男无别也。

太康之中，天下为《晋世宁》之舞，手接杯盘反覆之，歌曰："晋世宁，舞杯盘。"夫乐生人心，所以观事。故《记》曰："总干山立，武王之事也；发扬蹈厉，太公之志也；《武》乱皆坐，周、召之治也。"又曰："其治民劳者，舞行缀远；其治民逸者，舞行缀近。今接杯盘于手上而反覆之，至危也。杯盘者，酒食之器也；而名曰《晋世宁》者，言晋世之士偷苟于酒食之间，而其知不及远。晋世之宁，犹杯盘之在手也。"

晋惠帝元康中，妇人之饰有五兵佩，又以金、银、玳瑁之属为斧、钺、戈、戟，以当笄□。干宝曰："男女之别，国之大节，故服物异等，贽币不同。今妇人而以兵器为饰，又妖之大也。遂有贾后之事，终以兵亡天下。"

元康中，妇人结发者，既成，以缯急束其环，名曰"撷子纷"。始自中宫，天下化之。其后贾后果害太子。

元康中，天下始相仿为梮杖，以柱掖其后，稍施其镈，住则植之。夫木，东方之行，金之臣也。杖者，扶体之器，梮其头者，尤便用也。必傍柱掖者，傍救之象也。王室多故，而元帝以蕃臣树德东方，维持天下，挂掖之应也。至社稷无主，海内归之，遂承天命，建都江外，独立之应也。

元康末至太安间，江、淮之城，有败编自聚于道，多者或至四五十量。干宝尝使人散而去之,或投林草,或投坑谷。明日视之,悉复如故。民或云见狸衔而聚之,亦未察也。宝说曰:“夫编者,人之贱服,最处于下,而当劳辱,下民之象也。败者,疲毙之象也。道者,地理四方,所以交通王命所由往来也。故今败编聚于道者,象下民罢病,将相聚为乱,绝四方而壅王命之象也。在位者莫察。太安中,发壬午兵,百姓嗟怨。江夏男子张昌遂首乱荆楚,从之者如流。于是兵革岁起,天下因之,遂大破坏。此近服妖也。

晋孝怀永嘉以来,士大夫竞服生笺单衣。远识者怪之,窃指摘曰:“此则古者穗衰之布,诸侯大夫所以服天子也。今无故毕服之,殆有应乎?”其后愍、怀晏驾,不获厥所。

晋元帝太兴以来,兵士以绛囊缚绔。绔在首,莫上焉。《周易》乾为首,坤为囊。坤,臣道也。晋金行,赤火色,金之贼也。以朱囊缚绔,臣道上侵之象也。到永昌元年,大将军王敦举兵内攻,六军散溃。

旧为羽扇,柄刻木,象其骨形,羽用十,取全数也。晋中兴初,王敦南征,始改为长柄下出,可捉,而减其羽用八。识者尤之曰:“夫羽扇,翼之名也。创为长柄者,执其柄制羽翼也。以八改十者,将以未备夺已备也。”是时为衣者,又上短,带至于掖;著帽者,以带缚项。下逼上,上无地也。下裤者,直幅为口无杀,下大失裁也。寻有兵乱,三年而再攻京师。

晋海西初嗣位,迎官忘设豹尾。识者以为不终之象,近服妖也。

□□□□□于府北园内为酒炉列肆,使姬人酤鬻酒肴,如裨贩者,数游其中,身自买易,因醉寓寝,动连日夜,汉灵帝尝若此。干宝以为:“君将失位,降在皂隶之象也。”道子卒见废徙,以庶人终。

桓玄篡立,殿上施绛绫帐,镂黄金为颜,四角金龙,衔五色羽葆流苏,群下窃相谓曰:“颇类辒车。”此服妖也。

晋末皆冠小冠,而衣裳博大,风流相仿,舆台成俗。识者曰:“此禅代之象也。”永初以后,冠还大云。

宋文帝元嘉六年,民间妇人结发者,三分发,抽其鬟直向上,谓之"飞天纻"。始自东府,流被民庶。时司徒彭城王义康居东府,其后卒以陵上徙废。

孝武帝世,豫州刺史刘德愿善御车,世祖尝使之御画轮,幸太宰江夏王义恭第。德愿挟牛杖催世祖云:"日暮宜归!"又求益儳车。世祖甚欢。此事与汉灵帝西园蓄私钱同也。

孝武世,幸臣戴法兴权亚人主,造员头履,世人莫不效之。其时员进之俗大行,方格之风尽矣。

明帝初,司徒建安王休仁统军赭圻,制乌纱帽,反抽帽裙,民间谓之"司徒状",京邑翕然相尚。休仁后果以疑逼致祸。

龟孽

晋惠帝永熙初,卫瓘家人炊饭,堕地,尽化为螺,出足起行。螺,龟类,近龟孽也。干宝曰:"螺被甲,兵象也。于《周易》为《离》,《离》为戈兵。"明年,瓘诛。

鸡祸

魏明帝景初二年,廷尉府中有雌鸡变为雄,不鸣不将。干宝曰:"是岁,晋宣帝平辽东,百姓始有与能之议,此其象也。"然晋三后并以人臣终,不鸣不将,又天意也。

晋惠帝元康六年,陈国有鸡生雄鸡无翅,既大,坠坑而死。王隐曰:"雄,胤嗣象;坑,地事,为母象。贾后诬杀愍怀,殆其应也。"

晋惠帝太安中,周玘家有雌鸡逃承雷中,六七日而下,奋翼鸣将,独毛羽不变。其后有陈敏之事。敏虽控制江表,终无纲纪文章,殆其象也。卒为玘所灭。鸡祸见玘家,又天意也。

晋元帝太兴中,王敦镇武昌,有雌鸡化为雄。天戒若曰:"雌化为雄,臣陵其上。"其后王敦再攻京师。

晋孝武太元十三年四月,广陵高平阎嵩家雄鸡,生无右翅;彭城到象之家鸡,无右足。京房《易传》曰:"君用妇人言,则鸡生妖。"

晋安帝隆安元年八月,琅邪王道子家青雌鸡化为赤雄,不鸣不将。后有桓玄之事,具如其象。

隆安四年,荆州有鸡生角,角寻堕落。是时桓玄始擅西夏,狂慢不肃,故有鸡祸。角,兵象,寻堕落者,暂起不终之妖也。

晋安帝元兴二年,衡阳有雌鸡化为雄,八十日而冠萎。衡阳,桓玄楚国封略也。后篡位八十日而败,徐广以为玄之象也。

宋文帝元嘉十二年,华林园雌鸡渐化为雄。后孝武即位,皇太后令行于外,亦犹汉宣帝时雌鸡为雄,至哀帝时元后与政也。

明帝泰始中,兴东迁沈法符家鸡有四距。

青眚青祥

晋武帝咸宁元年八月丁酉,大风折太社树,有青气出焉。此青祥也。占曰:“东莞当有帝者。”明年,元帝生。是时帝大父武王封东莞,由是徙封琅邪。孙盛以为中兴之表。晋室之乱,武帝子孙无孑遗,社树折之应,又恒风之罚也。

晋惠帝元康中,洛阳南山有虫作声曰:“韩尸尸。”识者曰:“韩氏将死也。言尸尸者,尽死意也。”其后韩谧诛而韩族歼焉。此青祥也。

金沴木

魏文帝黄初七年正月,幸许昌。许昌城南门无故自崩,帝心恶之,遂不入,还洛阳。此金沴木,木动也。五月,宫车晏驾。京房《易传》曰:“上下咸悖,厥妖城门坏。”

晋元帝太兴二年六月,吴郡米廪无故自坏。是岁大饥,死者数千。

晋明帝太宁元年,周延自归王敦,既立宅宇,而所起五间六架,一时跃出堕地,余桁犹亘柱头。此金沴木也。明年五月。钱凤谋乱,遂族灭延,而湖孰寻亦为墟矣。

晋安帝元兴元年正月丙子,司马元显将西讨桓玄,建牙扬州南门,其东者难立,良久乃正。近沴妖也。寻为桓玄所禽。

元兴三年五月,乐贤堂坏。天意若曰:"安帝嚣眊,不及有乐贤之心。"故此堂见眚也。

晋安帝义熙九年五月乙酉,国子圣堂坏。

宋文帝元嘉十七年,刘斌为吴郡,郡堂屋西头鸱尾无故落地,治之未毕,东头鸱尾复落。顷之,斌诛。

宋书卷三一
志第二一

五行二

《五行传》曰："好战攻,轻百姓,饰城郭,侵边境,则金不从革。谓金失其性而为灾也。"又曰："言之不从,是谓不乂。厥咎僭,厥罚恒阳,厥极忧。时则有诗妖,时则有介虫之孽,时则有大祸,时则有口舌之疴,时则有白眚、白祥。惟木沴金。"介虫,刘歆传以为毛虫。

金不从革

魏世张掖石瑞,虽是晋氏之符命,而于魏为妖。好攻战,轻百姓,饰城郭,侵边境,魏氏三祖皆有其事。刘歆以为金石同类,石图发非常之文,此不从革之异也。晋定大业,多敝曹氏,石瑞文"大讨曹"之应也。

魏明帝青龙中,盛修宫室,西取长安金狄,承露盘折,声闻数十里,金狄泣,于是因留霸城。此金失其性而为异也。

吴时,历陵县有岩穿似印,咸云"石印封发,天下太平"。孙皓天玺元年印发。又阳羡山有石穴,长十余丈。皓初修武昌宫,有迁都之意。是时,武昌为离宫。班固云:"离宫与城郭同占。"饰城郭之谓也。宝鼎三年,皓出东关,遣丁奉至合肥;建衡三年,皓又大举出华里。侵边境之谓也。故令金失其性。卒面缚而吴亡。

晋惠帝永兴元年,成都伐长沙,每夜戈戟锋有火光如县烛。此轻民命,好攻战,金失其性而为变也。天戒若曰:"兵犹火也,不戢将自焚。"成都不悟，终以败亡。

晋怀帝永嘉元年，项县有魏豫州刺史贾逵石碑，生金可采。此金不从革而为变也。五月，汲桑作乱，群寇飚起。

晋清河王覃为世子时，所佩金铃忽生起如粟者。康王母疑不祥，毁弃之。及后为惠太子，不终于位，卒为司马越所杀。

晋元帝永昌元年，甘卓将袭王敦，既而中止。及还家，多变怪，照镜不见其头。此金失其性而为妖也。寻为敦所袭，遂夷灭。

石虎时，邺城凤阳门上金凤皇二头，飞入漳河。

晋海西太和中，会稽山阴县起仓，凿地得两大船，满中钱，钱皆轮文大形。时日向莫，凿者驰以告官，官夜遣防守甚严。至明旦，失钱所在，唯有船存，视其状，悉为钱处。

晋安帝义熙初，东阳太守殷仲文照镜不见其头，寻亦诛翦，占与甘同。

宋后废帝元徽四年，义熙、晋陵二郡并有霹雳车坠地，如青石，草木燋死。

言之不从

魏齐王嘉平初，东郡有讹言云："白马河出妖马，夜过官牧边鸣呼，众马皆应。明日见其迹，大如斛，行数里，还入河。"楚王彪本封白马，兖州刺史令狐愚以彪有智勇，及闻此言，遂与王凌谋共立之，遣人谓曰："天下事未可知，愿王自爱。"彪答曰："知厚意。"事泄，凌、愚被诛，彪赐死。此言不从之罚也。诗云："民之讹言，宁莫之惩。"

刘禅嗣位，谯周引晋穆侯、汉灵帝命子事讥之曰："先主讳备，其训具也。后主讳禅，其训授也。若言刘已具矣，当授与人，甚于穆侯、灵帝之祥也。"蜀果亡，此言之不从也。

刘备卒，刘禅即位，未葬，亦未逾月，而改元为建兴。此言之不从也。习凿齿曰："礼，国君即位逾年而后改元者，缘臣子之心，不忍一年而有二君也。今可谓亟而不知礼矣。君子是以知蜀之不能东迁也。"后又降晋。吴孙亮、晋惠帝、宋元凶亦然。亮不终其位，惠帝号令非已，元凶寻诛。言不从也。

魏太和中，姜维归蜀，失其母。魏人使其母手书呼维令反，并送当归以譬之。维报书曰："良田百顷，不计一亩。但见远志，无有当归。"维卒不免。

魏明帝景初元年，有司奏帝为烈祖，与太祖、高祖并为不毁之庙。从之。按宗庙之制，祖宗之号，皆身没名成乃正其礼。故唯功赫天壤，德迈前王，未有豫定之典。此盖言之不从，失之甚者也。后二年，而宫车晏驾，于是统微政逸。

吴孙休世，乌程民有得困疾，及差，能以响言者，言于此而闻于彼。自其所听之，不觉其声之大也；自远听之，如人对言，不觉声之自远来也。声之所往，随其所向，远者不过十数里。其邻人有责息于外，历年不还。乃假之使为责让，惧以祸福，负物者以为鬼神，即货倒界之。其人亦不自知所以然也。言不从之咎也。

魏世起安世殿，晋武帝后居之。安世，武帝字也。

晋武帝每延群臣，多说平生常事，未尝及经国远图。此言之不从也。何曾谓子遵曰："国家无贻厥之谋，及身而已，后嗣其殆乎，此子孙之忧也。"自永熙后，王室渐乱，永嘉中，天下大坏，及何绥以非辜被诛，皆如曾言。

赵王伦废惠帝于金墉城，改号金墉为永安宫。帝寻复位，而伦诛。

晋惠帝永兴元年，诏废太子覃还为清河王，立成都王颖为皇太弟，犹加待中、大都督，领丞相，备九锡，封二十郡，如魏王故事。案周礼，传国以胤不以勋，故虽公旦之圣，不易成王之嗣。所以远绝觊觎，永壹宗祧。后代遵履，改之则乱。今拟非其实，僭差已甚。且既为国副，则不应复开封土，兼领庶职。此言之不从，进退乖爽。故帝既播越，颖亦不终，是其咎也。后犹不悟，又立怀帝为皇太弟。怀终流弑，不永厥祚，又其应也。语曰："变古易常，不乱则亡。"此之谓乎。

晋惠帝太安中，周玘于阳羡起宅，始成，而边户有声如人叹咤者。玘亡后，家诛灭。此近言不从也。

晋元帝太兴四年，吴郡民讹言："有大虫在纻中及榱树上，啮人即死。"晋陵民又言曰："见一老女子居市，被发从肆人乞饮，自言：'天帝令我从水门出，而我误由虫门，若还，天帝必杀我。如何？'"于是百姓共相恐动，云死者已十数也。西及京都，诸家有榱纻者，伐去之。无几自止。

晋元帝永昌元年，宁州刺史王逊遣子澄入质，将渝、濮杂夷数百人。京邑民忽讹言宁州人大食人家小儿，亲有见其蒸煮满釜甑中者。又云失儿皆有主名，妇人寻道，拊心而哭。于是百姓各禁录小儿，不得出门。寻又言已得食人之主，官当大航头大杖考竟。而日有四五百人晨聚航头，以待观行刑。朝廷之士相问者，皆曰信然，或言郡县文书已上。王澄大惧，检测之，事了无形，民家亦未尝有失小儿者，然后知其讹言也。此二事，干宝云"未之能论"。

永昌二年，大将军王敦下据姑熟。百姓讹言行虫病，食人大孔，数日入腹，入腹则死。治之有方，当得白犬胆以为药。自淮、泗遂及京都，数日之间，百姓惊扰，人人皆自云已得虫病。又云，始在外时，当烧铁以灼之。于是翕然被烧灼者十七八矣。而白犬暴贵，至相请夺，其价十倍。或有自云能行烧铁者。赍灼百姓，日得五六万，急而后已。四五日渐静。说曰，夫裸虫人类，而人为之主。今云虫食人，言本同臭类而相残贼也。自下而上，斯其逆也。必入腹者，言害由中不由外也。犬有守御之性，白者金色，而胆用武之主也。帝王之运，五霸会于戌，戌主用兵。金者晋行，火烧铁以治疾者，言必去其类而来，火与金合德，共治虫害也。案中兴之际，大将军本以腹心授伊、吕之任，而元帝末年，遂攻京邑，明帝谅闇，又有异谋。是以下逆上，腹心内烂也。及钱凤、沈充等逆兵四合，而为王师所挫，逾月而不能济。北中郎将刘遐及淮陵内史苏峻率淮、泗之众以救朝廷，故其谣言首作于淮、泗。朝迁卒以弱制强，罪人授首，是用白犬胆可救之效也。

晋海西时,庾晞四五年中,喜为挽歌,自摇大铃为唱,使左右齐和。又燕会,辄令倡妓作新安人歌舞离别之辞,其声悲切。时人怪之,后亦果败。

晋海西公太和以来,大家妇女,缓鬓倾髻,以为盛饰。用发既多,不恒戴,乃先作假髻,施于木上,呼曰"假头"。人欲借,名曰"借头"。遂布天下。自此以来,人士多离事故,或亡失头首,或以草木为之。假头之言,此其先兆也。

晋孝武泰元中,立内殿名曰清暑,少时而崩。时人曰:"清暑者,反言楚声也。"果有哀楚之声。有人曰:"非此之谓,岂可拯言乎。谶云,代晋者楚。其在兹乎?"及桓玄篡逆,自号曰楚。

泰元中,小儿以两铁相打于土中,名曰"斗族"。后王国宝、王孝伯,一姓之中,自相攻击也。

桓玄出镇南州,立斋名曰蟠龙。后刘毅居此斋。蟠龙,毅小字也。

桓玄初改年为大亨,遐迩谣言曰:"二月了。"故义谋以仲春发也。玄篡立,又改年为建始,以与赵王伦同,又易为永始。永始,复是王莽受封之年也。始徙司马道子于安成,晋主逊位,出永安宫,封晋主为平固王,琅邪王德文为石阳公,并使住寻阳城。识者皆以为言不从之妖也。厥咎僭。

晋兴,何曾薄太官御膳,自取私食,子劭又过之,而王恺又过劭。王恺、羊琇之俦,盛致声色,穷珍极丽。至元康中,夸恣成俗,转相高尚。石崇之侈,遂兼王、何,而俪人主矣。崇既诛死,天下寻亦沦丧。僭逾之咎也。

恒阳

魏明帝太初二年五月,大旱。元年以来,崇广宫府之应也。又是春,晋宣帝南禽孟达,置二郡;张郃西破诸葛亮,毙马谡。亢阳自大,又其应也。京房《易传》曰:"欲德不用,兹谓张,厥灾荒,其旱阴云不雨,变而赤烟四际。众出过时,兹谓广,其旱不生。上下皆蔽,兹谓隔,其旱天赤三月,时有雹杀飞禽。上缘求妃,兹谓僭,其旱三月大温亡云。君高台府,兹谓犯,阴侵阳,其旱万物根死,数有火灾。庶位逾节,兹谓僭,其旱泽物枯,为火所伤。”

太和五年三月,自去冬十月至此月不雨,辛巳,大雩。是春,诸葛亮寇天水,晋宣王距却之,亢阳动众。又是时三隅分据,众出多过时也。《春秋说》曰:“伤二谷,谓之不雨。”

魏齐王正始元年二月,自去冬十二月至此月不雨。去岁正月,明帝崩。二月,曹爽白嗣主,转晋宣王为太傅,外示尊崇,内实欲令事先由己。是时宣王功盖魏朝,欲德不用之应也。

魏高贵乡公甘露三年正月,自去秋至此月旱。时晋文王围诸葛诞,众出过时之应也。初,寿春秋夏常雨潦,常淹城,而此旱逾年,城陷乃大雨。咸以为天亡。

吴孙亮五凤二年,大旱民饥。是岁闰月,魏将文钦以淮南众数万口来奔;孙峻又破魏将曹珍于高亭。三月,朱异袭安丰,不克。七月,城广陵、东海一郡。十二月,以冯朝为监军使者,督徐州诸军,军士怨叛。此亢阳自大,劳民失众之罚也。其役弥岁,故旱亦竟年。

吴孙皓宝鼎元年春夏,旱。是时,皓迁都武昌,劳民动众之应也。

晋武帝太始七年五月、闰月,旱,大雩。是春,孙皓出华里,大司马望帅众次于淮北。四月,北地胡寇金城西平,凉州刺史牵弘出战,败没。

太始八年五月,旱。是时,帝纳荀勖邪说,留贾充不复西镇,而任恺稍疏。上下皆蔽之应也。又李憙、鲁芝、李胤等,并在散职,近欲德不用之谓也。

太始九年,自正月旱,至于六月。祈宗庙社稷山川,癸未雨。去九月,吴西陵督步阐据城来降,遣羊祜统杨肇等众八万救迎阐。十二月,陆抗大破肇军,攻阐灭之。

太始十年四月,旱。去年秋冬,采择卿校诸葛冲等女,是春五十余人入殿简选。又取小将吏女数十人。母子号哭于宫中,声闻于外,行人悲酸。是殆积阴生阳之应也。

晋武帝咸宁二年五月，旱，大雩，及社稷山川。至六月，乃澍雨。

晋武帝太康二年，至去冬旱，至此春平吴，亢阳动众自大之应也。

太康三年四月，旱。乙酉，诏司空齐王攸与尚书、廷尉、河南尹录讯系囚，事从蠲宥。

太康五年六月，旱。此年正月，天阴，解而复合。刘毅上疏曰："必有阿党之臣奸以事君者，当诛而不赦也。"帝不答。是时荀勖、冯纨僭作威福，乱朝尤甚。

太康六年三月，青、凉、幽、冀郡国旱。

太康六年六月，济阴、武陵旱，伤麦。

太康七年夏，郡国十三旱。

太康八年四月，冀州旱。

太康九年夏，郡国三十三旱。

太康九年六月，扶风、始平、京兆、安定旱，伤麦。

太康十年二月，旱。

晋武帝太熙元年二月，旱。自太康以后，虽正人满朝，不被亲仗，而贾充、荀勖、杨骏、冯纨等迭居要重。所以无年不旱者，欲德不用，上下皆蔽，庶位逾节之罚也。

晋惠帝元康元年七月，雍州大旱，殒霜，疾疫。关中饥，米斛万钱。

元康七年七月，秦、雍二州大旱。故其年氐羌反叛，雍州刺史解系败绩。是年正月，周处、卢播等复败，关西震乱。交兵弥岁，至是饥疫荐臻，戎、晋并困，朝廷不能振，诏听相卖鬻。

元康七年九月，郡国五旱。

晋惠帝永宁元年，自夏及秋，青、徐、幽、并四州旱。是年春，三王讨赵王伦，六旬之中，大小数十战，死者十余万人。十二月，郡国十二又旱。

晋怀帝永嘉三年五月，大旱。襄平县梁水淡渊竭，河、洛、江、汉

皆可涉。是年三月，司马越归京都，遣兵入宫，收中书令缪播等九人
杀之。此僭逾之罚也。又四方诸侯多怀无君之心，刘渊、石勒、王弥、
李雄之徒，贼害民命，流血成泥，又其应也。

永嘉五年，自去冬旱，至此春。去岁十二月，司马越弃京都，以
大众南出，多将王公朝士，及以行台自随，斥黜禁卫，代以国人。宫
省萧然，无复君臣之节矣。

《晋阳秋》云："愍帝在西京，旱伤荐臻。"无注记年月也。

晋愍帝建武元年六月，扬州旱。去年十二月，淳于伯冤死，其年
即旱，而太兴元年六月，又旱。干宝曰"杀伯之后旱三年"是也。案
前汉杀孝妇则旱，后汉有囚亦旱，见谢见理，并获雨澍，此其类也。
班固曰："刑罚妄加，群阴不附，则阳气胜，故其罚恒阳。"

建武元年四月，麹允等悉众御寇。五月，祖逖攻谯。其冬，周访
讨杜曾。又众出之应也。

晋元帝太兴四年五月，旱。是时，王敦强僭之衅渐著。又去岁，
蔡豹、祖逖等并有征役。

晋元帝永昌元年，大旱。是年三月，王敦有石头之变，二宫陵
辱，大臣诛死。僭逾无上，故旱尤甚也。

永昌元年闰十一月，京都大旱，川谷并竭。

晋明帝太宁三年，自春不雨，至于六月。去年秋，灭王敦。亢阳
动众自大之应也。

晋成帝咸和元年秋，旱。是时，庾太后临朝称制，群臣奏事称皇
太后陛下。此妇人专王事，言不从而僭逾之罚也。与汉邓太后同事。

咸和二年夏，旱。

咸和五年五月，旱。去年，珍苏峻之党，此春又讨郭默灭之。亢
阳动众之应也。

咸和六年四月，旱。去年八月，石勒遣郭敬寇襄阳，南中郎将周
抚奔武昌。十月，李雄使李寿寇建平，建平太守杨谦奔宜都。此正
月，刘征略娄县，于是起众警备。

咸和八年七月，旱。

咸和九年，自四月不雨，至于八月。

晋成帝咸康元年六月，旱。是时，成帝冲弱，不亲万机，内外之政，委之将相。此僭逾之罚，故连岁旱也。至四年，王遵固让太傅，复子明辟，是后不旱，殆其应也。时天下普旱，会稽余姚特甚，米直五百，民有相鬻。

咸康二年三月，旱。

咸康三年六月，旱。

晋康帝建元元年五月，旱。是时，宰相专政，方伯擅重兵，又与咸康初同事也。

晋穆帝永和元年五月，旱。有司奏依董仲舒术，徙市开水门，遣谒者祭太社。是时帝在襁抱，褚太后临朝，如明穆太后故事。

永和五年七月，不雨，至于十月。是年二月，征北将军褚裒遣军伐沛，纳其民以归。六月，又遣西中郎将陈达进据寿阳，自以舟师二万至于下邳，丧其前驱而还，达亦退。

永和六年闰月，旱。是春，桓温以大众出夏口，上疏欲以舟军北伐，朝廷驻之。萧敬盗涪，西蛮校尉采寿败绩。

晋穆帝升平三年十二月，大旱。此冬十月，北中郎将郗昙帅万余人出高平，经略河、兖；又遣将军诸葛悠以舟军入河，败绩。西中郎将谢万次下蔡，众溃而归。

升平四年十二月，大旱。

晋哀帝隆和元年夏，旱。是时，桓温强恣，权制朝廷，僭逾之罚也。又去年，慕容恪围冀州刺史吕护，桓温出次宛陵，范汪、袁真并北伐，众出过时也。

晋海西泰和四年十二月，凉州春旱至夏。

晋简文帝咸安二年十月，大旱，民饥。是时，嗣主幼冲，桓温陵僭。

晋孝武帝宁康元年二月，旱。是时，桓温入觐高平陵，阖朝致拜，逾僭之应也。

宁康三年冬，旱。先是，氐贼破梁、益州，刺史杨亮、周仲孙奔退。明年，威远将军桓石虔击姚苌垫江，破之，退至五城。益州刺史竺瑶帅众戍巴东。

晋孝武帝太元四年六月，大旱。去岁，氐贼围南中郎将朱序于襄阳，又围扬威将军戴逯于彭城。桓嗣以江州之众次郡援序，北府民三州民配何谦救逯。是春，襄阳、顺阳、魏兴城皆没，贼遂略淮南，向广陵。征虏将军谢石率水军次涂中。兖州刺史谢玄督诸将破之。

太元八年六月，旱。夏初，桓冲征襄阳，遣冠军将军桓石虔进据樊城。朝廷又遣宣城内史胡彬次峡石，为冲声势也。

太元十年七月，旱饥。初八年，破苻坚；九年，诸将略地，有事徐、豫；杨亮、赵统攻讨巴、沔。是年正月，谢安又出镇广陵，使子琰进次彭城。

太元十三年六月，旱。去岁，北府遣戍胡陆，荆州经略河南。是年，郭铨置戍野王，又遣军破黄淮。

太元十五年七月，旱。是春，丁零略兖、豫，鲜卑寇河上。朱序、桓不才等北至太行，东至滑台，逾时攻讨，又戍石门。

太元十七年秋，旱，至冬。是时，茹千秋为骠骑咨议，窃弄主相威福。又丘尼乳母亲党及婢仆之子，阶缘近习，临民领众。又在所多上春竟囚，不以其辜，建康狱吏枉暴尤甚。此僭逾不从，冤滥之罚也。

晋安帝隆安四年五月，旱。去冬，桓玄迫杀殷仲堪，而朝廷即授以荆州之任。司马元显又讽百僚悉使敬己。此皆陵僭之罚也。

隆安五年夏秋，大旱。十二月不雨。去年夏，孙恩入会稽，杀内史谢琰；此年夏，略吴，又杀内史袁山松。军旅东讨，众出过时。

晋安帝元兴元年七月，大饥。九月、十月不雨。是年正月，司马元显以大众将讨桓玄，既而玄至，杀元显。五月，又遣东征孙恩余党。十月，北讨刘轨。

元兴二年六月，不雨。冬，又旱。是时，桓玄奢僭，十二月，遂篡位。

元兴三年八月，不雨。是时，王旅四伐，西夏未平。

晋安帝义熙六年九月,不雨。是时王师北讨广固,疆理三州。

义熙八年十月,不雨。是秋,王师西讨刘毅,分遣伐蜀。

义熙十年九月,旱,十二月,又旱,井渎多竭。

宋文帝元嘉二年夏,旱。

元嘉四年秋,京都旱。

元嘉八年五月,扬州诸郡旱。

元嘉十九年、二十年,南兖、豫州旱。

元嘉二十七年八月,不雨,至二十八年三月。时索房南寇。

孝武帝大明七年、八年,东诸郡大旱,民饥死者十六七。先是,江左以来,制度多阙,孝武帝立明堂,造五辂。是时大发徒众,南巡校猎,盛自矜大,故致旱灾。

后废帝元徽元年八月,京都旱。

诗妖

魏明帝太和中,京师歌《兜铃曹子》,其唱曰:"其奈汝曹何。"此诗妖也。其后曹爽见诛,曹氏遂废。

魏明帝景初中,童谣曰:"阿公阿公驾马车,不竟阿公东渡河,阿公东还当奈何。"及宣王平辽东,归至白屋,当还镇长安,会帝疾笃,急召之,乃乘追锋车东渡河,终翦魏室,如童谣之言也。

魏齐王嘉平中,有谣曰:"白马素羁西南弛,其谁乘者朱虎骑。"朱虎者,楚王彪小字也。王凌、令狐愚闻此谣,谋立彪。事发,凌等伏诛,彪赐死。

吴孙亮初,童谣曰:"吁汝恪,何若若,芦苇单衣篾钩络,于何相求扬子阁。"扬子阁者,反语石子冈也。钩落,钩带也。及诸葛恪死,果以苇席裹身,篾束其要,投之石子冈。后听恪故吏收敛,求之此冈云。

孙亮初,公安有白鼍鸣。童谣曰:"白鼍鸣,龟背平,南郡城中可长生,守死不去义无成。"南郡城可长生者,有急,易以逃也。明年,诸葛恪败,弟融镇公安,亦见袭。融刮金印龟,服之而死。鼍有鳞介,甲兵之象。又曰白祥也。

孙休永安二年，将守质子群聚嬉戏，有异小子忽来，言曰：“三公锄，司马如。”又曰：“我非人，荧惑星也。”言毕上升，仰视若曳一匹练，有顷没。干宝曰：“后四年而蜀亡，六年而魏废，二十一年而吴平，于是九服归晋。魏与吴、蜀，并为战国，‘三公锄，司马如’之谓也。”

孙皓初，童谣曰：“宁饮建业水，不食武昌鱼；宁还建业死，不止武昌居。”皓寻迁都武昌，民溯流供给，咸怨毒焉。

孙皓遣使者祭石印山下妖祠，使者因以丹书岩曰：“楚九州渚，吴九州都。扬州士，作天子。四世治，太平矣。”皓闻之，意益张，曰：“从大皇帝至朕四世，太平之主，非朕复谁？”恣虐逾甚，寻以降亡。近诗妖也。

孙皓天纪中，童谣曰：“阿童复阿童，衔刀游渡江。不畏岸上虎，但畏水中龙。”晋武帝闻之，加王浚龙骧将军。及征吴，江西众无过者，而王浚先定秣陵。

晋武帝太康后，江南童谣曰：“局缩肉，数横目，中国当败吴当复。”又曰：“宫门柱，且莫朽，吴当复在三十年后。”又曰：“鸡鸣不拊翼，吴复不用力。”于时吴人皆谓在孙氏子孙，故窃发乱者相继。按横目者，“四”字，自吴亡至晋元帝兴，几四十年，皆如童谣之言。元帝懦而少断，“局缩肉”，直斥之也。干宝云“不知所斥”，讳之也。

太康末，京、洛始为《折杨柳》之歌，其曲始有兵革苦辛之词，终以禽获斩截之事。是时，三杨贵盛而族灭，太后废黜而幽死。

晋惠帝永熙中，河内温县有人如狂，造书曰：“光光文长，大戟为墙。毒药虽行，戟还自伤。”又曰：“两火没地，哀哉秋兰。归形街邮，路人为叹。”及杨骏居内府，以戟为卫，死时，又为戟所害。杨太后被废，贾后绝其膳，八日而崩，葬街邮亭北，百姓哀之。两火，武帝讳；兰，杨后字也。

永熙中，童谣曰：“二月末，三月初，荆笔杨版行诏书，宫中大马几作驴。”杨骏初专权，楚王寻用事，故言“荆笔杨版”也。二人不诛，则君臣礼悖，故云"几作驴"。

晋惠帝元康中，京、洛童谣曰："南风起，吹白沙，遥望鲁国何嵯峨，千岁髑髅生齿牙。"又曰："城东马子莫啙啕，比至三月缠汝鬃。"南风，贾后字也；白，晋行也；沙门，太子小名也；鲁，贾谧国也。言贾后将与谧为乱，以危太子，而赵王因衅咀嚼豪贤，以成篡夺也。是时，愍怀颇失众望，卒以废黜，不得其死。

元康中，天下商农通著大鄣日，童谣曰："屠苏鄣日覆两耳，当见瞎儿作天子。"及赵王篡位，其目实眇焉。赵王伦既篡，洛中童谣曰："虎从北来鼻头汗，龙从南来登城看，水从西来何灌灌。"数月，而齐王、成都、河间义兵同会诛伦。按成都西蕃而在邺，故曰"虎从北来"；齐东蕃而在许，故曰"龙从南来"；河间水区而在关中，故曰"水从西来"。齐留辅政，居宫西，有无君之心，故言"登城看"也。

晋惠帝太安中，童谣曰："五马游度江，一马化为龙。"后中原大乱，宗蕃多绝，唯琅邪、汝南、西阳、南顿、彭城同至江表，而元帝嗣晋矣。

司马越还洛，有童谣曰："洛中大鼠长尺二，若不蚤去大狗至。"驻苟晞将破汲桑，又谣曰："元超兄弟大落度，上桑打椹为苟作。"由是越恶晞，夺其兖州，隙难遂构。

晋愍帝建兴中，江南歌谣曰："訇如白坑破，合集持作瓶。扬州破换败，吴兴覆瓿甄。"按白者晋行，坑器有口，属瓮，瓦质刚，亦金之类也。"訇如白坑破"者，言二都倾覆，王室大坏也。"合集推作瓶"者，言元皇帝鸠集遗余，以主社稷，未能克复中原，偏王江南，故其喻小也。及石头之事，六军大溃，兵人抄掠京邑，爰及二宫。其后三年，钱凤复攻京邑，阻水而守，相持月余日，焚烧城邑，井堙木刊矣。凤等败退，沈充将其党还吴兴，官军踵之，蹈籍郡县。充父子授首，党与诛者以百数。所谓"扬州破换败，吴兴覆瓿甄"。瓿甄，瓦器，又小于瓶也。

晋明帝太宁初，童谣歌曰："恻力恻力，放马山侧。大马死，小马饿，高山崩，石自破。"及明帝崩，成帝幼，为苏峻所逼，迁于石头，御膳不足。"高山崩",言峻寻死,"石",峻弟苏石也。峻死后,石据石头,寻为诸公所破也。

晋成帝之末,民间谣曰:"磕磕何隆隆,驾车入梓宫。"少日而宫车晏驾。

晋成帝咸康二年十二月,河北谣语曰:"麦入土,杀石虎。"后如谣言。

庾亮初出镇武昌,出石头,百姓于岸上歌曰:"庾公上武昌,翩翩如飞鸟。庾公还扬州,白马牵旒旐。"又曰:"庾公初上时,翩翩如飞鸟。庾公还扬州,白马牵流苏。"后连征不入,及薨,还都葬。

庾义在吴郡,吴中童谣曰:"宁食下湖荇,不食上湖莼。庾吴没命丧,复杀王领军。"无几,而庾义、王洽相继亡。

晋穆帝升平中,童子辈忽歌于道曰"阿子闻",曲终辄云"阿子汝闻不"。无几而穆帝崩,太后哭曰:"阿子汝闻不?"

升平末,民间忽作廉歌。有扈谦者闻之,曰:"廉者,临也。歌云'白门廉,宫廷廉',内外悉临,国家其大讳乎。"少时而穆帝晏驾。

晋哀帝隆和初,童儿歌曰:"升平不满斗,隆和那得久。桓公入石头,陛下徒跣走。"帝闻而恶之,复改年曰兴宁。民复歌曰:"虽复改兴宁,亦复无聊生。"哀帝寻崩。升平五年,穆帝崩。"不满斗",不至十年也。

晋海西公太和中,民歌曰:"青青御路杨,白马紫游缰。汝非皇太子,那得甘露浆。"白者,金行;马者,国族;紫为夺正之色,明以紫间朱也。海西公寻废,三子非海西子,并死,缢以马缰死之。明日,南方献甘露。

太和末,童谣云:"犁牛耕御路,白门种小麦。"及海西被废,处吴,民犁耕其门前,以种小麦,如谣言。

晋海西公生皇子,百姓歌云:"凤皇生一雏,天下莫不喜。本言是马驹,今定成龙子。"其歌甚美,其旨甚微。海西公不男,使左右向龙与内侍接,生子以为己子。

桓石民为荆州,镇上明,民忽歌曰"黄昙子"。曲终又曰:"黄昙英,杨州大佛来上明。"顷之,而石民死,王忱为荆州。"黄昙子"乃是王忱之字也。忱小字佛大,是"大佛来上明"也。

太元末,京口谣曰:"黄雌鸡,莫作雄父啼。一旦去毛衣,衣被拉飒栖。"寻王恭起兵诛王国宝,旋为刘牢之所败也。

司马道子于东府造土山,名曰灵秀山。无几而孙恩作乱,再践会稽。会稽,道子所封。灵秀,恩之字也。

庾楷镇历阳,民歌曰:"重罗犁,重罗犁,使君南上无还时。"后楷南奔桓玄,为玄所诛。

殷仲堪在荆州,童谣曰:"亡笼目,绳缚腹。殷当败,桓当复。"无几而仲堪败,桓玄有荆州。

王恭镇京口,举兵诛王国宝,百姓谣云:"昔年食白饭,今年食麦麸。天公诛谪汝,教汝捻咙喉。咙喉喝复喝,京口败复败。""昔年食白饭",言得志也。"今年食麦麸",粗秽,其精已去,明将败也,天公将加遣谪而诛之也。"捻咙喉",气不通,死之祥也。"败复败",丁宁之辞也。恭寻死,京都大行咳疾,而喉并喝焉。

王恭在京口,民间忽云:"黄头小人欲作贼,阿公在城下,指缚得。"又云:"黄头小人欲作乱,赖得金刀作蕃捍。""黄"字上,"恭"字头也。"小人","恭"字下也。寻如谣者言焉。

晋安帝隆安中,民忽作《懊恼歌》,其曲中有"草生可揽结,女儿可揽抱"之言。桓玄既篡居天位,义旗以三月二日埽定京都,玄之宫女及逆党之家子女伎妾,悉为军赏。东及瓯、越,北流淮、泗,皆人有所获焉。时则草可结,事则女可抱,信矣。

桓玄既篡,童谣曰:"草生及马腹,乌啄桓玄目。"及玄败走,至江陵,五月中诛,如其期焉。

桓玄时,民谣语云:"征钟落地桓迸走。"征钟,至秽之服,桓,四体之下称。玄自下居上,犹征钟之厕歌谣,下体之咏民口也。而云"落地",坠地之祥,"迸走"之言,其验明矣。

司马元显时,民谣诗云:"当有十一口,当为兵所伤。木亘当北度,走入浩浩乡。"又云"金刀既以刻,娓娓金城中。"此诗云襄阳道人竺昙林所作,多所道,行于世。孟颙释之曰,"十一口"者,玄字象也。"木亘",桓也。桓氏当悉走入关、洛,故云"浩浩乡"也。"金刀",刘也。倡义诸公,皆多姓刘。"娓娓",美盛貌也。

桓玄得志,童谣曰:"长干巷,巷长干。今年杀郎君,明年斩诸桓。"及玄走,而诸桓悉诛焉。郎君,司马元显也。

晋安帝义熙初,童谣曰:"官家养芦化成荻,卢生不止自成积。"其时官养卢龙,宠以金紫,奉以名州,养之已极,而不能怀我好音,举兵内伐,遂成仇敌也。"芦生不止自成积",及卢龙作乱,时人追思童谣,恶其有成积之言。识者曰:"芟夷蕴崇之,又行火焉,是草之穷也。伐斫以成积,又以为薪,亦芦荻之终也。其盛既极,亦将芟夷而为积焉。"龙既穷其兵势,盛其舟舰,卒以灭亡,僵尸如积焉。

卢龙据有广州,民间谣云:"芦生漫漫竟天半。"后拥有上流数州之地,内逼京辇,应"天半"之言。

义熙三年中,小儿相逢于道,辄举其两手曰"卢健健",次曰"斗叹,斗叹",末复曰"翁年老,翁年老"。当时莫知所谓。基后卢龙内逼,舟舰盖川,"健健"之谓也。既至查浦,屡克期欲与官斗,"斗叹"之应也。昔温峤令郭景纯卜已与庾亮吉凶,景纯云"元吉"。峤语亮:"景纯每筮,当是不敢尽言。吾等与国家同安危,而曰元吉,事有成也。"于是协同讨灭王敦。"翁年老",群公有期颐之庆,知妖逆之徒,自然消殄也。其时复有谣言曰:"卢橙橙,逐水流,东风忽如起,那得入石头。"卢龙果败,不得入石头。

苻坚中,童谣曰:"阿坚连牵三十年,后若欲败时,当在江湖边。"后坚败于淝水,在伪位凡三十年。

苻坚中,谣语云:"河水清复清,苻诏死新城。"坚为姚苌所杀,死于新城。

苻坚中,歌云:"鱼羊田斗当灭秦。""鱼羊",鲜也;"田斗",卑也;坚自号秦,言灭之者鲜卑也。其群臣谏坚,令尽诛鲜卑,坚不从。及淮南败还,为慕容冲所攻,亡奔姚苌,身死国灭。

毛虫之孽

晋武帝太康六年，南阳送两足虎，此毛虫之孽也。识者为其文曰："武形有亏，金虎失仪，圣主应夫，斯异何为。"言兆乱也。京房《易传》曰："足少者，下不胜狂也。"干宝曰："虎者，阴精，而居于阳，金兽也。南阳，火名也。金精入火，而失其形，王室乱之妖也。六，水数，言水数既极，火懋得作，而金受其败也。至元康九年，始杀太子，距此十四年。二七十四，火始终相乘之数也。自帝受命，至愍怀之废，凡三十五年。"

太康九年，荆州献两足獶。

太康七年十一月丙辰，四角兽见于河间，河间王颙获以献。角，兵象也。董仲舒以四国为四方之象。后河间王数连四方之兵，作为乱阶，殆其应也。

晋怀帝永嘉五年，偃鼠出延陵，此毛虫之孽也。郭景纯筮之曰："此郡东之县，当有妖人欲称制者，亦寻自死矣。"其后吴兴徐馥作乱，杀太守袁琇，馥亦时灭。是其应也。

晋成帝咸和六年正月丁巳，会州郡秀孝于乐贤堂，有麐见于前，获之。孙盛曰："夫秀孝，天下之彦士，乐贤堂，所以乐养贤也。晋自丧乱以后，风教凌夷，秀无策试之才，孝乏四行之实，麐兴于前，或斯故乎。"

晋哀帝隆和元年十月甲申，有麐入东海第。百姓谣言曰："主入东海第。"识者怪之。及海西废为东海王，先送此第。

晋孝武太元十三年四月癸巳，祄祠毕，有兔行庙堂上。兔，野物也，而集宗庙之堂，不祥莫甚焉。

宋文帝元嘉二十四年二月，雍州送六足獐，刺史武陵王表为祥瑞。此毛虫之孽。

宋顺帝升明元年，象三头度蔡洲，暴稻谷及园野。

犬祸

公孙渊家有犬，冠帻绛衣上屋，此犬祸也。屋上亢阳高危之地，天戒若曰："渊亢阳无上，偷自尊高，狗而冠者也。"及自立为燕王，果为魏所灭。京房《易传》曰："君不正，臣欲篡，厥妖狗出朝门。"

魏侍中应璩在直庐，欻见一白狗，问众人，无见者，逾年卒。近犬祸也。

诸葛恪征淮南归，将朝会，犬衔引其衣。恪曰："犬不欲我行乎？"还坐，有顷复起，犬又衔衣。乃令逐犬，遂升车入而被害。

晋武帝太康九年，幽州有犬，鼻行地三百余步。

晋惠帝元康中，吴郡娄县民家闻地中有犬声，掘视得雌雄各一，还置窟中，覆以磨石，宿昔失所在。元帝太兴中，吴郡府舍又得二物头如此。其后太守张茂为吴兴兵所杀。案《夏鼎志》曰："掘地得狗名曰贾。"《尸子》曰："地中有犬，名曰地狼。"同实而异名也。

晋惠帝永兴元年，丹阳内史朱达家犬生三子，皆无头。后为扬州刺史曹武所杀。

晋孝怀帝永嘉五年，吴郡嘉兴张林家狗人言云："天下人饿死。"

晋安帝隆安初，吴郡治下狗恒夜吠，聚高桥上。人家狗有限，而吠声甚众。或有夜出觇之者，云一狗假有两三头，皆前向乱吠。无几，孙恩乱于吴会。

桓玄将拜楚王，已设拜席，群官陪位，玄未及出，有狗来便其席，万众睢候，莫不惊怪。玄性猜暴，竟无言者，逐狗改席而已。

宋武帝永初二年，京邑有狗人言。

文帝元嘉二十九年，吴兴东迁孟慧度婢蛮与狗通好，如夫妻弥年。

孝武孝建初，颜竣为左卫，于省内闻犬子声在地中，掘焉，得乌犬子。养久之，后自死。

明帝初，晋安王子勋称伪号于寻阳，柴桑有狗与女人交，三日不分离。

明帝泰始中，秣陵张僧护家犬生豕子。

白眚白祥

晋武帝太康十年,洛阳宫西宜秋里石生地中,始高三尺,如香炉形,后如伛人,盘薄不可掘。案刘向说,此白眚也。明年,宫车晏驾,王室始骚,卒以乱亡。京房《易传》曰:"石立如人,庶人为天下雄。"此近之矣。

晋成帝咸康初,地生毛,近白眚也。孙盛以为民劳之异。是后胡灭而中原向化,将相皆甘心焉。于是方镇屡革,边戍仍迁,皆拥带部曲,动有万数,其间征伐征赋,役无宁岁,天下扰动,民以疲怨。

咸康三年六月,地生毛。

晋孝武太元二年五月,京都地生毛。至四年,而氐贼攻襄阳,围彭城,向广陵,征戍仍出,兵连不解。

太元十四年四月,京都地生毛。是时,符坚灭后,经略多事。

太元十七年四月,地生毛。

晋安帝隆安四年四月乙未,地生毛,或白或黑。

晋安帝元兴三年五月,江陵地生毛。是后江陵见袭,交战者数矣。

晋安帝义熙三年三月,地生白毛。

义熙十年三月,生白毛。明年,王旅西讨司马休之。又明年,北埽关、洛。

魏明帝青龙三年正月乙亥,陨石于寿光。按《左氏传》,陨石,星也。刘歆说曰:"庶民,惟星陨于宋者,象宋襄公将得诸侯而不终也。"秦始皇时有陨石,班固以为石阴类,又白祥,臣将危君。是后司马氏得政。

晋武帝太康五年五月丁巳,陨石于温及河阳各二。

太康六年正月,陨石于温三。

晋成帝咸和八年五月,星陨于肥乡一。

咸和九年正月,陨石于凉州。

吴孙亮五凤二年五月,阳羡县离里山大石自立。按京房《易传》曰:"庶士为天子之祥也。"其说曰:"石立于山,同姓;平地,异性。"干宝以为:"孙皓承废故之家得位,其应也。"或曰:"孙休见立之祥也。"

晋惠帝元康五年十二月,有石生于宜年里。

晋惠帝永康元年,襄阳郡上言得鸣石,撞之声闻七八里。

晋惠帝太安元年,丹阳湖孰县夏架湖有大石浮二百步而登岸。民惊噪相告曰:"石来!"干宝曰:"寻有石冰入建业。"

晋武帝太始八年五月,蜀地雨白毛。此白祥也。是时,益州刺史皇甫晏冒暑伐汶山胡,从事何旅固谏,不从。牙门张弘等因众之怨,诬晏谋逆,害之。京房《易传》曰:"前乐后忧,厥妖天雨羽。"又曰:"邪人进,贤人逃,天雨毛。"其《易妖》曰:"天雨毛羽,贵人出走。"三占皆应也。

晋惠帝永宁元年,齐王冏举义军。军中有小儿出于襄城繁昌县,年八岁,发体悉白,颇能卜。于《洪范》,则白祥也。

晋车骑大将军东嬴王腾自并州迁镇邺,行次真定。时久积雪,而当门前方数尺独消释,腾怪而掘之,得玉马,高尺许,口齿缺。腾以马者国姓,上送之以为瑞。然论者皆云:"马而无齿,则不得食,妖祥之兆,衰亡之征。"案占,此白祥也。是后,腾为汲桑所杀,而晋室遂亡。

宋文帝元嘉中,徐湛之为丹杨尹。夜西门内有气如练,西南指,长数十丈。又白光覆屋,良久而转驶乃消。此白祥也。

前废帝景和元年,邓琬在寻阳,种紫花皆曰白眚也。

木沴金

魏齐王正始末,河南尹李胜治听事,有小材激堕,树受符石虎项断之。此木沴金也。胜后旬日而败。

晋惠帝元康八年三月,郊禖坛石中破为二。此木沴金也。郊禖坛者,求子之神位,无故面自毁,太子将危之妖也。明年,愍怀废死。

晋孝武帝太元十年四月,谢安出镇广陵,始发石头,金鼓无故自破。此木沴金之异也。天意若曰:"安徒扬经路之声,终无其实。"

钲鼓不用之象也。八月，以疾还，是月薨。

宋书卷三二
志第二二

五行三

《五行传》曰："弃法律,逐功臣,杀太子,以妾为妻,则火不炎上。"谓火失其性而为灾也。又曰："视之不明,是谓不晢。厥咎舒,厥罚恒燠,厥极疾,时则有草妖,时则有裸虫之孽,时则有羊祸,时则有目疴,时则有赤眚、赤祥。惟水沴火。"裸虫,刘歆传以为羽虫。

火不炎上

魏明帝太和五年五月,清商殿灾。初,帝为平原王,纳河南虞氏为妃。及即位,不以为后,更立典虞车工卒毛嘉女,是为悼皇后。后本仄微,非所宜升。以妾为妻之罚也。

魏明帝青龙元年九月,洛阳宫鞠室灾。

二年四月,崇华殿灾,延于南阁。缮复之。至三年七月,此殿又灾。帝问高堂隆:"此何咎也? 于礼宁有祈禳之义乎?"对曰:"夫灾变之发,皆所以明教诫也。唯率礼修德,可以胜之。《易传》曰:'上不俭,下不节,孽火烧其室。'又曰:'君高其台,天火为灾。'此人君苟饰宫室,不知百姓空竭,故天应之以旱,火从高殿起也。案旧占,灾火之发,皆以台榭宫室为诫。今宜罢散民役,务从节约,清扫所灾之处,不敢于此有所营造。蓂莆嘉禾,必生此地,以报陛下虔恭之德。"不从。遂复崇华殿,改曰九龙。以郡国前后言龙见者九,故以为名。多弃法度,疲民逞欲,以妾为妻之应也。

吴孙亮建兴元年十二月,武昌端门灾,改作端门,又灾内殿。案《春秋》鲁雉门及两观灾,董仲舒以为天意欲使定公诛季氏,若曰"去其高显而奢僭者"也。汉武帝世,辽东高庙灾,其说又同。今此与二事颇类也。且门者,号令所出;殿者,听政之所。是时诸葛恪秉政,而矜慢放肆,孙峻总禁旅,而险害终著。武昌,孙氏尊号所始,天戒若曰:"宜除其贵要之首者。"恪果丧众殄民,峻授政于綝,綝废亮也。或曰:"孙权毁彻武昌,以增太初宫,诸葛恪有迁都意,更起门殿,事非时宜,故见灾也。"京房《易传》曰:"君不思道,厥妖火烧宫。"

吴孙亮太平元年二月朔,建业火。人火之也。是秋,孙綝始秉政,矫以亮诏杀吕据、滕胤,明年,又辄杀朱异。弃法律、逐功臣之罚也。

吴孙休永安五年二月,白虎门北楼灾。六年十月,石头小城火,烧西南百八十丈。是时嬖人张布专擅国势,多行无礼,而韦昭、盛冲终斥不用,兼遣蔡战等为使,惊扰州郡,至使交趾反乱。是其咎也。

吴孙皓建衡二年三月,大火烧万余家,死者七百人。案《春秋》齐火,刘向以为桓公好内,听女口,妻妾数更之罚也。皓制令诡暴,荡弃法度,劳臣名士,诛斥甚众。后宫万余,女谒数行,其中隆宠佩皇后玺者又多矣。故有大火。

晋武帝太康八年三月乙丑,震灾西阁、楚王所止坊及临商观窗。

十年四月癸丑,崇贤殿灾。十月庚辰,含章鞠室、修成堂前庑、内坊东屋、辉章殿南阁火。时有上书者曰:"汉王氏五侯兄弟迭任,今杨氏三公并在大位。天变屡见,窃为陛下忧之。"杨珧由是乞退。是时帝纳冯统之间,废张华之功,听杨骏之谗,离卫瓘之宠。此逐功臣之罚也。明年,宫车晏驾。其后楚王承窃发之旨,戮害二公,身亦不免。震灾其坊,又天意乎。

晋惠帝元康五年闰月庚寅,武库火。张华疑有乱,先固守,然后救灾。是以累代异宝,王莽头,孔子履,汉高断白蛇剑及二百万人器械，一时荡尽。是后，愍怀见杀，杀太子之罚也。天戒若曰："夫设险击柝，所以固其国，储积戎器，所以戒不虞。今冢嗣将倾，社稷将泯，禁兵无所复施，皇旅又将谁卫。"帝后不悟，终丧四海，是其应也。张华、阎纂皆曰："武库火，而氐羌反，太子见废，则四海可知矣。"

元康八年十一月，高原陵火。是时贾后凶恣，贾谧擅朝，恶积罪稔，宜见诛绝。天戒若曰："臣妾之不可者，虽亲贵莫比，犹宜忍而诛之，如吾燔高原陵也。"帝既眊弱，而张华又不纳裴頠、刘卞之谋，故后遂与谧诬杀太子也。干宝云："高原陵火，太子废，其应也。汉武帝世，高园便殿火，董仲舒对与此占同。"

晋惠帝永康元年，帝纳皇后羊氏。后将入宫，衣中忽有火，众咸怪之。太安二年，后父玄之以成都之逼，忧死。永兴元年，成都遂废后，处之金墉城，而杀其叔父同之。是后还立，立而复废者四，又诏赐死，荀藩表全之。虽末还在位，然忧逼折辱，终古未闻。此孽火之应。

晋惠帝永兴二年七月甲午，尚书诸曹火，延崇礼闼及阁道。夫百揆王化之本，王者弃法律之应也。清河王覃入为晋嗣，不终于位，又杀太子之罚也。

晋孝怀帝永嘉四年十一月，襄阳火，死者三千余人。是时，王如自号大将军、司雍二州牧，众四五万，攻略郡县，以为己邑。都督力屈，婴城自守，贼遂攻逼襄阳。此下陵上，阳失节，火灾出也。

晋元帝太兴中，王敦镇武昌。武昌火起，兴众救之。救于此而发于彼，东西南北数十处俱应，数日不绝。班固所谓"滥炎妄起，虽兴师不能救之"之谓也。干宝曰："此臣而君行，亢阳失节之灾也。"

晋元帝永昌二年正月癸巳，京都大火。三月，饶安、东光、安陵三县火，烧七千余家，死者万五千人。

晋明帝大宁元年正月，京都火。是时，王敦威侮朝廷，多行无礼，内外臣下，咸怀怨毒。极阴生阳，故有火灾。与董仲舒说《春秋》陈火同事也。

晋穆帝永和五年六月，震灾石虎太武殿及两厢、端门，光烂照天，金石皆尽，火月余乃灭。是年四月，石虎死矣。其后，胡遂灭亡。

晋海西太和中，郗愔为会稽。六月，大旱灾，火烧数千家，延及山阴仓米数百万斛。炎烟蔽天，不可扑灭。

晋孝武帝宁康元年三月，京都风，火大起。是时，桓温入朝，志在陵上，少主践位，人怀忧恐。此与大宁火同事。

晋孝武帝太元十年正月，立国子学。学生多顽嚚，因风放火，焚房百余间，是后考课不厉，赏黜无章，有育才之名，无收贤之实。《书》云："知人则哲。"此不哲之罚先兆也。

太元十三年十二月乙未，延贤堂灾。丙申，螽斯、则百堂及客馆、骠骑库皆灾。于时朝多弊政，衰陵日兆。不哲之罚，皆有象类。主相不悟，终至乱亡云。

晋安帝隆安二年三月，龙舟二乘灾。是水沴火也。

晋安帝元兴元年八月庚子，尚书下舍曹火。

元兴三年，卢循攻略广州，刺史吴隐之闭城固守。是年十月壬戌夜，大火起。时民人避寇，盈满城内。隐之惧有应贼，但务严兵，不先救火，由是府舍焚烧荡尽，死者万余人，因遂散溃，悉为贼擒。殆与襄阳火同占也。

晋安帝义熙四年七月丁酉，尚书殿中、吏部曹火。

义熙十一年，京都所在大行火灾，吴界尤甚。火防甚峻，犹自不绝。王弘时为吴郡，白日在听事上，见天上有一赤物下，状如信幡，径集路南人家屋上，火即复大发。弘知天为之灾，不罪火主。

宋文帝元嘉五年正月戊子，京邑大火。

元嘉七年十二月乙亥，京邑火，延烧大社北墙。

元嘉二十九年三月壬午，京邑大火，风雷甚壮。

后废帝元徽三年正月己巳，京邑大火。

元徽三年三月戊辰，京邑大火，烧二岸数千家。

恒燠

庶征之恒燠，刘向、班固以冬亡冰及霜不杀草应之。京房《易传》又曰："夏则暑杀人，冬则物华实。"

　　吴孙亮建兴元年九月，桃李华。孙权世，政烦赋重，民凋于役。是时诸葛恪始辅政，息校官，原逋责，除关梁，崇宽厚。此舒缓之应也。一说桃李寒华为草妖，或属华孽。

　　魏少帝景元三年十月，桃李华。自高贵弑死之后，晋文王深树恩德，事崇优缓，此其应也。

　　晋穆帝永和九年十二月，桃李华。是时，简文辅政，事多弛略，舒缓之应也。

　　宋顺帝升明元年十月，于潜桃、李、柰结实。

草妖

　　汉献帝建安二十五年春正月，魏武帝在洛阳，将起建始殿，伐濯龙树而血出，又掘徙梨，根伤亦血出。帝恶之，遂寝疾，是月崩。盖草妖，又赤祥也。是岁，魏文帝黄初元年也。

　　吴孙亮五凤元年六月，交趾稗草化为稻。昔三苗将亡，五谷变种。此草妖也。其后亮废。

　　蜀刘禅景耀五年，宫中大树无故自折。谯周忧之，无所与之言，乃书柱曰："众而大，其之会，具而授，若何复。"言曹者众也，魏者大也；众而大，天下其当会也；具而授，如何复有立者乎。蜀果亡，如周言。此草妖。

　　吴孙皓天玺元年，吴郡临平湖自汉末秽塞，是时一夕忽开除无草。长老相传，此湖塞，天下乱；此湖开，天下平。吴寻亡，而九服为一。

　　吴孙皓天纪三年八月，建业有鬼目菜生工黄狗家，依缘枣树，长丈余，茎广四尺，厚二分。又有买菜生工吴平家，高四尺，如枇杷形，上圆径一尺八寸，茎广五寸，两边生叶，绿色。东观案图，名鬼目作芝草，买菜作平虑。遂以狗为侍芝郎，平为平虑郎，皆银印青绶。干宝曰："明年，晋平吴，王浚止舡，正得平渚，姓名显然，指事之微也。黄狗者，吴以土运承汉，故初有黄龙之瑞，及其季年，而有鬼目之妖,托黄狗之家,黄称不改,而贵贱大殊。天道精微之应也。"

晋惠帝元康二年春,巴西郡界竹生花,紫色,结实如麦,外皮青,中赤白,味甘。

元康九年六月庚子,有桑生东宫西厢,日长尺余。甲辰,枯死。此与殷太戊同妖。太子不能悟,故至废戮也。班固称"野木生朝而暴长,小人将暴居大臣之位,危亡国家,象朝将为墟也"。是后,孙秀、张林寻用事,遂至大乱。

晋惠帝永康元年四月丁巳,立皇孙臧为皇大孙。五月甲子,就东宫。桑又生于西厢。明年,赵伦篡位,鸩杀臧。此与愍怀同妖也。

永康元年四月,壮武国有桑化为柏。是月,张华遇害。

晋孝怀帝永嘉三年冬,项县桑树有声如解材,民谓之桑林哭。案刘向说,桑者,丧也。又为哭声,不祥之甚。是时京师虚弱,胡寇交逼,司马越无卫上国之心,四年冬,委而南出,至五年春,薨于此城。石勒邀其众,围而射之,王公以下至庶人,死者十余万人,又剖越棺焚其尸。是败也,中原无所请命,洛京寻没。桑哭之应也。

永嘉六年五月,无锡县有四株茱萸树,相樛而生,状若连理。先是,郭景纯筮延陵偃鼠,遇《临》之《益》,曰:"后当复有妖树生,若瑞而非,辛螫之木也。傥有此,东南数百里必有作逆者。"其后,徐馥作乱。此草妖也,郭以为木不曲直。

永嘉六年七月,豫章郡有樟树久枯,是月忽更荣茂。与昌邑柘社复生同占。怀帝不终其祚,元帝由支族兴之应也。

晋明帝大宁元年九月,会稽剡县木生如人面。是后,王敦称兵作逆,祸败无成。汉哀、灵之世,并有此妖,而人貌备具,故其祸亦大。今此但人面而已,故其变亦轻。

晋成帝咸和六年五月癸亥,曲阿有柳树倒地六载,是月忽复起生。咸和九年五月甲戌,吴雄家有死榆树,是日因风雨起生。与汉上林断柳起生同象。初,康帝为吴王,于时虽改封琅邪,而犹食吴郡为邑。是帝越正体飨国之象也。曲阿先亦吴地,象见吴邑雄舍,又天意也。

晋哀帝兴宁三年五月癸卯,庐陵西昌县脩明家有死栗树,是日忽起生。时孝武年四岁,而简文居蕃,四海宅心。及得位垂统,则祚隆孝武。识者窃曰:"西昌脩明之祥,帝讳实应之矣。"是与汉宣帝颇同象也。

晋海西太和元年,凉州杨树生松。天戒若曰:"松不改柯易叶,杨者柔脆之木,此永久之业,将集危亡之地。"是后,张天锡降氏。

晋孝武太元十四年六月,建宁铜乐县枯木断折,忽然自立相属。京房《易传》曰:"弃正作淫,厥妖木断自属。妃后有专,木仆乃立。"是时治道方僻,多失其正。其后张夫人专宠,及帝崩,兆庶归咎张氏焉。

晋安帝元兴三年,荆、江二界生竹实如麦。

晋安帝义熙二年九月,扬州营扬武将军陈盖家有苦荬菜,茎高四尺六寸,广三尺二寸,此殆与吴终同象也。

义熙中,宫城上御道左右皆生蒺藜。草妖也。蒺藜有棘,不可践而行,生墙及驰道,天戒若曰:"人君拱嘿不能听政,虽居宸极,犹若空宫,虽有御道,未尝驰骋。"皆生蒺藜若空废也。

义熙八年,太社生薰树于坛侧。党于文尚黑,宋水德将王之符也。

羽虫之孽

魏文帝黄初四年五月,有鹈鹕鸟集灵芝池。案刘向说,此羽虫之孽,又青祥也。诏曰:"此诗人所谓污泽者也。《曹诗》刺恭公远君子,近小人。今岂有贤智之士,处于下位,否则斯鸟胡为而至哉? 其博举天下俊德茂才,独行君子,以答曹人之刺。"于是杨彪、管宁之徒,咸见荐举。此谓睹妖知惧者也。虽然不能优容亮直,而多溺偏私矣。京房《易传》曰:"辟退有德,厥妖水鸟集于国井。"

黄初末,宫中有燕生鹰,口爪俱赤。此与商纣、宋隐同象。

景初元年,又不燕生钜鷇于卫国湼桃里李盖家,刑若鹰,吻似燕。案刘向说,此羽虫之孽,又赤眚也。高堂隆曰:"此魏室之大异,宜防鹰扬之臣于萧墙之内。"其后，晋宣王起，遂有魏室。

汉献帝建安二十三年，秃鹙鸟集邺宫文昌殿后池。明年，魏武王薨。魏文帝黄初三年，又集洛阳芳林园池。七年，又集。其夏，文帝崩。景初末，又集芳林园池。前世再至，辄有大丧，帝恶之。其明年，崩。

蜀刘禅建兴九年十月，江阳至江州有鸟从江南飞渡江北，不能达，堕水死者以千余。是时，诸葛亮连年动众，志吞中夏，而终死渭南，所图不遂。又诸将分争，颇丧徒旅。鸟北飞不能达，堕水死，皆有其象也。亮竟不能过渭，又其应乎。此与汉楚国鸟斗堕泗水粗类矣。

魏明帝青龙三年，戴鵀巢钜鹿人张琳。博学有高节，不应袁绍、高干之命，魏太祖辟亦不至，优游嘉遁，门徒数百，太守王肃雅敬焉。时年百余岁，谓门人曰："戴鵀阳鸟，而巢于门阴，此凶祥也。"乃援琴歌咏，作诗一首，旬日而卒。按占，羽虫之孽也。

魏明帝景初元年，陵霄阁始构，有鹊巢其上。鹊体白黑杂色。此羽虫之孽，又白黑祥也。帝以问高堂隆，对曰："《诗》云：'惟鹊有巢，惟鸠居之。'今兴起宫室，而鹊来巢，此宫室未成，身不得居之之象。天意若曰：'室未成，将有它姓制御之。'不可不深虑。"于是帝改容动色。

吴孙权赤乌十二年四月，有两乌衔鹊堕东馆。权使领丞相朱据燎鹊以祭。案刘歆说，此羽虫之孽，又黑祥也。视不明、听不聪之罚也。是时，权意溢德衰，信谗好杀，二子将危，将相俱殆。睹妖不悟，加之以燎，昧道之甚者也。明年，太子和废，鲁王霸赐死，朱据左迁，陆议忧卒，是其应也。东馆，典教之府，鹊堕东馆，又天意乎。

吴孙权太元二年正月，封前太子和为南阳王，遣之长沙。有鹊巢其帆樯。和故宫僚闻之，皆忧惨，以为樯末倾危，非久安之象。是后，果不得其死。

吴孙亮建兴二年十一月，大鸟五见于春申，吴人以为凤皇。明年，改元为五凤。汉桓帝时，有五色大鸟。司马彪云："政治衰缺，无以致凤,乃羽虫孽耳。"孙亮未有德政,孙峻骄暴方甚,此与桓帝同事也。案《瑞应图》,大鸟似凤而为孽者非一,疑皆是也。

吴孙皓建衡三年,西苑言凤皇集,以之改元。义同于亮。

晋武帝泰始四年八月,翟雉飞上闻阖门。赵伦既篡,洛阳得异鸟,莫能名。伦使人持出,周旋城邑匝以问人。积日,宫西有小儿见之,逆自言曰:"服留鸟翳。"持者即还白伦,伦使更求小儿。至,又见之,将入宫,密笼鸟,闭儿户中。明日视,悉不见。此羽虫之孽,又妖之甚者也。

赵伦篡位,有鹊入太极殿,雉集东堂。按太极、东堂,皆朝享听政之所,而鹊、雉同日集者,天意若曰:"不当居此位也。"《诗》云:"鹊之疆疆,鹑之奔奔。人之无良,我以为君。"其此之谓乎。昔殷宗感雉雊,惧而修德,伦睹二物,曾不知戒,故至灭亡也。

晋孝怀帝永嘉元年二月,洛阳东北步广里地陷,有鹅出,苍色者飞翔冲天,白者止焉。此羽虫之孽,又黑白祥也。董养曰:"步广,周之狄泉,盟会地也。白者金色,苍为胡象,其可尽言乎。"是后刘渊、石勒相继擅华,怀、愍二帝沦灭非所。

晋孝怀帝世,周玘家有鹅在笼中,而头断笼外。玘亡后家诛。

晋明帝太宁三年八月庚戌,有鸟二,苍黑色,翼广一丈四尺。其一集司徒府,射而杀之;其一集市北家人舍,亦获焉。此羽虫之孽,又黑祥也。闰月戊子,帝崩。后有苏峻、祖约之乱。

晋成帝咸和二年正月,有五鸥乌集殿庭。此又白祥也。是时,庾亮苟违众谋,将召苏峻,有言不从之咎,故白祥先见也。三年二月,峻果作乱,宫室焚毁,化为污莱,其应也。"

晋成帝咸康八年七月,白鹭集殿屋。是时,康帝始即位,此不永之祥也。后涉再期而帝崩。刘向曰:"野鸟入处,宫室将空。"张瓘在凉州正朝,放佳雀诸鸟,出手便死,左右放者悉飞去。

晋孝武帝太元十六年正月,鹊巢太极东头鸱尾,又巢国子学堂西头。十八年,东宫始成,十九年正月,鹊又巢其西门。此殆与魏景初同占。学堂,风教所聚;西门,金行之祥也。

晋安帝义熙三年，龙骧将军朱猗戍寿阳。婢炊饭，忽有群乌集灶，竟来啄啗，婢驱逐不去。有猎狗咋杀乌鹊，余者因共啄狗，即死又啗肉，唯余骨存。五年六月，猗死。

宋武帝永初三年，临轩拜徐羡之为司徒，百僚陪位，有二野鹳集太极鸱尾鸣呼。

少帝景平二年春，鹳巢太庙西鸱尾，驱去复还。

文帝元嘉二年春，有江鸥鸟数百集太极殿前小阶内。明年，诛徐羡之等。

羊祸

晋成帝咸和二年五月，司徒王导厕，羊生无后足。此羊祸也。京房《易传》曰："足少者，下不胜任也。"明年，苏峻入京都，导与成帝俱幽石头，仅乃免身。是其应也。

宋孝武帝大明七年，永平郡献三角羊。羊祸也。

赤眚赤祥

公孙渊时，襄平北市生肉，长围各数尺，有头目口喙，无手足，而动摇。此赤眚也。占曰："有形不成，有体无声，其国灭亡。"渊寻为魏所诛。

吴戍将邓嘉杀猪祠神，治毕县之，忽见一人头往食肉，嘉引弓射中之，咋咋作声，绕屋三日。近赤祥也。后人白嘉谋北叛，阖门被诛。京房《易妖》曰："山见葆，江于邑，邑有兵，状如人头赤色。"

吴诸葛恪将见诛，盥洗水血臭，侍者授衣，衣亦臭。此近赤祥也。

晋武帝太康七年十一月，河阴有赤雪二顷。此赤祥也。后涉四载而帝崩，王宫遂乱。

晋惠帝元康五年三月，吕县有流血，东西百余步。此赤祥也。元康末，穷凶极乱，僵尸流血之应也。干宝以为："后八载而封云乱徐州，杀伤数万人，是其应也。"

晋惠帝永康元年三月，尉氏雨血。夫政刑舒缓，则有常燠赤祥之妖。此岁正月，送愍怀太子幽于许宫。天戒若曰："不宜缓恣奸人，将使太子冤死。"惠帝愚眊不悟。是月，愍怀遂毙。于是王室衅成，祸流天下。淖齿杀齐闵王日，天雨血沾衣，天以告也，此之谓乎。京房《易传》曰："归狱不解，兹谓追非，厥咎天雨血，兹谓不亲，民有怨心，不出三年，无其宗人。"又曰："佞人禄，功臣戮，天雨血。"

晋愍帝建兴四年十二月丙寅，丞相府斩督运令史淳于伯，血逆流上柱二丈三尺。此赤祥也。是时，后将军褚裒镇广陵，丞相扬声北伐，伯以督运稽留及役使臧罪，依征军法戮之。其息诉称："伯督运事讫，无所稽乏，受赇役使，罪不及死。兵家之势，先声后实，实是屯戍，非为征军。自四年以来，运漕稽停，皆不以军兴法论。"僚佐莫之理。及有此变，司直弹劾众官，元帝又无所问。于是频旱三年。干宝以为冤气之应也。郭景纯曰："血者水类，同属于《坎》，《坎》为法家。水平润下，不宜逆流。此政有咎失之征也。"

宋书卷三三
志第二三

五行四

《五行传》曰："简宗庙,不祷祠,废祭祀,逆天时,则水不润下。"谓水失其性而为灾也。又曰："听之不聪,是谓不谋。厥罚恒寒,厥极贫。时则有鼓妖,时则有豕祸,时则有鱼孽,时则有耳痾,时则有黑眚、黑祥。惟火沴水。"鱼孽,刘歆传以为介虫之孽,谓蝗属也。

水不润下

魏文帝黄初四年六月,大雨霖,伊、洛溢至津阳城门,漂数千家,流杀人。初,帝即位,自邺迁洛,营造宫室,而不起宗庙,太祖神主犹在邺。尝于建始殿飨祭,如家人之礼,终黄初,不复还邺,而员丘、方泽、南北郊、社稷等神位,未有定所。此简宗庙,废祭祀之罚也。京房《易传》曰："颛事者加,诛罚绝理,厥灾水。其水也,雨杀人已陨霜,大风天黄。饥而不损,兹谓泰。厥大水水杀人。避遏有德,兹谓狂。厥水水流杀人也。已水则地生虫。归狱不解,兹谓追非。厥水寒杀人。追诛不解,兹谓不理。厥水五谷不收。大败不解,兹谓皆阴。厥水流入国邑,陨霜杀谷。"

吴孙权赤乌八年夏,茶陵县鸿水溢出,流漂二百余家。十三年秋,丹杨故鄣等县又鸿水溢。案权称帝三十年,竟不于建业创七庙,但有父坚一庙,远在长沙,而郊禋礼阙。嘉禾初,群臣奏宜郊祀,又弗许。末年虽一南郊,而北郊遂无闻焉。且三江、五湖、衡、霍、会稽,皆吴、楚之望，亦不见秩，反礼罗阳妖神，以求福助。天意若曰："权简宗庙，不祷祠，废祭祀。"示此罚，欲其感悟也。

太元元年，又有大风涌水之异。是冬，权南郊。疑是鉴咎征乎。还而寝疾。明年四月，薨。一曰，权时信纳谮诉，虽陆议勋重，子和储贰，犹不得其终。与汉安帝听谗、免杨震、废太子同事也。且赤乌中，无年不用兵，百姓愁怨。八年秋，将军马茂等又图逆云。

魏明帝景初元年九月，淫雨过常，冀、兖、徐、豫四州水出，没溺杀人，漂失财产。帝自初即位，便淫奢极欲，多占幼女，或夺士妻，崇饰宫室，妨害农战，触情恣欲，至是弥甚，号令逆时，饥不损役。此水不润下之应也。

吴孙亮五凤元年夏，大水。亮即位四年，乃立权庙，又终吴世，不上祖宗之号，不修严父之礼，昭穆之数有阙。亮及休、皓又并废二郊，不秩群神。此简宗庙、不祭祀之罚也。又是时，孙峻专政，阴胜阳之应乎。

吴孙休永安四年五月，大雨，水泉涌溢。昔岁作浦里塘，功费无数，而田不可成，士卒死叛，或自贼杀，百姓愁怨，阴气盛也。休又专任张布，退盛冲等，吴人贼之之应也。

吴孙休永安五年八月壬午，大雨震雹，水泉涌溢。

晋武帝太始四年九月，青、徐、兖、豫四州大水。七年六月，大雨霖，河、洛、伊、沁皆溢，杀二百余人。帝即尊位，不加三后祖宗之号，太始二年，又除明堂、南郊五帝坐，同称昊天上帝，一位而已。又省先后配地之礼。此简宗庙、废祭祀之罚，与汉成帝同事。一曰，昔岁及此年，药兰泥、白虎文秦凉杀刺史胡烈、牵弘，遣田璋讨泥。又司马望以大众次淮北御孙皓。内外兵役，西州饥乱，百姓愁怨，阴气盛也。咸宁初，始上祖宗号，太熙初，还复五帝位。

晋武帝咸宁元年九月，徐州水。二年七月癸亥，河南魏郡暴水，杀百余人。八月，荆州郡国五大水。去年采择良家子女，露面入殿，帝亲简阅，务在姿色，不访德行。有蔽匿者，以不敬论。搢绅愁怨，天下非之。阴盛之应也。

咸宁三年六月，益、梁二州郡国八暴水，杀三百余人。七月，荆州大水。九月，始平郡大水。十月，青、徐、兖、豫、荆、益、梁七州又水。是时，贾充等用事日盛，而正人疏外者多。

咸宁四年七月，司、冀、兖、豫、荆、扬郡国二十大水。

晋武帝太康二年六月，泰山、江夏大水。泰山流三百家，杀六千余人。江夏亦杀人。是时，平吴后，王浚为元功，而诋劾妄加；荀、贾为无谋，而并蒙重赏。收吴姬五千，纳之后宫。此其应也。

太康四年七月，司、豫、徐、兖、荆、扬郡国二十大水，伤秋稼，坏屋室，有死者。

太康六年三月，青、凉、幽、冀郡国十五大水。

太康七年九月，西方安定等郡国八大水。

太康八年六月，郡国八大水。

晋惠帝元康二年，有水灾。

元康五年五月，颍川、淮南大水。六月，城阳、东莞大水，杀人。荆、扬、徐、兖、豫五州又大水。是时，帝即位已五载，犹未郊祀，烝尝亦多不身亲近。简宗庙、废祭祀之罚也。班固曰："王者即位，必郊祀天地，望秩山川。若乃不敬鬼神，政令违逆，则雾水暴至，百川逆溢，坏乡邑，溺人民，水不润下也。"

元康六年五月，荆、扬二州大水。按董仲舒说，水者阴气盛也。是时，贾后乱朝，宠树贾、郭。女主专政之应也。

元康八年五月，金墉城井水溢。汉成帝时有此妖，班固以为王莽之象。及赵伦篡位，即此应也。伦废帝于此城，井溢所在，又天意乎。

元康八年九月，荆、扬、徐、兖、冀五州大水。是时，贾后暴戾滋甚，韩谧骄猜弥扇，卒害太子，旋亦祸灭。

元康九年四月，宫中井水沸溢。

晋惠帝永宁元年七月，南阳、东海大水。是时，齐王冏秉政专恣。阴盛之应。

晋惠帝大安元年七月，兖、豫、徐、冀四州水。时将相力政，无尊主心。

晋孝怀帝永嘉四年四月,江东大水。是时,王导等潜怀翼戴之计。阴气盛也。

晋元帝大兴三年六月,大水。是时,王敦内怀不臣,傲佷作威。后终夷灭。

大兴四年七月,大水。明年,有石头之败。

晋元帝永昌二年五月,荆州及丹杨、宣城、吴兴、寿春大水。

晋明帝太宁元年五月,丹杨、宣城、吴兴、寿阳大水。是时,王敦疾害忠良,威权震主,寻亦诛灭。

晋成帝咸和元年五月,大水。是时,嗣主幼冲,母后称制,庾亮以元舅民望,决事禁中。阴胜阳也。

咸和二年五月戊子,京都大水。是冬,苏峻称兵,都邑涂炭。

咸和四年七月,丹杨、宣城、吴兴、会稽大水。是冬,郭默作乱,荆、豫共讨之,半岁乃定。

咸和七年五月,大水。是时,帝未亲务,政在大臣。阴胜阳也。

晋成帝咸康元年八月,长沙、武陵大水。是年三月,石虎掠骑至历阳,四月,围襄阳。于是加王导大司马,集徒旅。又使赵凤、路永、刘允之、陈光五将军,各帅众戍卫。百姓愁怨,阴气盛也。

晋穆帝永和四年五月,大水。是时,幼主冲弱,母后临朝,又将相大臣,各争权政。与咸和初同事也。

永和五年五月,大水。

永和六年五月,大水。

永和七年七月甲辰夜,涛水入石头,死者数百人。去年,殷浩以私忿废蔡谟,遐迩非之。又幼主在上,而殷、桓交恶,选徒聚甲,各崇私权。阴胜阳之应也。一说,涛入石头,江右以为兵占。是后殷浩、桓温、谢尚、荀羡连年征伐。

晋穆帝升平二年五月,大水。是时,桓温权制朝廷,征伐是专。

升平五年四月,大水,

晋海西太和六年六月,京都大水,平地数尺,侵及太庙。朱雀大航缆断,三艘流入大江。丹杨、晋陵、吴国、吴兴、临海五郡又大水,稻稼荡没,黎庶饥馑。初,四年,桓温北伐败绩,十丧其九;五年,又征淮南,喻岁乃克。百姓愁怨之应也。

晋简文帝咸安元年十二月壬午,涛水入石头。明年,妖贼卢竦率其属数百人入殿,略取武库三库甲仗,游击将军毛安之讨灭之。

晋孝武帝太元三年六月,大水。是时,孝武幼弱,政在将相。

太元五年,大水。去年,氐贼攻没襄阳,又向广陵。于是逼徙江、淮民,悉令南渡,三州失业,道馑相望。谢玄虽破俱难等,自后征戍不已。百姓愁怨之应也。

太元六年六月,荆、江、扬三州大水。

太元十年夏,大水。初八年,破符坚,自后有事中州,役无已岁。兵民愁怨之应也。

太元十三年十二月,涛水入石头。明年,丁零、鲜卑寇扰司、兖镇戍,西、北疲于奔命。

太元十五年七月,兖州大水。是时,缘河纷争,征戍勤悴。

太元十七年六月甲寅,涛水入石头,毁大航,漂船舫,有死者。京口西浦,亦涛入杀人。永嘉郡潮水涌起,近海四县人民多死。后四年,帝崩,而王恭再攻京师。京师亦发大众以御之。

太元十九年七月,荆州、彭城大水,伤稼。

太元二十一年五月癸卯,大水。是时政事多弊,兆庶非之。

太元二十年,荆州、彭城大水。

晋安帝隆安三年五月,荆州大水。去年,殷仲堪举兵向京都。是年春,又杀郗恢。阴盛作威之应也。仲堪寻亦败亡。

隆安五年五月,大水。是时,司马元显作威陵上,又桓玄擅西夏,孙恩乱东国。阴胜阳之应也。

晋安帝元兴二年十二月,桓玄篡位。其明年二月庚寅夜,涛水入石头。是时,贡使商旅,方舟万计,漂败流断,骸胔相望。江右虽有涛变,未有若斯之甚。三月,义军克京都,玄败走,遂夷灭。

元兴三年二月己丑朔夜,涛水入石头,漂没杀人,大航流败。

晋安帝义熙元年十二月己未,涛水入石头。

义熙二年十二月己未夜,涛水入石头。明年,骆球父环潜结桓胤、殷仲文等,谋作乱,刘稚亦谋反,凡所诛灭数十家。

义熙三年五月丙午,大水。

义熙四年十二月戊寅,涛水入石头。明年,王旅北讨鲜卑。

义熙六年五月丁巳,大水。乙丑,卢循至蔡洲。

义熙八年六月,大水。

义熙九年五月辛巳,大水。

义熙十年五月丁丑,大水。戊寅,西明门地穿,涌水出,毁门扉及限。七月乙丑,淮北灾风大水杀人。

义熙十一年七月丙戌,大水,淹渍太庙,百官赴救。明年,王旅北讨关、河。

宋文帝元嘉五年六月,京邑大水。七年,右将军到彦之率师入河。

元嘉十一年五月,京邑大水。十三年,司空檀道济诛。

元嘉十二年六月,丹阳、淮南、吴、吴兴、义兴五郡大水,京邑乘船。

元嘉十八年五月,江水泛溢,没居民,害苗稼。明年,右军将军裴方明率雍、梁之众伐仇池。

元嘉十九年、二十年,东都诸郡大水。

元嘉二十九年五月,京邑大水。

孝武帝孝建元年八月,会稽大水,平地八尺。后二年,虏寇青、冀州,遣羽林军卒讨伐。

孝武帝大明元年五月,吴兴、义兴大水。

大明四年八月,雍州大水。

大明四年,南徐、南兖州大水。

后废帝元徽元年六月,寿阳大水。

顺帝升明元年七月,雍州大水,甚于关羽樊城时。

升明二年二月,於潜翼异山一夕五十二处水出,流漂居民。七月丙午朔,涛水入石头,居民皆漂没。

恒寒

　　庶征之恒寒,刘歆以为:"大雨雪、及未当雨雪而雨雪、及大雨雹、陨霜杀菽草,皆常寒之罚也。"京房《易传》曰:"有德遭险,兹谓逆命。厥异寒。诛罚过深,当燠而寒,尽六日,亦为雹。害正不诛,兹谓养贼。寒七十二日,杀飞禽。道人始去,兹谓伤。其寒物无霜而死,涌水出。战不量敌,兹谓辱命。其寒虽雨物不茂。"

　　吴孙权嘉禾三年九月朔,陨霜伤谷。按刘向说,"诛罚不由君出,在臣下之象也。"是时,校事吕壹专作威福,与汉元帝时石显用事陨霜同应。班固书九月二日,陈寿言朔,皆明未可以伤谷也。壹后亦伏诛。京房《易传》曰:"兴兵妄诛,兹谓亡法。厥灾霜,夏杀五谷,冬杀麦。诛不原情,兹谓不仁。其霜夏先大雷风,冬先雨,乃陨霜,有芒角。贤圣遭害,其霜附木不下地。佞人依刑,兹谓私贼。其霜在草根土隙间。不教而诛,兹谓虐。其霜反在草下。"

　　嘉禾四年七月,雨雹,又陨霜。案刘向说,"雹者,阴胁阳。"是时,吕壹作威用事,诋毁重臣,排陷无辜。自太子登以下,咸患毒之,而壹反获封侯宠异。与《春秋》公子遂专任雨雹同应也。汉安帝信谗,多杀无辜,亦雨雹。董仲舒曰:"凡雹皆为有所胁,行专壹之政故也。"

　　吴孙权赤乌四年正月,大雪,平地深三尺,鸟兽死者太半。是年夏,全琮等四将军攻略淮南、襄阳,战死者千余人。其后,权以谗邪,数责让陆议,议愤恚致卒。与汉景、武大雪同事也。

　　赤乌十一年四月,雨雹。是时,权听谗,将危太子。其后朱据、屈晃以迕意黜辱,陈象以忠谏族诛,而太子终废。此有德遭险,诛罚过深之应也。

　　晋武帝太始六年冬,大雪。

　　太始七年十二月,大雪。明年,有步阐、杨肇之败,死伤甚众。

　　太始九年四月辛未,陨霜。是时,贾充亲党比周用事。与鲁定公、汉元帝时陨霜同应也。

晋武帝咸宁三年八月,平原、安平、上党、秦郡霜害三豆。

咸宁三年八月,河间暴风寒冰,郡国五陨霜伤谷。是后大举征吴,马隆又帅精勇讨凉州。

咸宁五年五月丁亥,钜鹿、魏郡雨雹,伤禾、麦。辛卯,雁门雨雹,伤秋稼。

咸宁五年六月庚戌,汲郡、广平、陈留、荥阳雨雹。丙辰,又雨雹,损伤秋麦千三百余顷,坏屋百三十余间。癸亥,安定雨雹。七月丙申,魏郡又雨雹。闰月壬子,新兴又雨雹。八月庚子,河东、弘农又雨雹,兼伤秋稼三豆。

晋武帝太康元年三月,河东、高平霜雹,伤桑、麦。四月,河南、河内、河东、魏郡、弘农雨雹,伤麦、豆。五月,东平、平阳、上党、雁门、济南雨雹,伤禾、麦、三豆。

太康元年四月庚午,畿内县二及东平范阳县雨雹。癸酉,畿内县五又雨雹。是时,王浚有大功,而权戚互加陷抑,帝从容不断。阴胁阳之应也。

太康二年二月辛酉,殒霜于济南、琅邪,伤麦。壬申,琅邪雨雪,伤麦。三月甲午,河东陨霜,害桑。

太康二年五月丙戌,城阳、章武、琅邪,庚寅,河东、乐安、东平、济阴、弘农、濮阳、齐国、顿丘、魏郡、河内、汲郡、上党雨雹,伤禾稼。

太康二年六月,郡国十六雨雹。

太康三年十二月,大雪。

太康五年七月乙卯,中山、东平雨雹,伤秋稼。

太康五年七月甲辰,中山雨雹。九月,南安大雪,折木。

太康六年二月,东海霜,伤桑、麦。

太康六年三月戊辰,齐郡临菑、长广不其等四县,乐安梁邹等八县,琅邪临沂等八县,河间易城等六县,高阳北新城等四县,陨霜,伤桑、麦。

太康六年六月,荥阳、汲郡、雁门雨雹。

太康八年四月,齐国、天水二郡陨霜。十二月,大雪。

太康九年正月,京都大风,雨雹,发屋拔木。四月,陇西陨霜。

太康十年四月,郡国八陨霜。

晋惠帝元康二年八月,沛及汤阴雨雹。

元康三年四月,荥阳雨雹。弘农湖、华阴又雨雹,深三尺。是时,贾后凶淫专恣,与《春秋》鲁桓夫人同事。阴气盛也。

元康五年六月,东海雨雹,深五寸。十二月,丹杨雨雹。

元康五年十二月,杨建大雪。

元康六年三月,东海陨霜,杀桑、麦。

元康七年五月,鲁国雨雹。七月,秦、雍二州陨霜,杀稼。

元康九年三月旬有八日,河南、荥阳、颍川陨霜伤禾。五月,雨雹。是时,贾后凶躁滋甚,是冬遂废愍怀。

晋惠帝永宁元年七月,襄城雨雹。是时,齐王冏专政。十月,襄城、河南、高平、平阳风雹,折木伤稼。

晋惠帝光熙元年闰八月甲申朔,霰雪。刘向曰:"盛阳雨水汤热,阴气胁之,则转而为雹。盛阴雨雪凝滞,阳气薄之,则散而为霰。"今雪非其时,此听不聪之应也。

晋孝怀帝永嘉元年十二月冬,雪平地三尺。

永嘉七年十月庚午,大雪。

晋愍帝建兴元年十一月戊午,会稽大雨震雹。己巳夜,赤气曜于西北。是夕,大雨震电。庚午,大雪。案刘向说,"雷以二月出,八月入。"此月雷电者,阳不闭藏也。既发泄而明日便大雪,皆失节之异也。是时,刘载僭号平阳,李雄称制于蜀,九州幅裂,西京孤微。为君失时之象。

晋元帝太兴二年三月丁未,成都风雹杀人。

太兴三年三月,海盐郡雨雹。是时王敦陵上。

晋元帝永昌二年十二月,幽、冀、并三州大雪。

晋明帝太宁元年十二月,幽、冀、并州大雪。

太宁二年四月庚子,京都大雨雹,燕雀死。

太宁三年三月丁丑,雨雹。癸巳,陨霜。四月,大雨雹。是年,帝崩,寻有苏峻之乱。

晋成帝咸和六年三月癸未,雨雹。是时帝幼弱,政在大臣。

咸和九年八月,成都雪。其日,李雄死。

晋成帝咸康二年正月丁巳,皇后见于太庙。其夕雨雹。

晋康帝建元元年八月,大雪。是时,政在将相,阴气盛也。与《春秋》鲁昭公时季孙宿专政同事。刘向曰:"凡雨,阴也,雪又雨之阴也。出非其时,迫近象也。"

晋穆帝永和三年八月,冀方大雪,人马多冻死。

永和五年六月,临漳暴震霆,雨雹大如升。

永和十年五月,凉州雪。明年八月,枹罕护军张瓘帅宗混等攻灭张祚,更立张曜弟玄靓。京房《易传》曰:"夏雪,戒臣为乱。"

永和十一年四月壬申朔,雪。十二月戊午,雷。己未,雷。是时帝幼,母后称制,政在大臣。

晋穆帝升平二年正月,大雪。

晋孝武帝太元二年四月己酉,雨雹。十二月,大雪。是时帝幼弱,政在将相。

太元十二年四月己丑,雨雹。是时有事中州,兵役连岁。

太元二十年五月癸卯,上虞雨雹。

太元二十一年四月丁亥,雨雹。是时,张夫人专幸,及帝暴崩,兆庶尤之。

太元二十一年十二月,连雪二十三日。是时嗣主幼冲,冢宰专政。

晋安帝隆安二年三月己卯,雨雹。是秋,王恭、殷仲堪入伐,终皆诛。

晋安帝元兴二年十二月,酷寒过甚。是时,桓玄篡位,政事烦苛,是其应也。晋氏失在舒□,女则反之。刘向曰:"周衰无寒岁,秦灭无燠年。"此之谓也。

元兴三年正月甲申,霰雪,又雷。雷霰不应同日,失节之应也。

二月，义兵起，玄败。

元兴三年四月丙午，江陵雨雹。是时安帝蒙尘。

晋安帝义熙元年四月壬申，雨雹。是时四方未一，钲鼓日戒。

义熙五年三月己亥，雪深数寸。

义熙五年五月癸巳，溧阳雨雹，九月己丑，广陵雨雹，明年，卢循至蔡洲。

义熙五年九月己丑，广陵雨雹。

义熙六年正月丙寅，又雪。

义熙六年五月壬申，雨雪。

义熙八年四月辛未朔，雨雹。六月癸亥，雨雹，大风发屋。是秋，诛刘蕃等。

义熙十年四月辛卯，雨雹。

宋文帝元嘉九年春，京都雨雹，溧阳、盱眙尤甚，伤牛马，杀禽兽。

元嘉十八年三月，雨雹。二十五虏寇青州。

元嘉二十五年正月，积雪冰寒。

元嘉二十九年五月，盱眙雨雹，大如鸡卵。三十年，国家祸乱，兵革大起。

孝武帝大明元年十二月庚寅，大雪，平地二尺余。明年，虏侵冀州，遣羽林军北讨。

明帝泰始五年四月壬辰，京邑雨雹。

后废帝元徽三年五月乙卯，京邑雨雹。

雷震

魏明帝景初中，洛阳城东桥、洛水浮桥桓楗，同日三处俱震；寻又震西城上候风木飞鸟。时劳役大起，帝寻晏驾。

吴孙权赤乌三年夏，震宫门柱，又击南津大桥桓楗。

孙亮建兴元年十二月朔，大风震雹。是月，又雷雨。义同前说。亮终废。

晋武帝太康六年十二月甲申朔,淮南郡震雹。

太康七年十二月己亥,毗陵雷电,南沙司盐都尉戴亮以闻。

太康十年十二月癸卯,庐江、建安雷电大雨。

晋惠帝永康元年六月癸卯,震崇阳陵标西南五百步,标破为七十片。是时,贾后陷害鼎辅,宠树私戚。与汉桓帝时震宪陵寝同事也。后终诛灭。

晋惠帝永兴二年十月丁丑,雷电。

晋怀帝永嘉四年十月,震电。

晋元帝永昌二年七月丙子朔,雷震太极殿柱。

永昌二年十一月,会稽、吴郡雨震电。

晋明帝大宁元年七月丙子朔,震太极殿柱。

晋成帝咸和元年十月己巳,会稽郡大雨震电。

咸和三年六月辛卯,临海大雷,破郡府内小屋柱十枚,杀人。

咸和三年九月二日立冬,会稽震电。

咸和四年十二月,吴郡、会稽震电。

咸和四年十二月,丹杨震电。

晋穆帝永和七年七月壬午,雷雨、震电。

晋穆帝升平元年十一月庚戌,雷。乙丑,又雷。

升平五年十月庚午,雷发东南。

晋孝武帝太元五年六月甲寅,雷震含章殿四柱。

太元五年十二月,雷声在南方。

太元十四年七月甲寅,震宣阳门西柱。

晋安帝隆安二年九月壬辰,雨雷。

晋安帝元兴三年,永安皇后至自巴陵。将设仪导入宫,天雷,震人马各一俱殪。

晋安帝义熙四年十一月辛卯朔,西北疾风。癸丑,雷。

义熙五年六月丙寅,震太庙,破东鸱尾,彻壁柱。

义熙六年正月丙寅,雷,又雷。

义熙六年十二月壬辰,大雷。

义熙九年十一月甲戌,雷。乙丑,又雷。

宋文帝元嘉四年十一月癸丑,雷。

元嘉五年六月丙寅,震太庙,破东鸱尾,彻壁柱。

元嘉六年正月丙寅,雷且雪。

元嘉七年十月丙子,雷。

元嘉八年十二月庚辰,雷。

元嘉九年十一月甲戌,雷且雪。

元嘉十四年,震初宁陵口标,四破至地。十七年,废大将军彭城王义康。骨肉相害,自此始也。

前废帝景和元年九月甲午,雷震。

明帝太始二年九月辛巳,雷震。

泰始四年十月辛卯,雷震。

泰始四年十一月癸卯朔,雷震。

泰始五年十一月乙巳,雷震。

泰始六年十一月庚午,雷。

后废帝元徽三年九月戊戌,雷。

元徽三年九月丁未,雷。

元徽三年九月戊午,雷震。

元徽三年十月辛未,雷。甲戌,又雷。

从帝升明三年二月二十四日丙申,震建阳门。

鼓妖

晋惠帝元康九年三月,有声若牛,出许昌城。十二月,废太子,幽于许宫。按《春秋》晋文公柩有声如牛,刘向以为鼓妖。其说曰:"声如此,怒象也。将有急怒之谋,以生兵甲之祸。"此其类也。明年,贾后遣黄门孙虑杀太子,击以药杵,声闻于外。

苏峻在历阳,外营将军鼓自鸣,如人弄鼓者。峻手自斫之,曰:"我乡土时有此,则城空矣。"俄而作乱夷灭。此听不聪之罚,鼓妖先作也。

石虎末，洛阳城西北九里石牛在青石趺上，忽鸣唤，声闻四十里。虎遣人打落两耳及尾，铁钉钉四脚。

晋孝武太元十五年三月己酉朔，东北有声如雷。案刘向说，以为雷当托于云，犹君托于臣。无云而雷，此君不恤下，下民将叛之象也。及帝崩而天下渐乱，孙恩、桓玄交陵京邑。

吴兴长城县夏架山有石鼓，长丈余，面径三尺所，下有盘石为足，鸣则声如金鼓，三吴有兵。晋安帝隆安中大鸣，后有孙灵秀之乱。

鱼孽

魏齐王嘉平四年五月，有二鱼集于武库屋上。此鱼孽也。王肃曰："鱼生于渊，而亢于屋，介鳞之物，失其所也。边将其殆有弃甲之变乎。"后果有东关之败。干宝又以为高贵公兵祸之应。二说皆与班固旨同。

晋武帝太康中，有鲤鱼二见武库屋上。干宝曰："武库兵府，鱼有鳞甲，亦兵类也。鱼既极阴，屋上太阳，鱼见屋上，象至阴以兵革之祸干大阳也。"至惠帝初，诛杨骏，废太后，矢交馆阁。元康末，贾后谤杀太子，寻亦诛废。十年间，母后之难再兴，是其应也。自是祸乱构矣。京房《易妖》曰："鱼去水，飞入道路，兵且作"。

蝗虫

魏文帝黄初三年七月，冀州大蝗，民饥。案蔡邕说："蝗者，在上贪苛之所致也。"是时，孙权归从，帝因其有西陵之役，举大众袭之，权遂背叛。

晋武帝太始十年六月，蝗。是时，荀、贾任政，疾害公直。

晋孝怀帝永嘉四年五月，大蝗，自幽、并、司、冀□于秦、雍，草木□马毛鬣皆尽。是时，天下兵乱，□猎生民，存亡所系，唯司马越、苟晞而已，而竞为暴刻，经略无章。

晋愍帝建兴四年六月，大蝗。去岁胡寇频攻北地、冯翊，曲允等悉众御之。是时又御刘曜,为曜所破,西京遂溃。

晋元帝太兴元年六月,兰陵合乡蝗,害禾稼。乙未,东莞蝗虫纵广三百里,害苗稼。

太兴元年七月,东海、彭城、下邳、临淮四郡蝗虫害禾、豆。

太兴元年八月,冀、青、徐三州蝗食生草尽,至于二年。是时中州沦丧,暴乱滋甚。

太兴二年五月,淮陵、临淮、淮南、安丰、庐江诸郡蝗食秋麦。

太兴三年五月癸丑,徐州及扬州江西诸郡蝗,吴民多饿死。去年,王敦并领荆州,苛暴之衅,自此兴矣。又是年初,徐州刺史蔡豹帅众伐周抚。

晋孝武帝太元十五年八月,兖州蝗。是时,丁零寇兖、豫,鲜卑逼河南,征戍不已。

太元十六年五月,飞蝗从南来,集堂邑县界,害苗稼。是年春,发取江州兵营甲士二千人家口六七千人,配护军及东宫,后寻散亡殆尽。又边将连有征役。

豕祸

吴孙皓宝鼎元年,野豕入右司马丁奉营。此豕祸也。后奉见遣攻穀阳,无功及,皓怒,斩其导军。及举大众北出,奉及万彧等相谓曰:“若至华里,不得不各自还也。”此谋泄,奉时虽已死,皓追讨穀阳事,杀其子温,家属皆远徙。豕祸之应也。龚遂曰:“山野之兽,来入宫室,宫室将空。”又其象也。

晋孝怀帝永嘉中,寿春城内有豕生两头而不活。周馥取而观之,时通数者窃谓曰:“夫豕,北方之畜,胡、狄象也。两头者,无上也。生而死,不遂也。天意若曰:勿生专利之谋,将自致倾覆也。”周馥不悟,遂欲迎天子令诸侯,俄为元帝所败。是其应也。石勒亦寻渡淮,百姓死者十八九。

晋武帝建武元年,有豕生八足。听不聪之罚也。京房《易传》曰:“凡妖作,各象其类。足多者,所任邪也。”是后,有刘隗之变。

晋成帝咸和六年六月,钱塘民家豭豕生两子,皆人面,如胡人状,其身犹豕。京房《易妖》曰:"豕生人头豕身者,邑且乱亡。"此豭豕而产,异之甚者也。

晋孝武帝太元十年四月,京都有豕,一头二身八足。十三年,京都民家豕产子,一头二身八足。并与建武同妖也。是后宰相沉酗,不恤朝政,近习用事,渐乱国纲,至于大坏也。

黑眚黑祥

晋孝怀帝永嘉五年十二月,黑气四塞。近黑祥也。

宋文帝元嘉二十六年三月,幸京口,有黑气暴起,占有兵。明年,虏南寇至瓜步,饮马于江。

火沴水。

晋武帝太康五年六月,任城、鲁国池水皆赤如血。案刘向说,近火沴水也。听之不聪之罚也。京房《易传》曰:"淫于色,贤人潜,国家危,厥异水流赤。"

晋穆帝升平三年二月,凉州城东池中有火。四年四月,姑臧泽水中又有火。此火沴水之妖也。明年,张天锡杀中护军张邕。邕,执政臣也。

晋安帝元兴二年十月,钱塘临平湖水赤。桓玄讽吴郡使言开除,以为己瑞。俄而玄败。

宋书卷三四
志第二四

五行五

《五行传》曰:"治宫室,饰台榭,内淫乱,犯亲戚,侮父兄,则稼穑不成。"谓土失其性而为灾也。又曰:"思心不睿,是谓不圣。厥咎霿,厥罚恒风,厥极凶短折。时则有脂夜之妖,时则有华孽,时则有牛祸,时则有下体生上之疴,时则有黄眚、黄祥,时则有金、木、水、火诊土。"班固曰:"不言'惟'而独曰'时则有'者,非一冲气所诊,明其异大也。"华孽,刘歆传以为蠃虫之孽,谓螟属也。

稼穑不成

　　吴孙皓时,尝岁无水旱,苗稼丰美,而实不成,百姓以饥,阖境皆然,连岁不已。吴人以为伤露,非也。按刘向《春秋说》曰:"水旱当书水旱,而曰大无麦禾者,土气不养,稼穑不成。"此其义也。皓初迁都武昌,寻还建业,又起新馆,缀饰珠玉,壮丽过甚,破坏诸宫,增修苑囿,犯暑妨农,官民疲怠。《月令》:"季夏不可以兴土功。"皓皆冒之。此治宫室饰台榭之罚,与《春秋》鲁庄公三筑台同应也。班固曰:"无水旱之灾,而草木百谷不熟,皆为稼穑不成。"

　　晋穆帝永和十年,三麦不登,至关西亦然。自去秋至是夏,无水旱。无麦者,如刘向说也。又俗云"多苗而不实为伤",又其义也。

恒风

魏齐王正始九年十一月，大风数十日，发屋折树，十二月戊子晦，尤甚，动太极东阁。

魏齐王嘉平元年正月壬辰朔，西北大风，发屋折木，昏尘蔽天。按管辂说，此为时刑，大风，执政之忧也。是时曹爽区督自专，骄僭过度，天戒数见，终不改革。此心不睿，恒风之罚也。后逾旬而爽等灭。京房《易传》曰："众逆同志，至德乃潜，厥异风。其风也，行不解，物不长，雨小而伤。政悖德隐，兹谓乱。厥风先风不雨，大风暴起，发屋折木。守义不进，兹谓眊。厥风与云俱起，折五谷茎。臣易上政，兹谓不顺。厥风大飚发屋。赋敛不理，兹谓祸。厥风绝经纪，止即温，温即虫。侯专封，兹谓不统。厥风疾而树不摇，谷不成。辟不思道利，兹谓无泽。厥风不摇木，旱无云，伤禾。公常于利，兹谓乱。厥风微而温，生虫蝗，害五谷。弃正作淫，兹谓惑。厥风温，螟虫起，害有益人之物。侯不朝，兹谓叛。厥风无恒，地变赤，雨杀人。"

吴孙权太元元年八月朔，大风，江海涌溢，平地水深八尺，拔高陵树二株，石碑蹉动，吴城两门飞落。按华核对，役繁赋重，区督不睿之罚也。明年，权薨。

吴孙亮建兴元年十二月丙申，大风震电。是岁，魏遣大众三道来攻，诸葛恪破其东兴军，二军亦退。明年，恪又攻新城，丧众太半，还伏诛。

吴孙休永安元年十一月甲午，风四转五，复蒙雾连日。是时孙綝一门五侯，权倾吴主，风雾之灾，与汉五侯、丁、傅同应也。十二月丁卯夜，又大风，发木扬沙。明日，綝诛。

晋武帝太始五年五月辛卯朔，广平大风折木。

晋武帝咸宁元年五月，下邳、广陵大风，坏千余家，折树木。

咸宁元年五月甲申，广陵、司吾、下邳大风折木。

咸宁三年八月，河间大风折木。

晋武帝太康二年五月，济南大风，折木伤麦。

太康二年六月，高平大风折木，发坏邸阁四十余区。

太康八年六月，郡国八大风。

太康九年正月，京都风雹，发屋拔木。后二年，宫车晏驾。

晋惠帝元康四年六月，大风雨拔树。

元康五年四月庚寅夜，暴风，城东渠波浪。七月，下邳大风，坏庐舍。九月，雁门、新兴、太原、上党灾风伤稼。明年，氐、羌反叛，大兵西讨。

元康九年六月，飚风吹贾谧朝服飞数百丈。明年，谧诛。

元康九年十一月甲子朔，京都连大风，发屋折木。十二月，太子废。

晋惠帝永康元年二月，大风拔木。三月，愍怀被害。己卯，丧枢发许还洛。是日，大风雷电，帏盖飞裂。

永康元年四月，张华第舍飚风折木，飞缯轴六七。是月，华遇害。

永康元年十一月戊午朔，大风从西北来，折木飞石。明年正月，赵王伦篡位。

晋惠帝永兴元年正月癸酉，祠太庙，灾风暴起，尘沙四合。其年四月，伦伏辜。

晋元帝永昌元年七月丙寅，大风拔木，屋瓦皆飞。

永昌元年八月，暴风坏屋，拔御道柳树百余株。其风纵横无常，若风自八方来者。十一月，宫车晏驾。

晋成帝咸康四年三月壬辰，成都大风，发屋折木。四月，李寿袭杀李期。

晋康帝建元元年七月庚申，晋陵、吴郡灾风。

晋穆帝升平元年八月丁未，策立皇后何氏。是日疾风。

升平五年正月戊戌朔，疾风。

晋海西公太和六年二月，大风迅急。

晋孝武帝宁康元年三月戊申朔，暴风迅起，从丑上来，须臾转从子上来，飞沙扬砾。

晋孝武帝太元元年二月乙丑朔，暴风折木。

太元元年闰三月甲子朔，暴风疾雨俱至，发屋折木。

太元二年六月，长安大风，拔符坚宫中树。其后坚再南伐，身戮国亡。

太元四年八月乙未，暴风。

太元十二年正月壬午夜，暴风。

太元十二年正月甲辰，大风拔木。

太元十七年六月乙未，大风折木。

晋安帝元兴二年二月甲辰，大风雨，大航门屋瓦飞落。明年，桓玄篡位，由此门入。

元兴二年正月，桓玄游大航南，飘风飞其轺锐盖。三月，玄败。

元兴二年五月，江陵大风折木。是月，桓玄败于峥嵘洲，身亦屠裂。

元兴三年十一月丁酉，大风，江川多死者。

晋安帝义熙四年十一月辛卯朔，西北疾风起。

义熙五年闰十月丁亥，大风发屋。明年，卢循至蔡洲。

义熙六年五月壬申，大风拔北郊树。树几百年也。琅邪、杨州二射堂倒坏。是日，卢循大舰漂没。甲戌，又风，发屋折木。是冬，三帅南讨。

义熙十年四月己丑朔，大风拔木。

义熙十年六月辛亥，大风拔木。明年，西讨司马休之。

宋少帝景平二年正月癸亥朔旦，暴风发殿庭，会翻扬数十丈。五月，帝废。

文帝元嘉二十六年二月庚申，寿阳骤雨，有回风云雾，广三十许步，从南来，至城西回散灭。当其冲者，室屋树木摧倒。

元嘉二十九年三月，大风拔木飞瓦。

元嘉三十年正月，大风拔木，雨冻杀牛马，雷电晦冥。二月，宫车晏驾。

孝武帝大明七年，风吹初宁陵隧口左标折。钟山通天台新成，飞倒，散落山涧。明年闰五月，帝崩。

前废帝永光元年正月乙未朔，京邑大风。

明帝泰始二年三月丙申，京邑大风。

泰始二年四月甲子，京邑大风。

泰始二年五月丁未，京邑大风。

泰始二年五月乙酉，京邑大风。

泰始二年九月乙巳，京邑大风。

后废帝元徽二年七月甲子，京邑大风。

元徽三年三月丁卯，京邑大风。

元徽三年六月甲戌，京邑大风。

元徽四年十一月辛卯，京邑大风。

元徽五年三月庚寅，京邑大风，发屋折木。

元徽五年六月甲寅，京邑大风。

夜妖

魏高贵乡公正元二年正月戊戌，大风晦暝，行者皆顿伏。近夜妖也。刘向曰："正昼而暝，阴为阳，臣制君也。"时晋景王讨毌丘俭，是日始废。

魏元帝景元三年十月，京都大震，昼晦。此夜妖也。班固曰："夜妖者，云风并起而杳冥，故与常风同象也。"刘向《春秋说》云："天戒若曰，勿使大夫世官，将令专事，冥晦。明年，鲁季友卒，果世官而公室卑矣。"魏此妖，晋有天下之应也。

晋孝武帝太元十三年十二月乙未，大风晦暝。其后帝崩，而诸侯违命，干戈内侮，权夺于元显，祸成于桓玄。是其应也。

赢虫之孽

晋孝武咸宁元年七月，郡国螟。九月，青州又螟。

咸宁元年七月，郡国有青虫食禾稼。

咸宁四年，司、冀、兖、豫、荆、扬郡国皆螟。

晋武帝太康四年，会稽彭蜞及蟹皆化为鼠，甚众，覆野，大食稻为灾。

太康九年八月，郡国二十四螟。螟说与蝗同。是时，帝听谗诉。

太康九年九月，虫伤稼。

晋惠帝元康二年九月，带方、合资、提奚、南新、长岑、海冥、列口虫食禾叶荡尽。

晋惠帝永宁元年七月，梁、益、凉三州螟。是时，齐王冏秉政，贪苛之应也。

永宁元年十月，南安、巴西、江阳、太原、新兴、北海青虫食禾叶，甚者十伤五六。

永宁元年十二月，郡国八螟。

牛祸

晋武帝太康九年，幽州塞北有死牛头语。近牛祸也。是时帝多疾病，深以后事为念，而托付不以至公，思心瞀乱之应也。师旷曰："怨谤动于民，则有非言之物而言。"又其义也。

晋惠帝太安中，江夏张骋所乘牛言曰："天下方乱，乘我何之！"骋惧而还，犬又言曰："归何蚤也！"寻后牛又人立而行。骋使善卜者卦之，谓曰："天下将有兵乱，为祸非止一家。"其年，张昌反，先略江夏，骋为将帅。于是五州残乱，骋亦族灭。京房《易妖》曰："牛能言，如其言占吉凶。"《易萌气枢》曰："人君不好士，走马被文绣，大狼食人食，则有六畜袄言。"时，天子诸侯不以惠下为务，又其应也。

晋愍帝建武元年，曲阿门牛生犊，一体两头。

元帝太兴元年，武昌太守王谅牛生子，两头、八足、两尾、共一腹，三年后死。又有牛生一足三尾，皆生而死。按司马彪说，两头者，政在私门，上下无别之象也。京房《易传》曰："足多者，所任邪也。足少者，下不胜任也。"其后皆有此应。

晋元帝大兴四年十二月，郊牛死。按刘向说《春秋》郊牛死曰："宣公区督昏乱，故天不飨其祀。"元帝中兴之业，实王导之谋也。刘隗探会主意，以得亲幸，导见疏外。此区督不睿之祸也。

晋成帝咸和二年五月，护军牛生犊，两头六足。是冬，苏峻作乱。

咸和七年，九德民袁荣家牛产犊，两头、八足、二尾、共身。京房《易传》：“杀无罪，则牛生妖。”

桓玄之国在荆州，诣刺史殷仲堪，行至鹤穴，逢一老公，驱青牛，形色瑰异。桓玄即以所乘牛易取。乘至零陵泾溪，骏驶非常，因息驾饮牛。牛径入江水不出。玄遣人觇守，经日无所见。

宋文帝元嘉三年，司徒徐羡之大儿乔之行欲入广莫门。牛径将入廷尉寺，左右禁捉不能禁。入方得出。明日被收。

元嘉二十九年，晋陵送牛，角生右胁，长八尺。明年二月，东宫为祸。

孝武帝大明三年，广州刺史费淹献三角水牛。

黄眚黄祥

蜀刘备章武二年，东伐。二月，自秭归进屯夷道。六月，秭归有黄气见，长十余里，广数十丈。后逾旬，备为陆议所破。近黄祥也。

魏齐王正始中，中山王周南为襄邑长。有鼠从穴出，语曰：“王周南，尔以某日死。”南不应，鼠还穴。后至期，更冠帻皂衣出，语曰：“周南，汝日中当死。”又不应。鼠复入，斯须更出，语如向日。适欲日中，鼠入复出，出复入，转更数语如前。日适中，鼠曰：“周南，汝不应我，复何道。”言绝，颠踬而死，即失衣冠。取视，俱如常鼠。案班固说，此黄祥也。是时，曹爽秉政，竞为比周，故鼠作变也。

宋孝武大明七年春，太湖边忽多鼠。其年夏，水至，悉变成鲤鱼。民人一日取，转得三五十斛。明年，大饥。

晋元帝太兴四年八月，黄雾四塞，埃气蔽天。案杨宣对，近土气，乱之祥也。

晋元帝永昌二年正月癸巳，黄雾四塞。

晋穆帝永和七年三月，凉州大风拔木，黄雾下尘。是时，张重华纳谮，出谢艾为酒泉太守，而所任非其人。至九年死，嗣子见弑。是其应也。京房《易传》曰：“闻善不予，兹谓不知。厥异黄，厥咎聋，厥灾不嗣。黄者,有黄浊气四塞天下,蔽贤绝道,故灾至绝世也。”

晋安帝元兴元年十月丙申朔,黄雾昏浊,不雨。

宋文帝元嘉十八年秋七月,天有黄光,洞照于地。太子率更令何承天谓之荣光,太平之祥,上表称庆。

地震

吴孙权黄武四年,江东地连震。是时,权受魏爵命,为大将军、吴王,改元专制,不修臣迹。京房《易传》曰:“臣事虽正,专必震。”董仲舒、刘向并云“臣下强盛,将动而害”之应也。

魏明帝青龙二年十一月,京都地震,从东来,隐隐有声,屋瓦摇。

魏明帝景初元年六月戊申,京都地震。是秋,吴将朱然围江夏,荆州刺史胡质击退之。又公孙渊自立为燕王,改年,置百官。明年,讨平之。

吴孙权嘉禾六年五月,江东地震。

赤乌二年正月,地又再震。是时,吕壹专政,步骘上疏曰:“伏闻校事,吹毛求瑕,趣欲陷人,成其威福,无罪无辜,横受重刑,虽有大臣,不见信任。如此,天地焉得无变。故嘉禾六年、赤乌二年,地连震动,臣下专政之应也。冀所以惊悟人主,可不深思其意哉!”壹后卒败。

魏齐王正始二年十一月,南安郡地震。

正始三年七月甲申,南安郡地震。十二月,魏郡地震。

正始六年二月丁卯,南安郡地震。是时,曹爽专政,迁太后于永宁宫,太后与帝相泣而别。连年地震,是其应也。

吴孙权赤乌十一年二月,江东地仍震。是时权听谗,寻黜朱据,废太子。

蜀刘禅炎兴元年,蜀地震。时宦人黄皓专权。按司马彪说,奄宦无阳施,犹妇人也。此皓见任之应,与汉和帝时同事也。是冬,蜀亡。

晋武帝太始五年四月辛酉,地震。是年冬,新平氐、羌叛。明年,孙皓大遣众入涡口。叛房寇秦、凉,刺史胡烈、苏愉并为所害。

太始七年六月丙申,地震。武帝世,始于贾充,终于杨骏,阿党昧利,苟专权宠,终丧天下,由是也。末年所任转敝,故亦一年六震,是其应也。裴叔则曰:"晋德所以不比隆尧、舜者,以有贾充诸人在朝。"

晋武帝咸宁二年八月庚辰,河南、河东、平阿地震。

咸宁四年六月丁未,阴平、广武地震。甲子,阴平、广武地又震。

晋武帝太康二年二月庚申,淮南、丹杨地震。

太康五年正月壬辰,地震。

太康六年七月己丑,地震。

太康七年七月,南安、犍为地震。八月,京兆地震。

太康八年五月壬子,建安地震。七月,阴平地震。八月,丹杨地震。

太康九年正月,会稽、丹杨、吴兴地震。四月辛酉,长沙、南海等郡国八地震。七月至于八月,地又四震,其三有声如雷。

太康十年十二月己亥,丹杨地震。

晋武帝太始元年,地震。

晋惠帝元康元年十二月辛酉,京都地震。

元康四年二月,蜀郡山崩杀人。上谷、上庸、辽东地震。五月壬子,寿春山崩,洪水出,城坏,地坠方三十丈。六月,寿春大雷震,山崩地坼,家人陷死,上庸郡亦如之。八月,上谷地震,水出,杀百余人。居庸地震,广三十六丈,长八十四丈,水出,大饥。上庸四处山崩地陷,广三十丈,长百三十丈,水出杀人。十月,京都地震。十一月,荥阳、襄城、汝阴、梁国、南阳地皆震。十二月,京都又震。是时,贾后乱朝,据权专制,终至祸败之应也。汉邓太后摄政时,郡国地震。李固以为:"地,阴也,法当安静。今乃越阴之职,专阳之政,故应以震。"此同事也。京房《易传》曰:"无德专禄,兹谓不顺。厥震动,丘陵涌水出。"又曰:"小人剥庐,厥妖山崩。兹谓阴乘阳,弱胜强。"

又曰:"阴背阳,则地裂。父子分离,夷、羌叛去。"

元康五年五月丁丑,地震。六月,金城地震。

元康六年正月丁丑,地震。

元康八年正月丙辰,地震。

晋惠帝太安元年十月,地震。是时,齐王冏专政。

太安二年十二月丙辰,地震。是时,长沙王专政。

晋孝怀帝永嘉三年十月,荆、湘二州地震。时司马越专政。

永嘉四年四月,兖州地震。

晋愍帝建兴二年四月甲辰,地震。是时,幼主在上,权倾于下,四方云扰,兵乱不息。

建兴三年六月丁卯,长安地震。

晋元帝太兴元年四月,西平地震,涌水出。十二月,庐陵、豫章、武昌、西陵地震,山崩。干宝曰:"王敦陵上之应。"

太兴二年五月癸丑,祁山地震,山崩杀人。是时,相国南阳王保在祁山称晋王,不终之象也。

太兴三年四月庚寅,丹杨、吴郡、晋陵地震。其年,南平郡山崩,出雄黄数千斤。

晋成帝咸和二年三月,益州地震。四月己未,豫章地震。是年,苏峻作乱。

咸和九年三月丁酉,会稽地震。是时,政在臣下。

晋穆帝永和元年六月癸亥,地震。是时,嗣主幼冲,母后称制,政在臣下,所以连年地震。

永和二年十月,地震。

永和三年正月丙辰,地震。

永和四年十月己未,地震。

永和五年正月庚寅,地震。

永和九年八月丁酉,京都地震,有声如雷。

永和十年正月丁酉,地震,有声如雷,鸡雉鸣呴。

永和十一年四月乙酉,地震。五月丁未,地震。

晋穆帝升平五年八月,凉州地震。

晋哀帝隆和元年四月甲戌,地震。是时,政在将相,人主南面而已。

隆和元年四月丁丑,凉州地震,浩亹山崩。张天锡降亡之象也。

隆和二年二月庚寅,江陵地震。是时,桓温专征。

晋海西太和元年二月,凉州地震,水涌。

晋简文帝咸安二年十月辛未,安成地震。

晋孝武帝宁康元年十月辛未,地震。是时,嗣主幼冲,政在将相。

宁康二年七月甲午,凉州地震山崩。

晋孝武帝太元二年闰月壬午,地震。五月丁丑,地震。

太元十一年六月己卯,地震。是后,缘河诸将,连岁兵役。

太元十五年三月己酉朔夜,地震。

太元十七年六月癸卯,地震。十二月己未,地又震。是时,群小弄权,天下侧目。

太元十八年正月癸亥朔,地震。二月乙未,地震。

晋安帝隆安四年九月癸酉,地震。是时,幼主冲昧,政在臣下。

晋安帝义熙四年正月壬子夜,地震有声。十月癸亥,地震。

义熙五年正月戊戌夜,寻阳地震,有声如雷。明年,卢循下。

义熙八年自正月至四月,南康、庐陵地四震。明年,王旅西讨荆、益。

宋文帝元嘉七年四月丙辰,地震。时遣军经略司、兖。

元嘉十二年四月丙辰,京邑地震。

元嘉十五年七月辛酉,地震。

元嘉十六年,地震。

孝武帝大明二年四月辛丑,地震。

大明六年七月甲申,地震有声,自河北来,鲁郡山摇地动,彭城城女墙四百八十丈坠落,屋室倾倒,兖州地裂泉涌,二年不已。其后房主死,兖州刺史夏侯祖权卒。

明帝泰始二年四月，地震。

泰始四年七月己酉，东北有声如雷，地震。

明帝泰豫元年闰七月甲申，东北有声如雷，地震。

后废帝元徽二年四月戊申，地震，

元徽五年五月戊申，地震。七月，帝殂。

宋文帝元嘉二十五年，青州城南地，远望见地中如水有影，人马百物皆见影中，积年乃灭。

山崩地陷裂

吴孙权赤乌十三年八月，丹阳、句容及故章、宁国诸山崩，鸿水溢。按刘向说，"山，阳，君也；水，阴，民也。天戒若曰，君道崩坏，百姓将失其所也"。与《春秋》梁山崩，汉齐、楚众山发水同事也。"夫三代命祀，祭不越望，吉凶祸福，不是过也"。吴虽帝，其实列国，灾发丹杨，其天意矣。国主山川，山崩川竭，亡之征也。后二年而权薨，薨二十六年而吴亡。

魏元帝咸熙三年二月，太行山崩。此魏亡之征也。其冬，晋有天下。

晋武帝太始三年三月戊子，太行山崩。

太始四年七月，泰山崩，坠三里。此晋之咎征也。至帝晏驾，而禄去王室，怀、愍沦胥于北，元帝中兴于南，是其应也。京房《易传》曰："自上下者为崩，厥应泰山之石颠而下，圣王受命，人君虏。"

晋武帝太康五年丙午，宣帝庙地陷。

太康六年三月，南安新兴县山崩，涌水出。

太康七年七月，朱提之大泸山崩，震坏郡舍。阴平之仇池崖陨。

太康八年七月，大雨。殿前地陷，方五尺，深数丈。

晋惠帝元康四年五月壬子，地陷，方三十丈，杀人。史阙其处。

元康四年八月，居庸地裂，广三十丈，长百三十丈，水出杀人。

晋孝怀帝永嘉元年三月，洛阳东北步广里地陷。

永嘉三所八月乙亥，鄄城城无故自坏七十余丈，司马越恶之，迁于濮阳。此见沴之异也。越卒陵上,终亦受祸。

永嘉三年七月戊辰,当阳地裂三所,所广三丈,长二百余步。京房《易传》曰:"地坼裂者,臣下分离,不肯相从也。"其后司马越、苟希交恶,四方牧伯莫不离散,王室遂亡。

永嘉三年十月,宜都夷道山崩。

永嘉四年四月,湘东酃黑石山崩。

晋元帝太兴四年八月,常山崩,水出,滹沱盈溢,大木倾拔。

晋成帝咸和四年十月,柴桑庐山西北崖崩。十二月,刘胤为郭默所杀。

晋惠帝元康九年六月夜,暴雷雨。贾谧斋屋柱陷入地,压谧床帐。此木沴土,土失其性,不能载也。明年,谧诛。

晋惠帝光熙元年五月,范阳地然,可以爨。此火沴土也。是时,礼乐征伐自诸侯出。

晋安帝义熙八年三月壬寅,山阴有声如雷,地陷,深、广各四尺。

义熙十年五月戊寅,西明门地穿,涌水出,毁门房及限。此水沴土也。

《五行传》曰:"皇之不极,是谓不建。厥咎眊,厥罚恒阴,厥极弱。时则有射妖,时则有龙蛇之孽,时则有马祸,时则有下人伐上之痾,时则有日月乱行,星辰逆行。"

常阴

吴孙亮太平三年,自八月沉阴不雨,四十余日。是时,将诛孙綝,谋泄。九月戊午,綝以兵围宫,废亮为会稽王。此常阴之罚也。

吴孙皓宝鼎元年十二月,太史奏:"久阴不雨,将有阴谋。"皓深惊惧。时,陆凯等谋因其谒庙废之。及出,留平领兵前驱,凯语平,平不许,是以不果。皓既肆虐,群下多怀异图,终至降亡。

宋后废帝元徽三年四月,连阴不雨。

元徽三年八月,多阴。后二,废帝殒。

射妖

蜀车骑将军邓芝征涪陵,见玄猿缘山,手射中之。猿拔其箭,卷木叶塞其创。芝曰:"嘻!吾违物之性,其将死矣。"俄而卒。此射妖也。一曰,猿母抱子,芝射中之,子为拔箭,取木叶塞创。芝叹息,投弓水中,自知当死矣。

晋恭帝之为琅邪王时,好奇戏,尝闭一马于门内,令人射之,欲观几箭而死。左右有谏者曰:"马,国姓也,而今射之,不祥甚矣。"于是乃止,而马已被十许箭矣。此盖射妖也。俄而桓玄篡位。

龙蛇之孽

魏明帝青龙元年正月甲申,青龙见郏之摩陂井中。凡瑞兴非时,则为妖孽,况困于井,非嘉祥矣。魏以改年,非也。晋武不贺,是也。干宝曰:"自明帝终魏世,青龙黄龙见者,皆其主废兴之应也。魏,土运。青,木色也,而不胜于金,黄得位,青失位之象也。青龙多见者,君德国运内相克伐也。故高贵公卒败于兵。案刘向说:'龙贵象,而囚井中,诸侯将有幽执之祸也。'魏世龙莫不在井,此居上者逼制之应。高贵公著《潜龙诗》,即此旨也。"

魏高贵公正元元年戊戌,黄龙见于邺井中。

魏高贵公甘露元年正月辛丑,青龙见轵县井中。六月乙丑,青龙见元城县界井中。

甘露二年二月,青龙见温县井。

甘露三年,黄龙、青龙仍见顿丘、冠军、阳夏县界井中。

景元元年二月,青龙见轵县井中。

吴孙皓天册中,龙乳于长沙民家,啖鸡雏。京房《易妖》曰:"龙乳人家,王者为庶人。"其后皓降。

晋武帝咸宁二年六月丙申,白龙二见于九原井中。

晋武帝太康五年正月癸卯,二龙见于武库井中。帝见龙,有喜色,百僚将贺,刘毅独表曰:"昔龙漦夏庭,祸发周室;龙见郑门,子产不贺。"帝答曰:"朕德政未修,末有以膺受嘉祥。"遂不贺也。孙盛曰:"龙,水物也,何与于人。子产言之当矣。但非其所处,实为妖灾。夫龙以飞翔显见为美,则潜伏幽处,非休祥也。汉惠帝二年,两龙见兰陵井中,本志以为其后赵王幽死之象也。武库者,帝王威御之器所宝藏也,室宇邃密,非龙所处。后七年,蕃王相害,二十八年,果有二胡僭窃神器。勒、虎二逆皆字曰龙,此之表异,为有证矣。"史臣案:龙为休瑞,而屈于井中,前史言之已详。但兆幽微,非可臆断,故《五行》、《符瑞》两存之。

晋愍帝建兴二年十一月,枹罕羌妓产一龙子,色似锦文,尝就母乳,遥见神光,少得就视。

晋武帝咸宁中,司徒府有二大蛇,长十许丈,居听事平橑上,数年而人不知,但怪府中数失小儿及猪犬之属。后一蛇夜出,伤于刃,不能去,乃觉之。发徒攻击,移时乃死。夫司徒五教之府,此皇极不建,故蛇孽见之。汉灵帝时,蛇见御座,杨赐以为帝溺于色之应也。魏氏宫人猥多,晋又过之,宴游是湎,此其孽也。《诗》云:"惟虺惟蛇,女子之祥。"

晋惠帝元康五年三月癸巳,临菑有大蛇,长十余丈,负二小蛇,入城北门,径从市汉城阳景王祠中不见。天戒若曰,"齐方有刘章定倾之功,若不厉节忠慎,又将蹈章失职夺功之辱也"。齐王冏不悟,虽建兴复之功,而以骄陵取祸。负二小蛇出朝市,皆有象类也。

晋明帝太宁初,武昌有大蛇,常居故神祠空树中,每出头从人受食。京房《易妖》曰:"蛇见于邑,不出三年,有大兵,国有大忧。"其后讨灭王敦及其党与。

马祸

晋武帝太熙元年,辽东有马生角,在两耳下,长三寸。按刘向说,此兵象也。及帝晏驾之后,王室毒于兵祸,是其应也。京房《易传》曰:"臣易上政,厥妖马生角。"又有"天子亲伐,马生角"。《吕氏春秋》曰："人君失道，马有生角。"

晋惠帝元康元年十二月，皇太子将释奠，太傅赵王伦骖乘，至南城门，马止，力士推之不能动，伦入辒车，乃进。此马祸也。天戒若曰："伦不知义方，终为乱逆，非傅导行礼之人。"伦不悟，故亡。

元康九年十一月戊寅冬，有牝骝马惊，奔至廷尉讯堂，悲鸣而死。是殆愍怀冤死之象也。"见廷尉讯堂，又天意乎。

晋孝怀帝永嘉六年二月，神马鸣南城门。

晋元帝太兴二年，丹杨郡吏濮阳杨演马生驹，两头自颈前别，生而死。按司马彪说，"政在私门，二头之象也。是后王敦陵上。

晋成帝咸康八年五月甲戌，有马色赤如血，自宣阳门直走入于殿前，盘旋走出，寻逐莫知所在。己卯，帝不豫，六月，崩。此马祸，又赤祥也。张重华在凉州，将诛其西河相张祚，祚厩马数十匹，同时悉皆无后尾。

晋安帝隆安四年十月，梁州有马生角，刺史郭铨送示都督桓玄。案刘向说，马不当生角，由玄不当举兵向上也。睹灾不悟，故至夷灭。

人痾

魏文帝黄初初，清河宋士宗母化为鳖，入水。

魏明帝太和三年，曹休部曲兵奚侬女死复生。时人有开周世冢，得殉葬女子，数日而有气，数月而能语，郭太后爱养之。又太原民发冢破棺，棺中有一生妇人，问其本事，不知也。视其墓木，可三十岁。案京房《易传》，至阴为阳，下人为上，晋宣王起之象也。汉平帝、献帝并有此异，占以为王莽、曹操之征。公孙渊炊，有小儿蒸死甑中，其后夷灭。

吴孙亮建兴二年，诸葛恪将征淮南，有孝子著衰衣入其阁。诘问，答曰："不自觉入也。"时中外守备亦悉不见，众皆异之。及还，果见杀。恪已被害，妻在室，使婢沃盥，闻婢血臭，又眼目视瞻非常。妻问其故，婢蹶然跃起，头至栋，攘臂切齿曰："诸葛公乃为峻所杀。"

　　吴孙休永安四年，安吴民陈焦死七日，复穿冢出。干宝曰："此与汉宣帝同事。乌程侯皓承废故之家，得位之祥也。"

　　吴孙皓宝鼎元年，丹杨宣骞母，年八十，因浴化为鼋。兄弟闭户卫之，掘堂上作大坎，实水其中。鼋入坎戏一二日，恒延颈外望，伺户小开，便轮转自跃，入于远潭，遂不复还。与汉灵帝时黄氏母事同。吴亡之象也。

　　魏元帝咸熙二年八月，襄武县言有大人见，长三丈余，迹长三尺二寸，发白，著黄巾黄单衣，柱杖，呼民王始语曰："今当太平。"寻晋代魏。

　　晋武帝太始五年，元城人年七十，生角。案《汉志》说，殆赵王伦篡乱之象也。

　　晋武帝咸宁二年二月，琅邪人颜畿病死，棺敛已久，家人咸梦畿谓己曰："我当复生，可急开棺。"遂出之，渐能饮食屈申视瞻，不能行语也。二年复死。其后刘渊、石勒遂亡晋室。

　　晋惠帝元康中，安丰有女子周世宁，年八岁，渐化为男，至十七八，而气性成。此刘渊、石勒荡覆晋室之妖也。汉哀帝、献帝时并有此异，皆有易代之兆。京房《传》曰："女子化为丈夫，兹谓阴昌，贱人为王。丈夫化为女子，兹阴胜阳，厥咎亡。"

　　晋惠帝永宁初，齐王冏唱义兵，诛除乱逆，乘舆反正。忽有妇人诣大司马门求寄产。门者诘之，妇人曰："我截齐便去耳。"是时，齐王冏匡复王室，天下归功。识者为其恶之。后果斩戮。

　　永宁元年十二月甲子，有白头公入齐王冏大司马府，大呼："有大兵起，不出甲子旬。"冏杀之。明年十二月戊辰，冏败，即甲子旬也。

　　晋惠帝太安元年四月癸酉，有人自云龙门入殿前，北面再拜曰："我当作中书监。"即收斩之。干宝曰："夫禁庭，尊秘之处，今贱人径入，而门卫不觉者，宫室将虚，而下人逾之之妖也。"是后，帝北迁邺，又西迁长安，盗贼蹂藉宫阙，遂亡天下。

　　晋惠帝世，梁国女子许嫁，已受礼娉，寻而其夫戍长安，经年不归。女家更以适人，女不乐行，其父母逼强，不得已而去，寻得病亡。后其夫还，问女所在，其家具说之。其夫径至女墓，不胜哀情，便发冢开棺，女遂活，因与俱归。后婿闻之，诣官争之，所在不能决。秘书郎王导议曰："此是非常事，不得以常理断之，宜还前夫。"朝廷从其议。

晋惠帝世，杜锡家葬，而婢误不得出。后十余年，开冢祔葬，而婢尚生。其始如瞑，有顷渐觉。问之，自谓当一再宿耳。初，婢之埋，年十五六，及开冢更生，犹十五六也。嫁之有子。

晋惠帝光熙元年，会稽谢真生子，大头有鬟，两蹠反向上，有男女两体。生便作丈夫声，经日死。

晋惠、怀之世，京洛有兼男女体，亦能两用人道，而性尤淫。案此乱气之所生也。自咸宁、太康之后，男宠大兴，甚于女色，士大夫莫不尚之，天下皆相放效，或有至夫妇离绝，怨旷妒忌者。故男女气乱，而妖形作也。

元帝太兴初，又有女子阴在腹上，在扬州，性亦淫。京房《易妖》曰："人生子，阴在首，天上大乱；在腹，天下有事；在背，天下无后。"

晋孝怀帝永嘉元年，吴郡吴县万祥婢生子，鸟头，两足，马蹄，一手，无毛，黄色，大如枕。

晋愍帝建兴四年，新蔡县吏任侨妻胡，年二十五，产二女，相向，腹心合同，自胸以上，脐以下，各分。此盖天下未一之妖也。时内史吕会上言："案《瑞应图》，异根同体谓之连理，异苗同颖谓之嘉禾。草木之异，犹以为瑞，今二人同心，《易》称'二人同心，其利断金'。嘉征显见，生于陕东之国，斯盖四海同心之瑞，不胜喜踊，谨画图以上。"时有识者哂之。

晋中兴初，有女子，其阴在腹，当齐下，自中国来江东，性甚淫，而不产。京房《易妖》曰："人生子，阴在首，天下大乱；在腹，天下有事；在背，天下无后。"

晋元帝太兴三年十二月，尚书驺谢平妻生女，堕地濞濞有声，须臾便死。鼻目皆在顶上，面处如项，口有齿，都连为一，胸如鳖，手足爪如鸟爪，皆下句。京房《易妖》曰："人生他物，非人所见者，皆为天下大兵。"后二年，有石头之败。

晋明帝太宁二年七月，丹杨江宁侯纪妻死，三日复生。

晋成帝咸宁四年十一月辛丑，有何一人诣南止车门，自列为圣人所使。录付光禄外部检问，是东海郯县吕畅，辞语落漠，髡鞭三百，遣。

咸康五年四月，下邳民王和侨居暨阳。息女可，年二十，自云："上天来还，得征瑞印绶，当母天下。"晋陵太守以为妖，收付狱。至十一月，有人持柘杖，绛衣，诣止车门，口列为圣人使，求见天子。门候受辞，列姓吕名锡。云王和女可，右足下有七星，星皆有毛，长七寸，天今命可为天下母。奏闻，即伏诛，并下晋陵诛可。

晋康帝建元二年十月，卫将军营督过望所领兵陈渍女壹，有文在足，曰"天下之母"，灸之逾明。京都喧哗，有司收系以闻，俄自建康县狱亡去。

石虎末，大武殿前所图贤圣人像人头，忽悉缩入肩中。

晋孝武帝宁康初，南郡州陵女人唐氏，渐化为丈夫。

晋安帝义熙七年，无锡人赵朱，年八岁，一旦暴长八尺，髭须蔚然，三日而死。

义熙中，东阳人黄氏生女不养，埋之。数日于土中啼，取养遂活。

义熙末，豫章吴平人有二阳道，重累生。

晋恭帝元熙元年，建安人阳道无头正平，本下作女人形体。

宋文帝元嘉十七年，刘斌为吴郡。娄县有一女，忽夜乘风雨，悦忽至郡城内。自觉去家正炊顷，衣不沾濡。晓在门上求通，言："我天使也。"斌令前，因曰："府君宜起迎我，当大富贵。不尔，必有凶祸。"斌问所以来，亦不自知也。谓是狂人，以付狱，符其家迎之。数日乃得去。后二十日许，斌诛。

孝武帝大明中，张畅为会稽郡，妾怀孕，儿于腹中啼，声闻于外。畅寻死。

大明末，荆州武宁县人杨始欢妻，于腹中生女儿。此儿至今犹存。

明帝泰豫元年正月，巨人见太子西池水上，迹长三尺余。

后废帝元徽中，南东莞徐坦妻怀孕，儿在腹中有声。

元徽中，暨阳县女人于黄山穴中得二卵，如斗大，剖视有人形。

魏文帝黄初四年三月，宛、许大疫，死者万数。

魏明帝青龙二年四月，大疫。

青龙三年正月，京都大疫。

吴孙权赤乌五年，大疫。

吴孙亮建兴二年四月，诸葛恪围新城。大疫，死者太半。

吴孙皓凤皇二年，疫。

晋武帝太始十年，大疫。吴土亦同。

晋武帝咸宁元年十一月，大疫，京都死者十万人。

晋武帝太康三年春，疫。

晋惠帝元康二年十一月，大疫。

元康七年五月，秦、雍二州疾疫。

晋孝怀帝永嘉四年五月，秦、雍州饥疫至秋。

永嘉六年，大疫。

晋元帝永昌元年十一月，大疫，死者十二三。河朔亦同。

晋成帝咸和五年五月，大饥且疫。

晋穆帝永和九年五月，大疫。

晋海西太和四年冬，大疫。

晋孝武帝太元五年五月，自冬大疫，至于此夏，多绝户者。

晋安帝义熙元年十月，大疫，发赤班乃愈。

义熙七年春，大疫。

宋文帝元嘉四年五月，京邑疾疫。

孝武帝大明元年四月，京邑疾疫。

大明四年四月，京邑疾疫。

日蚀

魏文帝黄初二年六月戊辰晦，日有蚀之。有司奏免太尉，诏曰："灾异之作，以谴元首，而归过股肱，岂禹、汤罪己之义乎？其令百官各虔厥职。后有天地眚，勿复劾三公。"

黄初三年正月丙寅朔，日有蚀之。十一月庚申晦，又日有蚀之。

黄初五年十一月戊申晦，日有蚀之。后二年，宫车晏驾。

魏明帝太和初，太史令许芝奏日应蚀，与太尉于灵星祈禳。帝诏曰："盖闻人主政有不得，则天惧之以灾异，所以谴告使得自修也。故日月薄蚀，明治道有不当者。朕即位以来，既不能光明先帝圣德，而施化有不合于皇神，故上天有以寤之。宜励政自修，以报于神明。天之于人，犹父之于子，未有父欲责其子，而可献盛馔以求免也。今外欲遣上公与太史令具禳祠，于义未闻也。群公卿士，其各勉修厥职。有可以补朕不逮者，各封上之。"

魏明帝太和五年十一月戊戌晦，日有蚀之。

太和六年正月戊辰朔，日有蚀之。见及历。

魏明帝青龙元年闰月庚寅朔，日有蚀之。

魏齐王正始元年七月戊申朔，日有蚀之。《纪》无。

正始三年四月戊戌朔，日有蚀之。《纪》无。

正始六年四月壬子，日有蚀之。十月戊寅朔，又日有蚀之。

正始八年二月庚午朔，日有蚀之。是时，曹爽专政，丁谧、邓飏等转改法度。会有日蚀变，诏群臣问得失。蒋济上疏曰："昔大舜佐治，戒在比周；周公辅政，慎于其朋。齐侯问灾，晏子对以布惠；鲁君问异，臧孙答以缓役。塞变应天，乃实人事。"济旨譬甚切，而君臣不悟，终至败亡矣。

正始九年正月乙未朔，日有蚀之。

魏齐王嘉平元年二月己未，日有蚀之。

魏高贵公甘露四年七月戊子朔，日有蚀之。

甘露五年正月乙酉朔，日有蚀之。按谷永说，正朝，尊者恶之。

京房占曰："日蚀乙酉，君弱臣强。司马将兵，反征其王。"五月，有成济之变。

魏元帝景元二年五月丁未朔，日有蚀之。

景元三年三月己亥朔，日有蚀之。

晋武帝太始二年七月丙午晦，日有蚀之。

太始七年五月庚辰，日有蚀之。

太始八年十月辛未朔，日有蚀之。

太始九年四月戊辰朔，日有蚀之。

太始十年三月癸亥，日有蚀之。

晋武帝咸宁元年七月甲申晦，日有蚀之。

咸宁三年正月丙子朔，日有蚀之。

晋武帝太康四年三月辛丑朔，日有蚀之。

太康六年八月丙戌朔，日有蚀之。

太康七年正月甲寅朔，日有蚀之。乙亥，诏曰："比年灾异屡发，邦之不臧，实在朕躬。震蚀之异，其咎安在？将何施行，以济其愆？"太尉亮、司徒舒、司空瓘逊位，弗许。

太康八年正月戊申朔，日有蚀之。

太康九年六月庚子朔，日有蚀之。后二年，宫车晏驾。

晋惠帝元康九年十月甲子朔，日有蚀之。

晋惠帝永康元年四月辛卯朔，日有蚀之。

晋惠帝永宁元年闰三月丙戌朔，日有蚀之。

晋惠帝光熙元年正月戊子朔，日有蚀之。尊者恶之。七月乙酉朔，又日有蚀之既。占曰："日蚀尽，不出三月，国有凶。"十一月，宫车晏驾。十二月壬午朔，又日有蚀之。

晋孝怀帝永嘉元年十一月戊申，日有蚀之。

永嘉二年正月丙午朔，日有蚀之。

永嘉六年二月壬子朔，日有蚀之。明年，帝崩于平阳。

晋愍帝建兴四年六月丁巳朔，日有蚀之。十一月，帝为刘曜所虏。十二月乙卯朔，又日有蚀之。明年，帝崩于平阳。

晋元帝太兴元年四月丁丑朔，日有蚀之。

晋明帝太宁三年十一月癸巳朔，日有蚀之。

晋成帝咸和二年五月甲申朔，日有蚀之。

晋成帝咸康元年十月乙未朔，日有蚀之。

咸康七年二月甲子朔，日有蚀之。

咸康八年正月己未朔，日有蚀之。正朝，尊者恶之。六月，宫车
晏驾。

晋穆帝永和七年正月丁酉朔，日有蚀之。

永和十二年十月癸巳朔，日有蚀之。

晋穆帝升平四年八月辛丑朔，日有蚀之，不尽如钩。明年，宫车
晏驾。

晋哀帝隆和元年十二月戊午朔，日有蚀之。

晋海西公太和三年三月丁巳朔，日有蚀之。

太和五年七月癸酉朔，日有蚀之。明年，废为海西公。

晋孝武帝宁康三年十月癸酉朔，日有蚀之。

晋孝武帝太元四年闰月己酉朔，日有蚀之。

太元六年六月庚子朔，日有蚀之。

太元九年十月辛亥朔，日有蚀之。

太元十七年五月丁卯朔，日有蚀之。

太元二十年三月庚辰朔，日有蚀之。明年，宫车晏驾。海西时
有此变。又曰，臣有蔽主明者。

晋惠帝永兴元年十一月，黑气分日。

晋惠帝光熙元年五月癸巳，日散，光流如血，所照皆赤。甲午，
又如之。占曰："君道失明。"

晋孝怀帝永嘉元年十一月乙亥，黄黑气掩日，所焀皆黄。案《河
图占》曰："日薄也。"其说曰："凡日蚀皆于晦朔，有不于晦朔者，为
日薄。虽非日月同宿，时阴气盛，掩薄日光也。占类蚀。"

永嘉二年二月癸卯，白虹贯日，青黄晕五重。占曰："白虹贯日，
近臣不乱，则诸侯有兵，破亡其地。"明年，司马越杀缪播等，暴蔑人

主。五年,胡破京都,帝遂见虏。一说,王者有兵围之象。

永嘉五年三月庚申,日散,光如血,下流,所照皆赤,日中有若飞燕者。

晋愍帝建武元年正月庚子,白虹弥天,三日并照,日有重晕,左右两珥。占曰:"白虹,兵气也。三、四、五、六日俱出并争,天下兵作,王立亦如其数。"又曰:"三日并出,不过三旬,诸侯争为帝。"

晋安帝隆安四年六月庚辰朔,日有蚀之。

晋安帝元兴二年四月癸巳朔,日有蚀之。

晋安帝义熙三年七月戊戌朔,日有蚀之。

义熙十年九月己巳朔,日有蚀之。七月辛亥晦,日有蚀之。

义熙十三年正月甲戌朔,日有蚀之。明年,宫车晏驾。

晋恭帝元熙元年十一月丁亥朔,日有蚀之。

宋少帝景平二年二月癸巳朔,日有蚀之。

文帝元嘉四年六月癸卯朔,日有蚀之。

元嘉六年五月壬辰朔,日有蚀之。十一月己丑朔,又日有蚀之,不尽如钩,蚀时星见,晡方没,河北地暗。

元嘉十二年正月乙未朔,日有蚀之。

元嘉十七年四月戊午朔,日有蚀之。

元嘉十九年七月甲戌晦,日有蚀之。

元嘉二十三年六月癸未朔,日有蚀之。

元嘉三十年七月辛丑朔,日有蚀之,既,星辰毕见。

孝武帝孝建元年七月丙戌朔,日有蚀之,既,列宿粲然。

孝武帝大明五年九月甲寅朔,日有蚀之。

明帝泰始四年八月丙子朔,日有蚀之。十月癸酉,又日有蚀之。

泰始五年十月丁卯朔,日有蚀之。

后废帝元徽元年十二月癸卯朔,日有蚀之。

顺帝升明二年九月乙巳朔,日有蚀之。

升明三年三月癸卯朔,日有蚀之。

吴孙权赤乌十一年二月,白虹贯日,时地又频震。权发诏,深戒惧天眚。

晋武帝太始五年七月甲寅,日晕再重,白虹贯之。

晋武帝太康元年正月己丑朔,五色气冠日,自卯至酉。占曰:"君道失明。丑主斗、牛,斗、牛为吴地。"是时孙皓淫暴,四月降。

晋惠帝元康九年正月,日中有若飞燕者,数月乃消。王隐以为愍怀废死之征也。

晋惠帝永康元年十月乙未,日斗,黄雾四塞。占曰:"不及三年,下有拔城大战。"

晋惠帝永宁元年九月甲申,日有黑子。按京房占:"黑者,阴也。臣不掩君恶,令下见百姓恶君。""日重晕,天下有立王。晕而弭,天下有立侯。"故陈卓曰:"当有大庆,天下其参分乎。"三月,而江东改元朔,胡亦改元朔,跨曹、刘疆宇。于是兵连积世。

晋元帝太兴四年三月癸亥,日有黑子。辛亥,帝亲录讯囚徒。

晋元帝永昌元年十一月辛卯,日有黑子。

晋明帝太宁元年正月己丑朔,日晕无光。癸巳,黄雾四塞。占曰:"君道失明,臣有阴谋。"是时王敦陵上,卒伏其辜。

晋成帝咸宁元年七月,白虹贯日。

咸康八年正月壬申,日中有黑子。丙子,乃灭。

晋海西公太和四年四月戊辰,日晕厚密,白虹贯日中。

太和六年三月辛未,白虹贯日,日晕五重。十一月,桓温废帝。张重华在凉州,日暴赤如火,中有三足乌,形见分明,数旦乃止。

晋安帝元兴元年二月甲子,日晕,白虹贯日。明年,桓玄篡位。

晋安帝义熙元年五月庚午,日有采珥。

义熙十一年,日在东井,有白虹十余丈,在南干日。依司马彪说,则灾在分野,羌亡之象也。

晋恭帝元熙二年正月壬辰,日晕,东西有直珥各一丈,白气贯之交匝。

晋孝怀帝永嘉五年三月丙申夜,月蚀既。丁酉夜,又蚀既。占曰：“月蚀既尽，夫人忧。”又曰：“其国贵人死。”

安帝义熙九年十二月辛卯朔旦，犹见东方，按占谓之“侧匿”。

宋文帝元嘉二十九年十一月己卯朔，日始出，色赤如血，外生牙，块礨不员。明年二月，宫车晏驾。

孝武帝大明七年十一月，日始出四五丈，色赤如血，未没四五丈，亦如之，至于八年春，凡三，谓日死。闰五月，帝崩。

后废帝元徽三年三月乙亥，日未没数丈，日色紫赤无色。

元徽五年三月庚寅，日晕五重，又重生二直，一抱一背。

文帝元嘉中，有两白虹见宣阳门外。

后废帝元徽二年八月壬子夜，白虹见。

元徽四年正月己酉，白虹贯日。

从帝升明元年九月乙未夜，白虹见东方。

宋书卷三五
志第二五

州郡一

扬州　南徐州　徐州　南兖州
兖州

　　唐尧之世,置十有二牧,及禹平水土,更制九州,冀州尧都,土界广远,济、河、为兖州,海、岱为青州,海、岱及淮为徐州,淮、海为扬州,荆及衡阳为荆州,荆、河为豫州,华阳、黑水为梁州,黑水、西河为雍州。自虞至殷,无所改变。周氏既有天下,以徐并青,以梁并雍,分冀州之地以为幽、并。汉初又立徐、梁二州。武帝攘却胡、越,开地斥境,南置交趾,北置朔方,改雍曰凉,改梁曰益,凡为十三州,而司隶部三辅、三河诸郡。东京无复朔方,改交趾曰交州,凡十二州,司隶所部如故。及三国鼎跱,吴得扬、荆、交三州,蜀得益州,魏氏独得九焉。吴又分交为广。魏末平蜀,又分益为梁。晋武帝太康元年,天下一统,凡十有六州。后又分凉、雍为秦,分荆、扬为江,分益为宁,分幽为平,而为二十矣。

　　自夷狄乱华,司、冀、雍、凉、青、并、兖、豫、幽、平诸州,一时沦没,遗民南渡,并侨置牧司,非旧土也。江左又分荆为湘,或离或合,凡有扬、荆、湘、江、梁、益、交、广,其徐州则有过半,豫州唯得谯城而已。及至宋世,分扬州为南徐,徐州为南兖,扬州之江西悉属豫州,分荆为雍,分荆、湘为郢,分荆为司,分广为越,分青为冀,分梁为南、北秦。太宗初，索房南侵，青、冀、徐、兖及豫州淮西，并皆不守，自淮以北，化成房庭。于是于钟离置徐州，淮阴为北兖，而青、冀二州治赣榆之县。今志大较以大明八年为正，其后分沠，随事记列。内史、侯、相，则以升明末为定焉。

地理参差，其详难举，实由名号骤易，境土屡分，或一郡一县，割成四五，四五之中，亟有离合，千回百改，巧历不算，寻校推求，未易精悉。今以班固、马彪二志，太康、元康定户，王隐《地道》，晋世《起居》，《永初郡国》，何、徐《州郡》及地理杂书，互相考覆，且三国无志，事出帝纪，虽立郡时见，而置县不书。今唯以《续汉郡国》校《太康地志》，参伍异同，用相征验。自汉至宋，郡县无移改者，则注云"汉旧"。其有回徙，随源甄别。若唯云"某无"者，则此前皆有也。若不注置立，史阙也。

扬州刺史，前汉刺史未有所治，它州同。后汉治历阳，魏、晋治寿春，晋平吴治建业。成帝咸康四年，侨立魏郡、别见。肥乡、别见。元城汉旧县，晋属阳平。三县，后省元城。又侨立广川郡、别见。领广川一县，宋初省为县，隶魏郡。江左又立高阳、别见。堂邑二郡，别见。高阳领北新城、别见。博陆博陆县，霍光所封，而二汉无，晋属高阳。二县，堂邑，领堂邑一县，后省堂邑并高阳，又省高阳并魏郡，并隶扬州，寄治京邑。文帝元嘉十一年省，以其民并建康。孝建元年，分扬州之会稽、东阳、新安、永嘉、临海五郡为东扬州。大明三年罢州，以其地为王畿，以南台侍御史部诸郡，如从事之部传焉，而东扬州直云扬州。八年，罢王畿，复立扬州，扬州还为东扬州。前废帝永光元年，省东扬州并扬州。顺帝升明三年，改扬州刺史曰牧。领郡十，领县八十。户一十四万三千二百九十六，口一百四十五万五千六百八十五。

丹杨尹，秦鄣郡，治今吴兴之故鄣县。汉初属吴国，吴王濞反败，属江都国。武帝元封二年，为丹杨郡，治今宣城之宛陵县。晋武帝太康二年，分丹杨为宣城郡，治宛陵，而丹杨移治建业。元帝太兴元年,改为尹。领县八,户四万一千一十,口二十三万七千三百四十一。

建康令,本秣陵县。汉献帝建安十六年置县,孙权改秣陵为建业。晋武帝平吴,还为秣陵。太康三年,分秣陵之水北为建业。愍帝即位,避帝讳,改为建康。

秣陵令,其地本名金陵,秦始皇改。本治去京邑六十里,今故治村是也。晋安帝义熙九年,移治京邑,在斗场。恭帝元熙元年,省扬州府禁防参军,县移治其处。

丹杨令,汉旧县。

江宁令,晋武帝太康元年,分秣陵立临江县。二年,更名。

永世令,吴分溧阳为永平县,晋武帝太康元年更名。惠帝世,度属义兴,寻复旧。义兴又有平陵县,董览《吴地志》云:"晋分永世。"《太康》、《永宁地志》并无,疑是江左立。文帝元嘉九年,以并永世、溧阳二县。

溧阳令,汉旧县。吴省为屯田。晋武帝太康元年复立。

湖熟令,汉旧县。吴省为典农都尉。晋武帝太康元年复立。

句容令,汉旧县。

会稽太守,秦立,治吴。汉顺帝永建四年,分会稽为吴郡。会稽移治山阴,领县十,户五万二千二百二十八,口三十四万八千一十四。去京都水一千三百五十五,陆同。

山阴县令,汉旧县。

永兴令,汉旧余暨县,吴更名。

上虞令,汉旧县。

余姚令,汉旧县。

剡令,汉旧县。

诸暨令,汉旧。

始宁令,何承天志:"汉末分上虞立。"贺《续会稽记》云:"顺帝永建四年,分上虞南乡立。"《续汉志》无,《晋太康三年地志》有。

句章令，汉旧县。

鄮令，汉旧县。

鄞令，汉旧县。

吴郡太守，分会稽立。孝武大明七年，度属南徐，八年，复旧。领县十二，户五万四百八十八，口四十二万四千八百一十二。去京都水六百七十，陆五百二十。

吴令，汉旧县。

娄令，汉旧县。

嘉兴令，此地本名长水，秦改曰由拳。吴孙权黄龙四年，由拳县生嘉禾，改曰禾兴。孙皓父名和，又改名曰嘉兴。

海虞令，晋武帝太康四年，分吴县之虞乡立。

海盐令，汉旧县。《吴纪》云："本名武原乡，秦以为海盐县。"

盐官令，汉旧县。《吴记》云："盐官本属嘉兴，吴立为海昌都尉治，此后改为县。"非也。

钱唐令，汉旧县。

富阳令，汉旧县。本曰富春。孙权黄武四年，以为东安郡，七年，省。晋简文郑太后讳"春"，孝武改曰富阳。

新城令，浙江西南名为桐溪，吴立为新城县，后并桐庐。《晋太康地志》无。张勃云："晋末立。"疑是太康末立，寻复省也。晋成帝咸和九年又立。

建德令，吴分富春立。

桐庐令，吴分富春立。

寿昌令，吴分富春立新昌县，晋武帝太康元年更名。

吴兴太守，孙皓宝鼎元年，分吴、丹杨立。领县十，户四万九千六百九，口三十一万六千一百七十三。去京都水九百五十，陆五百七十。

乌程令，汉旧县，先属吴。

东迁令，晋武帝太康三年，分元程立。后废帝元徽四年，更名东安。顺帝升明元年复旧。

　　武康令，吴分乌程、余杭立永安县，晋武帝太康元年更名。

　　长城令，晋武帝太康三年，分乌程立。

　　原乡令，汉灵帝中平二年，分故鄣立。

　　故鄣令，汉旧县，先属丹杨。

　　安吉令，汉灵帝中平二年，分故鄣立。

　　余杭令，汉旧县，先属吴。

　　临安令，吴分余杭为临水县，晋武帝太康元年更名。

　　於潜令，汉旧县，先属丹杨。

　　淮南太守，秦立为九江郡，兼得庐江、豫章。汉高帝四年，更名淮南国，分立豫章郡。文帝又分为庐江郡。武帝元狩元年，复为九江郡，治寿春县。后汉徙治阴陵县。魏复曰淮南，徙治寿春。晋武帝太康元年，复立历阳、别见。当涂、逡道诸县，二年，复立钟离县，别见。并二汉旧县也。三国时，江淮为战争之地，其间不居者各数百里，此诸县并在江北淮南，虚其地，无复民户。吴平，民各还本，故复立焉。其后中原乱，胡寇屡南侵，淮南民多南度。成帝初，苏峻、祖约为乱于江淮，胡寇又大至，民南度江者转多，乃于江南侨立淮南郡及诸县，晋末遂割丹杨之于湖县为淮南境。宋孝武大明六年，以淮南郡并宣城，宣城郡徙治于湖。八年，复立淮南郡，属南豫州。明帝泰始三年，还属扬州。领县六，户五千三百六十二，口二万五千八百四十。去京都水一百七十，陆一百四十。

　　于湖令，晋武帝太康二年，分丹杨县立。本吴督农校尉治。

　　当涂令，晋成帝世，与逡道俱立为侨县，晋末分于湖为境。

　　繁昌令，汉旧名，本属颍川。魏分颍川为襄城，又属焉。晋乱，襄城郡，以此县属淮南，割于湖为境。

　　襄垣令，其地本无湖。无湖县，汉旧县。至于晋末，立襄垣县，属上党。上党民南过江，立侨郡县，寄治无湖，后省上党郡为县，属淮南。文帝元嘉九年，省上党县并襄垣。

　　定陵令，汉旧名，本属襄城，后割无湖为境。

逡道令，汉作逡道，晋作逡道，后分无湖为境。

宣城太守，晋武帝太康元年，分丹杨立。领县十，户一万一百二十，口四万七千九百九十二。去京都水五百八十，陆五百。

宛陵令，汉旧县。

广德令，何志云："汉旧县。"二《汉志》并无。疑是吴所立。

怀安令，吴立。

宁国令，吴立。

宣城令，汉旧县。

安吴令，吴立。

泾令，汉旧县。

临城令，吴立。

广阳令，汉旧县曰陵阳，子明得仙于此县山，故以为名。晋成帝杜皇后讳"陵"，咸康四年更名。

石城令，汉旧县。

东阳太守，本会稽西部都尉，吴孙皓宝鼎元年立。领县九，户一万六千二十二，口一十万七千九百六十五。去京都水一千七百，陆同。

长山令，汉献帝初平二年，分乌伤立。

太末令，汉旧县。

乌伤令。

永康令，赤乌八年分乌伤上浦立。

信安令，汉献帝初平三年，分太末立，曰新安，晋武帝太康元年更名。

吴宁令，汉献帝兴平二年，孙氏分诸暨立。

丰安令，汉献帝兴平二年，孙氏分诸暨立。

定阳令，汉献帝建安二十三年，孙氏分信安立。

遂昌令，孙权赤乌二年，分太末立，曰平昌，晋武帝太康元年更名。

临海太守，本会稽东部都尉。前汉都尉治鄞，后汉分会稽为吴郡,疑是都尉徙治章安也。孙亮太平二年立。领县五,户三千九百六十一,口二万四千二百二十六。去京都水二千一十九,陆同。

章安令,《续汉志》:"故治,闽中地,光武更名。"《晋太康记》:"本鄞县南之回浦乡,汉章帝章和中立。"未详孰是。

临海令,吴分章安立。

始丰令,吴立,曰始平,晋武帝太康元年更名。

宁海令,何志:"汉旧县。"按二《汉志》、《晋太康地志》无。

乐安令,晋康帝分始丰立。

永嘉太守,晋明帝太宁元年,分临海立。领县五,户六千二百五十,口三万六千六百八十。去京都水二千八百,陆二千六百四十。

永宁令,汉顺帝永建四年,分章安东瓯乡立。或云,顺帝永和三年立。

安固令,吴立,曰罗阳,孙皓改曰安阳,晋武帝太康元年更名。

松阳令,吴立。

乐成令,晋孝武康宁三年,分永宁立。

横阳令,晋武帝太康四年,以横屿船屯为始阳,仍复更名。

新安太守,汉献帝建安十三年,孙权分丹杨立,曰新都,晋武帝太康元年更名。领县五,户一万二千五十八,口三万六千六百五十一。去京都水一千八百六十,陆一千八百。

始新令,孙权分歙立。

遂安令,孙权分歙为新定县,晋武帝太康元年更名。

歙令,汉旧县。

海宁令,孙权分歙为休阳县,晋武帝太康元年更名。分歙置诸县之始,又分置黎阳县,大明八年,省并海宁。

黝令,汉旧县。

南徐州刺史,晋永嘉大乱,幽、冀、青、并、兖州及徐州之淮北流民,相率过淮,亦有过江在晋陵郡界者。晋成帝咸和四年,司空郗鉴又徙流民之在淮南者于晋陵诸县,其徙过江南及留在江北者,并立侨郡县以司牧之。徐、兖二州或治江北,江北又侨立幽、冀、青、并四州。安帝义熙七年,始分淮北为北徐,淮南犹为徐州。后又以幽、冀合徐,青、并合兖。武帝永初二年,加徐州曰南徐,而淮北但曰徐。文帝元嘉八年,更以江北为南兖州,江南为南徐州,治京口,割扬州之晋陵、兖州之九郡侨在江南者属焉。故南徐州备有徐、兖、幽、冀、青、并、扬七州郡邑。《永初二年郡国志》又有南沛、南下邳、广平、广陵、盱眙、钟离八郡。南沛、广陵、海陵、山陵、盱眙、钟离割属南兖,南下邳并南彭城,广平并南泰山。今领郡十七,县六十三,户七万二千四百七十二,口四十二万六百四十。去京都水二百四十,陆二百。

南东海太守,东海郡别见。晋元帝初,割吴郡海虞县之北境为东海郡,立郯、朐、利城三县,而祝其、襄贲等县寄治曲阿。穆帝永和中,郡移出京口,郯等三县亦寄治于京。文帝元嘉八年,立南徐,以东海为治下郡,以丹徒属焉。郯、利城并为实土。《永初郡国》有襄贲、别见。祝其、厚丘,并汉旧名。西隰何:"江左立。"四县,文帝元嘉十二年,省厚丘并襄贲。何、徐无厚丘,余与《永初郡国》同。其襄贲、祝其、西隰,是徐志后所省也。领县六,户五千三百四十二,口三万三千六百五十八。

郯令,汉旧名。文帝元嘉八年,分丹徒之岘西为境。

丹徒令,本属晋陵,古名朱方,后名谷阳,秦改曰丹徒。孙权嘉禾三年,改曰武进。晋武帝太康三年,复曰丹徒。

武进令,晋武帝太康二年,分丹徒、曲阿立毗陵,宋孝武大明末,度属此。

朐令,汉旧名。晋江左侨立。宋孝武世,分郯西界为土。

利城令,汉旧名。晋江左侨立。宋文帝世,与郡俱为实土。

南琅邪太守,琅邪郡别见。晋乱,琅邪国人随元帝过江千余户,太兴三年,立怀德县。丹杨虽有琅邪相而无此地。成帝咸康元年,桓温领郡,镇江乘之蒲洲金城上,求割丹杨之江乘县境立郡,又分江乘地立临沂县。《永初郡国》有阳都、前汉属城阳,后汉、晋太康地属琅邪。费、即丘并别见。三县,并割临沂及建康为土。费县治宫城之北。元嘉八年,省即丘并阳都。十五年,省费并建康、临沂。孝武大明五年,省阳都并临沂。今领县二,户二千七百八十九,口一万八千六百九十七。去州水二百,陆一百。去京都水一百六十。

　　临沂令,汉旧名。前汉属东海,后汉、晋属琅邪。

　　江乘令,汉旧县。本属丹杨,吴省为典农都尉。晋武帝太康元年复立。

晋陵太守,吴时分吴郡无锡以西为毗陵典农校尉。晋武帝太康二年,省校尉,立以为毗陵郡,治丹徒。后复还毗陵。东海王越世子名毗,而东海国故食毗陵,永嘉五年,帝改为晋陵,始自毗陵徙治丹徒。太兴初,郡及丹徒县悉治京口,郗鉴复徙还丹徒。安帝义熙九年,复还晋陵。本属扬州,文帝元嘉八年,度属南徐。领县六,户一万五千三百八十二,口八万一百一十三。去州水一百七十五,陆同。去京都水四百,陆同。

　　晋陵令,本名延陵,汉改曰毗陵,后与郡俱改。

　　延陵令,晋武帝太康二年,分曲阿之延陵乡立。

　　无锡令,汉旧县。吴省,晋武帝太康元年复立。

　　南沙令,本吴县司盐都尉署。吴时名沙中。吴平后,立暨阳县割属之。晋成帝咸康七年,罢盐署,立以为南沙县。

　　曲阿令,本名云阳,秦始皇改曰曲阿。吴嘉禾三年,复曰云阳。晋武帝太康二年,复曰曲阿。

　　暨阳令,晋武帝太康二年,分无锡、毗陵立。

义兴太守,晋惠帝永兴元年,分吴兴之阳羡、丹杨之永世立。永世寻还丹杨。本扬州,明帝泰始四年,度南徐。领县五,户一万三千四百九十六,口八万九千五百二十五。去州水四百,陆同。去都水四百九十,陆同。

　　阳羡令,汉旧县。

　　临津令,故属阳羡,立郡分立。

　　义乡令,故属长城、阳羡,立郡分立。

国山令，故属阳羡，立郡分立。

绥安令，武帝永初三年，分宣城之广德、吴兴之故鄣、长城及阳羡、义乡五县立。

南兰陵太守，兰陵郡别见。领县二，户一千五百九十三，口一万六百三十四。

兰陵令。别见。

承令，别见。文帝元嘉十二年，以合乡县并承。《永初郡国》、何、徐并无合乡县。

南东莞太守，东莞郡别见。《永初郡国》又有盖县。别见。领县三，户一千四百二十四，口九千八百五十四。

莒令。别见。

东莞令，别见。文帝元嘉十二年，以盖县并此。

姑幕令，汉旧名。

临淮太守，汉武帝元狩六年立。光武以并东海。明帝永平十五年，复分临淮之故地为下邳郡。晋武帝太康元年，复分下邳之淮南为临淮郡，治盱眙。江左侨立。《永初郡国》又有盱眙县，何、徐无。领县七，户三千七百一十一，口二万二千八百八十六。

海西令，前汉属东海，后汉、晋属广陵。

射阳令，前汉属临淮，后汉属广陵，三国时废，晋武帝太康元年复立。

广凌令，前汉属泗水，后汉属广陵，三国时废，晋武帝太康二年又立，属广陵。

淮浦令，前汉属临淮，后汉属下邳，《晋太康地志》属广陵。

淮阴令，前汉属临淮，后汉属下邳，《晋太康地志》属广陵。

东阳令，前汉属临淮，后汉属广陵，《晋太康地志》属临淮。

长乐令，本长乐郡，别见。并合为县。

淮陵太守，本淮陵县，前汉属临淮，后汉属下邳，晋属临淮，惠帝永宁元年，以为淮陵国。《永初郡国》又有下相、前汉属临淮，后汉属下邳，《晋太康地志》属临淮。广阳广阳，汉高立为燕国，昭帝更名。光武省并上谷,和帝永元八年复立。魏、晋复为燕国。前汉广阳县,后汉无,晋复有此也。二县令。领县三,户一千九百五,口一万六百三十。

司吾令,前汉属东海,后汉属下邳,《晋太康地志》属临沂。后废帝元徽五年五月,改名桐梧,顺帝升明元年复旧。

徐令,前汉属临淮,后汉属下邳,《晋太康地志》属临淮。

阳乐令,汉旧名,本属辽西。文帝元嘉十三年,以下相并阳乐。

南彭城太守,彭城郡别见。江左侨立。晋明帝又立南下邳郡,成帝又立南沛郡。文帝元嘉中,分南沛为北沛,属南兖,而南沛犹属南徐。孝武大明四年,以二郡并并南彭城。领县十二,户一万一千七百五十八,口六万八千一百六十三。

吕令。别见。

武原令,汉旧名。

傅阳令,汉旧名。

蕃令,别见。义旗初,免军户立遂诚县,武帝永初元年,改从旧名。

薛令,别见。义旗初,免军户为建熙县,永初元年,改从旧名。

开阳令,前汉属东海,章帝建初五年属琅邪。晋侨立,犹属琅邪,安帝度属彭城。

杼秋令,汉旧名。

洨令,前汉属梁,后汉、晋属沛。

下邳令,别见。本属南下邳。

北凌令,本属南下邳,二汉无,《晋太康地志》属下邳。本名陵,而广陵郡旧有陵县,晋武帝太康二年,以下邳之陵县非旧土而同名,改为北陵。

僮令,别见。本属南下邳。南下邳有良城县,别见。文帝元嘉十二年并僮。

南清河太守,清河郡别见。领县四,户一千八百四十九,口七千四百四。

清河令。别见。

东武城令。别见。

绎幕令。别见。

贝丘令。别见。

南高平太守。高平郡别见。《永初郡国》又有钜野、昌邑二县。并汉旧名。今领县三，户一千七百一十八，口九千七百三十一。

金乡令。别见。

湖陆令，前汉曰湖陵，汉章帝更名。

高平令，别见。文帝元嘉十八年，以钜野并高平。

南平昌太守，平昌郡别见。领县四，户二千一百七十八，口一万一千七百四十一。

安丘令。别见。

新乐令，二汉无，魏分平原为乐陵郡，属冀州，而新乐县属焉。晋江左立乐陵郡及诸县，后省，以新乐县属此。

东武令。别见。

高密令，别见。江左立高密国，后为南高密郡。文帝元嘉十八年，省为高密县，属此。

南济阴太守，二汉、晋属兖州，前汉初属梁国，景帝中平六年，别为济阴国，宣帝甘露二年，更名定陶国，后还曰济阴。《永初郡国》又有句阳、定陶二县。并汉旧名。今领县四，户一千六百五十五，口八千一百九十三。

城武令。别见。

冤句令，汉旧名。

单父令，前汉属山阳。

城阳令，汉旧名。

南濮阳太守，本东郡，属兖州。晋武帝咸宁二年，以封子允，以东不可为国名，东郡有濮阳县，故曰濮阳国。濮阳，汉旧名也。允改封淮南，还曰东郡。赵王伦篡位，废太孙臧为濮阳王，王寻废，郡名遂不改。《永初郡国》又有鄄城县。二汉属济阴，《晋太康地志》属濮阳也。今领县二，户二千二十六，口八千二百三十九。

廪丘令前汉及《晋太康地志》有廪丘县，后汉无。文帝元嘉十二年，以鄄城并廪丘。

榆次令，汉旧名，至晋属太原。

南太山太守，太山郡别见。《永初郡国》有广平，汉武帝征和二年，立为平干国。宣帝五凤二年，改为广平。光武建武十三年，省并钜鹿。魏分钜鹿、魏郡复为广平。江左侨立郡，晋成后又立。帝成康四年省，寄治丹徒，领广平、易阳、易阳，二汉属赵，《晋太康地志》属广平。曲周。前、汉属广平，作曲周后汉属钜鹿。《晋太康地志》属广平，作曲周梁。三县，文帝八年，省广平郡为广平县，属南太山。今领县三，户二千四百九十九，口一万三千六百。

南城令。别见。

武阳令。别见。

广平令，前汉属广平，后汉属钜鹿，《晋太康地志》属广平。

济阳太守，晋惠分陈留为济阳国。领县二，户一千二百三十二，口八千一百九十二。

考城令，前汉曰留，属梁国。章帝更名，属陈留。《太康地志》无。

鄄城令。别见。

南鲁郡太守，鲁郡别见。又有樊县。前汉属东平，后汉、《晋太康地志》属任城也。今领二，户一千二百一十一，口六千八百一十八。

鲁令。别见。

西安令，汉旧名，本属齐郡。齐郡过江侨立，后省，以西安配此。文帝元嘉十八年，以樊并西安。《永初郡国》无西安县。

徐州刺史，后汉治东海郯县，魏、晋、宋治彭城。明帝世，淮北没寇，侨立徐州，治钟离。泰豫元年，移治东海朐山。后废帝元徽元年，分南兖州之钟离、豫州之马头，又分泰郡之顿丘、梁郡之谷孰、历阳之鄹，立新昌郡，置徐州，还治钟离。今先列徐州旧郡于前，以新割系。旧领郡十二，县三十四，户二万三千四百八十五，口十七万五千九百六十七。今领县三，县九。彭城去京都水一千三百六十，陆一千。

彭城太守，汉高立为楚国，宣帝地节元年，改为彭城郡，黄龙元年，又为楚国，章帝还为彭城。领县五，户八千六百二十七，口四万一千二百三十一。

彭城令，汉县。

吕令，汉旧县。

蕃令，汉旧县，属鲁，晋惠帝元康中度。蕃音皮。汉末太傅陈蕃子逸为鲁相，改音。

薛令，汉旧县，属鲁，晋惠帝元康中度。

留令，汉旧县。

沛郡太守，秦泗水郡，汉高更名。旧属豫州，江左改配。领县三，户五千二百九，口二万五千一百七十。去州陆六十。去京都一千。

萧令，汉旧县。

相令，汉旧县。

沛令，汉旧县。

下邳太守，前汉本临淮郡，武帝立，明帝改为下邳。晋武帝分下邳之淮南为临淮，而下邳如故。领县三，户三千九十九，口一万六千八十八。去州水二百，陆一百八十。去京都水一千一百六十，陆八百。

下邳令，前汉属东海，后汉、《晋太康地志》属下邳。

良成令，前汉属东海，后汉、《晋太康地志》属下邳。

僮令，前汉属临淮，后汉、《晋太康地志》属下邳。

兰陵太守，晋惠帝元康元年，分东海立。领县三，户三千一百六十四，口一万四千五百九十七。去州陆二百。去京都水一千六百，陆一千三百。

昌虑令，汉旧县。

承令，汉旧县。

合乡令，汉旧县。

东海太守，秦郯郡，汉高更名。明帝失淮北，侨立青州于赣榆县。泰始七年，又立东海县，属东海郡，又割赣榆置郁县，立西海郡，并隶侨青州。领县二，户二千四百一十一，口一万三千九百四十一。去州水一千，陆八百。去京都水一千，陆六百七十。

襄贲令，汉旧县。

赣榆令，前汉属琅邪，后汉属东海，魏省，晋武帝太康元年复立。

东莞太守，晋武帝泰始元年，分琅邪立。咸宁三年，复以合琅邪。太康十年，复立。领县三，户八百八十七，口七千三百二十。去州陆七百。去京都水二千，陆一千四百。

莒令，前汉属城阳，后汉属琅邪。孝武大明五年，改为长。

诸令，前汉属城阳，后汉属琅邪，《晋太康地志》属城阳。

东莞令，汉旧县。

东安太守，东安故县名，前汉属城阳，后汉属琅邪，《晋太康地志》属东莞，晋惠帝分东莞立。领县三，户一千二百八十五，口一万七百五十五。去州陆七百。去京都陆一千三百。

菴令，前汉属琅邪，后汉属泰山，《晋太康地志》属乐安。孝武大明五年，改为长。

新泰令，魏立，属泰山。

发干令，汉旧名，属东郡。《太康地志》无，江左来配。

琅邪太守，秦立。领县二，户一千八百一十八，口八千二百四十三。去州陆四百。去京都水一千五百，陆一千一百。

费令，前汉属东海，后汉属泰山，《晋太康地志》属琅邪。

即丘令，前汉属东海，后汉、《晋太康地志》属琅邪。

淮阳太守，晋安帝义熙中土断立。领县四，户二千八百五十五，口一万五千三百六十三。去州水六百，陆五百。去京都水七百，陆五百五十。

甬城令，晋安帝义熙中土断立。

晋宁令，故属济岷，流寓来配。

宿预令，晋安帝立。

上党令，本流寓郡，并省来配。

阳平太守，阳平本县名，属东郡。魏分东郡及魏郡为阳平郡。故属司州，流寓来配。《永初郡国》又有廪丘县。别置。今领县三，户一千七百二十五，口一万三千三百三十。

馆陶令，汉旧名。

阳平令，汉旧名。

濮阳令，本流寓郡，并省来配。

济阴太守，汉景帝立，属兖州。流寓徐土，因割地为境。领县三，户二千三百五，口一万一千九百二十八。

睢陵令，前汉属临淮，后汉属下邳，孝武大明元年度。

定陶令，汉旧名。孝武大明五年，改为长。

顿丘令，属顿丘，流寓割配。

北济阴太守，孝武建元元年升立。领县三，户九百二十七，口三千八百十。

城武令，前汉属山阳，后汉、《晋太康地志》属济阴。

丰令，汉旧名，属沛。孝武大明元年复立。

离狐令，前汉属东郡，后汉、《晋太康地志》属济阴。

钟离太守，本属南兖州，晋安帝分立。案汉九江郡、晋淮南郡有钟离县，即此地也。领县三，户三千二百七十二，口一万七千八百三十二。去京都陆六百二十，水一千三十。

燕县令，别见。故属东燕，流寓因配。

朝歌令，本属河内，晋武帝分河内为汲，又属焉。流寓因配。

乐平令，前汉曰清，属东郡，章帝更名，《晋太康地志》无。流寓因配。

马头太守，属南豫州，故淮南当涂县地，晋安帝立，因山形立名。领县三,户一千三百三十二,口一万二千三百一十。去京都水一千七百五十,陆六百七十。

虞县令,汉旧名,属梁郡,流寓因配。

零县令,晋安帝立。

济阳令,故属济阳,流寓因配。

□昌太守,后废帝元徽元年立。

顿丘令,二汉属东郡,魏属阳平。晋武帝泰始二年,分淮阳置顿丘郡,顿丘县又属焉。江左流寓立,属秦。先有沛县,元嘉八年并顿丘,后废帝元微元年,度属此。

谷熟令,前汉无,后汉、晋属梁。《永初郡国》、何、徐志并属南梁。后废帝元徽元年度。

赞令,汉属沛,晋属谯。文帝元嘉八年,自南谯度属历阳,后废帝元徽元年度属此。

南兖州刺史,中原乱,北州流民多南渡。晋成帝立南兖州,寄治京口。时又立南青州及并州,武帝永初元年,省并并南兖。文帝元嘉八年,始割江淮间为境,治广陵。《永初郡国》领十四郡。南高平、南平昌、南济阴、南濮阳、南泰山、济阳、南鲁山郡,今并属徐州。又有东燕郡,江左分濮阳所立也,领燕县、前汉曰南燕,后汉曰燕,并属东郡。《太康地志》属濮阳。白马、平昌、考城凡四县。文帝元嘉十八年,省考城并燕。十八年,省东燕县属南濮阳,后又省东燕县。南东平郡领范、蛇丘、历城凡三县。高密郡领淳于、黔陬、营陵、夷安凡四县。南齐郡领安西、临菑凡二县。南平原郡领平原、高唐、茌平并别见。凡三县。济岷郡江左立。领营城、晋宁江左立。凡二县。雁门郡汉旧郡。领楼烦、别见。阴馆、前汉作“观”,后汉、晋作“馆”也。广武、前汉属太原,后汉、《晋太康地志》属雁门也。崞、马邑并汉旧名。凡五县。凡七郡,二十三县。并省属南徐州。诸侨郡县何志又有钟离、雁门、平原、东平、北沛五郡。钟离今属徐州。雁门领楼烦、阴馆、广武三县。平原领茌平、临菑、营城、平原四县。东平原领范、朝阳、历城三县。沛领符离、萧、相、沛四县。符离，汉旧县。余并别见。凡十四县。《起居注》，元嘉十一年，以南兖州东平之平陆并范，寿张并朝阳，平原之济岷、晋宁并营城，先是省济岷郡为县。高康并茌平。按此五县，元嘉十一年所省，则平陆、寿张疑在《永初郡国志》，而无此二县，未详。徐志有南东平郡，领范、朝阳、历城、楼烦、阴观、广武、茌平、营城、临蓄、平原十县，则是雁门、平原并东平也。孝武大明五年，以东平并广陵。宋又侨立新平、北淮阳、北济、北下邳、东莞五郡。元嘉二十八年，南兖州徙治盱眙。三十年，省南兖州并南徐，其后复立，还治广陵。徐志，领郡九，县三十九，户三万一千一百一十五，口十五万九千三百六十二。宋末领郡十一，县四十四。去京都水二百五十，陆一百八十。

广陵太守，汉高六年立，属荆国，十一年，更属吴，景帝四年，更名江都国，武帝元狩三年，更名广陵。旧属徐州，晋武帝太康三年，治淮阴故城。后又治射阳，射阳别见。江左治广陵。《永初郡国》又有舆、前汉属临淮，后汉省临淮，属广陵，文帝元嘉十三年并江都也。肥如、路、真定、新市五县。并二汉旧名。肥如属辽西，路属上党，真定前汉属真定，后汉省真定，属常山。晋亦属常山。新市，《永初郡国》云，四县本属辽西，则是晋末辽西侨郡省并广陵也。何有肥如、新市，徐与今同也。今领县四，户七千七百四十四，口四万五千六百一十三。

广陵令，汉旧县。

海陵令，前汉属临淮，后汉、晋属广陵，三国时废，晋武帝太康元年复立。

高邮令，汉旧县。三国时废，晋武帝太康元年复立。

江都令，汉旧县。三国时废，晋武帝太康六年复立。江左又省并舆县，元嘉十三年复立，以并江都。

海陵太守，晋安帝分广陵立。《永初郡国》属徐州。领县五，户三千六百二十六，口二万一千六百六十。去州水一百三十，陆同。去京都水三百九十，陆同。

建陵令，晋安帝立。

临江令，晋安帝立。

如皋令，晋安帝立。

宁海令，晋安帝立。

蒲涛令，晋安帝立。

临泽令，明帝大豫元年立。

山阳太守，晋安帝义熙中土断分广陵立。案汉景帝分梁为山阳，非此郡也。《永初郡国》属徐州。领县四，户二千八百一十四，口二万二千四百七十。去州水三百，陆同。去京都水五百，陆同。

山阳令，射阳县境，地名山阳，与郡俱立。

盐城令，旧曰盐渎，前汉属临淮，后汉、晋属广陵，三国时废，晋武帝太康二年复立，晋安帝更名。

东城令，晋安帝立。

左乡令，晋安帝立。

盱眙太守，盱眙本县名，前汉属临淮，后汉属下邳，晋属临淮，晋安帝分立。领县五，户一千五百一十八，口六千八百二十五。去州水四百九十，陆二百九。去京都水七百，陆五百。

考城令。别见。

阳城令，晋安帝立。

直渎令，晋安帝立。

信都令，信都虽汉旧名，其地非也。地在河北，宋末立。

睢陵令，前汉属临淮，后汉属下邳，《晋太康地志》无，宋末立。

秦郡太守，晋武帝分扶风为秦国，中原乱，其民南流，寄居堂邑。堂邑本为县，前汉属临淮，后汉属广陵，晋又属临淮。晋惠帝永兴元年，分临淮淮陵立堂邑郡。安帝改堂邑为秦郡。《永初郡国》属豫州，元嘉八年度南兖。《永初郡国》又领临涂、晋、宋立。平丘、汉旧，属陈留，《晋太康地志》无。外黄、汉旧名，属陈留。沛、雍丘、浚仪、顿丘别见。凡七县。何无雍丘、外黄、平丘、沛，徐又无浚仪。元嘉八年，以沛并顿丘。后废帝元徽元年，割顿丘属新昌。领县四，户三千三百三十三，口一万五千二百九十六。去州水二百四十一，陆一百八十。
去京都水一百五十，陆一百四十。

秦令，本属秦国，流寓立。文帝元嘉八年，以临涂并秦，以
外黄并浚仪。孝武孝建元年，以浚仪并秦。

义成令，江左立。

尉氏令，汉旧名，属陈留。文帝元嘉八年，以平丘并尉氏。

怀德令，孝武大明五年立。又以历阳之乌江，并此为二县，
立临江郡。前废帝永光元年，省临江郡。怀德即住郡治，乌江
还本也。

南沛太守，沛郡别见。何志云："北沛新立。"徐云："南沛。"《永初
郡国》又有符离、洨、并别见。竹邑、前汉曰竹。李奇曰：今邑也。后汉曰竹
邑。至晋并属沛。杼秋前汉属梁，后汉、《晋太康地志》属沛。四县。杼秋治
无锡，余并治广陵。文帝元嘉十二年，以北沛郡竹邑并杼秋。何、徐
并无此二县，不详。《起居注》："孝武大明五年，分广陵为沛郡，治肥
如县。"时无复肥如县，当是肥如故县处也。二汉、《晋太康地志》并
无肥如县。沛郡宜是大明五年以前省，其时又立也。今领县三，户
一千一百九，口一万二千九百七十。

萧县令。别见。

相县令。别见。

沛县令。别见。

新平太守，明帝泰始七年立。

江阳令，郡同立。

海安令，郡同立。

北淮太守，宋末侨立。

晋宁令。别见。

宿预令。别见。

甬城令。别见。

北济阴太守，济阴郡别见。宋失淮北侨立。

广平令，前汉临淮有广平县，后汉以后无。

定陶令。别见。

阳平令。别见。

上党令。别见。

冤句县。别见。

馆陶令。别见。

北下邳太守,下邳郡别见。宋失淮北侨立。

僮县令。别见。

下邳令。别见。

宁城令。别见。

东莞太守,东莞郡别见。宋失淮北侨立。

莒县令。别见。

诸县令。别见。

东莞令。别见。

柏人令,汉旧名,属赵国。宋失淮北侨立。

兖州刺史,后汉治山阳昌邑,魏、晋治廪丘。武帝平河南,治滑台,文帝元嘉十三年,治邹山,又寄治彭城。二十年,省兖州,分郡属徐、冀州。三十年六月复立,治瑕丘。二汉山阳有瑕丘县。《永初郡国》有东郡、陈留、濮阳三郡,而无阳平。郡领白马、别见。凉城、二汉东郡有聊城县,《晋太康地志》无,疑此是。东燕别见。三县。陈留郡领酸枣、汉旧县。小黄、雍丘、白马、襄邑、尉氏六县。郡县并别见。濮阳郡领濮阳、廪丘并别见。二县。宋末失淮北,侨立兖州,寄治淮阴。淮阴别见。兖州领郡六,县三十一,户二万九千三百四十,口一十四万五千五百八十一。

泰山太守,汉高立。《永初郡国》又有山茌、别见。莱芜、汉旧名。太原本郡,侨立此县。三县,而无钜奈县。今领县八,户八千一百七十七,口四万五千五百八十一。去州陆八百。去京都陆一千八百。

奉高令,汉旧县。

钜平令,汉旧县。

　　嬴令，汉旧县。

　　牟令，汉旧县。

　　南城令，前汉属东海，后汉、晋属泰山。

　　武阳令，汉旧县。

　　梁父令，汉旧县。

　　博令，汉旧县。

　　高平太守，故梁国，汉景帝中六年，分为山阳国，武帝建元五年为郡，晋武帝泰始元年更名。《永初郡国》及徐并又有任城县，前汉□东平，章帝元和元年，分东平为任城，又属焉。晋亦属任城。江左省郡为县也。后省。今领县六，户六千三百五十八，口二万一千一百一十二。去州陆二百二十。去京都陆一千三百三十。宋明帝泰始五年，侨立于淮南当涂县界，领高平、金乡二县。其年又立睢陵县。

　　高平令，前汉名稿，章帝更。

　　方与令，汉旧县。

　　金乡令，前汉无，后汉、晋有。

　　钜野令，汉旧县。

　　平阳令，汉旧县曰南平阳。

　　亢父令，汉旧县。旧属任城。

　　鲁郡太守，秦薛郡，汉高后更名。本属徐州，光武改属任城，江左属兖州。领县六，户四千六百三十一，口二万八千三百七。去州陆三百五十。去京都一千一百。

　　邹令，汉旧县。

　　汶阳令，汉旧县。

　　鲁令，汉旧县。

　　阳平令，孝武大明元年立。

　　新阳令，孝武大明中立。

　　卞令，明帝泰始二年立。

　　东平太守，汉景帝分梁为济东国，宣帝更名。领县五，户四千一百五十九，口一万七千二百九十五。去州水五百，陆同。去京都水二千,陆一千四百。宋末又侨立于淮阴。

　　　无盐令,汉旧县。

　　　平陆令,汉旧县。

　　　须昌令,前汉属东郡,后汉、《晋太康地志》属东平。

　　　寿昌令,春秋时曰良,前汉曰寿良,属东郡,光武改曰寿
张,属东平。

　　　范令,汉旧县。四县并治郡下。

　　阳平太守,魏分魏郡立。文帝元嘉中,流寓来属,后省,孝武大
明元年复立。领县五,户二千八百五十七,口一万一千二百七十一。

　　　馆陶令,汉旧名。寄治无盐。

　　　乐平令,魏立,属阳平。后汉东郡有乐平,非也。寄治下平
陆。

　　　元城令,汉旧。寄治无盐。

　　　平原令,别见。孝武大明中立。

　　　顿丘令,别见。孝武大明中立。

　　济北太守,汉和帝永光二年,分泰山立。《永初郡国》有临邑、二
汉属东郡,《晋太康地志》属济北。东阿二汉属东郡,晋无。二县,孝武大明
元年省,应在何志而无,未详。领县三,户三千一百五十八,口一万
七千三。去州陆七百。去京都水二千,陆一千五百。宋末又侨立于
淮阳。

　　　蛇丘令,前汉属泰山,后汉、《晋太康地志》属济北。

　　　卢令,前汉属泰山,后汉、《晋太康地志》属齐北。

　　　谷城令,前汉无,后汉属东郡,《晋太康地志》属济北。

宋书卷三六
志第二六

州郡二

南豫州　豫州　江州　青州　冀州 司州

南豫州刺史，晋江左胡寇强盛，豫部歼覆，元帝永昌元年，刺史祖约始自谯城退还寿春。成帝咸和四年，侨立豫州，庾亮为刺史，治芜湖。咸康四年，毛宝为刺史，治邾城。六年，荆州刺史庾翼镇武昌，领豫州。八年，庾怿为刺史，又镇芜湖。穆帝永和元年，刺史赵胤镇牛渚。二年，刺史谢尚镇芜湖，四年，进寿春。九年，尚又镇历阳，十一年进马头。升平元年，刺史谢弈戍谯。哀帝隆和元年，刺史袁真自谯退守寿春。简文咸安元年，刺史桓冲戍姑孰。太元十年，刺史朱序戍马头。十二年，刺史桓石虔戍历阳。安帝义熙二年，刺史刘毅戍姑孰。宋武帝欲开拓河南，绥定南豫土，九年，割扬州大江以西、大雷以北，悉属豫州。豫基址因此而立。十三年，刺史刘义庆镇寿阳。永初二年，分淮东为南豫州，治历阳；淮西为豫州。文帝元嘉七年又分。五年，割扬州之淮南、宣城又属焉。徙治姑孰。明帝泰始二年又合，而以淮南、宣城还扬州。九月又分，还治历阳。三年五月又合。四年，以扬州之淮南、宣城为南豫州，治宣城。五年罢。时自淮以西，悉没寇矣。七年，复分历阳、淮阴、南谯、南兖州之临江立南豫州。泰豫元年，以南汝阴度属豫州，豫州之庐江度属南豫州。按淮东自永初至于大明,便为南豫,虽乍有离合,而分立居多。爰自泰始甫失淮西,复于淮东分立两豫。今南豫以淮东为境,不复于此更列二州,览者按此以淮东为境,推寻便自得泰始两豫分域也。徐志领郡十三,县六十一,户三万七千六百二,口二十一万九千五百。今领郡九,县九十一。去京都水一百六十。

历阳太守,晋惠帝永兴元年,分淮南立,属扬州,安帝割属豫州。《永初郡国》唯有历阳、乌江、龙亢三县,何、徐又有酂、雍丘二县。今领县五,户三千一百五十六,口一万九千四百七十。

历阳令,汉旧县,属九江。

乌江令,二汉无,《晋书》有乌江,《太康地志》属淮南。

龙亢令,汉旧名,属沛郡。《晋太康地志》属谯。江左流寓立。

雍丘令,汉旧名,属陈留。流寓立,先属泰山郡,文帝元嘉八年度。

酂令,汉属沛,《晋太康地志》属谯。流寓立,文帝元嘉八年度。

南谯太守,谯郡别见。晋孝武太元中,于淮南侨立郡县,后割地志咸实土。《郡国》又有酂县,何、徐无。今领县六,户四千四百三十二,口二万二千三百五十八。去州水五百四十,陆一百七十。去京都水七百,陆五百。

山桑令,前汉属沛,后汉属汝南,《晋太康地志》属谯。

醮令,汉属沛,《晋太康地志》属谯。

铚令,汉属沛,《晋太康地志》属谯。

扶阳令,前汉属沛,后汉、《晋太康地志》并无。

蕲令。别见。

城父令,前汉属沛,后汉属汝南,《晋太康地志》属谯。

庐江太守,汉文帝六年,分淮南国立。光武建武十三年,又省六安国以并焉。领县三,户一千九百九,口一万一千九百九十七。去州水二千七百二十,陆四百七十。去京都水一千一百,陆六百三十一。

　　灊令，汉旧县。

　　舒令，汉旧县。

　　始新令，《永初郡国》、何并无。徐有始新左县，明帝泰始三
年立。

　　南汝阴太守，汝阴郡别见。江左立。领县五，户二千七百一，口一
万九千五百八十五。去州陆三百。去京都水一千，陆五百三十。

　　汝阴令，别见。所治即二汉、晋合肥县，后省。

　　慎令，汉属汝南，《太康地志》属汝阴。

　　宋令。别见。

　　阳夏令，前汉属淮阳，后汉属陈。《晋太康地志》陈令属梁，
无复此县。又晋地志，惠帝永康中复立。《永初郡国》、何并属
南梁，徐志属此。

　　安阳令，别见。《永初郡国》、何并属南梁，徐属此。

　　南梁太守，梁郡别见。晋孝武太元中，侨立于淮南。安帝始有淮
南故地，属徐州。武帝永初二年，还南豫，孝武大明六年，废属西豫，
改名淮南，八年复旧。《永初郡国》又有虞、阳夏、安丰三县。并别见。
何、徐无安丰，又有义昌，而并无宁陵县。今领县九，户六千二百一
十二，口四万二千七百五十四。去州水一千八百，陆五百。去京都
水一千七百，陆七百。

　　睢阳令，汉旧名。孝武大明六年，改名寿春，八年复旧。前
废帝永光有义宁、宁昌二县并睢阳。所治即二汉、晋寿春县，后
省。

　　蒙令。别见。

　　虞令，汉旧名。

　　谷孰令，汉旧名。

　　陈令，前汉属淮阳，后汉属陈，《晋太康地志》属梁。

　　义宁长，何无，徐有，宋末又立。

　　新汲令，汉旧名，属颍川。

崇义令，《永初郡国》：“羌人始立。”

宁陵，别见。徐志后所立。

晋熙太守，晋安帝分庐江立。领县五，户一千五百二十一，口七千四百九十七。去州陆八百，无水。去京都水一千二百，无陆。

怀宁令，晋安帝立。

新冶令，晋安帝立。

阴安令，汉旧名，属魏郡，《晋太康地志》属顿丘。

南楼令，《永初郡国》、何、徐志无。

太湖左县长，文帝元嘉二十五年，以豫部蛮民立太湖、吕亭二县，晋熙，后省，明帝大始二年复立。

弋阳太守，本县名，属汝南，魏文帝分立。领县六，户三千二百七十五，口二万四千二百六十二。去州陆一千一百，去京都水阙

期思令，汉旧县。

弋阳令，汉旧县。

安丰令，旧郡，晋安帝并为县。

乐安令，新立。

茹由令，新立。

安丰太守，魏文帝分庐江立。江左侨立，晋安帝省为县，属弋阳，宋末复立。

安丰令，《前汉·地理志》无，后汉属庐江。

松滋令。别见。

汝南太守。别见。

上蔡侯相。别见。

平舆令。别见。

北新息令。别见。

□阳令。□真阳阳。别见。

安城令。别见。

南新息令。别见。

临汝令，汉旧名。

阳安令。别见。

西平令。别见。

鲷阳令。别见。

安阳令。别见。

新蔡太守。别见。

鲖阳令。别见。

固始令。别见。

新蔡令。别见。

东苞信令。别见。

西苞信令，徐志西豫唯一苞信，疑是后侨立所分。

东郡太守，别见。《永初郡国》无苌平、谷阳，而有扶沟。别见。何无阳夏、扶沟。徐无阳夏。

项令，别见。

西华令。别见。

阳夏令。别见。

苌平令。别见。

父阳令。别见。

南颍太守，别见。帖治陈郡。

南顿令。别见。

和城令。别见。

颍川太守。别见。

邵陵令。别见。

临颍令。别见。

曲阳令。别见。

西汝阴太守，《永初郡国》、何、徐并无此郡。

汝阴令。别见。

安城令。别见。

楼烦令。别见。

宋令。别见。

汝阳太守。别见。

　　汝阳令。别见。

　　武津令。

陈留太守,别见。《永初郡国》无浚仪、封丘,而有酸枣。何、徐无封丘、尉氏。

　　浚仪令。别见。

　　小黄令。别见。

　　雍丘令。别见。

　　白马令。别见。

　　襄邑令。别见。

　　封丘令,汉旧名。

　　尉氏令。别见。

南陈左郡太守,少帝景平中省此郡,以宋民度属南梁、汝阴郡,而《永初郡国》无,未详。孝建二年,以蛮户复立。分赤官左县为蓼城左县。领县二。乐疑大明八年,省郡,即名为县,属陈左县。

边城左郡太守,文帝元嘉二十五年,以豫部蛮民立茹由、乐安、光城、雩娄、边城、史水、开化、边城七县,属弋阳郡。徐志有边城两,领雩娄、史水、开化、边城两县。大明八年,复省为县,属弋阳,后复立。领县四,户四百一十七,口二千四百七十九。

　　雩娄令,二汉属庐江,《晋太康地志》云,属安丰。

　　开化令。

　　史水令。

　　边城令。

光城左郡太守,《永初郡国》、何、徐并无。按《起居注》,大明八年,省光城左郡为县,弋阳,疑是大明中分弋阳所立。八年复省,后复立。

　　乐安令。

　　茹由令。

　　光地令。此三县,徐志属弋阳。

豫州刺史,后汉治谯,魏治汝南安成,晋平吴后治陈国,晋江左所治,已列于前。《永初郡国》、何、徐,寄治睢阳,而郡县在淮西。徐又有边城,别见南豫州。何又有初安、绥城二郡,初安领新、<small>疑脱一字。</small>怀德二县,绥城领安昌、招远二县,并云新立。徐无,则是徐志前省也。领郡十,县四十三,户二万二千九百一十九,口一十五万八百三十九。

汝南太守,汉高帝立。领县十一,户一万一千二百九十一,口八万九千三百四十九。去州水一千,陆七百。去京都水三千,陆一千五百。

　　　　上蔡令,汉旧县。

　　　　平乐令,汉旧县。

　　　　北新息令。汉旧县。

　　　　慎阳令,汉旧县。《永初郡国》及徐并作真阳。

　　　　安成令,汉旧县。

　　　　南新息令,汉旧县。

　　　　朗陵令,汉旧县。

　　　　阳安令,汉旧县。

　　　　西平令,汉旧县。

　　　　瞿阳令,汉旧县作濯阳。

　　　　安阳令,汉旧县。晋武太康元年,改为南安阳。

新蔡太守,晋惠帝分汝阴立,今帖治汝南。领县四,户二千七百七十四,口一万九千八百八十。去州陆六百。去京都水二千五百,陆一千四百。

　　　　鲖阳令,汉旧县。晋成帝咸康年,省并新蔡,后又立。

　　　　固始令,故名寝丘之地也。汉光武更名。晋成帝咸康年,并新蔡,后又立。

　　　　新蔡令,汉旧县。

　　　　苞信令,前汉无,后汉属汝南,《晋太康地志》属汝阴。后汉

《郡国》、《晋太康地志》并作"褒"。

谯郡太守,何志:"故属沛,魏明帝分立。"按王粲诗:"既入谯邻界,旷然消人忧。"粲是建安中亡,非明帝时立明矣。《永初郡国》无长垣县。今领县六,户一千四百二十四,口七千四百四。去州陆道三百五十。去京都水二千,陆一千二百。

蒙令,汉旧县,属沛。

蕲令,汉旧县,属沛。

宁陵令,前汉属陈留,后汉、《晋太康地志》属梁。

魏令,故魏郡,流寓配属。

襄邑令。

长垣令,汉旧县,属陈留。《永初郡国》无,何:"故属陈留。"徐:"新配。"

梁郡太守,秦砀郡,汉高更名。孝武大明元年度徐州,二年还豫。领县二,户九百六十八,口五千五百。去州陆一百六十。去京都水九百。

下邑令,汉旧县。何云"魏立",非也。

砀令,汉旧县。

陈郡太守,汉高立为淮阳国,章帝元和三年更名。晋初并,梁王肜薨,还为陈。《永初郡国》有扶沟、前汉属淮阳,后汉、《晋太康地志》属陈留。阳夏,别见。而无父阳、长平。领县四,户六百九十三,口四千一百一十三。去州陆七百六十。去京都水一千四百五十。

项城令,汉旧县,属汝南,《晋太康地志》属陈郡。

西华令,汉旧县,属汝南,晋初省,惠帝永康元年复立,属颍川。江左度此。

父阳令,本苦县,前汉属陈。《晋太康地志》属梁,成帝咸康三年更名。

长平令,前汉属汝南,后汉属陈,《晋太康地志》属颍川。

南顿太守,故属汝南,晋惠帝分立。领县二,户五百二十六,口二千三百六十五。去州七百六十。去京都陆一千四百五十。

　　南顿令，汉旧县，何："故属汝阳，晋武帝改属汝南。"按《晋太康地志》、王隐《地道》无汝阳郡。

　　和城令，何："江左立。"

　　颍川太守，秦立。魏分颍川为襄城郡，晋成帝咸康二年，省襄城还并颍川。《永初郡国》又有许昌、本昌许，汉旧县。魏曰许昌。新汲、别见。鄢陵、长社、颍阴、阳翟四县并汉旧县。阳翟，魏、晋属河南。六县，而无曲阳。领县三，户六百四十九，口二千五百七十九。去州一千。去京都陆一千八百。

　　邵陵令，汉旧县，属汝南，《晋太康地志》属颍川。

　　临颍令，汉旧县。

　　曲阳令，前汉属东海，后汉属下邳，《晋太康地志》无。

　　汝阳太守，《晋太康地志》、王隐《地道》无此郡，应是江左分汝南立。晋成帝咸康三年，省并汝南，后又立。领县二，户九百四十一，口四千四百九十五。去州二百。去京都陆一千四百，水三千五百。

　　汝阳令，汉旧县，属汝南。何："故属汝阴，晋武改属汝南。"按晋武分汝南为汝阴，何所言非也。

　　武津令，何不注置立。

　　汝阴太守，晋武帝分汝南立，成帝咸康二年，省并新蔡，后复立。领县四，户二千七百四十九，口一万四千三百三十五。

　　汝阴令，汉旧县。

　　宋令，前汉名新郪，章帝建初四年，徙宋公国于此，改曰宋。

　　宋城令，汉旧县。

　　楼烦令，汉旧县，属雁门，流寓配属。

　　陈留太守，汉武帝元狩元年立，属兖州，中原乱废。晋成帝咸康四年复立，《永初郡国》属兖州，何、徐属豫州。《永初郡国》无浚仪，有酸枣。别见。今领县四，户百九十六，口二千四百一十三。寄治谯郡长垣县界。

　　浚仪令，汉旧名。

小黄令,汉旧名。

白马令,汉属东郡,《晋太康地志》属濮阳。

雍丘令,汉旧名。

江州刺史,晋惠帝太康元年,分扬州之豫章、鄱阳、庐陵、临川、南康、建安、晋安、荆州之武昌、桂阳、安成十郡为江州。初治豫章,成帝咸康六年,移治寻阳,庾悦又治豫章,寻还寻阳。领郡九,县六十五,户五万二千三十三,口三十七万七千一百四十七。去京都水一千四百。

寻阳太守,寻阳本县名,因水名县,水南注江。二汉属庐江,吴立蕲春郡,寻阳县属焉。晋武帝太康元年,省蕲春郡,以寻阳属武昌,改蕲春之安丰为高陵及邾县,皆属武昌。二年,以武昌之寻阳复属庐江郡。惠帝永兴元年,分庐江、武昌立寻阳郡。寻阳县后省。领县三,户二千七百二十,口一万六千八。郡既立治此。

柴桑男相,二汉属豫章,晋属武昌。汉、《晋太康地志》属豫章,立寻阳郡后,割度。

松滋伯相,前汉属庐江,后汉无,《晋太康地志》属安丰。安丰县名,前汉无,后汉属庐江,晋武帝立为安丰郡。江左流民寓寻阳,侨立安丰、松滋二郡,遥隶扬州,安帝省为松滋县。寻阳又有弘农县流寓。文帝元嘉十八年,省并松滋。

豫章太守,汉高帝立,本属扬州。《永初郡国》有海昏,汉旧县。何志无。今领县十二,户一万六千一百三十九,口一十二万二千五百七十三。去州水六百,陆三百五十。去京都水一千九百,陆二千一百。

南昌侯相,汉旧县。

新淦侯相,汉旧县。

丰城侯相,吴立曰富城,晋武帝太康元年更名。

建城侯相,汉旧县。

望蔡子相,汉灵帝中平中,汝南上蔡民分徙此地,立县名曰上蔡,晋武帝太康元年更名。

吴平侯相,汉灵帝中平中,立曰汉平,吴更名。

永修男相,汉灵帝中平中立。

建昌公相,汉和帝永元十六年,分海昏立。

豫宁侯相,汉献帝建安中立,吴曰要安,晋武帝太康元年更名。

康乐侯相,吴孙权黄武中,立曰阳乐,晋武帝太康元年更名。

新吴令,汉灵帝中平中立。

艾侯相,汉旧县。

鄱阳太守,汉献帝建安十五年,孙权分豫章立,治鄱阳县,赤乌八年,徙治吴芮故城。《永初郡国》有历陵县,汉旧县。何志无。领县六,户三千二百四十二,口一万九百五十。去州水四百四十。去京都水一千八百四十,陆二千六十。

广晋令,吴立曰广昌,晋武帝太康元年更名。

鄱阳侯相,汉旧县。

余干令,汉旧县。

上饶男相,吴立。《太康地志》有,王隐《地道》无。

葛阳令,吴立。

乐安男相,吴立。

临川内史,吴孙亮太平二年,分豫章东部都尉立。领县九,户八千九百八十三,口六万四千八百五。去州水一千一百,陆一千二十。去京都水二千八百三十,陆三千。

临汝侯相,汉和帝永元八年立。

西丰侯相,吴立曰西平,晋武帝太康元年更名。

新建侯相,吴立。

永城男相,吴立。

宜黄侯相,吴立。

南城男相,汉旧县,晋武帝太康元年更曰新南城,江左复旧。

　　南丰令,吴立。

　　东兴侯相,吴立。

　　安浦男相,吴立。

庐陵太守,庐陵本县名,属豫章,汉献帝兴平元年,孙策分豫章立。领县九,户四千四百五十五,口三万一千二百七十一。去州水二千,陆一千六百。去京都水三千六百。

　　石阳子相,前汉无,后汉有。

　　西昌侯相,吴立。

　　东昌子相,吴立。

　　吉阳男相,吴立。

　　巴丘男相,吴立。

　　兴平侯相,吴立。

　　阳丰男相,吴曰阳城,晋武帝太康元年更名。

　　高昌男相,吴立。

　　遂兴男相,吴立曰新兴,晋武帝太康元年更名。《永初郡国》无此县,何、徐并有。

安成太守,孙皓宝鼎二年,分豫章、庐陵、长沙立。《晋太康地志》属荆州。领县七,户六千一百一十六,口五万三百二十三。去州水三千三百,陆三千六百。去京都水三千七百,无陆。

　　平都子相,前汉曰安平,后汉更名,属豫章。

　　新喻侯相,吴立。

　　宜阳子相,汉旧县,本名宜春,属豫章,晋孝武改名。

　　永新男相,吴立。

　　安复侯相,汉旧县,本名安成,晋武帝太康元年更名,属长沙。

　　萍乡侯相,吴立。

　　广兴侯相,《晋太康地志》有此县,何云"江左立",非也。

南康公相,晋武帝太康三年,以庐陵南部都尉立。领县七,户四千四百九十三,口三万四千六百八十四。去州水三千七百四十。去京都水三千八十。

赣侯相,汉旧县,属豫章。

宁都子相,吴立曰杨都,晋武帝太康元年更名。

雩都侯相,汉旧县,属豫章。

平固侯相,吴立曰平阳,晋武帝太康元年更名。

南康公相,吴立曰安南,晋武帝太康元年更名。

陂阳男相,吴立曰揭阳,晋武帝太康五年,以西康揭阳移治故陂阳县,改曰陂县,然则陂阳先已为县矣。后汉《郡国》无,疑是吴所立,而改曰揭阳也。

南野伯相,汉旧县,属豫章。

虔化男相,孝武大明五年,以虔化屯立。

南新蔡太守,江左立。领县四,户一千七百三十,口八千八百四十八。去州水二百。去京都水一千三百七十,陆一千八百八十。

苞信令,别见。本作褒信,《永初郡国》作苞信。

慎令,汉旧名,本属汝南。

宋令,别见。徐志云宋乐,后复旧。

阳唐左县令,孝武大明八年立。

建安太守,本闽越,秦立为闽中郡。汉武帝世,闽越反,灭之,徙其民于江、淮间,虚其地。后有遁逃山谷者颇出,立为冶县,属会稽。司马彪云:"章安是故冶。"然则临海亦冶地也。张勃《吴录》云:"闽越王冶铸地,故曰安闽王冶。此不应偏以受名,盖句践冶铸之所,故谓之冶乎?闽中有山名湛,疑湛山之炉铸剑为湛炉也。"后分冶地为会稽东、南二部都尉。东部,临海是也;南部,建安是也。吴孙休永安三年,分南部立为建安郡。领县七,疑。户三千四十二,口一万七千六百八十六。去州水二千三百八十。去京都水三千四十。并无陆。

吴兴子相,汉末立曰汉兴,吴更名。

将乐子相,《晋太康地志》有。

邵武子相,吴立曰昭武,晋武帝更名。

建阳男相,《晋太康地志》有。

绥成男相,《永初郡国》、何、徐并有。何、徐不注置立。

沙村长,《永初郡国》、何、徐并有。何、徐不注置立。

晋安太守,晋武帝太康三年,分建安立。领县五,户二千八百四十三,口一万九千八百三十八。去州水三千九百九十。去京都水三千五百八十。

候官□相,前汉无,后汉曰东候官,属会稽。

原丰令,晋武帝太康三年,省建安典船校尉立。

晋安男相,吴立曰东安,晋武帝更名。

罗江男相,吴立,属临海。晋武帝立晋安郡,度属。

温麻令,晋武帝太康四年,以温麻船屯立。《永初郡国》无,何、徐并有。

青州刺史,治临淄。江左侨立,治广陵。安帝义熙五年,平广固,北青州刺史治东阳城,而侨立南青州如故。后省南青州,而北青州直曰青州。孝武孝建二年,移治历城。大明八年,还治东阳。明帝失淮北,于郁洲侨立青州,立齐、北海、西海郡。旧州领郡九,县四十六,户四万五百四,口四十万二千七百二十九。去京都陆二千。

齐郡太守,秦立。领县七,户七千三百四十六,口万四千八百八十九。

临淄令,汉旧县。

西安令,汉旧县。

安平令,六国时其地曰安平,二汉、魏、晋曰东安平。前汉属淄川,后汉属北海,魏度属齐。

般阳令,前汉属济南,后汉、《晋太康地志》属齐。

广铙令,汉旧县。

昌国令,汉旧县。

益都令,魏立。

济南太守,汉文帝十六年,分齐立。晋世济岷郡,云魏平蜀,徙蜀豪将家于济、河,故立此郡。安帝义熙中土断,并济南。案《晋太康地志》无济岷郡。《永初郡国》济南又有祝阿、二汉属平原,《晋太康地志》无。于陵县,汉旧县。而无朝阳、平陵二县。领县六,户五千五十六,口三万八千一百七十五。去州陆四百。去京都二千四百。

广城令,汉旧县。

朝阳令,前汉曰朝阳,后汉、晋曰东朝阳。二汉属济南,《晋太康地志》属乐安。

著令,汉旧县。

土鼓令,汉旧县,晋无。

逢陵令,二汉、晋无,《永初郡国》、何、徐有。

平陵令,汉旧县,至晋并曰东平陵。

乐安太守,汉高立,名千乘,和帝永元七年更名。领县三,户二千二百五十九,口一万四千九百九十一。去州陆一百八十。去京都陆一千八百。

千乘令,汉旧县。

临济令,前汉曰狄,安帝永初二年更名。

博昌令,汉旧名。

高密太守,汉文帝分齐为胶西,宣帝太始元年,更名高密。光武建武十三年,并北海,晋惠帝又分城阳,城阳郡,前汉有,后汉无,魏复分北海立。宋孝武并北海。领县六,户二千三百四,口一万三千八百二。去州陆二百。去京都陆一千六百。

黔陬令,前汉属琅邪,后汉属东莱,《晋太康地志》属城阳。

淳于令,二汉属北海,《晋太康地志》属城阳。

高密令,前汉属高密,后汉属北海,《晋太康地志》属城阳。

夷安令,前汉属高密,后汉属北海,《晋太康地志》属城阳。

营陵令,二汉属北海,《晋太康地志》属城阳。

昌安令,汉安帝延光元年立,属高密,后汉属北海,《晋太康地志》属城阳。

平昌太守，故属城阳，魏文帝分城阳立，后省，晋惠帝又立。领县五，户二千二百七十，口一万五千五十。去州陆二百。去京都陆千七百。

安丘令，二汉属北海，《晋太康地志》属琅邪。

平昌令，前汉属琅邪，后汉属北海，《晋太康地志》属城阳。

东武令，二汉属琅邪，《晋太康地志》属东莞。

琅邪令，二汉属琅邪，《晋太康地志》无。

朱虚令，前汉属琅邪，安帝永初元年属北海，《晋太康地志》属城阳。

北海太守，汉景帝十二年立。领县六，户三千九百六十八，口三万五千九百九十五。寄治州下。

都昌令，汉旧县，寄治州下。余依本治。

胶东令，本胶东国，后汉、《晋太康地志》属北海。

剧令，二汉属北海，《晋太康地志》属琅邪。

即墨令，前汉属胶东，后汉、《晋太康地志》属北海。

下密令，前汉属胶东，后汉、《晋太康地志》属北海。

平寿令，汉旧县。

东莱太守，汉高帝立。领县七，户一万一百三十一，口七万五千一百四十九。去州陆五百。去京都二千一百。

曲城令，汉旧县。

掖令，汉旧县。

㨉令，汉旧县。

卢乡令，汉旧县。

牟平令，汉旧县。

当利令，汉旧县。

黄令，汉旧县。

太原太守，秦立，属并州。文帝元嘉十年，割济南、泰山立。领县三，户二千七百五十七，口二万四千六百九十四。去州陆五百。去京都一千八百。

山庄令，汉旧县，属泰山。孝武建元年，度济北。

太原令，晋安帝义熙中土断立，属泰山。

祝阿令。别见。

长广太守，本长广县，前汉属琅邪，后汉属东莱，《晋太康地志》云："故属东莱。"《起居注》咸宁三年，以齐东部县为长广郡。领县四，户二千九百六十六，口二万二十三。去州五百。去京都一千九百五十。

不其令，前汉属琅邪，后汉属东莱，《晋太康地志》属长广。

长广令，前汉属琅邪，后汉属东莱，《晋太康地志》属长广。

昌阳令，晋惠帝元康八年，分长广县立。

挺令，前汉属胶东，后汉属北海，《晋太康地志》属长广。

冀州刺史，江左立南冀州，后省。义熙中更立，治青州，又省。文帝元嘉九年，又分青州立，历城，割土置郡县。领郡九，县五十，户三万八千七十六，口一十八万一千一。去京都陆二千四百。

广川太守，本县名，属信都。《地理志》不言始立，景帝二年，以为广川国，宣帝甘露三年复，明帝更名乐安。安帝延光中，改曰安平，晋武帝太康五年，又改为长乐。广川县，前汉属信都，后汉属清河，魏属勃海，晋还清河。何志："广川，江左所立。"又有蓨县前汉属信都，后汉、晋属勃海。而无广川。孝武大明元年，省广川之枣强、前汉属清河，后汉、晋、江左无。勃海之浮阳、高城并汉旧县。立广川县，非旧广川县也，属广川郡。领县四，户三千二百五十，口二万三千六百一十四。去州陆一百六十。去京都陆一千九百八十。

广川令。已见前。

中水令，前汉涿，后汉、《晋太康地志》属河间。孝武大明七年，自河间割度。

武强令，何："江左立。"

索卢令，何："江左立。"

平原太守，汉高帝立。旧属青州，魏、晋属冀州。领县八，户五千九百一十三，口二万九千二百六十七。

广宗令，前汉无，后汉属钜鹿，《晋太康地志》属安平，《永初郡国》、何无。孝武大明元年复立。

平原令，汉旧县。

鬲令，汉旧县。

安德令，汉旧县。

平昌令，汉旧县，后汉、《晋太康地志》曰西平昌。

般县令，汉旧县。

茌平令，前汉属东郡，后汉属济北，《晋太康地志》属平原。

高唐令，汉旧县。

清河太守，汉立。桓帝建和二年改曰甘陵，魏复旧。何有重合县。别见。领县七，户三千七百九十四，口二万九千二百七十四。去州一百一十。去京都陆一千八百。

清河令，二汉无，《晋太康地志》有。

武城令，汉旧县，并曰东武城。

绎幕令，汉旧县。

贝丘令，汉旧县。

零令，汉旧县作灵。

鄃令，汉旧县。

安次令，前汉旧县，属勃海，后汉属广阳，《晋太康地志》属燕国。

乐陵太守，晋武帝分平原立。旧属青州，今来属。领县五，户三千一百三，口一万六千六百六十一。去州一百四十。去京都陆一千八百。

乐陵令，汉旧县，故属平原。

阳信令，二汉属勃海，《晋太康地志》属乐陵。

新乐令。别见。

厌次令，前汉曰富平，明帝更名，属平原，《晋太康地志》属乐陵。

　　湿沃令，前汉属千乘，后汉无。何云"魏立"，当是魏复立也。《晋太康地志》属乐陵。

　　魏郡太守，汉高帝立。二汉属冀州，魏、晋属司隶，江左屡省置，宋孝武又侨立，何无。领县八，户六千四百五，口三万三千六百八十二。

　　魏令，汉旧县。

　　安阳令，《晋太康地志》有。

　　聊城令，汉属东郡，晋属平原。

　　博平令，汉属东郡，晋属平原。

　　肥乡令，《晋太康地志》属广平。

　　蠡吾令，前汉涿，后汉属中山，《晋太康地志》属高阳。孝武始立，属高阳，大明七年，度此。

　　顿丘令，别见。文帝元嘉二十八年，流民归顺，孝武孝建二年立。

　　临邑令，汉属东郡，晋属济北。孝武孝建二年，与顿丘同立。

　　河间太守，汉文帝二年，分赵立。江左屡省置，宋孝武又侨立，何无。领县六，户二千七百八十一，口一万七千七百七。

　　乐城令，汉旧县。

　　城平令，前汉属勃海，后汉、《晋太康地志》属河间。

　　武垣令，前汉属涿，后汉、《晋太康地志》属河间。

　　章武令，二汉属勃海，《晋太康地志》属章武。江左立，属广川，孝武大明七年，度此。

　　南皮令，汉旧县，属勃海。孝武始立，属勃海，大明七年，度此。

　　阜城令，前汉勃海有阜城县，《续汉》安平有阜城县，注云"故昌成"。汉信都有昌成，未详孰是。

　　顿丘太守，别见。江左屡省置，孝武又侨立，何无。领县四，户一千二百三十八，口三千八百五十一。

顿丘令。别见。

卫国令,《晋太康地志》有。

肥阳令,何志以前无。

阴安令,二汉属魏,□□阳平,晋属顿丘。

高阳太守,高阳,前汉县名,属涿,后汉属河间。晋武帝泰始元年,分涿为范阳,又属焉。后又分范阳为高阳。江左屡省置,孝武又侨立,何无。领县五,户二千二百九十七,口一万四千七百二十五。

安平令,前汉涿,后汉属安平,《晋太康地志》属博陵。

饶阳令,前汉属涿。《续汉》安平有饶阳县,注云“故名饶,属涿”。按《地理》,涿唯有饶阳县,无饶县。

邺令,汉旧县,属魏郡。江左避愍帝讳,改曰临漳。孝武始立,属魏郡,大明七年,度此。

高阳令。已见。

新城令,前汉属中山,后汉属涿,《晋太康地志》高阳,并曰北新城。

勃海太守,汉高帝立,属幽州。后汉、晋属冀州。江左省置,孝武又侨立,何无。领县三,户一千九百五,口万二千一百六十六。

长乐令,晋之长乐郡也。疑是江左省为县,至是又立。

蒋令,别见。何志属广川,徐志属此。

重合令,汉旧县。

司州刺史,汉之司隶校尉也。晋江左以来,沦没戎寇,虽永和、太元王化暂及,太和、隆安还复湮陷。牧司之任,示举大纲而已。县邑户口,不可具知。武帝北平关、洛,河南底定,置司州刺史,治虎牢,领河南、汉旧县。荥阳、晋武帝太始元年,分河南立。弘农汉旧郡。实土三郡。河南领洛阳、河南、巩、缑氏、新城、梁,并汉旧县。河阴、《晋太康地志》有。陆浑、汉旧县,属弘农,《晋太康地志》属河南。东垣、二汉、《晋太康地志》、何有东垣县,新安、二汉属弘农,《晋太康地志》属河东。西东垣新立。凡十一县。荥阳领京、密、荥阳、卷、阳武、苑陵、中牟、开封、成皋北汉旧县，属河南。凡九县。弘农领弘农、陕、宜阳、黾池、卢氏、并汉旧县。曲阳前汉属东海，后汉属下邳，《太康地志》无。凡七县。三郡合二十七县，一万六千三百六户。又有河内、汉旧郡。东京兆京兆别见雍州，东京兆新立。二侨郡。河内寄治河南，领温、野王、轵、河阳、沁水、山阳、怀、平皋、并汉旧名。朝歌二汉属河内，《晋太康地志》属汲郡，晋武太康元年始立。凡十县。东京兆寄治荥阳，领长安、汉旧县。万年、别见。新丰、别见。蓝田、别见。蒲阪二汉、《晋太康地志》属河东。凡六县。合十六县，一千九百九十二户。少帝景平初，司州复没北虏。文帝元嘉末，侨立始汝南，寻亦省废。明帝复于南豫州之义阳郡立司州，渐成实土焉。领郡四，县二十。去京都水二千七百，陆一千七百。

义阳太守，魏文帝立，后省，晋武帝又立。《太康地志》、《永初郡国》、何志并属荆州，徐则南豫也。明帝泰始五年，度郢州，后废帝元徽四年，属州司。领县七，户八千三十一，口四万一千五百九十七。

平阳侯相，前汉无，后汉属江夏曰平春，《晋太康地志》属义阳，晋孝武改。

郠令，二汉属江夏，《晋太康地志》属义阳，并作郠，音盲。《永初郡国》、何并作郠。

钟武令，前汉属江夏，后汉、《晋太康地志》无，《永初郡国》属义阳。

宝城令，孝武孝建三年，分郠立。

义阳令，《晋太康地志》有，后省。孝武孝建三年，分平阳立。

平春令，孝武孝建三年，分平阳立。

环水长，《永初郡国》、何、徐并无。明帝泰始三年，度属宋安郡，后省宋安，还此。宋安，本县名，孝武大明八年，省义阳郡所统东随二左郡立为宋安县，属义阳。明帝立为郡。

随阳太守，晋武帝分南阳义阳立义阳国，太康年，又分义阳为随国，属荆州。孝武孝建元年，度属郢，前废帝永光元年，度属雍，明帝泰始五年，还属郢，改为随阳，后废帝元徽四年，度属司州。徐志又有革音县，今无。领县四，户四千六百。去京都三千四百八十。

随阳子相，汉随县属南阳，《晋太康地志》属义阳，后随国
与郡俱改。

水阳男相，徐志有。

关西令，别见荆州，作厌西。宋末新立。

西平林令，宋末新立。

安陆太守，孝武孝建元年，分江夏立，属郢州，后废帝元徽四
年，度司州。徐志有安蛮县，《永初郡国》、何并无，当是何志后所立。
寻为郡，孝武大明八年，省为县，属安陆，明帝泰始初，又立为左郡，
宋末又省。领县二，户六千四十三，口二万五千八十四。去京都水
二千三百。

安陆公相，汉旧县，属江夏。江夏又有曲陵县，本名石阳，吴立。
《晋起居注》，太康元年，改江夏石阳曰曲阳。明帝泰始六年，并安
陆。

南汝南太守。汝南郡别见。

平舆令。

北新息令。

真阳令。

安城令。

南新息令。

安阳令。并别见。

临汝令，新立。

宋书卷三七
志第二七

州郡三

荆州　郢州　湘州　雍州　梁州　秦州

　　荆州刺史，汉治武陵汉寿，魏、晋治江陵，王敦治武昌，陶侃前治沔阳，后治武昌，王廙治江说，庾亮治武昌，庾翼进襄阳，复还夏口，桓温治江陵，桓冲治上明，王说还江陵，此后遂治江陵。宋初领郡三十一，后分南阳、顺阳、襄阳、新野、竟陵为雍州，湘川十郡为湘州，江夏、武阳属郢州，随郡、义阳属司州，北义阳省，凡余十一郡。文帝世，又立宋安左郡，领拓边、绥慕、乐宁、慕化、仰泽、革音、归德七县，后省改。汶阳郡又度属。今领郡十二，县四十八，户六万五千六百四。去京都水三千三百八十。

　　南郡太守，秦立。汉文帝元年，为临江国，景帝中元年复故。晋武帝太康元年，改曰新郡，寻复故。宋初领县九，后州陵、监利度属巴陵；旌阳，文帝元嘉十八年，省并枝江。二汉无旌阳，见《晋太康地志》，疑是吴所立。凡余六县，户一万四千五百四十四，口七万五千八十七。

　　江陵公相，汉旧县。

　　华容公相，汉旧县。晋武太康元年省，后复立。

　　当阳男相，汉旧县。

临沮伯相，汉旧县。《晋太康》、《永宁地志》属襄阳，后度。

编县男相，汉旧县。

枝江侯相，汉旧县。

南平内史，吴南郡治江南，领江陵、华容诸县。晋武帝太康元年，分南郡江南为南平郡，治作唐，后治江安。领县四，户一万二千三百九十二，口四万五千四十九。去州水二百五十。去京都水三千五百。无陆。

江安侯相，晋武帝太康元年立。

孱陵侯相，二汉旧县，属武陵，《晋太康地记》属南平。

作唐侯相，前汉无，后汉属武陵，《晋太康地记》属南平。

安南令，晋武帝分江安立。

天门太守，吴孙休永安六年，分武陵立。充县有松梁山，山有石，石开处数十丈，其高以努仰射不至，其上名“天门”，因此名郡。元县后省。孝武孝建元年，度郢州，明帝泰始三年复旧。领县四，户三千一百九十五。去州水一千二百，陆六百。去京都水三千五百。

澧阳令，晋武帝太康四年立。

临澧令，晋武帝太康四年立。

零阳令，汉旧县，属武陵。

溇中令，二汉无，《晋太康地志》有，疑是吴立。

宜都太守，《太康地志》、王隐《地道》、何志并云吴分南郡立。张勃《吴录》云刘备立。按《吴吉》，吕蒙平南郡，据江陵，陆逊别取宜都，获秭归、枝江、夷道县。初，权与刘备分荆州，而南郡属备，则是备分南郡立宜都，非吴立也。习凿齿云：“魏武平荆州，分南郡枝江以西为临江郡，建安十五年，刘备改为宜都。”领县四，户一千八百四十三，口三万四千二百二十。去州水三百五十，无陆。去京都水三千七百三十。

夷道令，汉旧县。

佷山男相，前汉属武陵，后汉属南郡，晋武帝太康元年，改为兴山，后复旧。

宜昌令，何志："晋武帝立。"按《太康》、《永宁地志》并无，疑是此后所立。

夷陵令，汉旧县，吴改曰西陵，晋武帝太康元年复旧。

巴东公相，谯周《巴记》云："初平六年，荆州帐下司马赵韪建议分巴郡诸县汉安以下为永宁郡。建安六年，刘璋改永宁为巴东郡，以涪陵县分立丹兴、汉葭二县，立巴东属国都尉，后为涪陵郡。"《晋太康地志》，巴东属梁州。惠帝太安二年，度益州，穆帝永和初平蜀，度属荆州。《永初郡国志》无巴渠、鱼阳二县。领县七，户一万三千七百九十五，口四万五千二百三十七。去州水一千三百。去京都水四千六百八十。

鱼复侯相，汉旧县，属巴郡，刘备章武二年，改为永安，晋武帝太康元年复旧。

朐䏰令，汉旧县，属巴郡。

新浦令，何志："新立。"

南浦令，刘禅建兴八年十月，益州牧阎宇表改羊渠立。羊渠不详，何志："吴立。"

汉丰令，何志不注置立。《太康地志》，巴东有汉昌县，疑是。

巴渠令，何志不注置立。

鱼阳令，何志不注置立。晋末平吴时，峡中立武陵郡，有鱼阳、黔阳县，咸宁元年并省。

汶阳太守，何志："新立。"先属渠州，文帝元嘉十一年度。宋初有四县，后省汶阳县，今领三县。户九百五十八，口四千九百一十四。去州水七百，陆四百。去京都四千一百。

僮阳令，何志："新立。"

沮阳令，何志："新立。"

高安令，何志："新立。"

南义阳太守，义阳郡别见。晋末以义阳流民侨立。宋初有四县，孝武孝建二年，以平阳县并厥西。平阳本为郡，江左侨立。魏世分河东为平阳郡,晋末省为县。今领县二,户一千六百七,口九千七百四十一。

　　厥西令,二汉无,《晋太康地志》属义阳。

　　平氏令,汉旧名,属南阳。

新兴太守,《魏志》建安二十年,省云中、定襄、五原、朔方四郡,郡立一县,合为此郡,属并州。晋江左侨立。宋初六县,后省云中,汉旧名,属云中。孝武孝建二年,又省九原县汉旧名,属五原。并定襄,宕渠流寓立。并广牧。凡今领县三,户二千三百一,口九千五百八十四。

　　定襄令,汉旧名。

　　广牧男相,汉旧名,属朔方。

　　新丰令,汉旧名,属京兆,侨流立。

南河东太守,河东郡,秦立。晋成帝咸康三年,征西将军庾亮以司州侨户立。宋初八县,孝武孝建二年以广戚前汉属沛,后汉、《晋太康地志》属彭城,汉左流寓立。并闻喜,弘农、江左立侨郡,后并省为县。临汾并松滋,安邑并永安。临汾、安邑,汉旧名。临汾后属阳平。今领县四,户二千四百二十三,口一万四百八十七。去州水一百二十。去京都水三千五百。

　　闻喜令,故曲沃,秦改为左邑,汉武帝元鼎六年,行幸至此,闻南越破,改名闻喜。

　　永安令,前汉彘县,顺帝阳嘉二年更名,后属平阳。

　　松滋令,前汉属庐江,后汉无,晋属安丰。疑是有流民寓荆土,故立。

　　谯县令,别见。谯流民寓立。

建平太守,吴孙休永安三年,分宜都立,领信陵、兴山、秭归、沙渠四县。晋又有建平都尉,领巫、北井、泰昌、建始四县。晋武帝咸宁元年,改都尉为郡,于是吴、晋各有建平郡。太康元年,吴平,并合。五年,省建始县,后复立。《永初郡国》有南陵、建始、信陵、兴山、永新、永宁、平乐七县,今并无。按《太康地志》,无南陵、永新、永宁、平乐、新乡五县，疑是江左所立。信陵、兴山、沙渠，疑是吴立。建始，晋初所立也。领县七，户一千三百二十九，口二万八百一十四。去州水陆一千。去京都水四千三百八十。

巫令，汉旧县。

秭归侯相，汉旧县。

归乡公相，何志：“故属秭归，吴分。”按《太康地志》云：“秭归有归乡，改夔子国，楚灭之。”而无归乡县，何志所言非也。

北井令，《晋太康地志》有，先属巴东，晋武帝泰始五年，度建平。

泰昌令，《晋太康地志》有。

沙渠令，《晋起居注》，太康元年立。按沙渠是吴建平郡所领，吴平不应方立，不详。

新乡令。

永宁太守，晋安帝侨立为长宁郡，宋明帝以名与文帝陵同，改为永宁。宋初五县，后省经安。<small>晋安帝立。</small>孝武孝建二年后，以僮阳<small>晋安帝立。</small>并长宁，绥宁<small>晋安帝立。</small>并上黄。今领县二，户一千一百五十七，口四千二百七十四。去州陆六十。去京都三千四百三十。

长宁侯相，晋安帝立。

上黄男相，宋初属襄阳，后度。二汉、晋并无此县。

武宁太守，晋安帝隆安五年，桓玄以沮、漳降蛮立。领县二，户九百五十八，口四千九百一十四。

乐乡令，晋安帝立。

长林男相，晋安帝立。

郢州刺史，魏文帝黄初三年，以荆州江北诸郡为郢州，其年罢并荆，非今地。吴又立郢州。孝武孝建元年，分荆州之江夏、竟陵、随、武陵、天门、湘州之巴陵、江州之武昌、豫州之西阳，又以南郡之州陵、监利二县度属巴陵，立郢州。天门后还荆。领郡六，县三十九，户二万九千四百六十九，口十五万八千五百八十七。去京都水二千一百。

江夏太守,汉高帝立,本属荆州。《永初郡国》及何志并治安陆,此后治夏口。又有安陆、曲陵,曲后别郡。领县七,户五千七十二,口二万三千八百一十。

汝南侯相,本沙羡土,晋末汝南郡民流寓夏口,因立为汝南县。

沙羡令,汉旧县,吴省。晋武太康元年复立,治夏口。孝武太元三年,省并沙阳,后以其地为汝南实土。

沌阳子相,江左立。

孝昌侯相,《永初郡国》、何志并无,徐志有,疑是孝武世所立。

惠怀子相,江左立。

沙阳男相,二汉旧县,本名沙羡,属武昌,晋武帝太康元年更名,又立沙羡,而沙阳徙今所治。文帝元嘉十六年,度巴陵,孝武孝建元年,度江夏。

溓阳子相,晋惠帝世,安陆人朱伺为陶侃将,求分安陵东界为此县。

蒲圻男相,晋武帝太康元年立。本属长沙,文帝元嘉十六年,度巴陵,孝武孝建元年,度江夏。

竟陵太守,晋惠帝元康九年,分江夏西界立。何志又有宋县,徐无。领县六,户八千五百九十一,口四万四千三百七十五。去州水一千四百。去京都水三千四百。

苌寿令,明帝泰始六年立。

竟陵侯相,汉旧县,属江夏。

新市子相,汉旧县,属江夏。

霄城侯相,《永初郡国》有,何、徐不注置立。

新阳男相,《永初郡国》有,何、徐不注置立。

云杜侯相,汉旧县,属江夏。

武陵太守,《前汉地理志》:"高帝立。"《续汉郡国志》云:"秦昭王立,名黔中郡,高帝五年更名。"本属荆州,领县十,户五千九十,口三万七千五百五十五。去州水一千。去京都水三千。

临沅男相,汉旧县。

龙阳侯相,《晋太康地理志》、何志,吴立。

汉寿伯相,前汉立,后汉顺帝阳嘉三年更名。吴曰吴寿,晋武帝复旧。

沅南令,汉光武建武二十六年立。

迁陵侯相,汉旧县。

辰阳男相,汉旧县。

舞阳令,前汉作无阳,后汉无,《晋太康地志》有。

酉阳长,汉旧县。

黚阳长,二汉无,《晋太康地志》有。

沅陵令,汉旧县。

巴陵太守,文帝元嘉十六年,分长沙之巴陵、蒲圻、下隽、江夏之沙阳四县立,属湘州,孝武孝建元年,割南郡之监利、州陵度江夏,属郢州。二年,又度长宁之绥安属巴陵。何志讫元嘉二十年,巴陵郡以十六年立,应在何志而阙。领县四,户五千一百八十七,口二万五千三百一十六。去州水五百。去京都水二千五百。

巴陵男相,晋武帝太康元年立,属长沙。本领度支校尉,立郡省。

下隽侯相,汉旧县,属长沙。

监利侯相,按《晋起居注》,太康四年,复立南郡之监利县,寻复省之。言由先有而被省也,疑是吴所立,又是吴所省。孝武孝建元年度。

州陵侯相,汉旧县,属南郡,晋武帝太康元年复立,疑是吴所省也。孝武孝建元年度。明帝泰始四年,以绥安县并州陵。

武昌太守,《晋起居注》,太康元年,改江夏为武昌郡。领县三,户二千五百四十六,口一万一千四百一十一。去京都水一千一百。

武昌侯相,魏文帝黄初三年,孙权改鄂为武昌。

阳新侯相,吴立。

鄂令,汉旧县,属江夏。吴改鄂为武昌。晋武帝太康元年复立鄂县,而武昌如故。

西阳太守,本县名,二汉属江夏,魏立弋阳郡,又属焉。晋惠帝又分弋阳为西阳国,属豫州。宋孝武孝建元年,度郢州,明帝泰始五年,又度豫,后又还郢。《永初郡国》、何、徐并有弋阳县。今领县十,户二千九百八十三,口一万六千一百二十。去州水二百八十。去京都水一千七百二十。

西阳令,汉旧县,属江夏,后属弋阳。

西陵男相,汉旧县,属江夏,后属弋阳。

孝宁侯相,本轪县,汉旧县。孝武自此伐逆,即位改名。

蕲阳令,三汉江夏郡有蕲春县,吴立为郡。晋武帝太康元年,省为蕲春郡,而县属弋阳,后属新蔡,孝武大明八年,还西阳。

义安令,明帝泰始二年,以来流民立。

蕲水左县长,文帝元嘉二十五年,以豫部蛮民立建昌、南川、长风、赤亭、鲁亭、阳城、彭波、迁溪、东丘、东安、西安、南安、房田、希水、高坡、直水、蕲水、清石十八县,属西阳。孝武大明八年,赤亭、彭波并阳城,其余不详何时省。

东安左县长,前废帝永光元年,复以西阳蕲水、已水、希水三屯为县。

建宁左县长,孝武大明八年,省建宁左郡为县,属西阳。徐志有建宁县,当是此后为郡。

希水左县长。

阳城左县长,本属建宁左郡,孝武大明八年,省西阳之赤亭、阳城、彭城三县,并建宁之阳城县,而以县属西阳。

湘州刺史,晋怀帝永嘉元年,分荆州之长沙、衡阳、湘东、邵陵、零陵、营阳、建昌、江州之桂阳八郡立,治临湘。成帝咸和三年省,安帝义熙八年复立,十二年又省。宋武帝永初三年又立,文帝元嘉八年省。十七年又立,二十九年又省。孝武孝建元年又立。建昌郡,晋惠帝元康九年,分长沙东北下隽诸县立,成帝咸康元年省。元嘉十六年立巴陵郡,属湘州,后度郢。领郡十,县六十二,户四万五千八十九,口三十五万七千五百七十二。去京都水三千三百。

长沙内史,秦立。宋初十县,下隽、蒲圻、巴陵属巴陵。今领县七,户五千六百八十四,口四万六千二百一十三。

临湘侯相,汉旧县。

醴陵侯相,后汉立。

浏阳侯相,吴立。

吴昌侯相,后汉立曰汉昌,吴更名。

罗县侯相,汉旧县。

攸县子相,汉旧县。

建宁子相,吴立。

衡阳内史,吴孙亮太平二年,分长沙西部都尉立。领县七,户五千七百四十六,口二万八千九百九十一。去州水二百二十。去京都水三千七百。

湘西令,吴立。

湘南男相,汉旧县,属长沙。

益阳侯相,汉旧县,属长沙。

湘乡男相,前汉无,后汉属零陵。

新康男相,吴曰新阳,晋武帝太康元年更名。

重安侯相,前汉曰钟武,后汉顺帝永建三年更名,属零陵。

衡山男相,吴立曰衡阳,晋惠帝更名。

桂阳太守,汉高立,属荆州。晋惠帝元康元年,度江州。领县六,户二千二百一十九,口二万二千一百九十二。去州水一千四百。去京都水四千九百四十。

郴县伯相,汉旧县。

耒阳子相,汉旧县。

南平令,汉旧县。

临武令,汉旧县。

汝城令,江左立。

晋宁令,汉顺帝永和元年立曰汉宁,吴改曰阳安,晋武帝太康元年改曰晋宁。

零陵内史,汉武帝元鼎六年立。领县七,户三千八百二十八,口六万四千八百二十八。去州一千四百。去京都水四千八百。

泉陵子相,汉旧县。

洮阳侯相,汉旧县。

零陵子相,汉旧县。

祁阳子相,吴立。明帝泰始初,度湘东,五年复旧。

应阳男相,晋惠帝分观阳立。

观阳男相,吴立。

永昌令,吴立。

营阳太守,江左分零陵立。领县四,户一千六百八,口二万九百二十七。去州水一千七百一。去京都水五千五百五十。

营浦侯相,汉旧县,属零陵。

营道侯相,汉旧县,属零陵。

春陵令,前汉旧县,春陵侯徙国南阳,省。吴复立,属零陵。

泠道令,汉旧县,属零陵。

湘东太守,吴孙亮太平二年,分长沙东部都尉立。晋世七县,孝武太元二十年,省酃、汉旧县。利阳、新平张勃《吴录》有此二县,利作梨,晋作利音。三县。今领县五,户一千三百九十六,口一万七千四百五十。去州水、陆七百。去京都水三千六百。

临烝伯相,吴属衡阳,《晋太康地志》属湘东。

新宁令,吴立。

茶陵子相,汉旧县,属长沙。

湘阴男相,后废帝元徽二年,分益阳、罗、湘西及巴、硖流民立。

阴山令,阴山乃是汉旧县,而属桂阳。吴湘东郡有此阴山县,疑是吴所立。

邵陵太守,吴孙皓宝鼎元年,分零陵北部都尉立。领县七,户一千九百一十六,口二万五千五百六十五。去州水七百,陆一千三百。去京都水四千五百。

邵陵子相,何志属长沙。按二汉无,《吴录》属邵陵。

武刚令,晋武分都梁立。

建兴男相,晋武帝分邵陵立。

高平男相,吴立。晋武帝太康元年,改曰南高平,后更曰高平。

都梁令,汉旧县,属零陵。

邵阳男相,吴立曰昭阳,晋武改。

扶县令,汉旧县,至晋曰夫夷。汉属零陵,晋属邵陵。案今云扶者,疑是避桓温讳去"夷","夫"不可为县名,故为"扶"云。

广兴公相,吴孙皓甘露元年,分桂阳南都尉立为始兴郡。晋武帝平吴,以属广州,成帝度荆州,宋文帝元嘉二十九年,又度广州,三十年,复度湘州。明帝泰始六年,立冈溪县,割始兴之封阳、阳山、含洭四县,立宋安郡,属湘州。太豫元年复□,省冈溇县,改始兴曰广兴。领县七,户一万一千七百五十六,口七万六千三百二十八。去州水二千三百九十。去京都水五千。

曲江侯相,汉旧县,属桂阳。

桂令,汉旧县,属桂阳。

阳山侯相,汉旧县,后汉曰阴山,属桂阳。吴始兴郡无此县,当是晋后立。

贞阳侯相,汉旧县,名浈阳,属桂阳。宋明帝泰始三年,改"浈"为"贞"。

含洭男相,汉旧县,属桂阳。

始兴令,吴立。

中宿令,汉旧县,属南海,吴度。

　　临庆内史，吴分苍梧立为临贺郡，属广州。晋成帝度荆州，宋文帝元嘉二十九年，度广州，三十年，复度湘州。明帝改名。领县九，户三千七百一十五，口三万一千五百八十七。去州水、陆二千八百。去京都水、陆五千五百七十。

　　　　临贺侯相，汉旧县。《晋太康地志》、王隐云属南海，而二汉属苍梧，当是吴所度。

　　　　冯乘侯相，汉旧县，属苍梧。

　　　　富川令，汉旧县，属苍梧。

　　　　封阳侯相，汉旧县。

　　　　兴安侯相，吴立曰建兴，晋武帝太康元年更名。

　　　　谢沐长，汉旧县，属苍梧。

　　　　宁新令，二汉无，当是吴所立，属苍梧，晋武帝太康元年更名。

　　　　开建令，文帝分封阳立宋昌、宋兴、开建、武化、往往、往音生。永固、绥南七县。后又分开建、武化、宋昌三县立宋建郡，属广州。孝武大明元年悉省，唯余开建县。

　　　　抚宁令，宋末立。

　　始建内史，吴孙皓甘露元年，分零陵南部都尉立始安郡，属广州。晋成帝度荆州，宋文帝元嘉二十九年，度广州，三十年，复度湘州。明帝改名。领县七，户三千八百三十，口二万二千四百九十。去州水二千八十，陆二千六百三十。去京都水五千五百九十。

　　　　始安子相，汉旧县，属零陵。

　　　　熙平令，吴立为尚安，晋武改。

　　　　永丰男相，吴立。

　　　　荔浦令，汉旧县，属苍梧。

　　　　平乐侯相，吴立。

　　　　建陵男相，吴立，属苍梧，宋末度。

　　　　乐化左令，宋末立。

雍州刺史，晋江左立。胡亡氐乱，雍、秦流民多南出樊、沔，晋孝武始于襄阳侨立雍州，并立侨郡县。宋文帝元嘉二十六年，割荆州之襄阳、南阳、新野、顺阳、随五郡为雍州，而侨郡县犹寄寓在诸郡界。孝武大明中，又分实土郡县以为侨郡县境。徐志雍州有北上洛，北京兆、义阳三郡。北上洛，晋孝武立，领上洛、北商、郿阳、阳亭、北拒阳五县。北京兆领北蓝田、霸城、山北三县。并云景平中立。义阳，云晋安帝立，领平氏、襄乡二县。郿阳、阳亭、北拒阳，并云安帝立，余县不注置立。今并无此三郡。今领郡十七，县六十，户三万八千九百七十五，口十六万七千四百六十七。去京都水四千四百，陆二千一百。

襄阳公相，魏武帝平荆州，分南郡编以北及南阳之山都立，属荆州。鱼豢云：“魏文帝立。”《永初郡国》、何志并有宜城、汉旧县，属南郡。郡、上黄县，并别见。徐志无。领县三，户四千二十四，口一万六千四百九十六。

　　襄阳令，汉旧县，属南郡。

　　中庐令，汉旧县，属南郡。

　　邔县令，汉旧县，属南郡。

南阳太守，秦立，属荆州。《永初郡国》有比阳、鲁阳、赭阳、西鄂、犨、叶、雉、博望八县。并汉旧县。何志无犨、雉。徐志无比阳、鲁阳、赭阳、西鄂、博望，而有叶，余并同。孝武大明元年，省叶县。领县七，户四千七百二十七，口三万八千一百三十二。去州三百六十。去京都水四千四百。

　　宛县令，汉旧县。

　　涅阳令，汉旧县。

　　云阳男相，汉旧县。故名育阳，晋孝武改。

　　冠军令，汉旧县，武帝分穰立。

　　郦县令，汉旧县。

　　舞阴令，汉旧县。

　　许昌男相，徐志无，此后所立，本属颍川。

新野太守,何志:"晋惠帝分南阳立。"《永初郡国》、何志有棘阳、别见。蔡阳、邓县。并汉旧县。徐无。孝武大明元年,省蔡阳。今领县五,户四千二百三十五,口一万四千七百九十三。去州一百八十。去京都水四千五百八十。

新野侯相,汉旧县,属南阳。文帝元嘉末省,孝武大明元年复立。

山都男相,汉旧县,属南阳,《晋太康地志》属襄阳,《永初郡国》及何、徐属新阳。

池阳令,汉旧名,属冯翊,《晋太康地志》属京兆,侨立亦属京兆,孝武大明中土断,又属此。

穰县令,汉旧县,属南阳。

交木令,孝武大明元年立。

顺阳太守,魏分南阳立曰南乡,晋武帝更名。成帝咸康四年,复立南乡,后复旧。《永初郡国》及何志有朝阳、武当、鄼、阴、泛阳、筑、并别见。析、前汉属弘农,后汉属南阳。修阳唯见《永初郡国》。凡八县。徐志唯增朝阳。朝阳,孝武大明元年省。领县七,户四千一百六十三,口二万三千一百六十三。

南乡令,前汉无,后汉有,属南阳。

槐里男相,汉旧名,属扶风,《晋太康地志》属始平,侨立亦属始平,大明土断属此。

顺阳侯相,前汉曰博山,后汉明帝更名,属南阳。

清水令,前汉属天水,后汉为天水汉阳,无此县。《晋太康地志》属略阳,侨立属始平,大明土断属此。

朝阳令,汉旧县。

丹水令,前汉属弘农,后汉属南阳。何志:"魏立。"非也。

郑县令,汉旧名,属京兆,侨立亦属京兆,后度此。

京兆太守,故秦内史,汉高帝元年,属塞国,二年,更为渭南郡。九年罢,复为内史。武帝建元六年,分为右内史,太初元年,更为京兆尹。魏改为京兆郡。初侨立,寄治襄阳。朱序没氏,孝武太元十一年复立。大明土断，割襄阳西界为实土。雍州侨郡先属府，武帝永初元年属州。《永初群国》有蓝田、汉旧县。郑、池阳、并别见。南霸城、本霸陵，汉旧县。《太康地志》曰霸城。何志魏□。新康五县。何志无新康，而有新丰。徐无。孝武大明元年，省京兆之卢氏、蓝田、霸城县。卢即当是何志后所立，二汉属弘农，《晋太康地志》属上洛。新康疑是晋末所立。领县三，户二千三百七，口九千二百二十三。

　　杜令，二汉曰杜陵，魏改。

　　邓县令，汉旧县，属南阳。

　　新丰令，汉旧县。

　始平太守，晋武帝泰始二年，分京兆、扶风立，后分京兆、扶风侨立，治襄阳。今治武当。《永初郡国》唯有始平、平阳、清水别见。三县。何志有槐里、别见。宋宁、宋嘉何志："新三"。三县，而清水、始平与《永初郡国》同。领县四，户二千七百九十七，口五千五百十二。

　　武当侯相，汉旧县，属南阳，后属顺阳。

　　始平令，魏立。

　　武功令，汉旧名，故属扶风，《晋太康地志》属始平。

　　平阳子相，江左平阳郡民流寓立此。

　扶风太守，故秦内史。高帝元年，属雍国，二年，更为中地郡，九年罢，后为内史。武帝建元六年，分为右内史，太初元年，更名为右扶风。侨立，治襄阳，今治筑口。《永初郡国》及何志唯有郡魏昌县，魏昌，魏立，属中山。孝武大明元年省魏昌。领县三，户二千一百五十七，口七千二百九十。

　　筑阳令，汉旧县，属南阳，又属顺阳，大明土断属此。

　　郿县令，汉旧名，属扶风，《晋太康地志》属秦国。

　　泛阳令，晋武帝太康五年立，属南乡，仍属顺阳，大明土断属此。

　南上洛太守，《永初郡国》、何志，雍州并有南上洛郡，寄治魏兴，今梁州之上洛是也。此上洛盖是何志以后侨立耳。今治曰。何、徐志：雍州南上洛，晋武帝立。北上洛，云晋孝武立，非也。徐有南北阳亭、阳安县，不注置立。今领县二，户一百四十四，口四百七十七。

上洛男相。别见。

商县令。别见。

河南太守，故秦三川郡，汉高帝更名。光武都洛阳，建武五年，改曰河南尹。侨立，始治襄阳，孝武大明中，分沔北为境。《永初郡国》及何志并又有阳城、缑氏县。汉旧名，并属河南。徐无此二县，而有侨洛阳。汉旧名。阳城县，孝武大明元年省。洛阳，当是何志后立。领县五，户三千五百四十一，口一万三千四百七十。去州陆三十五。

河南令，汉旧名。

新城令，汉旧名。

河阴子相，魏立。

棘阳令，汉县，故属南阳，《晋太康地志》属义阳，后属新野，大明土断属此。

襄乡令，前汉无，后汉有，属南阳，徐志属义阳。当是大明土断属此。

广平太守，别见。江左侨立，治襄阳，今为实土。《永初郡国》及何志并又有易阳、曲周、邯郸，并见在。无鄼、比阳。徐无复邯郸县。易阳、曲周，孝武大明元年省。邯郸应是土断省。领县四，户二千六百二十七，口六千二百九十三。

广平令，汉旧名。徐志："南度以朝阳县境立。"

鄼县令，汉旧县，属南阳，后属顺阳。

比阳令，汉旧县，属南阳。

阴县令，汉旧县，属南阳。

义成太守，晋孝武立，治襄阳，今治均。《永初郡国》又有下蔡、平阿县，二县前汉属沛，后汉属九江，《晋太康地志》属淮南。何同。孝武大明元年，省下蔡，始亦流寓立也。平阿当是何志后省。领县二，户一千五百二十一，口五千一百一。

义成侯相，晋孝武立。

万年令,汉旧名,属冯翊。

冯翊太守,故秦内史,高帝元年,属塞国,三年,更名为河上郡,九年罢,复为内史。武帝建元六年,分为左内史,太初元年更名。三辅流民出襄阳,文帝元嘉六年立,则何志应有而无。治襄阳,今治郡。领县三,疑。户二千七十八,口五千三百二十一。

郙县令,汉旧县,属南郡,作"若"字。《晋太康地志》作"郙"。《永初郡国》及何志属襄阳,徐属此。

高陆令,《晋太康地志》属京兆。《永初郡国》、何志并无,孝武大明元年复立。

南天水太守,天水郡别见。徐志:"本西戎流寓,今治岩州。"《永初郡国》、何志并无,当是何志后所立。又有冀县,汉旧名。孝武大明元年省。领县四,户六百八十七,口三千一百二十二。

华阴令,前汉属京兆,后汉、魏、晋属弘农。

西县令,前汉属陇西,后汉属汉阳,即天水,魏、晋属天水。

略阳侯相。别见。

河阳令。别见。

建昌太守,孝建元年,刺史朱脩之免军户为永兴、安宁二县,立建昌郡,又立永宁为昌国郡,并寄治襄阳。昌国后省。徐志:"建昌又有永宁县,今无。"领县二,户七百三十二,口四千二百六十四。

永兴令。

安宁男相。

华山太守,胡人流寓,孝武大明元年立。今治大堤。领县三,户一千三百九十九,口五千三百四十二。

华山令,与郡俱立。

蓝田令,汉旧名,本属京兆。

上黄令,本属襄阳,立郡割度。

北河南太守,晋孝武太元十年立北河南郡,后省。《永初郡国》、何、徐志并无。明帝泰始末复立。寄治宛中。领县八。

新蔡令。别见。

汝阴令。别见。

苞信令。别见。

上蔡令。别见。

固始令。别见。

缑氏令。别见。

新安令。别见。

洛阳令。别见。

弘农太守,汉武帝元鼎六年立。宋明帝末立,寄治五垄。领县三。

邯郸令,汉旧名,属赵国。《晋太康地志》无此县。

圉县令,前汉属淮阳,后汉属陈留。《晋太康地志》无此县。

卢氏令。别见。

梁州刺史,《禹贡》旧州,周以梁并雍,汉以梁为益,治广汉雒县。魏元帝景元四年平属,复立梁州,治汉中南郑,而益州治成都。李氏据梁、益,江左于襄阳侨立梁州。李氏灭,复旧。谯纵时,又治汉中,刺史治魏兴。纵灭,刺史还治汉中之苞中县,所谓南城也。文帝元嘉十年,刺史甄法护于南城失守,刺史萧思话还治南郑。《永初郡国》又有宕渠郡、北宕渠郡。《宋起居注》,元嘉十六年,割梁州宕渠郡度益州。今益部宕渠郡曰南宕渠。何、徐并有北宕渠郡,唯领宕渠一县。何云:“本巴西流民。”今无。

汉中太守,秦立。汉献帝建安二十年,魏武平张鲁,复汉宁郡为汉中,疑是此前改汉中曰宁也。晋地记云,孝武太元十五年,梁州刺史周表立。又疑是李氏所省,李氏平后复立。《永初郡国》又有苞县作中怀安汉、晋、何、徐并无二县。二县。领县四,户一千七百八十六。口一万三百三十四。

南郑令,汉旧县。

城固令,汉旧县。

沔阳令,汉旧县。

西乡令,属立曰南乡,晋武帝太康二年更名。

魏兴太守,魏文帝以汉中遗民在东垂者立,属荆州。江左还本。领县十三。疑。去州一千二百。去京都水六千七百。

西城令,汉旧县,属汉中。

郧乡令,本锡县,二汉旧县,属汉中,后属魏兴,魏、晋世为郡,后省。武帝太康五年,改为郧乡。河志:"晋惠帝立。"非也。

锡县令,前汉长利县,属汉中,后汉省。晋武帝太康四年复立,属魏兴。五年,改长利为锡。

广城令,《永初郡国》,何、徐并有,不注置立。

兴晋令,魏立曰平阳,晋武帝太康元年更名。

旬阳令,前汉有,后汉无,晋武帝太康四年复立。

上庸令,《晋太康地志》、《永初郡国》、徐并属上庸,何无。

长乐令,《永初郡国》、何、徐并属晋昌。本属郡流民。

广昌子相,何志属上庸,晋成帝立。晋地记,武帝太康元年,改上庸之广昌为庸昌,二年省。疑是魏所立。

安晋令,《永初郡国》、何、徐属晋昌,本蜀郡流民。

延寿令,《永初郡国》、何、徐属晋昌。本蜀郡流民。

宣汉令,《永初郡国》、何、徐属晋昌。本建平流离民。

新兴太守,《永初郡国》、何、徐云,新兴、吉阳、东关三县,属晋昌郡。何云,晋元帝立,本巴、汉流民。宋末省晋昌郡,立新兴郡,以晋昌之长乐、安晋、延寿、安乐属魏兴郡,宣汉属巴渠郡,宁都属安康郡。《永初郡国》有永安县,何、徐无。今亦无复新兴县。何云,巴东夷人。今领县二。

吉阳令,本益州流民。

东关令,本建平流民。

新城太守,故属汉中,魏文帝分立,属荆州。江左还本。领县六,户一千六百六十八,口七千五百九十四。去州陆一千五百。去京都水五千三百。

房陵令,汉旧县,属汉中,《太康地志》、王隐无。

绥阳令,魏立,后改为秭归,晋武帝太康二年,复为绥阳。

昌魏令,魏立。

祁乡令,何志:"魏立。"《晋太康地志》作"泝"。音祁。

阆阳令,何志不注置立。

乐平令,何志不注置立。

上庸太守,魏明帝太和二年,分新城之上庸、武陵、北巫为上庸郡。景初元年,又分魏兴之魏阳、锡郡之安富、上庸为郡。疑是太和后省,景初又立也。魏属荆州,江左还本。《永初郡国》有上庸、广昌。何有广昌。领县七,户四千五百五十四,口二万六百五十三。去州陆二千三百。去京都水六千七百。

上庸令,汉旧县,属汉中。

富安令,《晋太康地志》、《永初郡国》、何、徐并有。

北巫令,何志:"晋武帝立。"按魏所分新城之巫,应即是此县,然则非晋武立明矣。

微阳令,魏立曰建始,晋武帝改。

武陵令,前汉属汉中,后汉、《晋太康地志》、王隐并无。

新安令,《永初郡国》、何、徐有。何云:"本建平流民。"

吉阳令,《永初郡国》云北吉阳,何、徐无。

晋寿太守,晋地记云,孝武太元十五年,梁州刺史周馥表立。何志,故属梓潼。而益"南晋寿郡悉有此诸县。《永初郡国》、徐又有南晋寿、南兴、乐南、兴安县。何无南兴乐,云"南晋寿,惠帝立"。余并不注置立。今领县四,去州陆一千二百。去京都水一万。

晋寿令,属梓潼。何志:"晋惠帝立。"按《晋起居注》,武帝太康元年,改梓潼之汉寿曰晋寿。汉寿之名,疑是蜀立,云惠帝立,非也。

白水令,汉旧县,属广汉,《晋太康地志》属梓潼。

邵欢令,《永初郡国》、何、徐并有,不注置立。疑是蜀立,曰昭欢,晋改也。

兴安令,《永初郡国》、何、徐并有,不注置立。

华阳太守,徐志:"新立。"《永初郡国》、何、徐并无。寄治州下。领县四,户二千五百六十一,口万五千四百九十四。

华阳令。

兴宋令。

宕渠令。

嘉昌令,徐不注置立。

新巴太守,晋安帝分巴西立。何、徐又有新归县,何云"新立",今无。领县三,户三百九十三,口二千七百四十九。

新安令,晋安帝立。

晋城令,晋安帝立。

晋安令,晋安帝立。

北巴西太守,何志不注置立。《宋起居注》,文帝元嘉十二年,于剑南立北巴南郡,属益州。今益州无此郡。又《永初郡国》、何、徐,梁州并有北巴西而益州无,疑是益部侨立,寻省,梁州北巴西是晋末所立也。《永初郡国》,领阆中、汉昌二县。何又有宋昌县,云"新立"。徐无宋昌,有宋寿。何、徐并领县四,今六。疑。去州一千四百。去京都水九千九百。

阆中令。别见。

安汉令。别见。

南国令。即南充国,别见。

西国令。即南充国,别见。

平周令,益州巴西有平州县。

北阴平太守,《晋太康地志》:"故广汉属国都尉。"何志:"属分立。"《永初郡国》曰:"北阴平,领阴平、绵竹、平武、资中、胄旨五县。"何、徐直曰阴平,领二县与此同。户五百六,口二千一百二十四。寄治州下。

阴平令,前汉、后汉属广汉属国,名宙底。《晋太康地志》阴平郡阴平县注云:"宙底。"当是故宙底为阴中。《永初郡国》胄旨县,即宙底也。当是后又立此县,而字误也。

平武令，蜀立曰广武，晋武帝太康元年更名。

南阴平太守，《永初郡国》唯领阴平一县。徐志无南字，云"阴平旧民流寓立，唯领怀旧一县"。何无。今领县二，户四百七。

阴平令。

怀旧令，徐志不注置立。

巴渠太守，何志："新立。"领县七，户五百，口二千一百八十三。

宣汉令，别见。与郡新立。

始兴令，何志："新立。"

巴渠令，何志："新立。"

东关令，何志："新立。"

始安令，何志："新立。"

下蒲令，何志无，徐志不注置立。

晋兴令，何志："晋安帝立。"案《永初郡国》，梁部诸郡唯巴西有此县，不容是此晋兴。若是晋安帝时立，便应在《永初郡国》，疑何谬也。

怀安太守，何志："新立。"领县二，户四百七，口二千三百六十六。寄治州下。

怀安令，何志："新立。"

义存令，何志："新立。"

宋熙太守，何、徐志："新立。"领县五，户一千三百八十五，口三千一百二十八。去州七百。去京都九千八百。

兴乐令。

归安令。

宋安令。

元寿令。

嘉昌令，何志，五县并新立。

白水太守，《永初郡国》、何并无，徐志："仇池氏流寓立。"有汉昌县。今领县六，户六百五。

新巴令。

汉德令。

晋寿令。

益昌令。

兴安令。

平周令，徐志作"平州"。此五县，徐并不注置立。

南上洛太守，《晋太康地志》："分京兆立上洛郡，属司隶。"《永初郡国》、何志并属雍州，侨寄魏兴，即此郡也。徐志："巴民新立。"徐志时已属梁州矣。《永初郡国》无丰阳，而有阳亭，何、徐有，何不注阳亭置立。领县六。

上洛令，前汉属弘农，后汉属京兆，何云"魏立"，非也。

商县令，上洛同。

流民令，何不注置立。

农阳长，《永初郡国》无。何作酆阳，新立。徐作丰。

渠阳令，《永初郡国》、何、徐并作拒阳。

义县令，《永初群国》、何、徐并无。

北上洛太守，徐志："巴新立。"领县七，户二百五十四。

北上洛令。

农阳令。

流民令。

阳亭令。

拒阳令。"拒"字与南上洛不同。

商县令，徐志无。

西丰令，徐志无。

安康太守，宋末分魏兴之安康县及晋昌之宁都县立。

安康令，二汉安阳县，属汉中，汉末省。魏复立，属魏兴。晋武帝太康元年更名。何云"魏立"，非也。

宁都令，蜀郡流民。

南宕渠太守，《永初郡国》有宕渠郡，领宕渠、汉兴、宣汉三县，属梁州，元嘉十六年，度属益州，非此南宕渠也。何、徐，梁并无此郡。疑是徐志后所立。

宕渠令。

汉安令。

宣汉令。

宋康令。三县并新置。

怀汉太守,孝武孝建二年立。领县三,户四百十九。

永丰长。

绥来长。

预德长。

秦州刺史,晋武帝太始五年,分陇右五郡及凉州金城、梁州阴平并七郡为秦州,治天水冀县。太康三年,并雍州,惠帝元康七年复立。何志:“晋孝武复立,寄治襄阳。安帝世,在汉中南郑。”领郡十四,县四十二,户八千七百三十二,口四万八百八十八。

武都太守,汉武帝元鼎六年立。《永初郡国》又有河池、故道县。并汉旧县。今领县三,户一千二百七十四,口六千一百四十。

下辩令,汉旧县。

上禄令,汉旧县,后省,晋武帝太康三年又立。

陈仓令,汉旧县,属扶风,《晋太康地志》属秦国。

略阳太守,《晋太康地志》属天水。何志:“故曰汉阳,魏分立曰广魏,武帝更名。”《永初郡国》有清水县,别见。何、徐无。领县三,户一千三百五十九,口五千六百五十七。

略阳令,前汉属天水,后汉阳汉即天水,《晋太康地志》属略阳。雍州南天水、益州安固郡又有此县。

临汉令,何志:“新立。”

上邽令,前汉属陇西,后汉属汉阳,《晋太康地志》属天水,何志:“流寓割配。”

安固太守,《永初郡国志》有安固郡,又有南安固郡,元嘉十六年度益州。今领县二,户一千五百五,口二千四十四。

桓陵令，别见。

南桓陵令，《永初郡国》及何志，安固郡唯领桓陵一县，徐志又有此县。

西京兆太守，晋末三辅流民出汉中侨立。领县三，户六百九十三，口四千五百五十二。

蓝田令，别见。《永初郡国志》无。

杜令。别见。

鄠令，二汉属扶风，《晋太康地志》属始平。

南太原太守，太原别见。何志云："故属并州，流寓割配。"《永初郡国》又有清河、别见。高堂县。别见青州平原郡，作高唐。领县一，户二百三十三，口一千一百五十六。

平陶令，汉旧名。

南安太守，何志云："故属天水，魏分立。"《永初郡国》无。领县二，户六百二十，口三千八十九。

桓道令，汉旧名，属天水，后汉属汉阳，作"獂"。

中陶令，何志："魏立。"《晋太康地志》有。

冯翊太守，三辅流民出汉中，文帝元嘉二年侨立。领县五，户一千四百九十，口六千八百五十四。

莲芍令。别见。

频阳令，汉旧名。

下辩令，徐志："故属略阳，流寓割配。"何无此县。

高陆令，二汉、魏无，《晋太康地志》有，属京兆。何志："流寓割配。"

万年令。别见。

陇西太守，秦立。文帝元嘉初，关中民三千二百三十六户归化，六年立。今领县六，户一千五百六十一，口七千五百三十。

襄武令，汉旧名。

临洮令，汉旧名。

河关令，前汉属金城，后汉、《晋太康地志》属陇西。

狄道令,汉旧名。

大夏令,汉旧名,《晋太康地志》无。

首阳。

始平太守,别见。《永初郡国》无。领县三,户八百五十九,口五千四百四十一。

始平令,《太康地志》有,何志:"晋武帝立。"而雍州始平郡之始平县,何云"魏立。"按此县末虽各立,本是一县,何为不同?

槐里令。别见。

宋熙令,何无,徐:"新立。"

金城太守,汉昭帝始元六年立。《永初群国》无。何、徐领县二,户三百七十五,口一千。

金城令,汉旧名。

榆中令,汉旧名。

安定太守,汉武帝元鼎三年立。《永初郡国志》无。领县二,户六百四十,口二千五百一十八。

朝那令,汉旧名。

宋兴令,何志:"新立。"

天水太守,汉武元鼎三年立,明帝改曰汉阳。雍州已有此县。《永初郡国》无。领县二,户八百九十三。口五千二百二十八。

阿阳令,汉旧名,《晋太康地志》无。

新令,《晋太康地志》有,何志:"魏立。"

西扶风太守,扶风郡别有。晋末三辅流民出汉中侨立。领县二,户百四十四。

郿令。别见。

武功令。别见。

北扶风太守,孝武孝建二年,以秦、雍流民立。领县三。时又有广长郡,又立成阶县,领氐民,寻省。

武功令。别见。

华阴令。别见。

始平县。别见。

宋书卷三八

志第二八

州郡四

益州　宁州　广州　交州　越州

　　益州刺史，汉武帝分梁州立，所治别见梁州。领郡二十九，县一百二十八，户五万三千一百四十一，口二十四万八千二百九十三。去京都水九千九百七十。

　　蜀郡太守，秦立。晋武帝太康中，改曰成都国，后复旧。领县五，户一万一千九百二。口六万八百七十六。

　　成都令，汉旧县。

　　郫令，汉旧县。

　　繁县令，汉旧县。

　　鞞县令，二汉、《晋太康地志》并曰牛鞞，属犍为，何志："晋穆帝度此。"

　　永昌令，孝建二年，以侨户立。

　　广汉太守，汉高帝六年立。《晋太康地志》属梁州。领县六，户四千五百八十六，口二万七千一百四十九。去州陆六百。去京都水九千九百。

　　雒县令，汉旧县。

　　什邡令，汉旧县。

　　郪县令，汉旧县。

新都令，汉旧县，晋武帝为王国，太康六年省为县，属广汉。

阳泉令，蜀分绵竹立。

伍城令，晋武帝咸宁四年立，太康六年省，七年又立。何："刘氏立。"

巴西太守，谯周《巴记》："建安六年，刘璋分巴郡垫江以上为巴西郡。"徐志："本南阳冠军流民，寓入蜀汉，晋武帝立。"非也。本属梁州，文帝元嘉十六年度。何志梁、益二州无此郡。领县九，户四千九百五十四，口三万三千三百四十六。

阆中令，汉旧县，属巴郡。

西充国令，《汉书地理志》巴郡有充国县。《续汉郡国志》，和帝永元二年，分阆中立充国县。二志不同。《晋太康地志》有西、南二充国，属巴西。

南充国令，谯周《巴记》："初平六年，分充国为南充国。"

安汉令，旧县，属巴郡。

汉昌令，和帝永元中立。

晋兴令，徐志不注置立。

平州令，晋武帝太康元年，以野民归化立。

怀归令，徐志不注置立。

益昌令，徐志不注置立。

梓潼太守，《晋太康地志》："刘氏分广汉立。"本属梁州，文帝元嘉十六年，度益州。《永初郡国》又有汉德、新兴，徐同。徐云："新兴，义熙九年立；汉德，旧县。"案二汉并无汉德县，《晋太康地志》、王隐并有，疑是刘氏所立。何益、梁二州无此郡。领县四，户三千三十四，口二万一千九百七十六。

涪令，汉旧县，属广汉。

梓潼令，汉旧县，属广汉。

西浦令，徐志："义熙九年立。"

万安令，徐志："旧县。"二汉、晋并无。

巴郡太守,秦立。领县四,户三千七百三十四,口一万三千一百八十三。去州内水一千八百,陆五百,外水二千二百。去京都水六千。

　　　　江州令,汉旧县。

　　　　临江令,汉旧县。

　　　　垫江令,汉旧县。献帝建安六年度巴西,刘禅建兴十五年复旧。

　　　　枳令,汉旧县。

遂宁太守,《永初郡国》有,何无。徐云:"旧立。"领县四,户三千三百二十。

　　　　巴兴令,徐志不注置立,疑是李氏所立。

　　　　德阳令,前汉无,后汉、《晋太康地志》属广汉。

　　　　广汉令,汉旧县,属广汉。宁蜀郡复有此县,未知孰是。

　　　　晋兴令,徐志不注置立。

江阳太守,刘璋分犍为立。中失本土,寄治武阳。领县四,户一千五百二十五,口八千二十七。

　　　　江阳令,汉旧县,属犍为。

　　　　绵水令。别见。

　　　　汉安令。别见。

　　　　常安令,晋孝武立。

怀宁太守,秦、雍流民,晋安帝立。本属南秦,文帝元嘉十六年度益州。领县三,户一千三百一十五,口五千九百五十。寄治成都。

　　　　治平令。别见。

　　　　西平令,《永初郡国》直云"西"。何志:"故属天水,名西县。"

　　　　万年令,汉旧名,属冯翊。

宁蜀太守,《永初郡国》有,而何无。徐云:"旧立。"《永初郡国》及徐并郡西垫江县,今无。领县四,户一千六百四十三。

　　　　广汉令,别见。遂宁郡复有此县。

广都令，汉旧县，属蜀郡。

升迁令，《晋太康地志》属汶山。

西乡令，本名南乡，属汉中，晋武太康三年更名。

越巂太守，汉武帝元鼎六年立，故邛都国。何志无。领县八，户一千三百四十九。

邛都令，汉旧县。

新兴令，《永初郡国》有。

台登长，汉旧县。

晋兴长，《永初郡国》有。

会无长，汉旧县。

卑水长，汉旧县。

定莋长，汉旧县。

苏利长，汉县曰苏示，□曰苏利。

汶山太守，《晋太康地志》："汉武帝立，孝宣地节三年合蜀郡，刘氏又立。"领县二，户一千一百七，口六千一百五。去州陆一百。去京都水一万。

都安侯相，蜀立。

晏官令，何志："魏平蜀立。"《晋太康地志》无。

南阴平太守，阴平郡别见。永嘉流寓来蜀，寄治苌阳。领县二，户一千二百四十，口七千五百九十七。

阴平令。别见。

绵竹令，汉旧县，属广汉。

犍为太守，汉武帝建元六年，开夜郎国立。领县五，户一千三百九十，口四千五十七。去州陆九十。去京都水一万。

武阳令，汉旧县。

南安令，汉旧县。

资中令，汉旧县。

僰道令，汉旧县。

治官令，晋安帝义熙十年立。

始康太守,关陇流民,晋安帝立。领县四,户一千六十三,口四千二百二十六。寄治成都。

始康令,晋安帝立。

新城子相,晋安帝立。

谈令,晋安帝立。

晋丰令,晋安帝立。

晋熙太守,秦州流民,晋安帝立。领县二,户七百八十五,口三千九百二十五。

晋熙令,晋安帝立。

苌阳令,晋安帝立。

晋原太守,李雄分蜀郡为汉原,晋穆帝更名。领县五,户一千二百七十二,口四千九百六十。去州陆一百二十。去京都水一万。

江原男相,汉旧县,属蜀郡。

临邛令,汉旧县,属蜀郡。

晋乐令,何志:"故属沈黎。"《晋太康地志》无沈黎郡及晋乐县。

枞阳令,前汉枞县属蜀郡,后汉属蜀郡属国都尉。《晋太康地志》有枞阳县,属汉嘉。

汉嘉令,前汉青衣县属蜀郡,顺帝阳嘉二年更名。刘氏立为汉嘉郡,晋江右犹为郡,江左省为县。

宋宁太守,文帝元嘉十年,免吴营侨立。领县三,户一千三十六,口八千三百四十二。寄治成都。

欣平令,与郡俱立。

宜昌令,与郡俱立。

永安令,与郡俱立。

安固太守,张氏于凉州立。晋哀帝时,民流入蜀,侨立此郡。本属南秦,文帝元嘉十六年,度益州。领县六,户一千一百二十,口六千五百五十七。去州一百三十。去京都水一万。

略阳令。别见。

桓陵令,张氏立。

临渭令,《晋太康地志》属略阳。

清水令。别见。

下邽令,何志:"汉旧县。"案二汉、晋并无此县。

兴固令,何志:"新立。"

南汉中太守,晋地记,孝武太元十五年,梁州刺史周琼表立。徐志:"北汉中民流寓,孝武大明三年立。"《起居注》,本属梁州,元嘉十六年度。《永初郡国》属梁州,领县与此同。以《永初郡国》及《起居》检,则是元所立,而何志无此郡,当是永初以后省,大明三年复立也。领县五,户一千八十四,口五千二百四十六。

南长乐令,徐志:"与郡俱立。"

南郑令,徐志:"与郡俱立。"

南苞中令,徐志:"与郡俱立。"

南沔阳令,徐志:"与郡俱立。"

南城固令,徐志:"与郡俱立。"

北阴平太守,徐志本属秦州,文帝元嘉二十六年度。《永初郡国》、何志,秦、梁、益并无。领县四,户一千五十三,口六千七百六十四。

阴平令。已见。

南阳令,徐志:"本南阳白民流寓立。"

桓陵令,徐志:"本安固郡民流寓立。"

顺阳令,除志:"本南阳民流寓立。"

武都太守,别见。《永初郡国》、何志益州并无此郡。徐志:"本属秦州,流寓立。"领县五,户九百八十二,口四千四百一。

武都令,汉旧名。

下辩令。别见。

汉阳令,汉旧名。

略阳令,汉属略阳郡,流寓配。

安定令,旧安定郡,流寓配。

新城太守,何志:"新分广汉立。"领县二,户七百五十三,口五千九百七十一。去州阙。去京都九千五百三十。

北五城令,何志:"新分五城立。"

怀归令,何志:"新立。"

南新巴太守,新巴郡别见。《起居注》,新巴民流寓,文帝元嘉十二年,于剑南立。何志:"新立。"新巴民先属梁州,既立割配。领县六,户一千七十,口二千六百八十三。

新巴令,何志:"晋安帝立。"

晋城令,何志:"晋安帝立。"

晋安令,何志:"晋安帝立。"

汉昌令,何志:"晋安帝立。"

桓陵令,何志:"晋哀帝立。"按《起居注》,南新巴,元嘉十二年立。何云"新立",则非先有此郡,而云此诸县晋哀帝、安帝立,不详。

绥归令,何无此。徐有,不注置立。

南晋寿太守,梁州元有晋寿,文帝元嘉十二年,于剑南以侨流立。领县五,户一千五十七,口一千九百四十三。去州一百二十。去京都水一万。

晋寿令。别见。

兴安令。别见。

兴乐令,二汉、魏无。《晋太康地记》云:"元年更名,本曰白马,属汶山。"何志:"汉旧县。"检二汉益部无白马县。

邵欢令。别见。

白马令。别见。

宋兴太守,文帝元嘉十年,免建平营立。领南陵、建昌二县。何志无复南陵,有南汉、建忠。徐无建忠,有永川。何云:"建忠新立。"领县三,户四百九十六,口一千九百四十三。寄治成都。

南汉令,何志:"晋穆帝立,故属汉中,流寓来配。"

建昌令,何志:"新立。"

永川令，徐志："新立。"

南宕渠太守，徐志："本南中民，蜀立。"《起居注》，本属梁州，元嘉十六年度。《永初郡国》梁州有宕渠郡，领县三，与此同，而无"南"字。何同。若此郡元嘉十六年度益，则何志应在益部，不详。领县三，户五百四，口三千一百二十七。

宕渠令，二汉，《晋太康地志》属巴郡。

汉兴令，二汉、魏无。《晋地志》有，属兴古郡。

宣汉令，前汉无，后汉属巴郡，《晋太康地志》无。

天水太守，别见。《永初郡国》、何志益州无此郡。徐志与今同。领县三，户四百六十一。

未兴令，徐志不注置立。

上邽令。别见。

西县长。别见。

东江阳太守，何志："晋安帝初，流寓入蜀，今新复旧土为郡。"领县二，户一百四十二，口七百四十。去州一千五百八十。去京都水八千九十。

汉安令，前汉无，后汉属犍为，《晋太康地志》属江阳。

绵水令，何志："晋孝武立。"

沈黎太守，《蜀记》云："汉武元鼎十一年，分蜀西部邛莋为沈黎郡，十四年罢。"案元鼎至六年，云十一年，非也。又二汉、晋并无此郡。《永初郡国》有，何无，徐云："旧郡。"领县四，户六十五。

城阳令，徐不注置立。

兰令，汉旧县，属越巂，作"兰"。《晋太康地志》无。

旄牛令，前汉属蜀郡，后汉属蜀郡属国都尉，《晋太康地志》属汉嘉。

宁州刺史，晋武帝太始七年，分益州南中之建宁、兴古、云南、永昌四郡立。太康三年省，立南夷校尉。惠帝太安二年复立，增牂牁、越巂、朱提三郡。成帝咸康四年，分牂牁、夜郎、朱提、越巂四郡为安州,寻越巂后还益州。今领郡十五,县八十一,户一万二百五十三。去京都一万三千三百。

建宁太守,汉益州郡滇王国,刘氏更名。领县十三,户二千五百六十二。

　　　味县令,汉旧县。

　　　同乐令,晋武帝立。

　　　谈槀令,汉旧县,属牂柯,晋武帝立。

　　　牧麻令,汉旧县,作牧靡。

　　　漏江令,汉旧县,属牂柯,晋武帝立。

　　　同濑长,汉旧县,"同"作"铜"。

　　　昆泽长,汉旧县。

　　　新定长,《晋太康地志》有。

　　　存䣖,《晋太康地志》有。

　　　同并长,汉旧县。前汉作同并,属牂柯,晋武帝咸宁五年省,哀帝复立。

　　　万安长,江左立。

　　　母单长,汉旧县,属牂柯,《晋太康地志》属建宁。

　　　新兴长,江左立。

晋宁太守,晋惠帝永安二年,分建宁西七县为益州郡,晋怀帝更名。领县七,疑。户六百三十七。去州七百三十。去京都水一万三千七百。

　　　建伶令,汉旧县,属益州郡,《晋太康地志》属建宁。

　　　连然令,汉旧县,属益州郡,《晋太康地志》属建宁。

　　　滇池令,汉旧县,属益州郡,《晋太康地志》属建宁。

　　　谷昌长,汉旧县,属益州郡,《晋太康地志》属建宁。

　　　秦臧长,汉旧县,属益州郡,《晋太康地志》属建宁。

　　　双柏长,汉旧县,属益州郡,《晋太康地志》属建宁。

牂柯太守,汉武帝元鼎六年立。领县六,户一千九百七十。去州一千五百。去京都水一万二千。

万寿令，晋武帝立。

且兰令，汉旧县云故且兰，《晋太康地志》无。

故母敛令，汉旧县。

晋乐令，江左立。

丹南长，江左立。

新宁长，何、徐不注置立。

平蛮太守，晋怀帝永嘉五年，宁州刺史王逊分牂牁、朱提、建宁立平夷郡，后避桓温讳改。领县二，户二百四十五。去京都水一万三千。

平蛮令，汉旧县，属牂牁。故名平夷。

鳖令，汉旧县，属牂牁。

夜郎太守，晋怀帝永嘉五年，宁州刺史王逊分牂牁、朱提、建宁立。领县四，户二百八十八。去州一千。去京都水一万四千。

夜郎令，汉旧县，属牂牁。

广谈长，《晋太康地志》属牂牁。

谈乐长，江左立。

谈柏令，汉旧县，属牂牁。

朱提太守，刘氏分犍为立。领县五，户一千一十。去州七百二十。去京都水一万四千六百。

朱提令，前汉属犍为，后汉属犍为属国都尉。

堂狼令，前汉属犍为，"狼"作"琅"。后汉、《晋太康地志》属朱提。

临利长，江左立。

汉阳长，前汉属犍为，后汉无，《晋太康地志》属朱提。

南秦长，本名南昌，晋武帝太康元年更名。

南广太守，晋怀帝分朱提立。领县四，户四百四十。去州水二千三百。去京都水一万四百。

南广令，汉旧县，属犍为，《晋太康地志》属朱提。

新兴令，何志不注置立。

　　晋昌令,江左立。

　　常迁长,江左立。

　建都太守,晋成帝分建宁立。领县六,户一百七。去州二千。去京都水一万五十。

　　新安令,晋成帝立。

　　经云令,晋成帝立。

　　永丰令,晋成帝立。

　　临江令,晋成帝立。

　　麻应长,晋成帝立。

　　遂安长,晋成帝立。

　西平太守,晋怀帝永嘉五年,宁州刺史王逊分兴古之东立。何志:"晋成帝立。"非也。《永初郡国》、何志并有西宁县,何云"晋成帝立",今无。领县五,户一百七十六。去州二千三百。去京都水一万五千三百。

　　西平令,何志:"晋成帝立。"

　　温江令,何志:"晋成帝立。"

　　都阳令,何志:"晋成帝立。"案《晋起居注》,太康二年,置兴古之都唐县。疑是。

　　晋绥长,何志:"晋成帝立。"

　　义成长,何志:"晋成帝立。"案此五县应与郡俱立。

　西河太守,晋成帝分河阳立。领县三,户三百六十九。去州二千五百。去京都水一万五千五百。

　　芘苏令,前汉属益州郡,后汉、《晋太康地志》属永昌。"芘"作"比"。

　　成昌令,晋成帝立。

　　建安长,晋成帝立。

　东河阳太守,晋怀帝永嘉五年,宁州刺史王逊分永昌、云南立。《永初郡国》又有西河阳,领楪榆、遂段、新丰三县,何、徐无。遂段、新丰二县,二汉、晋并无。领县二。户一百五十二。去州二千。去京都水一万五千。

东河阳令，何不注置立，疑与郡俱立。

楪榆长，前汉属益州郡，后汉属永昌，《晋太康地志》属云南。前汉"楪"作"叶"。

云南太守，《晋太康地志》云："故属永昌。"何志："刘氏分建宁、永昌立。"领县五，疑。户三百八十一。去州一千五百。去京都水一万四千五百。

云南令，前汉属益州郡，后汉属永昌，《晋太康地志》属云南。

云平长，晋武帝咸宁五年立。

东古复长，汉属越巂，《晋太康地志》属云南，并云姑复。《永初郡国》，何并云东古复。何不注置立。

西古复长，《永初郡国》有，何不注置立。

兴宁太守，晋成帝分云南立。领县二，户七百五十三。去州一千五百。去京都水一万四千五百。

梇栋令，汉旧县，属益州，《晋太康地志》属云南。

青蛉令，汉旧县，属越巂，《晋太康地志》属云南。

兴古太守，汉旧郡。《晋太康地志》故牂牁。何志："刘氏分建宁、牂牁立。"则是后汉末省也。领县六，户三百八十六。去州二千三百。去京府水一万六千。

漏卧令，汉旧县，属牂牁。

宛暖令，汉旧县，属牂牁。本名宛温，为桓温改。

律高令，汉旧县，属益州郡，后省。晋武帝咸宁元年分建宁郡脩云、俞元二县间流民，复立律高县。脩云、俞元二县，二汉无。

西安令，江左立。

句町令，汉旧县，属牂牁。

南兴长，江左立。

梁水太守，晋成帝分兴士立。领县七，户四百三十一。去州水三千。去京都水一万六千。

梁水令，与郡俱立。

腾休长，汉旧县，属益州郡，《晋太康地志》属兴古，何志："故属建宁，晋武帝从兴古治之，遂以属焉。"

西隋令，汉旧县，属牂牁。《晋太康地志》属兴古，并作"随"。

母掇令，汉旧县，属益州郡，《晋太康地志》属兴古。刘氏改曰西丰，晋武帝泰始五年，复为母掇。

新丰长，何志不注置立。

建安长，何志不注置立。

镡封长，汉旧县，属牂牁，《晋太康地志》属兴古。

广州刺史，吴孙休永安七年，分交州立。领郡十七，县一百三十六，户四万九千七百二十六，口二十万六千六百九十四。去京都水五千二百。

南海太守，秦立。秦败，尉它王此地，至汉武帝元鼎六年，开属交州。领县十，户八千五百七十四，口四万九千一百五十七。

番禺男相，汉旧县。

熙安子相，文帝立。

增城令，前汉无，后汉有。

博罗男相，汉旧县。二汉皆作"傅"字，《晋太康地志》作"博"。

西平令，《永初郡国》有。

龙川令，旧县。

怀化令，晋安帝立。

绥宁男相，文帝立。

高要子相，汉旧县，属苍梧，文帝废。

始昌令，文帝立。

苍梧太守，汉武帝元鼎六年立。《永初郡国》又有高要、建陵、宁新、都罗、端溪、抚宁六县。建陵、宁新，吴立。都罗，晋武分建陵立。

晋武帝太康元年,改新宁曰宁新。端溪、别见。抚宁,始见《永初郡国》。高要,何志无,余与《永初郡国》同。徐志无建陵、宁新、抚宁三县。何、徐二志并有怀熙一县。思安、封兴、荡康、侨宁四县,疑是宋末度此也。今领县十一,户六千五百九十三,口万一千七百五十三。去州水八百。去京都水五千五百九十。

广信令,汉旧县。

猛陵令,汉旧县。

怀熙令,文帝立。

思安令,《永初郡国》有,及何志并属晋康,徐志度此。

封兴令,《永初郡国》有,及何志并属晋康,徐志度此。

荡康令,《永初郡国》有,及何志并属晋康,徐志度此。

侨宁令,《永初郡国》有,及何志并属晋康,徐志度此。

遂成令,《永初郡国》有。

丁留令,晋武帝太康七年,以苍梧蛮夷宾服立。□作"丁溜"。溜音留。

广陵令,《永初郡国》有。

武化令,徐志以前无,疑是宋末所立。

晋康太守,晋穆帝永和七年,分苍梧立,治元溪。《永初郡国》治龙乡。何志复龙乡县,当是晋末立,元嘉二十年前,以龙乡并端溪也。《永初郡国》又有封兴、荡康、思安、辽安、开平县,何志无辽安、开平二县,余与《永初郡国》同。封兴、荡康、思安、别见辽安、开平,应是晋末立,元嘉二十年前省。今领县十四,户四千五百四十七,口一万七千七百一十。去州水五百。去京都水五千八百。

端溪令,汉旧县,何志属苍梧,徐志属此。

晋化令,何志不注置立,疑是晋末所立。

都城令,何志:"晋初分建陵立。"今无建陵县。按《太康地志》唯有都罗、武城县。

乐城令,何志无,徐志有。

宾江令,何志无,徐志有。

说城令,何志无,徐志有。

元溪令,《晋太康地志》属苍梧。

夫阮令,《永初郡国》有。

侨宁令,何志云:"汉旧县。"检二汉《地理》、《郡国》,无。苍梧又有侨宁县。

安遂令,文帝立。

永始令,文帝立。

武定令,文帝立。

文招令,何志无,徐志有二文招,一属绥建,一属晋康。

熙宁令,何志无,徐志有。

新宁太守,晋穆帝永和七年,分苍梧立。《永初郡国》有平兴、永城县,何、徐志有永城,无平兴。此二县当是晋末立。平兴当是元嘉二十年以前省,永城当是大明八年以后省。何志又有熙宁县,云"新立",当是文帝所立。徐志无,当是元嘉二十年后省也。今领县十四,户二千六百五十三,口一万五百一十四。去州水六百二十。去京都水五千六百。

南兴令,何志:"汉旧县。"检二汉《地理》、《郡国》、《晋太康地志》并无。《永初郡国》有。

临允令,汉旧县,属合浦,《晋太康地志》属苍梧。何志:"吴度苍梧。"

新兴令,《永初郡国》有,何志不注置立。

博林令,《永初郡国》有,何志不注置立。

甘东令,《永初郡国》有,何志不注置立。

单牒令,《永初郡国》有,何志不注置立。

威平令,《永初郡国》有,何志不注置立。

龙潭令,文帝立。

平乡令,文帝立。

城阳令,文帝立。

威化令,文帝立。

初兴令,文帝立。

抚纳令,徐志有。

归顺令,徐志有。

永平太守,晋穆帝升平五年,分苍梧立。《永初郡国》有雷乡、卢平、员乡、通宁、开城五县,当是与郡俱立。何志、徐无雷乡、员乡,又有熙平,云"新立",疑是文帝所立。雷乡、员乡当是元嘉二十年以前省。卢平、通宁、开城当是大明八年以后省。今领县七,疑。户一千六百九,口一万七千二百二。去州水一千二百。去京都水五千四百。

安沂令,《永初郡国》有,何志不注置立。

丰城令,吴立,属苍梧。《永初郡国》并安沂,当是宋初并。何志有,当是元嘉中复立。

苏平令,《永初郡国》有,何志不注置立。徐曰藉平。

畖安令,《永初郡国》有,何志不注置立。

夫宁令,《永初郡国》有,何志不注置立。

武林令,文帝立。

郁林太守,秦桂林郡,属尉他,武帝元鼎六年复,更名。《永初郡国》有安远、程安、威定、三县别见。中胄、归化五县。中胄疑即桂林之中溜。归化,二汉、《晋太康地志》无,疑是江左所立。何志无中胄、归化,余三县属桂林,徐志同。今领县十七,户一千一百二十一,口五千七百二十七。去州水一千六百。去京都水七千九百。

布山令,汉旧县。

领方令,汉旧县,吴改曰临浦,晋武复旧。

阿林令,汉旧县。

郁平令,吴立曰阴平,晋武太康元年更名。

新邑令,吴立。

建初令,《永初郡国》有,何志不注置立,徐同。

宾平令,《永初郡国》有,何志不注置立。

威化令,《永初郡国》有,何志不注置立。

新林令,《永初郡国》有,何志不注置立。

龙平令，《永初郡国》有，何志不注置立。

安始令，吴立曰建始，晋武帝太康元年更名。

怀安令，何志："吴改，"未知先何名。《吴录·地理》无怀安县名，《太康地志》无，《永初郡国》有。

晋平令，吴立曰长平，晋武帝太康元年更名。

绥宁令，《永初郡国》并领方，何无，徐有。

归代令，徐志有。

中胥令，徐志有。

建安令，《永初郡国》有，何无，徐有。

桂林太守，本县名，属郁林。吴孙皓凤皇三年，分郁林，治武熙县，不知何时徙。《永初郡国》有常安、夹阳二县。夹阳，晋武帝太康元年分龙冈立。常安，《太康地志》有，而王隐无。何、徐并无此二县。今领县七，户五百五十八，口二千二百五。去州水一千五百七十五。去京都水六千八百。

中溜令，汉旧县，属郁林，《晋太康地志》无。

龙定令，晋武帝太康元年立桂林之龙冈，疑是。《永初郡国》、何、徐并云龙定。

武熙令，本曰武安，应是吴立，晋武帝太康元年更名。故属郁林。

阳平令，《永初郡国》、何、徐并有。何云："新置。"按晋武帝太康元年，立桂林之洋县，疑是。

安远令，晋武帝太康六年立，属郁林。《永初郡国》犹属郁林，何、徐属此。

程安令，《永初郡国》属郁林，何、徐属此。疑是江左立。

威定令，《永初郡国》属郁，何、徐属此。疑是江左立。

高凉太守，二汉有高凉县，属合浦，汉献帝建安二十三年，吴分立，治思平县，不知何时徙。吴又立高熙郡，太康中省并高凉，宋世又经立，寻省。《永初郡国》高凉又有石门、广化、长度、宋康四县。何、徐并无宋康，当是宋初所立，元嘉二十年以前省，其余当是江左所立。领县七,户一千四百二十九,口八千一百二十三。去州水一千一百。去京都水六千六百。

思平令,《晋太康地志》有。

莫阳令,《晋太康地志》有,属高兴。

平定令,何志有,不注置立。

安宁令,吴立。

罗州令,何志:"新立。"

西巩令,何志:"新立。"

禽乡令,何志:"新立。"

新会太守,晋恭帝元熙二年,分南海立。《广州记》云:"永初元年,分新宁立,治盆允。"未详孰是。领县十二,户一千七百三十九,口万五百九。去州三百五十。

宋元令,《永初郡国》无,文帝元嘉九年,割南海、新会、新宁三郡界上新民,立宋安、新熙、永昌、始成、招集五县。二十七年,改宋安为宋元。

新熙令。

永昌令。

始成令。

招集令。

盆允令,《永初郡国》:"故属南海。"何、徐同。

新夷令,吴立曰平夷,晋武帝太康元年更名,故属南海。

封平令,《永初郡国》云:"故属新宁。"何云:"故属南海。"徐同。

封乐令,文帝元嘉十二年,以盆允、新夷二县界归化民立。

初宾令,何志:"新立。"

义宁令,何志:"新立。"

始康令,何志:"新立。"

东官太守,何志:"故司监都尉,晋成帝立为郡。"《广州记》:"晋成帝咸和六年,分南海立。"领县六,户一千三百三十二,口一万五千六百九十六。去州水三百七十。去京都水五千六百七十。

宝安男相,《永初郡国》、何、徐并不注置立。

安怀令,《永初郡国》、何、徐并不注置立。

兴宁令,江左立。

海丰男相,《永初郡国》、何、徐并不注置立。

海安男相,吴曰海宁,晋武改名,《太康地志》属高兴。

欣乐男相,本属南海,宋末度。

义安太守,晋安帝义熙九年,分东官立。领县五,户一千一百一
十九,口五千五百二十二。去州三千五百。去京都水八千九百。

海阳令,何志:"晋初立。"《晋太康地志》无。晋地记,故属
东官。

绥安令,何志:"与郡俱立。"晋地记,故属东官。

海宁令,何志:"与郡俱立。"晋地记,故属东官。

潮阳令,何志:"与郡俱立。"晋地记,故属东官。

义招令,晋安帝义熙九年,以东官五营立。

宋康太守,本高凉西营,文帝元嘉九年立。领县九,户一千五百
一十三,口九千一百三十一。去州水九百五十。去京都水五千九百
七十。

广化令,《晋太康地志》有,属高兴。《永初郡国》属高凉。

单城令,何志:"新立。"

逐度令,何志:"新立。"

海邻令,何志:"新立。"

化隆令,何志:"新立。"

开宁令,何志:"新立。"

绥定令,何志:"新立。"

石门长,何志:"故属高凉。"

威覃长,徐志有。

绥建太守,文帝元嘉十三年立。孝武孝建元年,有司奏化注、永
固、绥南、宋昌、宋泰五县,旧属绥建,中割度临贺,相去既远,疑还

绥建。今唯有绥南,余并无。何、徐又新招县,云"本属苍梧,元嘉十
九年改配"。徐志晋康复有此县,疑误。今领县七,疑。户三千七百
六十四,口一万四千四百九十一。去州阙。

新招令,本四会之官细乡,元嘉十三年分为县。

化蒙令,本四会古蒙乡,元嘉十三年分为县。

怀集令,本四会之银屯乡,元嘉十三年分为县。

四会男相,汉旧县,属南海。

化穆令,何志:"新立。"

绥南令,《永初郡国》、徐并无。

海昌太守,文帝元嘉十六年立。何有覃化县,徐无。领县五,户
一千七百二十四,口四千七十四。去州水六百五十。去京都水五千
四百九十四。

宁化令,徐志:"新立。"

威宁令,徐志:"新立。"

永建令,徐志:"新立。"

招怀令,徐志:"新立。"

兴定令,文帝元嘉九年立,属新会,后度此。

宋熙太守,文帝元嘉十八年,以交州流寓立昌国、义怀、绥宁、
新建四县为宋熙郡,今无此四县。二十七年,更名宋隆。孝武孝建
中,复改为宋熙。领县七,户二千八十四,口六千四百五十。去州水
三百四十五。去京都水五千二百。

平兴令,徐志:"新立。"

初宁令,徐志:"新立。"

建宁令,徐志:"新立。"

招兴令,徐志:"新立。"

崇化令,徐志:"新立。"

熙穆令,徐志:"新立。"

崇德令,徐志:"新立。"

宁浦太守,《晋太康地志》:"武帝太康七年,改合浦属国都尉

立。”《广州记》：“汉献帝建安二十三年，吴分郁林立，治平山县。”《吴录》：“孙休永安三年，分合浦立为合浦北部尉，领平山、兴道、宁浦三县。”又云：“晋分平山为始定，宁浦为涧阳。”未详孰是。《永初郡国》有安广县，无始定县。何、徐并无此郡。领县六。

润阳令，晋武帝太康七年立。《永初郡国》作“简阳”。

兴道令，晋武帝太康元年，以合浦北部营之连道立。《吴录》有此县。未详。

宁浦令，《晋太康地记》：“本名昌平，武帝太康元年更名。”《吴录》有些县。未详。

吴安令，《吴录》无。

平山令，《晋太康地记》有。

始定令，《晋太康地记》有，《永初郡国》无。

晋兴太守，晋元帝太兴元年，分郁林立。

晋兴。

熙注。

桂林。

增翊。

安广。

广郁。

晋城。

郁阳。

乐昌郡。

乐昌令。

始昌令。

宋元令。

乐山令。

义立令。

安乐令。

交州刺史,汉武帝元鼎六年开百越,交趾刺史治龙编。汉献帝建安八年,改曰交州,治苍梧广信县,十六年,徙治南海番禺县。及分为广州,治番禺,交州还治龙编。领郡八,县五十三,户一万四百五十三。去京都水一万。

交趾太守,汉武帝元鼎六年开。领县十二,户四千二百三十三。

龙编令,汉旧县。

句漏令,汉旧县。

朱䱇令,汉旧县。

吴兴令,吴立。

西于令,汉旧县。

定安令,汉旧县。

望海令,汉光武建武十九年立。

海平令,吴立曰军平,晋武改名。

武宁令,吴立。

嬴力知反。娄令,汉旧县。

曲易音阳,令,汉旧县。

南定令,吴立曰武安,晋武改。何志无。

武平太守,吴孙皓建衡三年讨扶严夷,以其地立。领县六,户一千四百九十。去州水二百一十,陆。阙

《吴录》无,《晋太康地志》有。

吴定长,吴立。

新道长,江左立。

晋化长,江左立。

九真太守,汉武元鼎六年立。领县十二,疑。户二千三百二十八。去州水八百。去京都水一万一百八十。

移风令,汉旧县。故名居风,吴更名。

胥浦令,汉旧县。

松原令,晋武帝分建初立。

高安令,何志:"晋武帝立。"《太康地志》无。《吴录》:"晋分

常乐立。"

　　建初令，吴立。

　　常乐令，吴立。

　军安长，何志："晋武帝立。"《太康地志》无此县，而交趾有军平县。

　武宁令，吴立。何志："武帝立。"《太康地志》无此县，而交趾有。

　　都庞长，音龙。汉旧县，《吴录》有，《晋太康地志》无。

　　宁夷长，何志："晋武帝立。"《太康地志》无。

　　津梧长，晋武帝分移风立。

　九德太守，故属九真，吴分立。何志领县七。今领县十一，户八百九。去州水九百。去京都水一万九百。

　　浦阳令，晋武帝分阳远立。

　　阳远，吴立曰阳成，太康二年更名，后省。

　　九德令，何志："吴立。"

　　咸驩令，汉旧县。

　　都庞长，何志："晋武帝分九德立。"

　　西安长，何志："晋武帝立。"《太康地志》无，《吴录》亦无。

　　南陵长，何志："晋武帝立。"《太康地志》无，王隐有。

　　越常长，何志："吴立。"《太康地志》无。

　　宋泰令，宋末立。

　　宋昌令，宋末立。

　　希平令，宋末立。

　日南太守，秦象郡，汉武元鼎六年更名，吴省，晋武帝太康三年复立。领县七，户四百二。去州水二千四百。去京都水一万六百九十。

　　西卷令，汉旧县作"捲"。

　　卢容令，汉旧县。

　　象林令，汉旧县。

　　寿冷令，晋武太康十年分西卷立。

　　　　朱吾令，汉旧县。

　　　　无劳长，晋武分北景立。

　　　　北景长，汉旧县。

　　义昌郡，宋末立。

　　宋平郡，孝武世分日南立宋平县，后为郡。

　　越州刺史，明帝泰始七年立。

　　百梁太守，新立。

　　憺苏太守，新立。

　　永宁太守，新立。

　　安昌太守，新立。

　　富昌太守，新立。

　　南流太守，新立。

　　临漳太守，先属广州。

　　合浦太守，汉武帝立，孙权黄武七年，更名珠官，孙亮复旧。先属交州。领县七，户九百三十八。去京都水一万八百。

　　　　合浦令，汉旧县。

　　　　徐闻令，故属朱崖。晋平吴，省朱崖，属合浦。

　　　　朱官长，吴立，"朱"作"珠"。

　　　　荡昌长，晋武分合浦立。

　　　　朱卢长，吴立。

　　　　晋始长，晋武帝立。

　　　　新安长，江左立。

　　宋寿太守，先属交州。

宋书卷三九

志第二九

百官上

太宰，一人。周武王时，周公旦始居之，掌邦治，为六卿之首。秦、汉、魏不常置。晋初依《周礼》，备置三公。三公之职，太师居首，景帝名师，故置太宰以代之。太宰，盖古之太师也。殷纣之时，箕子为太师。周武王时，太公为太师。周成王时，周公为太师。周公薨，毕公代之。汉西京初不置，平帝始复置太师官，而孔光居焉。汉东京又废。献帝初，董卓为太师，卓诛又废。魏世不置。晋既因太师而置太宰，以安平王孚居焉。

太傅，一人。周成王时，毕公为太傅。汉高后元年，初用王陵。

太保，一人。殷太甲时，伊尹为太保。周武王时，召公为太保。汉平帝元始元年，始用王舜。后汉至魏不置。晋初复置焉。自太师至太保，是为三公，论道经邦，燮理阴阳，无其人则阙，所以训护人主，导以德义者。

相国，一人。汉高帝十一年始置，以萧何居之，罢丞相。何薨，曹参代之。参薨，罢。魏齐王以晋景帝为相国。晋惠帝时赵王伦，愍帝时南阳王保，安帝时宋高祖，顺帝时齐王，并为相国。自魏、晋以来，非复人臣之位矣。

丞相，一人。殷汤以伊尹为右相，仲虺为左相。秦悼武王二年，始置丞相官。丞，奉；相，助也。悼武王子昭襄王始以樗里疾为丞相，后又置左右丞相。汉高帝初，置一丞相，十一年，更名相国。孝惠、高后置左右丞相，文帝二年，复置一丞相。哀帝元寿二年，更名大司徒。汉东京不复置。至献帝建安十三年，复置丞相，魏世及晋初又废。惠帝世，赵王伦篡位，以梁王肜为丞相。永兴元年，以成都王颖为丞相。愍帝建兴元年，以琅邪王睿为左丞相，南阳王保为右丞相。三年，以保为相国，睿为丞相。元帝永昌元年，以王敦为丞相，转司徒荀组为太尉，以司徒官属并丞相为留府，敦不受。成帝世，以王导为丞相，罢司徒府以为丞相府。导薨，罢丞相，复为司徒府。宋世祖初，以南郡王义宣为丞相，而司徒府如故。

太尉，一人。自上安下曰尉。掌兵事，郊祀掌亚献，大丧则告谥南郊。尧时，舜为太尉官，汉因之。武帝建元二年省。光武建武二十七年，罢大司马，置太尉以代之。灵帝末，以刘虞为大司马，而太尉如故。

司徒，一人。掌民事，郊祀掌省牲视濯，大丧安梓宫。少昊氏以鸟名官，而祝鸠氏为司徒。尧时，舜为司徒。舜摄帝位，命契为司徒。契玄孙之孙曰微，亦为夏司徒。周时，司徒为地官，掌邦教。汉西京初不置，哀帝元寿二年，罢丞相，置大司徒。光武建武二十七年，去大。

司空，一人。掌水土事，郊祀掌扫除陈乐器，大丧掌将校复土。舜摄帝位，以禹为司空。契之子曰冥，亦为夏司空。殷汤以咎单为司空。周时，司空为冬官，掌邦事。汉西京初不置，成帝绥和元年，更名御史大夫为大司空；哀帝建平二年，复为御史大夫；元寿二年，复为大司空。光武建武二十七年，去大字。献帝建安十三年，又罢司空，置御史大夫。御史大夫郗虑免，不复补。魏初又置司空。

大司马，一人。掌武事。司，主也；马，武也。尧时，弃为后稷，兼掌司马。周时，司马为夏官，掌邦政。项籍以曹咎、周殷并为大司马。汉初不置，武帝元狩四年，初置大司马。始直云司马，议者以汉有军候千人司马官，故加大。及置司空，又以县道官有狱司空，又加大。王莽居摄，以汉无小司徒，而定司马、司徒、司空之号并加大。光武建武二十七年，省大司马，以太尉代之。魏文帝黄初二年，复置大司马，以曹仁居之，而太尉如故。

大将军，一人。凡将军皆掌征伐。周制，王立六军。晋献公作二军，公将上军。将军之名，起于此也。楚怀王遣三将入关，宋义为上将。汉高帝以纬信为大将军。汉西京以大司马冠之。汉东京大将军自为官，位在三司上。魏明帝青龙三年，晋宣帝自大将军为太尉，然则大将军在三司下矣。其后又在三司上。晋景帝为大将军，而景帝叔父孚为太尉，奏改大将军在太尉下，后还复旧。

晋武帝践阼，安平王孚为太宰，郑冲为太傅，王祥为太保，义阳王望为太尉，何曾为司徒，荀颛为司空，石苞为司马，陈骞为大将军，凡八公同时并置，唯无丞相焉。

有苍头字宜禄。至汉，丞相府每有所关白，到阁辄传呼"宜禄"，以此为常。

丞相置三长史。丞相有疾，御史大夫率百僚三旦问起居，及瘳，诏遣尚书令若光禄大夫赐养牛，上尊酒。汉景帝三公病，遣中黄门问病。魏、晋则黄门郎，尤重者或侍中也。魏武为丞相以来，置左右二长史而已。汉东京太傅府置掾、属十人，御属一人，令史十二人，不知皆何曹也。自太尉至大将军、车骑、骠骑、卫将军，皆有长史一人，将军又各置司马一人，太傅不置长史也。

太尉府置掾、属二十四人，西曹主府吏署用事，东曹主二千石长吏迁除事，户曹主民户祠祀农桑事，奏曹主奏议事，辞曹主辞讼事，法曹主邮驿科程事，尉曹主卒徒转运事，贼曹主盗贼事，决曹主罪法事，兵曹主兵事，金曹主货币盐铁事，仓曹主仓谷事，黄阁主簿省录众事。御属一人，令史二十二人。御属主为公御，令史则有阁下、记室、门下令史，其余史阙。案掾、属二十四人，自东、西曹凡十二曹，然则曹各置掾、属一人，合二十四人也。

司徒置掾、属三十一人，御属一人，令史三十五人。司空置掾二十九人，御属一人，令史三十一人。司空别有道桥掾。其余张减之号，史阙不可得知也。

　　汉东京大将军、骠骑将军,从事中郎二人,掾、属二十九人,御属一人,令史三十人。骑、卫将军,从事中郎二人,掾、属二十人,御属一人,令史二十四人。兵曹掾史主兵事,禀假掾史主禀假,又置外刺奸,主罪法。其领兵外讨,则营有五部,部有校尉一人,军司马一人;部下有曲,曲有军候一人;曲下有屯,屯有屯长一人。若不置校尉,则部但有军司马一人。又有军假司马、军假候,其别营者则为别部司马。其余将军置以征伐者,府无员职,亦有部曲司马、军候以领兵焉。案大将军以下掾属与三府张减,史阙不可得知。置令史、御属者,则是同三府也。其云掾史者,则是有掾而无属,又无令史、御属,不同三府也。

　　魏初公府职僚,史不备书。及晋景帝为大将军,置掾十人,西曹、东曹、户曹、仓曹、贼曹、金曹、水曹、兵曹、骑兵各一人,则无属矣。魏元帝咸熙中,晋文帝为相国,相国府置中卫将军、骁骑将军、左右长史、司马、从事中郎四人,主簿四人,舍人十九人,参军二十二人,参战十一人,掾、属三十三人。东曹掾、属各一人,西曹属一人,户曹掾一人,属二人,贼曹掾一人,属二人,金曹掾、属各一人,兵曹掾、属各一人,骑兵掾二人,属一人,车曹掾、属各一人,铠曹掾、属各一人,水曹掾、属各一人,集曹掾、属各一人,法曹掾、属各一人,奏曹掾、属各一人,仓曹属二人,戎曹属一人,马曹属一人,媒曹属一人,合为三十三人。散属九人,凡四十二人。

　　晋初,凡位从公以上,置长史、西阁、东阁祭酒、西曹、东曹掾、户曹、仓曹、贼曹属各一人。加兵者,又置司马、从事中郎、主簿、记室督各一人,舍人四人。为持节都督者,置参军六人。安平献王孚为太宰,增掾、属为十人,兵、铠、士、营军、刺奸五曹皆置属,并前为十人也。杨骏为太傅,增祭酒为四人,掾、属二十人,兵曹分为左、右、法、金、田、集、水、戎、车、马十曹,皆置属,则为二十人。赵王伦为相国,置左、右长史、司马、从事中郎四人,参军二十人,主簿、记室督、祭酒各四人,掾、属四十人。东、西曹属,其余十八曹皆置掾,则四十人矣。凡诸曹皆置御属、令史、学干,御属职录事也。

　　江左以来，诸公置长史、仓曹掾、户曹属、东西阁祭酒各一人，主簿、舍人二人，御属二人，令史无定员。领兵者置司马一人，从事中郎二人，参军无定员。加崇者置左右长史、司马、从事中郎四人，掾、属四人，则仓曹增置属，户曹置掾，江左加崇，极于此也。

　　长史、司马、舍人，秦官。从事中郎、掾、属、主簿、令史，前汉官，陈汤为大将军王凤从事中郎是也。御属、参军，后汉官，孙坚为车骑参军事是也。本于府主无敬，晋世太原孙楚为大司马石苞参军，轻慢苞，始制施敬。祭酒，晋官也，汉吴王濞为刘氏祭酒。夫祭祀以酒为本，长者主之，故以祭酒为称。汉之侍中、魏之散骑常侍高功者，并为祭酒焉。公府祭酒，盖因其名也。长史、从事中郎主吏，司马主将，主簿、祭酒、舍人主阁内事，参军、掾、属、令史主诸曹事。司徒若无公，唯省舍人，其府常置。其职僚异于余府，有左、右长史、左西曹掾、属各一人，余则同矣。余府有公则置，无则省。晋元帝为镇东大将军及丞相，置从事中郎，无定员，分掌诸曹，有录事中郎、度支中郎、三兵中郎。其参军则有谘议参军二人，主讽议事，晋江左初置，因军谘祭酒也，宋高祖为谘议参军，无定员。今诸曹则有录事、记室、户曹、仓曹、中直兵、外兵、骑兵、长流贼曹、刑狱贼曹、城局贼曹、法曹、田曹、水曹、铠曹、车曹、士曹、集、右户、墨曹，凡十八曹参军。参军不署者，无定员。江左初，晋元帝镇东、丞相府有录事、记室、东曹、西曹、度支、户曹、法曹、金曹、仓曹、理曹、中兵、外兵、骑兵、典兵、兵曹、贼曹、运曹、禁防、典宾、铠曹、田曹、士曹、骑士、车曹参军。其东曹、西曹、度支、金曹、理曹、典兵、兵曹、贼曹、运曹、禁防、典宾、骑士、车曹凡十三曹，今阙所余十二曹也。其后又有直兵、长流、刑狱、城局、水曹、右户、墨曹七曹。高祖为相，合中兵、直兵置一参军，曹则犹二也。今小府不置长流参军者，置禁防参军。蜀丞相诸葛亮府有行参军，晋太傅司马越府又有行参军、兼行参军，后渐加"长兼"字。除拜则为参军事，府板则为行参军。晋末以来，参军事、行参军又各有除、板。板行参军不则长兼行参军。参军督护，江左置，本皆领营，有部曲，今则无矣。公府长史、司马，秩千石；

从事中郎,六百石;东、西曹掾,四百石;他掾,三百石;属,二百石。

特进,前汉世所置,前、后二汉及魏、晋以为加官,从本官车服,无吏卒。晋惠帝元康中定位,令在诸公下,骠骑将军上。

骠骑将军,一人。汉武帝元狩二年,始用霍去病为骠骑将军。汉西京制,大将军、骠骑将军位次丞相。

车骑将军,一人。汉文帝元年,始用薄昭为车骑将军。鱼豢曰:"魏世骠骑为都督,仪与四征同。若不为都督,虽持节属四征者,与前、后、左、右、杂号将军同。其或散还从文官之例,则位次三司。"晋、宋车骑、卫,不复为四征所督也。

卫将军,一人。汉文帝元年,始用宋昌为卫将军。三号位亚三司。汉章帝建初三年,始使车骑将军马防班同三司。班同三司自此始也。汉末奋威将军,晋江右伏波、辅国将军,并加大而仪同三司。江左以来,将军则中、镇、抚、四镇以上或加大,余官则左、右光禄大夫以上并得仪同三司,自此以下不得也。

持节都督,无定员。前汉遣使,始有持节。光武建武初,征伐四方,始权时置督军御史,事竟罢。建安中,魏武帝为相,始遣大将军督军。二十一年,征孙权还,夏侯惇督二十六军是也。魏文帝黄初二年,始置都督诸州军事,或领刺史。三年,上军大将军曹真都督中外诸军事,假黄钺,则总统外内诸军矣。明帝太和四年,晋宣帝征蜀,加号大都督。高贵公正元二年,晋文帝都督中外诸军,寻加大都督。晋世则都督诸军为上,监诸军次之,督诸军为下。使持节为上,持节次之,假节为下。使持节得杀二千石以下;持节杀无官位人,若军事得与使持节同,假节唯军事得杀犯军令者。晋江左以来,都督中外尤重,唯王导居之。宋氏人臣则无也。江夏王义恭假黄钺。假黄钺,则专戮节将,非人臣常器矣。

征东将军,一人。汉献帝初平三年,马腾居之。征南将军,一人。汉光武建武中,岑彭居之。征西将军,一人。汉光武建武中,冯异居之。征北将军,一人。鱼豢曰:"四征,魏武帝置,秩二千。黄初中,位次三公。汉旧诸征与偏裨杂号同。"

镇东将军,一人。后汉末,魏武帝居之。镇南将军,一人。后汉末,刘表居之。镇西将军,一人。后汉初平三年,韩遂居之。镇北将军,一人。

中军将军,一人。汉武帝以公孙敖为之,时为杂号。镇军将军,一人。魏以陈群为之。抚军将军,一人。魏以司马宣王为之。中、镇、抚三号,比四镇。

安东将军,一人。后汉末,陶谦为之。安南将军,一人。安西将军,一人。后汉末,段煨为之。安北将军,一人。鱼豢曰:"镇北、四安,魏黄初、太和中置。"

平东将军,一人。平南将军,一人。平西将军,一人。平北将军,一人。四平,魏世置。

左将军,右将军,前将国,后将军。左将军以下,周末官,秦、汉并因之,光武建武七年省,魏以来复置。

征虏将军,汉光武建武中,始以祭遵居之。冠军将军,楚怀王以宋义为卿子冠军。冠军之名自此始也。魏正始中,以文钦为冠军将军、扬州刺史。辅国将军,汉献帝以伏完居之。宋太宗泰始四年,改为辅师,后废帝元徽二年,复故。龙骧将军,晋武帝始以王浚居之。

东中郎将,汉灵帝以董卓居之。南中郎将,汉献帝建安中,以临淄侯曹植居之。西中郎将。北中郎将,汉建安中,以鄢陵侯曹彰居之。凡四中郎将,何承天云:"并后汉置。"

建威将军,汉光武建武中,以耿弇为建武大将军。振威将军,后汉初,宋登为之。奋威将军,前汉世,任千秋为之。扬威将军,魏置。广威将军,魏置。建武将军,魏置。振武将军,前汉末,王况为之。奋武将军,后汉末,吕布为之。扬武将军,光武建武中,以马成为之。广武将军,晋江左置。

鹰扬将军,汉建安中,魏武以曹洪居之。折冲将军,汉建安中,魏武以乐进居之。轻车将军,汉武帝以公孙贺为之。扬烈将军,建安中以假公孙渊。宁远将军,晋江左置。材官将军,汉武帝以李息为之。伏波将军,汉武帝征南越,始置此号,以路博德为之。

凌江将军,魏置。自凌江以下,则有宣威、明威、骧威、厉威、威厉、威冠、威虏、威戎、威武、武烈、武毅、武奋、绥远、绥边、绥戎、讨寇、讨虏、讨难、讨夷、荡寇、荡虏、荡难、荡逆、殄寇、殄虏、殄难、扫夷、扫寇、扫虏、扫难、扫逆、厉武、厉锋、虎威、虎牙、广野、横野、偏将军、裨将军,凡四十号。其威虏,汉光武以马浚居之。虎牙,以盖延居之,为虎牙大将军。横野,以耿纯居之。荡寇,汉建安中,满宠居之。虎威,于禁居之。其余或是后汉及魏所置,今则或置或不。自左、右、前、后将军以下,至此四十号,唯四中郎将各一人,余皆无定员。自车骑以下为刺史又都督及仪同三司者,置官如领兵,但云都督不仪同三司者,不置从事中郎,置功曹一人,主吏,在主簿上,汉末官也。汉东京司隶有功曹从事史,如诸州治中,因其名也。功曹参军一人,主佐□□记室下,户曹上。监以下不置咨议、记室,余则同矣。宋太宗以来,皇子、皇弟虽非都督,亦置记室参军。小号将军为大郡边守置佐吏者,又置长史,余则同也。

太常,一人。舜摄帝位,命伯夷作秩宗,掌三礼,即其任也。周时曰宗伯,是为春官,掌邦礼。秦改曰奉常,汉因之。景帝六年,更名曰太常。应劭曰:“欲令国家盛大常存,故称太常。”前汉常以列侯忠孝敬慎者居之,后汉不必列侯也。

博士,班固云,秦官。史臣案,六国时往往有博士,掌通古今。汉武建元五年,初置五经博士。宣、成之世,五经家法稍增,经置博士一人。至东京凡十四人:《易》施、孟、梁丘、京氏,《尚书》欧阳、大、小夏侯,《诗》齐、鲁、韩,《礼》大、小戴,《春秋》严、颜,各一博士。而聪明有威重者一人为祭酒。魏及晋西朝置十九人,江左初减为九人,皆不知掌何经。元帝末,增《仪礼》、《春秋公羊》博士各一人,合为十一人。后又增为十六人,不复分掌五经,而谓之太学博士也。秩六百石。

国子祭酒,一人。国子博士,二人。国子助教,十人。《周易》、

《尚书》、《毛诗》、《礼记》、《周官》、《仪礼》、《春秋左氏传》、《公羊》、《穀梁》各为一经，《论语》、《孝经》为一经，合十经，助教分掌。国子，周旧名，周有师氏之职，即今国子祭酒也。晋初复置国子学，以教生徒，而隶属太学焉。晋初助教十五人，江左以来，损其员。自宋世，若不置学，则助教唯置一人，而祭酒、博士常置也。

太庙令，一人。丞，一人。并前汉置。西京曰长，东京曰令。领斋郎二十四人。

明堂令，一人。丞，一人。丞，汉东京初置。令，宋世祖大明中置。

太祝令，一人。丞，一人。掌祭祀读祝迎送神。太祝，周旧官也。汉西京置太祝令、丞。武帝太初元年，更名曰广记。汉东京改曰太祝。

太史令，一人。丞，一人。掌三辰时日祥瑞妖灾，岁终则奏新历。太史，三代旧官，周世掌建邦之六典，正岁年，以序事颁朔于邦国。又有冯相氏，掌天文次序；保章氏，掌天文。今之太史，则并周之太史、冯相、保章三职也。汉西京曰太史令。汉东京有二丞，其一在灵台。

太乐令，一人。丞，一人。掌凡诸乐事。周时为大司乐。汉西京曰太乐令。汉东京曰大予乐令。魏复为太乐令。

陵令，每陵各一人。汉旧官也。

乘黄令，一人。掌乘舆车及安车诸马。魏世置。自博士至乘黄令，并属太常。

光禄勋，一人。丞，一人。光，明也；禄，爵也；勋，功也。秦曰郎中令，汉因之。汉武太初元年，更名光禄勋。掌三署郎。郎执戟卫宫殿门户。光禄勋居禁中如御史，有狱在殿门外，谓之光禄外部。光禄勋郊祀掌三献。魏、晋以来，光禄勋不复居禁中，又无复三署郎，唯外宫朝会，则以名到焉。二台奏劾，则符光禄加禁止，解禁止亦如之。禁止，身不得入殿省，光禄主殿门故也。宫殿门户，至今犹属。晋哀帝兴宁二年，省光禄勋，并司徒。孝武宁康元年，复置。汉东京三署郎有行应四科者,岁举茂才二人,四行二人,及三署郎罢省,光禄勋犹依旧举四行,衣冠子弟充之。三署者,五官署、左署、右署也,各置中郎将以司之。郡举孝廉以补三署郎,年五十以上,属五官,其次分在左、右署。凡有中郎、议郎、侍郎、郎中四等,无员,多至万人。

左光禄大夫,右光禄大夫。二大夫,晋初置。光禄大夫,秦时为中大夫。汉武太初元年,更名光禄大夫。晋初又置左、右光禄大夫,而光禄大夫如故。光禄大夫银章青绶,其重者加金章紫绶,则谓之金紫光禄大夫。旧秩比二千石。中散大夫,王莽所置,后汉因之。前汉大夫皆无员,掌论议。后汉光禄大夫三人,中大夫二十人,中散大夫三十人。魏以来复无员。自左光禄大夫以下,养老疾,无职事。中散,六百石。

卫尉,一人。丞、二人。掌宫门屯兵,秦官也。汉景初,改为中大夫。后元年,复为卫尉。晋江右掌冶铸,领冶令三十九,户五千三百五十。冶皆在江北,而江南唯有梅根及冶塘二冶,皆属扬州,不属卫尉。卫尉,江左不置,宋世祖孝建元年复置。旧一丞,世祖增置一丞。

廷尉,一人。丞,一人。掌刑辟。凡狱必质之朝廷,与众共之之义。兵狱同制,故曰廷尉。舜摄帝位,咎繇作士,即其任也。周时大司寇为秋官,掌邦刑。秦为廷尉。汉景帝中六年,更名大理。武帝建元四年,复为廷尉。哀帝元寿二年,复为大理。汉东京初,复为廷尉。

廷尉正,一人。廷尉监,一人。正、监并秦官。本有左右监,汉光武省右,犹云左监。魏、晋以来,直云监。廷尉评,一人。汉宣帝地节三年,初置左、右评。汉光武省右,犹云左评。魏、晋以来,直云评。正、监、评并以下官,礼敬廷尉卿。正、监秩千石,评六百石。廷尉律博士,一人。魏武初建魏国置。

大司农,一人。丞,一人。掌九谷六畜之供膳羞者。舜摄帝位,命弃为后稷,即其任也。周则为太府,秦治粟内史。汉景帝后元年,更名大农令。武帝太初元年,更名曰大司农。晋哀帝末,省并都水,孝武世复置。汉世丞二人，魏以来一人。

太仓令，一人。丞，一人。秦官也。晋江左以来，又有东仓、石头仓丞各一人。

导官令，一人。丞，一人。掌舂御米。汉东京置。导，择也，择米令精也。司马相如《封禅书》云："导一茎六穗于庖。"

藉田令，一人。丞，一人。掌耕宗庙社稷之田。于周为甸师。汉文帝初立藉田，置令、丞各一人。汉东京及魏并不置。晋武泰始十年复置。江左省。宋太祖元嘉中又置。自太仓至藉田令，并属司农。

少府，一人。丞，一人。掌市服御之物。秦官也，汉因之。掌禁钱以给私养，故曰少府。晋哀帝末，省并丹阳。孝武世复置。

左尚方令、丞各一人。右尚方令、丞各一人。并掌造军器。秦官也，汉因之。于周则为玉府。晋江右有中尚方、左尚方、右尚方，江左以来，唯一尚方。宋高祖践阼，以相府部配台，谓之左尚方，而本署谓之右尚方焉。又以相府细作配台，即其名置令一人，丞二人，隶门下。世祖大明中，改曰御府，置令一人，丞一人。御府，二汉世典官婢作亵衣服补浣之事，魏、晋犹置其职，江左乃省焉。后废帝初，省御府，置中署，隶右尚方。汉东京太仆属官有考工令，主兵器弓弩刀铠之属，成则传执金吾入武库，及织绶诸杂工。尚方令唯主作御刀绶剑诸玩好器物而已。然则考工令如今尚方，尚方令如今中署矣。

东冶令，一人。丞，一人。南冶令，一人。丞，一人。汉有铁官，晋置令，掌工徒鼓铸，隶卫尉。江左以来，省卫尉，度隶少府。宋世虽置卫尉，冶隶少府如故。江南诸郡县有者或置冶令，或置丞，多是吴所置。

平准令，一人。丞，一人。掌染。秦官也，汉因之。汉隶司农，不知何世隶少府。宋顺帝即位，避帝讳，改曰染署。

将作大匠，一人。丞，一人。掌土木之役。秦世置将作少府，汉因之。景帝中六年，更名将作大匠。光武二年省，以谒者领之。章帝建初元年复置。晋氏以来，有事则置，无则省。

大鸿胪,掌赞导拜授诸王。秦世为典客。汉景帝中六年,更名大行令。武帝太初元年,更名大鸿胪。鸿,大也。胪,陈也。晋江左初省,有事则权置,事毕即省。

太仆,掌舆马。周穆王所置,秦因之。《周官》则校人掌马,巾车尚车,及置太仆,兼其任也。晋江左或置或省,宋以来不置。郊祀则权置太仆执辔,事毕即省。

太后十卿,各一人。应氏《汉官》曰:“卫尉、少府,秦官。太仆,汉成帝置。皆随太后宫为号,在正卿上。无太后乃阙。”魏改汉制,在九卿下。晋复旧,在同号卿上。

大长秋,皇后卿也。有后则置,无则省。秦时为将行。汉景帝中六年,更名大长秋。韦曜曰:“长秋者,以皇后阴官,秋者阴之始,取其终而长,欲其久也。”

自太常至长秋,皆置功曹、主簿、五官。汉东京诸郡有五官掾,因其名也。汉制:卿、尹秩皆中二千石,丞一千石。

尚书,古官也。舜摄帝位,命龙作纳言,即其任也。《周官》司会,郑玄云:“若今尚书矣。”秦世少府遣吏四人在殿中主发书,故谓之尚书。尚犹主也。汉初有尚冠、尚衣、尚食、尚浴、尚席、尚书,谓之六尚。战国时已有尚冠、尚衣之属矣。秦时有尚书令、尚书仆射、尚书丞。至汉初,并隶少府,汉东京犹文属焉。古者重武官,以善射者掌事,故曰仆射。仆射者,仆役于射事也。秦世有左右曹诸吏,官无职事,将军、大夫以下,皆得加此官。汉武帝世,使左右曹诸吏分平尚书事。昭帝即位,霍光领尚书事。成帝初,王凤录尚书事。汉东京每帝即位,辄置太傅录尚书事,薨辄省。晋康帝世,何充让录表曰:“咸康中,分置三录,王导录其一,荀崧、陆晔各录六条事。”然则似有二十四条,若止有十二条,则荀、陆各录六条,导又何所司乎?若导总录,荀、陆分掌,则不得复云导录其一也。其后每置二录,辄云各掌六条事,又是止有十二条也。十二条者,不知悉何条。晋江右有四录,则四人参录也。江右张华、江左庾亮并经关尚书七条,则亦不知皆何事也。后何充解录,又参关尚书。录尚书职无不总,王肃注《尚书》"纳于大麓"曰:"尧纳舜于尊显之官,大录万机之政也。"凡重号将军刺史,皆得命曹授用,唯不得施除及加节。宋世祖孝建中,不欲威权外假,省录。大明末复置。此后或置或省。汉献帝建安四年,以执金吾荣郃为尚书左仆射,卫臻为右仆射。二仆射分置,自此始也。汉成帝建始四年,初置尚书,员四人,增丞亦为四人。曹尚书,其一曰常侍曹,主公卿事;其二曰二千石曹,主郡国二千石事;其三曰民曹,主吏民上书事;其四曰客曹,主外国夷狄事。光武分二千石曹为二,又分客曹为南主客曹、北主客曹,改常侍曹为吏曹,凡六尚书。减二丞,唯置左、右二丞而已。应劭《汉官》云:"尚书令、左丞,总领纲纪,无所不统。仆射、右丞掌禀假钱谷。三公尚书二人,掌天下岁尽集课;吏曹掌选举、斋祠;二千石曹掌水火、盗贼、词讼、罪法;客曹掌羌、胡朝会,法驾出,护驾;民曹掌缮治、功作、盐池、苑囿。吏曹任要,多得超迁。"则汉末曹名及职司又与光武时异也。魏世有吏部、左民、民曹、五兵、度支五曹尚书。晋初有吏部、三公、客曹、驾部、屯田、度支六曹尚书。武帝咸宁二年,省驾部尚书,四年又置。太康中,有吏部、殿中、五兵、田曹、度支、左民六尚书。惠帝世,又有右民尚书。尚书止于六曹,不知此时省何曹也。江左则有祠部、吏部、左民、度支、五兵,合为五曹尚书。宋高祖初,又增都官尚书。若有右仆射,则不置祠部尚书。世祖大明二年,置二吏部尚书,五兵尚书,后还置一吏部尚书。顺帝升明元年,又置五兵尚书。

　　尚书令,任总机衡。仆射、尚书,分领诸曹。左仆射领殿中、主客二曹,吏部尚书领吏部、删定、三公、比部四曹。祠部尚书领祠部、仪曹二曹,度支尚书领度支、金部、仓部、起部四曹,左民尚书领左民、驾部二曹,都官尚书领都官、水部、库部、功部四曹,五兵尚书领中兵、外兵二曹。昔有骑兵、别兵、都兵,故谓之五兵也。五尚书、二仆射、一令,谓之八坐。若营宗庙宫室,则置起部尚书,事毕省。

　　汉成帝之置四尚书也,无置郎之文。《汉仪》:"尚书郎四人,一人主匈奴单于营部,一人主羌夷吏民,一人主户口垦田,一人主财帛委输。"匈奴单于,宣帝之世,保塞内附,成帝世,单于还北庭矣。一郎主匈奴单于也营部,则置郎疑是光武时,所主匈奴,是南单于也。《汉官》云"置郎三十六人",不知是何帝增员。然则一尚书则领六郎也。主作文书,起立事草。初为郎中,满岁则为侍郎。尚书寺居建礼门内。尚书郎入直,官供青缣白绫被,或以绵纴为之。给帷帐、毡褥、通中枕,太官供食物,汤官供饼饵及五熟果实之属,给尚书伯使一人,女侍二人,皆选端正妖丽,执香炉,护衣服,奏事明光殿。殿以胡粉涂壁,画古贤烈士,以丹朱色地,谓之丹墀。尚书郎口含鸡舌香,以其奏事答对,欲使气息芬芳也。奏事则与黄门侍郎对揖,黄门侍郎称已闻,乃出。天子所服五时衣以赐尚书令、仆,而丞、郎月赐赤管大笔一双,隃糜墨一丸。魏世有殿中、吏部、驾部、金部、虞曹、比部、南主客、祠部、度支、库部、农部、水部、仪曹、三公、仓部、民曹、二千石、中兵、外兵、别兵、都兵、考功、定科,凡二十三郎。青龙二年有军事,尚书令陈矫奏置都官、骑兵二曹郎,合为二十五曹。晋西朝则直事、殿中、祠部、仪曹、吏部、三公、比部、金部、仓部、度支、都官、二千石、左民、右民、虞曹、屯田、起部、水部、左主客、右主客、驾部、车部、库部、左中兵、右中兵、左外兵、右外兵、别兵、都兵、骑兵、左士、右士、北主客、南主客,为三十四曹郎,后又置运曹,凡三十五曹。晋江左初,无直事、民、屯田、车部、别兵、都兵、骑兵、左士、右士、运曹十曹郎,而主客、中兵各置一郎而已,所余十七曹也。康、穆以来,又无虞曹、二千石二郎,犹有殿中、祠部、吏部、仪曹、三公、比部、仓部、度支、都官、左民、都部、水部、主客、驾部、库部、中兵十八曹郎。后又省主客、起部、水部,余十五曹。宋高祖初,加置骑兵、主客、起部、水部四曹郎,合为十九曹。太祖元嘉十年,又省仪曹、主客、比部、骑兵四曹郎。十一年,又并置。十八年,增删定曹郎,次在左民曹上,盖魏世之定科郎也。三十年,又置功论郎,次都官之下,在删定之上。太宗世,省骑兵。今凡二十曹郎。以三公、比部主法制。度支主算。支,派也;度,景也。都官主军事刑狱。其余曹所掌,各如其名。

汉制:公卿御史中丞以下,遇尚书令、仆、丞、郎,皆车豫相回避,台官过,乃得去。今尚书官上朝及下,禁断行人,犹其制也。汉又制:丞、郎见尚书,呼曰明时;郎见二丞,呼曰左君、右君。

郎以下则有都令史、令史、书令史、书吏干。汉东京尚书令史十八人。晋初正令史百二十人,书令史百三十人。自晋至今,或减或益,难以定言。《汉仪》有丞相令史。令史盖前汉官也。晋西朝有尚书都令史朱诞,则都令史其来久矣。分曹所掌如尚书也。

晋西朝八坐、丞、郎,朝晡诣都坐朝,江左唯旦朝而已。八坐、丞、郎初拜,并集都坐交礼。迁,又解交。汉旧制也。今唯八坐解交,丞、郎不复解交也。尚书令千石,仆射、尚书六百石,丞、郎四百石。

武库令,一人。掌军器。秦官。至二汉,属金吾。晋初罢执金吾,至今隶尚书库部。

车府令,一人。丞,一人。秦官也。二汉、魏、晋并隶太仆。太仆既省,隶尚书驾部。

上林令,一人。丞,一人。汉西京上林中有八丞、十二尉、十池监。丞、尉属水衡都,池监隶少府。汉东京曰上林苑令及丞,各一人,隶少府。晋江左阙。宋世祖大明三年复置,隶尚书殿中曹及少府。

材官将军,一人。司马,一人。主工匠土木之事。汉左右校令,其任也。魏右校又置材官校尉,主天下材木事。晋江左改材官校尉曰材官将军,又罢左校令。今材官隶尚书起部及领军。

侍中,四人。掌奏事,直侍左右,应对献替。法驾出,则正直一人负玺陪乘。殿内门下众事皆掌之。周公戒成王《立政》之篇所云"常伯",即其任也。侍中本秦丞相史也,使五人往来殿内东厢奏事,故谓之待中。汉西京无员,多至数十人,入侍禁中,分掌乘舆服物,下至亵器虎子之属。武帝世,孔安国为侍中,以其儒者,特听掌御唾壶,朝廷荣之。久次者为仆射。汉东京又属少府,犹无员,掌侍左右,赞导众事,顾问应答。法驾出,则多识者一人负传国玺,操斩白蛇剑,参乘;余皆骑,在乘舆车后。光武世,改仆射为祭酒焉。汉世,与中官俱止禁中。武帝时,侍中莽何罗挟刃谋逆,由是侍中出禁外,有事乃入,事毕即出。王莽秉政,侍中复入,与中官共止。章帝元和中,侍中郭举与后宫通,拔佩刀惊御,举伏诛,侍中由是复出外。魏、晋以来,置四人,别加官不主数。秩比二千石。

宋书卷四〇
志第三〇

百官下

给事黄门侍郎,四人。与侍中俱掌众事。郊庙临轩,则一人执麾。《汉百官表》:"秦曰给事黄门,无员,掌侍从左右,汉因之。"汉东京曰给事黄门侍郎,亦无员,掌侍从左右,关通中外,诸王朝见,则引王朝坐。应劭曰:"每日莫向青琐门拜,谓之夕郎。"史臣按刘向与子歆书曰:"黄门郎,显处也。"然则前汉世已为黄门侍郎矣。董巴《汉书》曰:"禁门曰黄闼,中人主之,故号曰黄门令。"然则黄门郎给事黄闼之内,故曰黄门郎也。魏、晋以来员四人,□六百石。

公车令,一人。掌受章奏。秦有公车司马令,属卫尉。汉因之,掌宫南阙门。凡吏民上章,四方贡献,及征诣公车者,皆掌之。晋江左以来,直云公车令。

太医令,一人。丞,一人。《周官》为医师,秦为太医令,至二汉属少府。

太官令,一人。丞,一人。《周官》为膳夫,秦为太官令,至汉属少府。

骅骝厩丞,一人。汉西京为龙马长,汉东京为未央厩令,魏为骅骝令。自公车令至此,隶侍中。

散骑常侍,四人。掌侍左右。秦置散骑,又置中常侍。散骑并乘舆车后,中常侍得入禁中。皆无员,并为加官。汉东京初省散骑,而中常侍因用宦者。魏文帝黄初初，置散骑，合于中常侍，谓之散骑常侍，始以孟达补之。久次者为祭酒。骑散常侍秩比二千石。

通直散骑常侍，四人。魏末，散骑常侍又有在员外者，晋武帝使二人与散骑常侍通直，故谓之通直散骑常侍。晋江左置五人。

员外散骑常侍，魏末置，无员。

散骑侍郎，四人。魏初与散骑常侍同置。魏、晋散骑常侍、侍郎，与侍中、黄门侍郎共平尚书奏事，江左乃罢。

通直散骑侍郎，四人。初，晋武帝置员外散骑侍郎四人，元帝使二人与散骑侍郎通直，故谓之通直散骑侍郎。后增为四人。

员外散骑侍郎，晋武帝置，无员。

给事中，无员。汉西京置。掌顾问应对。位次中常侍。汉东京省，魏世复置。

奉朝请，无员，亦不为官。汉东京罢省三公、外戚、宗室、诸侯，多奉朝请。奉朝请者，奉朝会请召而已。晋武帝亦以宗室、外戚为奉车、驸马、骑都尉，而奉朝请焉。元帝为晋王，以参军为奉车都尉，掾、属为驸马都尉，行参军、舍人为骑都尉，皆奉朝请。后省奉车、骑都尉，唯留驸马都尉奉朝请。永初已来，以奉朝请选杂，其尚主者唯拜驸马都尉。三都尉并汉武帝置。孝建初，奉朝请省。驸马都尉、三都尉秩比二千石。

中书令，一人。中书舍人，一人。中书侍郎，四人。中书通事舍人，四人。汉武帝游后廷，始使宦者典尚书事，谓之中书谒者，置令、仆射。元帝时，令弘恭，仆射石显，秉势用事，权倾内外。成帝改中书谒者令曰中谒者令，罢谒者。汉东京省中谒者令，而有中宫谒者令，非其职也。魏武帝为王，置秘书令，典尚书奏事，又其任也。文帝黄初初，改为中书令，又置监，及通事郎，次黄门郎。黄门郎已署事过，通事乃奉以入，为帝省读书可。晋改曰中书侍郎，员四人。晋江左初，改中书侍郎曰通事郎，寻复为中书侍郎。晋初置舍人一人，通事一人。江左初，合舍人、通事，谓之通事舍人，掌呈奏案章。后省通事,中书差侍郎一人直西省,又掌诏命。宋初又置通事舍人,而侍郎之任轻矣。舍人直阁内,隶中书。其下有主事,本用武官,宋改用文吏。

秘书监,一人。秘书丞,一人。秘书郎,四人。汉桓帝延熹二年,置秘书监。皇甫规与张奂书云"从兄秘书它何动静"是也。应劭《汉官》曰:"秘书监一人,六百石。"后省。魏武帝为魏王,置秘书令、秘书丞。秘书典尚书奏事。文帝黄初初,置中书令,典尚书奏事,而秘书改令为监。后欲以何祯为秘书丞,而秘书先自有丞,乃以祯为秘书右丞。后省。掌艺文图籍。《周官》外史掌四方之志、三皇五帝之书,即其任也。汉西京图籍所藏,有天府、石渠、兰台、石室、延阁、广内之府是也。东京图书在东观。晋武帝以秘书并中书,省监,谓丞为中书秘书丞。惠帝复置著作郎一人,佐郎八人,掌国史。周世左史记事,右史记言,即其任也。汉东京图籍在东观,故使名儒硕学,著作东观,撰述国史。著作之名,自此始也。魏世隶中书。晋武世,缪征为中书著作郎。元康中,改隶秘书。后别自为省,而犹隶秘书。著作郎谓之大著作,专掌史任。晋制:著作佐郎始到职,必撰名臣传一人。宋氏初,国朝始建,未有合撰者,此制遂替矣。

领军将军,一人。掌内军。汉有南、北军,卫京师。武帝置中垒校尉,掌北军营。光武省中垒校尉,置北军中候,监五校营。魏武为丞相,相府自置领军,非汉官也。文帝即魏王位,魏始置领军,主五校、中垒、武卫三营。晋武帝初省,使中军将军羊祜统二卫、前、后、左、右、骁骑七军营兵,即领军之任也。祜迁罢,复置北军中候。北军中候置丞一人。怀帝永嘉中,改曰中领军。元帝永昌元年,复改曰北军中候,寻复为领军。成帝世,复以为中候,而陶回居之。寻复为领军。领军令犹有南军都督。

护军将军,一人。掌外军。秦时护军都尉,汉因之。陈平为护军中尉,尽护诸将,然则复以都尉为中尉矣。武帝元狩四年,以护军都尉属大司马，于时为都尉矣。《汉书·李广传》，广为骁骑将军，属护军将军。盖护军护诸将军。哀帝元寿元年，更名护军都尉曰司寇。平帝元始元年，更名护军都尉。东京省。班固为大将军中护军，隶将军莫府，非汉朝列职。魏武为相，以韩浩为护军，史奂为领军，非汉官也。建安十二年，改护军为中护军，领军为中领军，置长史、司马。魏初因置护军，主武官选，隶领军。晋世则不隶也。晋元帝永昌元年，省护军，并领军。明帝大宁二年，复置。魏、晋江左领、护各领营兵。江左以来，领军不复别营，总统二卫、骁骑、材官诸军犹别有营也。领、护资重者为领军、护军将军，资轻者为中领军、中护军。官属有长史、司马、功曹、主簿、五官。受命出征，则置参军。

左卫将军，一人。右卫将军，一人。二卫将军，掌宿卫营兵。二汉、魏不置。晋文帝为相国，相国府置中卫将军。武帝初，分中卫置左、右卫，以芊琇为左卫，赵序为右卫。二卫江右有长史、司马、功曹、主簿，江左无长史。

骁骑将军，汉武帝元光六年，李广为骁骑将军。魏世置为内军，有营兵，高功者主之。先有司马、功曹、主簿，后省。

游击将军，汉武时，韩说为游击。是为六军。

左军将军，右军将军，前军将军，后军将军。魏明帝时，有左军将军，然则左军魏官也。晋武帝初，置前军、右军。太始八年，又置后军。是为四军。

左中郎将，右中郎将。秦官，汉因之。与五官中郎将领三署郎。魏无三署郎，犹置其职。晋武帝省，宋世祖大明中又置。

屯骑校尉，步兵校尉，越骑校尉，长水校尉，射声校尉。五校并汉武帝置。屯骑、步兵掌上林苑门屯兵。越骑掌越人来降，因以为骑也。一说取其材力超越也。长水掌长水宣曲胡骑。长水，胡部落右也。胡骑屯宣曲观下。韦曜曰："长水校尉，典胡骑，厩近长水，故以为名。长水，盖关中小水名也。"射声掌射声士，闻声则射之，故以为名。汉光武初，改屯骑为骁骑，越骑为青巾。建武十五年，复旧。汉东京五校，典宿卫士。自游击至五校，魏、晋逮于江左初，犹领营兵,并置司马、功曹、主簿,后省。二中郎将本不领营也。五营校尉秩二千石。

虎贲中郎将,《周官》有虎贲氏。汉武帝建元三年,始微行出游,选材力之士执兵从送,期之诸门,故名期门。无员,多至千人。平帝元始元年,更名曰虎贲郎,置中郎将领之。虎贲旧作虎奔,言如虎之奔走也。王莽辅政,以古有勇士孟贲,故以奔为贲。比二千石。

冗从仆射,汉东京有中黄门冗从仆射,非其职也。魏世因其名而置冗从仆射。

羽林监,汉武帝太初元年,初置建章营骑,亦掌从送,次期门。后更名羽林骑,置令、丞。宣帝令中郎将、骑都尉监羽林,谓之羽林中郎将。汉东京又置羽林左监、羽林右监,至魏世不改。晋罢羽林中郎将,又省一监,置一监而已。自虎贲至羽林,是为三将。哀帝省,宋高祖永初初,复置。江右领营兵,江左无复营兵。羽林监六百石。

积射将军,强弩将军。汉武帝以路博德为强弩校尉,李沮为强弩将军。宣帝以许延寿为强弩将军。强弩将军至东汉为杂号。前汉至魏无积射。晋太康十年,立射营、弩营,置积射、强弩将军主之。自骁骑至强弩将军,先并各置一人,宋太宗泰始以来,多以军功得此官,今并无复员。

殿中将军,殿中司马督。晋武帝时,殿内宿卫号曰三部司马,置此二官,分隶左右二卫。江右初,员十人。朝会宴飨,则将军戎服,直侍左右,夜开城诸门,则执白虎幡监之。晋孝武太元中,改选,以门阀居之。宋高祖永初初,增为二十人。其后过员者,谓之殿中员外将军、员外司马督。其后并无复员。

武卫将军。无员。初,魏王始置武卫中郎将,文帝践阼,改为卫将军,主禁旅,如今二卫,非其任也。晋氏不常置。宋世祖大明中,复置,代殿中将军之任,比员外散骑侍郎。

武骑常侍,无员。汉西京官。车驾游猎,常从射猛兽。后汉、魏、晋不置。宋世祖大明中,复置。比奉朝请。

御史丞，一人。掌奏劾不法。时御史大夫有二丞，其一曰御史丞，其二曰御史中丞。殿中兰台，秘书图籍在焉，而中丞居之。外督部刺史，内领侍御史，受公卿奏事，举劾按章。时中丞亦受奏事，然则分有所掌也。成帝绥和元年，更名御史大夫为大司空，置长史，而中丞官职如故。哀帝建平二年，复为御史大夫。元寿二年，复为大司空。而中丞出外，为御史台主，名御史长史。光武还曰中丞，又属少府。献帝时，更置御史大夫，自置长史一人，不复领中丞也。汉东京御史中丞遇尚书丞、郎，则中丞止车执版揖，而丞、郎坐车举手礼之而已。不知此制何时省。中丞每月二十五日，绕行宫垣白壁。史臣按《汉志》执金吾每月三绕行宫城，疑是省金吾，以此事并中丞。中丞秩千石。

治书侍御史，掌举劾官品第六已上。汉宣帝斋居决事，令御史二人治书，因谓之治书御史。汉东京使明法律者为之，天下谳疑事，则以法律当其是非。魏、晋以来，则分掌侍御史所掌诸曹，若尚书二丞也。

侍御史，于周为柱下史。《周官》有御史，掌治令，亦其任也。秦置侍御史，汉因之。二汉员并十五人。掌察举非法，受公卿奏事，有违失者举劾之。凡有五曹：一曰令曹，掌律令；二曰印曹，掌刻印；三曰供曹，掌斋祠；四曰尉马曹，掌官厩马；五曰乘曹，掌护驾。魏置御史八人，有治书曹，掌度支运，课第曹，掌考课，不知其余曹也。晋西朝凡有吏曹、课第曹、直事曹、印曹、中都督曹、外都督曹、媒曹、符节曹、水曹、中坚曹、营军曹、算曹、法曹，凡十三曹，而置御史九人。晋江左初，省课第曹，置库曹，掌厩牧牛马市租。后复分库曹，置外左库、内左库二曹。宋太祖元嘉中，省外左库，而内左库直云左库。世祖大明中，复置。废帝景和元年，又置。顺帝初，省营军并水曹，省算曹并法曹，吏曹不置御史，凡十御史焉。魏又有殿中侍御史二人，盖是兰台遣二御史居殿内察非法也。晋西朝四人，江左二人。秦、汉有符节令，隶少府，领符玺郎、符节令史，盖《周礼》典瑞、掌节之任也。汉至魏别为一台，位次御史中丞，掌授节、铜虎符、竹使符。

晋武帝太始九年，省并兰台，署符节御史掌其事焉。

谒者仆射，一人。掌大拜授及百官班次。领谒者十人。谒者掌小拜授及报章。盖秦官也。谒，请也。应氏《汉官》曰："尧以试舜，宾于四门，是其职也。秦世谒者七十人，汉因之。"《后汉百官志》："谒者仆射，掌奉引。"和帝世，陈郡向熙为谒者仆射，赞拜殿中，音动左右。然则又有常侍谒者五人，谒者则置三十五人，半减西京也。二汉并隶光禄勋。魏世置谒者十人。晋武帝省仆射，以谒者隶兰台。江左复置仆射，后又省。宋世祖大明中，复置。秩比千石。

都水使者，一人。掌舟航及运部。秦、汉有都水长、丞，主陂池灌溉，保守河渠，属太常。汉东京省都水，置河堤谒者，魏因之。汉世水衡都尉主上林苑，魏世主天下水军舟船器械。晋武帝省水衡，置都水使者，而河堤为都水官属。有参军二人，谒者一人，令史减置无常员。晋西朝有参军，而无谒者，谒者则江左置也。怀帝永嘉六年，胡入洛阳，都水使者爰浚先出督运得免。然则武帝置职，便掌运矣。江左省河堤。

太子太傅，一人。丞，一人。太子少傅，一人。丞，一人。傅，古官也。《文王世子》曰："凡三王教世子，太傅在前，少傅在后，并以辅导为职。"汉高帝九年，以叔孙通为太子太傅，位次太常。二汉并无丞。魏世无东宫，然则晋氏置丞也。晋武帝泰始五年，诏太子拜太傅、少傅，如弟子事师之礼；二傅不得上疏曲敬。二傅并有功曹、主簿、五官。太傅中二千石，少傅二千石。

太子詹事，一人。丞，一人。职比台尚书令、领军将军。詹，省也。汉西京则太子门大夫、庶子、洗马、舍人属二傅，率更令、家令、仆、卫率属詹事。皆秦官也。后汉省詹事，太子官属悉属少傅，而太傅不复领官属。晋初，太子官属通属二傅。咸宁元年，复置詹事，二傅不复领官属。詹事一千石。

家令，一人。丞，一人。晋世置。汉世太子食汤沐邑十县，家令主之。又主刑狱饮食，职比廷尉、司农、少府。汉东京主食官令。食官令，晋世自为官，不复属家令。

率更令，一人。主宫殿门户及尝罚事，职如光禄勋、卫尉。汉东京掌庶子、舍人，晋世则不也。自汉至晋，家令在率更下，宋则居上。

仆，一人。汉世太子五日一朝，非入朝日，遣仆及中允旦入请问起居，主车马、亲族，职如太仆、宗正。自家令至仆，为太子三卿。三卿秩千石。

门大夫，二人。汉东京置，职如中郎将，分掌远近表笺。秩六百石。

中庶子，四人。职如侍中。汉东京员五人，晋减为四人。秩六百石。

中舍人，四人。汉东京太子官属有中允之职，在中庶子下，洗马上，疑若令中书舍人矣。中舍人，晋初置，职如黄门侍郎。

食官令，一人。职如太官令。汉东京官也。今属中庶子。

庶子，四人。职比散骑常侍、中书监令。晋制也。汉西京员五人，汉东京无员，职如三署中郎。古者诸侯世子有庶子之官，秦因其名也。秩四百石。

舍人，十六人。职如散骑、中书侍郎。晋制也。二汉无员，掌宿卫如三署中郎。

洗马，八人。职如谒者、秘书制也。二汉员十六人。太子出，则当直者前驱导威仪。秩比六百石。

太子左卫率，七人。太子右卫率，二人。五率职如三卫。秦时直云卫率，汉因之，主门卫。晋初曰中卫率，泰始分为左右，各领一军。惠帝时，愍怀太子在东宫，加置前后二率。成都王颖为太弟，又置中卫，是为五率。江左初，省前后二率。孝武太元中又置。皆有丞，晋初置。宋世止置左、右二率。秩旧四百石。

太子屯骑校尉，太子步兵校尉，太子翊军校尉。三校尉各七人，并宋初置。屯骑、步兵，因台校尉；翊军，晋武帝太康初置，始为台校尉，而以唐彬居之。江左省。

太子冗从仆射，七人。宋初置。

太子旅贲中都将，十人。职如虎贲中郎将。宋初置。《周官》有旅贲氏。汉制：天子有虎贲，王侯有旅贲。旅，众也。

太子左积弩将军，十人。太子右积弩将军，二人。汉东京积弩将军，杂号也，无左右之积弩。魏世至晋江左，左、右积弩为台职，领营兵。宋世度东宫，无复营矣。

殿中将军，十人。殿中员外将军，二十人。宋初置。

平越中郎将，晋武帝置，治广州，主南越。

南蛮校尉，晋武帝置，治襄阳。江左初省，寻又置，治江陵。宋世祖孝建中省。

西戎校尉，晋初置长史，安帝义熙中又置治中。

宁蛮校尉，晋武帝置，治襄阳，以授鲁宗之。

南夷校尉，晋武帝置，治宁州。江左改曰镇蛮校尉。四夷中郎、校尉，皆有长史、司马、参军。魏、晋有杂号护军，如将军，今犹有镇蛮、安远等护军。镇蛮以加庐江、晋熙、西阳太守。安远以加武陵内史。

刺史，每州各一人。黄帝立四监以治万国，唐、虞世十二牧，是其职也。周改曰兴，秦曰监御史，而更遣丞相史分刺诸州，谓之刺史。刺之为言犹参覗也。写书亦谓之刺。汉制不得刺尚书事是也。刺史班行六条诏书，其一条曰，强宗豪右，田宅逾制，以强陵弱，以众暴寡；其二条曰，二千石不奉诏书、遵承典制，背公向私，旁诏守利，侵渔百姓，聚敛为奸；其三条曰，二千石不恤疑狱，风厉杀人，怒则加罚，喜则任赏，烦扰苛暴，剥戮黎元，为百姓所疾，山崩石裂，妖祥讹言；其四条曰，二千石选署不平，苟阿所爱，蔽贤宠顽；其五条曰，二千石子弟恃怙荣势，请托所监；其六条曰，二千石违公下比，阿附豪强，通行货赂，割损正令。岁终则乘传诣京师奏事。成帝绥和元年,改为牧。哀帝建平二年,复为刺史。前汉世,刺史乘传周行郡国,无适所治。后汉世,所治始有定处,止八月行部,不复奏事京师。晋江左犹行郡县诏,枣据《追远诗》曰"先君为钜鹿太守,迄今三纪。忝私为冀州刺史,班诏次于郡传"是也。灵帝世,天下渐乱,豪杰各据有州郡,而刘焉、刘虞并自九卿出为益州、幽州牧,其任渐重矣。

官属有别驾从事史一人,从刺史行部;治中从事史一人,主财谷簿书;兵曹从事史一人,主兵事;部从事史每郡各一人,主察非法;主簿一人,录阁下众事,省署文书;门亭长一人,主州正门;功曹书佐一人,主选用;《孝经》师一人,主试经;月令师一人,主时节祠祀;律令师一人,平律;簿曹书佐一人,主簿书;典郡书佐每郡各一人,主一郡文书。汉制也。今有别驾从事史、治中从事史、主簿、西曹书佐、祭酒从事史、议曹从事史、部郡从事史。自主簿以下,置人多少,各随州,旧无定制也。晋成帝咸康中,江州又有别驾祭酒,居僚职之上,而别驾从事史如故,今则无也。别驾、西曹主吏及选举事,治中主众曹文书事。西曹,即汉之功曹书佐也。祭酒分掌诸曹兵、贼、仓、户、水、铠之属。扬州无祭酒,而主簿治事。荆州有从事史,在议曹从事史下,大较应是魏、晋以来置也。今广州、徐州有月令从事,若诸州之曹史,汉旧名也。

汉武元封四年,令诸州岁各举秀才一人。后汉避光武讳,改茂才。魏复曰秀才。晋江左,扬州岁举二人,诸州举一人,或三岁一人,随州大小,并对策问。

晋东海王越为豫州牧,牧置长史、参军,庾凯为长史,谢鲲为参军,此为牧者则无也。牧二千石,刺史六百石。

郡守,秦官。秦灭诸侯,随以其地为郡,置守、丞、尉各一人。守治民,丞佐之。郡当边戍者,丞为长史。晋江左皆谓之丞。尉典兵,备盗贼。汉景帝中二年,更名守曰太守,尉为都尉。光武省都尉,后又往往置东部、西部都尉。有蛮夷者,又有属国都尉。汉末及三国,多以诸部都尉为郡。晋成帝咸康七年，又省诸郡丞。宋太祖元嘉四年，复置。

郡官属略如公府，无东西曹，有功曹史，主选举；五官掾，主诸曹事；部县有都邮、门亭长，又有主记史，催督期会。汉制也，今略如之。诸郡各有旧俗，诸曹名号往往不同。

汉武帝纳董仲舒之言，元光元年，始令郡国举孝廉，制郡口二十万以上岁察一人，四十万以上二人，六十万三人，八十万四人，百万五人，百二十万六人，不满二十万二岁一人，不满十万三岁一人。限以四科，一曰德行高妙，志节清白；二曰学通行修，经中博士；三曰明习法令，足以决疑，能案章覆问，文中御史；四曰刚毅多略，遭事不惑，明足决断，材任三辅县令。魏初，更制口十万以上岁一人，有秀异，不拘户口。江左以丹阳、吴、会稽、吴兴并大郡，岁各举二人。汉制：岁遣上计掾史各一人，条上郡内众事，谓之阶簿。至今行之。太守二千石，丞六百石。

县令、长，秦官也。大者为令，小者为长，侯国为相。汉制：置丞一人，尉大县二人，小县一人。五家为伍，伍长主之。二五为什，什长主之。十什为里，里魁主之。十里为亭，亭长主之。十亭为乡，乡有乡佐、三老、有秩、啬夫、游徼各一人。乡佐、有秩主赋税，三老主教化，啬夫主争讼，游徼主奸非。其余诸曹，略同郡职。以五官为廷掾，后则无复丞，唯建康有狱丞，其余众职，或此县有而彼县无，各有旧俗，无定制也。晋江右洛阳县置六部都尉，余大县置二人，次县、小县各一人。宋太祖元嘉十五年，县小者又省之。

诸官府至郡，各置五百者，旧说古君行师从，卿行旅从。旅，五百人也。今县令以上，古之诸侯，故立四五百以象师从、旅从，依古义也。韦曜曰："五百，字本为伍伯。伍，当也。伯，道也。使之导引当道伯中以驱除也。"周制五百为旅，师皆大夫，不得卑之如此说也。又《周礼·秋官》有条狼氏，掌执鞭以趋辟，王出入则八人夹道，公则六人，侯伯则四人，子男则二人，近之矣，名之异尔。又《汉官》

中有伯使,主为诸官驱使辟路于道伯中,故言伯使,此其比也。县令千石至六百石,长五百石。

汉初王国置太傅,掌辅导;内史,主治民;丞相,统众官;中尉,掌武职。分官置职,略同京师。至景帝惩七国之乱,更制诸王不得治国,汉为置吏,改丞相曰相,省御史大夫、廷尉、少府、宗正、博士官,其大夫、谒者、诸官长丞,皆损其员数。后改汉内史为京兆尹,中尉为执金吾,朗中令为光禄勋,而王国如故,又太仆为仆,司农为大农。成帝更令相治民如郡太守,省内史。其中尉如郡尉,太傅但曰傅。汉东京亦置傅一人,王师事之;相一人,主治民;中尉一人,主盗贼;郎中令一人,掌郎中宿卫;仆一人;治书一人,治书本曰尚书,后更名治书;中大夫,无员,掌奉使京师及诸国;者及礼乐、卫士、医工、永巷、祀礼长各一人;郎中,无员。魏氏谒者官属,史阙不知次第。晋武帝初置师、友、文学各一人。师即傅也,景帝讳师,改为傅。宋世复改曰师。其文学,前汉已置也。友者,因文王、仲尼四友之名也。改太守为内史,省相及仆。有郎中令、中尉、大农为三卿。大国置左右常侍各三人,省郎中,置侍郎二人。大国又置上军、中军、下军三将军,次国上军将军、下军将军各一人,小国上军而已。典书、典祠、典卫、学官令、典书令丞各一人,治书四人,中尉、司马、世子庶子陵庙、牧长各一人,谒者四人,中大夫六人,舍人十人,典医丞、典府丞各一人。宋氏以来,一用晋制,虽大小国,皆有三军。晋制:典书令在常侍下,侍郎上。江左则侍郎次常侍,而典书令居三军下矣。江左以来,公国则无中尉、常侍、三军,侯国又无大农、侍郎,伯子男唯典书以下,又无学官令矣。吏职皆以次损省焉。晋江右公侯以下置官属,随国小大,无定制也。晋江左诸国,并三分食一。元帝太兴元年,始制九分食一。

太傅,太保,太宰。
太尉,司徒,司空。

大司马,大将军。

诸位从公。

　　　右第一品

特进。

骠骑、车骑、卫将军。

诸大将军。

诸持节都督。

　　　右第二品。

侍中,散骑常侍。

尚书令、仆射,尚书。

中书监、令,秘书监。

诸征、镇至龙骧将军。

光禄大夫。

诸卿、尹。

太子二傅。

大长秋。

太子詹事。

领、护军。

县侯。

　　　右第三品。

二卫至五校尉。

宁朔至五威、五武将军。

四中郎将。

刺史领兵者。

戎蛮校尉。

御史中丞,都水使者。

乡候。

　　　右第四品。

给事中,黄门、散骑、中书侍郎。

谒者仆射。

三将，积射、强弩将军。

太子中庶子、庶子、三卿、率。

鹰扬至陵江将军。

刺史不领兵者。

郡国太守、内史、相。

亭侯。

　　　　　右第五品。

尚书丞、郎。

治书侍御史，侍御史。

三都尉。

博士。

抚军以上及持节都督领护长史、司马。

公府从事中郎将。

廷尉正、监、评。

秘书著作丞、郎。

王国公三卿、师、友、文学。

诸县署令千石者。

太子门大夫。

殿中将军、司马督。

杂号护军。

关内侯。

　　　　　右第六品。

谒者。

殿中监。

诸卿尹丞。

太子傅詹事率丞。

诸军长史、司马六百石者。

诸府参军。

戎蛮府长史、司马。

公府掾、属。

太子洗马、舍人、食官令。

诸县令六百石者。

　　　　　右第七品。

内台正令史。

郡丞。

诸县署长。

杂号宣威将军以下。

　　　　　右第八品。

内台书令史，

外台正令史。

诸县署丞、尉。

　　　　　右第九品。

凡新置不见此诸条者，随秩位所视，盖□□右所定也。